U0790939

2018
溧阳年鉴
LIYANG ALMANAC

溧阳年鉴编纂委员会　编

方志出版社
Publishing House of Local Records

图书在版编目（CIP）数据

溧阳年鉴. 2018 / 溧阳年鉴编纂委员会编. --
北京：方志出版社，2018.8
ISBN 978-7-5144-3235-0

Ⅰ.①溧… Ⅱ.①溧… Ⅲ.①溧阳-2018-年鉴
Ⅳ. ①Z525.33

中国版本图书馆CIP数据核字（2018）第205364号

溧阳年鉴(2018)

编　　者：溧阳年鉴编纂委员会
责任编辑：刘　珊

出 版 人：冀祥德
出 版 者：方志出版社
　　地址　北京市朝阳区潘家园东里9号（国家方志馆4层）
　　邮编　100021
　　网址　http://www.fzph.org
发　　行：方志出版社图书经销中心
　　电话（010）67110500
经　　销：各地新华书店
印　　刷：溧阳市金宇包装印刷有限公司

开　　本：889×1194　　1/16
印　　张：29
字　　数：836千字
版　　次：2018年8月第1版　　2018年8月第1次印刷
印　　数：0001～3000册

ISBN 978-7-5144-3235-0　　定价：210.00元

·版权所有　翻印必究·

《溧阳年鉴》编纂委员会

名誉主任 蒋　锋

主　　任 徐华勤

副 主 任 邵钦华　张爱文　陆慧琦

委　　员 周文光　史　萍　马立峰　周荣春　周志清　潘益明　沈黎敏
葛军伟　杨文艳　马俊浩　甘正富　赵　明　钱　栋　蔡红兵
唐洪祥　高伟新　陆卫林　赵　波　谢菊芬　陈建伟　吴旺志
陈志豪　丁　红　蒋留新

溧阳市地方志办公室

主　　任 甘正富

副 主 任 孙渊灿

《溧阳年鉴》编辑部

主　　编 甘正富

副 主 编 孙渊灿

执行主编 莫　俊

编　　辑 甘正富　孙渊灿　刘国力　殷国富　董文博　莫　俊　袁　杰
陈　莉　尹少鹏　虞燕娟　宋林珍

编　　务 汤俊琦　潘　达　徐文喆　史俊英　胡颢允　陈　君　张雅玲

特约摄影 查文君　刘红良　徐志平

专版设计 宋林珍　张雅玲

英文翻译 莫　俊

地区生产总值（亿元）

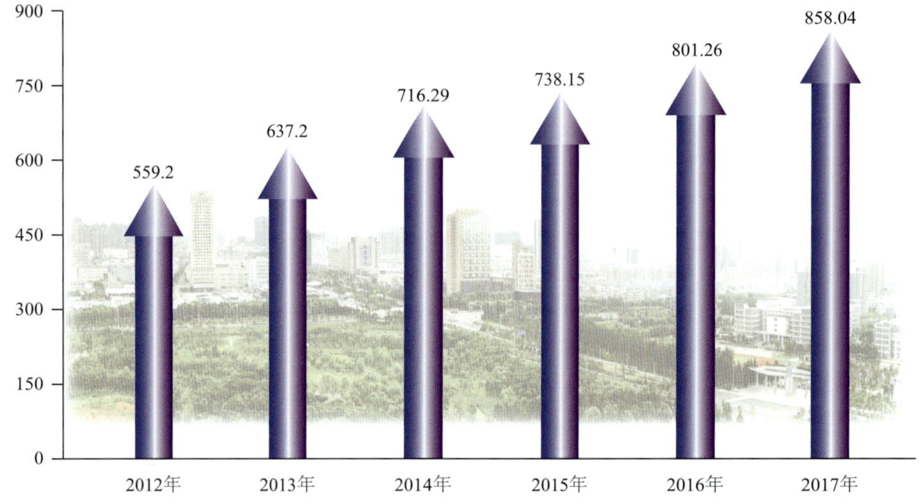

人均地区生产总值（元）

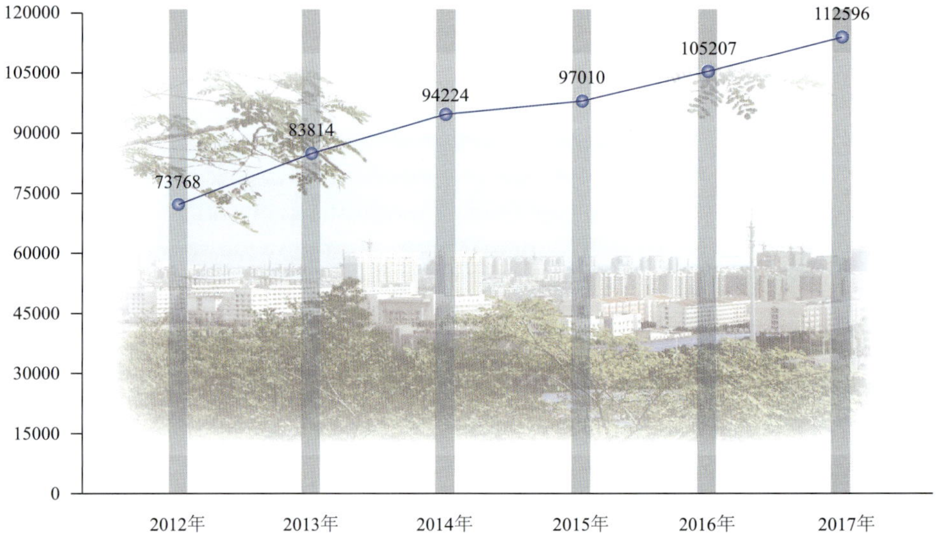

公共财政预算收入（亿元）

三次产业构成（%）

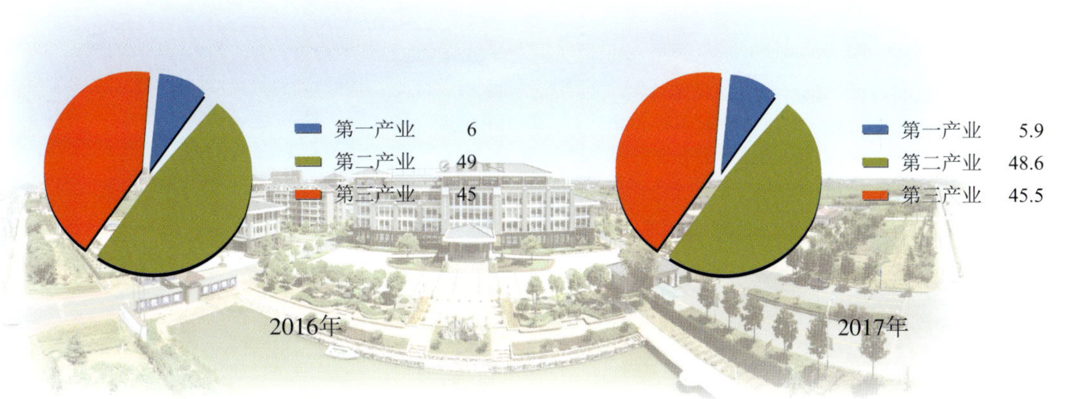

农林牧渔业总产值（亿元）

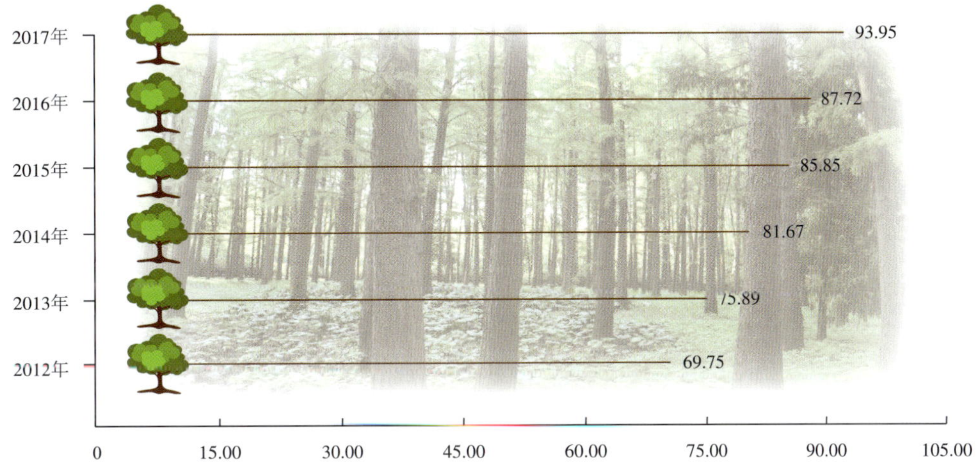

粮食总产量（万吨）

茶叶总产量（吨）

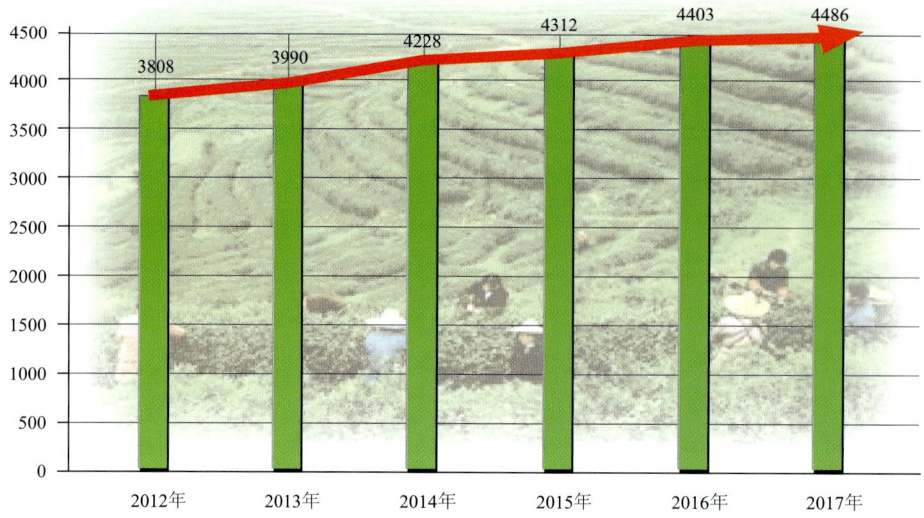

工业总产值（亿元）

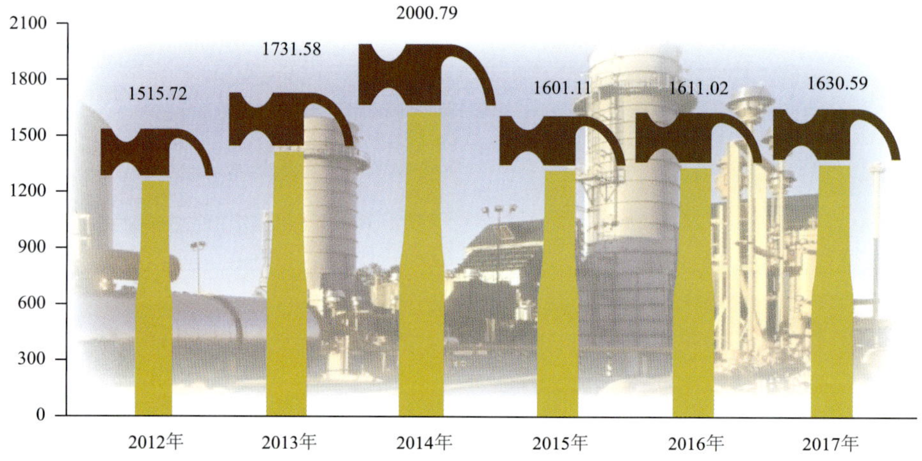

工业利税总额（亿元）

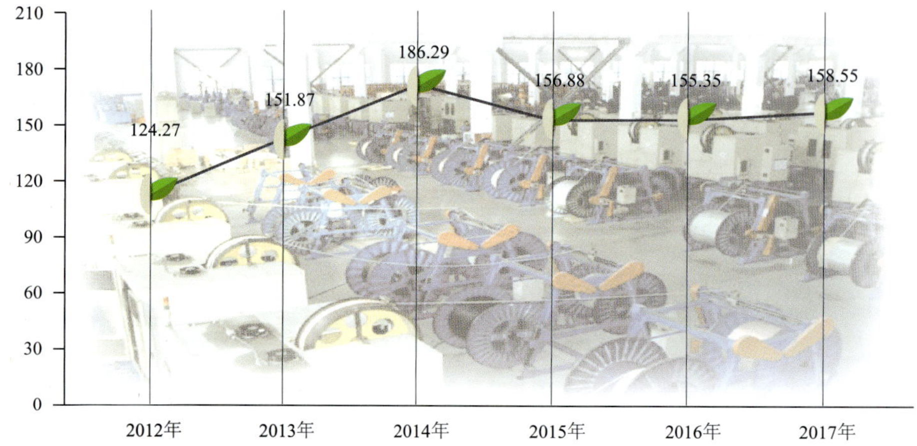

经济社会发展主要数据

出口总额（万美元）

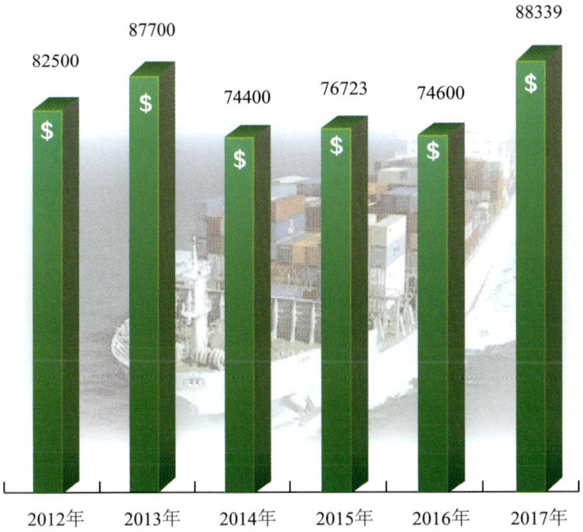

社会消费品零售总额（亿元）

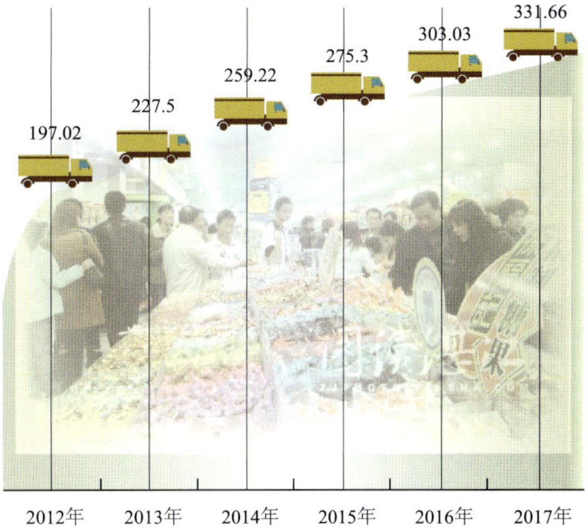

城镇居民人均可支配收入（元）

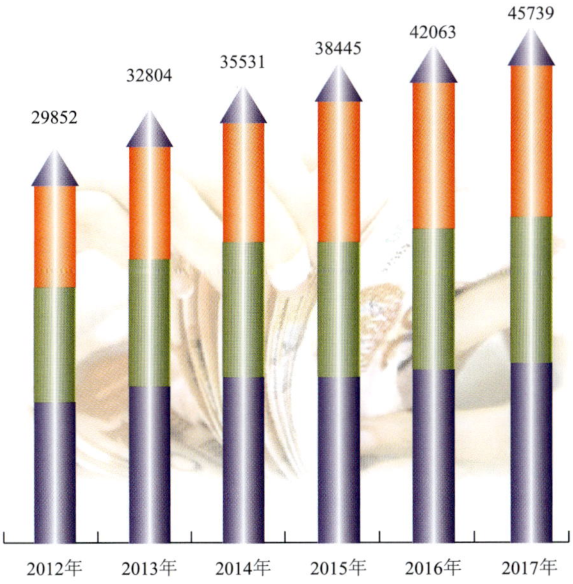

农民人均可支配收入（元）

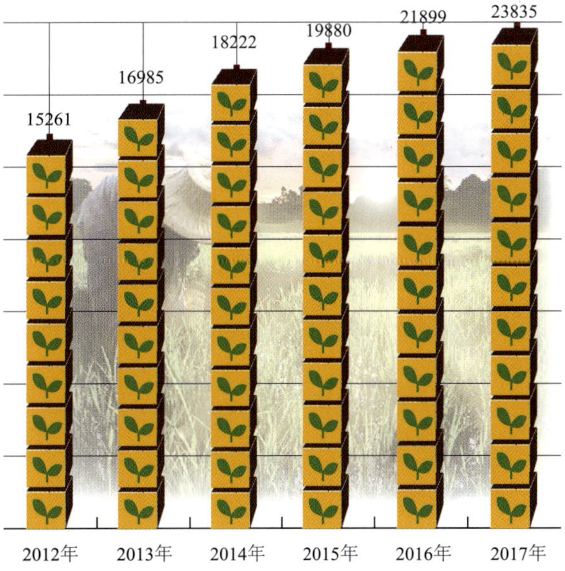

全国文明城市——溧阳市

2017 年 7 月 14 日，省委副书记、代省长吴政隆（前中）在安靠智能输电工程公司考察

2017 年 2 月 10 日，市委书记蒋锋（前中）走访调研在建重点工业项目。图为在科达利项目现场

2017 年 2 月 12 日，省重大项目——时代新能源锂电池长三角基地二期项目举行开工仪式

2017 年 3 月 13 日，上汽集团大通房车研发及生产基地项目在江苏中关村科技产业园举行奠基仪式

2017 年 3 月 28 日，江苏安靠智能输电工程科技股份有限公司在深圳证券交易所上市

2017 年 4 月 10 日，2017 中国 · 溧阳茶叶节暨天目湖旅游节在凌峰生态园拉开帷幕

2017 年 5 月 8 日，南京航空航天大学与常州市人民政府、溧阳市人民政府在溧阳分别签署战略合作框架协议、合作办学框架协议

2017 年 6 月 3 日，全国妇联党组书记、副主席宋秀岩到溧阳专题督查基层妇联改革工作。图为宋秀岩（前右二）在富民合作社调研

2017 年 6 月 19 日，总投资额超百亿元的上汽时代先进动力电池系统产业化项目和时代上汽先进动力电池产业化项目奠基仪式在江苏中关村科技产业园举行

2017 年 6 月 20 日，常州市委常委、宣传部部长徐光辉（中）率常州市建设文明城市指挥部工作组到溧阳督查全国文明城市创建工作

2017 年 7 月 5 日，市委书记蒋锋（前左）、市长徐华勤（第二排右）率溧阳市党政代表团，赴无锡市惠山区、滨湖区和常熟市学习考察。图为代表团一行在无锡贝斯特精机公司考察

2017 年 7 月 26 日，市委书记蒋锋（左五）会见台湾大健康产业联盟主席王剀锵（左四）一行，双方就加强合作进行交流

2017 年 8 月 1 日，省委第四巡视组巡视溧阳市工作动员会召开

2017 年 8 月 14 日，市政协主席会议专题视察全市交通运输工作

2017 年 8 月 28 日，常州市委书记费高云（左二）在江苏中关村科技产业园普莱德公司调研

2017 年 9 月 21 日，江苏省中医院与溧阳市人民政府合作办医签约仪式在天目湖宾馆举行，双方合作共建省中医院溧阳分院

9 月 23 日，2017 首届中国无人机对抗赛暨低空安全综合主题活动在别桥镇无人机产业园试飞基地举行

2017 年 9 月 27 日，江苏天目湖旅游股份有限公司在上海证券交易所上市

2017 年 9 月 27 日，天目湖工业园布勒（常州）新厂区举行竣工投产庆典

2017年10月12日，常州市市长丁纯（前中）现场督查上汽房车等溧阳重点项目推进情况

2017年10月17日，江苏上上电缆集团举行成立50周年庆典活动

2017 年 10 月 18 日，溧阳市与美国马里兰州哈维郡哥伦比亚市签署友好城市意向书

2017 年 10 月 20 日，全国油菜生产全程机械化现场推进活动在别桥镇举办

2017 年 10 月 28 日，市第八届运动会暨第五届全民健身节在江苏省溧阳中等专业学校体育场开幕

2017 年 11 月 14 日，市人大常委会视察全市“重大项目攻坚年”推进情况，图为在科华控股公司进行实地视察

2017 年 11 月 27 日，中国工程院 2017 年院士增选结果公布。新当选的 67 位院士中，溧阳籍院士蒋剑春（左）名列其中

2017 年 12 月 1 日，在首届“水韵江苏”旅游产品交易博览会开幕式上，溧阳 1 号公路被命名为“首批江苏省旅游风景道”

2017 年 12 月 11 日，溧阳市举行智慧城市大数据云平台项目签约暨“自在溧阳”APP 上线新闻发布会

2017 年 12 月 11 日，溧阳市隆重举行创建全国文明城市总结大会。六位市民代表为全国文明城市奖牌揭牌

城区交通堵点综合治理

城区交通堵点综合治理疏导工程

实施路网综合改造工程，化解中医院、燕山菜场、江南春市场、实验初中、新晨百货等城区堵点问题。提档升级智能交通一期设备，优化城区交通组织，提高城区道路通行能力。选择 8 ～ 10 个机关事业单位试点潮汐停车场。城区全面推开公共自行车

宋团城西城桥段滨水绿带

城市河道清水亲水综合治理工程

启动城区河道水环境治理，实施盛世华城小区、育才路等区域截污工程，开展向阳渠沿线村庄污水综合整治，建立长效管护机制。新建护城河沿线滨水绿地 20 万平方米、水上步道 5.5 公里、亲水平台 20 处

镇村公交惠民

镇村公交惠民优质服务工程

实行 60 周岁以上老年人乘坐镇村公交优惠政策： 60 ～ 70 周岁半价、70 周岁以上免票

“三堂”为民优质服务工程

如意小食堂：用政府闲置资产或新建场地、政府购买服务等方式，在城区设置 10 个如意小食堂，服务区域内有需求的老年人

文化小礼堂：建成 70 个村级（社区）文化礼堂，补充体育健身设施 100 套

幼童小学堂：完善幼儿教师资质，新建 6 所幼儿园，创建 2 所省级优质园、3 所常州市级优质园

三堂工程之小食堂

“自在生活”便民优质服务工程

开发投运集行政办事、生活缴费信息查询、社会互动等功能为一体的公共服务平台——“自在溧阳”，提供涵盖政务、旅游、医疗、交通、商业、民政等与市民生活密切相关的便民服务

自在溧阳 APP 上线

溧阳旅游公路提标工程

按照“全国一流、全省示范”的标准，新建提档“四好农村路”和特色旅游公路 200 公里。编制“自在驾行、畅游溧阳”旅游路线图，规范路名、标识，增设自在驿站、观景台、慢行系统等配套功能，打造 2 条旅游公路经典线路

溧阳 1 号旅游公路之爱情的套路

基层医疗水平提标工程

江苏省人民医院溧阳分院挂牌运营，县级公立医院与 5 家以上卫生院结对成为医疗联合体，新建 2 家城市社区卫生服务站、4 家省级标准化村卫生室，推行 30 个村家庭医生签约服务

新人民医院外景

公园绿地建设提标工程

新增公园绿地 15 万平方米，改造提升城区绿地 75 万平方米。建设健身步道 20 公里，健身场地 3000 平方米。新建城区林荫大道 10 公里、特色花道 10 公里、色彩片林 5 万平方米、人文街景绿地 20 处

城市防洪扩围提标工程

提升城区和江苏中关村防洪能力，老戴埠河新建 10 米节制闸 2 座、25 立方米 / 秒泵站 1 座；新建涵洞 4 座、泵站 2 座，加固黄墟荡、西山河堤防；西山河修建 16 米节制闸 1 座。实施易涝集镇防洪提升工程，上兴新区新建撇洪沟 4 公里及配套建筑物；南渡镇开挖旧县引排水河道 900 米；社渚集镇结合中小河流治理实施防洪包围工程，将山洪撇离镇区，并设闸站排除涝水

防洪扩围

江苏中关村科技产业园

Jiangsuzhongguancunkejichanyeyuan

时任江苏省委常委、常务副省长黄莉新到园区调研考察

时任常州市委书记费高云到园区督查重点项目运营情况

CATL 二期开工仪式

上汽时代先进动力电池系统产业化项目奠基仪式

2017 年，是极具特殊意义的一年，是发展里程碑式的一年。省市委高度重视中关村的发展，多次到中关村视察，时任江苏省委常委、常务副省长黄莉新来园区调研考察、时任常州市委书记费高云对园区一年来取得的成绩给予高度肯定，在溧阳市委市政府的正确领导下，园区上下紧紧围绕“凝聚精气神，建设新溧阳”总要求，围绕创建国家级高新区和打造具有世界影响力的储能产业科创中心的总体目标，一步一个脚印，踏踏实实抓项目、补短板、优服务，以抓铁有痕、踏石留印的务实作风，全面提升了园区的核心竞争力。

坚持“一切围着项目干”，实现了重大项目招引的“大、多、高、快”。项目体量大，成功引进并建设上汽时代超百亿的动力电池产业基地，实现园区百亿项目双连击，总投资 50 亿元项目 1 个。项目数量多，全年累计引进总投资 5000 万元及以上工业项目 33 个，亿元以上项目 19

市委书记蒋锋，市长徐华勤出席进驻园区项目签约仪式

市委书记蒋锋到园区宣讲十九大

个，当前已聚集产业链企业 30 余家。项目水平高，成功引进天目湖先进储能技术研究院、东南大学溧阳研究院两大平台，大幅提升园区研发水平。项目推进快，20 个市重点工业项目上半年全部开工建设，开工率 100%，完成年度投资计划 120%，时代新能源、璞泰来、科达利、上汽大通等 11 个项目投产或试生产，投产率 55%，其中上汽房车 4.5 万方厂房从打桩到主体封顶 93 天完成、璞泰来从基础到主体封顶 50 天完成，干出了项目建设的“中关村速度”。

茶叶节签约天目湖储能研究院、东南大学溧阳分院

全面完成各项经济指标，各项指标同比增幅均在两位数以上。园区地区生产总值 172.1 亿元，同比增 16.9%，净增值占全市增值的 43.9%；公共财政预算收入 14.99 亿元，同比增长 10.2%，净增值占全市增值的 58.4%；工业设备投入 15 亿元，同比增长 96.5%，净增值占全市增值的 52.8%。企业发展速度喜人，销售增幅 20% 以上规上企业 24 家，其中销售增幅达 40% 以上的规上企业 17 家。另有 4 家新投产企业销售额均在亿元以上。企业发展质量提升。纳税超过千万元的企业共 21 家，5000 万以上的 4 家，上上、华鹏、苏华集团纳税更是超过两亿元。良友正大、金梧股份成功挂牌新三板，园区的经济基础愈发稳固。创新能力不断增强。上上电缆获国家技术创新示范企业、江苏制造突出贡献奖优秀企业，华鹏电力仪表被认定为省级和国家级两化融合贯标试点企业，中兴西田被认定为国家级两化融合贯标试点企业，时创能源等 4 家企业荣获省瞪羚企业称号。全年完成专利申请 601 件，其中发明专利 152 件；新增专利授权 429 件，其中发明专利 52 件。

天目湖先进储能技术研究院签约

“263”专项督查

留学人员创新创业项目对接会

省委书记娄勤俭视察天目湖镇

全国妇联党组书记宋秀岩到天目湖镇调研

天目湖旅游度假区
溧阳市天目湖镇

国家级旅游度假区　国家生态旅游示范区　国家5A级旅游景区

天目湖镇（区）位于溧阳市南部，233国道纵贯全镇南北，宁杭高速公路溧阳南道口坐落在区域内，宁杭城际高速铁路溧阳站紧临镇区，交通十分便捷。风景宜人的天目湖就座落在镇（区）西南部。全镇区域总面积239平方公里，旅游度假区规划面积320平方公里。辖14个行政村、5个居委会，总人口7.8万人。近年来，镇（区）认真践行“美丽天目湖、绿色新发展”理念，加快产业结构调整，强化生态环境保护，实现了全镇（区）经济社会又好又快发展。

富裕天目湖。先后荣获国家水利风景区、国家特色景观旅游名镇、全国环境优美乡镇、全国发展改革试点城镇、中国改革十大最具投资价值的开发区、国家级水利工程管理单位、中国最佳旅游度假目的地等称号。2017年，全镇实现地区生产总值63.9亿元，完成公共财政收入5.16亿元，完成工业总产值120.7亿元。旅游区接待游客450万人次，实现旅游收入18亿元，在2016年全省国家级旅游度假区考评中位列第一。安靠智电、天目湖旅游成功上市，分别为全市首家上市企业和江苏省旅游景区类首家上市企业。全年实现农业总产值8.1亿元。

美丽天目湖。2013—2015年期间，相继创成国家5A级旅游景区、国家生态旅游示范区、国家级旅游度假区、国家森林公园、

天目湖国家湿地公园（试点）

天目湖国家森林公园

涵田养心谷

国家湿地公园（试点），是华东唯一、全国仅二的集“三区”于一体的度假区（景区）。围绕景区在全国有地位、园区与城区相同步、镇区在全市首屈一指的目标，高标准推进“景区、镇区、园区”联动建设和“生产、生活、生态”融合发展。加速景区提档升级，营造一流的景区环境；加速集镇改造提升，着力打造形态功能一流、风格特色鲜明的新型集镇；加速园区功能完善，促进园区面貌焕然一新。坚持开发和保护并重的理念，扎实推进一系列水源地保护工程，实施天目湖全域全年封湖禁渔，《常州市天目湖保护条例》正式施行，全力打造“山清、水秀、地绿”的新天目湖。天目湖空气质量达国家一级标准，水质保持国家Ⅱ类饮用水标准，被誉为“江南明珠、绿色仙境”。

2017 中国·溧阳茶叶节暨天目湖旅游节开幕式

幸福天目湖。人民生活不断改善。教育和卫生事业协调发展。全镇现有 2 所初中、3 所小学、7 所幼儿园，市外国语学校天目湖校区（市永平小学）、天目湖中心幼儿园新校区于 2017 年建成投用；现有 2 所卫生院、1 所民营医院，城乡基本公共卫生服务体系较为完善。群体性文体活动丰富多彩，编撰出版了《天目湖文脉》《天目含章》等特色文化书籍。落实农民增收各项举措，切实抓好就业再就业工作，农民收入稳定增长。社会保障更为健全。全镇基本养老保险、医疗保险实现全覆盖，企业职工保险扩面任务全面完成。民政事业得到加强，城乡低保和农村五保做到应保尽保。精准扶贫、阳光扶贫工作全面开展，一大批民生实事项目顺利推进。社会保持和谐稳定，多次被市委、市政府评为信访维稳工作先进单位。

布勒（常州）机械有限公司新厂区

昆仑街道

liyangshikunlunjiedao

昆仑街道面积 80.05 平方公里，辖 7 个居委会、16 个行政村，总人口 66784 人。2017 年，街道完成地区生产总值 172.05 亿元，增长 16.9%；实现财政收入 22.73 亿元；工业销售收入 698.22 亿元，增长 12.1%; 工业利税 50 亿元，增长 7.4%；农业总产值 6.97 亿元；全社会固定资产投资 163.61 亿元，增长 10.4%；第三产业增加值 19.96 亿元，增长 21.0%。2017 年，昆仑街道在市文明城市创建中被溧阳市委、市政府授予集体三等功；被评为溧阳市平安建设和党的十九大安保维稳工作先进集体；街道社区教育中心创成常州市和江苏省标准化社区教育中心。

重大项目保障有力。全年共回填土方 450 万立方米，清淤 60 万立方米，保障宁德时代新能源科技有限公司、上海汽车集团股份有限公司 1008 地块、上海璞泰来新能源科技股份有限公司等重大项目地块的“七通一平”。全年共征收土地 5600 余亩，息耕 1700 亩。保障开发区小学、新庄加油站、合心燃气站等一批重点项目建设用地。

征迁工作强势推进。全年完成 40 家企业、12.04 万平方米建筑面积拆除。完成拆迁扫尾农房 20 户。完成王家、河田里等 8 个自然村拆迁意愿调查，提前办理 11 个自然村村基转征手续。完成小夏庄北、徐格笪、濑江新城等 5 个安置小区、5304 套房源的交付工作。完成宁德时代新能源科技有限公司地块景观河开挖工程，完成 104 国道和平陵路等道路绿化工程。

文明创建成效显著。共更新店面招牌 700 多个，拆除旱厕、违章搭建 14 处，清理卫生死角 300 余处，制作宣传栏 310 块，宣

诵读经典 传承文明

志愿者宣誓活动

昆仑街道教育志愿者队伍

九九重阳节 浓浓战友情

“红色党徽照我心、绿色文明伴我行”志愿者活动

心手相牵　与爱同行

传展板3000多张，户外围挡1800米，特色主题墙绘1500平方米；开展“拎起文明袋，扇起文明风，争当文明人”特色活动51次。环境治理深入开展，大力推进“263”专项行动，关停禁养区内畜禽养殖场30家，清理城市防洪圈内渔船38条，关停码头5家，彻底拆除胡桥砖瓦厂、杨庄石灰窑，整治取缔废品收购点60家。管护、清洁清淤河道23条，完成肇庄沟、新昌河引水沟、东半夜浜等5条黑臭水体（河）水环境治理。基础设施加快更新，中关村防洪大堤提升工程抢险工程已完工，完成杨庄塍圩、后庄排涝站和进水涵工程，方里、班竹村自来水管道改造、方里后桑园农村生活污水整治工程。

特色田园乡村—方里村鸟瞰

江苏省历史文化名村——沙涨村古村落鸟瞰

公共服务稳妥推进。发放低保金、残疾人补助、优抚对象补贴等救助和慰问金1663万元。完成正昌路9号老小区改造，申报审批危房改造4户，完成新庄线、新河线、杨庄线等9条公路维修养护，蒋店后房桥施工建设。完成绿化造林212亩，四旁植树1.2万株。新增高效果蔬设施面积150亩，建成绿色高产高效示范区面积4400亩。开展各类农技培训1800余人次，入户指导400余人次，创省级示范家庭农场3家，创常州市级示范家庭农场12家，溧阳市示范农场4家。落实各项惠民补贴190万元，建档立卡贫困户170户347人，实行领导干部挂钩包户精准扶贫制度，剩余63户134人。成立昆仑街道农村产权交易服务中心，完成交易15个、215万元，完成送书下乡3000余册，送电影下乡60场，送戏下乡8场。成功举办农民工歌手大赛、健身舞大赛、羽毛球、乒乓球大赛等各类文体活动10余次，“三八”“五四”等节日主题活动有序开展。

稳控力度持续加大。调处各类纠纷286件、368人次，劝阻269件、351人次，调解成功率达93.7%。办结《市长信箱》信访件11件，及时办结率100%。受理省委书记、省长信箱4件，受理省巡视组信访件14件，常州巡视组信访件4件。有效化解夏庄、胥渚群访问题。申报创建省级民主法制示范村（社区）8个。开展安全隐患大排查大整治行动，启动“百日”安全生产大检查，大力开展消防安全、出租房安全、危化品、道路交通、森林防火等17项专项整治，发现安全隐患70处，整改率100%。

江苏天目建设集团有限公司

Jiangsu Tianmu Construction Group Co.,Ltd

党委书记、董事长　周天喜

- ◎ 全国安装行业先进企业
- ◎ 全国优秀施工企业
- ◎ 全国用户满意安装企业
- ◎ 全国守合同重信用企业
- ◎ 中国建筑业成长性 200 强企业
- ◎ 全国建筑业 AAA 级信用企业
- ◎ 江苏省建筑业最佳企业
- ◎ 江苏省建筑业百强企业
- ◎ 江苏省建筑业竞争力百强企业

江苏天目建设集团有限公司创建于 1958 年，于 1995 年 10 月组建省级集团公司，2002 年由全民企业改制为民营企业，总注册资本 3 亿元人民币，总资产达 17 亿元人民币。公司拥有 7 个子公司，施工区域辐射全国各省、直辖市及海外，现具有建筑工程施工总承包特级资质，建筑行业甲级设计资质，机电工程施工总承包一级、钢结构、地基基础、建筑机电安装、消防等专业承包一级资质，市政、电力、冶金、建筑装修装饰、电子与智能化工程等二级资质，石油化工工程、环保工程三级资质，建筑劳务资质，锅炉安装 I 级、起重安装 A 级、电梯安装 A 级及压力管道安装等特种资质，并具备独立的对外承包工程资格。2017 年公司完成国内外施工产值 70 亿元，共获得国家级优质工程奖 1 项、省级优质工程奖 3 项、省级工法 2 项，全国建筑业绿色施工示范工程 1 项。

中储粮镇江粮油公司增建油罐总承包项目（中国安装之星）

公司管理成效突出，专业管理和综合管理都具较高水平。已通过 ISO9001 质量体系、OHSAS18001 职业健康安全体系及 ISO14001 环境管理体

天津解放桥项目

溧阳市人民医院新院机电安装总承包项目（江苏省优质工程奖“扬子杯”）

郑州绿地中心项目（建设工程金属结构“金钢奖”）

忠于职守　无私奉献　勇于开拓　争创一流

系的认证，多年来荣获“全国安装行业先进企业”“全国优秀施工企业”“全国用户满意安装企业”“全国守合同重信用企业”“中国建筑业成长性200强企业”“全国建筑业AAA级信用企业”“江苏省建筑业最佳企业”“江苏省建筑业百强企业”“江苏省建筑业竞争力百强企业”“江苏省特级AAA资信企业”“江苏省知名建设承包商”等荣誉称号。

公司始终坚持以“忠于职守，无私奉献，勇于开拓，争创一流”的企业精神，以“承一项工程，树一片信誉，辟一方市场”的经营宗旨，上下齐动、左联右合、内炼外拓、不断进取，先后承接了一大批远近闻名的高、大、新、特工程。近年来公司共获得国家级优质工程16项、国家级市政金杯工程5项、省市级优质工程及省市级文明标化工程数百项、国家级工法二项、省级工法11项，取得了较好的经济效益和社会效益。同时，公司在海外工程市场上不断发展，先后承接了印尼、委内瑞拉、马来西亚、越南、俄罗斯、纳米比亚、新加坡、以色列、缅甸、柬埔寨、巴基斯坦、沙特等国家和地区的工程建设。为迎合一带一路建设作出了一定成绩。

展望未来，公司将一如既往地恪守企业宗旨，诚信拓业，务实奉献，不断提升服务水平，促使企业健康持续发展，为溧阳经济发展再作贡献。

马来西亚关丹港2400th卸船机安装项目

南京新纬壹国际生态科技园展示中心项目

吉林省公主岭市中心城区热电联产集中供热新建项目

溧阳晶阳华苑项目（省标化工地）

江苏上上电缆集团
JIANGSU SHANGSHANG CABLE GROUP

50th

专注电缆 质创未来

热烈庆祝江苏上上电缆集团成立五十周年

企业简介

江苏上上电缆集团创建于1967年，是国家重点高新技术企业，拥有国家认定企业技术中心和博士后科研工作站。上上品牌被评为“中国电器工业卓越品牌”，企业获评“装备中国功勋企业”“中国质量诚信企业”“中国工业示范单位”“全国守合同重信用企业”“全国质量管理先进企业”等称号。上上电缆产品为天安门城楼改造、北京奥运、首都机场、京沪高铁、核电工程等国家重点项目所选用，并出口全球80多个国家和地区。

2017年10月17日，上上隆重举行“专注电缆，质创未来”——江苏上上电缆集团五十周年庆典活动，上上用户代表、供应商代表、行业领导、专家、地方领导、企业家代表及上上员工代表等550多人出席了此次庆典。

上上电缆百年征程启动仪式

更多信息请关注上上电缆官方微信

中国质量奖提名企业

丁山华

江苏上上电缆集团董事长，高级经济师，1983 年至今一直担任企业负责人，他以超前的思维、先进的管理理念，把一个无名小厂发展成为中国电缆制造业的引领者。

近年来，在他的带领下，上上电缆取得了令人瞩目的业绩，2017 年，集团完成销售超 160 亿元，企业连续两届荣获“中国质量奖提名奖”，上上电缆自主研发的三代核电 AP1000 壳内电缆填补世界核级电缆领域空白，被评为“中国机械工业科学技术奖一等奖”。

丁山华荣膺“2015 中国十大经济年度人物”，他还先后荣获“中国慈善事业突出贡献奖”“中国工业十大影响力人物”“全国质量管理突出贡献者”“全国机械工业明星企业家”“中国优秀企业家”“江苏省劳动模范”“江苏省道德模范”“十二五·最受尊敬的苏商领袖”“十大风云苏商”等荣誉称号。

江苏上上电缆集团
JIANGSU SHANGSHANG CABLE GROUP

地址：江苏省溧阳市上上路 68 号
电话：0519-87308866
传真：0519-87308808
网址：www.shangshang.com

苏华建设集团有限公司

Suhua Construction Group Co.,Ltd

党委书记、董事长、法定代表人 宋小华

总经理 宋 健

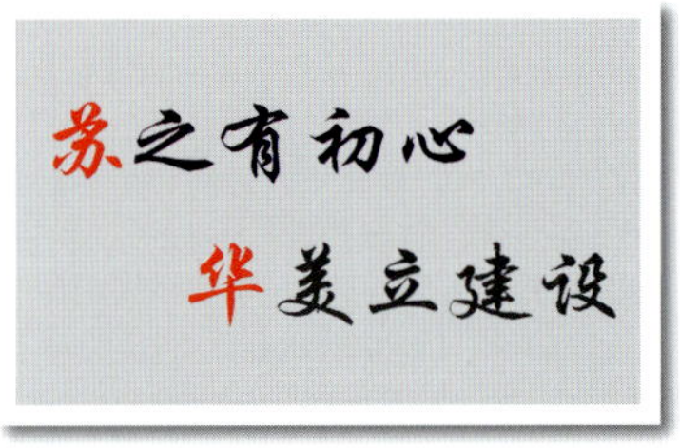

苏华建设集团有限公司成立于1976年，是中国建筑业成长性百强企业、全国优秀施工企业、全国安装行业先进企业、全国守合同重信用企业、全国用户满意安装企业。

公司注册资本1.28亿元，总资产超10亿元。2017年公司签订施工合同超100亿元，完成建筑业产值76.8亿元，上交税费4.25亿元，其中，溧阳本地纳税超过2亿元。

苏华建设集团作为壹级资质企业，能够以EPC总承包的方式承建火电、风电、燃机发电、生物质发电、垃圾发电、光伏发电项目以及冶金、石油、化工领域的设备成套和房屋建筑、市政公用工程项目。同时还拥有锅炉安装改造一级许可证、起重机械安

董事长宋小华视察平煤集团己内酰胺EPC项目

集团公司党委书记宋小华带领支部书记赴革命圣地延安参观学习

公司获得溧阳市特别贡献奖，受到市委市政府表彰（图中为董事长宋小华）

公司承建的越南升龙发电厂 2 台 300MW 发电工程

公司承建的年产 1.2 万吨大丝束碳纤维设备安装工程

装维修改造、压力管道安装等许可证和电力设施承装（修、试）资格以及独立的对外承包工程经营权。

公司自成立以来，在北京、上海、天津、贵州等 20 多省、市设有分公司，施工业务遍布全国各地，累计建成各类电站 5000 座。除了国内市场，苏华集团还成功进入印尼、马来西亚、越南、缅甸、阿根廷、斯里兰卡、巴西等海外建筑市场，并具备丰富的涉外工程承包经验和完善的保障体系。

公司多次获得“中国建设工程鲁班奖”“国家优质工程奖”“中国安装之星”“全国化学工业优质奖”。公司自行开发多项国家级、省级工法，多项技术被中国安装协会和中国施工管理协会评为科技进步和科技成果奖，多项应用技术取得国家发明专利。苏华建设集团已经连续多年被中国施工企业管理协会评为“科技创新先进企业”。

龙海建设集团有限公司

龙海集团

Longhai Construction Group Co.,Ltd

董事长 张龙海

龙海建设集团有限公司，前身为溧阳市建工集团公司，经过多年的不懈努力，逐步发展成一家“以信息化为基础，以科研为支撑，集施工、设计多项资质于一身”的区域性龙头建筑企业。公司注册资本金30200万元，公司具有建筑工程施工总承包特级资质、工程设计建筑行业甲级资质、市政公用工程施工总承包一级资质、机电工程施工总承包一级资质；建筑机电安装工程、钢结构工程、建筑装修装饰、地基基础工程等专业承包一级资质；电子与智能化工程、消防设施、石油化工工程、锅炉、压力管道、压力容器、电梯安装等施工资质。同时具有商务部授予的对外工程承包签约权及省级技术中心。

集团总部设在江苏溧阳，现有41家分公司、9家控股子公司，企业年产值超百亿元，名列中国建筑业竞争力百强企业172位。集团现有注册建筑师、注册结构师、注册建造师等注册人员300余人。公司致力于质量、环境和职业健康安全管理，取得了GB/T 19001-2008质量管理体系、GB/T 24001-2004环境管理体系、GB/T 28001-2011职业健康安全管理体系的认证。多次获得“中国建筑业百强企业”“全国优秀施工企业”“江苏省建筑业百强企业”“江苏省建筑业优秀企业”“江苏省质量管理优秀企业”“国家级重合同守信用企业”“江苏省信用管理示范建筑业企业”“上海市建筑业诚信企业”“天津市优秀诚信企业”“AAA级资信企业”等荣誉称号。

近年来企业围绕“科技兴企”和“管理竞争”的发

南京上坊北侧地块经济适用房项目（鲁班奖参建项目）

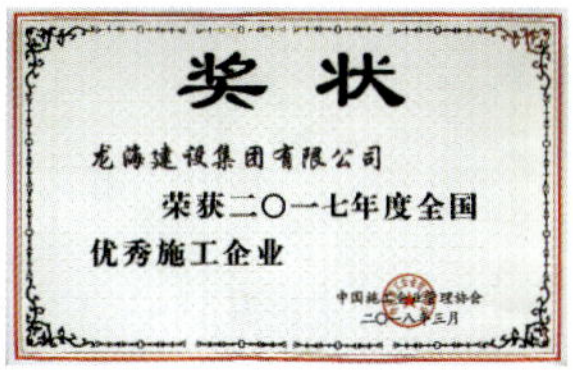

诚实守信　勇于开拓
与时俱进　争创一流

展战略，分别与重庆大学、东南大学、南京工业大学等单位联合研发了多项绿色、环保、节能建筑专利产品。目前公司共拥有 21 项省级工法、19 项专利（发明专利 5 项、实用新型专利 14 项）。公司采用信息化管理，提高管理水平，降低管理成本，加强管理效率。

公司积极开拓国内外市场，国内市场遍布全国，国际市场分布在澳大利亚、朝鲜、印尼、卢旺达等国家。先后承建了北京市门头沟区潭柘寺镇旅游产业项目、上海世博会日本馆、大型客机研制保障条件建设项目二期总装厂房工程、天津市公安局北辰分局、廊坊东方家具城、重庆第三军医大学第一附属医院科教楼、永城市体育中心体育馆、安徽阜阳国桢燃气调度中心办公楼工程、青奥文化体育公园为代表的众多总承包工程。一大批工程获得“鲁班奖”“市政金杯奖”及“白玉兰杯”“扬子杯”“金奖海河杯”“中州杯”“钢结构金钢奖”和“军队一等奖”等省市优质工程荣誉。

公司将继续以优质高效、良好服务为企业宗旨，以最优的产品和最佳的服务奉献社会。坚持科技建造、人文建造、绿色建造，向着大而强、强而优、优而精的目标迈进！

天津公安局北辰分局应急指挥中心、警讯基地、地下停车场、刑事科学研究所工程（天津市“金奖海河杯”）

无锡太湖锦绣园（无锡市“太湖杯”）

常州科教城创研港 1 号楼、5 号楼（江苏省“扬子杯”）

溧阳文化艺术中心

常州百馨西苑（江苏省文明工地）

苏浙皖边界市场

Suzhewanbianjieshichang

董事长 费爱平

★ 全国标准化市场

★ 中国品牌市场

★ 农业部定点市场

★ 江苏省文明诚信市场

★ 常州市流动人口管理示范市场

★ 常州市平安市场

苏浙皖边界市场，是苏浙皖三省交界地区最大的综合性市场，始建于2001年，由江苏苏浙皖边界市场发展有限公司建设运营。一期市场为农副产品交易区，主要经营品种有蔬菜、水果、水产、茶叶、粮油、竹木等；二、三期市场为建材交易及仓储物流区，经营品种有陶瓷卫浴、五金水暖、油漆涂料、木材夹板、花岗岩等；景丽家居城主营软体、实木、板式、欧式、美式中高档家具；精品建材城主营中高档建材及各类实景体验馆。

苏浙皖边界市场占地面积480亩，总建筑面积28万平方米。截止2017年底，市场共有经营户1800余户，从业人员超1.5万人，相关源头产业及配套服务用工达5万余人。2017年市场总成交额达110亿元，上缴各项税费2000余万元，经营范围辐射全国10多个省市。公司已经通过ISO9001服务质量体系认证，连续被上级评为“全国标准化市场”“中国品牌市场”“农业部定点市场”“江苏省文明诚信市场”“常州市流动人口管理示范市场”“常州市平安市场”等荣誉称号。

相伴十八年·见证辉煌

·蔬菜·水果·水产·茶叶·粮油·竹木·陶瓷卫浴·五金水暖·油漆涂料·木材夹板·
·花岗岩·软体、实木、板式、欧式、美式中高档家具·家居实景体验馆·仓储物流·

◎◎苏浙皖边界市场占地面积 480 亩◎◎总建筑面积 28 万平方米。
◎◎市场共有经营户 1800 余户◎◎从业人员超 1.5 万人。
◎◎连续多年市场总成交额超百亿元。

江苏五星建设集团有限公司

Jiangsu Five Star Construction Group Co.,Ltd

董事长　张云奎

★★★ 全国优秀施工企业

★★★ 全国守合同重信用企业

★★★ 中华人民共和国对外承包工程资格

★★★ 江苏省建筑业优秀企业

★★★ 江苏省建筑业竞争力百强企业

★★★ 溧阳市建筑业五强企业

江苏五星建设集团有限公司创建于1964年，经过50多年的发展和壮大，取得了房屋建筑工程施工总承包壹级资质、市政公用工程施工总承包二级资质，以及建筑装修装饰、钢结构工程、机电设备安装工程、消防设施工程、特种结构（补强）、城市及道路照明工程、防腐保温工程、地基基础工程等专业承包资质和房地产开发资质，并取得了中华人民共和国对外承包工程资格。公司先后通过了ISO 9001：2008质量体系认证，GB/T 28001-2011健康安全体系认证，GB/T 24001-2004环保体系认证，连续多年被授予“全国守合同重信用企业”、“AAA”级信用企业、“银行信得过”企业等荣誉称号。

公司注册资本2.01亿元，资产总额达23.3亿元。公司现有技经人员400多名，其中高、中级技术人员120多名，一、二级注册建造师130多名，项目经理200多名。公司总部位于溧阳市罗湾路8号建设服务大楼5楼，下辖上海、南京、无锡、苏州、镇江、常州、徐州、海阳、广州、天津项目管理公司等十几家分公司，拥有江苏凯浪置业有限公司、劳务公司、五星钢结构、德航投资公司、仁浩资产公司、李家园大酒店等多家子公司。

多年来，公司全体员工发扬“诚信敬业，团结拼搏，勇于开拓，务实进取”的企业精神，坚持走质量—科技—效益型发展之路，建立了具有自身特色的质量保证和管理体系。在工程质量、安全生产和文明施工等方面硕果累累，承包的工程多次获得江苏省“扬子杯”、无锡市“太湖杯”、镇江市“金山杯”、常州市“金龙杯”等奖项。公司每年有多项工程，共累计数百个项目被评为“省、市级文明工地”。2017年度，公司施工的溧阳市人民医院新院工程被评为全国建筑业绿色施工示范工程、江苏省优质工程奖“扬

国家智能交通综合测试基地项目

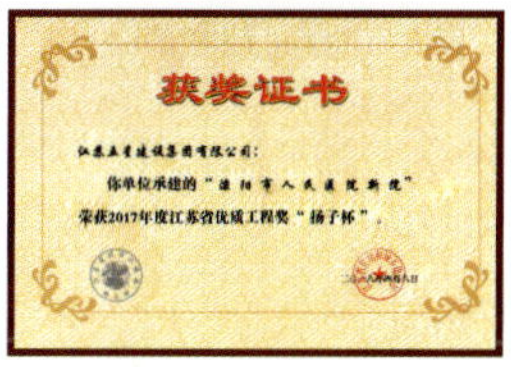

公司投资建设的泰越大厦

子杯"等奖项。公司施工的南京空港 NO.2015G47 地块房地产开发项目 27#、28# 楼、云鼎秀水湾安置房一期二标段（14 栋、16 栋、17 栋、18 栋）等 4 个项目获得"江苏省标准化文明示范工地"称号。公司多次被评为全国优秀施工企业，江苏省、常州市建筑业优秀企业，江苏省建筑业竞争力百强企业，江苏省、常州市安全生产先进企业，溧阳市建筑业五强企业，溧阳市建筑业五星企业，溧阳市建筑业十佳企业等称号。

五星建设集团在张云奎董事长的正确领导下，紧紧围绕近、中、长期发展规划，进一步发挥公司的人才优势，竭诚为广大客户提供优质服务。与城市建设，生态经济增长同步发展，继续为社会建造更多的用户满意工程！

地 址：溧阳市罗湾路建设服务大楼 5 楼
电 话：0519-87018809　87018800　　传 真：0519-87018811
邮 箱：jswxjsjt@163.com　　网 址：www.jswxjsjt.com

溧阳市人民医院新院项目荣获"扬子杯"

申特花园安置房小区工程项目

云鼎秀水湾安置房小区一期工程项目

江苏瑞峰建设集团有限公司

Jiangsu Ruifeng Construction Group Co.,Ltd

董事长　缪文峰

江苏瑞峰建设集团有限公司始创于1994年5月，公司原名为溧阳市欣盛建筑安装工程总承包有限公司，2009年3月更名为江苏瑞峰建设集团有限公司。

公司以房屋建筑工程施工总承包壹级为主项资质，以机电设备安装专业承包壹级、地基与基础工程专业承包贰级、钢结构专业承包贰级、市政公用工程施工总承包贰级、建筑装修装饰工程专业承包贰级、环保工程专业承保叁级、施工劳务不分等级为增项资质以及压力管道安装等的综合性施工企业。

公司下辖北京、上海、天津、昆山、苏州、无锡、常州、镇江、南京、青岛、邯郸等分公司，现有职工7800人，各类技经人员386人，其中高级职称15人，中级职称168人；各类建造师114人，其中一级建造师28人、二级建造师76人。企业注册资金20118万元，现有各类机械设备1030台（套），年施工能力在50亿元以上。

2003年1月，公司由原市属全民企业改制为有限公司后，充分发挥企业的信誉优势、技术优势、人才优势、资金优势和新体

瑞峰建设集团开发的溧阳锦江大厦（省标化工地）

制、新机制优势，内强素质，外树形象，积极开拓业务，不断强化管理，公司先后通过了 ISO9001 质量管理体系认证、ISO14001 环境管理体系认证和 GB/T 28001 职业健康安全管理体系认证。通过认证，进一步规范企业内部的管理程序，为企业的顺利发展奠定了基础。

近年来，公司顺时应势，抢抓发展机遇，朝着做大做强的目标，积极、稳妥地拓展市场。2016 年公司施工的锦江大厦获江苏省住房和城乡建设厅建筑施工标准化文明示范工地；2017 年公司施工的原木材公司地块开发项目获江苏省住房和城乡建设厅建筑施工标化三星级工地；2015 年公司参建的天津中医药大学第一附属医院迁址新建工程—门急诊住院综合楼获天津市建设行业“金奖海河杯”、2017 年获中国施工企业管理协会“国家优质工程奖”。

近年来公司研发的《钢管剩磁的消磁施工工法》《多排多向旋喷搅拌加劲（扩头）组合支护桩施工工法》《注芯配筋复合保温剪力墙砌体施工工法》《框剪结构高层建筑应用多向多重折叠爆破成套技术进行限位坍塌拆除的施工工法》《燃气管道的氮气置换施工工法》等八项技术被审定为省级工法。公司研发的《一种避免大体积混凝土裂缝形成的浇筑方法》发明专利、《一种附着式整体脚手架的安全控制系统》《一种悬挑式双排脚手架》《一种塔式起重机用安全装置》三项实用新型专利。

公司连续多年安全生产无事故。公司连年被江苏省工商行政管理局评为“守合同 重信用”企业，江苏省建行“AAA”级企业信用等级以及溧阳市建安系统“十佳企业”“五强企业”。

公司将坚持“诚信守法、质量第一；优化环境、预防污染；以人为本、安全生产；持续改进，追求卓越”的方针，努力为国内外建设单位提供更好更满意的服务。

天津中医药大学第一附属医院（中国金质奖）

溧阳尚景苑项目(省标化工地)

安徽六安佳源巴黎都市项目

南京扬子油品升级改造项目

无锡中南家园项目

溧阳市天目湖酒文化博物馆

Liyangshitianmuhujiuwenhuabowuguan

成立联合党支部

“巾帼新时代”主题活动中溧城镇妇联领导莅临参观指导

馆长陶洪昌参加国家文物局举办的2018年度全国非国有博物馆馆长培训班，与国际博协副主席、中国博物馆协会领导安来顺合影

★★ 天目湖酒博馆开馆二周年累计接待游客十多万人次

★★ 常州市科普教育基地

★★ 常州市博物馆学会理事单位

★★ 江苏省民办博物馆协会副会长单位

★★ 中国博物馆协会团体会员

★★ 中国博物馆协会非国有博物馆专业委员会团体会员

参加第二届中国（南京）国际糖酒食品交易会

天目湖酒文化博物馆志愿者成立大会

天目湖酒博馆开馆两周年庆

2016 年 5 月 31 日，溧阳市天目湖酒文化博物馆正式开馆并面向全社会免费开放。开馆二周年以来，累计接待游客十多万人次。举办了 5·18 国际博物馆日“超级链接的博物馆：新方法、新公众”主题活动；成立了溧阳市天目湖酒文化博物馆志愿者组织；成立了溧阳市第一糖烟酒有限公司、天目湖酒文化博物馆、酒业商会联合党支部；接待了各类社会组织、酒类经销商以及各类民间团体。

酒博馆得到了社会各界人士的广泛关注。目前，天目湖酒文化博物馆已是常州市科普教育基地、江苏省民办博物馆协会副会长单位、中国博物馆协会团体会员、中国博物馆协会非国有博物馆专业委员会团体会员、常州市博物馆学会理事单位。

为更好地弘扬和传承中国传统酒文化，酒博馆倾全馆之力，改造升级了茅台、五粮液展区，加入了南京博物院江苏省博物馆商店联盟，并成立了文创产品区（博苏堂），以全新的面貌迎接八方来客。

两年来，溧阳市天目湖酒文化博物馆在中国博物馆协会、江苏省文物局、溧阳市文广体局的关心与支持下，取得了可喜的成绩。面向未来，酒博馆不忘初心，砥砺前行，继续为弘扬中华传统酒文化、普及酒类知识，为促进博物馆事业发展，发挥博物馆功能，满足公民精神文化需求，提高公民思想道德和科学文化素质而继续奋斗！

地址：江苏省溧阳市西大街 38 号
电话：0519－87282516
87207902

馆长陶洪昌考察学习俄罗斯国家历史博物馆

馆长陶洪昌一行参观学习南京博物院

参加常州博物馆学会非国有博物馆业务考察

江蘇省溧陽中學

沈鹏

江苏省溧阳中学创建于1946年，1963年被列为江苏省18所示范中学之一，1980年被确定为江苏省首批重点中学，2000年被命名为“国家级示范性普通高中”， 2003年晋升为江苏省最高星级——四星级高中。

学校现有63个班级，2771名学生，教职工334人，其中专任教师本科学历100%，研究生学历81人；具有高级职称的教师129人，具有中级职称的教师145人。学校现有江苏省特级教师2名，常州市特级教师后备人才4名，常州市学科带头人、骨干教师、溧阳市学科带头人、骨干教师等四类优秀教师195名，省、市、县各级各类优秀教师占专任教师总数的65.8%。

省溧中办学成果辉煌，桃李遍天下，哺育了无数享誉中外的高素质、高品位人才。他们中有世界知名科学家，尤以两院院士引人注目；他们中有各行业的领军人物，在政界、教育界、金融界、文化界、体艺界等领域各有建树。

现今的省溧中正值盛世，名校魅力四射，业绩光彩夺目。一流的办学条件，一流的教师队伍，一流

接受常州市政府督导并获高评价

北大教师到校做专题讲座

学生参加溧阳市中秋祭月活动

的管理水平为溧阳人民提供了一流的教育。高考本科上线率、本一占有比例、清华北大一流名校占有数等高考重要指标以压倒优势高居榜首，在省内外同类学校中名列前茅。学校连续摘获 2015、2016、2017 年常州市文科状元。

学校把学生的健康成长与未来发展放在高于一切的位置，在校训“求真”的训育下，形成了“远大理想与现实表现统一、人文素养与科学素养俱佳、创新精神与实践能力兼备、身心健全与自强不息共存”的育人特色。省溧中人在“自强不息”的学校精神鼓舞下，瞄准更高远的发展目标，为把学校建设成为具有国际视野、富有文化内涵及鲜明办学特色的高质量、高品位普通高中而努力奋斗。

校长黄跃华在2017年秋季开学典礼上致辞

德国友好中学代表团到校交流

台湾师生江苏暖心行到校活动

“共庆96华诞，喜迎十九大”主题党日活动

元旦文艺汇演暨校本课程展演活动

2017年常州市文科状元郝翔宇

《溧阳年鉴》（2018）审稿单位

（按篇目先后为序）

市委办	市公安局	工行溧阳支行
市人大办	市检察院	农行溧阳市支行
市政府办	市法院	中行溧阳支行
市政协办	市司法局	建行溧阳支行
市人武部	市商务局	农发行溧阳市支行
市委组织部	海关溧阳办事处	江南银行溧阳市支行
市委宣传部	国检局溧阳办事处	邮政储蓄银行溧阳市支行
市委统战部	江苏中关村科技产业园管委会	溧阳浦发村镇银行
市委政法委	溧阳经济开发区管委会	人保财险溧阳支公司
市纪委办	市旅游局	中国人寿溧阳支公司
市委党史工委	天目湖旅游度假区管委会	人寿财险溧阳支公司
市志办	天目湖镇政府	太保财险溧阳支公司
市统计局	曹山旅游度假区管委会	太保寿险溧阳中心支公司
市气象局	市规划局	东海证券溧阳营业部
市文明办	市国土局	南京证券溧阳营业部
市委巡察工作办公室	市住建委	市发改委
市委农工办	市房屋征收与补偿办公室	市市场监督管理局
市编办	市供电公司	市安监局
市台办	常州市住房公积金管理中心溧阳分中心	市人社局
市委党校	市城管局	市科技局
市级机关工委	燕山新区管委会	市地震局
市委老干部局	市环保局	市教育局
市保密局	市农林局	市文广体局
市信访局	市水利局	溧阳广播电视台
市档案局	市经信局	市卫计局
市政府法制办	市建工局	市民政局
市政务服务管理办公室	市交通运输局	市老龄办
市外事办	市邮政局	市残联
市政府侨办	中国电信溧阳分公司	市民宗局
民盟溧阳市基层委员会	中国移动溧阳分公司	市关工委
民建溧阳市支部委员会	中国联通溧阳分公司	溧城镇政府
市工商联	市粮食局	埭头镇政府
市总工会	市烟草局	上黄镇政府
团市委	市盐务局	戴埠镇政府
市红十字会	市供销总社	别桥镇政府
市妇联	市财政局	竹箦镇政府
市科协	市国税局	上兴镇政府
市侨联	溧阳地税局	南渡镇政府
市文联	市审计局	社渚镇政府
市民防局	人行溧阳市支行	昆仑街道办事处

编辑说明

一、《溧阳年鉴》是由中共溧阳市委、溧阳市人民政府主办，《溧阳年鉴》编纂委员会组织实施，中共溧阳市委宣传部、溧阳市地方志办公室共同承办的综合性资料工具书，于2005年创刊，国内外公开发行。

二、《溧阳年鉴（2018）》以马克思列宁主义、毛泽东思想、邓小平理论、“三个代表”重要思想、科学发展观、习近平新时代中国特色社会主义思想为指导，坚持辩证唯物主义和历史唯物主义的立场、观点和方法，旨在全面反映溧阳市基本自然状况和政治、经济、文化等社会各方面基本面貌，系统汇集溧阳市在“全面贯彻党的十九大精神，奋力谱写建设宁杭生态经济发展带最美副中心城市新篇章”进程中所取得的巨大成就，为各级领导决策和管理、社会各界人士及中外投资者认识溧阳提供客观、翔实的最新信息资料。

三、《溧阳年鉴（2018）》设特载、专记、溧阳概况、大事记、中共溧阳市委员会、溧阳市人民代表大会、溧阳市人民政府、政协溧阳市委员会、中共溧阳市纪律检查委员会、民主党派·工商联·社会团体、武装·法治、开放开发、旅游、城乡建设·环境保护、农业·水利、工业、建筑业、交通·邮政、信息化建设、商贸流通、财税·审计、金融业、综合管理、科学技术、教育、文化·新闻、体育、卫生和计划生育、社会生活、镇（区）·街道、人物·先进集体、统计资料、文件摘要33个类目，全书83.6万字。

四、《溧阳年鉴（2018）》记载的地域范围以现行溧阳市行政区划为界，凡在溧阳市境内的各镇（区）、场圃、机关、团体、企事业单位等，不论其归属，均在记述范围之内；记载时间为2017年度，部分条目适当向前追述，特载、先进个人、先进集体收录至2018年4月。

五、《溧阳年鉴（2018）》采用分类编辑的方法编辑，主体内容分为类目、分目、条目3个层次，以条目为记载实体。对条目间的交叉重复现象，一般分清主次和区别视角加以记述。为方便读者查阅，《溧阳年鉴》设有目录、索引等检索系统。

六、《溧阳年鉴（2018）》全书彩色印刷，图文并茂。制作系列公益专版，充分展示溧阳率先发展、科学发展、和谐发展的新成就；选择在全市及市以上有影响、成绩突出的党政群机关、企事业单位刊登宣传专版，扩大宣传效应；收录随文图片近千幅，增强可读性与信息量。

七、《溧阳年鉴（2018）》的“人物·先进集体”类目包括新任市领导、新闻人物、逝世人物、先进个人、先进集体等分目。其中“新任市领导”收录2017年5月至2018年4月新任的中共溧阳市委书记、副书记、常委，市人大常委会主任、副主任，市政府市长、副市长，市政协主席、副主席；“新闻人物”收录2017年1月至2018年4月受到省部级表彰的溧阳市先进人物；“逝世人物”收录2017年度逝世的溧阳籍知名人士和在溧阳离、退休且在溧阳担任过副市（县）职以上职务的干部。

八、《溧阳年鉴（2018）》采用的稿件均由各镇（区）和有关部门提供，并经单位领导审核。文中所列数据，由于统计口径不同而存差异，请读者在引用时加以注意。

溧阳市部分机构全称、简称对照表

简　称	全　称
市委	中国共产党溧阳市委员会
市人大（常委会）	溧阳市人民代表大会（常务委员会）
市政府	溧阳市人民政府
市政协	中国人民政治协商会议江苏省溧阳市委员会
市纪委	中国共产党溧阳市纪律检查委员会
市人武部	中国人民解放军江苏省溧阳市人民武装部
市法院	溧阳市人民法院
市检察院	溧阳市人民检察院
市委办	中国共产党溧阳市委员会办公室
市人大办	溧阳市人民代表大会常务委员会办公室
市政府办	溧阳市人民政府办公室
市政协办	中国人民政治协商会议江苏省溧阳市委员会办公室
市委组织部	中国共产党溧阳市委员会组织部
市委宣传部	中国共产党溧阳市委员会宣传部
市委统战部	中国共产党溧阳市委员会统一战线工作部
市委政法委	中国共产党溧阳市委员会政法委员会
市委农工办	中国共产党溧阳市委员会农村工作办公室
市委研究室	中国共产党溧阳市委员会研究室
市委“两新”组织工委	中共溧阳市委新经济社会组织工作委员会
市级机关工委	中共溧阳市委市级机关工作委员会
市直属机关党委	中国共产党溧阳市直属机关委员会
市委老干部局	中国共产党溧阳市委员会老干部局
市台办	中国共产党溧阳市委员会台湾工作办公室 溧阳市人民政府台湾事务办公室
市委党校	中国共产党溧阳市委员会党校
市委党史工委	中共溧阳市委党史工作委员会
市委机要局	中共溧阳市委机要局
市委外宣办	中共溧阳市委对外宣传办公室
市保密局	溧阳市国家保密工作局
市文明委（办）	溧阳市精神文明建设指导委员会（办公室）
市编委（办）	溧阳市机构编制委员会（办公室）
市综治委（办）	溧阳市社会治安综合治理委员会（办公室）
市法治办	溧阳市依法治市领导小组办公室
市外办	溧阳市外事办公室
市接待办	溧阳市接待办公室
市政府研究室	溧阳市人民政府研究室
市政府新闻办	溧阳市人民政府新闻办公室
市政府金融办	溧阳市人民政府金融工作办公室
市民宗局	溧阳市民族宗教事务局
市志办	溧阳市地方志办公室
市发改委	溧阳市发展和改革委员会
市经信局	溧阳市经济和信息化局
市文广体局	溧阳市文化广电体育局
市人社局	溧阳市人力资源和社会保障局
市科技局	溧阳市科学技术局
市老龄委（办）	溧阳市老龄工作委员会（办公室）
市住建委	溧阳市住房和城乡建设委员会
市建工局	溧阳市建筑工程管理局
市茅办	溧阳市茅山老区开发办公室
市农机局	溧阳市农业机械管理局
市爱卫会（办）	溧阳市爱国卫生运动委员会（办公室）
市卫计局	溧阳市卫生和计划生育局
市环保局	溧阳市环境保护局
市安监局	溧阳市安全生产监督管理局
市城管局	溧阳市城市管理（行政执法）局
市园林局	溧阳市园林绿化管理局
市侨办	溧阳市人民政府侨务办公室
市政府法制办	溧阳市人民政府法制办公室
市供销总社	溧阳市供销合作总社
团市委	中国共产主义青年团溧阳市委员会
市青联	溧阳市青年联合会
市妇联	溧阳市妇女联合会
市科协	溧阳市科学技术协会
市文联	溧阳市文学艺术界联合会
市侨联	溧阳市归侨侨眷联合会
市工商联	溧阳市工商业联合会
市残联	溧阳市残疾人联合会
民盟溧阳总支	中国民主同盟江苏省常州市委溧阳总支部
民建溧阳市支部	中国民主建国会溧阳市支部
市老促会	溧阳市老区开发促进会
市关工委	溧阳市关心下一代工作委员会
市国税局	溧阳市国家税务局
溧阳地税局	常州市溧阳地方税务局
市国土局	溧阳市国土资源局
市烟草局（烟草营销部）	江苏省溧阳市烟草专卖局（江苏省烟草公司常州市公司溧阳营销部）
国检局溧阳办事处	常州出入境检验检疫局溧阳办事处
中国电信溧阳分公司	中国电信股份有限公司溧阳分公司
中国移动溧阳分公司	中国移动通信集团江苏有限公司溧阳分公司
中国联通溧阳分公司	中国联合网络通信有限公司溧阳市分公司
市盐务局（盐业分公司）	溧阳市盐务管理局（江苏省苏南盐业有限公司溧阳分公司）
两劳检察院	常州市天目湖地区人民检察院
中华曙猿管理处	江苏溧阳中华曙猿遗迹保护区管理处
海关溧阳办事处	常州海关驻溧阳办事处
人行溧阳市支行	中国人民银行溧阳市支行
工行溧阳支行	中国工商银行股份有限公司溧阳支行
农行溧阳市支行	中国农业银行股份有限公司溧阳市支行
中行溧阳支行	中国银行股份有限公司溧阳支行
建行溧阳支行	中国建设银行股份有限公司溧阳支行
农发行溧阳市支行	中国农业发展银行溧阳市支行
江南银行溧阳市支行	江苏江南农村商业银行股份有限公司溧阳市支行
邮政银行溧阳市支行	中国邮政储蓄银行溧阳市支行
溧阳浦发村镇银行	溧阳浦发村镇银行股份有限公司
人保财险溧阳支公司	中国人民财产保险股份有限公司溧阳支公司
中国人寿溧阳支公司	中国人寿保险股份有限公司溧阳支公司
人寿财险溧阳市支公司	中国人寿财产保险股份有限公司溧阳市支公司
太保财险溧阳支公司	中国太平洋财产保险股份有限公司溧阳支公司
太保寿险溧阳中心支公司	中国太平洋人寿保险股份有限公司溧阳中心支公司
东海证券溧阳营业部	东海证券有限责任公司溧阳南大街证券营业部
南京证券溧阳营业部	南京证券股份有限公司溧阳罗湾路营业部
溧阳经济开发区	江苏省溧阳经济开发区
水西纪念馆	新四军江南指挥部纪念馆
市疾控中心	溧阳市疾病预防控制中心
市妇保院	溧阳市妇幼保健院
省溧中	江苏省溧阳中学
市职教中心	江苏省溧阳市职业教育中心
市城管大队	溧阳市城市管理行政执法大队
市环卫处	溧阳市环境卫生管理处
市航管处	溧阳市航道管理处
市运管处	溧阳市运输管理处

目　录

特　载

专　记
——创建全国文明城市

溧　阳　概　况

大　事　记

中共溧阳市委员会

溧阳市人民代表大会

溧阳市人民政府

政协溧阳市委员会

中共溧阳市纪律检查委员会

民主党派·工商联·群众团体

武装·法治

开 放 开 发

旅　游

城乡建设 · 环境保护

农　业·水　利

工　业

建　筑　业

交通・邮政

信息化建设

商 贸 流 通

财税・审计

金 融 业

综 合 管 理

科 学 技 术

教　育

文 化 · 新 闻

体　育

卫生和计划生育

社　会　生　活

镇（区）·街道

人物·先进集体

统　计　资　料

文　件　摘　要

附　录

索 引

宣 传 专 版

Main Contents

Special Record

Special Articles —— Creating a National Civilized City

A Survey of Liyang

A Chronicle of Major Events

Liyang City Committee of the Communist Party of China

Liyang City People's Congress

Liyang City People's Government

Li yang City Committee of the Chinese People's Political Consultative Conference

Li yang City Commission for Discipline Inspection of the Communist Party of China

Democratic Parties 、 Association of Industry and Commerce 、 Community Groups

Armed Forces、 Rule by Law

Opening and Development

Tourism

City and Country Construction& Environmental Protection

Agriculture & Water Conservancy

Industry

Building Industry

Transportation • Post

Information Developments

Commerce and Trade Circulation

Finance and Taxation • Auditing

Banking Industry

Synthesis Management

Science Technology

Education

Culture and News

Sports

Health and Family Planning

Social Life

Town (district) • Street

Figures•Advanced Collectivity

Statistics

Documents Abstract

Appendix

Index

全面贯彻党的十九大精神
奋力谱写建设宁杭生态经济带最美副中心城市新篇章

——在市委十二届五次全体（扩大）会议上的讲话

中共溧阳市委书记　蒋　锋

（2017 年 12 月 27 日）

同志们：

这次全会的主要任务是，深入学习贯彻党的十九大精神，以习近平新时代中国特色社会主义思想为引领，全面落实省委十三届三次、常州市委十二届五次全会各项决策部署，回顾总结今年工作，研究部署明年任务，动员全市各级党组织、广大党员干部群众，不忘初心、牢记使命、永远奋斗，全力谱写新时代建设宁杭生态经济带最美副中心城市新篇章。

下面，我代表市委常委会，向全会报告工作。

一、深入学习宣传贯彻党的十九大精神，为建设宁杭生态经济带最美副中心城市注入强大动力

党的十九大是在我国全面建成小康社会决胜阶段、中国特色社会主义进入新时代的关键时期召开的一次十分重要的大会，在党和国家发展史上具有划时代的里程碑意义。全市各级各部门要切实把思想和行动统一到十九大精神上来，深入学习领会、全面准确把握，做到真学真懂、真信真用。要坚决维护以习近平同志为核心的党中央权威和集中统一领导。充分认识过去五年在以习近平同志为核心的党中央坚强领导下，党和国家事业发生的历史性变革、取得的历史性成就，进一步增强“四个意识”，坚定“四个自信”，坚决维护习近平总书记的核心地位，坚决贯彻落实党的理论路线方针政策和省委、常州市委的决策部署，始终做到思想上同心同向，政治上旗帜鲜明，行动上紧紧跟随。要深刻领会习近平新时代中国特色社会主义思想。充分认识习近平新时代中国特色社会主义思想的理论意义、实践价值和历史地位，准确把握“八个明确”的丰富内涵和中国特色社会主义“十四个坚持”的基本方略，全面贯彻党的基本理论、基本路线、基本方略，坚持不懈用党的创新理论来武装头脑、指导实践，推动改革发展事业不断取得新突破。要准确把握中国特色社会主义进入新时代、社会主要矛盾已经转化的重大论断。充分认识新时代我国发展所处的历史方位和中国共产党肩负的历史使命，牢牢坚持党的基本路线这个党和国家的生命线、人民的幸福线，在继续推动发展的基础上，着力解决发展不平衡不充分问题，更好地推动人的全面发展、社会的全面进步。要深入贯彻党的十九大作出的重大决策部署。充分认识发展是党执政兴国的第一要务，认真落实新发展理念，全面落实十九大关于经济、政治、文化、社会、生态文明建设等方面的重大部署，确保高水平全面建成小康社会目标如期实现，在开启全面建设社会主义现代化新征程上迈出坚实步伐。要全面落实新时代党的建设总要求。充分认识打铁必须自身硬，全面从严治党永远在路上，坚持和加强党的全面领导，坚持党要管党、全面从严治党，以党的政治建设为统领，全面推进党的政治建设、思想建设、组织建设、作风建设、纪律建设，把制度建设贯穿其中，进一步增强党的政治领导力、思想引领力、群众组织力、社会号召力，不断提高党的建设质量。

学习宣传贯彻党的十九大精神，是当前和今后一个时期的首要政治任务，也是一项长期战略任务。全市上下要持续掀起学习贯彻十九大精神的热潮，做到干部培训全覆盖、宣讲活动全覆盖、社会宣传全覆盖，继续在学懂、弄通、做实上狠下功夫，真正把全体党员干部群众的思想和认识统一到十九大精神上来，把方方面面的智慧和力量凝聚到实现十九大确定的各项任务上来，使十九大精神成为推动工作、指导实践的力量源泉。

学习宣传贯彻党的十九大精神，最根本的是见行动、出成效。当前，我市正处于加快发展、提升质效的关键时期，迫切需要我们把十九大精神作为想问题、办事情、做决策最根本的依据，紧密结合溧阳实际，以实而又实、细之又细的工作，确保十九大精神在溧阳落地生根。一要坚定方向，保持定力。市委提出建设宁杭生态经济带最美副中心城市的目标定位，与中央关于建设美丽中国的战略部署高度契合、一脉相承。我们要主动顺应时代发展的新需要，坚持把绿色作为溧阳的城市底色、鲜明特色和发展主色，秉持“项目为王、生态为本”理念不动摇，统筹推进“三大工程”，持续发力“四大经济”，打通绿水青山转化为金山银山的通道，坚定不移、坚持不懈地朝着既定方向前进，奋力打造美丽中国的“溧阳样本”。二要把握关键，增添动力。发展是解决一切问题的关键，不发展任何事情都无从谈起。我们要坚决消除一切杂音、排除一切干扰、创造一切条件，把发展作为第一要务，项目作为第一支撑，全面深化重要领域和关键环节改革，深入实施创新驱动发展战略，加快补齐“短板”，进一步提高发展的质量和效益。要牢固树立以人民为中心的发展思想，积极从人民中汲取推动发展的智慧和力量，全力做好富民“文章”，促进发展成果更多更好地普惠于民，不断满足人民对美好生活的向往，让人民的获得感、幸福感、安全感更加充实、更有保障、更可持续。三要提振精神，凝聚合力。实现宏伟目标，关键在党，关键在人。我们要全面落实新时代党的建设总要求，始终坚持党对一切工作的领导，进一步严明政治纪律、严抓干部管理、严格正风肃纪、严厉惩治腐败，推动全面从严治党向纵深发展，营造风清气正的良好环境。要把深入开展“全面对标找差,全力争创一流”活动作为“凝聚精气神，建设新溧阳”的重要抓手，进一步调动党员干部干事创业的积极性主动性，让能干实干者有平台、受重用，让敢创敢试者有底气、受支持，让碌碌无为者有压力、受冷遇，全面奏响“实干强市”的最强音。

二、攻坚突破，十分努力收获一年精彩

今年以来，全市上下按照“凝聚精气神，建设新溧阳”总要求，聚焦“重大项目攻坚年”和“文明城市攻坚年”工作主题，团结一心、埋头苦干，各项工作取得了全方位重大突破，经济社会步入更加良性的发展轨道。全年实现地区生产总值858亿元（预计数，下同），完成公共财政预算收入61.4亿元，分别增长8%和4%。

一是项目攻坚成果丰硕。紧盯重大项目不放松，百亿项目再结硕果，上汽集团、时代新能源强强联手，总投资200亿的先进动力电池产业基地开工建设。全年共引进投资超亿元以上项目55个，其中超100亿元的1个，超50亿元的2个，超10亿元的8个。时代新能源锂电池长三角基地、北星高分子复合材料等一批重大项目加快建设，千亿级动力电池产业初现雏形。上汽大通房车研发生产基地、璞泰来锂离子电池材料、布勒机械等43个重点工业项目竣工投产，溧阳抽水蓄能电站并网发电。成功举办“2017中国溧阳茶叶节暨天目湖旅游节”和首届“溧商大会”。

二是全国文明城市创建一举成功。以空前的决心和力度，齐心协力打赢文明创建“攻坚战”，党员干部冲锋在前，全市上下步调一致，在逆境中逆转，变不可能为可能，一举摘得“全国文明城市”桂冠，城市面貌焕然一新，社会秩序井井有条，群众生活更加舒适，老百姓拥有了实实在在的获得感。市档案馆、博物馆、文化艺术中心主体完工。溧高高速全面开工，341、360省道加快建设，天目路改造顺利完成。深入开展“263”专项行动，全面落实“河长制”，省考核断面全面达标。推动《天目湖保护条例》地方立法，启动实施新一轮天目湖水源地保护工程。全年关停化工企业60家、畜禽养殖场（户）457家，新建绿地面积超100万平方米，我市稳居常州“生态文明在行动”考核第一方阵。

三是产业转型步履坚实。企业上市取得历史性突破，安靠智电、天目湖旅游相继上市，科华控股通过发审审核。工业经济提质增效，创新实施工业企业精准扶持和资源集约利用综合评价办法，全年设备投入增长20%，动力电池、智能电网、汽车及零部件、农牧和饲料机械等四大产业产值占比持续提升。建安业实力不断增强，苏华建设、天目集团、龙海建设等3家企业纳税超亿元，龙海建设成为常州首家建安特级资质企业。农业现代化稳步推进，全年新增高效农业面积2.1万亩，“三品”认证51只，4个村庄入选全省首批特色田园乡村建设试点。旅游业持续升温，南山风情小镇入选全国建设试点，曹山省级旅游度假区创建通过现场评审，350 公里“1 号公路”成为靓丽风景线。

四是改革创新持续发力。深化行政审批制度改革，创新设立投资项目模拟审批、并联审批、全程代办等工作制度，实施“不见面审批”新模式，90% 以上审批服务事项实现网上办理。农村土地确权登记颁证工作总体完成，“三资”管理全面加强，市镇两级产权交易平台投入运行。创新活力不断增强，全年新建省级以上“三站三中心”10 家，中科院物理所天目湖先进储能技术研究院、东南大学电力大数据联合研究中心成功落户。深入实施“天目湖英才榜”行动计划，每年安排 1 亿元设立“天目湖英才”专项基金。全年共引进常州市级领军型创业项目 15 个，新增高技能人才 4300 余名。

五是民生福祉不断改善。全市城乡居民人均可支配收入达 34634 元，增长 8.8%。城乡居民收入差距进一步缩小，基础养老金、低保标准稳步提升。扎实推进精准扶贫、阳光扶贫，深入实施“双挂双促”帮扶行动，全年共开发政府公益性岗位 200 个，落实帮扶项目 95 个。社会事业取得历史性突破，南京航空航天大学溧阳校区成功落户并启动建设，溧阳终圆“大学梦”。省人民医院溧阳分院新院区投入使用，与省人民医院一体化运行格局基本形成，省中医院溧阳分院正式挂牌，向着建设全国一流县级医疗高地迈出了关键一步。“平安溧阳”“法治溧阳”建设水平稳居全省前列，圆满完成党的十九大系列安保维稳任务，荣立常州市集体二等功，人民群众更有安全感。

六是从严治党全面加强。深入学习贯彻党的十九大精神，扎实推进“两学一做”学习教育常态化制度化，党内政治生活进一步规范，党员干部“四个意识”不断强化。扎实开展“三大一实干”活动，万余名党员干部投身“六个到一线”，累计走访企业、群众 25 万余户，解决问题 3 万余个。深入开展“全面对标找差，全力争创一流”活动，举办书记（局长）工作讲坛，党员干部工作能力、工作质效得到新提高。全力做好省委巡视反馈意见整改落实工作，组织开展 3 轮基层单位政治巡察，纪委派驻机构改革任务全面完成。“两个责任”落实更加有力，出台容错纠错机制激励干部干事创业实施办法，为担当者担当的氛围加快形成。

在统筹推进经济社会发展的同时，市委坚持把人大、政协工作纳入总体工作布局，支持市人大开展部门评议、专题询问、建议督办等创新实践，支持市政协围绕发展大局更加有效地建言献策、团结各方、汇聚合力。充分发挥统一战线作用和优势，全面凝聚起党内外、海内外智慧和力量。进一步加强党对群团工作的领导，党建带群建焕发新活力。民宗、老干部、对台、档案、史志、侨务、老龄、关心下一代等工作也都取得了新进步。

同志们，这一年，我们在溧阳这片热土上，凝心聚力、砥砺前行，共同洒下了辛勤的汗水，共同创造了精彩的业绩，共同收获了成功的喜悦。可以说，这些成绩都是全市上下团结实干、顽强拼搏所取得的，是干出来的、拼出来的、抢出来的，充分展现出溧阳人肯吃苦、有担当、善攻坚的精神风貌。借此机会，我代表市委，向所有为溧阳经济社会发展做出贡献的党员干部群众和社会各界人士表示衷心的感谢！

在肯定成绩的同时，我们也要清醒地看到：重大项目虽然取得接续突破，但优质项目储备不足，产业发展质效有待进一步提高；全国文明城市创建虽然一举成功，但薄弱环节还有很多，创建成果亟待巩固和提升；生态文明建设虽然持续加强，但在水源地保护等方面形势仍不容乐观，生态环境还很脆弱；群众生活虽然得到进一步改善，但不平衡不充分的问题还比较突出，更好满足人民对美好生活的向往仍需加码加力；队伍建设虽然得到加强，但人才“短板”相对突出，一些党员干部的能力素质、工作质效与新任务新要求相比还有差距，全面“对标找差”必须长期坚持。对此我们要引起高度重视，在新的一年里切实改进。

三、乘势而上，新时代务必展现新作为

2018 年是深入贯彻落实党的十九大精神的开局之年，是改革开放 40 周年，是加快建设宁杭生态经济带最美副中心城市的重要之年。经历激情奋斗的“两大攻坚”，我们在重大项目建设、全国文明城市创建方面迈出了坚实步伐，取得了关键突破，为溧阳的长远发展夯实了基础。新的一年，面对新时代新任务新要求，我们要以永不懈怠的状态、一往无前的姿态，按照市第十二次党代会提出的“三大工程”，以“钉钉子”精神，一步一个脚印朝着既定目标前进，在进一步巩固全国文明城市创建成果的同时，一定要在重大项目建设上取得更大进展，一定要在全域旅游开发上取得关键突破。明年工作的指导思想是：全面贯彻落实党的十九大精神，以习近平新时代中国特色社会主义思想为指引，按照省委“两聚一高”和常州市委“重大项目增效年”决策部署，紧紧围绕“凝聚精气神，建设新溧阳”总要求，高扬“实干强市”主旋律，紧扣“重大项目推进年”和“全域旅游推进年”工作主题，全面发力“四大经济”，驰而不息推进全面从严治党，奋力谱写建设宁杭生态经济带最美副中心城市新篇章，为建设“强富美高”新溧阳奠定坚实基础。

明年工作的主要目标是：地区生产总值增长 8% 左右；公共财政预算收入增长 10% 左右；规模以上工业总产值增长 10% 左右；全社会固定资产投资增长 10% 左右；城乡居民收入增长与经济增长保持同步；单位 GDP 能耗和主要污染物排放总量削减完成上级下达任务。

有目标就有责任。天上不会掉馅饼，做好明年工作，需要广大党员干部以新思想为指引、新担当为动力、新本领为支撑，奋发有为、攻坚克难，不断展现新作为，推动新发展。全市上下要继续把深入开展“全面对标找差，全力争创一流”活动作为进一步“凝聚精气神，建设新溧阳”的主抓手，以务实管用的举措，全力促进干部作风持续优化，工作质效持续提升，在建设宁杭生态经济带最美副中心城市的生动实践中展现更强更大的作为。要高处着眼推进。紧扣主题主线，紧密结合实际，进一步增强“找”的主动性，提高“对”的精准度，在更大范围、更高层次上来审视自身的差距和不足，持续深入地“走出去”与先进地区对标学习，以系统性思维抬高想问题、办事情的标准，坚决摒弃“小富即安、小进则满”的保守思想，善于以大格局大视野统筹谋划推进，突破惯性思维，打破利益藩篱，找准关键点，打好“组合拳”，集中力量办好事关溧阳长远发展的大事难事，确保我们的事业朝着更高水平迈进。要持续深度发力。坚持问题导向，对锁定的问题，动真碰硬、紧抓不放，确保整改有力有效，不见成效绝不收兵。要始终聚焦群众最关切、发展最需要、改革最迫切的领域，找准找实新的问题，知差距、找不足、补短板，着力解决好一批“牵一发而动全身”的重点难点问题，建立一批利当前、管长远的新机制，真正让“对标找差”成为深化改革创新、提升工作质效的重要载体。要常态长效落实。“对标找差”活动不是搞突击，更不是一阵风。要把定期举办书记（局长）工作讲坛作为一项好机制固定下来，让“对标找差”努力成为全体党员干部的一种思维方式、一种处事习惯、一种行动自觉，主动融入日常、推动工作，时时自省、日日自励，努力在持续对标和深入找差中锤炼一流作风、培育一流能力、争创一流业绩，推动溧阳在建设宁杭生态经济带最美副中心城市的进程中加速崛起。

重点抓好以下四方面工作：

（一）持续突破重大项目，加快集聚发展新动能

坚持“项目为王”理念不动摇，按照“质量第一、效益优先”的原则，聚焦聚力重大项目，百尺竿头更进一步，以项目建设的新提升，推动经济发展质量变革、效率变革、动力变革。

一要坚定不移主攻重大项目。始终把重大项目建设作为经济工作的“牛鼻子”和转型升级的重要抓手，坚持“抓项目的力度只增不减、抓项目的力量只增不减”，实现镇区板块全方位突破、“四大经济”全领域“开花”，确保明年至少引进 2 个超 50 亿元或 5 亿美元项目，10 个超 10 亿元或 1 亿美元项目，力争在百亿项目上实现再突破。要全面提升项目招引质量，围绕亩均税收、投入产出比等关键指标，锁定产业方向，突出重点领域，全力招引一批龙头型、基地型重大项目。做足锂电池产业链“文章”，争取引进更多国内外领先的上下游企业，打造全国规模最大、档次最高的锂电池产业基地。全力主攻新能源整车项目，争取明年取得重大突破。要深入开展“溧商回乡创业”工程，做好“溧阳人”文章，切实提高招商实效。

二要持之以恒推进园区建设。以创建国家高新区为引领，按照产城融合的方向，加快推进江苏中关村园区扩围提质，进一步拓展空间格局，完善功能配套，搭建平台载体，在建设“产业高地”和“科技新城”上迈出更大步伐。深入推进经济开发区上兴新区、苏皖合作示范区社渚先导区建设，强化基础设施建设，提升重大项目承载能级，确保明年一定要有大项目、好项目落地，带动溧阳南北“两翼”同频共振、加速崛起。各镇产业园区要紧扣全市产业定位和功能布局，进一步找准发展的方向和路径，积极抢抓一批效益高、活力强的优质项目，不断培育新的增长点，提高对全市发展的贡献度。要以“店小二”式的服务精神、“120% 抓落实”的标准，全力保障重大项目建设，确保上汽、时代新能源动力电池生产基地、璞泰来锂离子电池材料等一批重点项目早日投产达效，成为拉动全市工业经济的强大动力，形成先进制造四大支柱产业全面发力、齐头并进的发展格局。

三要全力以赴加快产业升级。要把提质增效作为推动工业发展的当务之急，持续深化工业企业资源集约利用办法和综合评价体系，积极探索水电气、税收、土地等差别化待遇，推动优质资源加快向优势主导产业集聚。充分发挥工业企业精准扶持的“杠杆”作用，大力促进互联网与传统制造业融合，深入开展智能化改造，稳步实施“机器换人”，加快培育一批“隐形巨人”和“单打冠军”。进一步加大企业股改力度，扩大企业上市成果。要深入实施“建筑业做大做强”三年行动，用足用好“建安基金”等扶持政策，全力打造一批旗舰企业。要依托生态和交通区位优势，全力推动健康经济取得大的突破，智慧经济取得新的拓展。

四要接续接力深化改革创新。坚持把深化行政审批制度改革作为“先手棋”，进一步加大简政放权力度，全面落实“3550”改革要求，积极推进“不见面审批”制度，实行企业投资项目信用承诺制改革试点，努力打造最优的发展环境。加快推进投融资体制改革，进一步强化国有资产管理，提升平台公司市场化、实体化运作水平，切实有效防范债务风险。要加快创新驱动发展，深入开展产学研合作，进一步增强创新动力、增添发展活力。全力推进“天目湖英才榜”行动计划，进一步完善人才公寓等功能配套，加强政策资金扶持，全力营造吸引人才、留住人才的良好环境，推动人才活水竞相涌流。

（二）着力打造产业地标，创造全域旅游新优势

旅游业是溧阳最具资源禀赋优势的产业。我们必须牢牢把握当前旅游业蓬勃兴起的“风口”，居安思危、抢抓机遇，以创建国家全域旅游示范市为抓手，加快把全域旅游打造成溧阳最靓的城市名片和最大的产业地标。

一要聚焦核心再添能级。发展全域旅游必须进一步做强核心，发挥龙头带动作用。要坚持把做大做强做响“天目湖”品牌作为推进全域旅游开发的关键所在，按照“全国一流、业内顶尖”的标准，全面加强天目湖旅游度假区的精细开发和精致建设，进一步优化功能布局，强化刚性管理，提升整体美誉度和舒适化水平，推动其从“景区 5A”加快向“全域 5A”转变，全力打造国内最具吸引力的休闲旅游度假区。要把“1 号公路”作为全域旅游体系建设的核心载体，切实加强沿线地区的整体研究、科学统筹和规划布局，真正把“1 号公路”变为“旅游 1 号”、“富民 1 号”和“生态 1 号”，努力将其打造成继“天目湖”品牌之后溧阳的又一块“金字招牌”和全国乡村旅游的“1 号品牌”。

二要业态融合再增实力。发挥“旅游 +”作用，深化旅游与三次产业的融合，进一步丰富覆盖全部区域、涵盖全体人群，四季皆可、昼夜不断的旅游产品。要全力实施大项目带动战略，以大投资拉动大发展，加快推进南山旅游风情小镇等重点工程建设。集中资源、集中要素，不断深化与有实力、有创意、有品味的知名企业合作，致力培

育国内领先、国际知名的地标性项目和“人无我有、人有我优”的旅游产品。天目湖旅游度假区要围绕丰富度假产品，在大型旅游综合体建设上取得突破；曹山旅游度假区要围绕完善度假功能，在高端度假酒店建设上取得突破。要持续放大特色，因地制宜加快推进“溧阳茶舍”建设，以点带面、形成示范，推动茶园变为景区。充分挖掘水西村红色“基因”，做好资源整合“文章”，打响溧阳红色旅游品牌。要依托“世界长寿之乡”品牌，在招引高端康养、运动休闲项目方面积极探索、加快破题，为溧阳全域旅游长远发展不断争创新的特色优势。

三要提升品质再上台阶。全域旅游不等于全域开发。要牢固树立“全市一盘棋”思想，按照生态保护优先的原则，加快编制全域旅游发展规划和天目湖区域保护利用规划，引导有基础、有条件的地方因地制宜科学推进开发建设。要牢固树立精品意识，做到高点定位、高标实施，确保旅游项目“做一个、成一个”。对一时拿不定、吃不准的项目，坚持主动留白，绝不仓促上马，坚决守护好溧阳珍贵的旅游资源。要把全域旅游作为最好的城市“宣传品”，进一步加强“天目湖”、“1号公路”品牌的包装策划和宣传推广，使溧阳旅游品牌打得更响、走得更远。要牢固树立“人人都是旅游环境、个个都是旅游形象、处处都是旅游风景”的理念，把整个城市当成一个“没有边界的景区”予以打造，让每一位游客在溧阳都能如沐春风、宾至如归。

（三）深化生态文明建设，展现美丽溧阳新容颜

生态是溧阳最宝贵的资源、最靓丽的品牌、最大的生产力。要以创建国家生态文明示范市为引领，全面深化生态文明建设，积极打造“山水林田湖”生命共同体，努力提供更多优质的生态产品，不断满足人民日益增长的优美生态环境需要。

一要始终坚持生态为本。绿色生态是建设宁杭生态经济带最美副中心城市的“根”和“魂”。要怀有敬畏之心，尊重自然、顺应自然、保护自然，像对待生命一样对待生态环境，坚定不移地走生态为本、绿色发展之路，保证在任何时候方向都不偏移，力度都不松减，始终做到“三个不”，即坚决不重走老路，摒弃高耗能高污染的发展模式；坚决不乱铺摊子，推动资源集约利用；坚决不涸泽而渔，为未来发展留足空间，加快形成节约资源和保护环境的空间格局，还自然以宁静和谐美丽。要牢牢把握“最美”追求，进一步提升发展层次，丰富建设内涵，构建“美丽城市＋美丽镇村＋美丽田园”的“美丽体系”，全面建设幸福宜居的美丽家园。

天目湖国家森林公园　　（市摄影家协会　供稿）

二要突出重点整治顽疾。坚持既要“国标”，更要“民标”，高标准推进“263”专项行动，确保在环境保护上不欠“新账”，加快还清“旧账”。要把水环境治理摆到更加突出的位置，加快推进区域治污一体化，完善农村生活污水处理设施建设布局，确保年内全面消除劣五类水。扎实推进新一轮天目湖水源地保护工程，推动天目湖水质稳定向好。要严厉惩治破坏环境行为，对生态敏感地区毁林毁绿、违章建设、偷采盗采和垃圾倾倒等违法行为保持打击“零容忍”，对失责、渎职的干部实行问责“零容忍”。进一步巩固矿产品生产运输秩序整治成果，强化定期巡察和常态化管理，坚决防止问题反弹回潮。

三要建管并举提升水平。把生态绿城建设贯穿于城市发展始终，按照“触手可及、亲身可享”的理念，大力推进生态绿道、生态廊道、郊野公园等六大工程建设，积极构建水岸相融、资源相连的滨水休闲体系，加快形成“处处皆绿，人人可享”的绿色生活空间。要全面完成矿山宕口环境整治任务，精细实施复绿、复垦和综合利用，让矿山宕口“变废为景”，焕发新的生机与活力。要切实加强环境监管力度，对涉危、涉化等重点企业，进一步强化源头和过程监管，切实提高环境应急处置能力，确保不发生重大环境安全事故，推动全市生态文明建设不断迈上新台阶。

（四）巩固文明城市创建成果，提升共建共享新成效

文明城市创建是一场没有终点的“接力赛”。全市上下必须以永远在路上的决心和定力，进一步巩固提升全国文明城市创建成果，让文明幸福之花在溧阳绽放的更加灿烂。

一要打造全国文明城市“升级版”。深入研究和系统谋划“后创建时代”的工作重点和改进方向，总结经验、再次出发，推动文明建设从集中整治向常态长效转变，从行政主导向社会自觉转变，全力建设更高水平的文明城市。要以实施“深化文明城市建设”三年行动计划为引领，进一步提高城市精细化、网格化、常态化管理水平，努力让群众拥有更多实实在在的获得感。要把人的文明作为文明城市建设的核心，大力实施市民文明素养提升行动，让溧阳文明之树更加枝繁叶茂。要更加注重发挥文化的滋养作用，高度重视历史文化和乡土文化的挖掘传承，涵养“好人生态”，传递道德力量，用人文精神增添城市魅力。

二要精准施策促进富民增收。富民是我市工作的“短板”，也是最迫切需要解决的问题。要把产业富民作为富民增收最有效的抓手，加快推动产业尤其是制造业向中高端迈进，在实现更加充分、更高质量就业的同时，积极促进自主创业，让居民收入与产业升级一道“水涨船高”。要切实加强农村经济发展研究，加快推进特色田园乡村建设，大力发展“一村一品”，高度重视农产品质量和品牌建设，引导更多工商资本参与农业产业发展，注入更多科

技、文化、旅游元素，进一步提高土地产出效率，在全面提升村级集体经济经营性收入的同时，让农民实现“家门口的就业”，在“一亩三分地”上得到更大收益，为乡村振兴筑牢产业之基。要扎实推进精准扶贫、精准脱贫，按照“一户一策”的要求，有针对性地开发一批让困难群众干得了、干得起、能受益的就业岗位，统筹推进救助、教育、医疗等“一揽子”帮扶计划，让兜底政策和资金落到每一个困难群众身上，确保高质量实现脱贫攻坚目标。

三要优质均衡提升公共服务。把完善公共服务作为最大的普惠，不断提升群众生活的舒适感和便捷度。要全面提高城市建设项目实施的组织化水平，更好地组织推进征地拆迁等基础工作，确保项目按计划有序推进。完成市博物馆、文化艺术中心建设，实施溧高高速、溧广高速、宁杭高速曹山互通、360省道二期等重点工程。科学研判、统筹兼顾，促进房地产市场平稳健康发展。要坚定不移走教育优先发展之路，按照一流标准加快推进南京航空航天大学溧阳校区建设，努力在高中教育多元化、义务教育均衡化、学前教育优质化上展现更大作为。加快省人民医院、省中医院溧阳分院建设，全力向全国一流的县级医院迈进，让群众在家门口享受到省级水平的医疗卫生服务。全面打通服务群众的“最后一公里”，进一步办好如意小食堂、文化小礼堂、幼儿小学堂等“微民生”工程，为群众提供更加全面、优质、贴心的服务。要全面深化“平安溧阳”“法治溧阳”建设，有效整合各类服务管理资源，加快推进社会治理网格化，严格落实安全生产责任制，让群众生活更加和谐、安宁、幸福。

四、全面落实新时代党的建设总要求，奋力推进全面从严治党迈上新台阶

毫不动摇推进党的建设新的伟大工程，紧紧抓住党的长期执政能力建设、先进性和纯洁性建设这条主线，以永远在路上的决心，推动全面从严治党向纵深发展。

一要旗帜鲜明讲政治。坚持把党的政治建设摆在首位，深入开展“不忘初心、牢记使命”主题教育，牢固树立“四个意识”，坚定“四个自信”，在政治立场、政治方向、政治原则、政治道路上始终同以习近平同志为核心的党中央保持高度一致，确保中央和省、市委各项决策部署在溧阳落地生根。要坚持不懈强化理论武装，推动全体党员干部自觉用习近平新时代中国特色社会主义思想指导工作和实践，进一步坚定理想信念，把稳思想之舵、补好精神之钙，挺起共产党人的精神脊梁。要严格执行新形势下党内政治生活若干准则和党委（党组）议事决策规则，用活用好批评和自我批评这个有力武器，持续加强党性锻炼，不断提高政治觉悟和政治能力。要全面落实意识形态工作责任制，进一步壮大主流思想舆论，唱响主旋律、提振精气神、激发正能量。

二要着力打造“狮子型”干部队伍。党的干部是党和国家事业的中坚力量。要始终坚持好干部标准和“能者上、庸者下、劣者汰”的用人导向，围绕发展选优配强各级领导班子，切实加强干部专业能力和专业精神的培养，不断增强干部队伍适应新时代溧阳发展要求的能力，着力打造一支有激情、敢担当、善攻坚的“狮子型”干部队伍。要坚持严管和厚爱结合、激励和约束并重，完善干部考核评价机制，健全鼓励激励、容错纠错、能上能下三项机制，旗帜鲜明为那些敢于担当、踏实做事、不谋私利的干部撑腰鼓劲。要加大年轻干部培养力度，建立健全“一线培养、一线推荐、一线考察、一线使用”的工作体系，让他们在实践中磨练意志、砥砺品质、增长才干。

三要全力建强战斗堡垒。要全力推进基层党组织规范化建设，严格落实“三会一课”、双重组织生活等制度要求，积极运用党员教育管理全程纪实、党员发展积分公示等好的机制做法，全面提升党员干部的凝聚力、向心力，努力把基层党组织建设成为宣传党的主张、贯彻党的决定、领导基层治理、团结动员群众的坚强战斗堡垒。要创新思路破解基层党建难题，全力打好社区“大党委”构建、非公企业党建“双覆盖”、游离态党员回归等“组合拳”，着力解决基层党组织建设中存在的弱化、虚化、边缘化问题。要着力打造基层党建品牌，充分发挥“党建＋”作用，进一步整合资源，打造一批可视可感的工作品牌，推动党建“基因”真正融入发展“血脉”，成为推动发展、凝聚人心的核心力量。

四要大力弘扬清风正气。作风关乎人心向背和事业兴衰。要始终保持党同人民群众血肉联系，毫不松懈抓好中央八项规定和实施细则精神的落实，紧盯“四风”问题新动向新变异，坚决打赢作风建设持久战。要严格落实“两个责任”，运用好监督执纪“四种形态”，深入推进监察体制改革，切实发挥好党的纪律在管党治党中的根本性作用。要坚持无禁区、全覆盖、零容忍，加大对群众身边腐败问题的整治力度，凡是群众反映强烈的问题都要严肃认真对待，凡是损害群众利益的行为都要坚决纠正，切实增强人民群众对反腐败斗争的信心和获得感。要全面彻底推动省委巡视反馈意见整改，进一步抓好落实、巩固成果、提升实效。要加强对权力运行的制约和监督，充分发挥巡察“利剑”作用，发现问题、形成震慑，及时堵塞滋生问题的制度漏洞。

要坚持党对一切工作的领导，支持和保证人大及其常委会依法行使职权，积极开展“票决制”等创新工作。要充分发挥人民政协联系广泛、智力密集的突出优势，在建言献策、民主监督方面发挥更好作用。要进一步健全与党外人士合作共事机制，加快党外代表人士队伍建设，加强新社会阶层人士统战工作，形成最广泛的爱国统一战线。要稳步实施群团组织改革，推动群团组织保持和增强政治性先进性群众性。健全和落实党管武装制度，深入推动双拥共建和军民融合发展，形成建设宁杭生态经济带最美副中心城市的强大合力。

同志们，时代滚滚向前，使命责无旁贷。让我们以党的十九大精神为指引，紧密团结在以习近平同志为核心的党中央周围，高举新时代中国特色社会主义伟大旗帜，团结带领全市各级党组织和党员干部群众，齐心协力加油干，风雨无阻向前行，全力谱写建设宁杭生态经济带最美副中心城市新篇章，为建设“强富美高”新溧阳作出新的更大贡献！

溧阳市人民代表大会常务委员会工作报告

——在溧阳市第十六届人民代表大会第二次会议上

溧阳市人大常委会主任　潘云芳

（2018 年 1 月 4 日）

各位代表：

我受市第十六届人民代表大会常务委员会委托，向大会作工作报告，请予审议。

过去一年的主要工作

刚刚过去的一年，是党的十九大胜利召开之年，是全面落实“十三五”规划关键之年，也是本届人大常委会履职的开局之年。一年来，市人大常委会在中共溧阳市委的坚强领导下，全面贯彻党的十八大、十九大精神，以习近平新时代中国特色社会主义思想为指导，紧紧围绕“凝聚精气神，建设新溧阳”总要求，认真履行宪法和法律赋予的职责，较好地完成了市十六届人大一次会议确定的各项任务。

一、坚持党的领导，增强大局意识，牢牢把握正确工作方向

一年来，常委会自觉把党的领导贯穿于人大工作全过程，切实做到旗帜鲜明讲政治，确保人大工作沿着正确方向前进。

坚定正确政治方向。党政军民学，东西南北中，党是领导一切的。常委会牢固树立“四个意识”，始终坚定“四个自信”，自觉在思想上政治上行动上同以习近平同志为核心的党中央保持高度一致。深入学习和领会党的十九大提出的一系列新的重要思想、重要观点、重大论断和重大举措，深刻理解和把握新时代赋予人大工作的新使命、新任务，始终坚持党的领导、人民当家作主、依法治国有机统一，切实增强坚持和依靠党的领导的坚定性、坚持中国特色社会主义道路的坚定性、坚持和完善人民代表大会制度的坚定性。坚决执行全面从严治党各项规定，主动接受省委巡视检查，认真查找自身不足，从严从实抓整改，不折不扣促落实，以实际行动强化责任担当。

坚决贯彻市委决策。全面贯彻落实《中共溧阳市委关于加强市镇人大工作和建设的意见》，坚持重大事项向市委请示报告，定期向市委汇报人大工作，坚决维护市委总揽全局、协调各方的领导地位，自觉做到思想同心、目标同向、工作同力。制定出台《中共溧阳市人民代表大会常务委员会党组议事规则》，强化党组在人大工作中把方向、管大局、保落实的领导作用。围绕建设宁杭生态经济带最美副中心城市目标定位，紧扣“三大工程”实施、“四大经济”发展以及“两大攻坚年”工作主题，充分发挥人大职能作用，确保市委的意志主张和决策部署经过法定程序成为全市人民的共同行动。

依法行使人事任免权。本着对党、对人民高度负责的精神，坚持党管干部原则与依法任免干部相统一，通过认真审议各项人事任免议案，严格执行任前法律知识考试、拟任职发言、无记名票决、颁发任命书、宪法宣誓等工作制度和程序，保证市委的人事任免意图经过法定程序得到实现。一年来，共依法任免国家机关工作人员 61 人次，为我市国家机关有效运转提供了强有力的组织保障。

二、紧扣中心大局，聚力两大攻坚，推动经济社会健康发展

一年来，常委会紧紧围绕全市工作大局，找准依法履职的切入点、着力点和结合点，积极主动融入，有力有效作为。

推动经济平稳运行。面对复杂严峻的经济形势，常委会密切关注全市经济运行情况，深入走访镇（区）、部门和相关企业，在审议政府上半年工作时，提出进一步贯彻新发展理念，坚持质量第一、效益优先，更加细化稳增长、调结构各项工作举措等审议意见，与市委、政府同心协力，推动破解发展中的难题。围绕推动市委“重大项目攻坚年”决策部署的贯彻落实，专题视察重大项目实施情况，提出要牢固树立“项目为王”的理念，明确主攻方向，提升发展内涵，强化载体建设，优化发展环境，力争在重大项目上不断实现新突破，更好地发挥重大项目对经济发展的引领作用。

推动城乡统筹发展。组织对“文明城市攻坚年”推进情况开展专题询问，围绕文明交通、物业管理、菜市场整治等方面提出 12 个询问问题，推动文明城市由集中整治向常态长效转变，支持政府及相关部门把文明城市建设作为兴办民生实事、解决民生难题的重要抓手，不断满足人民日益增长的美好生活需要。专题审议《溧阳市城市总体规划（2016–2030）》编制情况报告，为城市发展集思广益、出谋划策，促进城市布局更加合理、建设更加科学。

推动产业转型升级。高度关注全域旅游发展，专题听取和审议“1 号议案”[1]办理情况报告，积极拓宽监督视角，将《旅游法》贯彻执行、曹山旅游度假区发展、“1 号公路”建设等内容作为切入点，推动我市旅游产业从“引得来”向“留得住、能消费”转变。专题审议农业产业转型升级情况报告，提出要以“农业增效、农民增收”为主线，加快构建现代农业产业体系、生产体系和经营体系，促进农业提质增效。专题听取《科学技术进步法》贯彻执行情况报告，并就科技企业孵化器建设开展课题调研，为“聚力创新”出谋划策、献智添力。专题听取电子商务发展情况报告，建议政府要积极顺应“互联网 +”发展趋势，推动电子商务与现代农业、旅游等特色产业融合发展。

推动财政规范运行。建立健全全口径预决算审查监督机制，从预算编制、执行、调整和决算审查等方面入手，围绕财政专项资金、财政性投资项目、城乡建设计划及资金安排等关键领域，加强审查监督，促进预算安排更加精细、资金分配更加合理、财政管理更加规范。专题听取“营改增”改革情况报告，提出加大政策宣传、厚植税源基础、强化税收征管等针对性建议，支持财税部门积极应对“营改增”政策对我市税源结构和财政收入带来的影响。

天目湖生态湿地（市摄影家协会 供稿）

溧阳 1 号公路神女湖观景平台

（市摄影家协会 供稿）

三、践行为民宗旨，履行监督职能，力促发展成果全民共享

一年来，常委会坚持以人民为中心，始终把人民对美好生活的向往作为履职目标，努力让人民群众有更多获得感、幸福感和安全感。

持续关注民生福祉。专题审议全市劳动就业工作情况报告，提出要突出农民、大中专毕业生、贫困群众“三个群体”，做好创业扶持、技能培训、保障兜底“三篇文章”，利用现代农业、乡村旅游、建筑安装“三大产业”，因地制宜，创新手段，实现更高质量和更充分就业。专题审议全市文化创新发展工作推进情况报告，提出要更好构筑溧阳文化、溧阳精神，为全市人民提供精神指引。专题听取精准扶贫工作报告，提出要进一步完善扶贫政策体系，在目标上由完成上级任务向解决本地困难转变，在措施上由普惠型扶持向针对性帮扶转变，在政策上由被动执行向创新溧阳特色转变，在机制上由多头施救向统筹集中转变。常委会还对土地综合整治、全域公交一体化建设、菜市场和宗教文化场所管理等工作积极建言献策，支持和督促政府将民生实事工程办好办实。

持续聚焦生态改善。专题审议《溧阳市国家生态文明建设示范市规划（2017–2020 年）》，听取环境状况和环保目标完成情况以及“263”专项行动实施情况报告，支持政府实行最严格的生态保护制度，全力打赢环境治理这场硬仗，以生态优先绘就“最美溧阳”底色。高度关注水环境综合治理，围绕水源地保护、区域供水、区域治污、滨水绿地建设、防洪保安等方面，实施“五水共督”，推动政府全面构建“水安、水清、水美”的水生态体系。专题视察美丽乡村建设，建议政府发挥我市乡村独特禀赋，推动生产、生活、生态有机结合，在风貌塑造上留住乡村的“形”，在文化传承上留住乡村的“根”，在宜居宜业上留住乡村的“人”。配合常州市人大对《常州市天目湖保护条例》开展立法调研，针对天目湖在地形地貌、生态环境和主要污染源等方面的特点，提出一系列“管当前、谋长远”的解决思路和措施，许多建议、意见得到常州市人大的采纳。

持续推进法治建设。作出关于开展第七个五年法治宣传教育的决议，推动全社会牢固树立崇尚法律、维护法律权威的观念。听取和审议市人民法院基层法庭、市人民检察院基层检察室工作情况报告，要求“两院”着力加强基础设施和基层队伍建设，进一步提高执法办案的公信力，努力让人民群众在每一个司法案件中都感受到公平正义。专题调研政府法律顾问工作，推动法律顾问制度落地生根，促进各级政府及其工作部门科学、民主、依法决策。组织对市卫生和计划生育局、城市管理局开展工作评议，在总结经验、完善机制的基础上，更加注重评议的精准性、科学性和公正性，有效促进了部门工作作风改进和效能提升。积极推进规范性文件备案审查工作，切实做到有案必备、有备必审、有错必纠。高度重视人大信访工作，一年来共受理人民来信 38 件，接待群众来访 36 批 46 人次，通过积极协调处理，一批群众反映强烈的问题得到了依法处理和妥善解决。

四、突出履职主线，完善保障机制，充分发挥代表主体作用

一年来，常委会始终把代表工作摆在重要位置，健全代表履职制度，创新代表服务机制，激发代表履职活力，充分发挥代表在管理地方国家事务中的主体作用。

丰富代表履职形式。在市人大代表中开展“六个一”活动[2]，实行代表履职清单制、积分评价制和履职登记制，将代表履职情况作为五年任期内评选优秀人大代表和代表连任的重要依据，推动代表履职尽责，切实提升代表责任感、荣誉感和归属感。根据市委文件精神，作出《关于推行市民生实事项目人大代表票决制工作的决定》，推动建立政府重点民生实事项目由人大代表建议产生、投票决定、全程监督和绩效测评的工作机制，促使代表更深入地参与、了解和支持政府工作。完善代表列席人大常委会会议、列席政府常务会议、旁听法院案件庭审等制度，邀请代表参加视察调研、专题询问、工作评议等活动，扩大代表参与监督的广度和深度。规范开展代表述职活动，组织 12 名常州市人大代表向常委会述职、58 名市人大代表回原选区述职，逐步实现代表向选民述职全覆盖的目标。一年来，全体代表积极投身改革发展“主战场”，唱响议政督政“好声音”，当好人民群众“代言人”，在推动经济社会发展中发挥了重要作用。

夯实代表履职保障。针对换届后新代表较多的实际，邀请省人大有关专家来溧作代表履职专题辅导讲座，帮助代表系统掌握履职途径和方法。按照“全覆盖、制度化、常活动”要求，持续推进“人大代表之家”和“人大代表活动中心”建设，使各级代表在闭会期间开展活动有阵地、联系群众有渠道、服务群众有窗口、履行职责有平台。建立代表建议预提预审制度，开展优秀议案、建议评选活动，鼓励和引导代表提出高质量的议案、建议。建立健全“六位一体”的多元化督办机制[3]，推动建议办理从“答复型”向“落实型”转变。一年来，代表提出的 162 件议案、建议全部办结并答复代表，城中村改造、非机动车整治等问题得到了相关部门的积极回应，并在工作中得到落实和改进。

强化工作联系指导。全面落实常委会领导分工联系镇（街道）人大制度，定期召开专题座谈会、工作交流会，及时沟通情况、交流经验，促进市、镇（街道）人大工作互动共进。建立健全镇（街道）人大工作考评制度，按照“强规范、创特色、上水平”的要求，着力提升镇（街道）人大工作规范化建设水平。指导和推动各镇（街道）人大打造工作亮点、特色和品牌，按照“一镇（街道）一品”的目标，努力形成百花齐放、百舸争流的工作局面。埭头镇人大实施的政府民生实事项目人大代表票决制，得到省、常州市人大的高度肯定，并在全省进行推广。

五、强化作风建设，提升工作效能，着力激发人大工作活力

一年来，常委会主动适应新形势对人大工作提出的新要求，对标先进，查找差距，改进工作，优化作风，努力提升依法履职水平。

提升能力素养。坚持把学习作为提升能力的重要手段，通过参加市委中心组学习、邀请专家讲课、开展集中培训等形式，不断提升常委会组成人员和人大机关干部的理论业务素养。深入开展“全面对标找差，全力争创一流”活动，围绕规范性文件备案审查和信访工作，选定江阴市人大、海安县人大作为学习标杆，深入查找差距，明确整改方向，落实改进措施，切实提升工作能力和工作质效。

加强作风建设。推进“两学一做”学习教育常态化制度化，坚持以问题为导向，以学促改、知行合一，推动机关作风持续好转。始终把纪律和规矩挺在前面，支持和保障市纪委派驻纪检组工作，严格执行中央八项规定和省委十项规定，规范办文、办会、办事制度，不断提高服务“三会”[4]、服务代表、服务群众的质量和效率。大力开展“三大一实干”活动，深入推进“双挂双促”结对帮扶行动，组织党员干部走出机关、走进基层、走近困难群众，访民情、听民意、办实事。

注重宣传交流。精心策划对常委会重要会议、重要工作和重要活动的宣传报道，切实增强人大工作的透明度。制定出台《关于加强和改进宣传和调研工作的意见》，一年来共在《江苏人大信息》、《人民与权力》、《开创》等媒体发表稿件 50 余篇。加强与外地人大的互动交流，广泛宣传人大工作新成果，不断扩大我市人大工作的影响力。

各位代表，过去一年常委会工作所取得的成绩，是市委正确领导、上届扎实工作、常委会组成人员和全体代表共同努力的结果，是“一府两院”和各镇（街道）人大积极支持和全力配合的结果，也是全市人民和社会各界大力支持的结果。在此，我谨代表市人大常委会，向全体代表和全市人民，向所有关心、支持和参与人大工作的同志，表示衷心的感谢和崇高的敬意！

在肯定成绩的同时，我们也清醒地认识到，对照党的十九大对社会主义民主政治建设和人大工作提出的新要求，常委会工作还有需要改进和加强的地方，主要表现在：在服务发展大局上，如何做到视野更宽、把握更准、办法更多，还需要精心谋划；在行使重大事项决定权上，如何做到范围更明确、机制更健全、决策更科学，还需要积极探索；在发挥代表作用上，如何做到机制更优、路径更宽、措施更实，还需要全面提升；在强化自身建设上，如何做到效能更高、作风更硬、形象更好，还需要继续改进。我们将坚持问题导向，虚心听取代表意见，自觉接受人民监督，认真研究整改措施，切实加以改进提高。

今年工作的主要任务

各位代表，党的十九大确立了习近平新时代中国特色社会主义思想的历史地位，描绘了决胜全面建成小康社会、开启全面建设社会主义现代化国家新征程的宏伟蓝图，也为做好新时代人大工作指明了正确方向、提供了根本遵循。2018 年市人大常委会的工作指导思想是：高举新时代中国特色社会主义伟大旗帜，深入学习贯彻党的十九大精神和习近平新时代中国特色社会主义思想，坚持和依靠中共溧阳市委的正确领导，围绕“凝聚精气神，建设新溧阳”总要求，按照市委十二届五次全会决策部署，紧扣“重大项目推进年”和“全域旅游推进年”两大工作主题，主动担当，积极作为，依法履职，切实担负起推动全面深化改革、推进民主法治进程、促进社会和谐稳定的职责使命，为建设宁杭生态经济带最美副中心城市作出新的贡献！

一、紧跟新时代，在提高政治站位上更加自觉

深入学习贯彻十九大精神。坚持把学习好、宣传好、贯彻好十九大精神作为今后一个时期的首要政治任务，综合运用多种形式，有重点、分步骤、多层次地组织市人大机关、全市人大系统和全体人大代表开展学习教育活动，把全市人大系统党员干部和各级人大代表的思想统一到党的十九大精神上来，确保方向不偏、目标不移。坚持把学习贯彻习近平新时代中国特色社会主义思想作为重中之重，并将其贯穿到人大工作全过程、体现到党的建设各方面，自觉用党的创新理论武装头脑、指导实践、推动工作。

推动人大工作与时俱进。按照党的十九大对人大工作提出的新要求，认真谋划做好新时代地方人大工作的新思路新举措。制定出台《溧阳市人民代表大会常务委员会讨论、决定重大事项的规定》，进一步明确讨论决定重大事项的原则、范围、程序和法律责任，为重大事项决定权的规范、有效行使提供保障。准确把握社会主要矛盾转化的重大论断，紧紧围绕“人民日益增长的美好生活需要”和“不平衡不充分的发展问题”，充分发挥人大智力支撑和积极助政作用，为全面建成小康社会集聚智慧力量。积极探索对监察委员会的工作监督，确保监察权力规范运行，推动制度优势转化为治理效能。

二、围绕新要求，在助推经济发展上更有作为

全力推动经济行稳致远。密切关注经济形势变化，通过会议审议、视察调研等形式，支持政府以新发展理念为指引，深入实施创新驱动战略，扎实推进产业结构调整，

溧阳 1 号公路之环大溪水库道路

（市摄影家协会　供稿）

全力推动经济平稳增长、质效提升。严格按照《预算法》的相关规定，加强预算编制执行和审计监督，认真审查和批准年度决算，推动政府加快完善全口径预算体系，不断提高预算编制水平，切实增强预算执行的严肃性和透明度。

全力推进重大项目建设。通过组织视察、开展调研等形式，推动各级各部门集中力量、集聚资源、集合智慧，以重大项目的接续突破筑牢宁杭生态经济带最美副中心城市的坚实根基。加强对政府性投资项目的跟踪督查，着重围绕项目决策、资金管理、审计验收和绩效评价等方面，提出针对性的建议，提升项目建设的科学化、规范化和专业化水平。

全力支持全域旅游开发。持续关注“1 号议案”办理，推动政府高起点、品牌化、差别化地统筹推进旅游产业集聚、项目开发、业态培育和配套体系建设，着力打造“1 号公路”、特色小镇、溧阳茶舍等特色品牌，加快构建产业融合、全域联动的大旅游发展格局，努力走出一条由景区美、集镇美、乡村美到全域美的发展道路。着力推动“乡村振兴战略”实施，积极推动特色田园乡村建设，促使政府立足我市实际，厚植发展优势，加快建设乡味乡愁俱浓、村景院景俱佳、精品亮点俱全的特色田园乡村。

三、顺应新期待，在促进民生改善上更有担当

善谋惠民之事。针对群众反映强烈的“入园难、入园贵”问题，常委会将组织对学前教育发展情况开展调研，推动政府在管理体制、财力投入、师资队伍建设等方面加大工作力度，努力办好人民满意的教育。专题听取基层医疗服务体系建设情况报告，促进基层医疗资源优化配置，努力让人民群众享受更全面、更实惠、更优质的医疗卫生服务。持续关注饮水安全，推动政府持之以恒加强水源地保护，守护好全市人民的“大水缸”。

勤思便民之策。针对小区物业管理不规范、物业服务费收费难等问题，专题听取小区物业管理工作情况报告，推动政府以体制机制创新为核心，强化属地管理职能，理顺物业管理体制，落实长效管理机制，稳妥推进综合管理进小区，切实提升我市物业管理整体水平。专题调研全市体育工作，促进公共体育资源优化配置，推动全民健身和

全民健康深度融合。

力行利民之举。针对群众关切的生态环境保护问题，常委会将重点关注全市环境状况和环保目标完成情况，组织对“263”专项行动实施成果开展“回头看”，支持政府加强源头治理，加大环保违法行为打击力度，以法治手段守护蓝天白云、绿水青山。组织对农村土地确权工作情况进行审议，推动政府加快构建完整的农村资产财产权益体系，激发“三农”发展活力。常委会还将适时对全市安全生产、防汛保安、蓄能电站建设等工作开展视察，推动各项工作按照既定目标要求落实到位。

四、把握新形势，在推进法治建设上更有力度

推进全民守法。加强国家宪法日宣传，在全社会积极弘扬宪法精神，推动宪法实施。专题听取“七五”普法实施情况报告，推动政府进一步突出普法重点，丰富普法形式，提升普法实效，增强全民法治信仰。健全任前法律知识考试、宪法宣誓等工作制度，增强国家机关工作人员的法律意识。

推进公正司法。建设高素质司法队伍，是全面深化司法体制改革、实现公正高效司法的基本保证。常委会将专题审议市人民法院、人民检察院司法队伍建设情况报告，推动“两院”深入推进司法队伍教育管理创新，切实加强思想政治、业务能力和纪律作风建设，努力打造信念坚定、执法为民、敢于担当、清正廉洁的司法队伍，提高司法公信力。

推进严格执法。加强对《江苏省禁毒条例》等法律法规贯彻执行情况的监督，督促做好《常州市天目湖保护条例》的普法宣传，推动和确保宪法法律在我市贯彻落实。加大部门工作评议力度，促进相关部门进一步改进工作作风，提高依法行政的能力和水平。

五、落实新举措，在发挥代表作用上更有活力

提升代表履职能力。坚持“走出去”和“请进来”相结合，组织代表开展政治理论、法律法规和人大业务知识学习，提升代表的政治素质和履职能力。积极搭建代表活动平台，扩大代表参与常委会工作的途径，进一步完善活动制度，创新活动形式，丰富活动内容，充分保障代表的知情权和参与权。组织代表定期开展接待选民、走访群众、收集民意等活动，帮助代表了解和掌握社情民意。

健全代表履职机制。坚持常委会组成人员联系市人大代表制度，常态化开展走访联系活动，提升代表履职积极性。深入推进“六个一”和代表向选民述职活动，促进代表进一步增强责任感和使命感，做到提出建议有质量、回访选民有声音、为民办事有真情、促进发展有实招。完善代表履职登记制度，采用日常评价和定期评价相结合、代表自评和组织评定相结合的方式，客观公正的对代表履职情况进行评价，让代表履职既有动力又有压力。

激发代表履职动能。综合运用审议工作报告、预决算审查、视察调研等形式，组织代表就政府重点民生实事项目实施情况开展跟踪督查，并适时组织开展满意度测评，确保代表对项目实施情况的实时掌握、全程监督。高度重视代表建议办理工作，选择部分事关发展大局和人民群众关切的建议，由常委会领导牵头重点督办，着力提高代表建议办成率和满意率。开展优秀人大代表、优秀代表建议、优秀调研报告等评选活动，促进代表深入联系群众，依法履行职责。

六、践行新使命，在加强自身建设上更有成效

强化自身素质。坚持以党的政治建设为统领，全面落实党内政治生活制度，切实增强人大干部党性修养，提高政治敏锐性和鉴别力。结合监督审议议题，深入学习法律法规和人大业务知识，切实增强调查研究、跟踪督办和统筹协调能力，提升依法履职水平。深入开展“全面对标找差，全力争创一流”活动，健全工作机制，完善工作制度，推动自身建设不断取得新突破。

凝聚工作合力。密切与镇（街道）人大的工作联系，加强沟通交流，做好经验推广，努力画好“同心圆”、形成“大合唱”，共同推进全市人大工作和建设。推动各镇（街道）人大继续深化特色品牌创建，认真组织开展好重点民生实事票决、代表问政、“民声诊所”[5]等活动，不断提升镇（街道）人大工作活力。严格落实镇（街道）人大工作考评制度，充分调动基层人大工作主动性、积极性和创造性。

塑造良好形象。大力发扬勤勉务实的工作作风，坚持讲实话、谋实事、出实招、求实效，把雷厉风行和久久为功有机结合起来，切实做实做细做好人大各项工作。进一步健全人大机关工作制度，全力营造依法办事、依规办事的工作氛围。广泛宣传人民代表大会制度、人大及其常委会履职成效和代表风采等，不断扩大人大工作的社会认知度和影响力。

各位代表，使命召唤担当，使命引领未来！让我们紧密团结在以习近平同志为核心的党中央周围，在中共溧阳市委的坚强领导下，勇于担当，不负重托，开拓创新，奋发有为，切实履行宪法和法律赋予的神圣职责，努力开创人大工作的新征程，为建设“强富美高”新溧阳作出新的更大贡献！

名词解释

1.“1号议案”：市十六届人大一次会议上提出的“关于以全域旅游开发为牵引，全力推进旅游发展迈上新台阶”的议案。

2.“六个一”活动：要求全体市人大代表每年或任期内至少参加一次履职培训，提出一件议案建议，参加一次人大活动，走访一次选区选民，开展一次代表述职，办好一件实事好事。

3.“六位一体”的多元化督办机制：在代表建议督办过程中，采用的书面督办、网上督办、重点督办、集中督办、现场督办、询问督办等六种代表建议督办机制。

4.“三会”：人民代表大会会议、人大常委会会议、人大常委会主任会议。

5.“民声诊所”：在村级探索设置的代表接待选民的场所。通过定期组织代表回原选区接待选民，听取群众建议意见，协调解决困难问题。

政府工作报告

——在溧阳市第十六届人民代表大会第二次会议上

溧阳市人民政府市长 徐华勤

（2018 年 1 月 3 日）

各位代表：

现在，我代表市人民政府向大会作工作报告，请予审议，并请各位政协委员和列席人员提出意见。

2017 年政府工作回顾

2017 年是党的十九大胜利召开的喜庆之年，是“十三五”规划向前推进的关键之年，也是溧阳新一届政府谋篇履职的开局之年。我们紧紧围绕“凝聚精气神，建设新溧阳”总要求，高扬“实干强市”主旋律，团结和依靠全市人民，和衷共济、奋力前行，顺利完成了市十六届人大一次会议确定的目标任务，在建设宁杭生态经济带最美副中心城市征程上迈出了坚实步伐。

一是发展空间形成新概念。主动融入国家战略，全力策应长三角城市群尤其是宁杭生态经济带建设，编制完成《宁杭生态经济带（溧阳）发展规划》，苏皖合作示范区建设形成机制并逐步落实，区域联动展开布局。积极拓展对外交往，高铁溧阳站停靠班次增至 83 列，可直达 21 个省会城市，往来南京高铁班次在增至 41 列的同时首趟往返时间提前，开通溧阳至上海虹桥始发动车，溧高高速溧阳段全线开工建设，为人们跨区域工作生活创造条件。大力优化市域布局，基本完成新一轮城市总体规划修编，完成产城融合示范区规划与生态文明建设示范市规划编制，调整土地利用总体规划，全面划定基本农田、一般耕地和生态红线区域，城乡空间体系得到整合优化。

二是转型升级书写新公式。重大项目引领转型，“百亿级”项目的接续突破引领动力电池产业加速集聚，并正在成长为新的主导产业。企业上市推动转型，安靠智电实现溧阳企业上市零的突破，天目湖旅游成为江苏旅游景区“第一股”，科华控股通过发审，新增“新三板”挂牌企业 4 家，借力资本市场推动企业转型升级的氛围日益浓厚。稳定增长保障转型，积极应对经济下行压力和去产能影响，经济运行保持稳中有进的发展态势，全年实现地区生产总值 858 亿元、公共财政预算收入 61.4 亿元、规模以上工业产值 1410 亿元，为经济转型创造良好环境。

三是服务供给创出新路径。兴办大学迈出步伐，与南京航空航天大学共建以学历教育、人才培养和产业集聚为主要内容的天目湖校区，在家门口上大学即将成为溧阳孩子的现实。合作办医成果不断，省人民医院溧阳分院新院投用，与省中医院共建溧阳分院揭牌运营，苏浙皖交界地区民众在家门口就能享受国内一流医疗服务。生态质量持续优化，82.1% 的空气质量优良率、31.2% 的林木覆盖率和稳定的天目湖水质保证了百姓生活的品质。

四是全面小康标注新高度。创成全国文明城市，“创建惠民”的初心在兴办民生实事、解决民生难题上得到落实，激发了 80 万溧阳人共建美好家园的自豪与热情。帮扶特定社会群体，实施如意小食堂、文化小礼堂、幼童小学堂“三堂”工程为老幼群体提供更多的帮扶与呵护，开展“到农村扶贫脱困一线”行动让贫困群众在精准扶贫中拥有更多获得感。拓展富民增收途径，出台富民增收 18

条意见推动居民收入多渠道增长，全国媒体推广溧阳1号旅游公路开辟富裕乡民新路径的做法，入选全省首批特色田园乡村建设试点地区为更宽领域促进富民强村提供了可能。

各位代表，这些成绩的取得，再次用实践有力证明：只要是我们溧阳人想去干的事情，总是能够干成，而且是一定能够干好的。这一年，我们主要做了以下几方面工作：

一、突出党建引领，不断强化政府自身建设。以加强党的领导为核心，切实把全面从严治党要求落实到政府工作的方方面面。旗帜鲜明讲政治。深入学习贯彻党的十八届六中全会和十九大精神，坚定不移用习近平新时代中国特色社会主义思想武装头脑、用新发展理念指导实践、用实际行动落实市委决策部署。积极主动配合省委巡视工作，不折不扣落实巡视反馈意见整改工作。深入推进“两学一做”学习教育，政府系统党建工作不断强化。建章立制促规范。推行重大行政决策合法性审查制度，重要政策公开解读形成机制。规范政府合同管理和建筑市场，完善土地批后监管制度，再造土地出让抵押登记条件设置及地下空间出让、休闲旅游用地出让流程，清理整顿闲置土地，进一步规范城乡规划、建设与管理行为。完成政府性资产和债务清理，规范国有经营性资产使用管理，初步勾勒国有资本监管架构。公共资源交易平台高效规范运行。坚持不懈转作风。以“六个到一线”[1]为重点，深入开展“三大一实干”[2]活动，有效激发了政府系统工作人员的干事激情。开展“全面对标找差，全力争创一流”活动，创新政务督查方式，全面推行机关电子工作日志，政府效能持续提升。自觉接受市人大、市政协监督，人大代表建议、政协委员提案办结率达100%。政务公开不断深化，政府网站建设全省领先。通过“市长与网民”、电视问政等平台，妥善解决了一批热点民生问题。强化行政监察和审计监督，政府系统党风廉政建设取得实效。

二、着力两大攻坚，切实形成突破前进态势。深入开展“重大项目攻坚年”和“文明城市攻坚年”活动，努力在推动经济结构优化、城市文明提升上攻坚突破。全民动员投身两大攻坚。成功举办“2017 中国　溧阳茶叶节暨天目湖旅游节”和首届“溧商大会”，广泛开展“弘扬志愿精神、争创文明城市”等主题活动和启用“我爱我家”公众平台。创新招商机制，加大征收清零力度，选派机关干部到重大项目征收和重点区域招商一线锻炼。构建城乡一体文明创建工作格局，实施市级机关部门“路长制”，导入第三方测评机制，全面掀起“两大攻坚”热潮。把握关键突破两大攻坚。聚力形成产业集群这一关键抓重大项目攻坚。成功引进并开工建设总投资超百亿的先进动力电池产业基地、总投资50亿元的璞泰来锂离子电池材料等一批重大项目，加快推进时代新能源锂电池长三角基地、北星高分子复合材料等一批在建项目，与中科院物理所共建天目湖先进储能技术研究院，有效促进动力电池产业集聚发展。目前，全市动力电池产业链签约与在建项目已达36个。与中信国安、浙江蓝城、原能细胞等国内知名企业以及德国富尔达大区等地深入合作，共推休闲、健康

燕山河景观带　　　　　　（市摄影家协会　供稿）

和智慧经济发展。全年引进投资亿元以上项目56个，其中超百亿的1个、超50亿的2个、超10亿的8个。聚焦解决民生需求这一关键抓文明城市攻坚。城市河道废弃杂船整治、城中村改造等12项专项整治行动取得明显成效，城区交通文明测评指数位居全省县级市第一。强化小区物业管理，强力清理占用公建和违章搭建，专项整治文化新村等10个小区及一批散住楼。顺利通过国家卫生城市复审和“江苏人居环境奖”现场考核，上兴镇、竹箦镇创成国家卫生镇。强化基础助推两大攻坚。加快项目载体建设步伐，江苏中关村获评省级优秀科技园区，经济开发区上兴新区框架全面拉开，苏皖合作示范区社渚产业先导区建设步伐加快，竹箦镇被评为全国唯一的“中国绿色铸造小镇”。完善城市基础设施建设，完成电网建设投资13.15亿元，宁杭高速东互通、341省道上兴和别桥先导段、360省道社渚至明珠大道段、十里长山路主体建成贯通，完成天目路、南环路改造。全力绿化美化城区，“宋团城”滨水休闲绿带基本成形，建成一批街头公园、城市花道和精致绿雕，城区绿化覆盖率达42.95%。

三、坚持三类导向，有效激发实体经济活力。以破解要素制约、集聚创新资源、推动结构转型为抓手，助力实体经济发展。坚持问题导向精准服务。在全省率先出台工业企业精准扶持实施意见，首批7家企业获得个性化政策扶持。及时兑付各类扶持资金5.7亿元，帮助企业转贷50.2亿元，为企业减负9.6亿元。创设“政银担”扶持模式，国有担保公司在保余额17.5亿元。全市银行机构新增信贷总量57亿元，贷款余额超过857亿元。规模以上工业企业资产负债率下降0.7个百分点。实施占补平衡项目新增耕地超8000亩，争取各类土地指标1.12万亩，完成供地1.21万亩。全面实施“3550”改革[3]，推出模拟审批、多评合一、全程代办等改革举措，初步构建“一张网”政务服务制度体系，“不见面审批”事项办理率达91.5%。江苏中关村项目预审制、区域评估改革成为全省推广典型。坚持质量导向精进创新。科技镇长团工作成效明显，新认定高新技术企业11家，新增省研究生工作站7家、省企业技术中心3家。出台“天目湖英才榜”专项基金资助（奖励）和评选表彰办法，引进高层次人才208名、领军人才或团队项目15个。肖和平入选第三批国家

“万人计划”科技创业领军人才。全力稳定外向型经济，进出口总额增长23.9%，实际到账外资突破2.5亿美元。上上电缆获评江苏省重点培育和发展的国际知名品牌领军企业。坚持结构导向精确发力。建立工业企业资源集约利用综合评价体系，引导制造经济加快转型升级。上汽大通房车研发生产基地、布勒机械等43个重点工业项目投产。工业设备投入增长20%。“四大重点发展产业”产值增长21%。新增规模以上工业企业37家。出台意见鼓励和促进“溧阳茶舍”发展，香云小筑、竹马岭等一批精品美宿演绎“诗和远方”。曹山省级旅游度假区创建通过省级审核，南山竹海风情小镇入选全省首批旅游风情小镇。实施建筑业做大做强做优三年行动计划，龙海集团成为常州市首家特级资质建筑企业且施工产值超过百亿，苏华集团纳税超2亿元，天目集团、龙海集团纳税均超亿元，正方园集团承建工程第4次荣获“鲁班奖”。新增高效农业2.1万亩、高标准农田2.3万亩。社渚镇获评全国一村一品示范村镇。全年社会消费品零售总额增长9.5%左右，服务业在GDP中的比重提升0.5个百分点。“四大经济”在全市总量中的比重达43%，较上年提升6.4个百分点。

四、聚焦四个重点，持续提升群众幸福指数。顺应人民对美好生活的向往，增强群众获得感和幸福感。以“263”专项行动[4]为重点抓环境整治。关停化工企业62家、畜禽养殖场（户）470家，完成黑臭水体综合治理121个，减少煤炭消费总量10.9万吨。成片造林超5800亩，建设生态绿地1300余亩。完成51个生活垃圾分类收集试点，生活垃圾大型转运中心建成投运。健全矿产品生产运输秩序长效管理机制，修复矿山宕口7个。以天目湖水源地保护为重点抓生态提升。《常州市天目湖保护条例》通过省人大备案，制订实施《天目湖水源地保护实施方案（2017–2019年）》，促进天目湖水质持续趋好。启动区域治污一体化和全域农村生活污水整治工程，从源头洁净水质。以“两治三优四提标”[5]为重点抓民生保障。全年城镇新增就业15580人，城镇登记失业率控制在1.85%以内。城乡居民人均可支配收入达34817元，增长9.4%左右。全市低保与常州标准同步提高到760元／月。出台稳定房地产市场、危房解危等政策，规范燃气、自来水等行业收费行为，新建蔬菜生产基地4766亩，完成圩堤

第二届“宋团城“观灯节　　　（市摄影家协会　供稿）

达标建设90公里，11家机关企事业单位实现开放停车，“自在溧阳”公共服务平台投入运行，多方施策解决群众关注的热点问题。实施老年人乘坐镇村公交优惠政策。光华高级中学新校区、燕山中学新校区建设加快推进。高考“一本”达线率超省平均15.4个百分点。所有乡镇卫生院与县级公立医院组建医联体。文化艺术中心、档案馆全面竣工，博物馆完成主体工程建设。成功举办第二届“宋团城”观灯节、市第八届运动会暨第五届全民健身节、“天目湖　古琴”音乐会等文体惠民活动以及中国溧阳（国际）龙狮大赛等重大赛事。沙涨村获评省级历史文化名村。《溧阳市志（1986—2007）》出版发行。以十九大安保为重点抓社会稳定。大力开展“到信访积案化解一线”活动，持续深化公安改革，“法治溧阳”建设水平全省领先。十九大安保维稳工作被常州市记集体二等功。市人民来访接待中心获评“全国巾帼文明岗”。全年信访总量下降13.8%。生产安全事故起数、死亡人数分别下降22%和27%。粮食安全责任制考核位居常州辖市区第一。

与此同时，对外交流持续深化，对口扶贫扎实推进。人民武装和双拥工作成效突出。妇女儿童、残联、民防、住房公积金中心、供销合作、气象服务、邮政、通信、海关、国检、烟草、盐务、防震减灾、新闻出版、科普、红十字、侨务、台湾事务和民族宗教等工作都在与时俱进中取得了新的成绩。

各位代表，需要特别强调的是，这些成绩的取得，关键是在市委的正确领导下，依靠市人大和市政协的有效监督与大力支持，全市人民共同努力的结果。在此，我谨代表市人民政府，向全市人民和广大干部，向市人大代表、政协委员，向各民主党派、工商联、人民团体、离退休老同志、无党派及社会各界人士，向驻溧部队指战员、武警官兵和公安政法干警，向所有关心、支持和参与溧阳发展的中外投资者、科技工作者、务工人员、海内外朋友，表示衷心的感谢和崇高的敬意！

各位代表，在看到成绩的同时，我们也清醒地认识到：重大项目的突破尚未形成集群效应，“四大经济”培育步伐亟待加快，城乡发展不平衡、公共服务供给不充分的矛盾仍然突出，生态环境提升、城市建设管理、群众富裕程度方面还存在不少短板，社会开放程度和政府自身建设仍需加强等。对此，我们将努力加以解决。新一届政府开局之年的实践让我们更深切地体会到：在建设宁杭生态经济带最美副中心城市的征程上，在把握团结、开放、创新、实干的大原则下，只要是对溧阳有利的事情，瞄准大方向，想好了就去做，总能闯出一条道。我们坚信：只要我们认真去做，就一切皆有可能；只要我们扎实去做，付出总有回报；只要我们坚持去做，溧阳明天必定更加美好。

2018年政府工作重点

2018年是决胜高水平全面建成小康社会的关键之年，做好今年工作意义重大。我们将以习近平新时代中国特色社会主义思想为引领，坚持稳中求进工作总基调，凝心聚

力推进“两聚一高”新实践，着力推动党的十九大精神在溧阳1535平方公里的大地上落地生根见效。我们要全面贯彻落实市委决策部署，紧紧围绕“凝聚精气神，建设新溧阳”总要求，高扬“实干强市”主旋律，紧扣“重大项目推进年”和“全域旅游推进年”工作主题，担当作为，开拓创新，在建设宁杭生态经济带最美副中心城市征程上阔步前行。

今年经济社会发展主要预期目标是：地区生产总值增长8%左右，公共财政预算收入增长8%左右，规模以上工业总产值增长9%左右，全社会固定资产投资增长10%左右，城乡居民收入增长与经济增长保持同步，空气质量优良天数、单位GDP能耗和主要污染物排放总量削减完成上级下达任务。

各位代表，市第十二次党代会提出，溧阳“十三五”的主要任务就是重大项目建设、全域旅游开发和全国文明城市创建。去年，我们挟前两年文明城市建设的声势，实现了“锚定前三名，创成文明城”的目标。在巩固文明城市建设成果的基础上，我们深刻把握当前溧阳转型基础比较薄弱、新生动能尚未完全形成的阶段特征，把“重大项目推进年”和“全域旅游推进年”确立为今年工作的主题，就是要咬定目标、坚持定力，一个问题一个问题地解决，一个目标一个目标地实现，矢志不渝建设宁杭生态经济带最美副中心城市。

重大项目建设是县域发展的永恒主题，全域旅游开发是把溧阳绿水青山变成金山银山的重要途径。要坚持优化经济存量与扩大项目增量相结合、保持生态优势与创造发展优势相结合的原则，重点在以扩大项目增量推动结构转型、以创造发展优势打造城市品牌上下功夫，一方面以重大项目带动产业集聚与全域旅游开发，另一方面以全域旅游形成优质服务供给和生态供给推动项目招引，从而掀起重大项目建设和全域旅游开发的热潮。一是在产业上抓推进。以动力电池产业为基础，在向形成更为完备的新能源汽车产业上抓推进，确保全年至少引进2个超50亿元或5亿美元项目、10个超10亿元或1亿美元项目。以景区旅游为基础，在向形成相对完整的休闲健康产业融合发展上抓推进，确保全年引进2个超50亿元或5亿美元项目，争取百亿项目开工建设。以特色田园乡村试点为契机，在向建设精神焕发的农村上抓推进，确保4个试点村通过省级验收。二是在载体上抓推进。立足“一区两园多基地”产业布局，江苏中关村加快扩围提质步伐，研究芜申运河港口建设，重点在产城融合、创新驱动、项目招引上再发力，力争超百亿项目再有突破；经济开发区和社渚产业先导区在完善园区功能配套的同时，围绕新能源汽车产业发展，以电机、电控、轻量化材料等核心零部件为重点加快产业培育，确保分别在超30亿元或3亿美元项目上都有突破；镇级工业园区选准1-2个特色产业，做精做优园区平台，确保分别至少引进1个超5亿元或5000万美元项目。围绕“三山两湖一团城”旅游布局，规划天目湖生命康原，启动南山寿谷特色田园乡村成片建设，开展瓦屋山、长荡湖、“宋团城”旅游开发规划研究，确保曹山旅游度假区项目建设大突破。争创国家级全域旅游示范区。三是在要素上抓推进。深入推进城乡建设用地增减挂钩工作，加大土地综合整治力度，确保新增耕地8000亩以上。加强土地利用统筹管控和用途管制，专项清理闲置土地和批而未供土地，积极争取点状供地、宅基地制度改革等试点。全面推行“政银担”模式，完善金融机构评价考核办法，引导金融机构创新金融产品和服务方式。发挥政府产业基金作用，引导社会资本参与新兴产业培育和公共服务领域项目建设运营。

无论是重大项目还是全域旅游，招商引资都是“一号工程”。完善招商引资考评体系，强化镇区招商引资“一把手”负责制。突出重点招商方向，梳理产业链关键环节和目标客户，主攻沪、深、浙、宁，加强美、欧和台湾地区，确保“四大经济”在利用外资上有大的突破。聚焦项目招引质量，以设备投入、亩均税收、技术含量为核心，引导生产要素向优质项目倾斜。优化市领导挂钩和部门负责“四大经济”招商体制，完善镇区合作共享机制，建设专业化招商队伍，为重大项目接续突破夯实基础。

在全力抓好“重大项目推进年”和“全域旅游推进年”活动的同时，我们还要做好以下四方面工作：

一、坚持创新为核，把产业美好推向深入。以四个“三年行动计划”为抓手，发展幸福经济。打好向先进制造经济出发、向高端休闲经济拓展、向现代健康经济创新、向新型智慧经济聚合四个“三年行动计划”收官之战，为促进发展转型注入新动能。坚持把政策效应落实到项目建设上，大力推进上汽集团与时代新能源合作的先进动力电池产业基地、时代新能源锂电池长三角基地等88个市级重点工业项目以及中信国安江南第一城、南山竹海旅游综合体等一批高端休闲健康项目建设，让重大项目成为充实居民收入、企业利润、财政收入“三个口袋”的核心抓手。坚持把政策效应体现到环境友好上，续建旅游公路100公里，开展沿线环境整治提升，完善沿线标识、驿站、观景台、停车场等配套功能，重点推进沿线“溧阳茶舍”、大型旅游综合体、品牌休闲度假酒店的布局与建设，让“生态、旅游、富民”成为溧阳1号公路的鲜明特征。坚持把政策效应转化到民生幸福上，加快推进智慧城市大数据云平台项目建设，筹建城市公共基础数据库，完善“自在溧阳”公共服务平台功能，构建“畅游溧阳”智慧旅游体系，让“指尖上的智慧生活”成为溧阳百姓实实在在的获得感。研究制订“四大经济”新一轮三年行动计划，以群众生活幸福为导向，把“四大经济”发展成“环境真友好、发展可持续、群众得实惠、政府有收益”为基本特征的幸福经济。以弘扬企业家精神为核心，提振实体经济。筹备召开企业家大会，大力宣传优秀企业家精神。实施企业家培训计划，重点培养15名领军型企业家、30名成长型企业家、50名优秀企业经营管理人才。强化“股改上市是企业最好的转型升级”理念，加快股改上市步伐，确保全年新增股改企业10家、“新三板”挂牌企业2家以上、上市企业1家以上。深化政产学研合作，引导创新资源向企业集聚，全年实施重大产学研合作项目30项以上。新认定省级以上“三站三中心”5家、高新技术企业10家。培育本土建安龙头企业和特级资质企业，引导溧阳籍在外建安企业回归，支持建安企业参与“一带一路”。以实施“天目湖英才榜”为载体，培育新型经济。深入实施“天目湖英才榜”三年行动计划，举办“天目湖英才榜”人才峰会，扎实推进“溧商回乡创业”工程。全年引进高层次创新创业人才50人、高水平归巢人才20人，培育省级“三带”乡土人才10人、符合企业需求的高技能人才1800人。依托人才集聚，大力发展电商经济，完善“金瓜子”电子商务产业园功能，加快农村电商“一村一品一店”建设，推动电子商务与商贸流通业、制造业融合发展，力争电商交易额突破130亿元；积极培育研发经济，在做强做优中科院物理所天目湖先进储能技术研究院、东南大学溧阳研究院、中机科（江苏）制冷设备检测有限公司等研发机构的基础上，鼓励大院大所和高端人才在溧设立研发服务企业；着力催生共享经济，引导“双创”人才在交通、旅游、金融以及生活服务领域兴办共享经济企业。以企业综合评价为动力，优化产业生态。依托企业综合评价体系，加快构建工业企业大数据系统，及时精准监测企业运行状况。以企业综合评价结果为基础，落实土地使用税、水价、用地、信贷资源等要素差别化配置，引导企业绿色高效发展。放大企业综合评价效应，实施“小微企业上规模”工程，重点扶持一批成长性好、科技含量高的中小型企业，确保新增规模以上企业35家。

二、坚持品质为要，把生态美丽推向深入。全面优化空间格局。推动城市总体规划、城乡建设规划、土地利用规划、生态保护规划有机融合，争取省级“多规合一”试点。开展天目湖沿湖生态保护与开发利用规划研究，有序推进科学集约利用。严守生态红线，实施生态空间规划管制。全面保护生态环境。深化“263”专项行动，启动国家生态文明建设示范市申报工作。在落实化工企业关停目标的同时，开展保留化工企业整治提升工作，对达不到国标与民标双标准的企业坚决关停。落实《常州市天目湖保护条例》，加强天目湖水源地保护，加快推进区域治污一体化和全域农村生活污水整治工程，综合治理黑臭水体，持续改善水环境。减少煤炭消费总量8.3万吨。修复废弃矿山宕口17个。规模化养殖场治理率达到85%。全面提升城乡品质。深入推进生态绿城建设，新建滨水绿地20万平方米，新造林地面积3000亩。启动建设西圣公园。实施垃圾综合处理工程，建设固体废弃物综合处置中心，重构农村保洁机制与生活垃圾清运体系，完成48个小区、132家单位、10个村庄的生活垃圾分类收集工作。制订全市公墓发展规划，启动建设市镇两级生态公墓，维护逝者尊严，保护乡村环境。健全网格化环境监管体系，从严惩处超排偷排、毁林毁绿等破坏生态环境行为。全面建设富美乡村。“农”字当头，在旅游公路沿线、旅游景区周边，改造提升一批特色田园乡村。以富有艺术品位的设计引领乡村美化，在保护原有村庄形态、传统建筑上，塑造田园风光、田园生活。积极培育一批大地艺术、农耕体验等创意农旅产品，让乡村之美更富有生命力。争创全国休闲观光农业和乡村旅游示范县。

三、坚持文脉为魂，把文化美妙推向深入。坚持挖掘文化底蕴与开展城市推介相结合。制订实施“文化创新发展”三年行动计划，积极创建省级历史文化名城。围绕“美音自在溧阳”主题，在扩大媒体宣传、制作城市LOGO衍生品、创造城市雕塑、谱曲传唱《游子吟》上有突破，让忠勇、信义、慈孝、明慧的城市基因有传承的载体。编制新一轮历史文化保护规划，深入开展各类文物清查和保护工作，组织口述溧阳、镇村志等史志编纂工作。加大城市推介力度，举办茶叶节、旅游节、观灯节以及天目湖国际马拉松、曹山龙狮大赛等文体活动，邀请知名艺术家来溧采风创作，积极开展国际间城市交流与对外民间交流。坚持整合文脉资源与留住城市记忆相结合。注重历史遗迹、历史建筑的综合利用，逐步修复宋团城传统风貌街区，研究开发利用贞女祠、蔡邕读书台、欧冶子铸剑台、马一龙故里等历史遗存。建成开放博物馆，规范城市路名，推进乡土文化进校园，传承城市记忆。以新四军江南指挥部纪念馆为主体，打造知名红色教育培训品牌。坚持推广乡土文化与推进文化惠民相结合。在旅游景区和重大节会中展示非遗项目、传统手工技艺等乡土文化，打造品牌旅游演艺项目2个以上。引导民间兴办收藏馆、创意书吧等文化载体。完成55个文化小礼堂建设，举办丰富多彩的群众性文体活动，促进公共文化资源向基层延伸。坚持繁荣文化事业和发展文化产业相结合。整合各类扶持资金，统筹设立“北湖亭奖”和“读书台奖”，鼓励创作以弘扬乡土文化、诉说家乡故事为主题的各类文艺作品。发挥文化产业引导资金作用，鼓励社会资本投入文化旅游开发。深化天目湖创意设计大赛内涵，大力发展文化创意产业。

四、坚持民生为本，把生活美满推向深入。深化文明城市建设。实施深化文明城市建设三年行动计划，努力实现文明城市由创建向建设的重心转移、由集中攻坚向常态长效的全面落实。完善城乡一体化考评体系，落实路长单位长效化工作机制，加大城管养护作业市场化力度。加强常芜城际铁路过境线位研究，力争高铁停靠达到90班次，消除“有去无回”的单程现象，与上海虹桥形成早晚始发对开态势。加快推进溧高高速、溧广高速、360省道明珠大道至宜兴段以及宁杭高速曹山互通建设，开工建设燕山南路南延、焦尾琴大道北拓南延、经开区中兴大道等骨干道路，启动凤凰东路、金峰路等路网改造。完成万泰街、西后街等背街小巷整治。深入推进行政事业单位开放停车，新建一批公共停车场，逐步推行社会停车有偿服务。重点强化小区综合管理，提升物业管理服务水平。实施城区菜市场标准化改造，探索菜场公办专营运行模式。加快推进城市河道清水亲水综合治理工程，完成“宋团城”滨水休闲绿带建设。拓宽居民增收渠道。实施更加积极的就业扶持政策，城镇新增就业11600人，帮助就业困难人员实现就业500人。深入开展“双挂双促”结对帮扶行动，通过土地整治、仓储、旅游等项目建设，带动农民增收。实施阳光扶贫，推进产业扶贫、就业扶贫等帮扶措施，提升扶贫精准化水平，确保农村低收入人口年均可支配收入达到8500元。稳步推进各类社会保障扩面提标，强化城乡困难群众医疗保障。提升公共服务水平。实施 4 所学校校舍改造，新建特殊教育学校，完成光华高级中学新校区、燕山中学新校区建设，力争南航天目湖校区年内主体封顶，启动建设市职业教育集团江苏中关村校区，研究民办国际学校建设，改造提升非建制镇学校学生食堂，创建省级平安校园建设示范市。实施智慧医疗系统建设，研究启动省中医院溧阳分院新院建设，加快省人民医院溧阳分院三级医院建设步伐，努力在引进高端健康管理服务机构和康复护理合作办学等方面取得突破。推动社会治理创新。完善社会治理网格化机制，强化依法治理、综合治理、源头治理。深化"平安溧阳"、"法治溧阳"建设，加强视频综合体系建设，提升警务效能，健全公共安全体系，强化安全生产监管，增强公众安全感。落实粮食安全责任制，启动省级食品安全示范市创建工作，守护群众"舌尖上的安全"。

各位代表，为民办实事是市政府长期坚持的一项制度。今年开始，我市民生实事项目实施人大代表票决制。在前期广泛征求意见、充分研究论证的基础上，市政府初排了以"五推进六提升"[6]为主要内容的 11 件重点民生实事候选项目，请各位代表审议票决。

全力建设开放型政府

各位代表，开放理念、开放氛围既是一个地方发展的前提，也是一个地方繁荣的表现。没有开放，建设对溧阳负责的人民政府就是一句空话。我们将牢固树立开放发展理念，积极构建公开透明、公平公正、开放共赢的社会生态系统，努力探索新时代优化政府治理体系新路径。

一、把开放体现在系统思维上。强化"党是领导一切的"共识，以加强政府系统党的建设为主线，开展"不忘初心，牢记使命"主题教育，深入推进"全面对标找差，全力争创一流"活动，努力推动政府工作效能提标、效率提速、效绩提质。从严落实省委巡视组巡视反馈意见整改工作，切实解决一批发展中的短板问题。自觉接受人大及政协监督，认真办理人大代表建议和政协委员提案。深化政务公开，加强信息发布和政策解读，及时回应社会关切。倡导敬业奉献，激励担当作为，宽容创新失误，切实解决好慢作为、不作为、乱作为的问题。坚持把溧阳发展放到整个长三角发展大局中考量，从溧阳长远发展着眼，积极谋划一批创新示范、特色鲜明、推动发展的工作抓手。

二、把开放落实在改革举措上。大力探索各类改革的系统集成，全面落实"3550"、"不见面审批"、政务服务"一张网"、证照分离改革试点、组建行政审批局等各类简政放权改革举措，积极推进企业投资项目信用承诺制改革，深化省经济发达镇行政管理体制改革试点工作。启动市民服务中心建设，推动所有与企业及群众生活相关的公共服务事项集中办理。持续推进疑难问题化解工作，有序解决群众合理诉求。稳步推进事业单位改革，优化整合机构职能、编制资源。深化农村产权制度改革，推进农村土地承包经营权抵押贷款扩面提质。优化国资监管机构职能，深化政府投融资体系改革，逐步构建科学的国有资本运营和监管体系。

三、把开放彰显在社会风气上。以破除市场壁垒激发社会开放活力。落实"非禁即入"的市场准入制度，清理妨碍市场公平竞争的各种做法。深化以规范建筑市场、清理占用公建和闲置用地、打击违章建筑、违法用地、违规垦植为主要内容的"一规范两清理三打击"活动，优化社会风气。以规范政府行为营造社会开放氛围。健全和完善政府法律顾问制度。调整工业企业收储办法，严格落实商品房销售价格定价机制。规范和加强政府债务管理，完善政府投资项目绩效管理，理清改制企业职工风险保障资金和土地登记情况。持续推进农村"三资三化"专项提升行动，深入推进农村集体资产清产核资工作。坚持从严治政，严格依法行政，强化廉政建设，驰而不息整顿"四风"，始终保持政府清正廉洁本色。

各位代表，新时代开启新征程，新时代呼唤新作为。让我们更加紧密地团结在以习近平同志为核心的党中央周围，高举习近平新时代中国特色社会主义思想伟大旗帜，在中共溧阳市委的领导下，凝聚更多力量，更加发奋图强，为加快建设宁杭生态经济带最美副中心城市而努力奋斗！

名词解释

1、六个到一线：到难点问题破解一线、到信访积案化解一线、到农村扶贫脱困一线、到重大项目征收一线、到文明城市创建一线、到重点区域招商一线。

2、三大一实干：大讨论、大走访、大转变，实干为民。

3、"3550"改革：开办企业 3 个工作日内完成、不动产登记 5 个工作日内完成、工业建设项目施工许可 50 个工作日内完成。

4、"263"专项行动：主要内容为"两减六治三提升"，"两减"是指"减少煤炭消费总量、减少落后化工产能"；"六治"是指"治理太湖水环境、治理生活垃圾、治理黑臭水体、治理畜禽养殖污染、治理挥发性有机物污染、治理环境隐患"；"三提升"是指"提升生态保护水平、提升环境经济政策调控水平、提升环境执法监管水平"。

5、两治三优四提标：即 2017 年市政府重点民生实事工程，"两治"是指城区交通堵点综合治理疏导工程、城市河道清水亲水综合治理工程；"三优"是指镇村公交惠民优质服务工程、"三堂"为民优质服务工程、"自在生活"便民优质服务工程；"四提标"是指溧阳旅游公路提标工程、基层医疗水平提标工程、公园绿地建设提标工程、城市防洪扩围提标工程。

6、五推进六提升：即 2018 年市政府重点民生实事候选项目，"五推进"是指推进农村生活污水治理、推进天目湖水源地保护、推进公墓规划建设管理、推进城乡困难群众医疗保障提标、推进南京航空航天大学天目湖校区建设；"六提升"是指提升城区停车功能、提升溧阳 1 号公路内涵、提升非建制镇学校食堂品质、提升办医水平、提升政务服务便民水平、提升住宅小区物业管理水平。

政协溧阳市常务委员会工作报告

——在市政协十五届二次会议上

政协溧阳市委员会主席　狄立新

（2018 年 1 月 2 日）

各位委员、各位同志：

现在，我代表政协溧阳市第十五届委员会常务委员会，向大会报告工作，请予审议。请列席会议的同志提出意见。

2017 年工作回顾

这一年，是全市负重奋进、攻坚突破、富有成效的一年，也是政协工作与时俱进、主动有为、创新发展的一年。市政协常委会团结带领广大政协委员和政协各参加单位，全面学习贯彻党的十九大和中央重要会议精神，深入学习贯彻习近平新时代中国特色社会主义思想，坚决贯彻落实中共溧阳市委决策部署，紧紧围绕全市工作大局，牢牢把握团结和民主两大主题，充分发挥协商民主重要渠道和专门协商机构作用，认真履职尽责，在助推改革发展、促进民生改善和提高履职能力上取得了新成绩，为建设宁杭生态经济带最美副中心城市贡献了政协智慧力量。

一年来，常委会在工作中突出重点、体现特色，主要抓了三件大事：

一是深入学习贯彻党的十九大精神。把认真学习贯彻党的十九大精神，作为政协组织、广大委员和政协各参加单位的头等大事、重大政治任务，通过参加市委中心组学习、党组会议、常委会议、主席会议、委组活动、机关集中学习、开辟学习专栏等途径，开展多形式、分层次、全覆盖的学习活动，读原文、听宣讲、谈心得、写体会，做到真学真懂、真遵真用，坚定把习近平新时代中国特色社会主义思想作为武装头脑、改造自我的锐利思想武器，作为指导实践、推动工作的根本行动指南，作为规范行为、修身立德的最高行为准则。

二是更加突出政协协商民主主线。切实发挥协商民主重要渠道和专门协商机构作用。年初，紧扣全市发展大局，在积极主动与党政部门、政协委员、社会各界对接的基础上，确定了 46 项年度协商议题，报经市委同意后有序实施。全年开展常委会议专题协商 3 次、主席会议重点协商 10 次、委组对口协商 70 余次、重点提案办理协商 6 次，巩固了宽领域、多层次、常态化的协商议政格局，形成了丰硕的协商议政成果。着力推动协商成果落地生效，召开常委会议听取市政府关于市政协 2016 年度协商成果办理落实情况的通报，并协商提出改进建议。通过这一制度设计，协商成果在实际工作中得到了更好地采纳实施，产生了更好的经济和社会效益，政协协商民主机制进一步完善。

三是进一步改进提升社情民意工作。在市委市政府大力支持下，推进社情民意工作的制度化、规范化、程序化建设。市政府主要领导要求每位副市长都要对分管范围内的社情民意作出批示，市政府常务副市长组织召开专题会议，督查社情民意办理工作，要求确保相关建议能够落地生效。市委办、市政府办、市政协办联合制定出台了《关于加强和改进社情民意反映、办理、反馈工作的意见》，完善工作机制、健全工作制度，有力推动了社情民意工作再上新台阶。

一年来，我们围绕中心、服务大局，认真履行职能，主要开展了以下工作：

一、紧紧围绕坚定正确政治方向，强化政治意识，增强政治定力

坚持中国共产党的领导，进一步增强走中国特色社会主义政治发展道路的自觉性和坚定性，确保政协工作始终坚持正确政治方向。

坚决贯彻中央精神。始终把政治学习摆在突出位置，带领政协委员、政协机关深入学习、集中研讨中央重要会议和习近平总书记系列重要讲话精神，领会实质，把握要义，进一步牢固树立“四个意识”，坚定“四个自信”，在政治立场、政治方向、政治原则、政治道路上始终同以习近平同志为核心的党中央保持高度一致。

自觉接受市委领导。主动融入全市工作大局，及时向市委汇报重要工作、请示重要事项、报告重大活动，紧紧围绕市委中心工作履行职能，不折不扣贯彻落实市委各项要求。引导各党派团体和各族各界人士理解认同支持市委决策部署，巩固团结奋斗的共同思想政治基础。市委高度重视政协工作，听取市政协党组工作汇报和全市贯彻落实省政协工作会议精神情况以及改进提升建议的汇报。

高度重视党的建设。市政协党组充分发挥领导核心作用，认真落实从严治党主体责任和“一岗双责”，严明政治纪律和政治规矩，政协组织创造力、凝聚力、战斗力进一步增强。推进“两学一做”学习教育常态化制度化，机关党员干部讲政治有信念，讲规矩有纪律，讲道德有品行，讲奉献有作为。以强烈的政治责任感，高度重视、主动配合好省委巡视工作。

二、紧紧围绕助推经济社会发展，深入协商议政，提升协商质效

聚焦发展重点难点开展广泛多层协商，增强政协在推进发展中的贡献度和影响力。

专题协商注重质量。围绕强力推进“四大经济”更好发展这一战略任务，常委会就发展智慧经济广泛开展调查研究、深入协商议政，形成了《以智慧经济聚合筑就溧阳美好未来》的调研报告，从认识、战略、步骤、路径、重点、策略等6个方面提出了25条建议。市委书记蒋锋先后两次作出批示，认为调研报告深入及时，对部门吸收采纳建议提出了更高要求；市政府市长徐华勤要求各位副市长、部门负责同志认真阅读，抓紧将建议运用到工作实践中。多项建议转化为工作举措，如，智慧城市大数据云平台项目签约落地，“自在溧阳”APP正式上线，智慧城市建设进一步推进；设立了“天目湖英才榜”专项基金；出台了《健康经济总体发展规划》。该调研报告被《江苏政协》《调查与研究》刊发。

为推动建立空间规划体系，更好指导城市建设发展，常委会围绕“多规融合”课题开展专题协商，向市委市政府提出了深入开展基础分析研究、建立综合空间规划体系、挖掘盘活土地存量资源等建议。市委主要领导批示认为政协调研抓住了当前工作中的问题，要求相关部门学习落实。市政府主要领导调研了“多规融合”工作并多次作出相关工作部署。市发改、规划、住建、国土、环保等部门进一步加强了各项规划间的相互沟通和统筹协调。

重点协商形成特色。探索推行视察调研与协商议政相衔接的协商民主新模式。通过每月召开主席会议，详细了解电信、商务、水利（水务）、上兴、社渚等10个部门和镇区的工作情况，坦诚提出推进市委市政府工作部署的意见建议，帮助呼吁解决工作难点，就加强饮用水源保护、提升江苏中关村防汛安全等级、重视人力资源建设、推进社渚地区交通路网建设等工作向市委市政府提出书面建议。通过这一模式，在观点交锋、思想交流、共识交融中弘扬民主精神，践行协商理念，增强议政效果。

广泛协商助力大局。十五届一次会议期间，委员们以高度负责的精神，通过听取政府工作报告和其他报告、大会发言、分组讨论等方式，就事关全市改革发展稳定的重大事项开展集体协商，提出了许多有价值的建议。民主党派和5个委组，围绕发展民宿经济、发展健康养老服务业、苏皖合作示范区建设、发展众创空间等议题进行大会发言。市委市政府领导到会听取委员发言，对委员建议给予充分肯定和高度重视。举行全市半年度经济社会发展情况通报会，帮助政协常委和委组长们更好把握和服务发展大局。

三、紧紧围绕全市重点工作推进，积极主动谋事，扎实认真成事

牢固树立“攻坚”意识，以饱满的精神状态、严明的政治纪律、良好的工作作风，把政协工作与全市重点工作紧密结合，促进市委市政府决策部署的落实。

全力参与中心工作。主动发挥政协独特优势，为促进发展鼓实劲、干实事、出实招。开展以“提升发展能力，提升履职能力”为主题的争创先进活动，引导广大委员把思想和行动统一到重大项目攻坚上来。委员们认真履行“一岗双责”，积极创新创优创业，为发展添砖加瓦，涌现出一批先进典型。宋小华、史丹、杨志才等3名委员，由于在经济建设、社会事业、服务发展方面作出突出贡献，获得政协委员特别奖。市政协领导班子和机关积极参与各类项目招商，走访服务企业，收集反映并推动解决企业实际困难，为发展献计出力。

投身文明城市创建。广大政协委员、政协参加单位和政协机关切实落实文明城市攻坚要求，迅速行动、人人动手，带头做文明市民，争当文明城市宣传员、生态保护监督员、交通秩序引导员、环境卫生清洁员，为创建工作加油给力。委员们通过走访调研、视察监督、撰写提案、反映社情民意等方式，就城郊接合部大型车辆乱停乱放、加强出租房整治、绿化修复、公共健身器材维修等问题建诤言、献良策。建议得到市政府领导的高度重视和相关部门的采纳落实。市政协办公室认真履行“路长”职责，用协商理念圆满解决停车难、晒衣难等涉及商户切身利益的难题，达到了双赢效果。

强化民主监督职能。组织全体委员对市级机关部门开展行风评议和民主测评。推荐部分委员参加市政府常务会议，委员提出的合理意见建议，得到市政府的肯定和采纳。担任部门特邀监督员、行风评议员的委员，按照寓监督于支持之中的要求，突出监督重点，提出监督建议，助推了部门工作更好开展。镇工委（委组）创新监督方式，组织委员听取政府工作报告，视察镇区经济社会发展、重大项目建设和“263”专项行动开展情况。委员们在一线发现问题，在现场提出建议意见，推动多项问题得到有效解决。

扎实开展议政建言。各委组坚持以服务党政决策为目标，以调查研究为手段，以精准建言为要求，围绕建设宁杭生态经济带最美副中心城市、物业管理服务、旅游公路建设、中小企业扶持、天目湖渔业资源管理等课题深入开展调查研究，形成调研报告29份。这些调研报告围绕党政中心和民生实事，精准聚焦问题、深入研究问题、助力破解问题，在增进社会共识、促进科学民主决策、服务中心大局等方面发挥了重要作用。

认真做好交办工作。根据工作部署，全力推进重大项目建设，围绕加快政府投资项目进度开展调研，提出了强化责任意识、强化项目前期、强化要素保障、强化督查考核等建议，供市委市政府决策参考。牵头市工商联与市委统战部协力做好首届溧商大会的筹办工作，为引导溧商回乡创业发展搭建平台，赢得社会各界广泛赞誉。市政协领导尽心尽力做好河长制、安全稳定督查、人民医院新院搬迁等工作，为改革发展稳定贡献政协力量。

四、紧紧围绕发挥提案全局作用，注重工作质量，服务发展大局

探索完善提案会前征集、分层督办、全程协商等工作方法，推动承办提案由“任务型”向“责任型”转变，由“重答复”向“重办理”转变。市政府进一步重视提案办理工作，选择10件贴紧中心工作、反映群众关注热点的提案进行督办，有力提升了督办层次、增强了督办实效。审查立案的147件提案已全部办复，提案办理满意和基本满意率为100%，提案工作成效显著。

围绕“四大经济”，建言献策出实招。围绕向休闲经济拓展，“关于加快建设我市南部山区精品民宿集聚区”的提案，对精品民宿的发展定位、整体规划、政策规范、资金扶持、集聚发展等精准建言。市旅游局积极采纳提案建议，把发展乡村旅游作为全市旅游业发展的“新引擎”和农民脱贫致富的“金钥匙”，制定了《关于鼓励和促进“溧阳茶舍”发展的实施意见》。“关于推进溧阳特色旅游与健康体检相结合”的提案，得到相关部门高度重视，借助我市“世界长寿之乡”的品牌效应和优质生态资源，积极推进健康养生片区规划建设，大力创建“国家康养旅游示范基地”。打造茶文化旅游微目的地、发展智慧经济构想、推动科技型中小企业创新发展等一大批经济建设方面的提案，相关职能部门都予以了高度重视和采纳落实。

八字桥荷塘　（章成寿　摄）

聚焦民生热点，积极有为求实效。人民群众关注的热点难点问题，就是人民政协履职的着力点和聚焦点，就是政协委员提案的切入点。“增强社区服务功能，提升社区服务水平”的提案由于契合群众需求，被列为一号提案，由市政协主席会议督办。民政部门认真办理落实，以居家养老服务为抓手，以提高老年人生活质量为目标，不断提升社区内涵，丰富老年人晚年生活。市政府将为老助餐服务列入重点民生实事工程，城区10个如意小食堂已全部建设完毕并逐步投入使用。市水利（水务）局积极采纳提案“关于对北河、中河两侧圩堤实施挡墙工程”提出的建议，将北河、中河整治项目列入规划，并将启动整治工程。委员们提出的众多关系民生福祉的提案，得到了职能部门的重视和落实，进一步增强了群众的获得感、幸福感。

倾听百姓期盼，立足长远办实事。平安是人民幸福安康的基本要求，平安和谐是更具“质感”的民生幸福。广大政协委员始终以群众的期盼和急需为导向，积极通过提案的方式助推平安溧阳建设。“关于进一步预防和打击涉众型经济犯罪”的提案，针对非法吸收公众存款、集资诈骗、组织领导传销等涉众型经济犯罪案件已成为影响社会稳定的重要因素这一问题，提出了解决对策。公安部门会同法院、检察院、市场监管、金融等部门建立长效合作机制，从快从紧、严打犯罪。“加强对农村偷盗行为的综合治理”的提案，针对农村治安力量比较薄弱，导致盗窃案件频发的现象，提出了对策建议。市委政法委将提案建议作为重点工作和为民实事项目加以推进落实，不断加大对农村偷盗行为的打击整治力度，切实提升了公众安全感。委员们提出的加强食品安全工作、在全市幼儿园安装区域动态监控、居民危房改造重建等提案，所提建议都在逐步实施中。

五、紧紧围绕巩固和谐稳定局面，突出团结民主，凝聚发展合力

坚持以人民为中心，实现好、维护好、发展好最广大人民群众的根本利益，营造安定团结、和谐稳定的社会环境。

广泛开展交流合作。市政协领导坚持定期走访各民主党派，定期通报工作进展情况、研究共同关心的重要问题，加强党派团结合作。积极搭建协商议政、民主监督平台，发挥好民主党派、工商联和无党派人士的作用。邀请各民主党派、工商联负责同志参加学习、培训、视察、调研等活动，营造合作共事的良好氛围，巩固最广泛的爱国统一战线。在严格接待标准、规范接待程序的前提下，做好各地政协组织来我市调研、考察、交流等活动的接待工作，达到了相互学习、改进工作、推介宣传溧阳的目的。

深入群众反映民意。广大政协委员采取专题调研、走访群众、深入基层、座谈交流等方法，知民情、报民忧，全年共收集社情民意信息197条，较好地发挥了社情民意信息“直通车”作用。经整理编辑向市委市政府报送《社情民意》专刊40期，内容涵盖提升城市文明形象、交通建设、村务公开、旅游道路沿线公厕建设等方方面面。每期社情民意均得到市领导的批示，相关部门迅速落实执行到位。《关于加强对农村生活污水处理工程长效管理的建议》《小区车库私自改造乱象亟需整治》《以志愿服务记录积分制为抓手，助力文明城市创建攻坚》等社情民意，市政府主要领导予以充分肯定并批示了具体办理要求。针对全市汽车上牌服务试验点需要大幅增加投资、增加办事环节的情况，通过常州市政协向常州市政府报送了《关于出台上牌服务试验点管理办法》的社情民意。

抓好扶贫帮困工作。各级政协组织、政协委员、政协机关积极投入脱贫攻坚战役和为群众办好事实事活动，及时解决基层群众生产生活上的困难。各委组纷纷开展捐资助学、扶贫济困活动，弘扬了中华民族敬老爱老和守望相助的传统美德。一批企业家委员致富思源，鼎力支持公益事业，真诚回报社会。政协机关深入开展“三大一实干”“双挂双促”活动，深入镇村拉家常、听民声、察疾苦，及时将企业、群众意见整理反映给相关部门，确保事事有着落、件件有回复。经多方协调争取，共筹资近百万元帮助南渡镇堑口村开展道路、村卫生室、防洪工程等基础设施建设，获得群众交口称赞。

弘扬溧阳优秀文化。发挥文史工作社会功能，做好《〈教我如何不想她〉爱常州文史故事》系列丛书、《溧阳支边青年援疆纪实》《淳化阁帖研究》的稿件收集编辑工作。在《江苏政协》《溧阳时报》发表《感悟美音，自在前行》文章，弘扬、推介优秀溧阳文化，倡导讲好溧阳故事。围绕丰富市博物馆藏品、提升社会影响力，在多方调研的基础上，向市委市政府报送了《关于加快启动溧阳市博物馆藏品征集工作的建议》，提出了具体的对策建议。

六、紧紧围绕发挥政协组织作用，着力对标找差，提升履职效能

坚持把加强自身建设作为做好政协工作的重要保障，内强素质、外树形象，不断夯实基础、激发活力，着力提升政协工作的科学化水平。

加强自身建设，努力提升整体活力。围绕把政协常委会建成开拓创新、奋发有为、务实为民的领导集体，常委会组成人员带头加强学习，倍加珍惜岗位，坚持以上率下，常委会的模范带头作用充分发挥。各委组紧扣年度工作要点，统筹开展委员学习、视察调研、协商议政等活动，认真做好委员联络、提案督办、反映社情民意、文史资料收集工作，委组在政协工作中的基础作用、桥梁作用充分彰显。

优化履职环境，强化委员主体作用。抓学习培训，通过“委员学习日”、开展革命传统教育、委组活动等多种途径，提升政协委员政治素养和履职能力；抓联络服务，坚持市政协领导、政协机关走访联系委员制度，对委员反映的问题进行梳理反馈，做到委员有呼声，政协有回应；抓规范管理，规范履职行为，健全履职档案，对委员参加会议、参与活动、提交提案、反映社情民意等情况进行记录考核，并作为评先评优的重要依据。广大委员充分发挥主体作用，在议政建言、热心公益、遵章守纪上争当表率，树立了良好社会形象。

全面对标找差，提升机关工作水平。深入开展“对标找差”活动，学习外地政协宣传工作、服务委员、助力经济建设的先进经验，并转化为具体工作思路和举措。修订完善并严格落实机关各项工作制度，加强理论学习，重视调查研究，控制会议活动，改进接待工作，机关服务管理更趋规范，学风、会风、文风、作风有了更好改进。提升政协杂志质量，加强与新闻媒体的联系，在《江苏政协》《常州政协》《溧阳时报》等报刊杂志上发表理论研究和宣传文章50余篇，提升了政协的社会影响力。

各位委员、同志们，过去一年政协工作成绩来之不易，这是中共溧阳市委正确领导、市政府大力支持、上级政协精心指导、政协各参加单位和全体政协委员团结奋斗、社会各界人士积极参与、市政协老领导老同志关心和帮助的结果。在此，我谨代表市政协常委会，向大家表示衷心的感谢和诚挚的敬意！

我们也清醒地看到，政协工作还存在一些不足，特别是对照党的十九大关于人民政协工作的新部署新要求，在进一步完善民主监督机制，提高民主监督的实效方面；在进一步加强委员队伍建设，更好发挥委员主体作用方面；在进一步拓展政协工作领域，使政协工作更加深入群众方面；在进一步宣传政协委员风采，有效发挥典型引领示范作用方面，都需要进一步加强和改进。希望广大委员对常委会工作提出批评和建议，共同把各项工作做得更好。

2018年工作部署

今年是全面学习贯彻党的十九大精神的开局之年，是加快建设宁杭生态经济带最美副中心城市的重要之年，也应该是十五届政协各项工作更显质效的一年。市政协工作的指导思想是：深入学习贯彻党的十九大精神和习近平新时代中国特色社会主义思想，全面贯彻落实市委决策部署，紧紧围绕“凝聚精气神，建设新溧阳”总要求，高扬“实干强市”主旋律，紧扣“重大项目推进年”和“全域旅游推进年”工作主题，着力推进政协协商民主建设，不断把“提升发展能力，提升履职能力”活动向纵深推进，积极进取，主动作为，为奋力谱写建设宁杭生态经济带最美副中心城市新篇章，建设“强富美高”新溧阳作出新的更大的贡献。

一、以新时代的工作坐标把握政协工作目标定位

党的十九大报告对做好人民政协工作作出了重要部署，指出“人民政协是具有中国特色的制度安排，是社会主义协商民主的重要渠道和专门协商机构”，要求“人民政协工作要聚焦党和国家中心任务，围绕团结和民主两大主题，把协商民主贯穿政治协商、民主监督、参政议政全过程，完善协商议政内容和形式，着力增进共识、促进团结。加强人民政协民主监督，重点监督党和国家重大方针政策和重要决策部署的贯彻落实。增强人民政协界别的代表性，加强委员队伍建设。”

市政协各级组织、广大委员和政协工作者要全面贯彻落实十九大报告对做好政协工作提出的新要求新部署，立足经济社会发展准确把握新时代政协工作的重点，明确政协工作的主攻方向；紧扣时代特征准确把握新时代政协工作的丰富内涵，充分发挥政协组织作用；放眼历史长河准确把握新时代政协工作的重要意义，切实增强履行政协职责的责任感、使命感，准确把握政协工作目标定位，认真履职尽责，切实展现政协新气象新作为，树立政协新形象。

二、以新矛盾的发展指向找准政协工作主攻方向

深刻把握“变”与“不变”的辩证法，抓住新矛盾，坚持把服务发展作为政协工作的着力点，助力破解发展不平衡不充分难题，回应好人民对“美”的向往、对“好”的期待，为建设宁杭生态经济带最美副中心城市贡献政协智慧和力量。

一要聚焦中心任务。紧扣市委工作主题，常委会将围绕“发展健康经济”和“小区基础设施标准化建设”开展专题协商。组织委组围绕重大项目推进、全域旅游推进、做强产业支撑、特色田园乡村建设、文明城市长效管理、推进富民进程、发展民营经济等对全局有重大影响的课题深入调查研究，积极建言献策。聚焦经济社会发展的热点难点焦点节点，关注区域合作、产业集群、乡村振兴，组织委员运用专题视察、调研、提案、社情民意等多种形式，着力破解发展中的不平衡、不充分、不统筹等问题，提出富有前瞻性、针对性、可操作性的建议，促进生产、生活、生态三大板块布局融合，为产业、生态、文化、生活更美好提供更多更好的智力支撑。

二要积极服务发展。坚持团结和民主两大主题，充分体现统一战线组织一致性与多样性特征，善于联谊交友，壮大共同奋斗的力量。不断把“提升发展能力，提升履职能力”活动向纵深推进，充分发挥政协委员联系面广、团结面大、智力密集的优势，积极宣传溧阳、推介溧阳，为引进项目、资金、人才牵线搭桥，在重大项目推进上展现政协作为。出版《淳化阁帖研究》及其他相关文史资料，把政协文史资料工作的鲜明政协特色、以史鉴今的独特功能更加彰显出来，把溧阳故事讲得更好，传播得更广更远。通过多商量的方式，反映群众民主、法治、公平、正义、安全、环境等方面的诉求，通过细致耐心的工作找到最大公约数，使团结的人越来越多，团结的面越来越宽，团结的同心圆越画越大，夯实共襄发展的广泛群众基础。积极开展对外友好协作交流活动。

三、以新论断的领会运用谱写政协工作崭新篇章

十九大报告中关于人民政协的新论断，是人民政协以新的精神状态和奋斗姿态继续前进的“压舱石”。要充分发挥协商民主重要渠道和专门协商机构作用，为建设宁杭生态经济带最美副中心城市履职尽责。

一要进一步发展协商民主。制定年度协商计划，坚持和完善全体会议、常委会议、主席会议、专题协商会议制度，积极开展对口协商、界别协商、提案办理协商，推进政治协商制度化规范化程序化。拓展各党派团体和各族各界有序参与政协协商的渠道，引导社会各界在共同政治基础上求同存异，促进不同思想观点交流交融，营造平等议事的民主氛围。

二要进一步加强民主监督。协商式监督是对政协民主监督的重要新概括，也是政协履职的新发力点。要围绕党委政府中心工作和重点工作的推进落实，切实加强民主监督，努力做到敢监督不缺位、善监督不任性、真监督不应付。创新提案征集机制，向社会各界公开征集提案线索，进一步拓宽提案的信息渠道和社会参与面，广纳群言、广集民智。严格落实对政协建议、提案、社情民意等的交办、承办、督办、反馈的考核督查，进一步形成促进落实、推动发展的民主监督长效机制。

三要进一步完善委员管理。进一步丰富扩展委员履职平台，尊重和依法保护委员各项民主权利，通过加强学习培训、畅通知情渠道、丰富参政形式、规范管理监督等方式，引导政协委员“懂政协、会协商、善议政，守纪律、讲规矩、重品行”。建立常委履职考核制度，激励常委珍惜荣誉、担当责任、履行义务。进一步完善对委员的履职考核，全面掌握委员履职成效，作为委员届中调整和继续提名的重要依据。继续开展政协委员特别奖和评先评优工作，充分激发委员履职积极性。广泛宣传委员履职成效，展示委员们推动发展、履职为民的深切情怀。

四、以新要求的落地生根树立政协组织良好形象

牢记习近平总书记“打铁必须自身硬”的要求，坚持把党的政治建设摆在首位，把讲政治旗帜鲜明地贯彻到政协工作全过程各方面。进一步加强市政协党组、常委班子、主席班子建设，深化党风廉政建设，巩固拓展落实中央八项规定精神成果，保持风清气正、干事创业的良好局面，不断增强人民政协的公信力、凝聚力和号召力。进一步强化专委会建设，加强专委会与市对口部门的联系，夯实专委会基础作用。进一步创新委组活动形式，大力开展基层协商、视察、调研等活动，彰显委组特色和优势。进一步完善机关各项工作制度，不断提升机关服务保障水平，为委员有效履行职能、务实开展工作提供有力保障。推进机关信息化建设，实现机关办公自动化、委员履职信息化、工作实施智能化、统计分析数据化。开展好“不忘初心，牢记使命”主题教育，推动机关全体党员更加自觉地为实现新时代党的历史使命不懈奋斗。

各位委员、同志们，新思想指引前进方向，新时代召唤更大作为。让我们紧密团结在以习近平同志为核心的党中央周围，在中共溧阳市委的坚强领导下，不忘初心，牢记使命，同心同德，创新进取，把智慧和才华付之于实践，把理想和追求转化为行动，为推动政协事业发展，全力谱写建设宁杭生态经济带最美副中心城市新篇章，建设“强富美高”新溧阳而努力奋斗！

综　述

【概　况】 自2015年进入全国文明城市提名城市行列以来，特别是2017年实施“文明城市攻坚年”以来，溧阳市始终将创建全国文明城市摆在推动城市内涵发展的战略高度，用文明创建助力道德风尚高地建设，掀起全市动员、全域覆盖、全民参与的创建热潮，构建起城乡一体的文明创建新格局，城市文明程度显著提高，一举创成“全国文明城市”。

2015年2月28日，全国精神文明建设工作表彰暨学雷锋志愿服务大会在北京隆重召开。会上，溧阳市被中央文明委命名为新一轮“全国文明城市提名市”。自此全市上下万众一心、众志成城，第一时间凝聚起不创则已、创则必成的思想共识，迅速成立了以创建工作领导小组、九大工作组为核心的组织架构，构建了“主要领导亲自抓、分管领导牵头抓，责任单位具体抓”的工作机制，形成了横向到边、纵向到底，时时有人管，事事有人抓的“大创建”工作格局。

是年10月30日，市委办公室、市政府办公室下发《全国县级文明城市测评体系责任分解表》，将工作任务分解到各单位，要求各单位抓好各项工作任务的贯彻落实。同时，下发《创建文明城市专项行动实施方案》，围绕“城市建设提升，城市管理精细工程，城市素质文明工程、民生实事惠民工程”四大工程，开展19项专项行动。11月9日，市委、市政府又下发了《关于创建全国文明城市的意见》，明确总体目标、工作内容、工作要求。

在明确目标任务的基础上，2016年3月30日，正式引入第三方测评公司。每季度开展城市文明程度指数测评，对全市城乡范围实施公正、科学、高效的考评，形成文明城市季度点评和末位表态制度。5月20日，溧阳市召开“建设美好家园”三年行动动员大会，动员全市上下凝聚共识、攻坚克难，共建80万溧阳人的美好家园。7月18日，市第十二次党代会将文明城市创建纳入“十三五”时期全市的“三大工程”之中，标志着创建工作进入了新的发展时期。会上，旗帜鲜明地提出了“保八争六”的创建目标，在城区扎实推进19项专项行动，在农村深入开展“践行核心价值，培育文明乡风”15项主题活动，全面掀起了“全域一体、城乡同创”的创建新高潮。在当年的全省测评中，溧阳从排名垫底一举上升到全省第六，迈出了关键一步。

在此基础上，溧阳市顺势而为、乘势而上，将迎接文明城市创建终评“大考”确立为年度工作主题之一，吹响“锚定前三名、创成文明城”集结号，通过创新“我爱我家”城市管理APP平台，推行机关部门“路长制”等一系列扎实有效的举措，全城动员、全民参与，对市容环境、道路交通、社区管理等12大创建重点难点领域开展集中再整治、再攻坚、再提升，以综合排名全省第一的成绩入选参评城市，一举摘得“全国文明城市”桂冠。2017年11月14日，中央文明委公布了第五届全国文明城市名单，溧阳市以优异成绩获评“全国文明城市”。17日，全国精神文明建设表彰大会在北京召开，市长徐华勤代表溧阳参会领取“全国文明城市”奖牌，并受到习近平总书记的亲切接见。

制度建设

【组织机构建立】 加强组织领导，严格落实责任。实行党政主要领导负责制。建立由市委书记、市长任组长，市委、市政府分管领导任副组长，各镇（区）和各责任部门主要负责同志为成员的创建全国文明城市领导小组，对创建工作负总责，并建立创建全国文明城市指挥部，统筹协调各项创建工作。各镇（区）、各部门根据测评体系责任分解和专项行动计划，结合各自实际，建立相应领导机构，将创建活动经费列入财政预算，制定详细工作方案，明确时间节点和目标任务，每一项工作落实到科室（单位），落实到人，做到横向到边，纵向到底，持之以恒，不留死角，确保组织到位、领导到位、措施到位。

【实施路长制】 以建立实施“路长制”为抓手，将城区70条主次干道创建任务划分到各个机关事业单位，严格按照“巡查、发现、协调、处置、督查、结单”的闭环流程运行工作，形成了文明创建齐抓共管、紧盯目标聚力冲刺的良好氛围。

美化家园行动

【实施五大工程】 2016年5月20日，溧阳市召开“建设美好家园”三年行动动员大会，要求按照建设宁杭生态经济发展带最美副中心城市定位，全面推进“品质提升”“功能完善”“管理提质”“交通通畅”和“美丽镇村”五大工程。截至2017年年底，全市投入五大工程资金近100亿元，博物馆、规划馆、档案馆、文化艺术中心“三馆一中心”建设正式启动；完成南环东路、天目湖大道等8.1万平方米大型绿地建设；宋团城滨水休闲绿带改造、天目湖大道和永平大道景观提升工程有效推进；实施老小区综合改造29个；新建标准化菜场2个，改建菜场13个。

【打造文明地标】 在燕山公园南园，打造了占地面积达346亩的社会主义核心价值观主题公园，将复兴大道、美音轩、好人广场、读书台、成长乐园等10个主题陈列在公园的各段地域，让群众在耳濡目染、寓教于乐中感受价值观的熏陶。在锦汇商业广场，启动了以商家诚信经营、部门优质服务、群众满意消费为核心内涵的“诚信广场”建设。大投入带来了城市面貌的大提升，一个空间布局更加合理、人居环境更加优美、城乡功能更加完善、建设管理更加精细、人文特色更加鲜明的新溧阳正在加快成型。

诚信广场一角　　（溧阳时报　供稿）

【营造宣传氛围】 在完善城市硬件设施的同时，溧阳市在城市氛围的布置上不断加码，进一步加大公益广告的投放力度，充分利用公共绿地、公交车身、公交站台、楼宇广告牌、电子显示屏、道路隔离栏、小区围墙、工程围挡、路名牌以及路灯管等载体，新增内容接地气、形式与环境相融合的各类公益公告5000余幅，其中新增植物绿雕等巨幅广告130余处，极大增强了文明城市创建的亲和力和感染力。

【开通“我爱我家”管理平台】 “我爱我家”城市管理公众平台于2017年3月4日正式启动，开放市民举报、市民测评、信息发布、便民服务等功能，截至2017年年底，平台活跃用户达4300人，共上传问题信息60515条，处置结案57120件，结案率98.79%，大幅消除了城区创建的死角盲区，有效提高了广大市民参与文明城市创建的主动性和积极性。

“我爱我家”城市管理公众平台开通

（溧阳时报　供稿）

【开展志愿服务】 依托“志愿江苏”平台，广泛开展“弘扬志愿精神、争创文明城市”活动，积极培育“心愿树”、“汇众社”、“劦善志愿者协会”等志愿服务团体，精心组织开展了“一支棒棒糖，换您手中烟”、“你文明驾车，我为你加油”、“10000杯绿豆汤的旅行”“青柠1+”等一系列特色志愿服务活动，积极推动志愿服务制度化、常态化、长效化，深入推行志愿者服务工作。截至2017年年底，全市注册志愿者人数达13.7万人，注册组织422个，开展志愿服务活动4272次。据第三方测评，溧阳市群众对创建工作的支持率达98%，满意率超过95%。

创造亮点

【城乡建立如意小食堂】 充分利用政府、集体闲置资产或新建场地，鼓励企业、社会团体、个人积极参与，以政府购买服务等方式，为老年人提供助餐服务，至2020年实现建成区如意小食堂全覆盖。

【镇（区）建立爱心工作站】 推广“心愿树”爱心工作站，以“情感慈善”的理念补充和延伸政府及社会救助功能，实现困难群众受益人群逐年增长，让“点亮心愿树，微爱满溧阳”成为文明城市的一道风景线。

【村级建立百姓议事堂】 进一步深化各行政村百姓议事堂建设，实现以“百议堂”理事为协商主体向“新经济组织、新社会群体、弱势群体”等协商主体拓展，使协商内涵丰富起来，实现民事民议、民事民办、民事民评。力争通过“民社单层协商”向“党政群民社多层协商”发展，使民主协商水平提高起来，实现可操作、可复制、可推广。

各行政村百姓议事堂建设进一步深化

（溧阳时报　供稿）

城乡同创

【推行城乡同创】 2016年2月18日，市委宣传部、市文明办下发《在全市农村开展“践行核心价值，培育文明乡风”主题活动的实施意见》，加快推进农村精神文明建设各项工作，打造“全域一体，城乡同创”的创建模式。突出以城带乡，将创建触角不断向镇村延伸，有效构建了城乡一体的文明创建工作格局。

【涵育乡风文明】 在农村广泛组织开展“践行核心价值，培育文明乡风”15项主题活动，评选出“新乡贤”300余名，修订乡规民约247个，征集“好家风好家训”563条，评选出“最美家庭”160户、“星级文明户”1500余户，11个镇（区）、街道，175个行政村实现道德讲堂全覆盖，“百姓议事堂”村级社会治理模式在全市推广，移风易俗工作在农村有序推进。同时，开展社区天天乐、“三送下乡”、戏曲进校园等活动，打造农村“十里文化圈”，建立各类乡村学校少年宫43所，每年送书下乡2万余册、送戏下乡近百场次、送电影下乡3000余场次，社渚傩文化、竹箦红色文化等特色乡土文化得到较好的传承和保护，“溧阳文脉”研究在全市蓬勃开展。

以社会主义核心价值观为主题的公益广告随处可见，增强了文明城市创建的亲和力和感染力（溧阳时报　供稿）

【建设美丽乡村】 大力推进新型城镇化建设，以观光农业为重要载体，积极探索乡村经济发展新模式，培育现代农业产业园200多个。依托各村资源禀赋，差异化打造美丽乡村38个，形成南山、北山、东部圩区3个美丽乡村集聚区，我市被确定为全省“美丽乡村示范片区”。开展镇村“点线廊墙”建设，把“爱敬诚善”的内涵，通过大幅水墨画、连环画等形式展现出来，融入村民的日常生活、宅前屋后，将核心价值观宣传打造为靓丽乡村风景。

克难攻坚

【对标找差】 对标《全国文明城市测评体系（县级）》，溧阳市对存在的问题逐条梳理，针对创建薄弱环节，按年度分别组织开展了19项和12项专项整治行动，取得了明显成效。印发20000份禁烟标志和5000份宣传手册，公共场所全部发放张贴到位，在车站、网吧、商场、医疗机构等公共场所安排控烟志愿者，及时劝阻吸烟行为，公共场所吸烟、乱扔烟头行为基本得到遏制。开展“僵尸船”整治，累计完成签约船只98户191艘，共成功拆解181艘（住家船、渔船151艘，半沉船30艘），另有10艘船舶迁移出城区防洪包围圈；在城区犬只管理专项整治中，发放宣传手册14000余份，共接报犬类警情80余起，共收容救助无主犬、流浪犬280余条；在“牛皮癣”专项整治中，加大源头管控及打击力度，共对涉嫌违法手机号码停号900余个，对10名作案人员采取司法措施；在旅游道路环境综合整治中，清除公路摊点58处，公路用地内堆积物20处，非标准标志牌16块，整修标志、护栏等设施32处，查处污染路面案件15起。在交通秩序整治行动中，推行停车服务差别收费机制，错时开放机关事业单位停车场，增加城市生态停车泊位和自动化立体停车设施，安装道路车辆违停抓拍系统，设立文明交通宣教室，常态化开展文明交通志愿引导活动，实施行人和非机动车不文明交通行为“曝光”制度，全市交通事故发生率下降23.1%，在全省城市交通文明指数测评中，溧阳市排名第一。

【主攻难点】 开展小区综合管理专项行动。制定《溧阳市物业管理纠纷人民调解机制的实施意见》和《溧阳市物业管理办法》，建立健全物业服务企业进退出机制和诚信档案，推进综合管理进社区，提高物业费、停车费收缴率，建立生活垃圾分类收集系统。

开展城市交通综合治理专项行动。加大对乱停乱放、闯红灯、逆向行驶、斑马线不礼让行人、占道经营等各类不文明行为的查处力度。制定《溧阳市机动车停放收费管理工作实施意见》，实施全市所有行政机关潮汐式开放停车，扩大停车资源供给。

开展菜市场综合管理专项行动。按照“新建一批、淘汰一批、规范一批”的工作思路，加快建立标准规范的行业管理机制，对各类菜市场管理情况进行百分制考核，并将考核结果按季度向社会公布。

（宋林珍）

基本情况

【地理位置】 溧阳市位于长江三角洲西南部的苏、浙、皖三省交界处，是宁杭经济带区域中心城市及长三角都市圈重要节点城市。地处北纬31° 09′～31° 41′，东经119° 08′～119° 36′，东邻宜兴，西与高淳、溧水毗邻，南与安徽省的广德、郎溪接壤，北接句容、金坛，南北长59.06千米，东西宽45.14千米，土地总面积1535.87平方千米。

境内有低山、丘陵、平原圩区等多种地貌类型。南部为低山区，属天目山脉延伸，山势较为陡峭，绝对高程在250米以上，比高（吴淞基面）在200米以上；西北部为丘陵区，属茅山余脉，冈峦起伏连绵；腹部自西向东地势平坦，为平原圩区，平均海拔3米。溧阳处于太湖湖西水网区，属太湖水系，境内之水及高淳、郎溪部分客水主要经南河、中河、北河注入太湖。

【人　口】 2017年年末，全市户籍人口79.10万，比上年减少0.85万人，其中，男39.8万人，女39.3万人。总户数26.22万户。人口自然增长率−7.8‰。新登记暂住人口5.73万人，出租屋11543户，同比分别上升808%和128%，暂住人口新登记率列常州第一。常住人口76.25万人，其中城镇人口45.91万人，城市化率60.21%，比上年提高0.19个百分点。

【行政区划】 2017年年末，溧阳市辖10个镇（区）和昆仑街道，10个镇（区）分别是：溧城镇、天目湖旅游度假区（天目湖镇）、埭头镇、上黄镇、戴埠镇、别桥镇、竹箦镇、上兴镇、南渡镇、社渚镇，有1个省级经济开发区——溧阳市经济开发区，1个国家级旅游度假区——天目湖旅游度假区和江苏中关村科技产业园。共有175个行政村，59个居委会。

【物产资源】 境内自然植被茂盛，拥有耕地面积7.47万公顷，林地2.19万公顷，河流和湖泊2.84万公顷。溧阳盛产水稻、油菜、茶叶、蚕桑、白芹、板栗、西瓜、竹笋以及鲢鱼、鳊鱼、青鱼、草鱼、鲫鱼、螃蟹、白壳虾等，素有“鱼米之乡”“丝府茶城”之誉。

境内有石灰岩、方解石、瓷石、膨润土、黏土、硅灰石、石英岩、石英砂岩、大理岩、建筑砂、煤炭等。其中石灰石、方解石、大理石、陶土、彩瓷石等储量均在亿吨以上，且品位优良，具有极佳的开采价值。

境内的天目湖旅游风景区、南山竹海风景区、天目湖御水温泉景区是享誉华东地区的旅游度假胜地、国家AAAAA级旅游景区；新四军江南指挥部纪念馆为全国爱国主义教育示范基地、全国重点文物保护单位；中华曙猿化石发现地点为江苏省大遗址、全国重点文物保护单位。其他旅游景点和历史遗迹还有：高静园、凤凰公园、天目湖森林公园、伍员山、瓦屋山、平桥石坝、别桥淳化阁帖、合剌普华墓址、大石山摩崖石刻等。

【交　通】 溧阳水陆空交通便捷。宁杭高铁、宁杭高速、扬溧高速、常溧高速、104国道、239省道、241省道、芜太运河贯穿全境，距南京禄口国际机场仅68千米，有“三省通衢”之美誉。

【气　候】 溧阳市气候属北半球亚热带季风气候，温和湿润，四季分明，雨量丰沛，日照充足。夏冬季历时长，冬冷夏热，雨热同季；春秋季短，春温多变，秋高气爽。无霜期长，自然条件优越，气候资源丰富。2017年溧阳市平均气温较常年偏高，降水量正常偏多，日照时数正常。2017年全年日照时数1962.1小时，与常年1873.5小时相比，偏多88.6小时，属正常年份。

【气　温】 2017年全市年平均气温17.2℃，比常年16.0℃偏高1.2℃，属偏高年份。年平均最高气温21.7℃，比常年20.5℃偏高1.2℃；年平均最低气温13.5℃，比常年12.4℃偏高1.1℃。年内，6、9、10、12月平均气温接近常年，1、2、3、4、5、7、8、11月平均气温较常年偏高，年极端最高气温39.8℃，出现在7月25日；全年日最高气温≥35.0℃的高温日32天；年极端最低气温−4.8℃，出现在1月21日。

【雨　情】 2017年全市年降水总量为1210.3毫米，比常年1146.7毫米偏多63.6毫米，属正常偏多年份。年内，2、3、5、6、7、11、12月的降水量较常年同期偏少，10月的降水量接近常年属正常，其余各月降水量都较常年同期偏多。全年雨雪日（≥ 0.1毫米）134天，比常年133天多1天；雨量≥ 10.0毫米的降水日36天，比常年37天少1天；雨量≥ 25.0毫米的降水日13天，比常12天多1天；雨量≥ 50.0毫米的降水日4天，比常年3天多1天。日降水量极大值为65.7毫米，出现在8月20日。最长连续降水时段为8天，出现在3月18～25日，累计降水量32.3毫米。最长连续无降水时段出现在10月19日～11月12日，为持续25天无降水。

全市6月19日入梅，7月11日出梅，梅长22日，梅雨量为119.7毫米，比历年240.0毫米偏少120.3毫米。梅雨前期，西太平洋副热带高压不稳定，雨带南北摆动大，降水呈间歇性，6月30日～7月5日，西太平洋副热带高压稳定少动，降水持续，为非典型梅雨。梅雨期间主要降水过程有6月19～20日、6月22～23日、6月25～26日、6月30日～7月5日、7月10日。梅雨期内，温度变化较为平稳，最高气温均未达到35℃，有10天气温維持在二十几度，其余均超过30℃。

【重要天气事件】 2017年，溧阳市重要天气气候事件主要体现在暴雨、高温、霜冻、连阴雨、雷电、大雾对全市的影响。

暴雨　根据气象资料统计，2017年溧阳市行政区域内共出现4次区域性或局地性暴雨过程，分别出现在6月10日、7月1日、8月9日、8月20日。其中6月10日暴雨启动三级应急响应，由于受江淮气旋影响，6月9日20时～10日14时溧阳普降大到暴雨，北部地区大暴雨，最大降水量为119.4毫米，出现在竹箦永和，溧阳观测站雨量为44.8毫米，对全市造成一定的影响。

高温　受西太平洋副热带高压的长期控制，2017年溧阳市出现了时间长、强度强、范围广的高温天气。全年共出现32天高温，其中7月12～31日出现连续20天的高温天气，年极端最高气温39.8℃，出现在7月25日，高温天气给生活生产带来一定的影响。

霜冻、雷电、大雾　灾害时有发生，由于相关职能部门应对及时、措施得力，没有造成明显灾害。

（狄百花）

【历史沿革】 距今5000多年前，溧阳境内即有先民活动。春秋末期，楚吴边界就有溧阳地名。秦始皇嬴政二十六年（公元前221年），溧阳始建县制，区域包括今溧阳市大部以及高淳县和溧水县的东南部。自三国吴大帝黄武元年（公元222年）至唐高祖武德三年（公元620年）的近400年间，溧阳县域区划变化甚大，溧阳县曾两度被废，境内先后设置过屯田都尉和永平县、永世县、平陵县。唐高祖武德三年（公元620年），废永世县，并划溧水东部之地复置溧阳县，自此溧阳作为行政区域名连续延用至今。元、明时期，溧阳曾升为溧州、溧阳府、溧阳路、溧阳州。民国时期，溧阳县先后隶属于江苏省行政公署、金陵道、江苏省政府、江苏省第一行政督察区（专员公署驻溧阳县），江苏省江南行署管辖。1949年4月25日溧阳解放，建立县人民政府，先后属苏南行署武进行政分区、常州专署、镇江专署管辖。1983年3月实行市管县体制后，溧阳县属常州市管辖。1990年8月经国务院批准，撤销溧阳县，设立县级溧阳市。溧阳历史上曾有多座县治，自唐昭宗天复三年（公元903年）迁至溧阳城（今溧城镇）以后，距今已有1000多年。

【人文荟萃】 历史上溧阳曾引四方高士慕名而至。李白、张旭、朱熹、张孝祥、汤显祖和袁枚等名人，都曾在溧阳留下足迹、名篇。孟郊、仇远、陈鸿寿等人，在溧阳任职多年，把政绩、佳作留存于世。宋璟、陆游等人的后裔，钟情溧阳，也就定居于此。溧阳人杰地灵，人才辈出。春秋期间，史贞女搭救伍子胥的事迹广为流传。从东汉起，出任朝廷文臣武将的名人有史崇、史务滋、马一龙、史贻直等人；明清期间的状元有马世俊，榜眼有宋之绳、任兰枝，探花有陈名夏、黄梦麟、任端书。当代中国科学院学部委员有经济学家狄超白、昆虫学家蔡邦华、化学家彭少逸和细胞生物学家翟中和；中国社会科学院学部委员有经济学家周叔莲；中国科学院院士有液体火箭发动机专家朱森元、物理学家沈学础和理论有机化学家吴云东；中国工程院院士有光学专家庄松林、内分泌学专家史轶蘩、小麦育种专家程顺和、化学家蒋剑春。电缆事业的创始人之一葛和林，新针灸学的开拓者朱琏，文史专家缪钺，女作家菡子，世界知名青年科学家吴柯，他们都建树卓越，誉满中外。

【地方特产】 溧阳茶叶　历史悠久，始于唐宋，盛于明清。溧阳是江苏省重点产茶区，拥有茶园面积8万余亩，分南山、北山2个茶区，茶叶种植、加工、销售一体化经营。溧阳茶的品种日趋多样，制茶工艺日益精湛，茶叶质量不断提高。地方名茶有前峰雪莲、南山寿眉、水西翠柏、天目湖白茶等，先后有147只（次）茶叶在省级以上名特优茶评比中获奖。2005年通过了全国无公害茶生产示范基地县（市）评审验收，获首届中国茶产业发展政府贡献奖，2007年通过了国家标准化委员会全国茶叶标准化示范区专家评审。1991年以后，成功举办了十五届中国溧阳茶叶节。

溧阳白芹　白芹是溧阳传统的特色农产品，已有800多年的种植历史。在种植过程中，当地农民创造出一套水芹旱育、一次性深培土的培植技巧，培育出的白芹晶莹透亮，茎鞘洁白，叶尖嫩黄，风味脆嫩爽口，微甜不腻，并含丰富的氨基酸，堪称江南一绝，成为馈赠亲朋好友的高档礼品。2005年，溧阳白芹进入钓鱼台国宾馆，成为国宴菜肴。2006年9月16日，溧阳白芹获中华人民共和国原产地证明商标。2007年1月12日，“江苏省溧阳白芹标准化示范区”项目通过省质量技术监督局专家组的验收。溧阳白芹畅销京、沪、宁、杭、苏、锡、常等城市以及港澳台地区，且出口日本、韩国等国家。

溧阳板栗　溧阳丘陵山区盛产板栗，是江苏省著名的干果生产基地。溧阳板栗果型大，皮壳薄，色泽悦目，肉质白而脆嫩，香味浓郁，以板栗为原料烹制的大栗烧鸡、大栗红烧肉、桂花糖大栗都是闻名遐迩的溧阳地方名肴。

长荡湖绒螯蟹　长荡湖（又名洮湖）所产的螃蟹，属长江水系中华绒螯蟹，是螃蟹家族中的名贵品种，青背白肚，螯强爪健。中秋过后，体大脂肥，红膏饱满，肉质细腻，维生素A含量极高的螃蟹上市，成为餐桌上的佳品。一品一尝，鲜美透顶，令人赞不绝口。溧阳市长荡湖水产养殖场生产的“可鲜可康”中华绒螯蟹具有“出国护照”——中华人民共和国出入境动物养殖企业注册证。长荡湖螃蟹不仅畅销上海、南京、广州、深圳、香港、澳门等地，而且走出国门，远销日本、韩国、新加坡以及欧美，深受海内外美食家的赞赏。用蟹黄做的蟹黄馒头（又称蟹黄小笼包），也是溧阳的名点。

天目湖砂锅鱼头　采用天目湖中完全没有人工喂养的花鲢鱼头，用甘甜清冽的天目湖水，配以十多种佐料，置于专用的砂锅中，用文火久煨而成，汤色乳白如汁，清纯如雪；其香浓郁绕梁、馨雾升腾；其味肥而不腻，鲜而不腥。砂锅鱼头不仅味道鲜美，而且富含多种蛋白质、维生素和矿物质，经常食用能益智健脑，滋润养颜。天目湖砂锅鱼头成为溧阳天目湖蜚声四方的“三绝”之一，在长三角地区声名远扬。

溧阳乌米饭　乌米饭原为民间食品，唐代即有。溧阳乌米饭是把乌饭树叶捣烂、滤汁、泡糯米，晾干蒸煮而成，米粒紧缩，碧如坚珠。具有诱人的清香，乌黑的亮泽，劲道的口感。每天煮食一碗，能强筋骨、益气力，固精驻颜，被古人誉为“仙家服食”。

周城火锅　又名周城羊肉火锅，以周城地产优质山羊肉为原料，采用传统配方及独特工艺制作而成，其肉质鲜美，风味独特，色、香、味俱佳。当地企业将其制成真空包装，销往常州、南京、上海等大中城市，深受各地消费者的青睐。

竹箦风鹅　以地产农家土鹅为原料，在继承传统工艺的基础上，采用扬州大学最新肉食品加工技术精制而成。生产全过程实行封闭式运行，不添加任何化学防腐剂，保持传统风味鹅肉制品的“色、香、味、形”，原汁原味，食后回味无穷。

溧阳三黄鸡　这种鸡的特征为黄喙、黄毛、黄爪，故称“三黄鸡”。其体重一般可达4.5千克（最重者可达5千克以上），故又称“九斤黄”。为蛋肉兼用型地方良种家禽。1只重1千克左右的鸡，将其放入一个大锅里，倒入能淹没鸡身的清水，同时放适量的葱、姜和黄酒，用大火烧开，撇去浮沫，再移至小火上焖10～20分钟，加适量食盐，鸡刚熟时，马上将锅端下，盖上锅盖放置一旁。待锅里汤凉爽后，再将鸡捞出，控去汤汁，在鸡的全身涂上香油即可。具有鲜、嫩、香、肥而不腻的口味特点。

溧阳扎肝　作为过年的年菜，一般是一次做够，烧一大盆，待客时在饭锅里蒸热后上桌。取五花肉1块、猪肝1块、笋干2块、油豆腐2块，将五花肉、猪肝、笋干抓一起，外围用二块油豆腐夹住，左手拿好小肠的一头，从左到右将其绕3～4圈扎紧，剪断小肠，收好头。锅上大火，放冷水，扎肝烧沸，撇去浮沫，放入姜片、绍酒、葱结、精盐、酱油、白糖、转小火烧约1.5小时，捞去葱结、放味精即可出锅。具有口味咸鲜、荤中有素、柔中有脆、口感酥爽的特点。

南山手剥笋　选用上品南山笋10根。特制绍菜根、秘制烧菜汁适量，将笋加工成大小均匀，焯水待用。将绍菜根、烧菜汁加秘制配方调汁后会同竹笋一起上笼蒸约两小时即可。

南山雁来蕈　产于溧阳南山，又名“雁来菌”，食用菌的一种，生于农历二月者叫“桃花菌”，九月者叫“雁来菌”，以寒露时松花落地所生的最佳，味鲜美，有异香，是人们喜爱的山珍。取雁来蕈100克、仔姜50克、酱油100升、白糖30克、色拉油500升。将雁来蕈浸泡拣洗。锅上火，放酱油、雁来蕈、仔姜、白糖，烧沸，撇去浮沫，转小火烧半小时，起锅冷却后食用为佳。

溧阳青虾　溧阳池塘养殖青虾起源于20世纪90年代初，溧阳青虾营养丰富，且其肉质松软，易消化，对身体虚弱以及病后需要调养的人是极好的食物；虾中含有丰富的镁，镁对心脏活动具有重要的调节作用，能很好的保护心血管系统，它可减少血液中胆固醇含量，防止动脉硬化，同时还能扩张冠状动脉，有利于预防高血压及心肌梗死；虾的通乳作用较强，并且富含磷、钙、对小儿、孕妇尤有补益功效；虾体内的虾青素有助于消除因时差反应而产生的“时差症”。

【市　标】 市树：香樟树。市花：桂花。2004年10月，全市开展评选市树、市花活动。11月23日，经溧阳市十三届人大常委会第十四次会议表决通过，作出《关于同意市人民政府“关于建议确定并命名溧阳市市树、市花的议案”的决定》，决定命名香樟树为溧阳市市树，桂花为溧阳市市花。

【溧阳城市形象】 溧阳城市形象主题用语：

自在茶香　美音溧阳

山水绝佳天目湖　感恩信义溧阳城

人类发祥地　生态好家园——中国溧阳

溧阳城市形象欢迎用语：

何时到溧阳　一见平生亲——中国溧阳欢迎您

敦厚如山　刚直如竹　纯净如水　清雅如茶——和谐溧阳欢迎您

中国游憩文化首选地——中国溧阳欢迎您

溧阳城市形象理念用语：

明礼诚信　尚善笃行　精业进取　开拓创新

溧阳城市形象旅游用语：

溧阳山水甲江苏　天目湖色秀江南

阅山阅水阅江南　品茶品竹品溧阳

七色文化旅游城　五季山水休憩地

溧阳城市形象外文用语：

Garden city charming liyang

（田园城市 魅力溧阳）

Liyang, a city of many

tradition

(一个溧阳 万种风情)

A city of stories a land of beauty

(一个充满着山水田园诗故事的城市)

【溧阳城市名片】 政治名片:新四军江南指挥部(威震江南 功在民族)。

经济名片:生态循环经济(发展生态循环经济 打造绿色环保溧阳)。

文化名片:孟郊与《游子吟》(感恩之城 大爱之乡)。

历史名片:人类发祥地(溧阳中华曙猿——距今4500万年前的人类祖先)。

民俗名片:跳幡神(千年神舞 祐你平安)。

人物名片:史贞女与伍子胥(诚信卓绝千古 感恩声凌浮云)。

美食名片:天目湖砂锅鱼头(鲜而不腥 肥而不腻 中华一绝 砂锅鱼头)。

观光名片:天目湖、南山竹海和瓦屋山。

⑴游憩天目湖,行走南山峰,山水绝佳处,诗情画意中。

⑵东湖南湖瘦西湖,太湖西湖天目湖。

⑶品天目湖绿茶,览南山竹风光。

⑷台湾有日月潭,溧阳有天目湖。

⑸中华小九华,溧阳瓦屋山。

物产名片:天目湖绿色食品(自然精华 养生佳品)。

地域名片:苏浙皖三省通衢(长江三角中心城 华东三省通衢地)。

【溧阳八景】 天目山水、南山竹海、将帅雄风、瓦屋听禅、茶果飘香、石坝飞瀑、高静叩石、曙猿祖地。

【溧阳八俗】 鱼头也有身份证,水芹生长土里埋,白米煮出乌米饭,白茶有钱买不回,想挑西瓜不能拍,少儿挥笔写校牌,锣鼓幡神祈福来,高塔信手吊到位。

【天目湖八珍】 冬笋、板栗、乌饭、白茶、雁来蕈、香瓜藤、天目湖寿桃、爆炸瓜。

【天目湖八鲜】 砂锅鱼头、长荡湖蟹、长荡湖白壳虾、溧阳白芹、白鱼、田螺、红菱、刀鱼。

(文 扬)

经济发展

【综合实力】 全年地区生产总值(GDP)突破850亿大关,达858.04亿元,按可比价计算比上年增长8%,人均GDP达11.26万元(按常住人口),比上年增加0.73万元。从三次产业完成情况看,第一产业增加值50.65亿元,增长2.8%;第二产业增加值417.06亿元,增长5.7%;第三产业增加值390.33亿元,增长11.3%。产业结构加快调整。全年三次产业增加值比例调整为5.9∶48.6∶45.5,服务业增加值占GDP比重比上年提高0.5个百分点。全年高新技术产业产值比上年增长15.3%,总量占规上工业总产值比重达26.6%,比上年提高0.1个百分点。

年末全市市场监管部门登记的新增各类市场主体10806户,注册资本354.12亿元,同比分别增长36.7%、50.1%。其中:新增各类企业2254户,注册资本341.28亿元,同比分别增长19.58%、51.5%;新增个体工商户8485户,同比增长42.9%。年末城镇化率达60.2%,比上年提高0.19个百分点。

2017年,全市“四大经济”全产业累计完成增加值369.38亿元(合计数已剔除重合部分),同比增长10.8%(同口径),占全市地区生产总值的比重为43%,较上年提高6.4个百分点。全产业实现主营业务收入1263亿元,税收35.06亿元(列统口径),分别增长11.9%、6.6%。全市“四大经济”增加值重合部分达80.23亿元,增长14.3%;主营业务收入与税收重合部分分别为400.17亿元和9.27亿元,增长27.5%、13.4%;三项指标增速均列各类经济增速前位。

2017年,全市一般公共预算收入完成61.38亿元,较上年同期增收2.4亿元,增长4%,收入总量和收入增幅分别在常州一市五区中位列第三和第六,在全省县市中分别位列第十一和第十。收入结构为:税收收入50.19亿元,同比增收3.45亿元元,增长7.4%;非税收入11.18亿元,同比减收1.07亿元,下降8.8%。税收占比为81.8%。财政总收入完成233.51亿元(含上缴中央四税收入33.23亿元),同比减收27.90亿元,下降10.7%。

【农　业】 2017年,全市农林牧渔业总产值完成93.95亿元,比上年增长4.7%。其中,农业种植业产值为50.76亿元,增3.4%;林业产值为1.19亿元,增4.3%;畜牧业产值6.9亿元,增5.5%;渔业产值31.08亿元,增6.9%,农林牧渔服务业产值4.02亿元,增3.4%。全市农林牧渔业(含农林牧渔服务业)增加值完成53.1亿元,比上年增长4.8%。其中,农业增加值31.77亿元,增3.6%;林业增加值0.5亿元,增4.4%;畜牧业增加值2.31亿元,增6.6%;渔业增加值16.06亿元,增

表1

2017年溧阳市主要农林牧业产品产量

产品名称	单位	产量
粮食总产量	吨	457436
其中:水稻	吨	337690
小麦	吨	95975
油料总产量	吨	23498
其中:油菜籽	吨	21525
茶叶产量	吨	4486
水果产量	吨	19275
蔬菜产量	吨	350123

7.2%；农林牧渔服务业增加值2.46亿元，增3.0%。

现代农业推进加快。全市建成60万亩优质粮油、6万亩特色果品、7.2万亩茶、20万亩水产、600万只良种畜禽等一批优势特色农产品基地，拥有集生态、旅游、休闲功能于一体的省、常州市级现代农业园区17家。建成设施农业面积19.15万亩，设施渔业面积8.9万亩，高标准农田面积51.45万亩，农机总动力57.4万千瓦。培育常州市级以上农业科技型企业53家，国家、省市级“一村一品”专业镇村12个，省级农业产业化龙头企业9家。拥有有效期内“三品”（无公害农产品、绿色食品、有机农产品）总量539只。拥有农民专业合作社1229家，家庭农场1172家。

【工　业】 2017年，全市工业总产值、产品销售收入分别达1630.59亿元、1634.37亿元，比上年分别增长9.3%、11.3%，实现工业利税总额158.55亿元、利润总额100.97亿元，比上年分别增长10.3%、17.9%；规模以上工业产值、产品销售收入分别达1410.14亿元、1420.94亿元，比上年分别增长10.6%、12.8%，规模以上工业利税、利润总额分别为141.18亿元、89.27亿元，比上年分别增长10.7%、17.2%。全年工业用电量652278万千瓦时，比上年增长8.1%。

全市共有工业企业5000多家，其中规模以上工业企业402家。新兴特色产业主要有智能电网、汽车及零部件、农牧与饲料机械、动力电池四大产业，传统产业主要包括机械、冶金、建材、纺织轻工等。拥有47家工业企业技术中心，其中国家级2家（华朋、上上），省级21家，常州市级24家。全市星级工业企业（净入库税金3000万元以上）共13家，其中五星（入库税金5000万元及以上）5家（金峰水泥、华朋集团、上上电缆、供电公司、国强镀锌）。全年工业应税销售收入1239.5亿元，比上年增长14%。金峰水泥、国强镀锌、上上电缆、华朋集团4家企业入围2017年中国民营企业制造业500强。安靠智能于2017年2月成功登陆创业板，成为溧阳市首家A股上市公司，股票代码300617。

全年规模以上工业企业综合能源消费量497.42万吨标准煤，在工业产值增长10.6%的情况下，能耗同比下降0.4%。规模以上工业万元产值能耗为0.3527吨标准煤／万元。

【建筑业】 2017年，全市有建筑企业294家，其中特级2家、一级31家、二级120家、三级127家、劳务及一体化33家。截至2017年年底，建筑行业有注册建造师4362人，其中一级建造师904人、二级建造师3458人。全市建筑业累计完成施工总产值663.9亿元，比上年增长10.5%，占常州地区总产值的43.48%；实现劳务收入205.81亿元，比上年增长10.5%，；完成入库税收15.05亿元，比上年增长22%，建筑业对税收贡献从2015年的14.8%提升到19%。全市施工产值超10亿元的企业有13家，超50亿元的企业有3家（江苏天目建设集团有限公司、苏华建设集团有限公司、龙海建设集团有限公司），超100亿元的企业有1家（龙海建设集团有限公司）。

龙海集团成功获批特级资质，实现常州市建筑企业特级资质“零”突破，晋升一级资质企业4家。正方园集团承建的无锡地铁1号线控制中心及配套工程被评为2016–2017年度中国建设工程鲁班奖，4家企业被评为“中国建筑业成长性200强”企业，5家企业被评为江苏建筑业“江苏建筑业百强”企业，8家企业被评为江苏省建筑业“双百强”，龙海集团、苏华集团被评为2017年“江苏省建筑业优秀企业”。全年申报江苏省文明工地项目25个、申报常州市文明工地项目1个，申报常州市优质结构项目27个，共有7个项目获得常州市金龙杯，2个项目获得常州市文明工地。

【固定资产投资】 2017年，全市完成全社会固定资产投资530.71亿元，比上年增长9.1%。分行业看，一产投资1亿元，增67.3%；二产投资382.81亿元，增9%；三产投资146.91亿元，增9.1%。二产投入中制造业投资仍处主导地位，完成投入360.21亿元，增10.5%。动力电池产业集聚效应逐步形成，成功引进并开工建设总投资超百亿的先进动力电池产业基地、总投资50亿元的璞泰来锂离子电池材料等一批重大项目，加快推进时代新能源锂电池长三角基地、北星高分子复合材料等一批在建项目，与中科院物理所共建天目湖先进储能技术研究院，截至2017年年底，全市动力电池产业链签约与在建项目达36个。与中信国安、浙江蓝城、原能细胞等国内知名企业以及德国富尔达大区等地深入合作，共推休闲、健康和智

2017年溧阳市工业企业主要产品产量

表2

产品名称	单　位	产量	比上年增长（±%）
水　泥	万吨	2060.55	10.5
硅酸盐水泥熟料	万吨	1520.60	12.5
电力电缆	万千米	49.17	−8.6
服　装	万件	2410.75	6.5
钢　材	万吨	310.85	−8.3
啤　酒	千升	168636.00	−1.6
生　铁	万吨	192.91	−3.3
纱	吨	6788.11	−6.0
变压器	万千伏安	5840.85	6.7
发电量	亿千瓦时	23.20	63.9

上汽大通房车研发生产基地　　（市经信局　供稿）

慧经济发展。全年引进投资亿元以上项目55个，其中超百亿的1个、超50亿的2个、超10亿的8个。

重点产业增幅明显。电气机械和器材制造业增长速度最快，2017年完成投资64.08亿元，同比增38.9%，其中5000万元及以上项目完成投资48.09亿元，同比增136.3%。动力电池发展后劲较大。电池制造行业完成投资26.41亿元，同比增长216.0%。汽车制造业项目转型步伐加快，2017年5000万及以上汽车制造项目共12个，比2016年增加7个，完成投资10.49亿元。科华控股连续实施重大技改项目，设备投入7亿元，引进国内外智能生产装备，逐步建成智能车间；上汽大通完成投资2.89亿元，房车项目的落地将为溧阳市汽车及零部件产业的快速壮大起到支撑作用。

房产市场加速发展。2017年，房地产开发完成投资77.4亿元，增75.5%。全年商品房施工面积628.9万平方米，增129.7%，其中当年新开工面积412.8万平方米，增405.3%。全年新建商品房（剔除政府安置小区）批准预售面积91.7万平方米，增长17.6%；新建商品房网签备案面积118.3万平方米，增长15.4%；新建商品房销售均价9094元／平方米，增长10.9%。

【国内贸易】 2017年，全市实现社会消费品零售总额331.66亿元，比上年增9.5%。其中，批发业28.85亿元、零售业275.54亿元、住宿业5.53亿元、餐饮业21.74亿元，分别增长79.2%、5.8%、48.2%、−4.6%；城镇地区消费品零售额302.49亿元，增11.0%；农村消费品零售额29.17亿元，降4.7%；限上零售额99.47亿元，增2.8%；限下零售额232.19亿元，增12.6%。2017年全市亿元以上市场实现成交额127.65亿元，增3.3%，超10亿的市场有2家（江苏苏浙皖边界市场、溧阳市江南春市场），其中，江苏苏浙皖边界市场成交额达110.13亿元。

【开放型经济】 2017年，全市实现进出口总额67.38亿元（以人民币计价），其中出口59.83亿元，比上年分别增长23.7%和22.7%。全市新增备案登记外贸企业84家，全年有实绩的外贸企业共247家。完成外经新签合同额1.27亿美元，外经营业额1.41亿美元，均完成全市年初下达目标任务。完成协议注册外资5.15亿美元，比上年增长3.2%，实际到账注册外资2.5亿美元，比上年减少25.3%。

【旅　游】 2017年，全市旅游接待总人数1757.09万人次，实现旅游总收入206.59亿元，比上年分别增长9.9%和14.4%。实现旅游增加值97.03亿元，占GDP比重为11.3%，比上年提高0.7个百分点。全市有国家A级景区5家，其中AAAAA级1家（包括天目湖山水园、南山竹海、御水温泉），AAAA级1家（新四军江南指挥部纪念馆），AAA级1家（史侯祠），AA级2家（高静园、凤凰公园）。拥有1家国家森林公园（天目湖、南山竹海、龙潭林场），是全国唯一拥有两个国家湿地公园（天目湖、长荡湖）的县（市）。拥有江苏省星级乡村旅游区（点）22家，其中五星级1家（溧阳南山花园旅游发展有限公司）、四星级13家、三星级4家、二星级4家。旅行社（营业部）39家，其中全国百强国内旅行社1家（天目湖旅行社）。星级饭店15家（其中五星级3家、四星级4家、三星级6家、二星级2家），星级饭店拥有3672张床位。

天目湖风光　　（市摄影家协会　供稿）

溧阳1号旅游公路之松岭驿站　　（孙丹　摄）

【交通运输】 2017年，全市共实施5大类25个基础设施项目，年度完成投资30.75亿元。宁杭高速溧阳东互通建成投运。干线公路加快实施，开工建设104国道城区改线段，341省道上兴和别桥段、360省道社渚至明珠大道段主体贯通，104国道溧阳收费站建成开征。三级航道建设进入最后冲刺阶段，除桥梁工程外，芜申运河、丹金溧漕河溧阳段航道工程建设基本完成，航道水运优势得到进一步发挥；芜申运河城区段9.5公里前期工作加快推进。聚焦"自在驾行，畅游溧阳"主题，以"三山（南山、曹山、瓦屋山）两湖（天目湖、长荡湖）"为中心，全面启动并实施全域旅游公路建设，重点把全市的主要景区和乡村旅游景点串联起来，打造了全长350公里的"溧阳1号旅游公路"。

开通溧阳始发至上海高铁班次，成为宁杭线上第二个拥有始发班次的县级城市。全市新增、更型公交中巴75辆，优化调整公交线路5条；奥体公交首末站和周城、汤桥、后周农村客运站建成并投运；2017年9月起，全面实施农村老年人乘坐镇村公交优惠政策，农村受惠群众超过3万人。全年查处违法运输车辆268辆，卸驳载2857.5吨，路产路权得到有效保护。

【金融保险】 2017年年末，全市共有银行19家。人民币各项存款余额1112.39亿元，比年初增加95.76亿元，增长9.4%；贷款余额856.91亿元，比年初增加57.04亿元，增长7.1%。小贷公司共12家。证券公司有5家，东海证券全年交易总额1331.67亿元，增37.2%。人保财险、太保财险、太保寿险、人寿财险、人寿保险、平安财险溧阳六大保险公司全年保费收入13.04亿元，比上年增长9%；赔付额4.4亿元，比上年下降17.3%。

社会事业

【科技创新】 2017年，全市完成高新技术产业产值374.6亿元，比上年增长15.3%。全市拥有高新技术企业84家，常州市创新型领军企业5家、省科技型上市（挂牌）企业5家，常州市科技型上市培育企业8家，民营科技企业500多家。全市建成省级以上企业"三站三中心"113家，其中省重点研发机构9家、省工程技术研究中心31家、企业院士工作站4家、研究生工作站35家。全市98%的大中型工业企业建立了研发机构，高新技术企业实现研发机构全覆盖。全年申请专利1544件，万人发明专利拥有量达15.72件。拥有常州市级以上众创空间、孵化器、加速器25家，其中国家级孵化器2家、省级孵化器2家、省级加速器1家、省级众创空间5家，孵化面积累计达90万平方米，入驻企业400家。成立全国第一家县域孵化器协会。

【教　育】 2017年，全市共有各类学校143所，学生92067人（含幼儿），教师8837人。中学32所，其中完中1所、高中6所、初中25所。初中在校学生18335人，高中在校学生8273人。小学44所，在校学生38549人。培智学校1所，学生68人。中专2所，在校学生5846人。幼儿园64所，其中民办20所，在园幼儿20996人。2017年，全市组建十大教育集团：溧阳市职业教育集团、溧阳市实验初级中学教育集团、溧阳市光华初中教育集团、溧阳市实验小学教育集团、溧阳市外国语学校教育集团、溧阳市实验幼儿园教育集团、溧阳市书院巷幼儿园教育集团、溧阳市新区实验幼儿园教育集团、溧阳市昆仑实验幼儿园教育集团、溧阳市东升实验幼儿园教育集团。2017年，高考本一、本二达线率分别为40.66%、97.81%。

实行分类、分层和分岗培训，积极探索校长职级制改革，不断提高校长队伍水平，新增常州市特级校长2人、高级校长3人、骨干校长5人。招聘高层次人才12名、中小学教师65名、幼儿园教师77名（含男幼师9名）。通过基地学校培训、乡村教师培育站建设、远程培训等多种方式提升师资水平。195人参加初级职称评审，通过180人；161人参加中级职称评审，通过59人，其中乡村从教30年直接认定21人；111人参加高级职称评审，通过20人。新建2个常州市乡村教师培育站和2个溧阳市骨干教师培育站，新增常州市特级后备人才5名。在江苏省基本功大赛中获特等奖1个、二等奖1个，在江苏省优秀课评比中获一等奖1个；在常州市基本功、优秀课竞赛中获奖35人次（其中一等奖8个）。积极参加省市"一师一优课、一课一名师"活动，晒课2358节，晒课率名列常州第二名。

【卫　生】 2017年年末，全市拥有医疗机构259家，其中，综合医院11家、中医医院1家、专科医院1家、镇（区）卫生院17家、厂矿医务室（个体诊所）66家、村卫生室145家、公共卫生机构17家、医学在职培训机构1家。

全市各级各类医疗卫生机构实有床位数3237张，卫计人员5596人，卫生技术人员4364人，其中，执业（助理）医师1916人，注册护士1817人。拥有1个省级临床重点专科、1个常州市级共建重点学科、5个常州市级临床重点专科，2个省级乡镇卫生院特色科室、4个常州市级乡镇卫生院特色科室。通过“院府合作”模式相继与江苏省人民医院、江苏省中医院共同建设江苏省人民医院溧阳分院（溧阳市人民医院）、江苏省中医院溧阳分院（溧阳市中医院）。由政府投资、按照三级综合性医院标准建设的江苏省人民医院溧阳分院新院正式投用，设置床位1200张，建筑面积19.2万平方米。

【文化体育】 2017年，全市有文物保护单位64处，其中国家级2处（新四军江南指挥部旧址、中华曙猿化石地点）、省级8处、市级54处。有非遗项目70项，其中国家级1项（传统舞蹈类——蒋塘马灯舞）；省级非遗9项；常州市级11项。跳幡神成为江苏省首批“非物质文化遗产”，被称为“常州第一舞”。沙涨村入选江苏省第八批历史文化名村。秦堂山遗址被命名为江苏省大遗址。新四军江南指挥部纪念馆成为全国红色旅游经典景区、全国爱国主义教育示范基地、国家国防教育示范基地、国家AAAA级景区和第二批国家级抗战纪念设施、遗址。建成141个基层综合性文化服务中心，高标准建成71个文化小礼堂，打通公共文化服务“最后一公里”。建成城市社区10分钟体育健身圈，实现175个行政村体育设施全覆盖，城市公园、绿地配建体育设施达100%，全市健身点近千个，人均体育设施场地面积达3.48平方米，拥有市、镇两级单项体育协会82个、社会体育指导员3000余名，居民体质合格率达96%。

【公用事业】 2017年，投入2.33亿元，对11个市政重点项目实施改造建设。完成天目路、南环路、西后街东段、南村路、丁园路5个道路建设项目；实施政务中心、体育馆等10多个停车场建设，增加车位1200个；完成交通街、镇前街等10多处背街小巷整治和市政配套建设；落实城区交通信号灯提档升级项目。全年新增燃气管道24公里，改造老旧管道0.55公里。开展季度安全检查4次，查获非法储存、非法经营瓶装液化气案件26起，暂扣钢瓶609只。

全年保障性安居工程改造开工6009套，基本建成4309套，超额完成全年目标任务。获批城镇保障性安居工程中央财政专项资金4934.8万元，棚户区改造工程配套基础设施中央资金8300万元，城镇保障性安居工程省级财政建设引导资金628万元。办理房改房、经适房上市备案545户；办理公有住房出售 6户，完成对112户中低收入住房困难家庭申请2017年度公共租赁住房（含租赁补贴）的初审工作，有效改善了中低收入家庭的住房条件和居住环境。

【环境保护】 2017年，全市空气质量优良天数为299天、优良率为82.1%，比2016年增加16天、提高4.4个百分点，PM2.5平均浓度为45.4微克/立方米，与上年持平。集中式饮用水源地沙河水库、大溪水库水质达标率为100%，水源地水质状况持续良好。全市“水十条”六个考核断面中塘东桥、潘家坝、大溪水库库体、沙河水库库体和前留桥水质达到考核标准，达标率为83.3%。

编制完成《溧阳市畜禽养殖禁养区划定方案》，划定畜禽养殖禁养区面积917.29平方公里，占全市国土面积的59.76%，开发应用禁养区手机APP软件辅助畜禽养殖治理。太湖二级保护区内5家化工企业年内全部关闭，计划保留的32家化工企业全部纳入2017年重点企业清洁生产审核，关闭中鹏染业、熊猫针纺2家印染企业。实施覆盖拉网式农村环境综合整治，完成38个行政村整治任务。

人民生活

【就　业】 2017年，全市城镇新增就业15580人，城镇失业人员再就业2732人，就业困难人员再就业1295人，新增转移农村劳动力4311人，支持成功自主创业3160人，引领大学生创业人数430人，扶持农村劳动力自主创业1152人，分别完成全年任务的119%、259%、132%、160%、270%、179%、265%。城镇登记失业率1.85%。整合培训资源，创新培训模式，全年组织市民参加创业意识培训43场、创业能力培训29场、创业实训14场，907位社区居民享受创业服务，创业成功人数293人，创业带动就业690人。

【社会保障和福利】 2017年年末，城镇职工基本养老、医疗和失业“三大保险”综合覆盖率以及城乡社会保险参保率均超98%。城乡居民养老保险基础养老金标准由每人每月115元提高到140元。知青半家户和20世纪60年代精简下放职工养老补贴由每人每月330元调整为355元，职工医保政策规定范围内的住院医疗费用报销比例保持在83%左右。全年征缴各类社会保险费20.72亿元，支出24.14亿元，历年累计结余达27.87亿元。城乡低保标准统一调整为每人每月760元，截至2017年年底，全市纳入低保的对象有4287户、7478人，其中城市376户、619人，农村3911户、6859人。农村五保集中供养从每人每年9500元提高到10600元，分散供养从每人每年8500元提高到9600元，截至2017年年底，全市共有农村五保对象1784人，其中集中供养557人、分散供养1227人；全市有建档立卡低收入农户1314户、2599人。

【收入和储蓄】 2017年，全市居民人均可支配收入34816.7元，增长9.4%，其中城镇常住居民人均可支配收入45738.7元，增8.7%；农村常住居民人均可支配收入23834.5元，增8.8%，分别高出GDP增速0.7和0.8个百分点。城乡居民收入之比为1.76，城乡收入差距继续缩小。年末全市城乡居民储蓄存款余额498.78亿元，人均储蓄存款65414元，比上年增加2556元。

（周龙龙）

组织机构与主要负责人名录

（2017 年 1 月～2017 年 12 月）

中共溧阳市委员会

书　记　蒋　锋
副书记　徐华勤
　　　　邵钦华
常　委　周卫中
　　　　刘　佩（女）
　　　　张爱文
　　　　王朝晖
　　　　毛建国
　　　　龚友强
　　　　庄松年
　　　　金　健
　　　　张　顺

溧阳市人大常委会

党组书记　潘云芳（女）
副书记　周建明（至 1 月）
　　　　夏国浩（1 月任）
主　任　周建明（至 1 月）
　　　　潘云芳（女）（1 月任）
副主任　武宝林（至 1 月）
　　　　蒋丰年（至 1 月）
　　　　范国华（至 1 月）
　　　　夏国浩（1 月任）
　　　　陆晓明（1 月任）
　　　　崔文敏（1 月任）
　　　　石伟期（1 月任）

溧阳市人民政府

党组书记　徐华勤
副书记　周卫中
市　长　徐华勤
副市长　周卫中
　　　　刘新农
　　　　陈　峰
　　　　曹　俊
　　　　王耀庆（1 月任）
　　　　陆慧琦（女）（1 月任）
　　　　秦建军（4 月任）
　　　　何家奎（7 月任）
　　　　孙秀峰（11 月任）
　　　　曹　岚（女）（11 月任）
　　　　夏国浩（至 1 月）
　　　　唐华新（至 1 月）
　　　　蔡金龙（至 1 月）
　　　　王朝晖（至 1 月）
　　　　郁　平（至 8 月）
　　　　王昌盛（至 2 月）
　　　　刘昌权（至 2 月）

政协溧阳市委员会

党组书记　狄立新
副书记　罗志强（至 1 月）
　　　　蔡金龙（1 月任）
主　席　狄立新
副主席　罗志强（至 1 月）
　　　　王勤月（女）（至 1 月）
　　　　韩金红（女）（至 1 月）
　　　　陆晓明（至 1 月）
　　　　崔文敏（至 1 月）
　　　　蔡金龙（1 月任）
　　　　唐华新（1 月任）
　　　　陈波涛（1 月任）
　　　　黄普文（1 月任）

中共溧阳市纪律检查委员会

书　记　毛建国
副书记　刘学俊
　　　　夏国中

溧阳市人民武装部

党委第一书记　蒋　锋
部　长　彭宝华（6 月任）
政　委　金　健

溧阳市人民法院

党组书记、院长　周　白

溧阳市人民检察院

党组书记、检察长　刘晓松

江苏中关村科技产业园

党工委书记　蒋　锋
管委会主任　徐华勤
党工委副书记　庄松年
纪工委书记　石伟期（至 1 月）
　　　　朱开国（4 月任）
纪工委副书记　吴浩英（女）（5 月任）
管委会副主任　庄松年
　　　　陈波涛（至 9 月）
　　　　赵苏洪
　　　　夏　明（女）
　　　　包志宏
　　　　朱　威（至 12 月）
　　　　潘　儒（12 月任）
　　　　吴小平（9 月任）
　　　　毛　骏（至 8 月）
党工委委员　蒋　锋
　　　　徐华勤
　　　　庄松年
　　　　陈波涛（至 9 月）
　　　　赵苏洪
　　　　石伟期（至 1 月）
　　　　夏　明（女）
　　　　包志宏
　　　　朱　威（至 12 月）
　　　　潘　儒（12 月任）
　　　　朱开国
　　　　操文杰（至 12 月）
　　　　吴小平（9 月任）

中共溧阳市委工作机构及直属单位

市委办公室
　主　任　周文光

市委研究室

主　任　　李　球

市委全面深化改革领导小组办公室（7月始）

主　任　　周文光（9月任）

市委机要局（市国家保密工作局、市密码局）

局　长　　马俊浩（至4月）

　　　　　谢文军（女）（12月任）

市委组织部

部　长　　刘　佩（女）

市委党的建设工作领导小组办公室

主　任　　宋　斌

市委非公有制企业和社会组织工作委员会（5月机构改革更名，前为市委新经济社会组织工作委员会）

书　记　　李　忠

市委宣传部

部　长　　张爱文

市精神文明建设指导委员会办公室

主　任　　吴浩英（女）（至5月）

　　　　　徐星频（女）（12月任）

市新闻信息中心

主　任　　谢建东（4月任）

市委统战部

部　长　　龚友强

市民族宗教事务局

局　长　　何筛平

市委政法委员会

书　记　　邵钦华

市社会治安综合治理委员会办公室

主　任　　戴忠平（至4月）

　　　　　杨文艳（女）（4月任）

市依法治市领导小组办公室

主　任　　邵钦华

市委巡察工作办公室

主　任　　夏国中

市委第一巡察组

组　长　　史国庆（2月任）

市委第二巡察组

组　长　　高荣平（2月任）

市委第三巡察组

组　长　　郑杭军（4月任）

市委第四巡察组

组　长　　董　荣（7月任）

市委农村工作办公室

主　任　　夏火林（至4月）

　　　　　马俊浩（4月任）

市机构编制委员会办公室

主　任　　潘益明（至4月）

　　　　　翟德明（4月任）

市委市级机关工委、直属机关党委

书　记　　高荣平（至4月）

　　　　　朱洪伟（4月任）

市委老干部局

局　长　　翟德明（至4月）

　　　　　潘益明（4月任）

市委离退休干部工作委员会（10月始）

书　记　　潘益明（12月任）

市信访局

局　长　　王　颖（女）

市委台湾工作办公室

主　任　　陈伟星

市委党校

校　长　　蒋　锋

常务副校长　宋志明（至4月）

　　　　　　姜竹旻（4月任）

市档案局（馆）

局（馆）长　周志清

市委党史工作委员会、市地方志办公室

主　任　　甘正富

溧阳市人大常委会办事机构

办公室

主　任　　史　萍（女）

财政经济工委

主　任　　杨云龙

农业和农村工委

主　任　　史云龙

内务司法工委、民族宗教侨务工委

主　任　　陈荣林

教科文卫工委

主　任　　徐　彦

人事代表工委

主　任　　花　波

环境资源城乡建设工委

主　任　　黄东英（女）

研究室

主　任　　马志标

溧阳市人民政府工作部门、办事机构及派出机构

市政府办公室

主　任　　马立峰

市政府研究室

主　任　　李　劼（至4月）

市外事办公室

主　任　　许新平

市接待办公室

主　任　　殷洪雅（女）

市金融工作办公室

主　任　　法　律

市政府应急管理办公室

主　任　　朱云明（8月任）

市政府法制办公室

主　任　　沈健清

市政府侨务办公室

主　任　　耿　伟（至4月）

　　　　　李　劼（4月任）

市发展和改革委员会

党委书记　芮立新（至4月）

　　　　　赵　明（4月任）

主　任　　郁　平（至5月）

　　　　　赵　明（5月任）

市物价局

局　长　　芮立新（至4月）

市住房和城乡建设委员会

党委书记　阮正华（至4月）

　　　　　钱　栋（4月任）

主　任　　钱　栋

市建筑工程管理局

局　长　　钱　栋

房屋征收与补偿办公室

主　任　　姜　卫

市城市管理局（市城市管理行政执法局）

党委书记　肖福海（至4月）

　　　　　操文杰（12月任）

局　长　　吴小平

市规划局

局　长　　储利军（至9月）

　　　　　孙秀峰（10月任）

市燕山新区

党工委书记　钱　栋

管委会主任　芮玉昌
市民防局
党组书记、局长　董卫国
市经济和信息化局
党委书记　杨国平（至4月）
蔡红兵（5月任）
局　　长　蔡红兵
市中小企业局
局　　长　邹启东
市教育局
党委书记　陈黎明（至4月）
局　　长　唐洪祥
市科学技术局（市知识产权局）
党组书记　郑志荣（至4月）
局　　长　陆慧琦（女）（至2月）
吕胜中（2月任）
市公安局
党委书记、局长　刘新农
政　　委　陈立群（至12月）
史晓春（12月任）
市监察局
局　　长　刘学俊
市民政局
局　　长　蒋　彤
市老龄工作委员会办公室
主　　任　沈庆康
市司法局
党组书记、局长　戴一平
市财政局
局　　长　高伟新
市人力资源和社会保障局
党委书记　郑杭军（至4月）
陆卫林（5月任）
局　　长　陆卫林
市国土资源局
党委书记、局长　朱荣屏
市交通运输局
党委书记　杨文艳（女）（至4月）
赵　波（4月任）
局　　长　陈波涛（至2月）
赵　波（2月任）
市水利局（市水务局）
党委书记　王新民（至4月）
马祥中（5月任）
局　　长　马祥中
市饮用水水源地保护治理工作领导小组办公室
主　　任　王新平
市农林局
党委书记　高　昱（12月任）
局　　长　谢菊芬（女）（1月任）
市商务局
党委书记　史幸君（至4月）
成　俊（5月任）
局　　长　成　俊
市卫生和计划生育局
党委书记　史平淮（至5月）
陈志豪（5月任）
局　　长　陈志豪
市市场监督管理局
党委书记　朱洪伟（至4月）
花建国（5月任）
局　　长　花建国
市审计局
党组书记、局长　沈新章
市安全生产监督管理局
党组书记、局长　王国权
市环境保护局
局　　长　王洪明
市粮食局
党委书记　蒋如生（至4月）
汤敏骅（5月任）
局　　长　汤敏骅
市供销合作总社
党委书记、主任　芮子遐（女）
市统计局
党组书记　姜竹旻（至4月）
杨龙保（7月任）
局　　长　姜竹旻（至1月）
丁　红（女）（1月任）
国家统计局溧阳调查队
队　　长　朱锡洪
溧阳广播电视台
党委书记　史国庆（至4月）
葛军伟（4月任）
台　　长　沈　伟（至4月）
葛军伟（4月任）
市文化广电体育局
党委书记　吴旺志（5月任）
局　　长　吴旺志
市旅游局
党组书记、局长　朱红新
市行政学校
校　　长　徐华勤
常务副校长　宋志明（至4月）
姜竹旻（4月任）
市地震局
党组书记、局长　朱立峰
市政务服务管理办公室
党工委书记、主任　史　军

政协溧阳市委员会办事机构

秘书长　周荣春
办公室
主　　任　周荣春
研究室
主　　任　王玉富（至4月）
葛　铭（4月任）
提案委员会
主　　任　陈少艾（女）
学习和文史委员会
主　　任　潘祖良
经济科技委员会
主　　任　谢琴芬（女）（至4月）
杨国平（4月任）
社会事业法制委员会
主　　任　伏儒海（至4月）
港澳台侨民族宗教委员会（7月机构改革更名，前为海外联谊委员会）
主　　任　谢菊芬（女）（至1月）
储利军（9月任）

社会团体

市工商业联合会（市总商会）
主席（会长）　陆慧琦（女）
党组书记　蒋歧平
共青团溧阳市委员会
党组书记、书记　陈建伟
市红十字会
会　　长　唐华新（至10月）
陆慧琦（女）（10月任）
党组书记　胡雪芹（女）
市总工会
党组书记、主席　郑丽萍（女）
市妇女联合会
主　　席　张雅萍（女）
市科学技术协会
主　　席　吕胜中（至2月）
芮立新（4月任）

市归侨侨眷联合会
党组书记、主席　耿　伟（至4月）
李　劼（4月任）
市文学艺术界联合会
主　　席　芮振华
市残疾人联合会
党组书记、理事长　袁志荣

中共溧阳市委协助管理单位

溧阳市国家税务局
党组书记、局长　张宇民
常州市溧阳地方税务局
党组书记、局长　彭　滢（女）
江苏省电力公司溧阳市供电公司
党委书记　陈宇飞
总 经 理　徐国平
江苏省溧阳市烟草专卖局
（江苏省烟草公司常州市公司溧阳营销部）
党组书记、局长、经理　孙立群
常州出入境检验检疫局溧阳办事处
主　　任　姚琦华
常州海关驻溧阳办事处
主　　任　李旭敏
溧阳市邮政局
党委书记、局长　张宏茂
江苏省电信公司溧阳市电信局
（中国电信股份有限公司溧阳分公司）
党委书记、局长、总经理　曹云祥
中国移动通信集团江苏有限公司溧阳分公司
总 经 理　李增明
中国联合网络通信有限公司溧阳市分公司
副总经理（主持工作）　韶铁山
溧阳市气象局
局　　长　管连和
溧阳市盐务管理局
（江苏省苏南盐业有限公司溧阳分公司）
党组书记、局长　俞正洪
经　　理　俞正洪（至9月）
许　建（9月任）
常州市天目湖地区人民检察院
检 察 长　赵　鑫
江苏省溧阳地震台
台　　长　毛华锋

常州市住房公积金管理中心溧阳分中心
主　　任　施　钧
中国人民银行溧阳市支行
（国家外汇管理局溧阳市支局）
党组书记、行长、局长　蒋留新
中国工商银行股份有限公司溧阳支行
党委书记、行长　朱丽萍（女）
中国银行股份有限公司溧阳支行
行　　长　沈　霞（女）（至12月）
李　华（12月任）
中国建设银行股份有限公司溧阳支行
党委书记、行长　周　晔（至10月）
丁瑞卿（10月任）
中国农业银行溧阳市支行
党委书记、行长　张　鸣
交通银行股份有限公司常州溧阳支行
行　　长　陈　建
中国农业发展银行溧阳市支行
行　　长　张　新
江苏江南农村商业银行溧阳市支行
行　　长　黄　劲
中信银行溧阳支行
行　　长　钱雄文
江苏银行溧阳支行
行　　长　李　栋
中国邮政储蓄银行溧阳支行
行　　长　包文茹（女）（至1月）
王勤建（4月任）
溧阳浦发村镇银行
行　　长　李　旭
华夏银行股份有限公司溧阳支行
行　　长　周传芳
招商银行股份有限公司溧阳支行
行　　长　王伟平
兴业银行股份有限公司溧阳支行
行　　长　杨韦娟（女）（至11月）
东海证券有限责任公司溧阳南大街营业部
总 经 理　彭建福
中国人民财产保险股份有限公司溧阳支公司
经　　理　李　炜（至9月）
狄小燕（女）（10月任）
中国人寿保险股份有限公司溧阳支公司
经　　理　徐云鹏（至5月）
副经理（主持工作）　狄　昕（女）（5月任）

中国人寿财产保险股份有限公司溧阳支公司
经　　理　狄伟栋
中国太平洋财产保险股份有限公司溧阳支公司
经　　理　王益斌
中国太平洋人寿保险股份有限公司溧阳中心支公司
经　　理　潘　岩

镇（区）·街道

溧城镇党委书记　史晓春（至12月）
镇　　长　潘建中
天目湖旅游度假区
党工委书记　朱志军
管委会主任　柳建平
天目湖镇党委书记　朱志军
镇　　长　柳建平
埭头镇党委书记　孙龙斌
镇　　长　王旺荣
上黄镇党委书记　张　涛
镇　　长　强建方
戴埠镇党委书记　扈军华
镇　　长　张余亮
别桥镇党委书记　姚觉成
镇　　长　赵　明（至4月）
孙　斌（4月任）
竹箦镇党委书记　方学军
镇　　长　施雪芹（女）
上兴镇党委书记　夏国中
镇　　长　高　昱（至12月）
朱　威（12月任）
江苏省溧阳经济开发区
党工委书记　夏国中
管委会主任　朱　威（12月任）
曹山旅游度假区
党工委书记　夏国中
管委会主任　汤全明
南渡镇党委书记　张　顺
镇　　长　夏玲娣（女）
社渚镇党委书记　吴志东
镇　　长　赵　波
昆仑街道
党工委书记　操文杰（至12月）
陈　波（12月任）
办事处主任　江　涛

大　事　记

栏目编辑　宋林珍

1 月

3 日　市人民医院加入“中国医疗自媒体联盟”，成为常州地区唯一获批的医疗单位。

4 日　科技部公布一批 2016 年度国家级科技企业孵化器名单，溧阳市高新技术创业中心入选。

5 ～ 8 日　政协溧阳市第十五届委员会第一次会议召开。市委书记蒋锋作重要讲话。市政协主席狄立新受政协溧阳市第十四届委员会常务委员会委托，向大会作工作报告。大会选举产生狄立新为政协溧阳市第十五届委员会主席；蔡金龙、唐华新、陈波涛、黄普文为政协溧阳市第十五届委员会副主席；周荣春为市政协秘书长。会议通过《中国人民政治协商会议江苏省溧阳市第十五届委员会第一次会议决议》。

6 ～ 9 日　溧阳市第十六届人民代表大会第一次会议召开。会议由市人大常委会主任周建明主持。市长徐华勤作政府工作报告。大会表决通过《关于溧阳市人民政府工作报告的决议》、《关于溧阳市 2016 年国民经济和社会发展计划执行情况及 2017 年计划安排意见（草案）报告的决议》等相关决议。大会选举潘云芳为溧阳市第十六届人大常委会主任；夏国浩、陆晓明、崔文敏、石伟期为溧阳市第十六届人大常委会副主任；徐华勤为溧阳市人民政府市长；周卫中、刘新农、陈峰、曹俊、王耀庆、陆慧琦为溧阳市人民政府副市长；周白为溧阳市人民法院院长；刘晓松为溧阳市人民检察院检察长。

9 日　省住建厅、省旅游局联合公布第四批“江苏省特色景观旅游名镇（乡）”，竹箦镇入选。这是常州地区唯一入选的镇（乡）。

19 日　市委书记蒋锋在江苏中关村科技产业园会见中科院物理研究所研究员李泓博士一行。

是日　京东农村示范县（市）授牌仪式在溧阳市商务局举行。会上，溧阳市被京东集团授予“2016 年京东农村电商推广示范市”“2016 年度京东一村一品一店示范市”“2016 年度京东互联网 + 现代农业示范市”称号。

2 月

4 日　常州市市长费高云到溧阳会见上汽集团董事长陈虹一行，双方就进一步扩大合作进行交流。

是日　总投资 50 亿元的江苏北星高分子复合材料项目在江苏中关村科技产业园举行开工仪式。

5 日　市委、市政府召开“重大项目攻坚年”“文明城市攻坚年”动员大会。市委书记蒋锋作题为《持续突破重大项目，一举创成文明城市，向着宁杭生态经济发展带最美副中心城市奋力迈进》的动员讲话，市长徐华勤主持会议。会议表彰了 2016 年度溧阳市“创新争星、做强做优”活动星级企业和杰出优秀企业家，授予江苏中兴西田数控有限公司总经理张清林 2016 年度“天目湖英才榜”特别奖，颁发了 2016 年度溧阳市科学技术进步特别奖，表彰了 2016 年度重大项目突破奖、重大贡献奖、工作创新奖、全市目标管理优胜镇（区）和优胜单位以及科学技术进步奖获奖单位。

9 日　在江苏省人民政府公布的第八批历史文化名镇名村名单上，昆仑街道沙涨村位列其中，实现了溧阳在历史文化名镇名村建设领域零的突破。

12 日　省重点项目——时代新能源锂离子电池长三角基地二期项目举行开工仪式。

15 日　中国水稻研究所科技信息中心主任周锡跃一行 5 人到溧阳调研新型经营主体水稻生产情况。

22 日　住建部公布 2016 年全国县（市）域乡村建设规划示范名单，溧阳市名列其中，为常州地区唯一。

23 日　常州市市长丁纯到溧阳调研经济社会发展情况。

28 日　安靠智电在深圳证券交易所举行上市仪式，成为溧阳市首家在深交所创业板上市的企业，实现了溧阳市企业上市零的突破。

3 月

2 日 常州市委书记费高云率队赴上海拜访上汽集团董事长陈虹，双方就进一步扩大合作进行深入交流。

3 日 江苏中关村科技产业园管委会与上海璞泰来集团在上海正式签订项目投资协议。

6 日 常州市委书记费高云到溧阳开展大走访活动。

7 日 省委常委、常务副省长黄莉新到溧阳，专题调研溧阳市宁杭生态经济带建设情况。

8 日 省委常委、省纪委书记蒋卓庆到溧阳，就农村“三资”管理、涉农资金管理和标本兼治廉政风险点等工作开展专题调研。

9 日 江苏开磷瑞阳化工股份有限公司在北京举行“新三板”挂牌仪式。

10 日 江苏省文化厅、文物局联合公布全省首批 37 家文化文物单位文化创意产品开发试点单位名单，溧阳新四军江南指挥部纪念馆入选。

13 日 上汽集团大通房车研发及生产基地项目在江苏中关村科技产业园举行开工奠基仪式。

15 日 无锡市委常委、常务副市长黄钦率无锡市政府代表团到溧阳考察。

22 日 在全省制造业大会上，江苏上上电缆集团有限公司获“江苏制造突出贡献奖优秀企业”称号，这是溧阳市唯一一家获此荣誉的单位。

4 月

5 日 常州市市长丁纯带队对溧阳市重点建设项目推进情况进行首次督查。

9 日 市委书记蒋锋会见南京寒锐钴业股份有限公司董事长梁建坤一行，双方就进一步扩大合作进行深入交流。

是日 德国富尔达地区副区长施密特、富尔达市副市长维纳一行到溧阳参加“两节”。

是日 市长徐华勤会见中科院物理研究所原所长、纳米先导专项监理组组长詹文山、中科院物理研究所副所长文亚一行。

10 日 以“自在茶香，美音溧阳”为主题的 2017 中国 · 溧阳茶叶节暨天目湖旅游节在凌峰生态园举行。全国有关科研院校、常州和溧阳市政府机构以及国内外友好城市代表团、客商、签约企业代表和国内外知名网络、旅行社负责人、网络招募游客、市民代表等约 450 人参加了开幕活动。

是日 首届溧商大会在涵田酒店举行，来自海内外 300 多位溧阳籍企业家代表参加会议。

是日 市长徐华勤会见台湾苗栗县县长徐耀昌率领的代表团一行，双方就进一步加强合作进行了会谈。

13 日 总投资 50 亿元的上海璞泰来锂离子电池材料项目暨全市重点项目集中开工仪式在江苏中关村科技产业园举行。

是日 省公安厅、文明办、交通运输厅首次联合公布 2016 年度全省城市文明交通指数测评结果，溧阳市在全省 41 个县（市）中排名第一。

16 日 竹箦镇被中国铸造协会授予“中国绿色铸造小镇”称号，成为该协会授予的第一个也是目前全国唯一一个“中国绿色铸造小镇”。

是日 “2017 全球光伏 20 强排行榜”揭晓，江苏国强镀锌实业有限公司名列“2017 中国光伏支架企业 20 强”榜首。

17 日 “美音自在溧阳”旅游专题片亮相亚太第一卫视《投资中国》栏目。

17–19 日 戴埠高级中学经省教育厅评估，顺利晋升“四星级高中”。

22 日 十二国渔业高级官员到溧阳考察“中国青虾第一镇”——社渚镇青虾产业。

23 日 全省旅游工作暨旅游风情小镇创建推进会在溧阳举行。会上公布了全省首批 13 家旅游风情小镇创建单位，溧阳南山竹海风情小镇入选。

是日 中国 · 溧阳曹山自行车全国邀请赛暨 2017 年 PDM 自行车系列赛在曹山旅游度假区举行。

24 日 市委书记蒋锋带队督查全国文明城市创建工作。

25 日 市人大常委会审议通过《溧阳市城市总体规划（2016–2030）》。

26 日 2017 常州乡村旅游节暨文明旅游主题宣传活动在南山花园举行。

5 月

8 日 南京航空航天大学与常州市人民政府、溧阳市人民政府分别签署了战略合作框架协议、合作办学框架协议。

10 日 “2017 年发展中国家疟疾防治研修班”8 个国家的 45 名卫生部门疾病防治管理员、专家专程到溧阳，就基层疾控部门疟疾等传染病报告与管理进行考察、交流。

11 ～ 12 日 《人民日报》政治文化部副主任张毅一行到溧阳，组织开展“农村法治调研行”调研活动。

9 ～ 13 日 在 2017 年全国技巧锦标赛暨青少年锦标赛上，溧阳籍运动员芮留铭所在的四人团队以 30.280 分的佳绩获男子四人联合冠军。

15 日 江苏省农委发布江苏农业特色小镇培育名录，溧阳市天目湖白茶小镇、戴埠镇南山农旅小镇成功入围培育计划。

16日 溧阳市人民政府与南京工业大学举办产学研对接洽谈会，并签署战略合作框架协议。

是日 溧阳两项茶叶标准——《天目湖红茶质量等级》《桂花白叶茶加工技术规程》立项为2017年度首批江苏省地方标准。

是日 溧阳经济开发区、上兴镇政府举行曹山旅游度假区管委会挂牌仪式。

20～22日 国家基本公共卫生服务项目考核组一行9人到溧阳，就2016年度基本公共卫生服务项目进行考核。

24日 苏高新南大创新园在江苏中关村正式开园。

6月

3日 全国妇联党组书记、副主席宋秀岩一行到溧阳，专题调研督查溧阳妇联改革工作。

9日 溧阳市与中信国安集团签署战略合作框架协议。

11日 2017全国地震遥感应用新技术培训班在溧阳市别桥镇举行。

12日 教育部公布《2017年全国青少年校园足球特色学校和试点县（区）遴选结果名单》。省溧中、竹箦小学、戴埠高中、燕山中学、东升小学和余桥小学六所学校榜上有名。

14日 江苏省商务厅公布“2017−2019年度江苏省重点培育和发展的国际知名品牌”名单，溧阳市共有4个品牌入选，分别为：江苏华鹏变压器有限公司的“华鹏”、江苏上上电缆集团的“上上”、江苏正昌集团的“正昌”和江苏国强镀锌实业的“GQ”。另外，江苏上上电缆集团还成功入选“江苏省重点培育和发展的国际知名品牌领军企业”。

15日 在“华诺菲”杯2017年全国残疾人田径锦标赛上，溧阳市盲人运动员陈燕在T11级别女子100米比赛中夺得冠军。市二中领跑员俞先华和运动员默契配合，获得“两金一铜”的优异成绩。

是日 中国机械工业公布2016年度百强企业名单，江苏上上电缆集团位列第33位。

是日 江苏省经信委和省统计局联合发布2016年度江苏省营业收入超百亿元工业企业（集团）名单，江苏金峰水泥集团有限公司、江苏申特钢铁有限公司和江苏上上电缆集团有限公司上榜。

16日 常州市委书记费高云到溧阳视察防汛工作。

是日 副省长蓝绍敏带领省有关部门负责人到溧阳调研特色田园乡村建设。

19日 上汽时代先进动力电池系统产业化项目和时代上汽先进动力电池产业化项目开工奠基仪式，在江苏中关村科技产业园举行。总投资超百亿元。

22日 由高工产研锂电研究所等单位发起的“中国十大最具投资价值锂电产业园区”评选活动入选名单揭晓，江苏中关村科技产业园入选。

23日 国家卫生计生委发布关于2016年国家卫生城市（区）和国家卫生县城（乡镇）复审结果通报，溧阳市被命名为国家卫生城市。

26日 中央电视台CCTV−新闻频道《夏览中国》摄制组到天目湖镇，分别在《朝闻天下》和《新闻直播》两个栏目，分不同时段对天目湖湿地公园美景进行了现场直播。

是日 中央电视台CCTV发现之旅《品质》栏目报道了溧阳市德维透平机械有限公司的节能发展之路。

27日 最高人民法院、司法部在北京联合召开全国人民调解工作会议，会上，戴埠镇人民调解委员会调解员潘盘芳被授予“全国模范人民调解员”称号。

30日 在江苏省青少年校园篮球联赛暨第24届中学生篮球赛（苏南片区）中，溧阳光华高中男子篮球队获第一名。

是月 溧阳市城市宣传片《美音自在溧阳》，在央视4套中文国际频道《海峡两岸》栏目播出。

7月

1日 江苏国安科技控股有限公司在溧阳举行揭牌仪式。

3日 由中宣部、文化部举办的2017年全国基层院团戏曲会演在北京开幕。溧阳市锡剧团现代锡剧小戏《稻草人》成功入选全国基层院团戏曲会演演出剧目。

4日 省委常委、省委秘书长樊金龙到溧阳，开展“两学一做”学习教育常态化制度化走访调研活动。

5日 市委书记蒋锋、市长徐华勤率领溧阳市党政代表团，赴无锡市惠山区、滨湖区和常熟市学习考察，实地感受三地在结构转型、产业升级、城市建设、农村发展等方面的成功经验与先进做法。

13日 工信部所属的赛迪顾问对全国1897个县级行政区（不包括市辖区）进行综合评估，发布了“2017年县域经济100强”排行榜。溧阳位列第30位。

14日 省委副书记、代省长吴政隆到溧阳调研。省政府秘书长王奇，常州市委书记费高云，溧阳市领导蒋锋、徐华勤、庄松年陪同调研。

是日 国家卫生计生委发布国家卫生县城（乡镇）复查结果，戴埠镇作为溧阳市首家国家卫生镇，顺利通过2016年度复审。

15日　市委召开十二届四次全体（扩大）会议。市委书记蒋锋代表市委常委会，向全会作题为《全面对标找差，全力争创一流，为建设宁杭生态经济带最美副中心城市提供坚强保障》的工作报告。

16日　2016～2017年全国啦啦操联赛总决赛（幼儿、儿童）暨中国啦啦之星争霸赛总决赛在溧阳体育馆开幕。全国20多个省、直辖市、自治区的264支代表队参加本次大赛。

18日　国家农业部发布关于认定全国第七批“一村一品”示范村镇的通知，社渚镇榜上有名。

20日　溧阳市召开全市市级机关派驻纪检机构改革动员部署会。市委书记蒋锋作动员讲话。

26日　市委书记蒋锋会见台湾大健康产业联盟主席王凯锵一行，双方就加强合作进行了深入交流。

27日　住房和城乡建设部公示拟公布的2017年度全国改善农村人居环境示范村名单，竹箦镇陶庄村成功入围“美丽乡村示范村”。

31日　常州工学院——溧阳市人民政府产学研对接洽谈会暨战略合作协议签约仪式在溧阳举行。

8月

1日　省委第四巡视组巡视溧阳市工作动员会召开，省纪委常委、省委第四巡视组组长、省委巡视办副主任赵长林作动员讲话，常州市委常委、组织部部长周昌明就溧阳市配合做好巡视工作提出要求，溧阳市委书记蒋锋作表态发言，市委副书记、市长徐华勤主持会议。

9日　中央电视台CCTV－新闻频道《绿色中国》摄制组到戴埠镇，在《朝闻天下》栏目，对戴埠镇南山竹海美景进行现场直播。

是日　在“十三五”省现代化示范学校和优质特色学校评估中，天目湖中等专业学校获得首批“江苏省优质特色职业学校”称号，这也是江苏省唯一入选本次评估的“三星”级学校。

11日　溧阳市与蓝城集团签署战略合作协议。

14日　农业部农业影视中心到溧阳拍摄农村土地承包确权登记颁证成果展示片。

是日　中国茶叶学会公布第十二届“中茶杯”全国名优茶评比获奖结果，溧阳市有13只茶叶获奖，其中特等奖2只、一等奖11只。

15日　江苏省文物局公布了2017年江苏省文物安全综合管理试验区试点地区名单，溧阳市入选。这是常州市唯一入选地区。

21日　第三方机构竞争力智库联合北京甲子征信公司发布包括全国655个城市在内的《中国城市小康经济指数报告2016》。在中国县级城市小康经济指数排名百强榜上，溧阳位列全国县级城市第29名。

22日　在江苏省第七届特殊奥林匹克运动会暨2017年江苏省残疾人田径锦标赛上，溧阳市盲人运动员陈燕夺得女子T11级跳远和女子T11级100米两个项目的金牌。

22～23日　溧阳市通过江苏省节水型城市考核验收。

23日　江苏省特色田园乡村首批试点村庄公布，溧阳市有4个村庄成功入围，分别是：溧城镇八字桥村礼诗圩、上兴镇余巷村牛马塘、别桥镇塘马村、戴埠镇戴南村杨家村。

24日　在2017中国民营企业500强发布暨民营经济发展峰会上，溧阳市有2家企业入围。其中，江苏金峰水泥集团有限公司位列第236位，江苏国强镀锌实业有限公司位列第498位。

28日　常州市委书记费高云一行到溧阳，专题调研溧阳市宁杭生态经济带建设情况。

30日　常州市委常委、宣传部部长徐光辉率队赴长荡湖、丹金溧漕河沿线开展“一湖一河”巡河督查工作。

8月31日～9月1日　省人大常委会常务副主任、党组副书记史和平一行到溧阳，就“完善人大代表联系人民群众制度”开展专题调研。

9月

4日　“中国人民解放军东部战区陆军红色教育基地”授牌仪式，在新四军江南指挥部纪念馆举行。

是日　在第十三届全运会女子4×200米自由泳接力比赛中，溧阳籍姑娘沈铎代表江苏与河北、辽宁、湖北三省组成联队获得冠军。这是沈铎在该届全运会上获得的第二枚游泳接力金牌。

6日　市委书记蒋锋会见美国某知名企业负责人迈纳一行，双方就相关合作事宜进行深入交流。

7日　市领导蒋锋、潘云芳、邵钦华、周卫中、蔡金龙前往南京航空航天大学，与校方对接南航溧阳校区建设相关工作。

9日　“中国龙”全国业余网球团体赛溧阳站在燕山公园开赛。

10日　江苏省委常委、组织部部长郭文奇一行到溧阳市调研基层党建工作。

14日　江苏苏阳电工机械有限公司和中邮证券举行新三板挂牌启动签约仪式。

18日　省政协副主席阎立一行到溧

阳，专题调研溧阳市历史文化遗产保护利用工作。

20 日 市委书记蒋锋率溧阳市党政代表团赴宜兴，学习考察宜兴在建设宁杭生态经济带等方面的先进经验和做法。

是日 在首届中国能源产业发展年会上，江苏上上电缆集团有限公司摘得“第五届（2017）中国能源装备领军企业”奖。

21 日 省中医院与溧阳市人民政府合作办医签约仪式在天目湖宾馆举行。

22 日 常州市人大在溧阳召开常州市镇民生实事项目人大代表票决制现场推进会，总结和交流埭头镇实施民生实事项目人大代表票决制工作的成功经验，加快形成民生实事项目代表票决制的“常州模式”。

23 日 2017 第一届中国无人机对抗赛暨低空安全综合主题活动在别桥镇无人机产业园试飞基地举行。全国各地的无人机企业及相关应用产品企业、100 多所高校无人机队伍参加该次活动。

是日 市长徐华勤会见乌克兰驻上海总领事馆总领事罗鹏先生，双方就进一步加强溧阳市与乌克兰特鲁斯卡韦茨市的合作进行深入交流。

是日 陈毅元帅长子陈昊苏、女儿陈丛军，粟裕大将长子粟戎生等到溧阳参观新四军江南指挥部纪念馆。

24 日 2017 中国体育文化 · 体育旅游博览会公布 2017 中国体育旅游精品项目名单，溧阳市入选“2017 中国体育旅游精品目的地”。

26 日 市妇女第十五次代表大会在市会议中心开幕。溧阳市 260 名妇女代表参加会议。

是日 中央文明委公示了第五届全国文明村镇候选名单。在全国 1495 个候选村镇中，溧阳市八字桥村成功入选。

是日 市人民医院（江苏省人民医院溧阳分院）启动整体搬迁，新院区于 27 日投入运行。

26 ～ 27 日 江苏天目湖旅游股份有限公司在上海证券交易所挂牌上市，股票简称“天目湖”，股票代码为 603136，这是江苏首家上市的旅游景区和溧阳主板第一股，也是全国首家上市的国家级水利风景区。

27 日 在天目湖工业园区布勒(常州）新厂区竣工投产仪式上，市长徐华勤会见布勒集团董事长卡尔文 · 葛礼德一行，双方就进一步扩大合作进行了深入交流。

28 日 中组部党员教育和干部测评中心副主任赵安华率中组部调研组到溧阳市调研党员教育管理工作。

10 月

12 日 常州市市长丁纯带队到溧阳，现场督查布勒饲料机械项目、上汽房车项目等重点项目推进情况。

16 日 市长徐华勤会见美国马里兰州众议院议员、马里兰州哈维郡议会主席艾瑞克 · 埃伯索尔率领的经贸代表团，双方就开展合作进行深入交流。

17 日 来自德国黑森州富尔达地区霍恩菲尔德市的威格伯格高中师生代表团到溧阳开展为期 10 天的学习交流。

是日 江苏上上电缆集团举行成立 50 周年庆典活动。

18 日 溧阳市与美国哥伦比亚市签署友好城市意向书。

19 日 2017 年中国中小城市科学发展指数研究成果发布，溧城镇列 2017 全国综合实力千强镇第 96 位。

20 日 全国油菜生产全程机械化现场推进活动在别桥镇举办。

28 日 省委第四巡视组向溧阳反馈巡视情况。

是日 市第八届运动会暨第五届全民健身节在溧阳中专体育场开幕。

11 月

4 ～ 6 日 2017 年中国 · 溧阳国际龙狮争霸赛暨第二届曹山旅游节在曹山举行。溧阳市舞龙舞狮协会派出的代表队获得南狮高桩自选套路、北狮自选套路 2 个一等奖。

6 日 苏南国家自主创新示范区创新载体评估结果揭晓，江苏中关村科技产业园被评为“江苏省优秀科技园区”，常州时创能源科技有限公司、溧阳二十八所系统装备有限公司、江苏国粮存储工程有限公司、海大生物饲料有限公司 4 家企业被评为省“瞪羚企业”。

是日 2016 ～ 2017 年度中国建设工程鲁班奖（国家优质工程）在北京颁奖。溧阳江苏正方园建设集团有限公司获授“鲁班奖”，获奖项目为无锡地铁 1 号线控制中心及配套工程。

8 ～ 9 日 竹箦镇、上兴镇通过“国家卫生镇”创建省级评估。

8 ～ 10 日 市领导蒋锋一行率部分镇区、部门和企业负责人到陕西省安康市汉阴县与白河县，开展扶贫协作和对口支援工作。

11 日 溧阳市大溪水库管理处通过水利部考核验收，成功创建国家级水利工程管理单位，实现常州市国家级水利工程管理单位零的突破。

12 日 省委办公厅、省政府办公厅发文公布江苏省新一轮经济发达镇行政管理体制改革名单，社渚镇上榜。

14 日 中央文明委发布第五届全国文明城市入选名单，溧阳市榜上有名。

17 日 中央文明委在北京人民大会

堂召开全国精神文明建设表彰大会。市长徐华勤赴京领取全国文明城市奖牌，并受到习近平总书记的接见。

是日 2017年第二批江苏省研究生工作站名单揭晓，溧阳市5家企业获批建设研究生工作站，分别为：江苏铭丰电子材料科技有限公司、常州金纬管道设备制造有限公司、江苏恒欣仓储设备有限公司、溧阳维信生物科技有限公司和申芝电梯有限公司。

18日 市委召开常委会，讨论通过《溧阳市深化文明城市建设三年（2018–2020年）行动计划》。

20日 市政协主席狄立新会见日本秋田县北秋田市市长津谷永光率领的政府友好访问团一行，双方就进一步扩大两市县友好合作进行深入交流。

22日 省中医院溧阳分院揭牌仪式在市中医院门诊大楼举行。

23日 首届《中国县域经济报告（2017）》发布，溧阳位列榜单第26位。

是日 溧阳市大树干、百家山、牛石龙等3座水库通过江苏省规范化小水库考核验收。

24日 科华控股股份有限公司被证监会核准于上交所主板上市。

26日 全国2016年度“双百强”企业揭晓，龙海建设集团有限公司获2016年度成长性200强企业，排名第14位。

27日 中国工程院2017年院士增选结果公布。在新当选的67位院士中，溧阳籍院士蒋剑春名列其中。

28日 由江苏省水利厅、文化厅、旅游局共同主办的“江苏最美水地标”推选结果发布，天目湖（沙河水库）入选全省最美水景观。

是日 中央电视台七套军事农业频道《美丽中国乡村行》栏目播出以溧阳味道为主题的《溧阳寻鲜记》专题节目。

12月

1日 市委书记蒋锋会见韩国LS产电集团OEM事业部总经理李珉圭一行，双方就相关合作事宜进行深入交流。

是日 在首届“水韵江苏”旅游产品交易博览会开幕式上，“溧阳1号公路”被命名为“首批江苏省旅游风景道”，成为常州地区唯一入选的旅游风景道。

2日 CCTV发现之旅频道《印象九州》栏目以“寻美天目湖”为主题，播出了国家级旅游度假区天目湖的美丽风光。

3日 纪念蔡邕1885周年诞辰暨焦尾琴院揭牌成立仪式在曼生茶书院举行。

7日 ITIA（国际旅游投资协会）在北京公布 2017年度第七届中国旅游投资“艾蒂亚”奖的提名奖名单。江苏天目湖旅游度假区获中国最佳旅游度假目的地奖；江苏天目湖旅游股份有限公司获中国最佳旅游投资机构奖。

7～8日 市委书记蒋锋、市长徐华勤率溧阳市党政代表团，赴浙江安吉、长兴等地学习考察，实地感受两地在全域旅游开发、重大项目建设等方面的先进经验与做法。

8日 在由省卫计委和常州市人民政府联合主办的国家健康医疗大数据应用发展研讨会上，溧阳市市长徐华勤与国科健康管理股份有限公司总经理吴帆签署合作协议。当天下午，国家卫计委副主任金小桃与中国科学院控股有限公司董事长吴乐斌一行到溧阳参观考察省人民医院溧阳分院。

11日 溧阳市举行智慧城市大数据云平台项目签约暨“自在溧阳”APP上线新闻发布会。

14日 在常州市委市政府召开的平安建设及党的十九大安保维稳工作表彰会议上，溧阳市委市政府获常州市平安建设及党的十九大安保维稳工作先进单位，并记集体二等功。溧阳市受到表彰的还有个人二等功1人、个人三等功3人、个人嘉奖6人，市委政法委、市信访局、市公安局获集体嘉奖。

是日 中国信息通信研究院发布《2017中国工业百强县（市）、百强区发展报告》，溧阳市位居第32位。

是日 第四届“江苏最美乡村”推选活动结果公布，溧城镇八字桥村入选。

19日 溧阳市首部大型本土网络喜剧《嘿！客栈》开机仪式在天目湖牌楼举行。

20日 常州百斯福模塑股份有限公司在北京正式挂牌“新三板”，成为2017年溧阳市第四家在“新三板”挂牌的企业。

28日 溧阳市城市LOGO发布活动在上海虹桥站候车厅举行。当日上午7:08，G7307次高铁从溧阳站始发驶向上海虹桥站，这是溧阳站首次正式开通始发高铁。

29日 2017年度政法新媒体峰会在北京举行。会上，溧阳检察院微博“溧阳检察”获评“全国检察微博20强”。

30日 常州市委书记费高云、常州市市长丁纯率各辖区及常州市主要部门负责人到溧阳，就重大项目进展情况进行督查。

31日 央视科教频道摄制组到溧阳市龙狮协会训练基地拍摄《东西南北过大年》新春特别节目，向观众展示溧阳市独具特色的春节年俗、民间非物质文化遗产和老百姓新生活。

是月 溧阳市蓝火焰青少年综合服务中心获选第二批全国示范性“青年之家”综合服务平台。

市委重要会议

【全市“重大项目攻坚年”“文明城市攻坚年”动员大会】 2月5日上午在江苏省溧阳中学报告厅召开。市委书记蒋锋就做好2017年经济社会发展各项工作提出了三点要求：一要乘势而上、乘胜追击，以重大项目的持续突破筑牢最美副中心城市的坚实根基。要集中精力攻招商，始终把招商引资作为重大项目建设“一号工程”；要千方百计挖潜力，推动现有企业做大做强；要一以贯之优环境，提升园区建设水平，为项目建设奠定坚实基础。二要一鼓作气、一抓到底，以文明创建的有效作为描绘最美副中心城市的温暖底色。要全面动员促共创，全面形成“人人争做文明人、齐心共创文明城”的浓厚氛围；要城乡一体促共建，让城市在创建中展现新风貌，焕发新容貌；要标本兼治促共护，坚决整治环境顽疾，坚持提升生态品质，深入实施“增绿”“蓝天”“清水”三大工程；要富民惠民促共享，始终把市民的获得感作为创建全国文明城市的根本追求，通过实实在在的工作，努力让百姓过上更好的生活。三要尽心尽力、尽职尽责，以机关作风的深度转变夯实最美副中心城市的根本保障。要破疲沓应付之气，立主动担当之风；要破得过且过之气，立精益求精之风；要破虚华漂浮之气，立真抓实干之风；要破推诿扯皮之气，立团结奋进之风。全市上下要牢固树立“作风建设永远在路上”的理念，以最佳的状态和作风为新一轮攻坚保驾护航。

市委副书记、市长徐华勤主持会议。徐华勤指出，干好溧阳的事关键要突出“团结、创新、开放、实干”八个字。团结就是要干群同心、政企同向、目标一致，朝着建设宁杭生态经济带最美副中心城市的目标迈进；创新就是要解放思想、开拓思路，推动各项工作更好开展；开放就是要坚定不移推进改革开放，营造公平竞争的氛围，为人民群众创造更好的生活环境和服务环境；实干就是要尽好自己的本职，提高工作标准，部门协作配合，共同推动溧阳各项事业迈上新台阶。

【市委十二届四次全体（扩大）会议】 7月15日上午，在市委党校会议楼第3会议室召开。市委副书记、市长徐华勤主持。全会审议通过了《中共溧阳市委十二届四次全体会议决议（草案）》，并下发中共溧阳市委关于在全市开展“全面对标找差，全力争创一流”活动的实施意见。市委书记蒋锋代表市委常委会，向全会作题为《全面对标找差，全力争创一流，为建设宁杭生态经济带最美副中心城市提供坚强保障》的工作报告，要求各级各部门围绕“常州争第一，全省创一流”要求，对照最高标准、最优服务、最好结果，主动走出去，积极取真经。要学习新思维，瞄准全省及周边地区一流标杆，重点学习先进发达地区前瞻性和系统性思维能力；要学习新方法，针对工作流程中的堵点、机制创新中的难点、服务对象的痛点，带着课题走出去，选定2－3个学习对象，真正形成一批可复制、可运用、可推广的经验成果；要学习新作风，重点从勇于进取、敢于担当、善于落实三个方面学习先进发达地区的好作风，弘扬“实干强市”主旋律，不断开拓党员干部干事创业的新境界

【市委十二届五次全体（扩大）会议】 12月27日上午，在市委党校会议楼第3会议室召开。市委副书记、市长徐华勤主持会议。全会审议通过了《中共溧阳市委十二届五次全体会议决议（草案）》，市委书记蒋锋代表市委常委会，向全会作题为《全面贯彻党的十九大精神，奋力谱写建设宁杭生态经济带最美副中心城市新篇章》的工作报告，明确了2018年全市工作的总体思路是：全面贯彻落实党的十九大精神，以习近平新时代中国特色社会主义思想为指引，按照省委“两聚一高”和常州市委“重大项目增效年”决策部署，紧紧围绕“凝聚精气神，建设新溧阳”总要求，高扬“实干强市”主旋律，紧扣“重大项目推进年”和“全域旅游推进年”工作主题，全面发力“四大经济”，驰而不息推进全面从严治党，奋力谱写建设宁杭生态经济带最美副中心城市新篇章，为建设“强富美高”新溧阳奠定坚实基础。核心要求是继续把深入开展“全面对标找差，全力争创一流”活动作为展现新作为、推动新发展的重要抓手，全面提升系统化思维的能力水平，通过持续突破重大项目，加快集聚发展新动能；着力打造产业地标，创造

全域旅游新优势；深化生态文明建设，展现美丽溧阳新容颜；巩固文明城市创建成果，提升共建共享新成效，进一步促进干部作风持续优化，工作质效持续提升，确保不折不扣完成全年各项目标任务。会议强调，全市上下要毫不动摇推进党的建设新的伟大工程，紧紧抓住党的长期执政能力建设、先进性和纯洁性建设这条主线，以永远在路上的决心，推动全面从严治党向纵深发展。要旗帜鲜明讲政治，着力打造“狮子型”干部队伍，全力建强战斗堡垒，大力弘扬清风正气，形成加快发展的强大合力。

【市委常委会会议】 研究出台《关于开展工业企业精准扶持工作的实施意见（试行）》 7月14日，市委常委会召开会议，讨论并原则通过《关于开展工业企业精准扶持工作的实施意见（试行）》。会议明确，进一步加快工业企业转型升级步伐，全面提升工业经济发展的质量和后劲，决定在全市开展工业企业精准扶持工作。

研究出台《关于建立容错纠错机制激励干部干事创业的实施办法（试行）》 9月9日，市委常委会召开会议，讨论并原则通过《关于建立容错纠错机制激励干部干事创业的实施办法（试行）》。会议明确，为推动全市广大干部坚持改革创新、奋发担当作为，根据中央、省委、常州市委关于容错纠错机制的相关规定，结合溧阳实际，决定制定该实施办法。《实施办法》明确了容错的适用范围、适用原则、适用条件和情形、认定程序和实施纠错采取的措施，以及对予以容错的单位或个人的结果运用。

研究出台《溧阳市改进占补平衡工作提升集体建设用地利用效益的办法》 9月9日，市委常委会召开会议，讨论并原则通过《溧阳市改进占补平衡工作提升集体建设用地利用效益的办法》。会议明确，市政府每年将根据后备资源情况，向各镇区下达耕地占补平衡、城乡建设用地增减挂钩、工矿废弃地复垦任务，鼓励镇区开展同一乡镇建设用地布局调整试点；对耕地占补平衡、城乡建设用地增减挂钩、工矿废弃地复垦项目实施主体、经费拨付、奖惩政策等进行了规定，同时明确了对经济薄弱村、溧阳茶舍的相关支持政策。

市委重要活动

【全面对标找差，全力争创一流活动】 2017年7月，市委决定开展“对标找差”活动，动员全市各级党组织和广大党员干部进一步凝聚精气神，在“对标”中认清差距、激发更强动力，在“找差”中准确定位、寻求更大突破，实现工作能力和工作质效“双提升”。通过学先进、赶先进、当先进，各镇区、各部门进一步创新思路，转变作风，提高效能，努力适应新的发展需要。以举办“书记（局长）讲坛”为有利契机，分批安排活动单位主要领导开堂讲课，营造比学赶超、勇争一流的热烈氛围。

【重大项目攻坚】 紧盯重大项目不放松，百亿项目再结硕果，上汽集团、时代新能源强强联手，总投资200亿的先进动力电池产业基地开工建设。全年共引进投资超亿元以上项目55个，其中超100亿元的1个，超50亿元的2个，超10亿元的8个。时代新能源锂电池长三角基地、北星高分子复合材料等一批重大项目加快建设，千亿级动力电池产业初现雏形。上汽大通房车研发生产基地、璞泰来锂离子电池材料、布勒机械等43个重点工业项目竣工投产，溧阳抽水蓄能电站并网发电。

【文明城市攻坚】 一举摘得“全国文明城市”桂冠，城市面貌焕然一新，社会秩序井井有条，群众生活更加舒适，老百姓拥有了实实在在的获得感。市档案馆、博物馆、文化艺术中心主体完工。溧高高速全面开工，341、360省道加快建设，天目路改造顺利完成。深入开展“263”专项行动，全面落实“河长制”，省考核断面全面达标。推动《天目湖保护条例》地方立法，启动实施新一轮天目湖水源地保护工程。全年关停化工企业60家、畜禽养殖场（户）457家，新建绿地面积超100万平方米，溧阳市稳居常州“生态文明在行动”考核第一方阵。

（夏冶成）

组织工作

【概　况】 2017年，全市组织工作紧紧围绕“五位一体”总体布局和“四个全面”战略目标，以迎接党的十九大召开为主线，以严肃党内政治生活和强化党内监督为重点，坚持稳中求进工作总基调，突出问题导向、强化责任担当、抓好关键少数，不断推动全面从严治党向纵深发展，为全市“两个攻坚年”建设和实现“建设宁杭生态经济发展带最美副中心城市”目标，提供了强有力的组织保证和人才支撑。

【全面提升干部素质】 市委组织部以换届后市镇两级领导班子调整为契机，紧抓干部队伍整体素质提高主线，从严从紧监督管理干部，建立和完善干部工作制度，不断激发干部干事创业热情。

找准“聚合点”从严选优配强领导班子。全力保障市人大、政协换届工作，制定各类突发情况预案，做好选举各项组织工作事宜，圆满完成换届选举工作任务。对62个市级机关部门进行全面摸底考察，根据考察结果结合平时掌握情况，对全市机关部门领导班子综合能力逐一评价，对班子成员现实表现情况、个人任职意向等逐一记录，对评价一般或较差的班子和干部，视情况开展谈心谈话。开展镇区干部工作专项调研，收集整理镇区领导班子运行机制建设等方面的意见建议。注重从严把握好干部标准，规范遵守《干部任用工作条例》，高质量完成省委巡视工作，配合做好省委巡视组保障联络，全方位提供干部选拔任用全程纪实、干部档案、干部名册、任免审批表等相关巡视材料30盒。建立镇区党委会旁听制度，了解主要领导能力水平和临场决断能力，了解班子成员的行事风格及工作水平。参与镇（区）领导班子分工制定，确保每名班子成员都有独立分工，促进班子运行更加科学高效。全年讨论干部8批次270人次，提任科级领导干部37人，其中，提拔正职领导干部6人、副职干部26人，明确正科级5人。交流提拔领导干部11人，占提拔总数的28.95%，平职交流53人，占常委会讨论干部总数的19.63%。

抓住“关键点”抓紧抓实干部监管环节。开展第一轮干部信用体系数据收集和汇总工作，经过综合评定，共有7名干部由于重大失职、瞒报个人有关事项、未经审批因私出国境等行为被评为B等，2名干部由于违反廉洁纪律被评为C等。召开《领导干部报告个人有关事项规定》和《领导干部个人有关事项报告查核结果处理办法》学习会，对两项法规内容进行深入解读。组织全市副科职以上领导干部按照首次要求报告个人有关事项标准，填写个人有关事项报告表883份。开展市管领导干部个人事项随机抽查工作，对70名领导干部个人事项实施随机抽查，对发现的苗头性问题及时开展谈话提醒。严格贯彻“离任即审、到龄即审、五年即审、发现问题随时审”的四个即审要求，召开2017年经济责任审计领导小组会议，讨论确定年度审计单位12个，其中实施三责联审单位1个，8个单位完成经济责任审计工作。

选准“坐标点”转变提升干部教育方式。落实中央、省和常州市委关于培养选拔年轻干部新要求，在全市通过民主推荐、谈话了解等方式开展“拉网式”年轻干部调研工作，推荐35周岁以下的中层干部、30周岁以下的年轻干部、近期可进班子的优秀干部等三类人选191人。联合市委办、政府办、团市委、妇联举办全市“年轻干部助力计划”，160名年轻干部通过破冰之旅、个人风采展示等环节比拼，遴选出一批青年干部参加2018年青干班学习。开展“六个到一线”工作，建立了90余名挂职干部信息储备库，首批选派了58名干部到征收、招商、263专项工作一线开展工作。结合苏皖合作示范区建设，接收安徽广德、郎溪、贵州等地到溧阳挂职干部19名，通过干部交流不断促进园区建设互动发展。按照干部教育培训计划安排，举办深圳大学副科职领导干部班1期，与新北区合办浙江大学特色小镇培训班1期，落实县处级领导干部调训91人次。紧扣“四大经济”，选派3名干部赴上海复旦大学参加为期10个月的金融专题班学习，选派6名干部赴南京证券交易中心挂职学习。

突出“高起点”筑牢夯实干部工作基础。根据“三大一实干”总体工作要求，积极推进“走访干部寻工作良计”和“大转变”活动，“不折不扣”落实规定动作，全市共开展“大家谈”活动83次，把大转变活动要求，作为2017年全市年度教育培训计划重点班次必学内容，有序推进三类清单制作；“不偏不离”开展自主行动，以“四破四立”作为2017机关作风建设的突破口，为作风转变定方向。通过个别访谈、座谈调研和书面征求意见等方式，分层次分类别走访干部2825名，发放调查问卷1845份，收集整理各类问题建议312条，解决278条。认真做好市管干部年度考核工作，全市正职领导干部154人，经推荐审核确定优秀等次24人，占正职领导干部总人数的15.58%。副职领导干部358人，经推荐审核确定优秀等次52人，占副职领导干部总人数的14.53%。完善市管领导干部因私出国境审批程序，制定《领导干部领取因私出国境证件关爱提醒单》，明确因私出国境管理相关规定，强化监督管理，全年领导干部因私出国（境）共计95人。认真落实职务与职级并行制度，发挥职级在确定干部工资待遇方面的作用，全年共完成44名科级以上干部职级晋升工作。

【基层党建工作】 以推进“两学一做”学习教育常态化、制度化为重点，夯实基层党建工作根基，紧贴中心任务，改革创新，统筹推进基层党组织建设各项任务稳步提升。

“两学一做”学习教育全面推进。落实中央、省市深化党内教育的总要求，将基层党建“7项重点任务”等纳入党建目标管理考核清单。采取“身边人故事会”“巡回大讲堂”“红色微党课”等创新形式在全市范围内营造浓厚的学习氛围。高标准坚持“三会一课”制度，开设“固定课堂”“流动课堂”“网络课堂”“远教课堂”“实践课堂”五大课堂。围绕纪念建党96周年，与团市委、文广体局联合开展唱支山歌给党听——快闪迎“七一”主题活动。开展党建宣传月和志愿服务等党建主题月活动，在基层营造浓厚学习氛围。举办书记（局长）讲坛，进一步激发各级领导干部干事创业的热情。结合“两学一做”学习教育启动村（社区）综合服务中心场所及功能的提标整改计划。全面推行党员“固定学习日”制度，对全市远教阵地及设备进行检查规范，夯实巩固“两学一做”的有行阵地。围绕全市中心工作，全面开展“对标找差”活动，以先进发达地区为榜样、全省及周边同行业最佳为参照，选定标杆，开展对标学习，确立整改清单，向社会做出公开承诺，接受社会监督。

精抓细管夯实党建工作基础。启动村书记届中调整工作，通过届中问诊、日常寻诊等方式，对年龄老化、班子矛盾尖锐、群众反应强烈、能力不足的村书记进行及时调整，截至年底，近30名适岗性不强的村书记得到调整，在全市形成了能者上、劣者汰的氛围；实施村书记“5A制”晋档升级管理工作，协调镇区根据自身实际制定出台评定标准，首批评选出5A村书记22名；2017年，全市共有5名村书记获江苏省农村基层党建突出贡献者称号，18名优秀村书记获常州市首批“5A”级党组织书记称号，在常州地区名列前茅。强化大学生村官工作管理，实施大学生村官个性化培养工程，对在职大学生村官档案逐一进行梳理，畅通多元化发展渠道；在落实领导干部选拔和公务员考录政策的基础上，继续做好事业单位招考和年近35周岁大学生村官的培养管理与分流工作；开展全省首批“定制村官”试点工作，首批招录10名应届考生，其中9名考生超文（理）科二本分数线；指导大学生村官创投联盟组织开展“知我溧阳、爱我家乡”携手困境儿童公益游活动。抓党建促脱贫攻坚，联合农工办对全市75个经济薄弱村开展村情分析，针对落后原因、现有潜力等因素提出细化的分类指导意见；联合镇（区）、人社、农林等单位实施“农村党员实用技能培训”“农村党员领富项目”等针对性强的脱贫攻坚措施；突出经济薄弱村和低收入群众两个重点，指导镇（区）探索建立涵盖党建扶贫基金，村级产业发展基金、教育帮困基金和特困借助基金等在内的“三位一体”精准扶贫保障体系。

非公党建实现有形有效覆盖。“连点成线”打造党员创业发展观光走廊。立足曹山园区开发，把村官创业项目“曹山游”、非公企业党员创业项目“日日春”、村书记创业项目“白露山”、农村党员创业项目“芳芝林”串联起来，形成一条党员创业发展观光走廊。“延线扩圈”深化非公党建“30分钟”示范圈。健全完善“整合、协调、联动、共进”的园区区域化党建格局，深化中关村、天目湖园区党群服务中心建设，深入推进供电、交运等机关党群一体化步伐，高标准规划建成正昌、科华、申菱、华能、骏益等一批党员职工服务中心，实现了示范引领、以点带面，整体提升非公党建水平的有效整合。全面启动非公企业“两个覆盖”工作。将原经信局党委下属的35家企业党组织划为属地管理，理顺党组织隶属关系，地方对企业党组织的直接管理和指导有效加强；通过抓好党组织覆盖和党的工作覆盖，着力消除非公党建“空白点”；全市各镇区梳理排查和走访动员非公企业及在建项目500多家。

【人才工作机制平台建设】 以大力实施“天目湖英才榜”三年行动计划为指导，突出“四大经济”建设，在政策完善、人才引进、平台建设等方面发挥积极作用，人才工作机制和人才生态环境得到不断优化。

“1+X体系”打造特色人才新政。全面落实《天目湖英才榜三年行动计划》文件精神，相继制定出台《“天目湖英才榜”专项基金资助（奖励）办法》《“天目湖英才”评选表彰办法》和《溧阳市高层次卫生人才引进、培养资助（奖励）办法》等多项配套政策。围绕“四大经济”，引进培育应用型专业人才、高技能蓝领人才、创新型创业人才、经验型乡土专家和高水平归巢人才五类人才，并制定专门的资金奖励、股改激励、创业贷款等优惠政策。出台《市领导联系优秀人才制度》，对优秀人才走访慰问常态化，通过电话沟通、重大决策咨询等措施，促使人才优势转化为创新优势和产业优势。

“人才＋项目”助力高端人才引进。大力实施各级创新创业人才计划，通过高端人才引领，以“人才＋项目”的形式，实现高层次人才项目大丰收。全年入选第九批常州市龙城英才计划项目15个，其中获得200万元资助项目1个，100万元资助项目14个，发挥科技镇长团后方资源优势，先后邀请中国信息通信研究院、同济大学、南京航空航天大学和常州大学等十余所高校到溧阳开展产学研对接，推动溧阳市企业“柔性引才”工作再上新台阶。进一步强化人才引育资金保障，全年下发人才项目资助资金近2000万元，主要涵盖购房补贴、创新创业项目资助、人才成长奖补等；积极鼓励企业申报“苏科贷”产品，累计发放贷款1970万元，兑现科技创新券241万元。

“产业＋平台”搭建引才用才载体。围绕人才培育和产业发展，积极推进省级以上“三站三中心”建设，全年新增省级企业技术中心3家、省级研究生工作站7家，全市累计拥有省级以上“三站三中心”已达116家，高新技术企业实现研发机构全覆盖。全市建有常州市级以上众创空间、孵化器、加速器累计达22家，其中国家级孵化器2家、省级孵化器2家、省级众创空间4家，孵化面积累计超80万平方米。积极对接大院大所，将镇区特色产业与高校科研院所创新创业要素深度配置融合，打造“1镇＋多校”的人才科创平台集群；2017年，推动中科院物理所天目湖先进储能技术研究院、东南大学溧阳研究院、江苏省经信研究院中关村（溧阳）研究中心以及多单位共建的“电力大数据联合研究中心”落户中关村；南京工业大学溧阳新材料研发中心、南大双创国际孵化中心落户上兴镇；常州工学院产业研究院落户竹箦镇等，一大批实体化研发平台相继在溧阳落地开花。

【组工干部队伍建设】 以“讲政治、重公道、业务精、作风好”为标准，立足组织部门职责职能，注重加强组工干部的大局观念培养和素质能力提升，努力打造一支善为有为的组工精兵。

坚持把大走访活动与重大项目攻坚、文明城市创建等中心工作结合起来，通过集中座谈，面对面交流，公布邮箱账号等方式，走访群众645户，梳理意见建议162条，发放宣传单1200张，发放便民联系卡660份，直接办理完成群众诉求32条，解决共性问题226条，落实困难群众补助4.5万元。全力支持和推进全国文明城市创建工作，全面落实“路长制”和道口值勤要求，成立部创建工作领导小组，召开工作例会8次，到责任区开展创建服务420人次，利用微信群和公众号开展“多频次、小而精”的宣传引导30余次，发放印有创建知识的环保拎袋、桌面立牌、鼠标垫、广告扇1700余份。根据市委“全面对标找差”要求，组织中层以上精干力量，先后赴武进、昆山等先进地区学习组织工作建设经验，针对存在问题和不足提出整改措施6条。

深化党性教育，举办“旗帜鲜明讲政治”专题党课，进一步提高部机关党员干部的政治觉悟，充分营造“旗帜鲜明讲政治，忠诚担当干事业”的良好氛围；深化“两学一做”学习教育常态化，组织全体党员干部赴句容新四军江南指挥部参观，与党旗下重温入党誓词，现场学习先烈的革命精神和感人事迹。开设精耕课堂，建立精专半小时学习制度，围绕种好常州幸福树，开展十九大精神学习、赴上深杭宁苏5市学习经验总结大讨论等活动；先后组织赴泰州、南京、深圳、苏州参加组工干部培训班的12名同志，向部机关干部作学习心得交流。

（崔　虎）

宣传思想工作

【学习宣传贯彻党的十九大精神】 深化理论武装，凝聚思想共识。及时召开全市学习宣传贯彻党的十九大精神座谈会和工作部署会，制定下发《市委中心组和全市基层党委（党组）学习意见》，抓好各级中心组学习；围绕党的十九大精神和市委中心工作要求，选择“不忘初心、牢记使命”、供给侧改革、新闻舆情处置等热门主题开展中心组学习；加强指导督查，组织旁听基层党委（党组）中心组学习；完善学习型党组织建设考核评价指标体系，制定下发《2017年全市学习型党组织建设工作要点》，定期开展“学习日”活动；开展“增创新优势，种好幸福树——建设宁杭生态经济发展带最美副中心城市”大讨论活动；强化基层党员冬训实效，采取不定期抽查和集中督查相结合的方式动态督查，确保工作有序推进。

深化典型选树和爱国主义教育。上上电缆丁山华获评江苏省道德模范，社渚镇韦国华获评江苏好人；在平陵广场建立好人广场广泛宣传先进事迹，在锦汇广场设立诚信广场大力宣传诚实守信事迹；完善道德典型礼遇制度。开展“身边榜样·前行力量”先进典型选树宣传活动，中石化常州溧阳北环加油站和溧阳客运有限公司汽车客运站“101亲情服务班”班长——眭志芬分别获评常州市“学雷锋活动示范点”和常州市“岗位学雷锋标兵”称号。持续开展“爱国筑梦·奋斗圆梦”群众性爱国主义宣传教育活动，重点做好重大时间节点的爱国主义教育活动，截至2017年年底，全市有命名表彰的爱国主义教育基地11个。

【舆论引领】 重大活动重点宣传。围绕“双攻坚”“三大一实干”“两节”“对标找差”等重大活动，在《溧阳时报》和溧阳电视台分别开设宣传专栏，刊播主题新闻报道80余篇；组织上海璞泰来、福建时代新能源、上汽大通房车等项目落户，南京航空航天大学与溧阳市合作办学、省人民医院、省中医院和溧阳市合作办医等重大项目签约合作的宣传报道；规范全市新闻发布工作，推动部门主动发布重要信息，举行新闻发布会10场。围绕各项主题活动，在官方政务微博“溧阳发布”开展网上宣传，累计发布各类信息700余条。开展“微晒幸福”网宣活动，在溧阳时空网、溧阳文明网展示“发现·溧阳之美”（微视频）等四类题材内容共150余篇（条）。

舆情信息及时处置。妥善处理一些历史遗留问题、突发事件的不良影响；配合相关镇（区）和部门及时处置突发舆情20余次，舆情平稳；开展好重点论坛网站、微信公众号、客户端的敏感信息查处工作。发现各类网络舆情信息2160余条，直接查处260余起，发布网评指令10次。累计编发《舆情快报》60期、《重要舆情专报》5期；妥善处置了多起网络谣言，联合公安部门对造谣、传谣行为进行打击，累计治安处罚和教育7人；以“常州发言人网站”溧阳版和溧阳“民意直通车”网站为核心，构建网络问政桥梁，回复率达87%以上。

【意识形态工作】 稳步推进意识形态工作责任制落实，制定出台《溧阳市党委（党组）意识形态工作责任制实施细则》，完善定期分析研判、重要事项会商、特殊情况通报、定期督察评估等工作制度，及时研究解决意识形态领域重大问题。市委将意识形态工作纳入常委会工作要点、全委会工作部署，与各镇区各单位党委（党组）签订工作责任书，每年召开两次分析研判联席会议，加强对基层党委落实督查考核，意识形态责任体系逐步健全。网上意识形态工作更加有力。建立完善属地网络平台、网络社会组织、关键信息基础设施等重要数据库。从基层一线单位择优组建350人的网络红军队伍，有力引导网上舆论风潮。开展网络空间秩序专项治理，网络空间得到进一步净化。

【对外宣传】 高端媒体合作加强。服务全市重大活动、重点工作，策划新闻行动，挖掘新闻题材，突显社会经济发展亮点和特色。组织《经济日报》、中新社等25家媒体对“两节”开幕式进行全面的宣传，《新华日报》头版进行大容量报道，各大网站原发、转载“两节”活动报道超百万次。借力高层平台开展外宣，积极对接《人民日报》、央视等高端媒体，外宣工作有突破。央视新闻频道《朝闻天下》《焦点访谈》和《人民日报——民主政治周刊 》等栏目都有溧阳的相关报道，全年中央级媒体采访报道达13次，省级媒体采访报道达200余次。

【文化发展】 城市名片更突出。完成《美音自在溧阳》城市形象宣传片的补拍工作，完善了“美音”“自在”元素；与中国经济网全媒体中心联合摄制的大型系列微纪录片《中国故事·溧阳六记》完成制作并登陆YouTube、Dailymotion、腾讯、爱奇艺、搜狐、网易、优酷等17家国内外主流媒体及视频网站；完成城市LOGO设计；出版文化丛书《溧阳记叙》；发布城市明信片。

文化生活更丰富。组织70余项

4月22日，“书香溧阳·悦读生活”2016年度最美阅读点颁奖仪式

（市委宣传部 供稿）

群众春节文体活动；分别在上黄镇和上兴镇开展2017年文化科技卫生“三下乡”集中服务活动；“戏曲进校园”在全市中小学巡演9场；“社区天天乐”文化服务网络覆盖全市所有镇区，演出463场；戏曲《稻草人》入选中宣部、文化部主办的2017年全国基层院团会演；组织开展第二届“溧阳北湖亭奖”文艺精品创作扶持项目的征集和评审，扶持32个项目，激发了文艺工作者的创作热情，促进全市文化发展。联合市文广体局举办2017年全民读书节活动暨优秀出版物惠民展活动，培育全民阅读新气象。

文化设施、产业更完善。科学规划，持续推进溧阳市博物馆、文化艺术中心等文化地标性建筑物的建设工作，年底前完成主体建设工作。积极争取文化产业专项扶持资金，1个项目获得中央文化产业专项资金扶持。新四军江南指挥部纪念馆入选省首批文化创意产品开发试点单位。大力推进红色文化教育培训工作，以新四军江南指挥部纪念馆为基础，挖掘地方性干部教育培训功能，发挥地方文化影响力。

（潘　达）

精神文明建设

【概　况】 2017年，溧阳市文明办以社会主义核心价值观为引领，贯彻以人民为中心的发展思想，紧紧锁定全国文明城市总目标，坚持“一切围绕创建、一切为了创建、一切服务创建”工作思路，统筹推进各项精神文明建设工作，全民参与、全力以赴。11月17日，在北京召开的全国精神文明建设表彰大会上，溧阳市以优异成绩被表彰为全国文明城市。

【文明城市创建制度建设】 进一步完善文明城市创建组织领导机制，明确一把手为第一责任人，各单位和镇区建立垂直化指挥、网格化管理、高效化运转的组织体系。2017年，市委书记听取创建专项汇报19次，书记、市长参与现场督查15次，指挥部领导带队专项督查82次，形成强大的工作推动力，确保各项任务落到实处。

推行路长工作制，全市70个机关事业单位与城区道路包干定责，按照“巡查发现、协调、处置、督查、结单”的流程运行，对所有收集到的问题全程跟踪、反馈并做好记录。在报纸、电视、网络等媒体开辟创建文明城市专题专栏，发放市民文明手册16万份，完善“我爱我家”城市管理平台，接收并处置上报的各类问题2万余条。

成立创建办督查组，每天对全市测评点位开展拉网式督查，并通报督查情况。2017年，督查组共开展督查400余次，点位2000余个，下发问题6000余条。对城区和镇区按季度开展第三方文明城市指数测评，实施末位表态制度，形成你追我赶、争先抢位的良好氛围，各项工作进入常态化运作。

【文明城市建设】 突出环境综合整治。根据全国文明城市测评体系要求，结合全市实际情况，在2016年19项创建专项行动的基础上，全面开展城中村改造、僵尸船整治、综合执法进社区、犬只管理等12项专项行动。2017年，创建指挥部专题研究解决了南村地区脏乱差、恒基市场管理混乱、城区乱张贴、低俗广告处置、河道漂浮垃圾等老大难问题，城市面貌焕然一新。

突出城市精细管理。持续开展文明交通专项整治行动，实施城区交通赌点综合疏导工程，城区范围内增加停车泊位5000余个，试点推行政府机关停车场地社会化开放，重点化解中医院、江南春市场、实验初中等城区堵点问题；开展犬只管理专项行动，出台城区犬只管理通告，依法收容救助流浪犬300余条。通过创建，城市管理能力和水平得到大幅提升。

突出公益氛围营造。全市建筑围挡、公交站台、路名牌、公园绿地、楼宇等100余类宣传载体广泛开展文明礼仪、邻里和谐、绿色生活、孝老爱亲等公益广告宣传。在燕山公园精心打造占地面积达346亩的社会主义核心价值观主题公园；创新开展“点线廊墙”建设，通过绘画将本土文化、地方典故、精神文明建设等内容展现在房屋、围墙上，内容亲民接地气，形式与环境相融，营造了浓厚的公益氛围。

突出城乡一体建设。坚持城乡一体化创建，城区和镇区同样的标准、同等的要求，将第三方文明指数测评延伸至镇区，以“小城市”的模式对镇区农贸市场、主次干道、社区、学校等各类点位开展全面测评并进行排名通报。深入开展对镇区创建工作的培训、指导和督促，组织召开全市农村文明城市创建现场会，以竹箦王渚村和美景天城社区为典型，号召全市农村地区学习先进，努力提升创建工作水平。戴埠、天目湖、埭头、社渚等镇在省级和国家测评中，均展示了较高的工作水平，得到测评组的一致好评。

【公民思想道德建设】 2017年，市文明办坚持把道德讲堂作为提升公民思想道德建设、践行社会主义核心价值观的重要载体，围绕“爱、敬、诚、善”，结合移风易俗、诚信经营、文明旅游等重点，设计更加贴近百姓道德认知、道德需求的讲堂主题。市商务局在上河城打造溧阳市首个城市“商圈型”道德讲堂；市公安局组织的“忠诚铸警魂、奉献书青春”道德讲堂走进常州市总堂；市锡剧团编排的“文明旅游”百姓视角进入常州巡演。2017年，共收集道德模范、身边好人各类线索160余条，其中上上电缆丁山华被评为江苏省道德模范，汇众社邓康被评为常州市道德模范提名奖，社渚镇韦国华被评为江苏好人，社渚镇杨木兰、竹箦镇左卫平等6人被评为常州好人。

成立志愿服务指导中心，前往张家港学习志愿服务工作，健全志愿服务管理制度，建立“溧阳市志愿服务工作群”“志愿溧阳”微信公众号，进一步整合全市志愿组织资源，扩大志愿服务影响力。积极培育和扶持各类志愿者组织，“汇众社”“劦善志愿者协会”“溧阳市无偿献血服务志愿者协会”等志愿者团体逐渐壮大，“向阳花”“心愿树”“粉红丝带”“如意小食堂”等志愿服务品牌进一步唱响。截至年底，全市在江苏志愿平台注册志愿者13.7万余人，志愿组织400余个，发布志愿活动4300余个。

广泛开展文明单位、文明村镇、

文明校园、文明家庭评选，2017年，在原有基础上新增2个镇、6个村、1所学校、4个单位、1个社区参加2016—2018年度省级评选，溧阳地税局被推荐为全国文明单位。深入开展最美乡村创建评选活动，全面推进移风易俗、家风家训等重点工作，八字桥村被评为第四届江苏省最美乡村。2017年3月，常州市农村精神文明建设现场会在溧阳市召开，表彰了竹箦镇、八字桥村等一批示范点。

【未成年人思想道德建设】 推进项目机制建设。举办2016年度未成年人思想道德建设项目评审会和学校创新案例展评会，24个未成年人思想道德建设项目和15个学校创新案例获奖，公布2017年度14个重点项目和19个创新项目。开展未成年人道德实践活动。围绕“我们的节日”为主题，在春节、清明、端午、重阳等传统节日开展丰富多彩的未成年人活动。开展“十佳百优美德少年”评选申报宣传活动，共收到全市各校推荐溧阳市级美德少年共78人，其中14人获得常州市百优美德少年荣誉称号，在本地主要媒体刊播宣传美德少年评选活动情况及先进事迹。持续深化八礼四仪教育，组织开展溧阳市第二批未成年人文明礼仪养成教育优秀案例申报评选工作，共收到申报的优秀案例30多项，其中6项在常州市级评选中获奖。江苏教育频道《成长》栏目摄制组走进溧阳，关注报道溧阳市未成年人成长指导工作。推荐泓口小学申报2017年中央级乡村学校少年宫，推荐余桥小学、前马小学、汤桥小学申报2017年常州市级乡村学校少年宫扶持项目。在竹箦镇举行2017年常州市乡村学校少年宫建设“青苗计划”推进会，常州市委宣传部（文明办）与前马小学少年宫，常州市团市委与余桥小学少年宫形成结对帮扶。

（杨文斌）

统战工作

【多党合作政治协商】 2017年，溧阳市委统战部协助市委制定政治协商计划，并严格遵照执行，内容包括考察调研、政情通报、党风廉政建设等各方面内容。完善《市委常委结对党外代表人士联谊交友制度》和《政府部门对口联系民主党派、无党派代表人士联谊会、工商联制度》等相关对口联谊制度。围绕全市中心工作和经济社会发展热点难点问题召集党外代表人士进行沟通协商，形成党委统一领导，统战部牵头协调，各级各部门参与的良好工作局面。继续深化民盟“同心献智惠民”和民建“同心思源”品牌，民盟溧阳市基层委员会成功创建“盟员之家”。积极引导各民主党派和无党派代表人士联谊会开展考察调研、社会服务活动。引导党外代表人士积极参政议政，2017年“两会”期间，党外代表人士提交的提案、建议等超过总数的70%。筑牢“同心”理念，在民主党派和无党派人士中深入开展“坚持和发展中国特色社会主义学习实践活动”、“不忘合作初心，继续携手前进”主题教育活动。通过组织专题学习、外出考察、集中培训，增强党外人士的“四个自信”。

【非公有制经济领域统战工作】 “溧商回乡创业功臣”和“服务家乡招商引资功臣”评选工作被列入市委、市政府18项重点工程（工作）之一。4月10日，成功召开首届溧商大会，大会上表彰了10名“溧商回乡创业功臣”和8名“服务家乡招商引资功臣”。2017年，在外溧商回乡创业项目总投资54亿元，完成项目投资13亿元。大力推进“基层商会学湖塘，行业商会学别桥”活动，不断加强溧阳电梯商会自身建设，以点带面提升全市商会建设水平，进一步拓展影响力，承办全国“鲁班杯”电梯技能大赛、电梯安装维修年会等一系列全国性重要活动，成立电梯商会华南分会、河南分会。按“四好”标准加强对基层商会的考核评价力度，修改完善《溧阳市基层商会评估指导意见》。建立党委政府与非公有制经济代表人士联系制度，引导广大非公有制经济人士认清形势，提振发展信心，着力构建“亲”“清”新型政商关系。深入开展以“四信”为重点的非公经济人士理想信念教育实践活动，持续推进企业和谐文化建设，组织会员积极参与常州市和谐文化建设示范企业创建，通过现场交流、示范引领着力提升和谐文化企业创建内涵和覆盖面。截至年底，全市共有29家常州市和谐文化建设示范企业。积极引导非公有制经济人士投身光彩事业，全年募集光彩资金300多万元。

【民族宗教统战工作】 全面贯彻落实全国宗教工作会议精神，严格按照《宗教事务条例》，确保全市宗教领域和谐稳定。部署全市民间信仰调查摸底工作，完善基础数据。组织团体和场所负责人参加爱国主义培训班。借助栖霞山佛学院、扬州佛学院、金陵

溧阳市委常委、统战部部长龚友强考察新的社会阶层人士工作

（市委统战部　供稿）

神学院等宗教院校力量，采取“送出去、请进来”等办法，支持和激励教职人员参加宗教学历培训。全面开展宗教场所“双争”活动，开展星级场所和场所星级档案室评定工作。对全市宗教教职人员进行登记备案，建立电子数据库。每季度进行一次全面安全检查，确保各场所零事故、无隐患。推进相关场所的基本建设，筹措资金2000多万元，推进万寿寺、瓦屋山宝藏寺、上兴京林寺等建设改造工作。开展基督教中心堂迁建准备工作。

【海外及港澳台交流工作】 加强与海外重点代表人士的联系，加强海外人才“创业梦”和“中国梦”的对接，进一步推进溧阳市《海外人才为国服务计划》交流合作平台的建设。继续以“天目湖—日月潭”两湖交流为平台，加强溧阳市“对台交流基地”建设。坚持把海外统战资源优势转化为促进经济社会发展的工作优势，为有关经济部门提供人才信息、招商信息。进一步加强与香港溧阳同乡会等友好社团的交流联谊。

【新的社会阶层人士试点工作】 严格按照“充分尊重、广泛联系、加强团结、热情帮助、积极引导”的20字工作方针，着力抓好思想引领、队伍建设、平台搭建、方法创新、机制完善。2017年，对全市新的社会阶层人士情况进行全面摸排工作，初步建立600多人的新的社会阶层代表人士人物库，做好重点人物工作。着力打造溧阳市新的社会阶层人士统战工作品牌，在溧阳电梯商会和归国留学人员联谊会中开展试点工作，依托原有规模资源，充分挖掘其中新的社会阶层党外代表人士潜力。尤其是归国留学人员联谊会，建立在全市侨情台情普查基础上，成员都是在溧阳创业工作的具有海外留学经历以及与溧阳有紧密联系的归国留学学术界、商界精英和科技领军者，包含国家千人计划1名、博士后2名、博士17名，架设了党和政府与海内外留学人员联系和沟通的桥梁，成为溧阳留学人员的“聚才库”，溧阳创新创业的“领跑者”，党和政府与留学人员沟通联系的“连心桥”。进一步完善制度建设，制定出台溧阳市《新的社会阶层人士统战工作实施意见》和《关于开展社会组织从业人员统战工作试点实施方案》，成立工作领导小组，建立联席会议制度。结合全市对标找差活动，前往启东等先进地区学习调研，拓宽眼界，吸取先进经验。

（魏　立）

巡察工作

【概　况】 2017年，市委巡察机构紧紧围绕“凝聚精气神，建设新溧阳”的总要求，认真贯彻上级巡视巡察机构的要求，坚持政治巡察的站位，高点谋划、高标准推进巡察工作。通过一年的探索实践，巡察监督标本兼治的作用得到显现。全年完成三轮常规巡察和村级巡察全覆盖省级试点，对6个镇4个部门开展常规巡察，发现“三大问题”119个，移交问题线索81件，立案31件，党政纪处分28人；完成对27个行政村的巡察，发现“三大问题”243个，发现违反六项纪律问题51个，立案20件，党政纪处分18人。

【组建巡察机构】 市委高度重视巡察工作，江苏省委《关于加强市县党委巡察工作的意见（试行）》于2016年6月下发后，迅速召开常委会议专题学习省委文件精神。市委书记先后8次召开常委会研究巡察工作。出台《关于进一步加强党委巡察工作的实施办法（试行）》，明确推进巡察工作的具体要求。成立以市委书记任组长，纪委书记、组织部部长分别担任副组长，相关部门主要负责人为成员的巡察工作领导小组，下设巡察办和4个巡察组，均按“一正两副”落实领导职数，组建40余人的专职人才库和70余人的特聘人才库，配齐工作队伍。2016年11月，成立中共溧阳市委巡察工作领导小组办公室。2017年7月，更名为“中共溧阳市委巡察工作办公室”。

【建立巡察制度】 制定出台《中共溧阳市委2017—2021年巡察工作规划》和各年度巡察计划，按照“全覆盖和一定比例的‘回头看’率”的要求，结合上级巡视巡察机构上下联动的要求，对全市所有政府巡察对象进行统筹，科学安排每轮巡察对象，做到“镇区、街道优先巡，职能相近、业务相关的单位关联巡，问题突出、影响发展的单位重点巡”；结合巡察探索实践，大力推进巡察制度建设，制定《中共溧阳市委巡察工作领导小组工作规则》《中共溧阳市委巡察工作领导小组办公室工作规则》《中共溧阳市委巡察组工作规则（试行）》等工作规则，出台《巡察工作基本流程》《规范巡察准备工作意见》《巡察工作人员纪律》等20余项制度，初步形成了“以实施办法为总纲，规则为支撑，流程为规范，纪律为保障”的巡察制度体系。

【推进巡察监督】 2017年2月21日，市委书记蒋锋主持召开全市巡察动员大会，对埭头镇党委和上黄镇党委开展政治巡察，启动常州辖市区首轮政治巡察。在开展对镇（区、街道）和市直部门常规巡察的同时，市委把对村级组织巡察监督列入巡察的重要内容，提出在本届市委任期内完成全市所有村和社区巡察全覆盖的任务。出台《中共溧阳市委2017—2021年行政村（社区）巡察全覆盖工作规划》，采取巡镇延村、专项巡察和专项巡察或“回头看”各占1/3的方法，确保2020年前全覆盖。勇担全省村级巡察试点重任，选择戴埠镇李园村、高桥村，社渚镇社渚村、宜巷村4个行政村作为试点村，为全省提供“溧阳村巡方案”。

【联络保障上级巡视巡察】 7月30日，江苏省委第四巡视组进驻溧阳开展为期2个月的政治巡视。8月2日，常州市委第二巡察组专项第一、第三组分别进驻中关村和天目湖进行巡察。上级巡视巡察驻点期间，市委高度重视，按照被巡视巡察单位的工作职责，认真做好巡视巡察的联络保障工作。多次召开常委会专题研究巡视巡察联络保障工作，成立由市委书记为组长，市委副书记、常务副市长、宣传部长、纪委书记等市领导为副组长，成员由市委办、政府办、组织部、巡察办等部门负责人组成的省委巡视工作联络小组，做好巡视联络的统筹协调保障等工作。

【抓好巡察整改】 以压实被巡察单位党组织巡察整改的主体责任和党组织书记“第一责任人”责任为根本，不断强化巡察整改督查督促力度。制定出台《巡视巡察整改工作目标任务和绩效管理考核细则》，搞好量化评估，把巡察整改情况列入巡察监督的内容，列入市委目标任务和绩效管理考核内容。要求整改单位建立问题清单、任务清单和责任清单，实行台账管理，对账销号；集中整改结束后搞好“双公开”接受社会监督；持续整改阶段搞好“回头看”，防止问题反弹回潮，推动整改单位抓长抓常，促进巡察整改单位自觉把问题整改与“重大项目攻坚年”“文明城市攻坚年”活动结合起来，与深入开展“全面对标找差、全力争创一流”活动相结合，做到两手抓、两不误、两促进，真正把落实整改的过程转化为解决问题、改进作风、提升工作、推动发展的过程。2017年，共开展巡察整改督查20多次，巡察中发现的362个问题通过立行立改、制度促改、长期整改等方式得到整改。

【总结提炼巡察经验】 在推进巡察监督的同时，不断总结“溧阳巡察经验”，探索“溧阳巡察路径”，编印《溧阳市委巡察工作手册》，以图表和清单的形式对巡察流程、巡察方案、巡察工作分工等重点内容进行明确，为巡察工作人员开展工作提供参照；总结提炼巡察心得，撰写的“溧阳首轮巡察发现问题全部整改到位”“从严要求巡察干部”2篇信息被《中国纪检监察报》录用，省纪委“清风扬帆网”、“江苏卫视廉政时空”《龙城清韵》《溧阳时报》等各级媒体先后40余次报道溧阳市巡察工作。

（史　璟）

农村工作

【农村土地确权登记颁证工作】 2017年，全市除溧城镇、昆仑街道23个村（居）因土地已全部征用不需确权外，其余165个村（居）已全部进行确权。完成合同签订15.18万户、完成证书打印14.9万份，分别占96%和93%以上，超额完成省定目标。农业部来溧阳市拍摄宣传农村土地确权工作亮点。该项工作的完成，在农村土地承包经营发展史上具有里程碑式的重要意义。

【农村集体“三资三化”专项提升行动】 专门制定市农村集体“三资三化”专项提升行动方案，专题召开工作动员会，围绕构建“管理、公开、监督、制度、问责”五大体系，大力推进“三资三化”工作。创新财务管理模式，出台《关于全面推行村级资金管理非现金结算的实施意见》，在所有行政村推行非现金结算；制定交易管理办法、规则，规范农村产权交易；拓宽村务公开渠道，“溧阳·阳光村务”微信公众号在全市各镇1个村推送，有5000余农户关注；188个村（居）开通“三资”触摸屏查询系统；村务电视公开在天目湖三胜村、昆仑街道合心村试点；联合市委组织部、财政局制定《关于加强全市农村会计队伍建设的意见》，规范村会计选拔机制，落实持证上岗，强化业务培训，提升从业水平；联合市纪委（监察局）等有关部门出台《溧阳市农村集体产权交易违规行为问责暂行办法》《溧阳市农村集体“三资”管理责任追究办法（试行）》，梳理“三资”管理制度18项、流程8项并汇编成册。

【农村产权交易市场】 2017年，市、镇（街道）农村产权交易服务中心全部建成运行，全市11个镇（街道）310个项目进入农村产权交易平台登记交易，累计完成交易项目97个，标段113个，金额5183万元，溢价264万元。土地类交易总面积1.09万亩，土地交易面积位列常州各辖市区首位，埭头镇、社渚镇先后被评为江苏省农村产权交易“月度之星”。

【新型农业经营主体发展】 开展示范合作社、家庭农场创建，推进农民专业合作社、家庭农场规范化建设。全市合作社总数达到1224家，农户入社率达93%，其中国家级示范合作社8家、省级33家。家庭农场达1062家，各级示范家庭农场150家，其中省级24家、常州市级37家。

【精准扶贫工程】 组织实施光伏扶贫，召开全市光伏扶贫工作推进会，印发《溧阳市光伏扶贫工作实施方案》，为98户低收入农户安装4千瓦光伏分布式电源，预计每户每年增收约2000元；省级扶持村级集体经济发展试点项目的10个土地合作经营项目已基本完成；扶持低收入农户就业创业，将就业岗位安置任务纳入镇（街道）年度考核，全市完成250多个低收入农户的就业岗位安置，帮助有就业意愿、就业能力的贫困户实现就地就近就业；开展“到农村扶贫脱困一线”行动，常州市级机关、溧阳市、镇、村共4104名干部与6079户低收入农户挂钩结对，发放慰问金54.43万元；编印《扶贫开发政策文件选编》，带着政策开展结对帮扶，真正出实效、惠民生；继续推进新一轮“双挂双促”结对帮扶行动，2017年全市挂钩部门参与或协调的项目90多个，部门共投入或协调帮扶资金1800多万元。市农工办被评为2017年度全省扶贫系统先进集体。

【美丽乡村建设】 会同市住建委做好3个常州市级美丽乡村示范村创建相关工作。强化对镇、村村庄环境长效管护工作的督查考核，联合城管局等部门开展明查暗访、推磨式检查，对问题突出的行政村发放整改通知书，并组织“回头看”。同时，积极做好省特色田园乡村建设有关配合工作。

【农村改革】 出台农村土地经营权抵押贷款试点工作意见，会同金融办、政务办、人民银行等部门制定农村土地经营权抵押贷款管理暂行办法。做好农村集体经济组织成员动态管理，完成农村集体经营性资产清产核资，登记经营性资产816处、经营性资源1355处。

【农村土地矛盾纠纷化解】 进一步加强市土地矛盾调解仲裁机构建设，继续发挥市土地矛盾调解仲裁机构定纷止争作用，积极化解涉土矛盾纠纷，切实保障农民的合法权益。2017 年，市农村土地仲裁办共接待群众来访 328 批 485 人次，受理仲裁案 234 起。所有来访、仲裁案件等均在规定时间内办结，无一起逾期未结现象。

【惠农政策落实】 发展政策性农业保险，及时做好小麦、水稻、茶叶、大棚蔬菜等农作物的受灾理赔工作，通过宣传引导和政策保障，引导农户自觉自愿参保，逐步扩大高效农业保险覆盖范围；结合全市特色产业，在反复调研论证的基础上，开办内塘青虾养殖保险，增强特色农业风险抵御能力。做好村级公益事业建设“一事一议”财政奖补工作，奖补资金向经济薄弱村、美丽乡村试点村倾斜，涉及奖补项目 62 个、资金 1395 万元。

（袁 瑞 屈 苹）

机构编制工作

【概　况】 2017 年年底，溧阳市党政序列机构数 34 个，其中，市委序列 8 个，政府序列 26 个。全市行政编制 1935 名，其中，市级 1161 名；乡镇 774 名。全市公务员在职人数 1553 人，其中，市级机关 940 人；乡镇 613 人。全市政法专项编制 1068 名，实有在职人数 1085 人。

2017 年年底，全市事业单位 367 家。全额拨款 208 家，差额单位 136 家，自收自支 23 家。事业编制 13068 名，其中，全额拨款 8241 名，差额拨款 4422 名，自收自支 405 名。实有在编人数 12857 人，其中，全额拨款 7812 人，差额拨款 4552 人，自收自支 493 人。

【顺利推进各项改革】 深化行政审批制度改革，简政放权。积极推进“3550”改革。牵头推进“3550”改革工作，并在常州辖市区率先出台《溧阳市创优营商环境“3550”流程优化实施方案》和《溧阳市企业投资项目多评合一实施方案》，为实现“3 个工作日注册开业、5 个工作日内获得不动产权证、50 个工作日内取得施工许可证”的“3550”目标提供体制保障。稳妥推进“不见面审批”改革，出台溧阳市“不见面审批（服务）”改革实施方案，完成两批“不见面审批（服务）”事项清单的梳理及公布。有序推进政务服务一张网工作，根据省和常州的统一部署，牵头政务网上审批（服务）事项清单梳理。全面完成随机抽查事项清单编制工作。全市营商环境大为改善。在全省 96 个市（县区）2017 年简政放权创业创新营商环境评价中综合排名位居第 26 位，比上年提升 28 位，其中“建设项目施工许可”位居第 11 名，名列全省先进地区行列。积极推进江苏中关村行政审批制度改革，组建综合管理局并投入运行。完善区域评估改革，江苏中关村被列入全省首批企业投资项目信用承诺制不再审批改革试点。深化经济发达镇行政管理体制改革，社渚镇被列入第二批全省经济发达镇改革名单，市编办获得 2017 年度市委、市政府“工作创新奖”表彰。

加强政府监管职能，创新体制。做好纪检体制调整。完成市委巡察机构和纪检派驻机构设立，制定出台编制划转方案，在机构编制上为巡察体制的到位做好保障。调整领导岗位设定，规范领导职数设置。按照市政府部门“党政合一”的原则，经市编委会议通过，并由市委常委会议审议决定，印发《关于调整相关部门机构编制和领导职数的通知》（溧编〔2017〕46 号）文件，报常州市编办录入乡科级领导职数目录库。健全组织机构，优化重点领域机构配置。将正科级的江苏中关村科技产业园综合执法局更名为“江苏中关村科技产业园综合管理局”，同时新设立“溧阳市昆仑街道办事处综合执法办公室”，两者合署办公；提升社渚镇人民政府综合执法局为副科级单位，强化综合执法力度。合理调整其他部门相关机构设置和更名工作。在各镇设置安全生产监督管理办公室，为独立的行政机构，挂环境保护办公室牌子，实现基层安监环保监管机构全覆盖。开展农村纪检监察室改革试点工作，探索乡镇“监审一体”机构设置模式，在现有农村工作室基础上组建执纪监督工作室。撤销各镇经贸发展办公室上增挂的“审计所”牌子，整合各镇监察室、审计所工作职责，以监察室为班底，单独设置监察审计室。

深化事业单位分类改革，优化服务。推进承担行政事业单位改革。确保行政职能由行政机构承担、执法职能由综合执法机构承担、公益服务职能由事业单位承担。推进生产经营性事业单位改革，稳妥开展单位界定和方案制定。突出事业单位公益职能，实施全市事业单位清理。完善公共服务体系。加强义务教育、学前教育队伍建设，保障编制资源向重点学科、高层次教育人才倾斜；成立公立医院管理委员会，推进公立医院管办分离，推行公立医院备案制管理，破解公立医院人才引进难题；调整设置博物馆机构设置，为新建博物馆提前做好体制机制保障；设立 104 国道溧阳收费站，进一步加强溧阳市矿产品运输车辆整治工作；加强不动产登记交易中心机构编制配备，提升不动产登记交易服务能力。全面推进综合行政执法体制改革，建立社会综合治理联动机制。制订出台《市政府关于开展综合行政执法体制改革试点的实施意见》。进一步规范和扩大天目湖镇行政综合执法事权。常州市级中心镇社渚镇和中关村科技产业园（昆仑街道）相对集中行政处罚权改革方案获得省政府法制办批复同意。

【机构编制管理和服务】 严格执行控编减编各项举措。继续执行机构编制月报制度，建立机构、人员编制、工作职责和领导职数的动态调整机制。根据《市委办公室 市政府办公室印发关于进一步加强和规范全市机关事业单位人事管理的若干规定的通知》（溧委办〔2017〕47 号）重新明确机关事业单位人员进编审核有关规定。落实《溧阳市控编减编工作方案》（溧编〔2015〕30 号）文件要求，严格执行行政机关和事业单位控编减编措施，2017 年度全市事业单位用编总量指标 330 名。

创新机构编制绩效管理工作。采取日常监督管理、机构编制专项督查、半年度考核、年末考核有机结合的办法，对考核指标的落实情况进行跟踪督查，及时了解各单位工作完成情况，查找分析存在问题，及时督促整改。全面推进编办信息建设。实行“互联网＋报纸”的投稿方式，多次在中央编办、省编办、常州编办及市政府网站上发表文章，多篇文章在《溧阳时报》和《机构与行政杂志》上刊载。

（黄中瑜）

对台工作

【概　况】 2017年，溧阳市新批台湾资金（以下简称台资）企业6家，总投资3.44亿美元，注册资本1.71亿美元，协议投资9322.6万美元。江苏粘博士新材料有限公司增资500万美元扩大产能，注册资本总额达4000万美元，总投资达8000万美元。总投资达1000万元人民币的台资企业常州市诚鑫环保科技有限公司成功落户埭头镇峻益科创园，当年实现销售近亿元人民币，并再次增加投资在埭头镇工业园区购买厂房、扩大产能。全年共办理各类赴台团组8批49人次，其中经贸及交流团组4批36人次、跨地区团组3批3人次、企业商务团组1批10人次。接待台商台胞21批178人次，协助解决台胞台属求助10多起。

【市台商联谊会召开二届三次理监事会议】 1月11日，市台商联谊会二届三次理监事会议在江苏粘博士新材料有限公司会议室召开。会长周德良报告市台商联谊会2016年主要工作情况，监事萧白顾报告2016年1～12月财务收支情况等，会议审议通过了2017年工作安排和财务预算。

【市委常委、统战部部长龚友强走访调研台资企业】 1月17日，溧阳市委常委、统战部部长龚友强在市台办相关人员陪同下，走访调研溧阳市台资企业江苏钢锐精密机械有限公司、溧阳金利宝胶粘制品有限公司、江苏粘博士新材料有限公司，向留守在溧的台商致以节日的问候和新春的祝福。

【台资企业受市委、市政府表彰】 2月5日，市委、市政府召开全市“重大项目攻坚年”“文明城市攻坚年”动员大会，对2016年度全市“创新争星、做强做优”活动星级企业和优秀企业家进行了表彰，全市2家台资企业以及2名台企管理人员再次获得表彰。

江苏钢锐精密机械有限公司获得2016年度溧阳市“创新争星、做强做优”活动工业三星企业称号；溧阳大润发商业有限公司获得2016年度溧阳市“创新争星、做强做优”活动服务业三星企业称号。江苏钢锐精密机械有限公司董事长张贤铭、溧阳大润发商业有限公司总经理巢素芳获得2016年度全市“创新争星、做强做优”活动优秀企业家称号。

【2017台商新春联谊会】 2月18日下午，台商联谊会在溧阳德悦大酒店举办新春联谊活动，旨在加强了解、凝聚感情、增进友谊、促进发展。台办领导参加了联谊活动。

台商联谊会会长周德良表示，台资企业的发展离不开溧阳各级领导和台办的支持与帮助，在此代表全体台商表示衷心感谢。台办主任陈伟星表示，近年来，溧阳和台湾的合作交流日趋紧密，对各位台商朋友在推动溧台各项交流合作方面所做的贡献表示感谢。

【市委副书记邵钦华率团赴台湾推动溧台交流合作】 3月25～31日，市委副书记邵钦华率团赴台湾考察长兴光学材料股份有限公司，洽谈推进有关合作项目。南渡镇政府与台湾长兴光学材料股份有限公司签订了总投资1.4亿美元的投资合作协议。

【台湾苗栗县县长徐耀昌率团参加溧阳“两节”系列活动】 4月10日，台湾苗栗县县长徐耀昌和台湾民意代表陈超明一行22人应邀到溧阳市参加2017中国·溧阳茶叶节暨天目湖旅游节系列活动。

上午，徐耀昌一行出席了“两节”开幕式，随后参加茶园采摘，参观特色名优产品博览会，并接受了常州电视台的采访。下午，溧阳市市长徐华勤会见了徐耀昌一行，双方就进一步加强两地交流合作进行了友好会谈。

【南京市台协会监事长孙根明应邀参加溧商大会】 4月10日下午，首届溧商大会在溧阳涵田度假村酒店举行，南京市台湾同胞投资企业协会监事长、南京华鼎电子有限公司董事长孙根明一行3人应邀参加溧商大会。溧阳市委书记蒋锋、市长徐华勤热情接待了孙根明一行。

【市政协主席狄立新率团赴台湾考察】 4月20～26日，市政协主席狄立新率团赴台湾重点考察休闲观光产业和健康经济产业，大力宣传推介溧阳投资环境，洽谈和推进合作项目。

在台湾期间，狄立新一行主要考察了新北市私立双连赡养中心、台北内湖科技园区发展协会、新竹科学园区科技生活馆和有关生态资源保护工程，深入了解台湾的健康养老产业和以循环经济为特色的环保产业，积极促进溧阳制造经济、智慧经济、健康经济、休闲经济等产业联动发展。

狄立新一行还专门拜会了旅台溧阳同乡会，与旅台同乡开展联谊活动，增进了解，联络感情。狄立新主席向旅台同乡通报了家乡的经济社会发展情况，转达家乡人民的深情问候，热情邀请旅台溧阳同乡会组团返乡考察。

【“2017常州农业银行溧阳台企植优补短银企合作对接会”】 5月25日下午，为进一步密切银企关系，提高企业对农业银行产品的认知度，更好地满足广大企业的不同金融服务需求。常州市台办、农业银行系统联合举办了“2017常州农业银行溧阳台企植优补短银企合作对接会”，溧阳市台资企业近20位企业高管和相关主管参加了活动。

【台属联谊会召开四届九次理事会议】 6月21日，台属联谊会召开四届九次理事会议。会议由台办副主任张岚主持，台谊会全体理事参加会议。

会上史丹会长回顾总结了2017年上半年溧阳台谊会的工作，研究部署下半年台谊会的工作思路和重点活动。随后理事会学习讨论3个议题，传达学习第九届海峡论坛开幕式上俞正声围绕“扩大民间交流、深化融合发展”的五点意见；讨论溧阳市“两岸打破隔绝状态、开启民间交流交往30周年”系列纪念活动方案；商讨8月份台湾同乡会“家乡行”活动的接待方案。

【台湾新北市金山区里长联谊会参访团到溧阳考察】 6月25日，台湾新北市金山区里长联谊会会长许瑞林率参访团到溧阳考察江苏省对台交流（农业）基地和天目湖与日月潭交流合作成果。

在常州市台办和溧阳市台办相关领导的陪同下，许瑞林一行来到溧阳市天目湖镇竹塘村进行座谈交流。竹塘村书记钱保国介绍了竹塘村的基本情况以及近年来的发展情况。许瑞林在座谈交流时向大家介绍了金山区的地理区位情况和旅游、农业发展情况，对溧阳的工业、农业、旅游业发展表示赞赏，欢迎溧阳的朋友组团到金山区参访考察。

【市长徐华勤走访台资企业】 7月3日，市长徐华勤走访市台资企业金利宝胶粘制品有限公司，详细了解企业生产经营情况，听取台资企业对当前发展环境的意见和建议，并要求有关部门要高度重视企业招工难、用工难问题，做好职业院校与企业用工的对接，积极支持企业引进各类人才，破解企业招工难问题。

【市委书记蒋锋会见台湾大健康产业联盟主席王剀锵一行】 7月26日下午，市委书记蒋锋会见台湾大健康产业联盟主席王剀锵一行，双方就加强合作进行深入交流。蒋锋对王剀锵一行表示热烈欢迎，并简单介绍了溧阳健康产业发展情况。王剀锵表示，溧阳生态环境优良，旅游产业源丰富，拥有发展大健康产业的重要基础。希望双方能在高端体检、观光医疗、中医养生等方面加强合作，共同打造两岸健康产业合作的新高地。

【台湾中天电视台到溧阳市采访拍摄省对台交流基地】 7月27日，台湾中天电视台、《台湾旺报》记者一行3人到溧阳市采访拍摄江苏省对台交流（农业）基地情况。该次采访拍摄活动将通过中天电视台让更多的台湾同胞认识了解溧阳，为宣传推介溧阳锦上添花。

【台湾宜兰县礁溪乡参访团到溧阳参观考察】 7月29日，台湾宜兰县民意代表林成功率参访团到溧阳参观考察。在市台办相关领导的陪同下，林成功一行先后考察了江苏中关村科技产业园和天目湖山水园风景区。他表示，溧阳的招商举措扎实有效，工业、旅游业发展迅速，有目共睹，值得学习。

【市长徐华勤会见旅台溧阳同乡会一行】 8月10日，市长徐华勤会见旅台溧阳同乡会一行。徐华勤对同乡会一行的到来表示欢迎，并重点介绍了溧阳制造经济、休闲经济、健康经济、智慧经济四大经济发展情况。徐华勤指出，溧阳的发展离不开旅台同乡和其他外地溧阳籍同乡的关心支持，希望进一步加强与旅台同乡的交流，促进双方在各领域的合作，互利共赢。蒋小伟代表旅台溧阳同乡会感谢溧阳市委市政府的热情接待。他表示，将发挥旅台溧阳同乡会的纽带作用，积极组织更多的旅台同乡特别是第二三代人士来溧阳走一走、看一看，让他们了解家乡、关心家乡、热爱家乡。

【举办“亲缘相承·乡情永固”溧台两地同乡座谈会】 8月14日下午，市台办举办了“亲缘相承　乡情永固”——溧台两地同乡座谈会。市台办工作人员、部分台属代表与旅台溧阳同乡会返乡团成员参加了座谈会。市台属联谊会会长史丹和旅台溧阳同乡会理事长蒋小伟分别介绍了台谊会和同乡会的现状。台属代表和同乡会成员分别作了自我介绍，然后共抒乡情。旅台同乡会的同胞，尤其第一次回到家乡的二三代们，看到家乡现在发展得这么好，都表示特别高兴，回到台湾一定要和亲戚朋友介绍溧阳，以后带他们回家乡走走看看。座谈会上，各位同乡会代表还就家乡的发展提出了很多建议。

市台办主任陈伟星对旅台溧阳同乡会参访团一行来访表示热烈欢迎，对心系家乡建设发展的旅台同乡表示感谢。他指出，近年来，随着两岸交流不断深入，溧阳和台湾的经贸往来日益频繁。希望旅台同乡多回家乡旅游观光、投资兴业，为家乡事业的发展牵线搭桥、献计出力、鼓劲加油。同时在台湾多宣传家乡，扩大溧阳在台湾的影响。理事长蒋小伟代表同乡会感谢家乡政府和同胞的热情接待，尤其感慨此行与60多年未见的亲姐姐的相见，表示要利用各自的影响，认真做好旅台同乡第二代、第三代的工作，让他们了解家乡、关心家乡、热爱家乡，为家乡的发展贡献各自的力量。

【台湾嘉宾到溧阳考察天目湖医养融合养生旅游休闲项目】 9月26日下午，台商促进会、颐养促进会、医疗器材联合会到溧阳考察天目湖医养融合养生旅游休闲项目。溧阳市副市长陈峰出席活动。

台湾嘉宾们共同观看了溧阳投资环境宣传片，听取关于健康经济、休闲经济发展规划的介绍，并围绕养老产业规划、医养产业融合等方面，与溧阳市发改委、卫计局、商务局、台办的主要领导进行了交流。

陈峰对各位嘉宾的到来表示了热烈的欢迎，并指出，近年来，溧阳与台湾的经贸合作日趋紧密，先后出台了多项鼓励扶持台资企业发展的新举措，尽最大努力为台资企业发展保驾护航。

【台湾红十字组织花莲分会代表团到溧阳市开展交流活动】 11月9日，在省红十字会筹资项目部相关负责人陪同下，台湾花莲红十字会代表团在副总干事陈玉秋的带领下，到溧阳市进行工作交流。溧阳市副市长、红十字会会长陆慧琦参加活动。溧阳市台办相关同志参与接待工作。

参访交流中，市红十字会负责人介绍了溧阳市红十字会基本情况，以及人道救助、宣传筹资、应急救援、救护培训、志愿服务、造血干细胞捐献等事业发展。代表团一行还实地参观了天目湖景区红十字救护站，详细了解救护站的职责功能、设施建设以及景区内的救护培训、小药箱配备、水上救援队演练等方面情况。

台湾红十字组织花莲分会代表团负责人表示，溧阳市红十字会工作有亮点、有特色，此次访问加深了台湾同胞对大陆红十字会的了解，希望双方加强交流，共同促进两岸红十字事业发展。

【台湾苗栗县后龙镇参访团到溧阳参访】 11月26日，台湾苗栗县后龙镇镇长朱秋隆一行18人到溧阳市参访，市长徐华勤会见了参访团一行。

徐华勤对参访团一行来访表示欢迎，他介绍了溧阳经济社会发展情况，希望苗栗参访团多来溧阳走走看看，加深对溧阳的了解，推进溧台两地交流与合作。后龙镇镇长朱秋隆表示，通过参访活动，对溧阳留下了美好而难忘的印象，苗栗和溧阳有着相似的产业结构和气候环境，期待今后两地进一步加强交流，互相观摩学习，增进了解，促进发展。

【市长徐华勤率团赴台湾推动溧台经贸合作】 12月12～18日，市长徐华勤率团赴台湾重点考察台湾大健康产业和休闲观光农业，洽谈和推进合作项目。其间，徐华勤一行主要考察了台北市兆如老人赡养护理中心、台湾爱尔丽医美集团，深入了解台湾的健康养老产业。与台湾大健康产业联盟主席王剀锵先生座谈交流，就下一步溧阳市美丽乡村建设和健康经济发展拓展合作途径，达成健康经济和休闲经济合作意向。

（彭旭红）

史志工作

【概　况】 2017年，市委党史工委、市地方志办公室充分发挥史志部门“以史鉴今、资政育人”的职能作用，以扎实推进市志、年鉴和地方史编纂工作为重点，全面推动溧阳史志事业科学发展。《溧阳年鉴（2015年）》获2015—2016年度全国年鉴编校质量检查评比三等奖，溧阳市委党史工委被省委党史工办评为“2017年度江苏省党史宣传工作先进集体”，溧阳市地方志办公室获常州市政府集体嘉奖。

【方志工作】 《溧阳市志(1986～2007)》出版发行工作全面完成。《溧阳市志》经上年报送市政府审核批准、交方志出版社审稿出版后，2017年上半年市志办抓紧抓实审稿意见修改、装帧设计、印刷等环节，2017年9月，《溧阳市志》正式公开发行，全书分2册、36篇、221万字。为扩大志书受益面，对全市各机关部门、镇（区）街道、行政村和重点企事业单位进行免费赠阅。加强对镇区和部门修志工作的业务指导和工作推动，《水利志》已通过复审、终审环节；《溧阳市镇村志编纂工作方案》经市委、市政府同意，即将印发。

【党史二卷本、三卷本编辑工作】 再次组织力量，对《中国共产党溧阳历史》（第二卷）编纂质量进行校核提升。严格按照中央、江苏省、常州市党史部门的要求，行文叙写中力求做到脉络清楚，重大事件清楚，重要人物清楚，总体评价科学严谨、实事求是，正确处理全国党史与地方党史的关系，力求完整、准确地反映中共溧阳历史，并在送审稿的基础上增补《大事索引》内容，形成4编18章65节126目36万字的验收稿，顺利通过常州市地方党史正本审读验收小组的评审验收，报经中共溧阳市委审查同意后送交中共党史出版社审稿出版，即将付印。9月，启动党史三卷本编纂的准备工作，10月完成纲目拟定；11月中旬通过常州市委党史工委组织的专家组评审。

【打造《溧阳年鉴》文化品牌】 《溧阳年鉴（2017)》编纂工作自2016年12月正式启动以后，全市各镇区、各部门高度重视，及时撰写、报送稿件。6月完成组稿，7月完成编辑合成，8月完成单位审稿，9月完成统稿校对，10月正式出版。《溧阳年鉴(2017)》共设33个类目、1170个条目、78张表格，78.3万字。该卷年鉴紧紧围绕2016年溧阳市中心工作，全面、系统、准确地记述了2016年度市委、市政府领导全市人民齐心协力实施制造、休闲、健康、智慧“四大经济”，振奋精神全面启动全国文明城市创建，扎扎实实办好民生实事的新做法、新业绩，体现了年度特色和地方特色。

【“溧阳史志”宣传阵地建设】 根据市委“对标找差”活动要求，针对溧阳史志文化挖掘整理宣传力度不够的现状，与江阴市史志办对标，查找溧阳在史志研究、宣传方面的差距，开通“溧阳史志”微信公众号，全面宣传溧阳地方党史、地情文化、民俗风物、大事要事，充分挖掘溧阳史志文化遗产，创新史志宣传途径，传播历史文化、弘扬优良传统、凝聚社会共识。9月开通以来，推送“家乡因您而自豪，中央委员中的溧阳人”“方志敏《可爱的中国》手稿是由溧阳人解密的”“他是位百岁革命老人、首任溧阳县人民政府县长……”等10条文稿，阅读量计万余，并被多个微信公众号转发，扩大了溧阳史志工作的影响力和受众面。

【旧志整理工作】 委办通过省方志馆搜集到《弘治志》《康熙志》《乾隆志》《嘉庆志》《光绪续志》五部溧阳旧志的电子材料，与江苏凤凰出版社协商研究，即将对《弘治志》进行整理。

【史志理论学习研究活动】 开展多种形式的史志理论学习活动，提高史志工作人员业务工作能力。参加省市举办的编史修志业务培训班，集中学习史志理论知识，组织工作人员学习周边县市先进的编写工作经验和史志写作规范，提高编纂工作水平。结合市志党史年鉴编纂实际工作开展史志理论研究，以理论引导实际工作，以实际工作促进理论研究，撰写的《年鉴随文图照选编的实践与思考》等论文发表于《江苏地方志》等刊物。利用党史庆祝活动开展党史调研活动。为纪念中共江苏省委成立90周年，撰写党史学术文章《历史铭记的中共溧阳早期党组织》《赋予历史新思维　开辟历史新境界——深入学习贯彻习近平同志关于学习党史、国史重要论述》，并在全省党史系统迎接党的十九大理论研讨会上交流。

（莫　俊）

党校工作

【概　况】 2017年，市委党校以“全面对标找差，全力争创一流”活动为契机，积极开展“提升理论素养，打造精干队伍”主题活动，努力提升教职员工的理论水平和各项业务能力，积极发挥党校在教学培训、理论研究及精神宣讲上的独特优势。2017年，共承办来自福建、甘肃、新疆及江苏省有关市县的外培班32期，培训学员1525人次；当地培训班8期，培训学员690人次；承办市委中心组学习专题报告会、全市党建工作会议等培训会议91场，对全市各类党员干部分层分批进行党性教育轮训超8960人次。

根据三定方案调整人事，将原有6个科室重新设置为5个科室：办公室、干部培训科、理论调研科、教学研究科、党性教育科，更加注重发挥好党校的教学科研作用。根据“三定”方案，确定党校人员性质和岗位编制划分，针对空编8名教师的实际情况，拟从溧阳市中学教师中招录2～3名35周岁以下优秀青年教师充实党校师资队伍。

【教学培训工作】 会同组织、宣传等部门及相关镇区，举办中青年干部培训班、新进事业人员培训班、公务员初任培训班等8期主体培训班，共培训学员690余人次。外培班次持续增多，接待了新疆乌恰领导干部培训班、安徽砀山领导干部培训班、青海共和领导干部培训班等班次，班次和学员人次较上年同期均有较大提升，特别是3到5天的封闭式委托培训班次明显增多。根据各班次的培训时间和具体培训主题，精心选择专题课程和教学点参观线路，专题课程涉及全域旅游、土地流转、休闲农业、养老产业等多方面，保证培训的针对性和实效性。

【理论研究工作】 课程品质不断提升。进一步开发红色教育、绿色发展系列课程，继续探索“寻找新四军足迹”课程模式，进一步丰富“寻找新时期共产党员”典型案例，寻找现场教学点基础素材与不同专题的连接点，更新观察视角、挖掘文化内涵、注重对比研究和过程展示，使原有教学素材有更多不同的教学侧重，适应不同解读，展现出新的活力。紧跟溧阳市经济发展新态势，不断更新教学素材，探索研究全域旅游新理念，关注休闲农业开发、农村环境整治、农民创业增收等新三农问题。积极探寻诸如美丽乡村蛀竹棵村、具有乡土宗族文化气息的史侯祠等新的现场教学点，以适应更多不同培训班次和内容要求。宣讲主题持续更新。党校教师团队持续关注时政热点，以集体听评课、师徒结对指导等方式开展教研活动，筹备十八届六中全会精神解读、十九大精神等新的专题课程，形成《三线共振 全面从严》《全面从严治党 永远在路上》《新起点、新征程》等7个较高质量的课程宣讲稿和课件，完成十八届六中全会精神解读、“两学一做”常态化制度化、坚持“四个自信”、十九大宣讲等新专题对外宣讲80余场，直接听众达2300余人次。十九大召开后，积极筹备十九大精神宣传工作，安排骨干教师外出参加中央党校、省党校举办的学习党的十九大精神专题培训班，布置学习党的十九大精神学术交流比赛、学习交流座谈、体会文章撰写等任务，及时组织党校宣讲团开展百场宣讲下基层活动。与组织部联合办班5期，轮训全市科级干部和基层党组织书记1300余人次；完成市委宣讲团宣讲任务8场，听众超900余人次；完成十九大精神宣讲进社区、进学校13场，听众超1050人次；在3期外培班中也适时安排了十九大精神解读课程。科研立项扎实开展。根据“三大一实干”活动方案的要求，在理论研究出成果上自加压力，扎实推进市情市策、民情民意调研活动。各调研小组以市委市政府中心工作为调研重点，完成市级重点调研课题《关于进一步加强我市“红色教育培训”工作的思考与建议》《铁腕治理环境 建设美丽溧阳》两项，环太湖发展研究中心科研项目《深化宁杭生态经济发展带“最美副中心城市”战略研究》成功立项。

（沈　乔）

市级机关党建

【概　况】 2017年，市级机关党组织紧紧围绕市委、市政府中心任务，深入学习宣传贯彻党的十八届六中全会和十九大精神，扎实推进“两学一做”学习教育常态化制度化，努力推动机关党的建设取得新成效。10个市级机关部门党组织被市委评为“五个好”基层党组织。市级机关工委连续四年被溧阳市委评为“五个好”市级机关党组织，并获2017年度市级机关部门目标管理优胜单位称号。

【机关政治建设】 市级机关党组织认真抓好中心组学习、领导班子民主生活会和党员组织生活会，突出政治建设，强化政治站位，自觉与以习近平同志为核心的党中央保持高度一致。深入开展党员政治生日活动，发放党员政治生日卡13000余张。结合纪念建党96周年，组织开展系列活动，增强政治意识和党性观念。直属机关党委组织了“旗帜鲜明讲政治，争当勤廉好干部”的专题党课，40多名基层党组织负责人到安徽泾县开展了革命传统和传统文化现场教育。组织开展学习贯彻党的十九大精神暨“凝聚精气神，建设新溧阳”时政知识竞赛活动。累计参赛单位120家，参加答题人员累计5500余人次。47个镇（区）、部门组织188名选手参加了团体赛，决赛通过网络现场直播，关注粉丝达1.3万人次，起到很好的宣传效果。

【机关党组织建设】 市机关党委选优配强直属机关党组织领导班子，市直属机关党委完成15个直属基层党支部的改选，调整了24个支部书记。对53个基层党组织，2075名党员开展党组织和党员基本信息采集工作。完成党员发展计划，发展新党员17名。严格考核管理，完善了机关党建考核体系，日常工作、特色活动、党建台账均纳入考核。53个直属基层党组织负责人进行了书面述职。表彰了20个直属机关先进基层党组织和121名优秀共产党员。

【机关作风建设】 按照常州市级机关党工委的要求，重新聘任9名常州机关作风建设特邀监督员。深入开展“啄木鸟行动”，通过召开座谈会和实地走访9个常州市重大项目，对相关职能部门进行评议，及时向上级部门反馈意见和建议，有力地推动了项目建设。认真贯彻落实常州市作风建设大会精神，组织开展机关作风督察工作，较好地完成了市作风办交办的有关工作。聘请第三方开展对职能部门服务重大项目建设进行测评，测评报告得到市委书记蒋锋批示，促进部门对标找差走向深入。

【机关队伍建设】 强化政治学习，开展读书活动，建设“书香机关”。举办第二十二期入党积极分子培训班，来自32家市级机关的145名入党积极分子参加培训。与市委组织部联合举办2017年全市市级机关党委党员发展对象培训班。共有27家单位的107名发展对象参加了为期3天的培训。11月中旬组织45名市级机关党组织书记到延安干部培训学院培训，学习延安精神，提升了市级机关党组织书记思想政治素质。组织党务干部参加常州市机关党建党务工作技能大赛，市级机关工委组宣科长邵萍获三等奖，为辖市区唯一获奖人员。组建职工部机关代表团参加溧阳市第八届运动会暨第五届全民健身节，取得优异成绩。

【服务型党组织建设】 围绕中心，服务大局，市级机关工委会同市发改委做好市级机关部门目标任务管理考核中的业务工作，充分发挥目标和绩效考核的导向和激励作用。市级机关各级党组织认真开展文明城市创建“路长制”工作，继续深化市级机关部门“双挂双促”活动，扎实推进“三大一实干”和“六个到一线”活动，深入开展“全面对标找差，全力争创一流”活动，增强了机关党建实效。

（王　峰）

老干部工作

【落实老干部政治待遇】 坚持老干部情况通报、阅读文件、走访慰问、参加组织生活和重要会议、重大活动等制度，做到重大决策让老干部参与，重要情况向老干部通报，重要活动让老干部参加，并有计划地组织老干部对经济社会发展情况进行参观考察，使老干部政治生活常态化。春节前夕，市委举行情况通报会，市委主要领导亲自向老干部通报2016年全市经济社会发展情况以及2017年工作目标和任务。夏季高温，把市委主要领导在市委全体（扩大）会议上的工作报告印发给老干部，供他们在家阅读。春节前夕，市委、市政府主要领导带队，走访慰问原四套班子老领导及地市级离休干部；市委老干部局走访慰问住院老干部、易地安置在溧阳市的老干部。夏季高温，市委老干部局走访慰问原四套班子老领导及地市级离休干部、易地安置在溧阳市的老干部。重阳节前夕，对全市的离休干部及易地安置在溧阳市的老干部普遍进行走访慰问。通过走访慰问，及时了解老干部的身体和生活情况，把党委和政府的关心关怀送到老同志家中。为了让老同志亲身感受溧阳市经济社会建设取得的巨大成就，6月，组织市原四套班子老领导及地市级离休干部，到文明城市创建一线进行参观视察；11月，组织市原四套班子老领导参观考察溧阳市卫计工作。

【老干部思想政治建设】 10月，举办全市离退休党支部书记培训班，邀请市委党校的老师为全市离退休支部书记作辅导报告。12月，举办十九大精神宣讲，分别由市委组织部部长和常州市委党校的老师为支部书记们授课。通过党费赠订、单位赠订、赠阅等形式，为全市离休干部和市原四套班子老领导个人订阅《常州日报》《溧阳时报》《银潮》《铁军》《晚霞清影》等报刊，为每个离退休干部党支部订阅《离退休干部党支部学习参考》，丰富老同志的学习资料，帮助老干部、老同志及时、准确地了解社会的变迁与发展，在思想上跟上时代的节拍。

【落实老干部生活待遇】 5月，组织全市140多名离休干部在市人民医院进行健康检查，更新老干部健康档案。6月，邀请人民医院专家医生来老干部活动中心为老同志做健康咨询，让老同志及时了解自己身体状况，有病早发现、早治疗，为老干部身心健康保驾护航。7月，联合市委组织部、市财政局、人社局发文，全面提高离休干部特需经费标准，由原来每人每年500元调整为每人每年1000元。其中，300元仍按原有规定发给离休干部本人自主使用，700元由离休干部所在单位或上级主管部门统一掌握，用于解决离休干部的特殊困难和必要的活动经费开支。为有效保障离休干部医疗待遇水平，规范离休干部医疗费用的合理支出，报市政府同意，市委老干部局和人社局、财政局联合发文，自2018年1月1日起，溧阳市离休干部医疗统筹金收费标准从1万元／年调整为每人5万元／年。和市委组织部、市财政局、人社局联合发文，从2017年7月起，全面调整离休干部护理费标准。下半年，会同人社局对改制企事业离休干部的生活补贴、住房补贴等进行测算，并向财政局申请经费，年底前与各主管部门进行结算，保障这部分离休干部待遇与行政事业单位离休干部同步落实。

【老干部主题活动】 2017年是党的十九大召开之年，也是溧阳市“重大项目攻坚年”和“文明城市攻坚年”。为更好地发挥广大离退休干部在建设宁杭生态经济带最美副中心城市美好蓝图中的独特作用，广泛凝聚正能量，在全市离退休干部中开展“畅谈十八大以来变化 展望十九大胜利召开”主题活动。书画院在第三十届“中国水周”期间，以“水资源节约与保护”举办“天目之水”杯书画精英赛；天目湖诗社、摄影学会相继组织社员采风，天目湖诗社出版《诗草》5期，摄影学会制作展板3期；棋牌协会举办春季、秋季象棋扑克麻将比赛；门球协会和武进、金坛开展多次门球联谊赛；钓鱼协会组织多次钓鱼活动。十九大召开前，天目湖诗社和书画院联合制作展板，诗社的社员用自己的诗词讴歌了十八大以后经济社会发展取得的巨大成就，书画院的会员们泼墨挥毫，把这些诗词用书法的形式表现出来，制作十余块展板在活动中心展出。这些活动，既丰富了老干部的精神文化生活，凝聚了老干部人心，又为宣传溧阳、推动溧阳发展扩影响、造声势。

【三大创建活动】 开展“五好”“五好示范”离退休干部党支部创建活动。以创建常州市“五好”离退休干部党支部为契机，积极发挥支部的战斗堡垒作用，促进老干部思想政治建设，并在此基础上，不断深化创建活动，开展“五好示范”支部的创建。2017年，全市有常州市“五好”支部20个，“五好示范”支部4个。开展社区离退休干部党建工作示范点创建活动。在社区推进离退休干部党建工作，按照“一方隶属，多重管理”的模式，让离退休干部党员在不改变原单位组织关系的基础上，在社区找到新的学习活动的新组织。2017年，全市有省级试点社区1个，常州示范点1个。开展“三星级”老干部活动中心（室）创建活动。加强老干部活动阵地建设，让老同志老有所乐，丰富老干部晚年生活，促进老干部队伍和谐稳定。2017年，全市有常州市“三星级”老干部活动中心（室）12个、“四星级”老干部活动中心（室）2个。

（杜　珏）

保密工作

【保密管理规范化工作】 配合政务服务中心做好江苏政务服务“一张网”工作，认领8个行政权力事项，编制办事指南。认真落实党政机关领导干部保密工作责任制，突出抓好党政领导机关，特别是保密要害部门的保密工作。上半年，与市委办全体工作人员签订《2017年度保密承诺书》，并督促其他部门开展《保密承诺书》的签订工作。坚持用制度管人管事，形成层层有人抓、事事有人管的责任体系。结合“两学一做”和“对标找差”专题活动，立足岗位、结合实际，建立保密培训长效机制，确保每年举办保密培训讲座不少于两次，深入基层开展保密技术服务。落实规范。为推动全市机关、单位落实保密主体责任，强化国家工作人员保密规范意识，确保国家秘密安全，市局将常州市保密局编制的《保密工作基本规范》印发至全市各镇（区）、部门，要求各单位严格遵照执行，进一步严格工作纪律，保守国家秘密。

【保密宣传教育】 10月下旬，组织全市各镇（区）、各部委办局、直属单位、涉密企业的办公室主任和涉密人员共150余人举办溧阳市涉密人员保密管理培训班，邀请常州市保密局专业人员就信息公开保密审查、信息系统和信息设备保密管理、涉密人员保密管理等进行培训；11月，组织市保密局业务科室相关人员参加省保密专题教育培训；12月，派专人对2017届初任公务员进行保密“启蒙”培训。组织镇（区）办公室党政秘书到保密局跟班轮训，在实际工作中学习保密知识，做好保密工作。进一步加强涉密文件、内部资料回收销毁保密管理的宣传。多次与常州市销毁中心衔接，帮助各单位做好涉密资料销毁工作。订购《领导干部和涉密人员保密行为手册》及常州市涉密载体销毁中心宣传资料发放至各单位，进一步规范涉密文件资料的销毁工作。在10月份组织举办的全市涉密人员保密管理培训班中，特色性的增设涉密人员保密知识考试，并根据考试成绩，颁发涉密人员合格证书。

【保密监督检查】 常规检查规范化。规范高考保密检查。高考期间，与市招生办配合，研究部署高考安全保密方案，修改完善应急处置方案，对重点部位重点检查，严格按照安全保密制度，全程参与高考试卷的运送、交接、分发、监管等环节，确保高考保密安全。规范实地保密检查。对市委办、政府办全体工作人员近50多台非涉密计算机进行实地保密检查，查看相关台账资料，帮助两办完善涉密人员、涉密载体、计算机信息系统等各项保密管理措施。规范市政府信息公开保密审查检查。通过听汇报、查台账、网上点击等方式，对全市网上信息公开单位进行全方位保密审查检查。

专项检查经常化。开展涉密人员统计。对全市保密涉密人员进行全面梳理，及时核实、更新2017年涉密人员数据，组织全市涉密人员开展保密培训。开展互联网门户网站保密检查。组织全市84家党政机关和涉密单位开展保密自查自评工作，随时随机对互联网门户网站进行保密检查。

（徐晨旭）

信访工作

【概　况】 2017年，全市信访工作以党的十九大信访稳定为主题主线，迎难而上，勇于担当，圆满完成十九大信访维稳工作“两个决不能、三个不发生”的目标任务，做到“四个零登记”，取得溧阳市历次重大活动期间的最好成绩。溧阳市委、市政府被常州市委市政府记二等功；市信访局被常州市委市政府评为先进集体，被江苏省信访局评为首批全省“群众满意的接访窗口”。市人民来访接待中心被全国妇联授予“全国巾帼文明岗”称号，成为全省唯一获此称号的信访接待窗口。十九大安保维稳工作被市委市政府授予特别贡献奖。

【信访形势平稳向好】 2017年，市委常委会两次听取信访稳定工作情况汇报，市委、市政府主要领导先后到市信访局调研，及时研究解决信访工作中的困难和问题。市委书记蒋锋先后两次主持召开信访维稳专项工作会议，针对做好重要敏感节点期间全市的信访维稳工作提出认清形势、摸清底数、科学施策、落实责任4个方面的要求。市分管领导多次召开大排查大整治行动和“百日攻坚”等专项行动部署会。严格落实中央和省、常州市关于信访维稳工作责任制的有关规定，完善全市配套措施，构建主要领导负总责、分管领导具体负责、其他领导“一岗双责”、失职追责的信访稳定领导责任体系。与各镇（区、街道）和重点部门党政主要领导签订信访维稳责任状；调整全市信访维稳年度考核体系，以进京上访、来市集访、积案化解三大版块为重点，加大权重、强化考核、明确导向。

全市发生到国家信访局越级上访15人20人次，进京上访总量40人40人次，到国家信访局越级访、进京上访总量和未依法逐级走访三个指标为常州地区最低。赴省上访51批169人次，其中，赴省集访8批97人次。全年到市信访总量1380件，其中，到市访645批2624人次，到市集访140批1858人次。

【推进信访积案攻坚】 2017年3月7日，市委办、政府办印发《集中化解信访积案专项行动实施方案》，梳理排查四类48件重点信访事项，明确化解50%的硬指标，由市领导对挂钩镇区或分管部门的积案化解进行包案。“到信访积案化解一线”纳入全市“三大一实干”“六个到一线”活动。市委督查室和市联席办对各镇（区、街道）部门定期开展督导，帮助解决难题，推动工作落实。将专项行动与“百日攻坚”行动同部署、同落实，各镇（区、街道）拿出切实可行的解决办法落实好积案化解攻坚，在巩固积案化解工作阶段性成果基础上强化应急处置攻坚行动，确保重点人员化解和稳控工作各项措施落实到人、落实到岗。党的十九大期间，重点人员全部稳控在当地。

【开展领导接待活动】 全市各级领导干部主动接访下访，市委市政府主要领导认真落实接访下访“百县千案”工作要求。7～10月，市人民来访接待中心每天安排1名市领导接访；各镇（区、街道）和各有关重点部门每天安排党政领导带班接访群众，做到群众随到随接、随接随处理。一旦出现集访和突发事件，责任单位主要领导第一时间到现场，亲自组织、靠前指挥，迅速平息事态，防止矛盾激化和舆论炒作。市领导共计接待群众77批274人次，接待集体访16批145人次，其中约见重点信访人员4人次，现场化解处理问题14件。

【争创群众满意窗口】 2017年年初，省信访局在全省信访系统开展创建“群众满意文明接访窗口”活动，全市全面落实“让形象更佳、让服务更优、让窗口更亮、让环境更美”的创建活动目标。推动法定途径分类处理信访问题；针对进京非访和在政府门口的跪访、拉横幅、堵门等违法行为，开展广泛正面宣传，营造依法有序逐级信访的良好氛围。健全社会矛盾多元化解机制，建立联席会议、合成研判、矛盾化解、应急处置和专案打击“五项制度”；妥善处置各领域矛盾纠纷和群体性事件，通过厘清政府职责边界，综合运用法律、行政、调解等手段，为信访群众搭建调解平台，全市群体性事件发生数比上年下降18%。妥善化解文化公园、平陵商业广场商铺委托经营合同纠纷和夏林安置小区交付收费纠纷等来市集访矛盾，其典型案例被溧阳市《领导参阅》登载。8月，市信访局在全省争创群众满意的窗口单位推进会议上作交流发言。

【提升信访基层工作水平】 2017年，市信访局通过对标先进找差距，学经验，先后赴淮安市金湖、盱眙、扬中、泰州医药高新区四地学习，确立全面提升阳光信访系统办理质效和打造接访大窗口两个目标，提升信访工作基层基础工作。开展阳光信访信息系统培训业务工作，编写系统操作手册，完善制定工作规范。不断提升复查复核工作精细化程度，继续采用专家会办提高重点疑难信访事项办理质效。实行全市信访办主任例会制度，及时分析信访稳定形势，加大重点敏感时期突出问题排查化解力度。全年共编印《人民建议》12期，其中3篇得到市长徐华勤批示，1篇被常州市《人民建议》录用。采取多种办法切实发挥文明城市创建路长制工作中全员潜力和工作优势，全力提升花园路创建水平，两家商户送来锦旗，商铺业主撰写多篇支持文明城市创建工作的文章并刊登于《溧阳时报》。市人民来访接待中心被批准设立为全额拨款事业单位。

（毛莺宇）

档案工作

【概　况】 2017年，市档案局深入学习党的十九大精神，全面贯彻落实市委办、市政府办《关于加强和改进新形势下档案工作的实施意见》，恪守“为党管档、为国守史、为民服务”职责，紧紧围绕全市中心工作和全年工作目标，切实推动各项档案工作，努力提升服务经济社会发展大局的成效。深入开展“有激情、重责任、敢担当、守规矩”大转变活动，加强“档案服务民生”服务品牌建设，大力提升档案服务全市发展的水平。4月，举办全市档案人员归档业务培训班，全市各机关团体企事业单位档案人员共110人参加培训；10月，会同市教育局举办学校档案工作业务培训班，100多名专（兼）职档案人员参加培训，全面提升档案队伍的综合素质、专业技能和岗位适应能力。

【对标找差活动】 根据市委实施意见精神，溧阳市档案局组织局机关干部，分别于7月28日、8月2日赴宜兴市档案局、浙江省长兴县档案局进行学习考察。8月7日，召开“我们向先进学什么、怎么学”专题大讨论。通过考察学习和专题大讨论，全体干部更新了思维理念，开阔了眼界。经分析对比，将宜兴市档案局作为标杆开展对标学习。在此基础上，以先进为标杆，从档案资源建设、档案信息化建设、档案资源开发利用3个方面做好对标立项，明确整改措施和目标，紧密结合实际做好整改落实工作：贯彻实施《溧阳市档案馆档案收集范围实施细则》，积极开展档案资料接收和征集；加快开展馆藏档案的全文数字化，推进实施“数字档案馆及馆室一体化”档案管理系统；积极主动提供档案资料和政府公开信息的利用服务，进一步加强档案信息资源开发利用，力争实现工作能力和工作质效的“双提升”。

【档案资料收集】 深入贯彻实施国家档案局第8号令，印发《关于做好2016年度文件材料归档工作的通知》，举办全市归档业务培训班。各立档单位切实按照本单位《文件材料归档范围和文书档案保管期限规定》，基本完成2016年度文件材料归档工作。认真贯彻落实《溧阳市档案馆档案收集范围实施细则》，着力建设内容丰富、结构合理、富有地方特色的国家综合档案馆馆藏体系。接收市民政局2016年度全市婚姻登记档案6卷又15201件，并进行了整理、输目和全文数字化；征集房氏等4个姓氏的家谱及史氏大同谱共44册、名人档案1册，以及地方性资料41册、光盘1张，征集全市“两聚一高”成就图片资料300多张；收集整理有关溧阳历史的图片1500多张，累计收集图片18800多张,进一步充实“溧阳地方史料库”“溧阳记忆图片库”。为做好新馆使用后开展新一轮档案移交接收工作，对全市市镇机关档案室室藏2001—2015年度的档案数量进行摸底调查。据调查统计，各单位室藏永久、长期（30年）档案共计57.1万卷又50.99万件。根据省档案局要求，面向全市各部门征集全市“两聚一高”发展成就图片资料，认真做好收集整理工作，精心筛选，向常州市局和省局报送反映溧阳市卓越发展成就、在全省占有一席之地的特色成就的“两聚一高”发展成就图片资料112幅。

【政府信息公开】 认真做好本部门政务信息的公开工作，进一步加强档案馆作为政府信息公开重要查阅场所的建设，积极主动做好政府信息公开服务工作，累计接收、整理60个单位送交的政府公开信息纸质文本14609件，供社会查阅利用，促进全市的政府信息公开工作。

【档案史料编研和开发利用】 积极做好档案资料查阅利用服务，尤其是退役退伍军人信息登记的查档服务，共接待利用者3939人次，提供档案资料6568卷（件、册），复制14054页，出具证明3843份。结合“三大一实干”活动，对原周城镇洑家村因1995年7月28日《人民日报》“山这边，山那边”一文引发安徽、江苏两省解放思想大讨论，在全国产生较大影响的这一历史，积极收集整理有关档案资料，并会同常州市档案局赴安徽省宣城市、郎溪县档案部门征集相关档案资料，合作编印出版《山村记忆——洑家村档案史料选编》一书，得到常州市市长丁纯的批示，并获江苏省档案文化精品二等奖。编印2016年度《溧阳市大事记》，完成2017年每月《溧阳市大事记》编写工作，并及时分发到有关单位。

【档案安全保密】 协调、指导各部门、各单位加强档案基础设施建设，改善保管利用条件，加强档案整理、鉴定等基础业务工作，进一步加强全市档案基础管理和安全保管工作，完善和落实档案安全保管的各项责任制度，确保档案的安全和规范。切实加强档案利用和数字化过程中的监管，坚持涉密的不托管、不外包、不上网，确保档案实体和档案信息的安全保密。逐步建立档案信息数据备份和灾难恢复机制，认真做好数据信息的实时备份，11月初将信息数据量为6T的备份数据送到湖南省档案馆进行异地备份，确保档案数据信息的安全。

【档案业务指导服务】 积极配合市确权办和市委农工办做好全市农村土地确权登记档案规范化建设的指导服务工作，会同市委农工办、财政局、国土资源局对溧城、竹箦、社渚、别桥等镇近半数行政村的农村土地承包经营权确权登记档案工作进行预验收。主动与重大项目主管部门和建设单位加强沟通协调，对全市重大项目开展档案管理登记备案，强化跟踪服务，促进重大项目的顺利建设和突破。继续加强对民营企业建档工作和规范管理的引导和指导，认真做好上门指导服务。深入贯彻实施《江苏省机关团体企业事业单位档案工作规范》，全面推进档案基础业务规范化建设，提高档案工作管理和服务水平，共有24家单位通过档案工作规范化省级测评和复查工作，其中，江苏沙河抽水蓄能发电有限公司、常州市天目湖地区人民检察院、市人民法院3家单位通过省五星级测评（复查），南渡镇财政所等8家单位通过省三星级测评（复查），前宋水库管理处等13家单位通过二星级复查。常州市天目湖地区人民检察院等3家单位通过省4A级数字档案室创建工作。10月，对市委宣传部等19家单位组织开展档案工作年检，并为2018年党群口档案移交接收作好准备，通过实地检查，市委政法委、宣传部被评为2016年度档案工作优秀单位。

【档案信息化建设】 加快开展馆藏档案的全文数字化，全年完成40多万页档案的全文数字化，累计完成1100多万页，市档案馆馆藏档案（除涉密档案）全部完成全文数字化，100%的完成率位居全省县（市、区）第一方阵。推进实施“数字档案馆及馆室一体化”档案管理系统，开发建设包括数字档案馆系统建设，通过近一年的试运行，已验收合格，将全面投入运行，为创建数字档案馆奠定了良好的基础。溧阳档案信息网站统一并入市政府网站，保留两个栏目，进一步加强工作动态更新，提升信息服务水平。

【档案宣传】 利用丰富的馆藏档案资料，精选53幅照片，制作了共22块版面的《溧阳抗战档案图片展》，除在市档案局陈列室对外公开展览外，还在全市有关中小学校展出，进一步推进全市爱国主义教育和未成年人思想道德建设，为全国文明城市创建发挥档案教化育人的作用。5月，参加溧阳市第二十九届科普宣传周科普集市活动。6月，走进嘉丰社区开展“国际档案日”暨推进文明城市宣传活动，现场发放《档案宣传手册》《档案馆指南》《走进档案馆》《档案之“例”》等宣传材料，展示家庭建档、溧阳档案精品展板，开展现场咨询活动，并发放了文明城市创建宣传材料，使档案工作进一步走进群众，服务全市中心工作。

【档案基础设施建设】 全力推进档案馆新馆内部各项配套设施建设。进一步加强与设计单位、代建单位的沟通协调，切实抓好档案馆新馆有关功能系统建设和内部装修，确保新馆功能要求和有关设施设备的到位和完善，完成新馆主体竣工验收、内部装修和库房密集架的招标、安装，以及外部绿化及景观照明等配套设施建设；库房智能化管理系统和机房建设工程已实施建设；档案陈列展览厅开始前期设计，为新馆早日完成建设并投入运行奠定良好的基础。

（王　俊）

综　　述

【概　况】 2017年，召开人大常委会会议8次，听取和审议政府、法院、检察院工作汇报12项；召开主任会议5次，听取政府工作汇报7项；开展专项视察、工作评议、专题询问等12次；作出决定、决议16项；受理群众来信38件，接待群众来访36批46人次。

重 要 会 议

【市第十六届人民代表大会第一次会议】 2017年1月6～9日在溧城镇召开。市政府市长徐华勤作《政府工作报告》，市十五届人大常委会主任周建明作《溧阳市人民代表大会常务委员会工作报告》，市法院院长周白作《法院工作报告》，市检察院检察长刘晓松作《检察院工作报告》。《溧阳市2016年国民经济和社会发展计划执行情况及2017年计划安排意见（草案）的报告》和《溧阳市2016年财政预算执行情况和2017年财政预算（草案）的报告》作大会书面报告。会议审议上述工作报告，并作出相应的决议。会议选举潘云芳为市十六届人大常委会主任；选举夏国浩、陆晓明、崔文敏、石伟期为市十六届人大常委会副主任；选举徐华勤为市政府市长；选举周卫中、刘新农、陈峰、曹俊、王耀庆、陆慧琦为市政府副市长；选举周白为市法院院长；选举刘晓松为市检察院检察长。会议选举出席常州市第十六届人民代表大会代表62名。

【市十六届人大常委会会议】 2017年，市十六届人大常委会共举行8次会议，听取和审议市政府、市法院、市检察院的工作情况汇报12项，依法任免国家机关工作人员61人次。

第一次会议　2017年1月19日召开，审查通过了市政府“关于开展第七个五年法治宣传教育的决议（草案）”的议案，并作出决议；接受周效华同志辞去常州市第十六届人大代表职务的请求；讨论通过了溧阳市第十六届人大常委会代表资格审查委员会组成人员名单。

第二次会议　2017年2月24日召开，听取和审议了市政协副主席、市政府党组成员陈波涛代表市政府所作的《2016年城乡建设计划执行和2017年城乡建设计划及资金安排情况报告》；讨论通过了市人大常委会2017年工作要点；通过了市政府有关人事任免事项。

第三次会议　2017年4月25日召开，听取和审议了市规划局局长储利军受市政府委托所作的《关于编制〈溧阳市城市总体规划（2016—2030）〉的情况说明》；听取和审议了市农林局局长谢菊芬受市政府委托所作的《农业产业转型升级情况报告》；审议通过了市政府“关于提请审议将人民医院北侧等国有土地上房屋征收项目纳入2017年度溧阳市国民经济和社会发展计划的议案”；通过了市人大常委会、市政府、市法院、检察院有关人事任免事项。

第四次会议　2017年5月19日召开，接受周治平辞去溧阳市第十六届人大代表职务的请求。

第五次会议　2017年6月22日召开，听取和审议了市财政局局长高伟新受市政府委托所作的《溧阳市2016年财政决算情况报告》；听取和审议了市审计局局长沈新章受市政府委托所作的《溧阳市2016年度本级预算执行情况的审计工作报告》；听取和审议了市旅游局局长朱红新受市政府委托所作的《〈中华人民共和国旅游法〉贯彻执行情况报告》；审议通过了市政府“关于将溧阳市清安片区城镇化建设项目购买服务资金纳入年度财政预算的议案”“关于将溧阳市清安片区城镇化建设项目资本金纳入年度财政预算的议案”；听取了市卫生和计划生育局局长陈志豪所作的部门工作汇报，并进行了工作评议。

第六次会议　2017年8月29日召开，听取和审议了市政府市长徐华勤代表市政府所作的《市政府上半年工作情况报告》，听取和审议了市法院院长周白代表市法院所作的《市人民法院基层法庭工作情况报告》、市检察院检察长刘晓松代表市检察院所作的《市人民检察院基层检察室工作情况报告》；审议通过了关于将市人大常委会内务司法工作委员会更名为市人大常委会法制和内务司法工作委员会的决定；通过了市政府、市法院、市检察院有关人事任免事项。

第七次会议　2017年10月27日召开，听取和审议了市政府办公室副主任李劼受市政府委托所作的《关于市十六届人大一次会议“关于以全域旅游开发为牵引，全力推进旅游发展迈上新台阶”议案办理情况的报告》；听取和审议了市文化广电体育局局长吴旺志受市政府委托所作的《全市文化创新发展工作推进情况报告》；听取和审议了市人力资源和社会保障局副局长史文燕受市政府委托所作的《全市劳动就业工作情况报告》；对“文明城市攻坚年”推进情况进行了专题询问；通过了市政府有关人事任免事项。

第八次会议　2017 年 12 月 12 日召开，听取和审议了市财政局局长高伟新受市政府委托所作的《2017 年财政预算执行情况报告》，初审了《2018 年财政预算编制（草案）》；审查批准了市政府“关于提请审议 2017 年度财政预算调整方案（草案）的议案”；审议通过了关于推行市民生实事项目人大代表票决制工作有关事项；审议通过了市政府“关于提请审议《溧阳市国家生态文明建设示范市规划（2017–2020 年）》的议案”；听取和审议了部分常州市十六届人大代表履职情况的报告；听取了市十六届人大二次会议筹备情况报告，并作出了相应的决定；听取了市城市管理局局长吴小平所作的部门工作汇报，并进行了工作评议。

监督工作

【经济工作】　面对复杂严峻的经济形势，市人大常委会多次组织委员及代表走访经济部门，认真分析全市经济走势。市十六届人大常委会第三次会议在审议农业产业转型升级情况报告时，提出要以“农业增效、农民增收”为主线，加快构建现代农业产业体系、生产体系和经营体系，促进农业提质增效。在市十六届人大常委会第六次会议审议政府上半年工作报告时，围绕巩固成果、认清发展态势，远近兼顾、夯实发展基础，厚植民生、共享发展成果，软硬齐抓、优化发展环境，对标找差、增创发展优势等方面提出审议意见，为促进全市经济工作发挥了积极作用。在市十六届人大常委会第七次会议上，专题审议全市劳动就业工作情况，提出要突出农民、大中专毕业生和贫困群众“三个群体”，做好创业扶持、技能培训、保障兜底“三篇文章”，利用现代农业、乡村旅游、建筑安装“三大产业”，因地制宜，创新手段，实现更高质量和更充分就业。在市十六届人大常委会第五次主任会议上，专题听取电子商务发展情况报告和精准扶贫工作情况报告，深入剖析了当前存在的困难和问题，并提出了针对性的意见和建议。紧扣“重大项目攻坚年”主题，常委会还对全市重大工业项目推进情况开展了专题视察，提出了持之以恒推进项目建设、坚定不移推动融合发展、多措并举优化产业布局、不遗余力优化发展环境等建议。同时，市人大常委会专题视察区域供水、治污一体化建设情况，并开展课题调研，针对招标流程长、水厂收购慢、施工矛盾多等问题，提出要强化领导责任、绩效观念和系统管理，强力、高效推进项目实施，推动工程惠及更多群众。

【财政工作】　近年来，市人大常委会致力于提高城乡建设计划的科学性和财政资金的使用效益。在市十六届人大常委会第二次会议上专题审议 2016 年城乡建设计划执行和 2017 年城乡建设计划及资金安排情况，建议政府在城乡建设项目和资金安排上要进一步优化建设计划，提升项目品质，加强资金管理，强化项目审计。在市十六届人大常委会第五次会议上分别听取和审查 2016 年财政决算和财政同级审计报告，督促相关部门就预算执行过程中存在的问题，及时抓好整改落实。在市十六届人大常委会第二次主任会议上，专题听取“营改增”改革情况报告，提出加大政策宣传、厚植税源基础、强化税收征管等建议，支持财税部门积极应对“营改增”政策对溧阳市税源结构和财政收入带来的影响。在市十六届人大常委会第八次会议上听取和审议 2017 年财政预算执行情况，初审 2018 年财政预算编制草案，提出了坚持量质并举、夯实财源基础，强化税收征管、推进依法治税，规范预算管理、提升财政效能等建议。为确保部门预算的严格执行，常委会职能机构还定期不定期对部门预算执行情况进行抽查，促进部门预算执行的严肃性和规范性。

【教科文卫工作】　为扎实推进溧阳市文化创新发展工作，市十六届人大常委会第七次会议在审议全市文化创新发展工作推进情况报告时，提出要不忘本来、吸收外来、面向未来，更好构筑溧阳文化、溧阳精神，为溧阳市人民群众提供精神指引。为贯彻落实好《中华人民共和国科学技术进步法》，市十六届人大常委会第一次主任会议专题听取《科学技术进步法》贯彻执行情况报告，并就科技企业孵化器建设开展课题调研，围绕完善政策体系、加强公共服务、优化发展环境等方面提出针对性建议。

【环资城建工作】　市十六届人大常委会第三次会议专题审议《溧阳市城市总体规划（2016–2030）》编制情况报告，为城市发展集思广益、出谋划策，促进城市布局更加合理、建设更加科学。市十六届人大常委会第四次会议专题听取溧阳市《旅游法》贯彻执行情况报告，针对当前存在的问题，围绕提高贯彻执行水平、推动旅游公共服务体系建设、优化旅游产业布局、旅游资源可持续利用等方面提出了审议意见。市十六届人大常委会第四次主任会议专题听取环境状况和环保目标完成情况以及“263”专项行动实施情况报告，支持政府实行最严格的生态保护制度，全力打赢环境治理这场硬仗，以生态优先绘就“最美溧阳”底色。专题调研全域公交一体化工程推进情况，推动政府进一步优化和完善公共交通体系，更好地服务群众安全便捷出行。常委会还对溧阳市土地综合整治项目、美丽乡村建设、滨水绿地建设、乡村旅游道路建设、菜市场建设和管理情况进行专题视察，积极建言献策。

【内务司法工作】市十六届人大常委会第一次会议作出关于开展第七个五年法治宣传教育的决议，推动全社会牢固树立崇尚法律、维护法律权威的观念。市法院基层法庭和市检察院基层检察室建设是推进社会主义民主法治建设的重要载体，市十六届人大常委会第六次会议分别听取和审议市法院基层法庭、市检察院基层检察室的工作情况报告，要求“两院”着力加强基础设施和基层队伍建设，进一步提高执法办案的公信力，努力让人民群众在每一个司法案件中都感受到公平正义。专题调研政府法律顾问工作，推动法律顾问制度落地生根，提高各级政府及其工作部门运用法治思维和法治方式处理事务的能力，促进其科学、民主、依法决策。

按照《监督法》规定，市人大常委会严格落实规范性文件的备案审查制度，对市政府提交的3项规范性文件依法进行了审查。

【部门评议工作】 围绕“推动科学发展、提升服务效能、规范行政行为、促进依法行政”的要求，新一届市人大常委会继续组织委员和部分代表，对政府组成部门和挂牌部门开展工作评议。在总结经验的基础上，常委会通过完善评议机制，进一步增强评议的科学性和公正性。评议通过向社会公开征求意见、开通热线电话、组织服务对象召开座谈会、开展问卷调查等形式，广泛听取各方面对被评议部门的意见和建议，并形成书面调研报告供委员、代表评议时参考。参加评议代表当天随机抽取，集中评议当场公布结果并进行通报。2017年度，市人大常委会对市卫生和计划生育局和市城市管理局2个部门进行工作评议，有效促进部门工作作风改进和效能提升。

【人事任免工作】 市人大常委会本着对党、对人民高度负责的精神，坚持党管干部原则和依法任免干部有机统一，认真审议各项人事任免议案，严格执行任前法律知识考试、拟任职发言、无记名票决、宪法宣誓、颁发任命书等工作程序，切实增强被任命人员的法律意识和责任意识。一年来，共依法任免国家机关工作人员61人次，从组织上保证了国家机关正常有序运转。

代 表 工 作

【概　况】 一年来，市人大常委会始终把代表工作摆在重要位置，健全代表履职制度，创新代表服务机制，激发代表履职活力，充分发挥代表在管理地方国家事务中的主体作用。

丰富代表履职形式。在市人大代表中开展“六个一”活动，实行代表履职清单制、积分评价制和履职登记制，将代表履职情况作为五年任期内评选优秀人大代表和代表连任的重要依据，推动代表履职尽责，切实提升代表责任感、荣誉感和归属感。根据市委文件精神，作出《关于推行市民生实事项目人大代表票决制工作的决定》，推动建立政府重点民生实事项目由人大代表建议产生、投票决定、全程监督和绩效测评的工作机制，促使代表更深入地参与、了解和支持政府工作。完善代表列席人大常委会会议、列席政府常务会议、旁听法院案件庭审等制度，邀请代表参加视察调研、专题询问、工作评议等活动，扩大代表参与监督的广度和深度。规范开展代表述职活动，组织12名常州市人大代表向常委会述职、58名市人大代表回原选区述职，逐步实现代表向选民述职全覆盖的目标。一年来，全体代表积极投身改革发展“主战场”，唱响议政督政“好声音”，当好人民群众“代言人”，在推动经济社会发展中发挥重要作用。

夯实代表履职保障。针对换届后新代表较多的实际，邀请省人大有关专家到溧阳作代表履职专题辅导讲座，帮助代表系统掌握履职途径和方法。按照“全覆盖、制度化、常活动”要求，持续推进“人大代表之家”和“人大代表活动中心”建设，使各级代表在闭会期间开展活动有阵地、联系群众有渠道、服务群众有窗口、履行职责有平台。

【指导镇（街道）人大工作】 强化工作联系指导，全面落实常委会领导分工联系镇（街道）人大制度，定期召开专题座谈会、工作交流会，及时沟通情况、交流经验，促进市、镇（街道）人大工作互动共进。建立健全镇（街道）人大工作考评制度，按照“强规范、创特色、上水平”的要求，着力提升镇（街道）人大工作规范化建设水平。指导和推动各镇（街道）人大打造工作亮点、特色和品牌，按照“一镇（街道）一品”的目标，努力形成百花齐放、百舸争流的工作局面。埭头镇人大实施的政府民生实事项目人大代表票决制，得到省、常州市人大的高度肯定，并在全省进行推广。

议案、建议及信访办理工作

【市十六届人大一次会议代表建议办理】 建立代表建议预提预审制度，开展优秀议案、建议评选活动，鼓励和引导代表提出高质量的议案、建议。建立健全“六位一体”的多元化督办机制，推动建议办理从“答复型”向“落实型”转变。选择唐志华、朱茂新、葛曙波、张雅萍、江桂香等代表提出的《关于完善和优化城中村改造环境及管理的建议》《关于严格执法非机动车违章行为的建议》《关于整治规范昆仑菜场附近早点小吃摊（夜间烧烤摊）的建议》《关于推进溧阳市农村民宿提质创优的建议》《关于提升溧阳市民宿产业发展水平的建议》等具有重大影响力的5件建议，由市人大常委会领导牵头进行重点督办。以现场督办的形式，组织委员和代表对唐家村、清溪菜场、交警大队城区一中队、花园排档、天目湖闲庭精品民宿和戴埠香云小筑进行实地察看，与承办部门“面对面”交流沟通，“实打实”解决问题。

市十六届人大一次会议代表提出的162件建议均全部办结并答复代表，满意和基本满意率达100%。

【信访办理工作】 市人大常委会高度重视信访工作，把信访接办工作作为增强常委会监督实效的重要手段和拓宽监督视野的重要途径，不断健全人大信访工作机制，促进人大信访工作的规范化。2017年，共受理人民来信38件，接待群众来访36批46人次，通过积极协调处理，一批群众反映强烈的问题得到依法处理和妥善解决。

（市人大办）

综　　述

【概　况】 2017年是党的十九大胜利召开的喜庆之年，是“十三五”规划向前推进的关键之年，也是溧阳新一届政府谋篇履职的开局之年。全市上下围绕“凝聚精气神，建设新溧阳”总要求，高扬“实干强市”主旋律，团结和依靠全市人民，和衷共济、奋力前行，顺利完成了市十六届人大一次会议确定的目标任务，在建设宁杭生态经济带最美副中心城市征程上迈出了坚实步伐。

【两大攻坚】 深入开展“重大项目攻坚年”和“文明城市攻坚年”活动，努力在推动经济结构优化、城市文明提升上攻坚突破。

全民动员投身两大攻坚。成功举办“2017中国·溧阳茶叶节暨天目湖旅游节”和首届“溧商大会”，广泛开展“弘扬志愿精神、争创文明城市”等主题活动和启用“我爱我家”公众平台。创新招商机制，加大征收清零力度，选派机关干部到重大项目征收和重点区域招商一线锻炼。构建城乡一体文明创建工作格局，实施市级机关部门“路长制”，导入第三方测评机制，全面掀起“两大攻坚”热潮。

把握关键突破两大攻坚。聚力形成产业集群这一关键抓重大项目攻坚。成功引进并开工建设总投资超百亿的先进动力电池产业基地、总投资50亿元的璞泰来锂离子电池材料等一批重大项目，加快推进时代新能源锂电池长三角基地、北星高分子复合材料等一批在建项目，与中科院物理所共建天目湖先进储能技术研究院，有效促进动力电池产业集聚发展。截至年底，全市动力电池产业链签约与在建项目达36个。与中信国安、浙江蓝城、原能细胞等国内知名企业以及德国富尔达大区等地深入合作，共推休闲、健康和智慧经济发展。全年引进投资亿元以上项目56个，其中超百亿的1个、超50亿的2个、超10亿的8个。聚焦解决民生需求这一关键抓文明城市攻坚。城市河道废弃杂船整治、城中村改造等12项专项整治行动取得明显成效，城区交通文明测评指数位居全省县级市第一。强化小区物业管理，强力清理占用公建和违章搭建，专项整治文化新村等10个小区及一批散住楼。顺利通过国家卫生城市复审和“江苏人居环境奖”现场考核，上兴镇、竹箦镇创成国家卫生镇。

2月5日，市委、市政府隆重召开“重大项目攻坚年”、“文明城市攻坚年”动员大会。（溧阳时报　供稿）

强化基础助推两大攻坚。加快项目载体建设步伐，江苏中关村获评省级优秀科技园区，经济开发区上兴新区框架全面拉开，苏皖合作示范区社渚产业先导区建设步伐加快，竹箦镇被评为全国唯一的“中国绿色铸造小镇”。完善城市基础设施建设，完成电网建设投资13.15亿元，宁杭高速东互通、341省道上兴和别桥先导段、360省道社渚至明珠大道段、十里长山路主体建成贯通，完成天目路、南环路改造。全力绿化美化城区，“宋团城”滨水休闲绿带基本成形，建成一批街头公园、城市花道和精致绿雕，城区绿化覆盖率达42.95%。

【三类导向】 以破解要素制约、集聚创新资源、推动结构转型为抓手，助力实体经济发展。

坚持问题导向精准服务。在全省率先出台工业企业精准扶持实施意见，首批7家企业获得个性化政策扶持。及时兑付各类扶持资金5.7亿元，帮助企业转贷50.2亿元，为企业减负9.6亿元。创设“政银担”扶持模式，国有担保公司在保余额17.5亿元。全市银行机构新增信贷总量57亿元，贷款余额超过857亿元。规模以上工业企业资产负债率下降0.7个百分点。实施占补平衡项目新增耕地超8000亩，争取各类土地指标1.12万亩，完成供地1.21万亩。全面实施“3550”改革，推出模拟审批、多评合一、全程代办等改革举措，初步构建“一张网”政务服务制度体系，“不见面审批”事项办理率达91.5%。江苏中关村项目预审制、区域评估改革成为全省推广典型。

坚持质量导向精进创新。科技镇长团工作成效明显，新认定高新技术企业11家，新增省研究生工作站7家、省企业技术中心3家。出台“天目湖英才榜”专项基金资助（奖励）和评选表彰办法，引进高层次人才208名、领军人才或团队项目15个。肖和平入选第三批国家“万人计划”科技创业领军人才。全力稳定外向型经济，进出口总额增长23.9%，实际到账外资突破2.5亿美元。上上电缆获评江苏省重点培育和发展的国际知名品牌领军企业。

坚持结构导向精确发力。建立工业企业资源集约利用综合评价体系，引导制造经济加快转型升级。上汽大通房车研发生产基地、布勒机械等43个重点工业项目投产。工业设备投入增长20%。“四大重点发展产业”产值增长21%。新增规模以上工业企业37家。出台意见鼓励和促进“溧阳茶舍”发展，香云小筑、竹马岭等一批精品美宿演绎“诗和远方”。曹山省级旅游度假区创建通过省级审核，南山竹海风情小镇入选全省首批旅游风情小镇。实施建筑业做大做强做优三年行动计划，龙海集团成为常州市首家特级资质建筑企业且施工产值超过百亿，苏华集团纳税超2亿元，天目集团、龙海集团纳税均超亿元，正方园集团承建工程第4次荣获“鲁班奖”。新增高效农业2.1万亩、高标准农田2.3万亩。社渚镇获评全国一村一品示范村镇。全年社会消费品零售总额增长9.5%左右，服务业在GDP中的比重提升0.5个百分点。“四大经济”在全市总量中的比重达43%，较上年提升6.4个百分点。

【四个重点】 顺应人民对美好生活的向往，增强群众获得感和幸福感。

以“263”专项行动为重点抓环境整治。关停化工企业62家、畜禽养殖场（户）470家，完成黑臭水体综合治理121个，减少煤炭消费总量10.9万吨。成片造林超5800亩，建设生态绿地1300余亩。完成51个生活垃圾分类收集试点，生活垃圾大型转运中心建成投运。健全矿产品生产运输秩序长效管理机制，修复矿山宕口7个。

以天目湖水源地保护为重点抓生态提升。《常州市天目湖保护条例》通过省人大备案，制订实施《天目湖水源地保护实施方案（2017—2019年）》，促进天目湖水质持续趋好。启动区域治污一体化和全域农村生活污水整治工程，从源头洁净水质。

以“两治三优四提标”为重点抓民生保障。全年城镇新增就业15580人，城镇登记失业率控制在1.85%以内。城乡居民人均可支配收入达34817元，增长9.4%。全市低保与常州标准同步提高到760元／月。出台稳定房地产市场、危房解危等政策，规范燃气、自来水等行业收费行为，新建蔬菜生产基地4766亩，完成圩堤达标建设90公里，11家机关企事业单位实现开放停车，“自在溧阳”公共服务平台投入运行，多方施策解决群众关注的热点问题。实施老年人乘坐镇村公交优惠政策。光华高级中学新校区、燕山中学新校区建设加快推进。高考“一本”达线率超省平均15.4个百分点。所有乡镇卫生院与县级公立医院组建医联体。文化艺术中心、档案馆全面竣工，博物馆完成主体工程建设。成功举办第二届“宋团城”观灯节、市第八届运动会暨第五届全民健身节、“天目湖·古琴”音乐会等文体惠民活动以及中国溧阳（国际）龙狮大赛等重大赛事。沙涨村获评省级历史文化名村。《溧阳市志（1986—2007）》出版发行。

以十九大安保为重点抓社会稳定。大力开展“到信访积案化解一线”活动，持续深化公安改革，“法治溧阳”建设水平全省领先。十九大安保维稳工作被常州市记集体二等功。市人民来访接待中心获评“全国巾帼文明岗”。全年信访总量下降13.8%。生产安全事故起数、死亡人数分别下降22%和27%。粮食安全责任制考核位居常州辖市区第一。

【党建引领】 以加强党的领导为核心，切实把全面从严治党要求落实到政府工作的方方面面。

旗帜鲜明讲政治。深入学习贯彻党的十八届六中全会和十九大精神，坚定不移用习近平新时代中国特色社会主义思想武装头脑、用新发展理念指导实践、用实际行动落实市委决策部署。积极主动配合省委巡视工作，不折不扣落实巡视反馈意见整改工作。深入推进“两学一做”学习教育，政府系统党建工作不断强化。

建章立制促规范。推行重大行政决策合法性审查制度，重要政策公开解读形成机制。规范政府合同管理和建筑市场，完善土地批后监管制度，再造土地出让抵押登记条件设置及地下空间出让、休闲旅游用地出让流程，清理整顿闲置土地，进一步规范城乡规划、建设与管理行为。完成政府性资产和债务清理，规范国有经营性资产使用管理，初步勾勒国有资本监管架构。公共资源交易平台高效规范运行。

坚持不懈转作风。以“六个到一线”为重点，深入开展“三大一实干”活动，有效激发政府系统工作人员的干事激情。开展“全面对标找差，全力争创一流”活动，创新政务督查方式，全面推行机关电子工作日志，政府效能持续提升。自觉接受市人大、市政协监督，人大代表建议、政协委员提案办结率达100%。政务公开不断深化，政府网站建设全省领先。通过“市长与网民”、电视问政等平台，妥善解决一批热点民生问题。强化行政监察和审计监督，政府系统党风廉政建设取得实效。

重要会议

【市政府全体（扩大）会议】 2017年，市政府召开2次全体（扩大）会议。

2月25日，市政府召开全体（扩大）会议，全面贯彻落实市委十二届二次全体（扩大）会议精神，明确了建设“宁杭生态经济发展带最美副中心城市”的目标追求，展现新气象、新面貌，切实接好事业棒、跑好接力赛，全力完成全年各项任务。

8月12日，市政府召开全体（扩大）会议，全面贯彻落实省和常州市政府全体（扩大）会议、市委十二届四次全会精神，专题部署政府系统“对标找差”工作，引导全体政府工作人员进一步振奋精神、转变作风，在效能提标、效率提速、效绩提质上抓深化、求突破、上水平，为建设宁杭生态经济带最美副中心城市提供坚强保障。

【市政府常务会议】 2017年，市政府共召开13次常务会议。

1月22日，市政府召开第1次常务会议。会议听取了《2016年度溧阳市镇（区）、市级机关部门目标任务和绩效管理考核情况》《2017年溧阳市镇（区）、市级机关部门目标任务和绩效管理考核办法》《2017年在全市企业中开展“创新争星、做强做优”活动的意见》《2016年度溧阳市优秀项目、优秀工程评选情况》《2016年度“三整治一提升”工作考核情况》《2016年度机关部门招商引资考核情况和2016年度镇（区）引进重大项目奖励情况》《2016年度全市征地征收考核情况》《2016年度农村土地承包经营权确权登记专项考核情况》《2016年全市矿产品生产运输秩序综合管理工作考核情况》《2016年溧阳市“双创之星”评选工作情况》《2016年度溧阳市科技进步奖项目情况》《全市“重大项目攻坚年”、“文明城市攻坚年”动员大会表彰奖项设置情况》《2017年溧阳市18项重点工程（工作）》《关于开展“重大项目攻坚年”和“文明城市攻坚年”活动的实施意见》《关于优化调整溧阳市南渡新材料工业集中区规划面积和范围的报告》。

2月23日，市政府召开第2次常务会议。会议听取了《溧阳市没收违法用地上建筑物处置暂行办法》《关于深入推进人民防空改革发展的意见》《溧阳市“两减六治三提升”专项行动实施方案》《2017年镇（区）主要经济指标目标任务分解方案》《溧阳市全民健身实施计划（2017–2020）》《关于开展综合行政执法体制改革试点的实施意见》《关于市级部门随机抽查事项清单和公共服务事项清单编制工作的情况汇报》《溧阳市政府机关事业单位购买政务云服务暂行办法》《关于继续推动城区文明交通提档升级的情况汇报》《关于全市视频监控建设调研的情况汇报》。

3月25日，市政府召开第3次常务会议。会议听取了《溧阳市商品房交付使用管理办法》《关于进一步完善溧阳市房地产市场发展的实施意见》《溧阳市重大投资项目模拟审批试行办法》《关于推进农业供给侧结构性改革 着力提升“一村一品”发展水平的实施意见》《关于进一步加强全市矿产品生产运输秩序长效管理工作的通知》《溧阳市2017年镇（区）目标任务和绩效管理考核细则》《溧阳市2017年市级机关目标任务和绩效管理考核细则》《关于进一步明确溧阳市城乡规划、建设与管理若干问题的规定》《溧阳市闲置土地处置和防范实施意见》《关于表彰“溧商回乡创业功臣”和“服务家乡招商引资功臣”决定》。

4月6日，市政府召开第4次常务会议。会议听取了《溧阳市12345政府公共服务平台整合实施方案》《溧阳市妇女发展规划（2016–2020）》《溧阳市儿童发展规划（2016–2020）》《天目湖水源地保护实施方案（2017–2019年）》《市级投融资平台2016年融资计划执行及2017年融资计划（草案）安排》《溧阳市政府投资项目抽查复审暂行规定》《2017年法治政府建设重点工作任务清单》《关于全市环境保护违法违规建设项目清理工作的情况汇报》。

5月4日，市政府召开第5次常务会议。会议听取了《溧阳市节约用水管理办法》《溧阳市城乡供水管理办法》《溧阳市“菜篮子”工程实施方案》《市政府关于进一步完善城市长效综合管理考核工作的实施意见》《溧阳市城市照明管理办法》《关于公布城区征地中地上附着物补偿标准的通知》《2017年溧阳市生态绿城建设方案》《关于溧阳市城乡居民养老保险基础养老金拟提标情况汇报》。

5月27日，市政府召开第6次常务会议。会议听取了《关于统筹推进城乡义务教育一体化促进优质均衡发展的实施意见》《关于在全市全面推行河长制的工作方案》《溧阳市畜禽养殖禁养区划定方案》《关于加强禁毒工作的实施意见》《贯彻落实〈关于加强禁毒工作的实施意见〉重要举措分工方案》《溧阳市市级财政专项资金管理办法》《溧阳市减少落后化工产能专项行动实施方案》。

6月27日，市政府召开第7次常务会议。会议听取了《溧阳市生态环境保护“十三五”规划》《溧阳市建筑业做大做强做优三年（2017–2019）行动计划》《溧阳市住宅小区物业管理工作考核办法（试行）》《溧阳市住宅专项维修资金使用实施细则》《溧阳市推进“不见面审批（服务）”改革实施方案》《溧阳市畜禽养殖污染专项治理实施方案》《溧阳市“天目湖英才榜”专项基金资助（奖励）办法》《溧阳市“天目湖英才”评选表彰办法》《关于开展工业企业精准扶持工作的实施意见（试行）》《关于2017年度第一批工业企业精准扶持项目的情况汇报》《关于城乡低保等保障对象提标的情况汇报》《关于给予2016年度全市机关事业单位工作成绩突出的先进个人嘉奖和记功的情况汇报》《关于表彰2017中国·溧阳茶叶节暨天目湖旅游节组织筹备工作先进集体和先进个人的情况汇报》《关于短途公务出行实行交通费等费用包干的操作办法》。

7月26日，市政府召开第8次常

务会议。会议听取了《溧阳市“十三五”突发事件应急体系建设规划》《溧阳市企业投资项目多评合一实施方案》《深化市属企业负责人薪酬制度改革实施意见》《溧阳市人民政府关于创新招商机制加强招商队伍建设的实施意见》《溧阳市政府合同管理实施办法》《溧阳市人民政府关于普遍建立法律顾问制度的实施意见》《溧阳市全域农村生活污水治理方案》《溧阳市城市固体废弃物综合处置方案》《溧阳市2017年度苏皖合作交界区域环境综合整治实施方案》《关于全市安全生产工作情况汇报》《关于市城管执法大队申请人员参公登记的情况汇报》。

8月25日，市政府召开第9次常务会议。会议听取了《溧阳市公共安全视频监控建设管理应用实施方案》《溧阳市创优营商环境“3550”流程优化实施方案》《溧阳市“3个工作日完成企业开办”流程优化方案和“5个工作日办理不动产权证”流程优化方案（试行）》《溧阳市“50个工作日内完成工业建设项目施工许可证领取”流程优化方案（试行）》《溧阳市企业投资建设项目“多评合一”实施方案（试行）》《关于开展工业企业资源集约利用综合评价工作的意见》《溧阳市工业企业资源集约利用综合评价办法（试行）》《溧阳市人民政府关于深入推进健康城市健康村镇建设的实施意见》《关于积极稳妥推进溧阳市出租汽车行业改革的通知》《溧阳市网络预约出租汽车经营服务管理实施细则（试行）》《关于溧阳市奖励政策清理工作的情况汇报》《溧阳市鼓励和促进“溧阳茶舍”发展的实施意见》《溧阳市改进占补平衡工作提升村镇集体建设用地利用效益的办法》《关于聚焦富民促进城乡居民收入持续增长的实施意见》《关于解除王旺荣警告处分、解除朱伟警告处分、给予龚志坚开除处分的情况汇报》。

11月6日，市政府召开第10次常务会议。会议听取了《溧阳市第二批“不见面审批（服务）”清单》《溧阳市国家生态文明建设示范市规划（2017-2020年）》《溧阳市深化文明城市建设三年（2018—2020年）行动计划》《溧阳市市区危险住房解危实施办法（试行）》《关于禁止毁林开发促进森林资源保护的实施意见》《关于对溧阳市居民用水执行阶梯价格的情况汇报》《溧阳市关于设立“建安基金”的实施意见》《市政府关于在社渚镇、江苏中关村科技产业园（昆仑街道）开展相对集中行政处罚权工作的决定》《溧阳市政银担风险补偿基金管理暂行办法》《溧阳市人民政府关于组建溧阳市职业教育集团的实施方案》《关于推进全市农村土地经营权抵押贷款试点工作的意见》《2018年溧阳市城乡居民合作医疗人均筹资标准》《2017年营职以下军队转业干部安置计划》《溧阳市2018年政府投资项目计划》。

12月5日，市政府召开第11次常务会议。会议听取了《溧阳市土壤污染防治工作方案》《关于深化供销合作社综合改革的实施意见》《溧阳市承担行政职能事业单位改革试点实施方案》《溧阳市重大行政决策程序实施细则》《关于2018年民生实事项目的情况汇报》《关于创建全国文明城市立功集体、立功个人、先进集体和先进个人的情况汇报》。

12月20日，市政府召开第12次常务会议。会议听取了《溧阳市12345政府公共服务平台运行管理办法（试行）》《溧阳市无偿献血实施细则（暂行）》《关于建立溧阳市物业管理纠纷人民调解机制的实施意见》《关于进一步加强溧阳市建设工程标准化文明施工管理的若干规定》《市安监局关于〈江苏省安全生产条例〉的解读》《关于〈2018年政府工作报告〉的情况汇报》。

12月29日，市政府召开第13次常务会议。会议听取了《关于进一步加强全市住宅小区综合管理考核工作的实施意见》《溧阳市违法建设处置暂行办法》《溧阳市物业管理若干规定》《关于实施与污染物排放总量挂钩财政政策（试行）的通知》《溧阳市工业用地收购储备实施意见》《关于溧阳市城乡居民养老保险基础养老金提标的情况汇报》。

（市政府办）

法治政府建设

【部署依法行政重点工作】 2017年，溧阳市按照上级关于贯彻落实《法治政府建设实施纲要（2015—2020年）》的工作要求，印发《溧阳市2017年法治政府建设重点工作任务清单》，安排部署重点工作53项，涉及推进依法行政、建设法治政府的各个方面工作，同时明确了牵头单位和配合单位，确保法治政府建设的各项要求落到实处。“加强政府合同管理”以及“推广重大决策合法性审查法律意见书制度”纳入2017年度全市18项重点工程（工作）。

【提升依法履职能力水平】 落实领导干部学法制度，在市政府常务会议上组织集体学习《中华人民共和国环境保护法》《江苏省安全生产条例》等相关法律知识。完善领导干部任前考法机制，开展无纸化考试工作，健全年度述法制度，把法治观念、法治素养作为衡量干部德才的重要内容。举办2017年度依法行政研修班，组织全市35个部门的分管领导和业务骨干赴南京师范大学，学习法治思维与提高领导干部依法办事能力等课程，提升政府工作人员法治理念和依法行政能力水平。

【提高制度建设质量】 落实规范性文件计划制度，由市政府各部门根据实际工作情况，将规范性文件制定计划同推进全市重点工作和重点工程结合起来，坚持问题导向，编制科学合理的规范性文件制定计划。对《农房和宅基地分割登记暂行办法》《商品房交付使用管理办法》等涉及社会公共利益和广大群众切身利益的文件，采取公开征求意见、召开部门及政府法律顾问共同参与的论证会等多种方式，扩大社会公众的参与度，确保规范性文件合法、合理、可行。出台完善城市长效综合管理和进一步稳定房地产市场发展等多个制度规定，收到了较好的效果。

【严格规范性文件动态监管】 落实规

溧阳市执法人员依法行政研修班　　（市法制办　供稿）

范性文件报备制度，按要求及时向常州市政府和市人大报送备案，主动接受上级监督。组织对2016年12月31日前的279件文件进行全面清理，把与“放管服”改革政策不一致的规范性文件作为清理重点，并对溧阳市历年来出台的奖励政策及其依据的文件进行了专项清理，清理工作做到全面、及时、到位，清理结果及时向社会公布。开展规范性文件后评估工作，对《溧阳市市区公共租赁住房管理办法》等4件文件的实施效果、存在问题等进行全面评估，增强文件的科学性和执行力。

【积极参与地方立法工作】 全力配合常州市人大常委会和常州市政府完成《常州市天目湖保护条例》立法项目。积极参与省和常州的立法调研活动和座谈会，对《常州市违法建设查处办法》等法规草案提出有价值的意见和建议。

【健全重大行政决策程序】 制定《溧阳市重大行政决策程序实施细则》，选择切合实际的管理模式，建立重大行政决策的具体实施机制，增强决策程序的可操作性。健全议题审查机制，重大行政决策草案提交市政府常务会议审议前，都经过市政府法制办进行合法性审查，并出具书面审查意见。落实重大行政决策程序规定，出台“出租汽车行业改革”等重大决策前及时组织社会稳定风险评估，实现发展和稳定统筹推进。

【积极防范行政风险】 出台《溧阳市政府合同管理实施办法》，对政府合同的范围、相关部门职责、合同起草、法律审查、合同的订立和履行、合同的备案和归档、法律责任等内容进行明确规定，使政府合同管理做到有章可循，从源头上防范法律风险、廉政风险和履职风险。印发《溧阳市政府关于普遍建立法律顾问制度的实施意见》，明确法律顾问的基本条件、聘任程序、主要职责、经费保障。组织法律顾问参与文件审查、合同谈判、专家论证等工作，法律顾问工作由原先单一的承办案件，逐步拓展到经济、民生、改革等基层工作各个层面，法律顾问参谋保障作用得到充分发挥。

【推进行政执法体制改革】 出台《市政府关于开展综合行政执法体制改革试点的实施意见》，进一步理顺管理体制，优化资源配置，完善监督机制，构建切合经济社会发展要求的行政执法体制。落实省政府、常州市政府部署要求，加快推动相对集中行政处罚权工作落地，在社渚镇、昆仑街道开展相对集中行政处罚权工作，确定首批下放的行政权力清单，2018年1月1日起正式实施。

【加强行政执法监督指导】 严格落实行政执法人员持证上岗制度，加强执法人员资格管理和队伍建设。科学制定行政执法人员培训方案，邀请政府法律顾问和行政执法方面的专家来溧，为执法部门骨干人员和新领证执法人员开展专题培训，对《常州市城市市容管理办法》等新出台的法规规章及时组织学习。进一步加大行政执法监督检查力度，组织重点执法部门开展行政执法案卷评查活动，对案卷评查情况公开进行通报。健全行政执法和刑事司法衔接机制，组织全市26个部门学习和使用“两法衔接”信息共享平台，保障“两法衔接”工作有条不紊向前推进。

【切实加强行政复议工作】 严格按照法定程序开展行政复议活动，对每起行政复议案件都坚持重证据、重依据，做到事实清楚，适用法律正确。严格落实行政复议纠错功能，切实发挥行政复议的层级监督作用，人民群众通过行政复议解决矛盾纠纷的意愿进一步增强。

【规范全市行政应诉工作】 印发《关于加强和改进行政应诉工作的意见》，进一步明确应诉工作职责，规范应诉工作程序。主动加强与法院的沟通联系，对行政执法中遇到的共性问题加以研讨，深化行政机关与审判机关的良性互动。认真研究落实司法建议，确保整改到位、及时反馈。严格落实行政机关负责人出庭应诉制度，强化工作考评，全市行政机关负责人出庭应诉率达90%以上。

（法制办）

政务服务工作

【概　况】 2017年，政务服务中心办件量39.6万件，比上年增加2.3万件。公共资源交易中心溧阳分中心完成各类公共资源交易总数650个，交易总额238.10亿元。组织政府采购活动108次，交易金额5.52亿元，节约预算资金0.43亿元。溧阳市12345政府公共服务中心共受理群众来电11177个，比上年增加1684个，接通率100%，有效诉求7088件，省、常州工单办结时间分别比上年提速33%和45%。网络派单办结率为97%，满意率93%。

【推进“一窗受理、集成服务”改革】 围绕“3550”改革目标，依托政务服务大平台，在政务服务中心内推行“服务窗口集成化、服务平台一网通”的全业务、全过程“一窗受理、集成服务”，大幅压减审批服务环节时限。一是集成市监、发改、环保、地税、国税、卫计等相关业务，优化企业名称预先核准、企业登记等环节，实行全流程审批，3个工作日办结。全面实施“多证合一”工作，实现“二十证合一”。二是整合不动产登记、契税缴纳等业务，优化固化网签备案、税款交纳等环节，对存量房交易转移登记事项实行全流程审批，5个工作日办结。

【推行重大投资项目“模拟审批”】 2017年5月，政务办牵头制定了《溧阳市重大投资项目模拟审批试行办法》（溧政办发〔2017〕39号），优化重大投资项目审批服务流程，加快项目建设落地，助推全市经济发展。卓普环保新材料、博飞特、赛密思金属制品、中大电力交通装备、汉克汽车部件、亿莱顿、江苏贝菲自动化仪表、纽威精密锻造、兴跃洋新材料科技、常州博坤玻璃等10个项目进入“模拟审批”通道。

【推行企业投资项目“多评合一”】 2017年8月，由政务办牵头制定的《溧阳市企业投资项目“多评合一”实施方案》（溧政办发〔2017〕94号）在常州地区率先印发。在政务服务中心设置“多评合一”服务专窗，将投资项目中涉及的各项评估工作由串联调整为并联，实行统一受理、同步评估、同步评审、同步审批、统一反馈的服务模式，减少企业跑腿次数，为企业提供优质高效服务。

【推行“工业50”流程优化】 贯彻落实全省“3550”改革精神，全面梳理优化全市工业生产建设项目从立项到施工许可的流程、材料、收费、时限，牵头起草了《溧阳市“50个工作日内完成工业建设项目施工许可证领取”流程优化方案》。根据方案，溧阳市工业建设项目从项目备案、核准到施工许可证领取，审批时限共计24个工作日，比常州市方案压缩了4个工作日，降低了企业制度性交易成本。协调各相关审批部门和镇区建立起固定的审批服务人员工作组，组建工业建设项目审批服务QQ群和微信群，共同服务企业和项目。在政务服务中心设置“工业50专窗”，负责统一收取项目申报材料，联系各审批部门。同时，注重培育最优案例，做好营商环境评价工作。与住建委多次协调，落实工业50案例周报制度，收集了8个符合要求的项目作为案例，其中中关村PARK厂房项目，总审批用时17个工作日，为收集案例中审批用时最短的工业项目。

【推行投资项目审批全程代办】 2017年9月，市政府印发《关于开展投资项目审批全程代办服务的通知》（溧政办发〔2017〕103号）。在政务服务中心内设置代办员办公室，各镇区设立项目审批代办服务中心，组建专业化代办队伍，建立代办服务网络，为企业提供咨询、指导等全程无偿代办服务。加强代办队伍专业培训和内部管理，定期召开业务培训会和工作例会，及时分析问题，总结经验，推动项目早落地、早开工、早投产、早见效。已组织了2期代办员培训，代办项目172个。

【推行审图工作联审联办机制】 2017年7月，住建委审图中心、规划局审图职能科室均整体进驻中心办公，设立联合审图中心，为企业投资建设项目提供更为便捷的服务。10月，在“工业50”流程优化的基础上，政务办与住建委、规划局联合印发了《关于优化房屋建筑工程规划许可与施工图审查办理流程的通知》（溧政务办发〔2017〕15号），全面提升审图质量和审查效率。

【推进不见面审批（服务）改革】 积极落实省、常州市不见面审批（服务）改革工作要求，深化“放管服”改革，加快推进“网上办、集中批、联合审、区域评、代办制、不见面”。全市已实现85%的服务事项“网上办”。全市已实现不见面审批事项800件，不见面占比91.5%。

【推动政务服务事项网上办】 开展江苏政务服务网APP宣传推广，全市累计完成APP实名注册量14811个，完成率98.74%。组织相关部门填报《“一张网”政务服务事项在线办事情况确认表》，督促各部门根据确认在线办事清单，开通在线办事服务。已实现85%的审批事项“网上办”。投资项目在线审批监管平台录入项目677个，总办件量1408个。

【加快基础数据归集共享】 2017年，溧阳市向省平台推送办件数据累计1062957件，位居常州市第一。

政务服务窗口认真帮群众办理各类服务　（市政务办　供稿）

【推动交易平台化学融合】 根据溧阳市公共资源交易平台整合实施方案要求，起草了常州市公共资源交易中心溧阳分中心机构“三定”方案初稿。制订了工作人员交叉跟班学习计划，分批组织人员学习其他交易业务，注重培养多岗位人才，着力提升交易中心人员业务素质。

【推动系统配套建设】 2017 年 6 月，组织相关人员赴泰州市泰兴公共资源交易中心学习考察，将泰兴市作为政务办对标找差的标杆。建设工程项目投标保证金电子化缴退系统和镇（区）限额以下国有资金项目招标系统，已经分别由常州市公共资源交易中心及江南银行协助开发完成，并投入试运行。

【推动公共资源交易规范高效】 依托市公共资源交易平台，严格执行招投标法律法规，对交易的各个环节进行严格规范，做到程序公开、工作有序。建设工程交易方面，加强前期指导，对开标、评标活动实行全过程监督，施工和监理服务类招投标的电子招标率均达 100%，进一步降低了企业成本。农村产权交易方面，在推动交易规范高效的同时，结合实际，不断探索和创新。在常州地区率先将农村集体小型工程建设项目纳入农村产权交易信息服务平台。2017 年，戴埠镇、昆仑街道等已有 17 个小型建设工程项目通过农村产权交易平台公开招投标，成交金额 565 万元，成为首批通过该平台交易的农村集体小型工程建设项目。

【推进 12345 热线整合】 2017 年 5 月底，12345 政府公共服务中心机构划转政务办管辖。根据常州市整合建立 12345 政府公共服务平台服务体系的要求，与热线整合涉及的部门反复会商，形成了《热线整合方案》，截至年底，已整合全部非特服号热线；中心有 11 名话务员和 2 名管理人员，共有网络成员单位 67 家。

【开展“三大一实干”活动】 前往社渚镇姚巷村和湖西村、天目湖镇梅岭村和美景天城社区进行大走访，走访群众 570 户，走访企业 13 家，收集问题 60 余条，均已答复或转交相关部门处理。前往社渚镇新山村开展点对点“阳光扶贫”。组织开展“梳理解决群众反映的困难和问题”“优化政务服务环境，建设宁杭生态经济发展带最美副中心城市”两次大讨论，力促党员干部思想作风大转变。

【推进“两学一做”学习教育常态化制度化】 根据中央、省、市文件，制定推进“两学一做”学习教育常态化制度化实施方案，确定党工委主要领导承担第一责任，班子成员按分工进行指导，各党支部充分发挥主体作用的责任制。8 月 17 日，接受了省委第四巡视组对政务办的巡视调研，针对反馈意见迅速整改落实。在窗口开展“服务走在前，效能大提升”的主题活动和“做群众贴心人”的大讨论，切实转变工作作风，树立良好的窗口党员先进形象。2017 年，各窗口累计收到群众、企业赠送的锦旗 6 面，感谢表扬信函 3 封。

【强化督查考核】 修订完善《考核办法》，制定《巡查管理办法》《提醒约谈制度》等规章制度，适应窗口变化的需要。坚持晨会活动，提振窗口工作人员的精气神。加强窗口日常巡查和作风纪律检查，发现问题及时处理，及时通报，并应用到考核评优中。

【开展全国文明城市创建】 严格按照测评体系标准，重点围绕政务服务中心窗口、“路长制”责任路段、交通路口志愿者引导三个方面，查漏补缺，不断完善，创建工作一丝不苟。确保在省级测评和国家级测评中，不失分、得满分。政务办被评为全市创建工作先进集体，1 人被评为立功个人，3 人被评为先进个人。

（袁立芬）

外事工作

【因公出国（境）审批】 2017 年，市外事办办理因公出国（境）34 批，115 人次。其中：上组团 12 批，22 人次；自组团 22 批，93 人次。

【友城交往】 3 月 1 ～ 3 日，溧阳市市民代表团一行 33 人访问德国友城富尔达大区，富尔达大区区长沃尔德、富尔达市市长费恩菲尔德分别会见代表团一行。代表团还参观了富尔达汽车系统制造企业埃达克、韦恩菲德中学、飞行学校、艺术馆等，参加了中德美食厨艺展示和中德文化之夜，与当地厨师同台献艺，用带去的食材烹饪出一道道具有浓郁溧阳风味的美食，并为当地市民表演了舞蹈《韵》、古琴独奏《忆故人》、竖琴独奏《牧歌》、独唱《美丽家园》、锡剧选段《珍珠塔》前园会、舞蹈《茉莉花》小合唱《野玫瑰》等节目。3 月 27 ～ 30 日，市长徐华勤率团访问富尔达大区，富尔达大区区长贝恩德·沃伊德、常务副区长弗雷德里克·施密特，富尔达市市长海科·温根费尔德、副市长丹格·维纳分别会见了代表团一行。此外，代表团在沃伊德区长、温根菲尔德市长陪同下相继拜访了富尔达医疗集团和 ASK 集团旗下的德国私立养老院，并与企业达成了合作意向。

4 月 9 ～ 12 日，德国富尔达大区副区长施密特、富尔达市副市长维纳一行 10 人到溧阳参加 2017 中国溧阳茶叶节暨天目湖旅游节。市长徐华勤、副市长陈峰、陆慧琦会见了代表团一行。代表团一行参加了 2017 中国溧阳茶叶节暨天目湖旅游节开幕式并进行项目签约，参观了溧阳市职业中专、溧阳市实验小学、江苏省溧阳中学以及溧阳市人民医院，考察了江苏中关村科技产业园。

应日本中国友好协会兵库县联合会的邀请，溧阳市燕山中学师生代表于 7 月 11 ～ 18 日赴日本进行了交流访问。在加古川市，代表团拜访了加古川市政府，市长冈田康裕与师生进行了深入而友好的交流；在山手中学，代表团体验了日式课堂，学习了花道和茶道，交流了中日舞蹈，进行才艺展示；在“少年之家”，和加古川市勤学会馆，代表团全面了解了日中友好交流的情况和“和则俱利，斗则俱伤”的理念。日本义工组织还自发地为学生上了一节折纸课，教会大家如何折和平鸟、郁金香、中国国宝熊猫。

应日本白山市政府邀请，溧阳市青少年交流团于8月3日赴白山市进行了为期8天的教育交流活动。在日本期间，白山市市长山田宪昭会见了代表团一行，对于双方10年的青少年交流活动予以肯定。代表团拜访了京城大学、松任中学，与日方师生一起参加暑期兴趣活动，进行教育交流；代表团中的学生们还被安排入住当地学生的家庭，体验全日式生活。此外，代表团拜访了当地文化机构，进行了太鼓体验，深入了解日本文化和习俗。

【友城缔结】 9月23日乌克兰驻上海总领事罗鹏访问溧阳市，向溧阳市人民政府市长徐华勤递交了乌克兰利沃夫州特鲁斯卡韦茨市市长安德列·库尔钦斯基的亲笔信，表达了该市与溧阳市结好的意向。

10月16～18日美国马里兰州众议院议员、马里兰州哈维郡议会主席艾瑞克·埃伯索尔率当地经贸代表团来溧阳市进行友好访问。市委书记蒋锋、市长徐华勤会见了艾瑞克·埃伯索尔一行，双方就缔结友好城市以及开展合作进行了深入交流。副市长陈峰、陆慧琦参加会见。10月18日，副市长陈峰、哥伦比亚市委员会副主席理查德·N·博尔顿代表双方签署了建立友好城市关系意向书。

【外事接待】 2017年，市外事办共接待中外嘉宾8批，60人次，包括澳门管理专业协会考察团、全国政协委员、澳门行政会委员、澳门民意代表陈明金、德国富尔达大区副区长施密特、富尔达市副市长维纳、日本北秋田市市长津谷永光、日中友好协会兵库县联合会会长前天清、乌克兰驻上海总领事罗鹏、乌克兰国立哈尔克夫美术学院第一副院长索博列夫·亚历山大·瓦列维奇、美国马里兰州众议院议员、马里兰州哈维郡议会主席艾瑞克·埃伯索尔等。此外，还接待了韩国阔拼有限公司会长朴晚永、美国科勒公司董事长荷拔·科勒等。

【队伍建设】 市外事办认真落实溧阳市《关于进一步规范国家工作人员因公临时出国管理的若干规定》，明确职责，加强管理。结合“三大一实干”活动，征求在溧外国人、APEC卡持有人意见，组织APEC卡持有人座谈。改善服务方式，提高服务质量。在《江苏外事》上发表了《从东经119度到东经9度—溧阳市民团访问德国富尔达区纪实》《做好县级市友城工作应注意把握的几个问题》。派员参加江苏省外办举办的2017全省外事翻译研修班，举办因公出国专办员培训班，提升外事人员形象和外事工作水平。

（张　敏）

邀请海外客商参加茶叶节　　（市侨办　供稿）

侨务及港澳事务

【侨务经济工作】 发挥侨界资源优势，吸引侨资侨智，服务经济发展。

4月，接待新加坡科技研究局汤弢、严宏两位博士后，陪同他们重点考察了中关村科技产业园区。6月，接待参加2017“春晖杯”中国留学人员创新创业大赛获奖的于开成等7名中国留学博士、硕士，洽谈的一些获奖项目有望落地溧阳。上半年，牵线项目总投资1亿元的江苏天目湖跨境电商产业园在溧城镇上线营业。9月，引荐注册资本500万元的溧阳市新曦能源科技有限公司成功落户江苏中关村创智园。紧扣市委、市政府培育“四大经济”的决策，先后邀请雅居乐地产置业有限公司（HK.3383）、美国扶持中小企国际联盟、日本亚太绿色经济协会、柬埔寨王国柬中国际联合促进会、台湾海峡两岸青年经济发展促进会等来溧考察，助力溧阳打造宁杭经济带最美副中心城市。

利用2017中国·溧阳茶叶节暨天目湖旅游节和首届溧商大会等活动契机，热情接待到溧阳参会的英国苏曼教育国际发展中心总裁许言忠、斯里兰卡华侨华人联合会常务副会长张旭东以及香港溧阳同乡会代表团等华侨友人，紧扣溧阳市“重大项目推进年”主题，做好招商引资推介工作。4月，中国侨商联合会东部地区侨商组织座谈会在溧阳召开，就加强东部地区侨商组织之间的交流与合作进行了深入探讨，明确了各省（市）侨商组织之间的联络机制，为各地区侨商间的交流合作搭建平台。6月，组织江苏中关村科技产业园、天目湖工业园区及溧阳市相关孵化器企业参加“2017创业之桥”——第十四届海外人才常州创新创业洽谈会，积极与海外华侨华人专业人士进行项目对接洽谈，努力推动相关项目合作，为溧阳市经济建设引智引技。

【示范引领】 充分发挥优秀侨界人士的示范引领作用。1月份，第十三批国家“千人计划”创业人才项目拟入选人员公示，市侨联常委、市留谊会副会长张清林成功入围，实现了溧阳市国家“千人计划”专家零的突破。市侨办印发《关于号召全市侨界向张清林同志学习的通知》，在全市侨界营造以先进为榜样，立足本职、敬业奉献、实干担当的良好氛围。年初的动员大会上，张清林获2016年度“天目湖英才榜”特别奖；侨商会副会长葛艳明、市侨商会理事仲春明和市留谊会副会长邵顺分别被表彰为“创业之星”和“创新之星”；4月份的溧商大会上，仲春明获得“溧商回乡创业功臣”称号。

【国外侨务工作】 注重联谊引导，广泛涵养侨务资源。

加强与“四新”、“四有”人物的联络联谊。5月下旬，主动邀请回国参加江苏发展大会的溧阳籍嘉宾徐建伟和汤淑兰到溧阳考察，介绍溧阳经济社会的发展情况，希望通过他们增进与海外溧阳籍知名人士的联系和交流。重阳节前，走访慰问了世界著名华裔科学家和工程师吴柯之母马小芳女士以及中国科学院院士吴云东的母亲。组织20余位老归侨侨眷开展温暖重阳座谈，倾听他们的心声，让他们感受到国家和家乡对他们的关心和爱护，并通过他们将党和政府的热情传递给在外的华人华侨。

开展“两个平台”的联谊活动。上半年，组织建安、电缆、塔吊等企业负责人赴斯里兰卡考察交流，拜访了当地侨团、侨领和商会，走访侨界代表人士，听取他们对侨务工作的意见，为溧阳市侨企侨商“走出去”牵线搭桥，有效加强了海外联谊交流。

【国内侨务工作】 参政议政有深度，建言献策有力度。进一步发挥侨界参政议政和民主监督的作用，围绕市委、市政府的中心工作，抓住经济社会发展轴心，选准课题，以提案、社情民意等方式反映群众的愿望和呼声。全年，市政协委员会收到本组委员提案共8件，社情民意共9件，上交理论征文3篇，其中《关于溧阳市侨务工作主动融入“一带一路”发展战略的思考》获三等奖。

侨法宣传有力度，依法护侨有氛围。为深入宣传贯彻侨法，落实好侨务相关配套政策，提升侨企自身的依法治企和法律维权水平，10月，聘请律师顾问团，进一步依法维护侨益，在聚焦为侨服务提供专业法律意见，协助处理涉侨疑难案件等方面发挥的积极作用。

为侨服务有举措，反哺社会有行动。开展关爱侨界空巢老人行动，为全市40户侨界空巢老人家庭发放每户每月200元的补贴，安装“一键通”和购买家政服务。鼓励侨界人士反馈社会，用爱心促进社会和谐。2017年，市侨企侨商出资帮扶30余位光华中学贫困学生，每人每年受助2000元。自2006年该项资助工作开展至2017年，累计受助学生116人，已经毕业的学生中，有77人考上了大学，其中本二以上62人。

邀请回国参加江苏发展大会的溧阳籍嘉宾徐建伟和汤淑兰到溧阳考察

（市侨办　供稿）

【侨务宣传工作】 用足常规媒体，在《溧阳时报》和部门网站上发布报道各类侨务信息30余篇。用强海外华文报刊，“两节”前，在《欧洲时报》上专版宣传溧阳，从创新创业、文明幸福、休闲度假等方面大力宣传溧阳，扩大了溧阳在海外的知名度、影响力。用好“微”手段，投入经费2万元，创建“一家亲”微信群和“濑江侨音”微信公众号，适时推送侨务政策法规、侨界大事要事和侨务工作的动态信息，让天南海北的溧阳人、华人华侨始终关注溧阳经济社会发展变化。

【“三大一实干”活动】 按照市委市政府的统一部署，认真制定各项活动实施方案，用活动的开展推进侨务工作新机制、新体制的发展，做好“五问五答”这个课题，切实提高侨务工作的实效。坚持“问策于侨”，3月中旬，走访徐志群、赵洋等5位侨界人士，听取他们“跳出溧阳看溧阳”的对策建议，寻求发展良策。坚持“问策于民”，3月下旬至4月底，分两个小组到挂钩的汤桥村和马塘村，慰问困难群众6户，入户调查210户，了解他们的生活状况、家庭收入和对居住、就医、教育、文化、平安、社保等方面的意见、要求。坚持“问策于干”，开展“走访干部求工作良计”活动，侨办侨联问卷调查全员参与、集思广益。9月，会同常州市侨办到江苏中关村科技产业园调研。

结合“三大一实干”活动，持续做好“双挂双促”帮扶行动。年初，两次到汤桥村调查了解帮扶的具体情况和需求，会同村委制订了具体的帮扶行动计划，并拿出3万元扶贫资金。下半年，多次会同华夏银行等单位，对汤桥村挂钩贫困户“一户一策”精准扶贫和企业吸纳就业等问题进行对策研究，尽力帮助该村因残致贫的困难户争取政府、社会各方面的关爱和救助，并2次慰问困难群众共计6000元。

（范建华）

综　　述

【概　况】 2017年，市政协常委会团结带领广大政协委员和政协各参加单位，全面学习贯彻党的十八大及历次全会和十九大精神，围绕全市工作大局，把握团结和民主两大主题，充分发挥协商民主重要渠道和专门协商机构作用，认真履职尽责，为建设宁杭生态经济带最美副中心城市贡献政协智慧力量。

重要会议

【市政协第十五届委员会第一次会议】 2017年1月5日～8日在溧城镇召开，市四套班子全体领导和市法院、市检察院的主要负责人参加开幕式并在主席台就座。各镇（区）党委、党工委书记、有关部门主要负责人、市政协老领导、老同志、在溧阳江苏省、常州市政协委员列席开幕式。市委书记蒋锋作题为《聚焦发展新定位　展现政协新作为》的讲话。受市政协十四届委员会常务委员会委托，狄立新向大会作工作报告。会议审议通过了《中国人民政治协商会议江苏省溧阳市第十五届委员会第一次会议决议》，表彰了2016年度“政协委员特别奖”获得者、先进委组、先进委员、优秀提案。会议报告了市政协十五届一次会议提案审查情况。会议选举产生了政协溧阳市第十五届委员会主席、副主席、秘书长和常务委员。

【市政协第十五届委员会常委会议】

第一次会议　2017年5月26日上午召开，专题协商“发展智慧经济”议题，协商通过政协内设机构有关人事事宜。副市长陈峰出席会议并讲话。

第二次会议　2017年7月28日上午召开，听取市政府关于全市半年度经济社会发展情况和市政协2016年度工作成果转化落实情况的通报。市委常委、市政府常务副市长周卫中出席会议并讲话。

第三次会议　2017年9月22日下午召开，专题协商“加快推进多规融合”议题。市委常委、市政府常务副市长周卫中出席会议并讲话。

第四次会议　2017年12月15日下午召开，协商通过召开市政协十五届二次会议有关事项；审议通过政协委员特别奖、先进委组、先进委员、优秀提案、提案办理工作先进单位、优秀承办件名单；协商通过有关人事事宜；对市政协十五届常委会工作报告和提案工作报告进行修改。

协商议政

【全委会议协商】 十五届一次会议期间，委员们以高度负责的精神，通过听取政府工作报告和其他报告、大会发言、分组讨论等方式，就事关全市改革发展稳定的重大事项开展集体协商，提出了许多有价值的建议。民主党派和5个委组，围绕发展民宿经济、发展健康养老服务业、苏皖合作示范区建设、发展众创空间等议题进行大会发言。市委市政府领导到会听取委员发言，对委员建议给予充分肯定和高度重视。市长徐华勤作了讲话。

【常委专题调研】 2017年，市政协常委会根据市委批复的专题协商议题，对“发展智慧经济”和“加快推进多规融合”两个专题开展重点调研和协商议政。

发展智慧经济专题　围绕强力推进“四大经济”更好发展这一战略任务，常委会就发展智慧经济广泛开展调查研究、深入协商议政，形成了《以智慧经济聚合筑就溧阳美好未来》的调研报告，从认识、战略、步骤、路径、重点、策略等6个方面提出25条建议。市委书记蒋锋先后两次作出批示，认为调研报告深入及时，对部门吸收采纳建议提出了更高要求；市政府市长徐华勤要求各位副市长、部门负责人认真阅读，抓紧将建议运用到工作实践中。该调研报告被《江苏政协》《调查与研究》刊发。

加快推进多规融合专题　常委会围绕“多规融合”课题开展专题协商，向市委、市政府提出深入开展基础分析研究、建立综合空间规划体系、挖掘盘活土地存量资源等建议。市委书记蒋锋批示认为政协调研抓住了当前工作中的问题，要求相关部门学习落实。市政府市长徐华勤调研了“多规融合”工作并多次作出相关工作部署。市发改、规划、住建、国土、环保等部门进一步加强各项规划间的相互沟通和统筹协调。

【主席会议视察】 2017年，市政协共召开10次主席会议，视察了电信、商务、水利（水务）、上兴、社渚等10个部门和镇区工作。市政协就加强饮用水源保护、提升江苏中关村防汛安全等级、重视人力资源建设、推进社渚地区交通路网建设等工作向市委市政府提出书面建议。通过这一模式，在观点交锋、思想交流、共识交融中弘扬民主精神，践行协商理念，增强议政效果。

【委组视察调研】 各委组坚持以服务党政决策为目标，以调查研究为手段，以精准建言为要求，围绕建设宁杭生态经济带最美副中心城市、物业管理服务、旅游公路建设、中小企业扶持、天目湖渔业资源管理等课题深入开展调查研究，形成调研报告29份。这些调研报告围绕党政中心和民生实事，精准聚焦问题、深入研究问题、助力破解问题，在增进社会共识、促进科学民主决策、服务中心大局等方面发挥了重要作用。

【文史工作】 发挥文史工作社会功能，做好《〈教我如何不想她〉爱常州文史故事》系列丛书、《溧阳支边青年援疆纪实》《淳化阁帖研究》的稿件收集编辑工作。在《江苏政协》《溧阳时报》发表《感悟美音，自在前行》文章，弘扬、推介优秀溧阳文化，倡导讲好溧阳故事。

【参政议政】 通过市政协主要领导参加市委常委会议、四套班子联席会议、政协常委参加市委全体（扩大）会议、政协委员参加市政府常务会议等方式，参与事关全市经济社会发展的重大部署和重要工作的决策。根据工作部署，全力助推重大项目建设，围绕加快政府投资项目进度开展调研，提出了强化责任意识、强化项目前期、强化要素保障、强化督查考核等建议，供市委市政府决策参考。围绕丰富市博物馆藏品、提升社会影响力，在多方调研的基础上，向市委市政府报送了《关于加快启动溧阳市博物馆藏品征集工作的建议》，提出了具体的对策建议。牵头市工商联与市委统战部协力做好首届溧商大会筹办工作，为引导溧商回乡创业发展搭建平台，赢得社会各界广泛赞誉。市政协领导尽心尽力做好河长制、安全稳定督查、人民医院新院搬迁等工作。

民主监督

【提案工作】 市政协十五届一次会议以来，共收到提案230件，经审查立案147件（其中内容相同或相近的26件进行了并案处理、57件转委员来信处理）。所立提案中，经济建设和城建交通方面85件，科教文卫体方面33件，民主法制方面4件，劳动人事方面2件，人民生活及其他方面23件。提案交办后，截至2017年9月下旬已全部办复。提案所提问题、建议已经解决和基本解决的60件，占提案总数的40.82%；正在解决或已列入计划准备解决的82件，占总数的55.78%；因政策原因或受条件限制留作参考的5件，占总数的3.40%。根据收到的《提案办理情况征询意见表》统计，提案办理满意和基本满意率为100%。

【特邀评议工作】 组织全体委员对市级机关部门开展行风评议和民主测评。推荐部分委员参加市政府常务会议，委员提出的合理意见建议，得到市政府的肯定和采纳。担任部门特邀监督员、行风评议员的委员，按照寓监督于支持之中的要求，突出监督重点，提出监督建议，助推部门工作更好开展。镇工委（委组）创新监督方式，组织委员听取政府工作报告，视察镇区经济社会发展、重大项目建设和“263”专项行动开展情况。委员们在一线发现问题，在现场提出建议意见，推动多项问题得到有效解决。

社情民意

【编发信息】 广大政协委员采取专题调研、走访群众、深入基层、座谈交流等方法，知民情、报民忧，全年共收集社情民意信息197条，较好地发挥了社情民意信息“直通车”作用。经整理编辑向市委、市政府报送《社情民意》专刊40期，内容涵盖提升城市文明形象、交通建设、村务公开、旅游道路沿线公厕建设等方方面面。每期社情民意均得到市领导批示，相关部门迅速落实执行到位。《关于加强对农村生活污水处理工程长效管理的建议》《小区车库私自改造乱象亟需整治》《以志愿服务记录积分制为抓手，助力文明城市创建攻坚》等社情民意，市政府主要领导予以充分肯定并批示了具体办理要求。针对全市汽车上牌服务试验点需要大幅增加投资、增加办事环节情况，通过常州市政协向常州市政府报送《关于出台上牌服务试验点管理办法》的社情民意。8月，市委办、市政府办、市政协办联合制定出台《关于加强和改进社情民意反映、办理、反馈工作的意见》，完善工作机制、健全工作制度，有力推动社情民意工作再上新台阶。

【来信来访】 2017年，共接待群众来信来访20余件次，每件来信都认真批转，每次来访都热情接待，耐心细致地做好宣传解释和疏导工作，做到件件有交代，事事有回音，协调解决了一些关系群众利益的问题。

自身建设

【全面对标找差】 深入开展“对标找差”活动，学习外地政协宣传工作、服务委员、助力经济建设的先进经验，并转化为具体工作思路和举措。修订完善并严格落实机关各项工作制度，加强理论学习，重视调查研究，控制会议活动，改进接待工作。提升政协杂志质量，加强与新闻媒体的联系，在《江苏政协》《常州政协》《溧阳时报》等报纸杂志上发表理论研究和宣传文章50余篇，提升了政协的社会影响力。

【投身文明城市创建】 广大政协委员、政协参加单位和政协机关切实落实文明城市攻坚要求，迅速行动、人人动手，带头做文明市民，争当文明城市宣传员、生态保护监督员、交通秩序引导员、环境卫生清洁员，为创建工作加油给力。委员们通过走访调研、视察监督、撰写提案、反映社情民意等方式，就城郊接合部大型车辆乱停乱放、加强出租房整治、绿化修复、公共健身器材维修等问题建诤言、献良策。

（市政协办）

中共溧阳市纪律检查委员会

栏目编辑　宋林珍

综　　述

【概　况】 2017年，溧阳市纪委监察局以习近平新时代中国特色社会主义思想为指导，认真贯彻党的十八大、十九大会议精神，按照上级纪委全会的部署要求，提高政治站位，强化监督执纪问责，驰而不息纠正“四风”，坚定不移惩治腐败，持续深化纪检监察体制改革，不断推动全面从严治党向纵深发展，党风廉政建设和反腐败工作取得新的成效，为推进“两聚一高”新实践、建设“强富美高”新溧阳提供坚强纪律保证。

坚持挺纪在前。扎实开展“党规党纪宣传基层行”活动，开办“老纪说纪”电视节目，发行《正 · 负》等廉政教育读本，协助市委召开警示教育大会，拍摄制作《欲壑难填终自毁》警示片。开展新任科级领导干部集体廉政谈话和任前考廉考法活动，签订廉政承诺书。在基层党组织建立“每会一廉”制度，敦促党员干部把纪律规矩刻印在心上。建立廉情抄告、廉情报告、廉情预警三级廉情警示分析平台，及时预防化解苗头性、倾向性问题。坚持抓早抓小，推动“第一种形态”运用具体化、规范化，让咬耳扯袖、红脸出汗成为常态。举办“政风热线”、电视问政，督促机关干部为官有为、为官必为，为群众排忧解难。建立函询反馈采信工作机制，为干部澄清事实，激发保护干事创业热情。

持续正风肃纪。紧盯元旦、春节、中秋、国庆等重要节点，开通官方微信、手机“随手拍”等，出台《加强作风建设常态化监督检查实施方案》，深入开展违规吃喝“回头看”、群众身边不正之风和腐败问题以及农村“三资三化”“阳光扶贫”专项督查，主动出击，循着“票迹”“钱迹”去，集中精力“清污去渍”。强化典型问题通报曝光，采取个案通报与专题通报相结合的方式，发挥“查处一案、教育一片、震慑一方”的效果。深化“树清廉家风 · 创勤廉家庭”活动，推动各级党员干部涵养良好家风，以家风带党风促社风。

压实“两个责任”。首次组织市委常委与市委书记签订责任书，全面推行个性化党风廉政建设责任书，使各单位各部门更加明晰自身的突出问题和风险隐患。开展落实监督责任大调研，督促制定基层站所、村（居）党组织主体责任清单，把管党治党责任压力逐级传导、责任要求逐层锁紧。深化“述责述廉述德”活动，持续推动基层党委书记、纪委书记知责明责、履责尽责。开发“两个责任”履责记实信息化平台，运用信息技术强化责任落地生根。

深化政治巡察。认真学习贯彻新修订的巡视工作条例，协助市委成立巡察工作领导小组，组建市委巡察“一办四组”。制定市委《巡察工作五年规划》和《2017年巡察计划》，出台配套制度，推进村（居）巡察全覆盖省级试点工作，实现市镇村巡察全覆盖，彰显出巡察是党内监督的一项重要制度安排。实施“五步工作法”，靶向基层，集中监督“火力”，精准研判政治生态。强化整改落实督查，要求举一反三、加强整改、建立长效。协助市委做好省委巡视溧阳的服务保障工作，牵头研究制定37项省委巡视反馈问题整改措施，确保整改到位彻底、问题清仓见底。

坚持高压反腐。综合运用信访监督、组织处理、纪律处分等方式，对违反纪律的行为发现一起、查处一起，始终保持高压态势。加强执纪执法机关的协作配合，互通问题信息。持续加强信访举报工作基础建设，推进信访举报“零暂存”，加大信访交办、督办和直接查办力度，强化信访件办理质效。深化案件“简易程序”省级试点工作，确保件件都过“质量关”。全面推行“一案双查双报告双问双落实”工作机制。创新处分文件送达工作形式，将处分宣布与现场警示教育相结合，“一张纸”变为“一堂课”，以案明纪，以案促廉。

全力深化改革。按照党中央确定的时间表和路线图，扎实推进国家监察体制改革试点工作，顺利完成机构设置、职能划转、人员转隶、挂牌成立等阶段性试点任务。同步开展业务培训，制定工作制度，促进全员融合。蹄疾步稳深化纪检监察体制改革，设立11家派驻纪检组和市级机关纪工委，向65家市一级党和国家机关部门派驻纪检机构，实现派驻监督全覆盖。完成农村纪检监察工作室综合改革全省试点，探索镇“监审合一”工作模式，在全市188个行政村（社区）党组织设立纪检委员，以组织创新打通执纪监督“最后一米”。

强化政治建队。以“打铁还需自身硬”专项行动为抓手，认真组织学习习近平总书记系列重要讲话和党的十九大精神，全力推进“两学一做”学习教育常态化制度化，教育引导纪检监察干部牢固树立“四个意识”、坚定“四个自信”。办好“清风讲坛”“青年学堂”和“七彩课堂”，全力推动“三大一实干”活动，增强宗旨意识和群众工作本领。开展“对标找差、争创一流”活动，组织“每月一星”评选，弘扬正能量。精准把握监督执纪工作规则和省纪委“1+N”配套制度，全面排查执纪风险点，开展纪检监察干部家访活动，坚决查处纪检干部违规违纪行为，营造“执纪者受监督”氛围。

重要活动

【省政协副主席、省监察厅副厅长洪慧民到溧阳开展调研】 2月3日，省政协副主席、省监察厅副厅长洪慧民一行到溧阳开展“打铁还需自身硬”专题调研。调研中，溧阳市委常委、市纪委书记毛建国就如何加强自身建设、强化自我监督以及整治群众身边的不正之风和腐败问题等方面作了详细汇报。

洪慧民充分肯定了溧阳市纪委监察局近年来特色亮点工作，要求在加强队伍建设方面继续做出新的更深的探索。洪慧民强调，纪检部门肩负监督执纪问责的使命，但反腐败斗争依然严峻复杂，打铁还需自身硬，百炼才能出精钢。广大纪检监察干部理应成为遵守党规党纪的模范，自觉接受更加全面严苛的考验和约束。各级纪检监察机关要提高政治站位和政治觉悟，把增强“四个意识”落到向“核心”看齐上，铁面无私加强自身建设，切实履行好监督执纪问责专责，以忠诚干净担当为尺度，做好“铁打的打铁人”。

【纪检干部“清风讲坛”基层行活动正式启动】 2月22日，溧阳市纪检干部“清风讲坛”基层行活动正式启动，并在社渚镇拉开序幕。“清风讲坛”是溧阳市纪委提升纪检干部能力素质的传统品牌项目，每月安排“清风讲坛”走进一个镇（区、街道），介绍本地一项特色亮点工作、剖析一个典型案例。通过坚持问题导向，把握本地实际，聚焦重点难点，促进纪检监察系统内部互相借鉴、比学赶超、学思践悟，实现“打铁还需自身硬”。市委常委、市纪委书记毛建国出席活动并作动员讲话，他要求，全市纪检监察干部要认清形势，切实增强责任感和使命感；要学思践悟，不断提升履职能力和工作水平，锤炼忠诚干净担当的“打铁人”队伍。

【省委常委、省纪委书记蒋卓庆到溧阳调研】 3月8日上午，省委常委、省纪委书记蒋卓庆到溧阳，就农村“三资”管理、涉农资金管理和标本兼治廉政风险点等工作开展专题调研。常州市领导费高云、张春福及溧阳市领导蒋锋、毛建国陪同调研。蒋卓庆一行走访调研了新四军廉洁思想教育馆、溧城镇五里亭廉洁教育馆等地，听取了溧阳市落实全面从严治党主体责任情况汇报。蒋卓庆强调，溧阳地处苏南地区，农村发展基础较好，要研究、建立新型农村“三资”管理机制，运用市场化手段，在“三资”管理领域走出一条新路。要加强扶贫补贴和涉农资金管理，加强农村集体经济组织建设，充分利用信息化手段，确保各项资金公开、公正、透明地运行。要探索农村集体资金管理新路径，积极试点村务卡等结算方式，强化农村党风廉政建设。要坚持挺纪在前，准确把握运用监督执纪“四种形态”，对苗头性问题早发现、早提醒、早纠正、早查处，坚持有腐必反，有贪必肃，进一步加大执纪审查力度，持续强化“不敢腐”的氛围。

【市纪委吹响“三大一实干”活动集结号】 3月10日，溧阳市纪委召开“三大一实干”活动动员大会，市委常委、市纪委书记毛建国主持会议并作动员讲话。委局机关全体人员参加会议。会上，毛建国首先传达了市委和常州市纪委“三大一实干”活动精神。他指出，开展“三大一实干”活动是践行全心全意为人民服务宗旨的具体实践，是转变作风、提升效能的重要契机，是明晰思路、推进工作的有效载体，全体纪检监察干部要充分认识开展这项活动的重大意义，并作为当前的一项重大政治任务，摆在工作的突出位置，抓早抓好，抓出实效。同时，针对活动开展，他强调要结合纪检监察工作实际，深刻体会活动内涵要求，大讨论要带着问题议，凝聚新共识；大走访要带着感情访，增进好关系；大转变带着责任转，提升高效能，确保活动有力有序有效开展。

【市纪委动员部署“打铁还需自身硬”专项行动】 3月24日，市纪委召开全市纪检监察系统“打铁还需自身硬”专项行动动员部署会，贯彻落实省纪委专项行动要求，全面部署实施溧阳市专项行动有关工作。市委常委、市纪委书记毛建国出席会议并讲话。他强调，要清醒认识纪检监察机关不是天然的保险箱，纪检监察干部也不具备天然的免疫力；清醒认识当前溧阳市纪检监察干部队伍中存在的对岗位特殊性认识有偏差，履职尽责能力不够、担当不足、行为不检，内部监督机制还不健全等突出问题。他要求，全市纪检监察干部要统一思想、突出重点，切实解决纪检监察干部队伍中存在的问题。既要立足治标，及时解决突出问题，又要着眼治本，注重建章立制，形成长效机制，戮力打造一支政治过硬、业务过硬、作风过硬的纪检监察干部队伍，为种好“溧阳幸福树”提供坚强纪律保障。

【市纪委赴湖南溆浦考察学习】 为做好在全市各行政村党组织中设立纪律检查委员的工作，5月22日，市委常委、市纪委书记毛建国带队一行6人赴湖南省溆浦县纪委学习考察村级纪检员工作。考察组先后到溆浦县双井镇以及岩园村进行实地考察学习，认真听取相关负责人对村级纪检员的情况介绍，并就如何在新形势下做好纪检监察工作进行深入交流。通过实地学习，对村级纪检员的制度建设、管理模式、运行模式、工作职责等方面有了更全面、更深刻的认识，解决了思想上的一些困惑，有力促进理论与实际的统一，不断完善体制机制，助力村级纪检员工作更上新台阶。

【省纪委常委陈志扬一行到溧阳开展调研】 6月29日下午，省纪委常委陈志扬、干部监督室主任谢中东、党风政风监督室主任郑立新、党风政风监督室副主任章健一行4人到溧阳调研“打铁还需自身硬”专项行动。常州市纪委副书记、监察局长祁新，溧阳市委常委、纪委书记毛建国等相关领导陪同调研。调研中，陈志扬一行听取了常州市、溧阳市“打铁还需自身硬”专项行动工作汇报，并从政治站位高、执行力强两个方面予以充分肯定，并提出相关要求。他强调，纪检监察干部要守规则，全面主动接受党委、专门部门以及群众舆论监督；要讲规矩，实事求是做到上情下达、下情上报；要避风险，深入开展廉政风险防控；要会创新，以大数据为依托、以机制创新为引领，持续深化“三转”，着力维护好当地政治生态，通过强化监督执纪问责，发挥专责监督作用，展示自身良好形象。

【举办“做合格党员——‘啄木鸟’在行动”演讲比赛】 8月19日，市纪委结合“两学一做”常态化制度化要求，举办了“做合格党员——‘啄木鸟’在行动”主题演讲比赛。12名通过初赛选拔出来的选手，用“小切口、讲故事、谈感悟”的方式，讲述了身边同志或自己在思想上如何不忘初心，在生活中如何立身修德，在工作中如何发挥作用。市委常委、市纪委书记毛建国，市委组织部副部长、市党建办主任宋斌，溧阳地税局局长彭滢，市委宣传部副部长沈黎敏，以及市纪委领导班子全体成员到现场观摩。全市纪检监察干部和部分单位党员干部200余人观看了比赛。

【市纪委举办全市纪检监察系统廉政文艺晚会】 10月8日晚，市纪委成功举办了“喜迎十九大、共筑中国梦”全市纪检监察系统廉政文艺晚会，全市纪检监察干部用欢快的歌舞向党的十九大献礼。晚会通过网络平台进行了直播，关注人数超过1.2万，实现了党风廉政教育从“文件”拓展到“文艺”，从“会场”延伸到“剧场”的转变，使反腐倡廉的廉政文化映入每个人的心中。

重要会议

【市纪委监察局学习习总书记“7·26”重要讲话精神】 8月25日上午，市纪委监察局召开专题会议，深入学习习近平总书记7月26日在省部级主要领导干部专题研讨班上所作的《高举中国特色社会主义伟大旗帜，为决胜全面小康社会实现中国梦而奋斗》重要讲话精神，并结合溧阳市纪检监察工作实际，部署贯彻落实措施。市委常委、市纪委书记毛建国指出，习近平总书记的“7·26”重要讲话提出了一系列新的重要思想、重要观点、重大判断、重大举措，具有很强的思想性、战略性、前瞻性、指导性，全市纪检监察干部要学习领会“三个牢牢把握”，践行“七个坚定不移”，用讲话精神武装头脑、明确方向、指导实践，以党风廉政建设和反腐败工作的扎实成效，为党的十九大胜利召开营造风清气正的政治环境。

【市纪委召开首次派驻纪检组工作座谈会】 8月23日下午，市纪委在派驻机构改革后首次召开工作座谈会，进一步推进溧阳市派驻（派出）纪检组织找准职责定位，精确高效履职。全市12个派驻(派出)纪检组(纪工委)全体成员参加座谈；市委常委、市纪委书记毛建国出席会议并讲话。市委常委、市纪委书记毛建国在认真听取了各组汇报后强调，各派驻纪检组要做到明确定位、牢记职责、把握重点，在工作上遵循市委关于加强市纪委派驻机构建设意见和派驻改革八项工作制度，紧紧依靠各驻在部门党组织和广大群众的力量，发挥“派”的权威和“驻”的优势，通过多种路径切实把派驻监督的各项职能落到实处。

【市纪委部署推进农村纪检监察工作室综合改革工作】 9月7日，市纪委召开农村纪检监察工作室综合改革动员部署会，全面部署推进农村纪检监察工作室改革试点工作。市委常委、市纪委书记毛建国出席会议并讲话。他要求，各相关单位要认真学习改革方案，统一步调、统一行动，各司其职、各尽其责，严明纪律、守土有责，在领会改革精神、明晰改革任务、把握改革要求、积累改革经验等方面下足功夫，主动适应纪检体制改革新常态，积极探索执纪审查和执纪监督分离机制，发挥好先行先试的作用，稳妥有序推进改革，确保改革综合效应，当好基层党内政治生态“护林员”。

【市纪委举办首次“派驻纪检组组长论坛”】 10月27日上午，市纪委举办“派驻纪检组组长论坛”第一期活动。市委常委、市纪委书记毛建国出席论坛活动,派驻（派出）纪检组（纪工委）全体成员、部分职能科室工作人员参加了活动。毛建国就如何做好派驻工作提出几点要求：一是要主动适应新形势、新要求，注重学习强本领、深入调研明思路、认真履职重担当、积极探索善总结；二是要认真学习十九大精神、坚定政治定力；三是要创新履职方式，提监督实效；四是要加强自身建设，提高能力素质。

【市纪委召开党的十九大精神学习会】 10月30日上午，市纪委召开十九大精神学习会，迅速学习贯彻党的十九大精神。市委巡察机构、市纪委派驻（出）机构、委局机关全体人员参加学习会。市委常委、纪委书记毛建国出席会议并讲话。毛建国指出，党的十九大对全面从严治党提出一系列新思想、新要求、新举措，作出了一系列新部署，全市纪检监察机关要结合“两学一做”教育和市委“对标找差”活动要求，认真学习领会，把十九大精神贯彻落实到实际工作中去。一是要在学习中走在前，做领头雁；二是要在学习中抓重点，求突破；三是要在学习中谋工作，促实效。

【市纪委举行十九大精神宣讲会】 12月2日上午，全市纪检监察系统党的十九大精神宣讲会举行。市委常委、市纪委书记毛建国以市委宣讲团成员身份作了题为《不忘初心、牢记使命，夺取全面从严治党新胜利》的专题报告。毛建国从清醒认识党的建设面临的形势、把握新时代党的建设总要求、把握新形势下全面从严治党的重点任务、用好“四种形态”让纪律全面严起来、打虎拍蝇反腐决心不减等方面重点解读了十九大报告中关于全面从严治党方面的内容，并就全市纪检监察系统学习宣传贯彻好党的十九大精神作再动员、再部署。

重点工作

【压实“两个责任”不衰减】 首次组织市委常委与市委书记签订责任书，全面推行个性化的党风廉政建设责任书，开展落实监督责任大调研，督促指导镇（区）制定基层站所、村（居）党组织主体责任清单，打通管党治党责任“最后一米”。开发落实“两个责任”履责记实信息化平台，实行线上派发工单，基层党组织、纪检组织线下照单履责、线上即时记载，市委、市纪委实时监控、动态管理。深化“述责述廉述德”活动，组织部分基层党委书记、纪委书记向市纪委委员公开述职并接受评议，让“有权必有责、有责要担当、失责必追究”成为常态。年内共对落实“两个责任”不力的2个单位、28人实施“一案双查”，倒逼各级党组织和党员干部履职尽责。

【创新宣传教育亮品牌】 开展“党规党纪宣传教育基层行”活动，组织党员干部“网上学廉考廉”，开办“老纪说纪”电视节目10期，公开发行《正·负》《书写廉洁人生》等廉政教育读本，“天目青莲”廉政文化《九廉环》宣传片在江苏卫视播放。协助市委召开全市领导干部警示教育大会，拍摄制作《欲壑难填终自毁》警示片。举办“做合格党员——‘啄木鸟’在行动”演讲比赛和“喜迎十九大、共筑中国梦”全市纪检监察系统廉政文艺晚会，拓展党风廉政教育新渠道。深化“树清廉家风　创勤廉家庭”活动，推动各级党员干部涵养良好家风，廉洁修身，自觉增强抵腐定力。

【坚持正风肃纪不手软】 紧盯重要节点，下发文件和编发手机短信提醒警示在前，开通官方微信、手机“随手拍”等平台，出台《加强作风建设常态化监督检查实施方案》，开展违规吃喝“回头看”、群众身边不正之风和腐败问题以及农村“三资三化”、“阳光扶贫”专项督查，力度不松、尺度不减。今年以来，先后针对违规公款吃喝、公车私用、公款送礼等问题，累计开展专项督查8次，明察暗访超市、商场、酒店、农家乐等场所120多家，发现和整治突出问题10个，下发违反中央八项规定精神及其他违纪典型案例的通报8期，10起案件37人次被点名通报。

【落实问政问效强监督】 认真履行“再监督、再检查”职能，聚焦文明城市创建、“三大一实干”等全市重点工程重大活动开展专项督查，全力保障市委市政府决策部署落地生根。举办“政风热线”10期、电视问政3期，为群众解决解答问题近150个，问责不作为、乱作为党员干部15人，以问责倒逼作风转变、责任落实。

【保持反腐高压态势】 有效运用监督执纪“四种形态”，深化“简易程序”省级试点工作，全面推行“一案双查双报告双问双落实”工作机制。综合运用信访监督、组织处理、纪律处分等方式，对违反纪律的行为发现一起、查处一起，始终保持高压态势。2017年市镇两级共谈话函询376人次，诫勉谈话44人次，运用第一、二种形态处置问题线索占比达到83.5%，咬耳扯袖、红脸出汗成为常态。全年共接收范围内信访举报273件（次），立案308件，查处乡科级干部12人，给予党纪政纪处分254人，移送司法机关3人，挽回经济损失1422.28万元，进一步强化不敢腐的震慑、扎牢不能腐的笼子、增强不想腐的自觉。

【推进纪检监察体制改革】 按照党中央确定的时间表和路线图，扎实推进国家监察体制改革试点工作，增设3个纪检监察室，转隶12名检察机关干部，顺利完成了机构设置、职能划转、人员转隶、挂牌成立等阶段性试点任务。同步开展业务培训，制定工作制度，促进全员融合。蹄疾步稳深化派驻机构改革，设立11家派驻纪检组和市级机关纪工委，向65家市一级党和国家机关部门派驻纪检机构，实现派驻监督全覆盖。完成农村纪检监察工作室综合改革全省试点，探索镇“监审合一”工作模式，在全市188个行政村（社区）党组织设立纪检委员，以组织创新打通执纪监督“最后一米”。

【高位开展政治巡察】 认真学习贯彻新修订的巡视工作条例，协助市委成立巡察工作领导小组，制定市委《巡察工作五年规划》和《2017年巡察计划》，出台20项配套制度，创新实施村级巡察全省试点工作并制定相关制度，实现市镇村巡察全覆盖。采取“五步工作法”，靶向基层，集中监督“火力”，精准研判政治生态。以“市委书记一封信”形式致信各基层党委（党组）书记，明确要求自查自纠。今年组织开展3轮巡察，巡察10个党组织，发现党的领导弱化、党的建设缺失、全面从严治党不力等方面问题167个，并及时督促整改。纪检组织对移交的问题线索认真核实，共立案22起。认真整改省委巡视反馈意见，研究制定37项整改措施，实施销号管理，确保整改到位彻底、问题清仓见底。

【铸剑砺兵强化队伍建设】 以“打铁还需自身硬”专项行动为抓手，办好“清风讲坛”“青年学堂”和“七彩课堂”，组织纪检监察干部赴古田进行理想信念教育，举办“做合格党员——啄木鸟在行动”演讲比赛，全力推动“三大一实干”活动，组织机关干部走村入户访企，增强宗旨意识和群众工作本领。统筹推进“网上纪委”建设，开展“对标找差、争创一流”活动，组织“每月一星”评选，弘扬正能量。全面排查执纪风险点，印发《纪检干部“十严禁”规定》《八小时外行为监督管理办法》等，开展纪检监察干部家访活动。坚持刀刃向内，坚决查处纪检干部违规违纪行为，打造忠诚干净担当的纪检监察队伍。

（市纪委）

民主党派·工商联·群众团体

栏目编辑 尹少鹏

中国民主同盟
溧阳市基层委员会

【概　况】 2017年，民盟溧阳市基层委员会下设教育一、教育二、科技、文化、中医院、人民医院、经济等7个支部，新发展盟员7名，共有盟员117名。其中离退休盟员27名，在职盟员90名，高级职称者占盟员比例67%。共拥有常州溧阳两级人大代表、政协委员22名，其中常委6名。盟市委获民盟常州市“先进集体”；创建2家“盟员之家”，开设“同心·献智惠民”系列公开课28场次；承办常州市“盟员之家”建设工作现场会；59名盟员获省市级以上奖项，其中姬金富3项研究和宋红波1项研究分别获国家专利奖；史铭获评民盟江苏省“社会服务先进个人”；贺丹君获评江苏省“教科研工作先进个人”；周春雷创办的溧阳读书台获评“常州市最美读书点”“江苏省最美书店”和常州市未成年人教育基地；陈罗明获评溧阳市“文明职工”；吕自新负责开发的促进学生技能素养提升校本课程成果汇演在溧阳论坛直播；8位盟员分别被评为常州市“优秀盟员”“盟务工作积极分子”，18位盟员被评为溧阳市“优秀盟员”，3名盟员获评市政协2017年度先进委员；2个提案获评2017年度优秀提案，盟市委调研报告《深化农业供给侧改革，推进农旅融合发展》获评民盟常州市调研课题评比二等奖。

【思想组织建设】 盟市委通过召开盟市委扩大会、支委会、支部大会、盟员大会，举办盟务骨干培训班，依托“盟员之家”开展学习交流，以及微信推送、盟讯赠阅、资料编发等多种形式，组织盟员学习领会中共十八届历次全会、中共十九大和习近平总书记“3·4”“7·26”重要讲话等精神，学习贯彻盟中央十二大、盟省委十二大以及常州溧阳“两会”等会议精神,在“盟员之家”开辟“悦读”区，组织参与“‘不忘合作初心，继续携手前进’专题教育活动”“献礼中共十九大、民盟十二大胜利召开”等教育实践活动10余次；邀请常州民盟专职副主委张翠娥、组织处处长曹永忠为盟务骨干作专题讲座2次，与民盟常熟市委、民盟常州市李公朴支部等开展盟务工作交流2次；组织参加省党外干部培训、省盟务骨干培训、2017年县级市盟务工作研讨会、常州市委统战部组织的新入盟成员的培训、常州民盟中青年骨干培训、溧阳市党外后备人才培训、溧阳市政协举办的“创新型经济与智慧经济”和“政协委员素质能力提升”报告会、溧阳市委统战部举办的党的十九大精神宣讲会、基层组织对口联系活动等14次，组织参加常州民盟“梦想与激情艺术作品展”系列活动、“新阶层和企联及志愿者协会三方联合会”、“庆祝第33个教师节”座谈会，溧阳市党外各界代表人士经济社会发展情况通报会、迎春座谈会、“增创发展新优势、种好溧阳幸福树”大讨论活动，接受常州市“三大一实干”活动电话采访等活动10余次；引导7个支部组织所属盟员因地制宜开展学习研讨活动，科技、经济两支部组织盟员赴上兴镇和江苏中关村分别开展农业和高新企业调研活动，教育二支部组织盟员赴“华星博学”开展研讨座谈；根据《江苏民盟基层组织测评指标体系》及常州民盟要求，完成2017年度盟市委13个指标的测评工作，并以较高的分数获常州市“先进集体”；年内，盟市委围绕“节日慰问”“病患探访”“‘暖冬’关爱”及“谈心交流”等工作开展活动100余项。

【参政议政】 2017年，盟市委通过提案和建议案形式就全市经济社会发展和社会和谐稳定方面的热点难点问题，综合全体盟员的意见和建议，共反映社情民意21件、提出政协提案和人大建议案19个，形成高质量的调研报告3份。吴彩萍、狄剑秋、秦俊杰等3位盟员分获2017年度溧阳市“先进政协委员”；全年共有53篇有关盟务工作的论文和信息被江苏民盟、常州民盟、溧阳时空等网站以及《江苏民盟》《常州盟讯》《溧阳时报》等刊物录用，其中《身残志坚，拼博创建“江苏最美书店——溧阳盟员周春雷的传奇故事》发表于《江苏民盟》2017年第3期，《“盟员之家”建设在路上》发表于《常州民盟》2017年第3期，《同心书屋——溧阳读书台·盟员之家》被《常州统战》2017年第6期录用。

【社会服务】 2017年，盟市委创新

7月21日，民盟常州市委“盟员之家”建设现场会暨民盟溧阳市基层委“盟员之家”揭牌仪式　　（民盟溧阳市委　供稿）

方式、发挥优势，积极开展惠民活动，打造“同心·献智惠民”社会服务品牌，增强了盟组织的影响力。

积极创建盟市委“盟员之家”，拓展品牌活动新领域。7月21日，民盟溧阳市基层委“盟员之家”在盟员企业家、江苏好人周春雷创办的溧阳读书台揭牌成立；是日，民盟常州市委在溧阳“盟员之家”举办了建设工作现场会。民盟省委秘书长唐双辰、宣传处处长章卫平、组织处副处长肖波、溧阳市政协副主席蔡金龙、溧阳民盟基层委全体市委和支部委员以及优秀盟员代表共140余人参加。会上，盟员胡昊丞为溧阳市2017年新上岗教师和全体与会成员上了一节科学用嗓的公开课。唐双辰、黄勇、蔡金龙、谢菊芬共同为溧阳市“盟员之家”揭牌。5家“盟员之家”建设代表作交流发言，吕自新代表溧阳民盟作“我们走在‘盟员之家’建设的大路上”发言。7月28日，由经济支部主委陈云波率13名盟员建成的首家支部“盟员之家”在溧阳市天目湖玉枝特种茶果园艺场落户。

依托“盟员之家”丰富品牌活动新内涵。坚持发挥盟员专业优势登台授课和外请专家教授上台授课相结合、坚持以“盟员之家”为定点服务基地利用双休节假日定时开设公开课和将优秀的公开课送出去相结合、坚持面授和线上推送相结合，惠民活动务实成系列、主题突出成特色。盟员吕自新、胡昊丞、叶俊、狄治、黄鉴明、朱政法等先后在“盟员之家”开设公开课19场次；组织胡昊丞赴常州二中、吕自新赴埭中、周春雷赴戴中等外出授课5场次；先后邀请常州市园林局风景园林管理处处长戚维平、溧阳市学科带头人政治教师史君兰及历史教师胡修亮等来“盟员之家”授课4场次；朱国平和吕自新在网上开设“书法教学”“91淘课网微课”免费公益教育、艺技培养系列公开课7期28场次，听课人次超6000。年底，“溧阳民盟‘同心·献智惠民’系列公开课”项目获民盟常州市社会服务工作年度项目结项申报评比“标兵项目”奖。

做实常规项目不松懈。以“同心·献智惠民”为品牌，发挥盟员优势，不断“聚识、聚智、聚商、聚力、聚爱”服务社会，惠民活动有声有色。9月23日，科技、经济两支部围绕“拓展农业功能、推进农旅融合，全力打造溧阳现代农业升级版”课题赴上兴镇农业生态园开展调研。深入江苏中关村科技产业园，为企业分析破解技术难题支招。人民医院和中医院两支部在市建立“院府合作”模式过程中，积极献计献策；11月3日，在昆仑街办凤凰社区意达花园小区内开展“爱心义诊送温暖”活动，接诊居民近110人次，发放健康知识宣传资料140余份。教育一支部组织盟员周春雷、吕自新等赴埭头高中、戴埠高中、实验初中、南渡小学、实验小学、昆仑小学等开展助教助学活动50多次，捐资捐书8万余元。文化支部积极组织盟员参加“全民艺术普及”、创建全国文明城市争当文化志愿者以及各类公益文化等活动；4月18日，盟员程安中组织协调在天目湖南山竹海静雅别院创办民盟中央美术院天目湖创作基地，民盟中央副主席、民盟中央美术院院长张平为基地授牌；三获中国书法最高奖项兰亭奖的盟员朱国平，坚持在网上开设免费书法教学14年。退休教师沈思初盟员坚持十二年如一日义务帮教社区贫困学生及外来工子女；人民医院支部宣传委员孙溧鸿组织光华高中90届高三校友设立“校友奖学金”，9月8日为2017高考取得优异成绩的3名学生颁发16000元奖学金；盟市委委员、青商会会长史铭连续多年组织相关盟员开展扶贫帮困活动，全年累计开展帮困助学、扶贫支教、技术支助等活动5项，捐资捐物计16万余元，被民盟江苏省评为“社会服务工作先进个人”。

（唐银芳）

中国民主建国会溧阳市支部委员会

【概　况】2017年，民建溧阳市支部认真学习领会十九大报告精神，深刻领会新时代中国特色社会主义思想的精神实质和丰富内涵，把中共十九大精神与加强民主党派自身建设、推进社内监督工作紧密结合，努力建设适应新时代要求的中国特色社会主义参政党。全年发展会员2人，年末会员总数21人。

【参政议政】2017年，民建溧阳市支部在民建常州市委的正确领导下，在中共溧阳市委和市委统战部的指导下，充分调动和发挥会员中人大代表、政协委员、各委员和骨干会员的积极性，依托人大、政协平台，鼓励会员多提议案、提案，内容涉及全市的经济发展、人文关怀、文化繁荣等各方面，争取更多的提案受到政府的表彰，充分履行民建的参政议政职能。根据民建常州市委2017年调研工作的相关精神和要求，组织会员进行2017年度课题调研。

【社会服务】 2017年，民建溧阳市支部紧紧围绕中共溧阳市委“凝聚精气神，建设新溧阳”的战略目标，发挥好民建溧阳支部的桥梁和纽带作用，积极参与大招商、招大商活动，积极推介汽车及零部件、建筑、食品和生物医药等主导产业集群项目，广泛引进各类建设资源，拓展对外开放空间提供更广阔的支持；以港澳台同胞、海外侨胞、商会会员的血缘、亲缘、人缘关系为依托，动员在外知名人士通过资金回流、企业回迁、人才回援等途径，参与到现代化综合新城建设中来。继续深入开展坚持和发展中国特色社会主义学习实践活动，组织慈善助学活动，观摩会员企业。向支部会员普及“民建e家”网站的使用，鼓励会员发表文章，要求会员关注“民建e家”微信公众号，组建民建溧阳市支部微信群，依托互联网，会员之间交流研究理论成果、探索发展方向。

（史天翔）

溧阳市工商业联合会

【概　况】 2017年，市工商联新组建1个异地商会、1个行业商会，全市有各类基层商会组织36个，其中，镇（区）商会11个，行业商会18个，异地商会5个，其他商会2个。年内，市工商联获评2017年全国“五好”县级工商联，这是自2015年以后连续三年获此称号。

【主题教育】 2017年，市工商联持续开展以守法诚信为主题的教育实践活动，特邀全国工商联副主席、中国民营经济研究会会长庄聪生来溧举办“民营企业创新与发展”专题讲座。组织部分青年企业家会员赴常州收听收看中央统战部和团中央召开的全国青年企业家理想信念教育电视电话会议。继续开展常州市和谐文化示范企业争创活动，年内组织申报7家示范企业和2家标兵企业。

【组织工作】 2017年，市工商联扎实推进“基层商会学湖塘、行业商会学电梯”活动，结合实际按照全国工商联“四好”商会标准要求，完善《溧阳市基层商会评估指导意见》。加强对商会建设的指导、考核，配合市民政局做好2016年度社会组织年检工作，组织所属已登记注册的商会按要求优质高效完成年检，力促商会工作水平不断提升。同时，稳步推进商会组建工作，新组建了1个异地商会——深圳市江苏溧阳商会，1个行业商会——溧阳市花卉苗木商会；电梯商会继续拓展全国网络覆盖面，年内新成立电梯商会华南分会、河南分会。

【调研工作】 2017年，市工商联按照全市“三大一实干”活动要求，结合工商联工作实际，深入商会和企业开展专题调研，撰写《加强企业公共服务平台建设》《中小企业生产经营面临的困局及建议》等调研文章。完成上级工商联部署的2016年度全国工商联上规模民营企业调研，江苏金峰水泥集团有限公司、江苏国强镀锌实业有限公司等2家企业入围“2017年中国民营企业500强”。

【宣传工作】2017年，市工商联利用商会网站、商会微信群、工商联微信公众号，结合溧阳市“天目湖英才榜”实施意见，会同市经信局认真实施“关爱企业家”工程，集中宣传一批在“四大经济”发展中涌现出来的典型人物，宣传全市优秀企业家的创业事迹和企业发展亮点，宣传商会和会员开展的一系列活动，积极传播社会正能量。

【培训工作】 2017年，市工商联结合企业需求，举办“民企管理升级”系列公益培训3期，协同市经信局举办公益讲座2期，推荐圣泰重型机械有限公司、盛翔新型建材有限公司管理人员参加中国人民大学明德学院举办的公益培训2期，邀请常州领航企业管理顾问有限公司特聘培训师、制造工厂管理改善咨询顾问王德友老师到科华公司企业实地调研，并结合科华现场管理实际举办《卓越班组长管理能力实战研讨》讲座。认真做好常州市民营企业家队伍建设“百千万工程”组织工作，完成2017年招生目标任务。引导基层商会分行业组织各类培训班11期，参训人员1000余人。

【经济服务】 2017年，市工商联建立党委政府与非公经济代表人士联系制度，开通企业家与政府部门的“绿色通道”。邀请市委、市政府分管领导参加政企沟通座谈会，听取企业家的意见和建议。4月10日，与统战部共同承办全市首届溧商大会，邀请350多位海内外溧阳籍企业家代表参会，并在全市首次开展“溧商回乡创业功臣”和“服务家乡招商引资功臣”评选活动，命名表彰10位“溧商回乡创业功臣”和8位“服务家乡招商引资功臣”，展示溧商风采，凝聚溧商力量，受得社会各界赞誉。与商务局合作编印《中国·溧阳市首届溧商大会》政策选编，并会同商务局、经信局、科技局等部门开展政策解读，加大惠企政策宣传力度。特邀国税局举办税制改革政策专题讲座，促使企业规范管理，依法诚信纳税。

坚持“请进来”与“走出去”相结合，组织企业家赴先进地区开展学习考察活动，邀请异地商会会员及外地客商来溧进行经贸对接活动，服务企业加快发展。加强与各地工商联和友好商会的互动交流，先后组团赴无锡市工商联、井冈山市工商联、武汉市工商联、上海嘉定区工商联、湖北京山县工商联学习考察，同时接待了江阴市工商联、武进区工商联、金坛区工商联、钟楼区工商联、上海嘉定区工商联等考察团，并与井冈山市工商联、上海嘉定区工商联、湖北英山县工商联缔结友好工商联，为进一步加强区域工商联的交流合作，促进招商引资引智、用工招聘等奠定基础。

【光彩事业活动】 2017年，市工商联积极引导商会和会员投身扶贫帮困、光彩助学等公益慈善活动，承担社会责任。利用各类重要节日，组织商会和会员主动开展各项光彩主题活动。如端午节慰问敬老院献爱心活动；“六一”节进学校爱心捐赠活动；高考期间的爱心助考活动；暑期持续组织开展的捐资助学活动等。利用光彩事业促进会平台，组织商会和会员实施定向捐赠，商会会员通过光彩事业促进会定向捐助资金170万元，全年助学助困捐助资金50多万元。

（杨秀华）

溧阳市总工会

【概　况】2017年，全市各级工会组织紧紧围绕“凝聚精气神，建设新溧阳”总要求，坚持强“三性”、去“四化”、增“四力”，以“改革、创新、服务”为主线，扎实推进双创、普惠、信赖三大工程，全年新建企业工会组织35个，联合工会4个，覆盖企业90家，发展会员4593人。市总工会获常州市工会工作综合考核特等奖等荣誉10项。

【实施劳动竞赛】2017年，全市各级工会积极组织“安康杯”重点工程创优立功竞赛、师徒结对、科技创新、合理化建议评选等活动，取得技术革新33项，小发明、小创造54项，合理化建议1000余条，创造经济效益2.35亿元，节约能源价值3700余万元，节约人工成本1300余万元。江苏上上电缆集团有限公司张东杰的《轻型抗蠕变塔筒用阻燃电力电缆开发与应用》获省十大职工科技创新成果奖，潘洪强劳模创新工作室的《一年四茬繁育培育鱼虾苗种技术集成创新实验基地工程体系建设》和江苏伊莱凯美新材料科技有限公司姚国友的《纳米级硅酸盐混凝土养护修复增强一体剂》2项成果获常州市十大职工科技创新成果奖。先后组织举办医疗急救、农技操作等行业职工职业技能竞赛4场。组织341省道改扩建等20个重点工程项目开展创优立功竞赛活动，新城房产开发有限公司等4个单位获优胜单位，交通工程建设管理处的金国平等10名同志获评建设功臣。持续开展“师徒结对”活动，在市总工会签约备案师徒428对，50对师徒被评为市优秀师徒，6对师徒被评为常州市优秀师徒。

【职工帮扶服务】组织开展特困职工大走访活动，对2017年度150名特困职工进行走访慰问，发放慰问金45.5万元。资助特困职工子女就学167人次，发放助学金22.1万元。为45名低收入生活困难劳模发放补助金78.7万元，为25名特殊困难劳模发放帮扶金18.8万元。“双挂双促”走访慰问建档贫困户26家，发放慰问金2.3万元，扶持项目资金30万元。

组织开展“春风行动”“中国梦·劳动美”“28招聘日”等活动14场次，提供就业岗位15227个，实现就业3281人。与千里马人力资源公司、华星博学教育培训中心合作，建立溧阳市职工教育培训基地，举办家政服务、会计、心理咨询等培训16场次，培训职工427人，推荐就业184人。为全市职工办理工会服务卡近14万张，签订特约商户457家，发放住院慰问、工伤和大病补助工会服务卡专享保障金14万元。

【关爱职工行动】全市新建劳动保护监督检查员片区服务站2个、爱心母婴室13家；对市区52个环卫工人休息点进行提档升级，建设首批环卫工人“爱心驿站”3个。开展“缘聚工会·牵手幸福”单身职工联谊活动2场，参与职工500余人。为环卫工人和公安辅警赠送职工意外伤害保险2500份，组织近百名在文明城市创建中表现突出的优秀环卫工人和公安民警进行疗休养。全市各级工会在夏季“安康”三送活动中走进重点工程、企业慰问一线职工近万人，发放慰问物资80余万元。与江苏天目湖旅游股份有限公司合作建设挂牌常州市首家劳模（职工）疗休养基地，相继推出“关爱女性，感受美音自在溧阳”、“工会服务卡特惠月”等普惠活动，共接待省内外劳模职工疗休养近3万人。

【搭建双创平台】在江苏骏益科创园建设挂牌溧阳市职工创新创业基地，进一步规范完善功能设施，江苏骏益科创园职工创新创业基地被常州市总工会命名为“常州市职工创新创业示范基地”。全年为164家企业提供创业扶持资金1640万元，有效缓解小微企业和职工创业融资难的问题。搭乘“大学仕”技术转化平台快车，促使企业发展需求与实用技术生产转化的有效对接，推动产业升级和技术革新，服务企业503家。

【职工文体活动】组织开展“我爱溧阳”情系农民工（职工）系列文化活动15场；联合市委宣传部、文明办等部门开展“百名文明职工”评选活动，评选溧阳市文明职工90名，溧阳市十佳文明职工10名。组织开展“又是溧阳三月春——丁酉之春金濑春晖职工读诗会”“鸥波寄兴、秋水萦怀”职工湖畔读诗会等金濑春晖系列活动，完成茶亭诗词文化墙打造、龙鑫茶园文化廊建设、周大敬茶文化设计、百棵树农舍诗词文化营造等项目，此项工作获常州市工会系统宣传思想文化工作“优秀创新成果奖”。组织开展“书香企业”“书香工会”创建活动，市供电公司获评省“书香企业”，正昌集团职工书屋获评“江苏省职工书屋示范点”，江苏骏益科技创业园有限公司、市文化馆、苏皖合作示范区建设发展有限公司的职工书屋获评“常州市职工书屋示范点”。

【和谐劳动关系】在江苏东方印务有限公司组织召开2017年度非公企业工代会、职代会“双代会”现场观摩会，切实加强基层工会规范化建设。组织开展和谐劳动关系企业创建活动，溧阳索尔维稀土新材料有限公司和市客运公司获评常州市创建和谐劳动关系五星级企业，江苏天目湖旅游股份有限公司和溧阳市金昆锻压有限公司获评常州市创建和谐劳动关系“三合一”先进企业。在全市各类企事业单位中连续开展职代会优秀提案征集系列活动，共收到企业经营管理、职工权益保障、技术创新、劳动关系协调等方面优秀提案156件。市总工会获评江苏省推动厂务公开民主管理工作先进单位。

开展“法治入人心·吉祥满万家”、“法律在身边 · 和谐伴你行”、平安法治建设宣传月等法律宣传咨询活动

16场，发放涉及安全生产、劳动合同等法律法规书籍8100余册，接受职工法律咨询2920余人次。组织工会干部劳动法律法规和劳动法律监督员培训，建成覆盖镇（区）、村（社区）和规模以上企业的“小三级”劳动关系预警信息平台497个。

【加强自身建设】按照“六有”“五好”“四强”的标准，组织开展模范（信赖）职工之家创建活动，分行业分层次逐步推进规范建家，并对创建单位进行重点培育指导。14个基层工会获评“常州市信赖职工之家”，8个工会小组获评“常州市信赖职工小家”，14名工会干部获评“常州市职工最可信赖的娘家人”称号。创建“职工之家”示范点3个，“模范职工之家”60个，“模范职工小家”60个。举办推进“两学一做”暨加强工会干部党性修养培训班，取得了锤炼党性、锻炼队伍、凝聚力量的良好效果。以“三大一实干”活动为契机，建立完善工会干部联系基层工作制度，全市各级工会干部在活动中为职工办实事解难题380余件。在全市学习贯彻党的十九大精神暨“凝聚精气神，建设新溧阳”时政知识竞赛活动中，市总工会机关代表队获三等奖。

按时序进度积极推进、认真谋划工会改革工作。聘请10名“工会改革观察员”，以组织现场观摩、召开征求意见建议座谈会等形式，为工会改革反馈信息、提供建议、实施监督。

认真履行工会党组全面从严治党主体责任，切实加强对干部的教育、管理和监督，严格落实中央八项规定、省委十项规定，坚决抵制和纠正“四风”问题，扎实推进党风廉政建设，组织开展迎“七一”廉政党日系列活动。自觉接受市纪委派驻机构监督，着力营造风清气正的良好环境。

（胡　赟）

中国共产主义青年团溧阳市委员会

【概　况】2017年，全市各级团组织围绕共青团改革要求，坚持问题导向，强“三性”、去“四化”，围绕“阵地建设突破年”主题，以八项重点项目为抓手，广泛凝聚青年、全力服务大局。年末，全市共有直属团组织50个，团员37623名。新增江苏中关村科技产业园团工委1家直属团组织，全市发展新团员1640名。团市委青少年综合服务中心被团中央命名为全国示范性青年之家，“风信子之爱”项目入选团中央全国青年社会组织伙伴计划，蓝火焰青年众创空间获评省级众创空间和全省巾帼创业示范基地，团市委获评全省十佳理论学习型团组织，团市委机关连续第三年获评市级机关目标管理优胜单位。

【提升思想引导】全市各级团组织始终紧紧围绕迎接、宣传和学习贯彻党的十九大精神这一主线，把引导广大青少年听党话、跟党走作为共青团工作的核心任务。组建“青春宣讲团”，所有专职团干部深入团员青年中开展专题宣讲，成立“习近平新时代中国特色社会主义思想”溧阳共青团研习基地，开展青春微讲堂、“青春建功新时代”十九大精神专题报告会、十九大精神宣讲共青团青联专场、总书记系列讲话精神宣讲活动超百场次。积极挖掘选树一批“青春代言人”，组织杰出青年开展“青年说”8场次，1名优秀溧阳青年当选江苏好青年。聚焦网上共青团建设，开通“青年之声”溧阳版，累计接受提问和答复近6000条。以江苏最美警察唐国明为原型推出“唐Sir工作室”，开发青少年自护系列微视频，与电视台合作创办常州市首档青少年互动电视节目《溧志工场》，累计播出40期。

【投身发展主战场】推出蓝火焰青创“薪计划”，拓展服务上兴南大科创园、竹箦翼桥青年众创空间、创客联盟等青年众创平台，集成创业工位、中介服务、专家辅导、金融支撑等全要素创业服务链条，打造青年创业孵化平台集群，各平台共入住创业项目40余个；完善江南银行“青创贷”，联合建设银行开通普惠金融创业青年绿色通道，发放青创贷款1000万元。实施“青年众创空间助力精准扶贫”计划，推出“蓝火焰15号”系列扶贫产品，销售额的15%捐入扶贫基金定向结对上兴曹山地区贫困户，“小白茶”等3款产品销售额突破60万元，筹集帮扶资金近7万元，被团省委确定为2017年度创新工程试点项目，团中央书记处书记徐晓专题调研并给予充分肯定。推动省商务厅、省住建厅团委分别与上兴镇和戴埠镇团委结对共建，确定6项具体帮扶举措，拓宽共青团服务地方发展新路径。围绕“创建宣导、文明找差、交通疏导、护学督导”等四个专题，组建了600余人的青年突击队，开展“传承文明、传递健康”“百团千员建绿城”等志愿服务活动，参与志愿者1万多人次。联系服务数十家社会公益组织，注册志愿者人数超2000人，2个公益项目分获全省公益创投大赛金奖和银奖，1个公益项目获全国公益创投大赛铜奖，300多名青年参加市“两节”、首届溧商大会、市八运会等全市各大型活动志愿服务。

【助力青年成长成才】把建设建强“青年之家”作为联系服务青年的重中之重，通过自建、联建、共建打造溧阳市一站式青少年综合服务中心，中心下设蓝火焰青年众创空间、红铃铛青少年事务中心、读书台青年之家等三大实体阵地，总使用面积近5000平米，以满足不同年龄、职业、兴趣的青少年需求，“多维”工作法得到团中央的充分认可和积极推广。出台考核奖励办法，着力解决基层“人、经费、项目”问题，推动全市11个镇区实现了青年之家全覆盖，建成国家级1家，省级4家。打造“天目湖英才榜·青才库”网络平台，为溧阳籍高校学子信息动态建档，开发升级就业信息发布和青年互动功能，促成97个就业实习岗位。积极组织开展文体沙龙、联谊交友、户外拓展等时尚清新的活动。配合组织部门开展为期8个月的“建功新时代，最美青溧量”年轻干部助力计划，组织全市161名85后干部在三个阶段数十场活动比拼磨炼，为年轻干部提供全方位展示平台。持续聚焦特殊青少年群体，“圆梦行动”、“暖心行动”筹得社会资金近58万元，资助60名寒门学子走进大学校园，160多名家境贫困的中小学生获得长期结对资助。实施“小志快满，爱的众筹——困境青少年幸福起步计划”，全面排查摸底全市困境青少年，建立一支“团干部＋社会组织”的帮扶队伍，动员全社会的力量关注关爱身边的困境青少年。

【召开溧阳市青年联合会五届一次全体会议】 5月4日，团市委、市青联召开溧阳市青年联合会五届一次全体会议。中共溧阳市委书记蒋锋出席会议并讲话，常州团市委副书记潘儒向大会致辞。蒋锋书记在讲话中充分肯定了六年间青联组织为溧阳经济社会发展作出的贡献，并向市青联提出了不忘初心，坚定理想，做“中国梦”的信仰者；积极探索，勇于创造，做“最美城市”的建设者；脚踏实地，练就本领，做实干精神的践行者和提升素养，锤炼品格，做社会文明的引领者等四点希望。市青联主席陈建伟全面回顾总结了六年来市青联的基本工作情况，研究部署了今后五年青联工作。选举产生了新一届青联常委班子，新一届委员会委员共132名，新一届青联常委班子中基层一线青年占30%。会上还对朱庆、朱蓉、芮勇、沈铎、周勇、周建国、段云松、徐云飞、徐清华、彭华等十位获第八届“溧阳市十大杰出青年”称号的同志进行表彰。

【自身建设】 全面推进从严治团，深入开展“学习总书记讲话，做合格共青团员”教育实践活动，全年发展团员1640名，初高中的团学比已分别降至25%和60%。深入推广“入团第一课”，落实“三会两制一课”，切实推动团的组织生活常态化、规范化开展，增强团员先进性和荣誉感。举办基层团干部湖南大学培训班和少先队辅导员苏州大学培训班，提升团干部的业务素养和党性修养。坚持把加强党的建设作为增强共青团政治性的第一抓手，实行“1+100”团干部联系青年制度，在“三大一实干”活动中累计走访群众210余户，有4篇稿件登上“江苏大走访”微信公众号。围绕“对标找差”活动，确定常州市新北区团委和无锡市滨湖区团委两家标杆，明确“青年众创空间提档升级”和“社会组织培育”两个具体工作领域，分别实地学习交流3次，制定追赶的计划和措施。

（易子翔）

溧阳市红十字会

【概　况】 2017年，市红十字会全面履行《红十字会法》赋予的各项职能，着力加强自身建设，稳中求进，寻求突破，努力为改善民生、推动文明溧阳建设发挥应有的作用。10月，市红十字会第四次会员代表大会召开，市委书记蒋锋和常州市红十字会党组书记、常务副会长钱斌出席会议并讲话，表彰了全市红十字会系统先进集体、先进个人、优秀志愿者。市红十字会先后获省“应急救护培训项目”突出单位、常州市红十字工作先进集体、溧阳市学习型党组织、溧阳市先进基层党组织等称号。

【筹资工作】 2017年，市红十字会积极传播红十字文化，加强与社会爱心力量的联系和合作，共同建立公开、和谐、互信的关系，动员理事、会员单位以及社会爱心人士加入人道奉献行列。接受溧阳曙光置业有限公司、溧阳飞跃机电有限公司等单位捐款合计813200元；争取上级红十字会25.8万元项目资金支持。市红十字会及时开好每笔捐赠发票，并在中国溧阳网站公布。

【救助工作】 全面实施“红十字博爱送万家”项目，深入全市各镇（街道）走访慰问，发放慰问金和救助物资，给予困难群众关怀与问候；开展红十字助学助老活动，联合民建支部到偏远学校开展助学活动；联合爱心企业到敬老院看望老人；按照《博爱救助基金管理和使用办法》，对家境困难的白血病患者和其他特困重病患者进行临时救助。市红十字会全年共发放助困、助学资金903300元。

【救护培训】 2017年，市红十字会围绕省委、省政府“应急救护百万培训”工程，以保护人的生命和健康为己任，大力推进救护培训工作。组织人员参加上级部门开展的救护师资培训；参加常州市红十字急救技能大赛，市红十字会获常州市红十字应急救护技能大赛团体二等奖，肖全凤获“常州市技术能手”称号，王永荣获“常州市十佳红十字救护能手”称号；充分发挥国防园和竹箦镇社区教育中心两大应急救护培训基地作用，使应急救护知识普及常态化；定期组织救护讲师团成员深入社区、学校、企业开展救护培训，普及急救知识；成立养老照护志愿服务队，在美景天城、清溪路和北郊社区开展养老照护志愿服务，为老年人提供健康咨询、助餐服务；全年为社区居民、在校学生、企业职工举办培训50多场，培训人员12180名。

【救援演练】 在天目湖、南山竹海等景区设立30多个急救箱，加强对急救箱的日常管理；联合市交通运输局、公安局、地方海事处、消防大队等单位开展天目湖景区水上搜救演练；联合市应急办、市教育局、市地震局等部门在全市各中小学开展应急逃生演练活动。

【志愿服务】 借助“三下乡”活动平台，积极传播红十字运动知识，精心组织各类博爱救助活动，把党和政府的温暖及时送到困难群众手中；中、高考期间，组织红十字爱心车队主动为考生提供方便，免费接送考生175人次；积极投身全国文明城市创建，参与路口执勤、路上巡查，认真做好“路长制”工作。

【无偿捐献】 联合献血者协会举办第14个献血日和第32个国际志愿者日活动。全市共有105名造血干细胞捐献志愿者血样进入中华骨髓库，其中12人初配成功，再动员成功率100%。新昌卫生院医生谢超娟成为又一例非血缘关系造血干细胞志愿者捐献成功，全市遗体（器官）捐献登记52人，实现捐献6例。

【宣传工作】 围绕“5·8”世界红十字日、世界急救日，开展“文明溧阳与爱同行”等主题宣传活动；6月，中国红十字会总会宣传部部长姚立新来溧调研基层组织建设情况，江苏省红十字会会长何权到溧阳调研养老照护志愿服务等工作。11月，台湾红十字会花莲分会到溧阳访问交流。全年，在省内外各报刊、网站发表信息、文章共计112篇。

（车雨辰）

溧阳市妇女联合会

【概　况】 2017年，全市妇女工作准确把握市委、市政府对妇联组织提出的新要求，清醒认识时代变化对妇女群体带来的新影响，顺应市委提出的“实干强市”总动员，全力服务重大项目建设、全域旅游开发、全国文明城市创建“三大工程”，全面参与四大经济三年行动计划，在建设宁杭生态经济发展带最美副中心城市的征程中彰显“半边天”的积极作用。

【妇女创业创新】 实施“巾帼休闲农业双增双富”三年行动计划，举办彰显溧阳风情的系列展示活动、开展最具特色的巾帼民宿寻访、培育休闲主题的创意产品示范项目等方式，辐射带动农村妇女收入增长。5月，举办“大美曹山 骑乐无穷”家庭自行车嘉年华主题活动，200户运动爱好者家庭参与活动。与市委农工办、农林局等合力培育专业大户、家庭农场等新型经营主体，鼓励女能手创办有市场竞争优势和带动能力强的巾帼现代高效农业示范基地，全年培育巾帼休闲农业基地、巾帼美宿、巾帼创新业等项目30个，发放奖励扶持资金30万元。积极争取并发放省市各级扶持资金51万元，其中，天目湖龙鑫特色农机专业合作社等2个项目被推荐为省级巾帼示范专业合作组织，白露山农庄等2个项目被推荐为省级巾帼农家乐；南渡冬梅粮食种植家庭农场等12个项目被推荐为常州市级巾帼创新农业项目及巾帼现代农业科技示范基地。选派11名创业女性赴义乌接受电子商务专项培训，组织多个项目参加常州市巾帼创业创新创意大赛，戴埠镇格格粮食家庭农场、溧城胡桥秋葵家庭农场分别获大赛电商、互联网类项目一等奖、三等奖；戴埠深山沟家庭农场、上黄六指羊羔等4个项目获消费升级类项目优秀奖。

抓平台建设，服务妇女创新发展。组建女大学生创客协会。以女大学生创业者和女大学生村官为牵头人，开展女大学生创业培训辅导，举办女大学生创业大赛，提供创业项目巡礼、项目路演、融资推介等服务。市地税一分局办税服务股、信访局人民来访接待中心、客运公司101亲情服务班3个集体获评全国“巾帼文明岗”，溧阳市就业服务中心等10个集体获评江苏省“巾帼文明岗”，市人社局获评省“巾帼建功”，并在全省“巾帼建功”现场推进会作经验交流。

【妇儿民生事业】 实施开展“留守家庭暖心工程”项目，统筹实施“十三五”妇女儿童规划，新建5个小候鸟服务站，配备专门场地和图书，开展留守儿童心理疏导、体验、阅读等活动，重点加强特殊青少年的心理健康、行为习惯、安全法制教育；组织留守儿童体验活动12场，开展讲座39场次，覆盖全市留守人员近3000人次，获评2017年省级妇女儿童公益社工服务二类项目。

基层矛盾化解渠道有效创新。创新开设“星期五绿色”通道，依托专业机构和专业力量维护妇女儿童合法权益，共处理妇女儿童案件215件，家暴案件149件，25名受害人得到心理疏导和帮扶，7名妇女儿童诉讼案件得到法律援助，参与调解案件11起，调处率100%，调成率98%以上。联合溧城镇、民政、公安、检察院、法院和团市委等部门通过下发家庭暴力告诫书、启动心理干预、成立临时监护帮扶小组、建立“监护帮扶小组”微信群等措施，解决两名因父母触犯法律而上学困难的儿童以及清溪8岁受虐儿童浩浩的成长问题。市妇联牵头，与政法委、司法局、信访局等部门联合开展化解信访矛盾到一线暨“牵手解心结”维权公益服务活动，通过4+X化解模式，因案施策，进行针对性帮扶。

家庭文明建设持续深入推进。推动家庭文明建设制度化、长效化、常态化开展，组织开展“争当贤内助 共树好家风”主题活动报告会、“好家风·润溧城”“最美家庭讲好家训”“幸福家庭·与法同行”“溧阳十大巾帼标兵”评选等活动，朱富金家庭获评全省最美家庭。依托微信等互联网媒体，引进外地优秀的家庭教育资源，搭建“点亮未来”家长微课堂，打造十大家庭教育专题50节微课，直接受益家长500人次；持续推进“科学家教进万家”活动，开展线下青少年能力训练营六期，邀请哈佛爸爸王建军老师开展行为实践学讲座、邀请台湾著名亲子教练徐良材老师讲授“欣赏的力量”，组织家庭教育讲师团成员开展各类教育培训讲座35场。

【妇联组织建设】 召开市妇女第十五次代表大会，选举产生新一届市妇联领导班子，首次增设2名兼职副主席，建立健全新一届三级妇联工作网络；指导市级机关妇委会“会改联”工作，并在地税局召开现场观摩推进会。6月，全市机关“会改联”工作全面完成。实施妇联组织区域化建设改革，以戴埠镇为试点先行先试，确立“镇—村—村民小组”的纵向三级妇联架构和“巾帼创业就业服务、妇女儿童维权服务、儿童成长教育服务、家庭文化建设服务”四大横向工作联盟的工作思路得到省市肯定。6月3日，全国妇联党组书记、副主席，书记处第一书记宋秀岩来溧调研基层妇联组织改革和基层妇联服务阵地建设等工作，省妇联《妇工要情》专题向省委汇报了溧阳市乡镇妇联组织区域化改革的实践情况。

全年举办全市基层妇女干部培训班和“巾帼心向党·红色古田行”——溧阳市妇女干部理想信念培训班各1期。以市妇联官微“溧阳她慧来”+定向微信工作群为主体，同步对接全国妇联“女性之声”、省市妇联系列官方网站、微信以及“中国溧阳”服务平台等新媒体资源，形成上下贯通、内外联动的全市妇联系统信息化工作矩阵。“溧阳她慧来”吸粉已过万人，10 类定向微信工作群联系群员近 5000 人，指导镇（街道）、机关妇联、村（社区）建立微信群 315 个，直接联系妇女近 3 万人。“留守家庭暖心工程”“系在胸前的爱——粉红丝带乳腺癌防治”和“向阳花开——情暖留守、单亲家庭”分别获评 2017 年省级妇女儿童公益社工服务二类项目、三类项目，争取资金 13 万元；溧城镇“老街坊”惠老服务中心的“巧媳妇——亲情港湾项目”入选 2017 年常州市女性社会组织公益创投项目。

（王　金）

溧阳市科学技术协会

【概　况】 2017 年，市科协深入学习贯彻习近平总书记系列重要讲话特别是在“科技三会”上的讲话精神，按照“五位一体”总体布局和“四个全面”战略要求，积极践行五大发展理念，切实履行“四服务一加强”工作职能，助推科技创新、提升科学素质、服务创新创业，为“凝聚精气神、建设新溧阳”作出积极贡献。

【服务经济社会发展】 制定实施《服务企业科技创新三年（2017–2020）行动计划》，支持服务企业科技创新。每年推动成立 1 家以上企业（园区）科协，树立 2 ~ 3 家（项）创新创业示范企业、示范项目和示范产品，定期邀请有关部门解读国家和地方对科技创新的优惠举措和政策支持，开展创业讲坛、创业沙龙、创业训练营以及“创客溧阳”“创享智造”系列活动。继续实施好科技信息企业推广应用服务项目，全年新增企业信息库用户 55 家，培育企业应用科技信息形成典型案例 30 余例，培训企业专利应用工程师 200 余名，为 10 多家企业配发企业服务券 27 万元。聚焦前沿布局人工智能，成立溧阳市青少年机器人学会，组织 50 余名青少年机器人爱好者前往上海开展青少年机器人科普夏令营，举办青少年创客机器人大赛教练员培训班。

【提升全民科学素质】 精心组织 2017 年科普宣传周、全国科普日等重点科普活动，期间举办科普报告、科普讲座、科普集市 10 多场，科技致富培训班 12 次，接受培训的农民 3000 多人次，发放宣传资料近 2 万册（份），展出科普挂图 300 多张，展出科普展板 80 块（次），播放科普影像 180 分钟，参与科普活动的科普志愿者 1200 多人次，受益群众达 20 多万人（次）。与溧阳广播电视台签订协议，每天播放一分钟的科普电视节目《灵验小药方》。与市民防局、市电信公司联合举办“民防杯”“电信 4G 杯”科普知识竞赛，通过《溧阳时报》、溧阳科普网、“溧阳科普”微信平台刊登试题，共有 1 万余群众积极报名参与。

【夯实科普阵地】 认定溧阳市映山红花木园艺有限公司等 6 家单位为溧阳市科普教育基地，溧阳市周城汤山茶场等 2 家单位被命名为常州市级科普教育基地；溧阳市欣龙生态农业发展有限公司等 2 家单位被评为常州市优秀科普教育基地；溧阳市周城汤山茶场、常州市日日春农业科技开发有限公司被推荐为江苏省科普教育基地的申报对象。溧城镇福阳社区和市白露山生态农业发展有限公司被评为“江苏省基层科普行动计划”先进单位。溧阳市金泉生态科技园有限公司等 2 家单位被评为常州市科普惠农服务站，溧阳市白埂茶场被常州市科协推荐申报 2017 年省级科普惠农服务站。

【提升科普信息化】 9 月 27 日，根据中国科协、江苏省科协和常州市科协关于开展“百城千校万村行动”工作的部署要求，市科协举办“科普中国 e 站”的培训，对“科普中国”App、“科普中国”落地应用、“科普中国”账号注册、机构与基站认证等内容作了详细介绍。通过培训，让科普 e 站这一新型的网络化普及科学知识的形式应用到日常的科普工作中去，提升全市科普信息化水平和能力，实现全市城镇社区 e 站和省级“科学教育特色学校”“科学教育综合示范学校”的校园 e 站全覆盖。贯彻落实《江苏省科协系统深化改革实施方案》要求，推动政务信息化平台的建设和“苏科家园”微服务平台的推广应用，做好对系统的日常运行维护、信息交换、文件收发和事项办理，使市科协信息管理汇入到江苏省科协组织的网络中去。

【服务创新创业】 5 月 30 日是全国首个科技工作者日，市科协组织开展以“见证科技魅力，激发创新活力”为主题的全国科技工作者日庆祝活动，对江苏安靠智能输电有限公司副总经理陈晓鸣等 10 人优秀科技工作者进行表彰奖励，评选为 2017 年溧阳市优秀科技工作者。组织正昌科协罗从彦、圣泰公司葛富妹等科技工作者参加常州组织的科技工作者休养、体检活动。推荐水产专家潘洪强参评江苏省“十佳”老科技工作者，市桂花协会会长林富春参评全国农技协先进工作者。

（周　昱）

溧阳市归侨侨眷联合会

【概　况】 2017 年，市侨联深入学习贯彻党的十八大、十九大精神和习近平总书记系列重要讲话精神，紧紧围绕全市中心工作，聚焦“重大项目攻坚年”和“文明城市攻坚年”主题，进一步完善工作机制，强化工作措施，拓展工作内涵，广泛团结归侨侨眷、海外侨胞和留学人员，积极响应“一带一路”倡议，真抓实干开展各项工作，在应对挑战中主动作为，在改革创新中破解难题，取得积极成效。

【引资引智】 充分发挥侨务部门人才荟萃、智力密集、联系广泛的独特资源优势，扩大对外交往，畅通交流渠道，吸引侨资侨智，助力服务地方经济发展。4 月，接待新加坡科技研究局汤弢、严宏两位博士后，陪同考察中关村科技产业园区。6 月，与中关村科技园区科技局共同接待参加 2017“春晖杯”中国留学人员创新创业大赛获奖的于开成等 7 名中国留学博士、硕士。牵线的项目总投资1亿元人民币的江苏天目湖跨境电商产业园开门上线营业。9月，注册资本500万人民币的溧阳市新曦能源科技有限公司落户江苏中关村创智园。先后邀请雅居乐地产置业有限公司（HK.3383）、美国扶持中小企国际联盟、日本亚太绿色经济协会、柬埔寨王国柬中国际联合促进会、台湾海峡两岸青年经济发展促进会等来溧考察。利用2017中国溧阳茶叶节暨天目湖旅游节和首届溧商大会等活动契机，接待到溧阳参会的英国苏曼教育国际发展中心总裁许言忠、斯里兰卡华侨华人联合会常务副会长张旭东以及香港溧阳同乡会代表团等华侨友人，做好招商引资推介工作。4月，中国侨商联合会东部地区侨商组织座谈会在溧阳召开，会议探讨了加强东部地区侨商组织之间的交流与合作，明确各省（市）侨商组织之间建立正常的联络机制，为各地区侨商间的交流合作搭建平台。6月，组织中关村科技园区、天目湖工业园区及相关孵化器企业参加“2017创业之桥”——第十四届海外人才常州创新创业洽谈会，积极与海外华侨华人专业人士进行项目对接洽谈。

为充分发挥优秀侨界人士的示范引领作用，市侨办、侨联积极推荐代表人物参加各类组织和评选活动。1月，第十三批国家“千人计划”创业人才项目拟入选人员公示，市侨联常委、市留学生联谊会副会长张清林入围，实现了溧阳市国家“千人计划”专家零的突破。市侨联印发《关于号召全市侨界向张清林同志学习的通知》文件，在全市侨界营造以先进为榜样，立足本职、敬业奉献、实干担当的良好氛围。张清林获2016年度“天目湖英才榜”特别奖；侨商会副会长葛艳明、理事仲春明和市留谊会副会长邵顺分获“创业之星”和“创新之星”称号。仲春明获“溧商回乡创业功臣”称号。8月，市侨联七届四次全委会集中学习黄大年的先进事迹。

【参政议政】 市侨联积极参政议政，为全市发展献计献策。全年，向市政协提供本组委员提案8件，社情民意9件，上交理论征文3篇，其中《关于我市侨务工作主动融入“一带一路”发展战略的思考》获三等奖。

【组织建设】 按照市委、市政府的统一部署，认真制定“三大一实干”各项活动实施方案，切实提高侨务工作的实效。3月，走访徐志群、赵洋等5位侨界人士，听取他们“跳出溧阳看溧阳”的对策建议，寻求发展良策。3月下旬至4月底，分两个小组到挂钩的汤桥村和马塘村，慰问困难群众6户，入户调查210户，了解他们的生活状况、家庭收入和对居住、就医、教育、文化、平安、社保等方面的意见、要求。开展“走访干部求工作良计”活动，侨办侨联问卷调查全员参与、集思广益。9月，会同常州市侨办到江苏中关村科技产业园调研。对汤桥村挂钩贫困户“一户一策”精准扶贫和企业吸纳就业等问题进行对策研究。对该村因疾病、残疾等丧失劳动能力的，尽力帮助争取政府、社会各方面的关爱和救助，2次慰问困难群众。

4月，召开市侨联七届三次全委会议，李劼同志当选为新一任市归侨侨眷联合会主席。8月，召开市侨联七届四次全委（扩大）会议，完成了侨商会第三次换届选举，开展对新一届的侨商理事单位走访调研和全市新侨侨情普查工作。

【工作交流】 5月下旬，主动邀请回国参加江苏发展大会的溧阳籍嘉宾徐建伟先生和汤淑兰女士到溧阳考察。10月下旬，组织20余位老归侨侨眷参加重阳座谈。上半年，组织建安、电缆、塔吊等企业负责人赴斯里兰卡考察交流，拜访了当地侨团、侨领和商会，走访了侨界代表人士，听取他们对侨务工作的意见，加强海外联谊交流。8月，接待南京溧水区侨联主席项芳云率团到溧阳考察，重点围绕侨企合作、企业发展、旅游项目建设等进行广泛深入的交流。在《溧阳时报》和部门网站上发布报道各类侨务信息30余篇。在《欧洲时报》上专版宣传溧阳，扩大溧阳在海外的知名度、影响力。创建“一家亲”微信群和“濑江侨音”微信公众号，适时推送侨务政策法规、侨界大事要事和侨务工作的动态信息。

【公益事业】 市侨联与市老龄办、团市委合署开展关爱侨界空巢老人行动。采取电话访问和上门走访慰问相结合，通过助老家政服务、困难老人结对帮扶等形式，重点关注侨界高龄、空巢、失能老年人的生活困难。配合团市委，组织志愿者走进养老机构、老年社会组织和老年人家庭，提供家政、护理、信息咨询、心理疏导等服务。为全市40户侨界空巢老人家庭发放每户200元的补贴，用于购买家政服务。“爱心妈妈”徐志群给30多名高中生捐资助学，组织市侨企侨商出资帮扶30余位光华中学贫困学生，每人每年受助2000元，直至高中毕业。该项资助工作自2006年开展以来，累计受助学生116人，有77人考上了大学，其中本二以上62人。

（徐　丹）

溧阳市文学艺术界联合会

【概　况】 2017年，市文联以学习党的十八大、十九大和习近平总书记系列重要讲话精神为主线，以开展“两学一做”、“三大一实干”、文明城市创建“路长制”等工作为载体，不断用理论指导工作、推动实践，坚持学用结合，学以致用，将学习成果转化为推动工作的实际成效。

溧阳市文联有下属协会9个，子协会6个，团体会员2200多名。在各文艺家协会创作的作品中：戏剧作品有1件入选“中华颂”第八届全国小戏小品曲艺大赛；书法作品有2件入展“全国第四届隶书展”，1件入选第二届江苏书法奖，2件入展“江左风流奖”江苏省第八届青年书法篆刻作品展，1件入展“江苏省妇女书法作品展”；美术作品有2件在第三届“中国粉画展”中入选，2件在江苏省第二届“美术奖”作品展中入选，1件在“江苏省第六届新人美术作品展”中获佳作奖；歌曲有1首入选常州市第八届“五个一”工程奖。在溧阳市“北湖亭奖”评选中，有7件作品和2项文艺活动获奖。

【服务中心工作】 市文联积极引导文艺工作者参加各种形式的文艺惠民活动，为他们搭建社会化服务平台，从中发现和推介优秀青年文艺人才，为他们成长成才脱颖而出提供更好的帮助和扶持。努力做到“在政治上充分信任、在创作上热情支持、在生活上真诚关怀”，齐心协力营造“团结、和谐、积极、健康”的创作氛围，使文联真正成为广大文艺工作者的温馨之家。围绕“文化进万家 共筑中国梦”“喜迎十九大”“美丽溧阳”等主题活动，组织开展“乡情墨韵”溧阳丹阳书法作品联展、“印象溧阳”第二届油画家写生溧阳作品展、“濑水丹青”2017年溧阳美术名家邀请作品展、戏曲进校园、“文明社区天天乐”“锡剧周周演”等活动。

【文艺活动】 组织市作家协会开展陈云秋作品研讨会、常州市童诗童谣创作征集、为农家书屋捐书、“春为圆梦”新疆特克斯夏令营捐书活动；组织市书法家协会开展“文化科技卫生三下乡”送福送春联、“庆国庆溧阳市少儿书法作品展”；组织市美术家协会参加“首届常州市美术大展”、开展溧阳百景“手绘溧阳”征集活动、“印象溧阳”油画家写生作品展、“濑水丹青”2017年溧阳美术名家邀请作品展；组织市戏剧家协会开展“庆元旦 迎新春”戏曲演唱会、戏曲教育进校园、“社区天天乐”、戏曲文化“惠民月月演”等活动；组织市摄影家协会开展“美丽别桥”、老年摄影协会开展“迎国庆 颂溧阳”摄影大赛、创建文明城市摄影大赛；组织市音乐家协会承办“苏高新之春 美音自在溧阳”大型歌舞晚会、举办“全国知名词曲作家走进溧阳别桥”采风、第七届全民赛歌会、“喜迎十九大 岗位展风采”农民工歌手大赛；组织市舞蹈家协会举办“庆元旦”“庆五一”“庆六一”大型歌舞晚会、免费社区舞蹈骨干培训；组织市民间文艺家协会骨干赴河南考察非遗保护工作、举办溧阳丁酉素女大会评选活动；组织市音乐家协会、市舞蹈家协会、市戏剧家协会、市夕阳红艺术团、市拉丁舞协会、市红楼越团等开展惠民文艺演出100余场，其中夕阳红艺术团开展公益文艺演出“文明社区天天乐”50场次，获江苏省首批群众文化百千万工程优秀群文团队、常州市双拥模范单位、常州市十佳品牌和常州市优秀团队称号；组织市影视家协会完成农村电影放映3000多场，取得良好的社会反响。

【文艺创作】 市作家协会 陈芳梅出版《马金保创业记》；赵善坚出版《乡风村影——溧阳美丽乡村纪行》；邓超出版《濑水钩沉》；丁欣出版诗集《紫烟青霭作浮生》；陈云秋出版《小星星的新家》等3本原创童话故事集；张俊的报告文学《一滴油的情怀》由中国电力出版社出版，短篇小说《爱情诗》发表在《青春》，长篇非虚构文学《七十五天和人生的一场对话》发表于《脊梁》；韦菊仙出版长篇儿童小说《鹅灰灰鹅黄黄》；赵洪香出版散文集《把酒话桑麻》；程思良《仕相管窥》发表于吉林省文联主办的《小说月刊》，文学评论《移民生活的镜像——读德华作家呢喃闪小说有感》发表于德国《欧华导报》，寓言《两头野牛》发表于《青年文摘》；徐云峰的《南山吟》入选《2017年度中外诗歌散文精品集》，《莽将》发表于《参花》；黄郁短篇小说《朝丝暮雪》发表于《飞天》。

市书法家协会 彭衷作品获第十二届江苏省“五星工程奖”优秀作品、另有作品入展全国第四届隶书展、第二届江苏书法奖；饶金龙作品入展全国第四届隶书展、第二届江苏书法奖、“江左风流奖”江苏省第八届青年书法篆刻作品展提名奖；凌丹书法作品入展“江苏省妇女书法作品展”、黄晖作品入展“江左风流奖”江苏省第八届青年书法篆刻作品展；芮汉兴作品获书法报社主办的“第十届中国重阳书画展”银奖；管尧秋书法作品入展常州市职工美术书法摄影展；杨兴慧、周裕评等17位会员作品入展“云墨金濑”江苏省青年书法家邀请展；吴琦慰等21位会员作品入展常州书协主办的“喜迎十九大——常州市书法篆刻作品展览”。

市音乐家协会 潘振新创作的歌曲《梦在青山绿水间》获常州市第八届“五个一”工程奖。

市舞蹈家协会 由石寿华、戴曙菁创作的舞蹈《天国童子》参加全国“红领巾万里行”2017年青少年文化交流展演，获创作一等奖，团体表演一等奖。创作的音乐剧《两只蚊子的烦恼》获常州市中小学音乐剧比赛一等奖；在全国教育部举办的七彩校园艺术节全国总决赛中，选送的舞蹈作品获5金1银、声乐作品获8金13银的好成绩。

市美术家协会 朱富平作品《母与子》获“第三届中国粉画展”优秀奖；潘建中作品《日子》入选“第三届中国粉画展”；程安中的山水画《和风》、刘琴芳的工笔画《秋色满江乡》入选江苏省第二届“美术奖”作品展；组织20余名会员参加“首届常州市美术大展”，有18件作品入展；在“江苏省第六届新人美术作品展”中，杨霏获佳作奖；理事徐中华在上海文艺中心展厅举办“徐中华书画展”。

市摄影家协会 闻锁法出版《闻锁法摄影画册》、谢全寿出版《谢全寿摄影作品集》；蒋爱珍《气功表演》获全国长寿之乡摄影展三等奖；刘法林《高速反扣》获首届“温泉古镇魅力汤山”摄影大赛二等奖；芮国平《湿地风情》获江苏省首届天目湖湿地风光摄影展二等奖，胡盘金作品获三等奖；车琴芳、王润、房一萍等人获优秀奖；徐良作品在全国长寿之乡摄影展中入选。

市民间文艺家协会 孙建平作品《建平十八式》《观音》等分别入选佛山《日月经天》陶艺展览和《中国当代佛教艺术展》，作品《第二个十字架》入选首届常州美术大展，个人获“第六届江苏省工艺美术名人”称号；史建明为电视台每周制作1期《溧阳方言词典》，共播出50多期。

市电影电视家协会 选送的《稻草人》入选中宣部、文化部主办的2017年全国基层院团戏曲会演，并获常州市“五个一工程奖”；《跌雪》入选“中华颂”第八届全国小戏小品曲艺大赛；会员胡婷婷在南京举办个人花旦系列专场。

（丁月辉）

人民武装

【思想政治建设】 市人武部党委在军分区党委和市委的正确领导下，按照上级党委决策部署，围绕实现党在新时代的强军目标，推进政治建军、改革强军、科技兴军、依法治军，在举旗铸魂、备战打赢、服从改革、夯实基础、正风肃纪上狠下功夫，武装工作和后备力量建设得到新的跃升。部党委始终坚持聚焦对党忠诚加强思想政治建设，紧跟习主席思想步伐抓理论武装，突出抓好“7·26”“8·1”等重要讲话精神学习贯彻，开展“维护核心、听从指挥”主题教育，不断打牢维护核心、看齐追随的思想根基。第四季度，把学习宣传贯彻党的十九大会议精神作为头等政治任务抓紧抓实，组织深学报告原文、重温入党誓词、交流心得体会等活动。推进“两学一做”学习教育常态化制度化，全面从严抓党建，持续深入正风气改作风。以《条例》《准则》为基本遵循，突出双重组织生活、报告个人事项、规范党费缴纳、常态教育灌注等工作落实。全面彻底肃清郭徐流毒影响，开好党委专题民主生活会。加强警示教育，从严纠治“四风”，加强新规禁令的学习宣传，坚决执行“禁酒令”“政治纪律十不准”，推动正风肃纪落小落细落实。深化双拥共建，全力配合、协调驻溧阳部队参与全国文明城市和省双拥模范城“七连冠”创建工作。协调做好73049部队农副业基地、73056部队农副业基地全面停止有偿服务工作。参与“双挂双促”“阳光扶贫”等结对帮扶活动，为戴埠镇百家塘村提供帮扶资金12万元。

【军事斗争国防动员准备】 高标准落实战备工作，强化日常战备常态化保持，严格按照上级军事机关硬性要求，主动克服人少事多矛盾，始终保持值班部位高位运作、值班分队常态备勤，始终确保“四随四到四通”（值班人员随叫随到、值班领导随点随到、值班分队随拉随到、其他人员随需随到和电话通、传真通、文电通、视频通）。高标准落实民兵组织调整，按照专业对口、分布合理要求，突出抓好三类队伍编组，进一步优化组织结构，民兵应急分队建设质量得到较大提升。埭头镇民兵应急排接受常州军分区随机点验，人员到点率、退伍兵比率均达到100%。高标准落实新大纲试训，从难从严从实战出发，先后组织“学、学、正”活动、预征对象适应性训练、防汛抗洪演练等，通过各类演训的摔打锤炼，提升全市民兵队伍应急应战能力。出动基干民兵220余人应对恶劣天气，安全完成扫雪除冰任务。组织现役干部参加军分区动员业务集训考核，提升动员业务能力。落实党管武装要求，加强基层武装部规范化建设，开展年度武装工作述职考评等活动。

【征兵工作】 坚持多措并举抓动员、紧扣“五率”抓质效、征集全程抓廉洁，完成男兵征集和女兵政治考核任务。2017年初，开展兵役登记，摸清适龄青年底数潜力，为确定预征对象提供全面准确的依据。各镇

民兵应急分队参加战备演练　　（市人武部　供稿）

（街道）立足早发动早宣传，充分利用各类信息传媒，营造浓厚征集氛围。市征兵办公室在《溧阳时报》连续登载征兵政策，在电视插播公益广告片，利用短信微信宣传征兵新政策新举措。注重加大对高学历应征青年的宣传，专武干部走村入户，把优惠政策宣传到位，算好“政治账、荣誉账、经济账、成才账”。征集过程中，坚持严把兵员质量关，严格按征集条件组织开展体格检查、政治考核。坚持阳光操作、廉洁征兵，严格实行征兵政策规定、征兵标准条件、征兵工作程序、征接兵纪律、定兵人员名单“五公开”。加大廉洁征兵检查督查力度，聘请5名社会监督员，发放廉洁征兵监督卡，坚决纠治征兵中的不正之风和“微腐败”。为了让应征青年尽早适应军营生活，溧阳市2017年首次组织“双合格”应征青年开展为期6天的役前适应性训练。

【后勤保障】 保障科突出任务牵引，提升综合保障能力，加紧落实后勤动员准备，开展后勤动员潜力调查和需求测算，修订完善各类保障方案。根据民兵训练、执勤需求，加大后勤供应保障力度，落实党委管财理财，当好“红管家”，落实好“部财区管”和“一控三管”财经制度，抓好财务整改落实，确保财经安全。开展财务厉行节约“五个一”活动，抓好“八节一压”指标落实。不断完善人武部机关营院安防设施和生活设施建设，加强精细化后勤管理，提升保障效益，完成年度各项保障任务。

【全民国防教育】 市全民国防教育委员会办公室深入贯彻习主席在十九大报告中专门明确的指示要求，加强全民国防教育，巩固军政军民团结。溧阳市国防教育工作始终坚持经常抓、重点抓和集中抓相结合，坚持理论灌输和行为强化相结合，不断优化教育途径，创新教育手段，提升教育质量，推开了全民国防教育工作的新局面。营造崇尚英雄、缅怀先烈的浓厚氛围。“9 · 30”烈士公祭日，市四套班子领导带头在西山陵园参加公祭纪念活动，各镇（街道）、各部委办局、学校组织所属人员同步开展了其他形式的纪念活动。推进领导干部国防教育。各级党政领导结合党委中心组学习、国防形势讲座等时机带头参加国防教育，强化国防观念。12月15日，组织开展“心系国防”专题文艺演出。突出抓好青少年国防教育。依托市国防园组织4000余名高中新生基地化教育培训，落实国务院有关文件精神，探索学生军训改革。加强国防教育组织领导和相关保障。参照省、市有关做法，调整全民国防教育委员会机构设置，协调市宣传、教育等部门形成工作合力，推动全民国防教育普及发展。结合开展第17个全民国防教育日活动，全市散发宣传单5.5万份，协调开展“正昌杯”国防双拥知识竞赛。

【安全管理】 坚持依法治军、从严治部，全面夯实安全发展基础。部党委加强对安全工作的领导，定期开展安全形势分析，排查隐患苗头，有针对性地做好防范工作。组织全体干部职工参加“学讲话、学条例、正秩序”活动，贯彻条令条例和各项规章制度，抓好一日生活制度落实，不断正规战备、工作、学习、生活秩序。

以全军安全大检查为契机，以军委国防动员部《安全工作检查考评暂行细则》为依据，紧盯“十种安全风险”，扭住十七个重点领域，深入开展隐患排查整治，扎实组织安全整治月、百日安全竞赛等活动，升级完善兵器室技防措施，加强库存枪弹管理。持续开展保密专项清查，狠抓涉密存储介质使用、集中文印复印等保密制度落实。狠抓“三防”（防事故、防案件、防泄漏）、“四反”（反渗透、反心战、反泄密、反策反）工作，广泛开展谈心交心，做好一人一事思想工作，促进稳心尽责。高度重视意识形态领域斗争，加强网络舆情和民社情掌握，积极做好涉军维权工作。协助地方党委政府做好涉军群体信访维稳工作。

（刘　涛）

人民防空

【应急指挥能力提升】 抓好人防专业队整组，完成对10支专业队的组织调整，配齐配强骨干和队员，进一步健全相关制度。

抓好民防应急通信信息化建设，建成人防移动指挥平台，抓好人防指挥平台日常维护管理工作，每周与上级联通一次。对全市防空警报点定向检查，完成“9·18”防空警报试鸣工作，配合地震局做好市地震指挥所日常维护管理工作。

搞好人防训练演习工作，开展民防局机关干部业务训练和准军事化训练工作，开展机动指挥所定期训练、跨区拉练工作，与金坛、武进、宜兴人防办等兄弟单位进行跨区域互联互通。精心组织埭头中学“9 · 18”学生防空演练，开展“爱我中华、不忘国耻”民防教育。

【工程建设与管理】 结建人防工程建设和易地建设费征收形势良好。2017年，实现结合民用建筑修建防空地下室新立项项目9个；新开工项目19个；新竣工项目10个；在建项目38个。行政服务中心民防窗口共办结许可项目171件，实现筹集人防工程易地建设费4100万元。

人防工程质量管理有效加强。对人防工程项目严格把关，赴工地现场质量检查70余人（次），确保人防工程受监率达到100%；完成2017年度市重点项目人防工程质量监督服务工作。

人防工程维管力度加大。对老旧人防工程实施定人、定片、定时的动态巡查管理，落实专项维护经费，对部分人防工程进行维修出新保养，推广人防工程使用证制度，推进人防工程信息化管理平台建设，强化人防工程动态监管。

【依法行政】 强化规划引领。高质量编制完成溧阳民防建设“十三五”专项规划，对接省、常州市“十三五”规划，明确规划大纲和建设项目计划，报送市发改委审批。启动《人防工程建设规划》编制工作。

深化行政审批制度改革。按照政务服务“一张网”建设工作目标任务，梳理完成在线办事政务服务事项清单以及“不见面”和“见一次面”政务服务事项清单的编制任务。建立溧阳市12345政府公共服务平台民防知识库。

完善政策法规体系。根据实际情况及时制定修改本级规范性文件。市政府出台贯彻中共中央《关于深入推进人民防空改革发展的决定》的实施意见，根据意见精神，开展政府在线访谈工作。在人防防护设备管理、人防工程质量监督等方面切实做到“有法可依、有据可查”。

【宣教工作】在《中国人民防空》《江苏民防》《江苏民防信息》及中国人民防空网、江苏民防网、溧阳市政府门户网站等用稿40余篇，其中省以上用稿10篇。与市摄影家协会联合举办“民防杯”摄影展览活动，与市羽毛球协会联合举办“民防杯”羽毛球赛，与市科协联合开展“民防杯”民防知识竞赛；结合“5·12”防灾减灾日，第二十九届科普宣传周及科普集市集中开展系列宣传教育活动。健全中小学民防教育工作机构，征订新版《民防知识》13000册，免费发放到学生手中。

【机关文化建设】 制定《市民防局机关事业单位管理和考核制度》，为作风建设提供制度保障，绩效考核工作任务按照时序进度稳步推进。组织公务员网上培训与法制学习，参加省市人防业务培训。机关党建工作有声有色，组织局机关全体人员赴古田会议旧址，接受红色革命传统教育，获得市委和市建设学习型城市工作指导委员表彰的“2017年度学习型党组织”荣誉称号。

贯彻执行党的十九大精神，党组认真履行主体责任，执行“八项规定”，机关风气建设明显加强。加强财务和人防资产的管理，落实人防经费收支两条线规定。在人防大宗设备的采购上坚持通过政府采购途径进行；人防工程易地建设费征收和30万以上招投标项目，全部通过内控平台阳光运行，确保权力在网络中接受监督。

参与文明城市创建、开展好“路长制”及党员义工等活动，结合“三大一实干”“双挂双促”、阳光扶贫开展大走访10余次，慰问10户困难家庭，开展大讨论、大转变活动。组织开展丰富文化活动，举办“三八妇女节”踏青、乒乓球比赛等，提升干部队伍的凝聚力。

（肖　刚）

政法和社会治安综合治理（平安与法治建设）

【概　况】 2017年，全市各级各部门在市委市政府的领导下，落实中央和省、常州市部署要求，以平安溧阳、法治溧阳建设为载体，加强领导、扎实举措，开拓创新、求真务实，政法综治法治工作取得新进展，为全市经济社会发展提供保障。溧阳市再次被评为江苏省平安县（市），全市公众安全感、法治建设满意度、政法队伍满意率分别达97.75%、95.5%和93.1%，继续保持全省先进水平。

【组织保障】全市各级各部门牢固树立“发展是硬道理，稳定也是硬道理，抓发展、抓稳定两手都要硬”的理念，将政法综治法治工作摆上重要位置和重要议程，市委常委会多次专题听取相关工作情况汇报，提出明确意见，为确保全市政法综治和平安法治建设的推进提供保障。市委市政府将平安法治建设工作作为全市目标管理考核的重要内容，纳入社会综合治理考核体系，主要领导与各镇（区、街道）、市各有关部门“一把手”签订平安建设责任书、法治建设责任书。贯彻落实《关于全面推进依法治市的实施意见》《关于深入推进平安溧阳建设的实施意见》，平安法治建设纳入2018年全市18项重点工程体系。根据省、常州市部署要求，结合全市实际，制定出台《2017年度综治和平安溧阳建设工作要点》《溧阳市委政法委2017年15项重点工作》，各项工作序时推进，达到既定目标。先后召开全市政法工作会议、全市安全稳定专题工作会议、市委政法委全体成员会议等，加强政法综治法治系统内部的组织协调和各阶段工作的推进落实。建立健全平安法治建设督促指导机制，全年对各镇（区、街道）开展专项督查3次。建立健全平安法治建设协调机制，对市综治委、市依法治市领导小组成员单位定期协调指导，督促部门履职尽责。

【服务民生】 按照市委“全面对标找差、全力争创一流”的部署要求，全面查找、深刻剖析全市政法工作与新形势新要求之间的差距，对照标杆、梳理问题，从思想认识、工作作风、能力素质、机制建设等方面采取积极有效的整改、完善措施，提升工作状态，增强服务效能。市委政法委将“服务和保障全市经济社会发展大局”纳入2017年政法15项重点工作体系全力推进，出台《2017年溧阳市政法服务发展八项举措》《2017年溧阳市政法为民十件实事》。设立专项司法救助资金，全年救助90余人。市公安局出台服务“两个攻坚年”18项措施，推进文明交通攻坚和矿产品生产运输秩序综合整治。深推“放管服”改革，建立健全常态落户工作机制，全面启动居民身份证异地办理，公安窗口满意度达95%。市检察院结合“三大一实干”教育活动，推动机关强效能、干警转作风、窗口优服务。打造全省首家企业刑事法律风险防范中心，为企业法人“量身体检，预防风险”。发挥检察职能助推生态文明建设，实施“检察蓝护航生态绿”工程，开展生态修复工作。市法院制定为全市两大“攻坚年”提供司法保障的25条意见，打造诉讼服务中心升级版，组织开展“秋季会战”执行专项行动。市司法局成立溧阳市“12348”法律服务队，每季度开展活动。组织“法企同行”活动，提出有针对性的法律建议和风险提示。开展法律援助“名优工程”，实行名优律师点名援助制度。

【维护稳定】 围绕党的十九大安保维稳工作，按照“两个决不能”“三个不发生”目标，组织开展“社会矛盾和安全隐患大排查大整治”行动，市委主要领导、市委市政府分管领导亲自带队进行多轮多次现场督查，市综治、信访、维稳、公安、司法、安监等部门组成3个督查组进行高密度督查。扎实开展领导干部接访、下访和信访积案化解专项行动，7～10月，市人民来访接待中心每天安排1名市领导接访，至党的十九大结束，市领导共计接待群众77批274人次，接待集体访16批145人次。组织开展信访系统“百日攻坚”行动和矛盾纠纷排查调处“百日会战”专项活动，实行排查全覆盖、信息“零报告”等制度，“百日会战”期间，全市排查矛盾2997次，劝阻群体性上访70批次610人次。开展重点人员稳控，市联席办与21个特别不放心的重点信访人员所在单位主要负责同志签订稳控责任状，在党的十九大期间进行24小时不间断稳控。加大打击力度，针对信访中的违法行为，先后刑事拘留6人、取保候审1人、行政拘留1人。党的十九大期间，全市没有发生人员进京上访、非访、滋事，没有发生有影响的案件、事件、事故，1名个人受到省委省政府表彰，4个集体、10名个人受到常州市委市政府表彰，其中，市委市政府被常州市委市政府表彰为党的十九大安保维稳工作先进单位，并记集体二等功'。

【巡防一体化】 加强社会面管控，开展“三打击一整治”（严厉打击网络贩枪、电信网络诈骗等新型犯罪和传统盗抢骗犯罪、集中整治地域性职业犯罪重点地区）、常安系列清查、出租房屋安全隐患集中整治等专项行动。围绕全市中心圈、乡镇圈和外围圈，完善“一张天网”，创新升级立体化、信息化治安防控体系。推进巡防一体化，围绕全市重点区域，每天平均投入街头路面巡逻民警、辅警达450人次。采取“政府购买服务”的市场化运作模式，发挥全市3112个治安高清监控作用，全市主干道、重点部位监控覆盖率达98%以上。制定落实《“平安护民工程”运行维护使用管理规定》，完善全市治安监控系统运行、维护、使用、保密等措施。2017年，全市刑事案件、八类案件、五类侵财警情同比分别下降13.2%、6.8%和18.3%。严打各类刑事犯罪，建立公安合成作战中心和案管中心，实现破案效能倍增。2017年，全市保持命案、八类案件全破，刑事案件、侵财案件破案率分别达37.4%和27.6%，均列常州第一，实现“发案下降、打处上升”的既定目标。加强治安重点地区排查整治，2017年，苏浙皖边界市场及奥体花园被列为省级挂牌督办治安重点地区。市综治办多次牵头公安等部门，开展隐患排查和明查暗访，制定问题清单，加大投入，改造监控、消防、交通等公共设施，增配交管、城管、安保等专门力量，重点地区秩序明显好转。加强校园安保工作，开展9轮校园及周边综合整治，全市所有中小学、幼儿园全部配备安保人员，并设立护学岗。

【强化法治】 推进司法体制改革，实行立案登记制，序时落实司法责任制改革、刑事案件繁简分流、以审判为中心的刑事诉讼制度改革等任务，市公安“大部门、大警种”改革试点被评为全省公安改革创新优秀成果奖二等奖，并得到省政府办公厅、省委政法委约稿采录。推进执法规范化建设，市法院完善案件质评机制，确保审执任务高质效完成。市检察院规范司法档案管理，实行执法、廉政、业绩和个人基本情况“四档合一”。市公安局成立执法管理委员会和案管中心，执法质态日趋向好。市司法局建立权力清单和责任清单，规范工作流程。加强法治宣传教育，制定实施《2017年溧阳市法治宣传教育工作要点》，落实“谁主管谁普法、谁执法谁普法”的普法责任制。推进法治文化建设，溧阳市预防职务犯罪警示教育基地成功通过江苏省第五批法治文化示范点验收，开展“法治示范五区同创”“法治宣传乡村行”“德法同行”“幸福家庭·与法同行”家家学法有奖竞答等活动，营造浓厚法治氛围。加强政法队伍建设，市委政法委举办2期政法干部福建古田党性教育专题培训班、1期政法干部浙江大学党的十九大精神专题培训班。深化“树典型、学先进”活动，组织开展溧阳市第四届“十佳政法干警”评选活动，通过组织发动、层层推荐、媒体宣传、公众投票、公示评定、专题表彰等环节，树立政法机关和政法队伍的良好形象。2017年12月29日，溧阳市举办“忠诚铸辉煌——溧阳市第四届十佳政法干警颁奖典礼”。

【宣传活动】 以年度考核结果为依据，市委、市政府表彰2016年度全市社会综合治理工作先进集体21个、先进个人46名。完善舆论宣传机制，制定实施2017年度平安法治建设宣传活动方案，明确宣传重点、宣传形式和工作要求，与溧阳新闻信息中心合作，在“今日溧阳”微信公众号开辟专栏，拓展宣传渠道。9月初，与常州市社情民意调查与评价中心合作，开展公众安全感和法治建设满意度预测，根据测评结果专题形成《我市公众安全感、法治建设满意率和政法队伍满意率的现状和对策建议》，组织开展平安法治建设集中宣传活动，投入近30万元，制作宣传礼品5000套，由各镇、街道发放到村（居）民家中。

（沈　超）

公　安

【概　况】 2017年，溧阳市局在市委、市政府和常州市局的坚强领导下，紧扣十九大安保维稳工作主线和“两个攻坚年”工作重心，制定实施《2017年全市公安机关重点工作及责任分工方案》和《全市公安机关服务“两个攻坚年”18项措施》，并继续推进“8311”公安改革，有效实现“发案下降、打处上升、社会持续稳定，改革亮点更加凸显”的工作目标，向党和人民交上一份满意的“公安答卷”。

【安保维稳工作】 紧盯各类不稳定风险点，健全信息网络，做实合成指挥、合成研判中心，落实矛盾纠纷滚动排查、应急处突等各项工作措施，重大事件预警处置率100%，信息考核列常州第一。清洗流动人口数据3.1万余条，流动人口、出租房屋新登数比上年上升30.2%、27%。排摸登记寄递企业10家，经营网点127家，首开寄递业罚单2家。配备校园专职保安员303人，校园视频监控系统统一接入公安视频平台，通过设立护学岗、巡逻岗和群防群治力量，实现校门50米内定点值守巡查。见底危险品从业单位76家，依法处罚单位50家，破获涉危涉爆案件6起，抓获犯罪嫌疑人10名。开展“三打击一整治”、常安系列清查等专项行动，攻克“9·27”非法获取计算机信息系统数据案、“6·18”特大侵犯公民个人信息案”“5·16”污染环境案等一批大要案件和部省督办案件，保持全市命案、八类案件全破，刑事案件破案率列常州第一，为国家、群众挽回经济损失1300余万元。开展交通安全整治“四场攻坚战”，全市交通事故数、死亡事故起数、死亡人数同比均下降；相继启动高层建筑、电气燃气、群租房等消防隐患专项排查治理，办理临时查封47家、三停38家，拘留8人，提请市政府牵头对江南春商城等4家重大火灾隐患挂牌整治，全部整改摘牌，十九大会议召开期间实现火灾事故“零发生”。联合多部门妥善处置放射源10枚，现场收缴非法烟花爆竹1.76万箱，就地集中销毁。

【全国文明城市创建】 持续攻坚交通秩序综合整治。新增交通监控设备585组，城区路口覆盖率达96%。落实6个党政机关单位、2个社会单位内部停车场错时开放和2个学校开放式接送。拓展文明交通严管路21条，划设道板停车泊位2200个，新增路内停车泊位1232个，复新车位603个。累计现场查处交通违法行为16.4万起，城区主要交通路口守法率达98%以上。

持续攻坚矿产品生产运输秩序整治。推动出台《进一步加强全市矿产品生产运输秩序长效管理工作的通知》，长效建立“源头有效监管、路面协同查处、盲区常态治理”工作机制，现场查处各类涉矿车辆违法行为1467起。

持续攻坚城市长效综合治理。快速处置“数字化”城管工作派单4892起，现场考评合格率达99%以上，总成绩列全市同级单位第一。先后抽调50名机关民警定点包干“路长”制，实现对不文明行为齐抓共管的常态格局，有效净化街面环境。创新开展涉犬问题专项治理，以购买服务形式常备2辆专业车、7名专业队员的处置力量，累计处置流浪犬472条。

【护民便民访民】 实体化运行平陵广场综合警务工作服务站，联动3个移动智能屯兵点，打造进攻型街面巡防格局，街面侵财警情比上年下降31%。

深推“放管服”改革，项目审批时限较上年平均缩短20%以上。先后为114名弃婴、267名云贵川等外地婚嫁无户口人员落户，办理异地身份证2763张；先后增设启用天目湖、竹箦派出所出入境分理点，电子港澳通行证自助签注机和交通违法罚款自助缴纳机。全市公安窗口满意度达95%，窗口岗位先后被评为全国优秀县级车辆管理所、全国巾帼文明岗、常州市工人先锋号、巾帼文明岗等荣誉。

依托“大走访”“三大一实干”等主题活动，走访群众3371户、走访企业200家、走访名士60名，累计征集意见建议300余条，汇总整改各类问题275件，办结率92%。做强市局民意监测中心，健全民意事项统一受理、交办、整改、反馈等常态工作机制，累计办理民意件5229起，核查整改群众不满意件279起，整改满意率达99.3%。

【教育管理】 深化“做溧阳最美警察、创溧阳最优服务”职业愿景，促进全警统一思想、提高认识、改进作风。开展“1+X”特色党支部创建、“忆苦思甜迎七一”等丰富多彩的党员学习教育活动，规范落实“三会一课”等党内组织生活，开展党建培训2次4期，集中表彰命名6个特色党支部和13个党员示范岗；成立市局警训办，先后分批开展领导干部春训班、复旦大学领导干部能力提升班等，受教1000余人次。

狠抓执法规范，成立执法管理委员会，制定出台执法规范性文件3个，实体化运作案管中心，落实执法绩效量化计分管理，执法质态日趋向好；狠抓战时纪律执行和督查问责，开展专项督查90余次，实时通报风险隐患300余处。强化执法保障，依法办理阻碍民警执行公务案件15起，行政拘留14人，刑事拘留4人。

实体化运行市局警意中心，选任41名“警意代表”。慰问因公负伤、家庭重大变故民警、辅警123人次。抽调1800余人次机关警力参与基层工作，有效减负基层。组织开展最美警察、最优辅警、最美警属等系列先进典型评选宣传，圈粉11.5万人，并通过战时送奖、入警入党等活动仪式，最大限度凝聚警心，传递公安正能量。市局获得获常州市“五一劳动奖状”，巡特警大队获得全省优秀公安基层单位，史建刚、朱庆被评为江苏省优秀人民警察。2017年,有25个先进集体、66名先进个人获省市表彰。

（汪德华）

检　察

【服务大局】 2017年，溧阳市人民检察院立足检察职能，制定《关于规范办理涉企案件的若干规定》，强化法治引领，促进经济协调健康发展。全年办理涉企刑事案件61件68人，涉案金额8000余万元。深入走访企业、开展风险防范讲座，多方位护航经济发展。

实施“检察蓝护航生态绿”工程，办理该类案件51件111人，发出检察建议3份，依法督促相关职能部门履职。出台《关于开展诉前生态恢复相关工作的实施办法》，开展滥伐林木、非法捕捞水产品等领域诉前生态恢复工作23次。溧阳市水资源保护展厅和溧阳市生态环境警示教育基地累计接待包括在校学生、环保企业、人大代表等100余批参观团体。联合法院选择典型案件巡回庭审，提升基层群众环境保护的自觉意识，服务和保障全市生态文明建设。

开展“三大一实干”活动，组织干警实地走访群众、企业、人大代表、政协委员3000余次，收集民情民意190条，解决群众诉求165个。贯彻市委、市政府创建全国文明城市号召，开展文明志愿者活动，协助解决群众切身困难。围绕“三农”和民生民利等热点，发挥检察职能，联合相关部门及时整治惠农补贴、征地补偿等领域存在的突出问题。贯彻市委市政府关于精准扶贫工作要求，协调解决挂钩乡村的堤坝修筑、道路修建、项目增收等问题。

【刑事检察】 批准逮捕各类犯罪嫌疑人486人，提起公诉1087人。加大对严重暴力、非法集资、网络诈骗等行为的打击力度，依法办理溧阳首例特大利用微信赌博案件，涉案人员20余名，金额3000余万元。坚持宽严相济刑事司法政策，该严则严，当宽则宽，对涉嫌犯罪但社会危害性较小的，决定不批捕79人；对犯罪情节轻微、依法不需要判处刑罚的，决定不起诉38人。加强羁押必要性审查，对不需要继续羁押的17名犯罪嫌疑人建议释放或变更强制措施，增加社会和谐因素。

【诉讼监督】 强化刑事侦查活动监督，出台《重大案件侦查讯问合法性审查实施办法》，监督立案9件、纠正漏捕2人，对侦查活动违法情形提出纠正意见10件次。强化公民权利救济，办理刑事申诉案件3件。强化刑事审判监督，提出或提请抗诉6件，再审检察建议5件，取得良好的法律监督效果。

强化行政执法监督，发出督促行政机关履行职责类检察建议69件。在市场监督管理局设立检察官工作室，完善行政执法与刑事司法、行政执法与行政检察衔接。强化民事行政审判和执行监督，受理民事行政申请监督案件52件，提出检察建议45件，帮助21名农民工领取执行款，保障了当事人合法权益。建立全市打击虚假诉讼工作机制，办理虚假诉讼案件3件，涉案金额超过350万元。

开展“破坏环境资源犯罪专项立案监督活动”和“危害食品药品安全犯罪专项立案监督活动”，建议行政执法部门向公安机关移送涉嫌犯罪案件线索12件14人。开展在押人员随身财物管理、判处实刑罪犯未执行刑罚、财产刑执行、社区矫正安全稳定等刑罚执行领域的专项检察，经排查现已收监3人，纠正刑罚执行和监管活动中的违法情况24件次，定期召开联席会议，对发现的问题依法督促相关单位予以整改。

【预防职务犯罪】 落实党中央关于反腐败决策部署，立案侦查贪污贿赂、渎职侵权犯罪案件17件21人，其中科级干部3人，涉案总金额超过1700万元，为历年最高。建成网上网下行贿犯罪档案查询系统，提供行贿犯罪档案查询3496次，促进社会诚信体系建设。

通过市预防职务犯罪警示教育基地，接待21批1100余人次开展警示教育活动，该基地获评为第八批省级廉政文化建设示范点。结合办案发出的检察建议，被评为全省预防职务犯罪“优秀检察建议”。

【民生检察】 按照最高检工作要求，结合市委市政府决策部署，进行为期两年的公益诉讼试点工作，针对群众反映强烈的环境污染、征地拆迁、资产管理等公益性问题，通过检察督促令、提起诉讼等方式，维护公共利益，其中一案被评为全省十佳公益诉讼案例。发挥公益诉讼职能，联合相关部门收回土地出让金1.1亿元，解除非法占地50余亩。

主动邀请人大代表、政协委员、律师等参与矛盾化解工作，增强司法工作透明度。建立与乡镇“百姓议事堂”对接工作机制，促进基层矛盾的化解，妥善处理来信来访297件次，成功化解了秦某某长达二十年的信访积案。

强化对涉罪未成年人司法保护，打造“蒲公英爱心家园”未成年人检察工作品牌，开展“温暖+1℃”“缤纷春日”“防校园欺凌”“绿苗计划”等系列校园普法关怀行动。为29名涉嫌轻微犯罪的未成年人提供帮教、心理矫治，注重与妇联、民政等部门沟通协作，开展涉案未成年人救助活动。拍摄的教育片《给妈妈的礼物》在省委政法委举办的第二届平安江苏微电影微视频比赛中获奖。采用多元化司法救助模式，累计救助特困刑事被害人28人次，发放救助款10.8万元。结合办案中发现的突出问题，向党委政府报送加强个人信息安全、校园安全隐患排查等风险研判报告，推动相关部门开展专项整治。

【内部管理】 按照“五个过硬”标准，建设高水平检察队伍，推动溧阳检察风清气正业精、规范优质高效。广泛开展党员活动日、集体政治生日等工作，筑牢信仰之基、补足精神之钙、把稳思想之舵。出台《关于进一步加强机关作风建设的规定》，从源头上遏制和减少检察权力运行的风险。推选18名兼职纪检监察员，从内部做好自我监督，及早解决出现的苗头性问题。建立检察人员执法档案和涉案说情登记备案制，强化日常监督管理，加大正风肃纪力度，开展检风检纪专项督察21次，及时排查防控廉政风险，解决队伍中存在的庸、懒、散问题，确保不发生违法违纪事项。

溧阳市企业刑事风险防范中心揭牌　　（市检察院　供稿）

【检务工作】 落实司法责任制改革，推进检察人员分类管理，顺利选出第二批员额制检察官，同步设置权力清单，促进办案质量和效率双提升。构建扁平化办案模式，建立以员额检察官为中心的办案小组，进入员额的院领导全部参与一线办案，所办案件由系统随机分配，防止人为干预。制定员额检察官考核办法，构建“事前防范、事中控制、事后评价、公开透明”的办案管理机制。深化检务公开改革，在微信、微博、检察集群网平台上及时发布重大案件信息，公开生效法律文书。2017 年 28 次跻身全国检察系统微博影响力周排行榜前三强，位列 2017 年度全省司法微博第二名，连续两年被评为“全国检察微博 20 强”。

（刘　柱）

法　院

【概　况】 2017 年，市法院围绕“努力让人民群众在每一个司法案件中感受到公平正义”目标，忠实履行宪法法律赋予的职责，各项工作取得新进展，实现新突破，为溧阳市建设“宁杭生态经济带最美副中心城市”提供司法保障。加强与人大代表、政协委员沟通联络，主动通报法院工作情况，共邀请代表、委员 150 余人次旁听庭审、监督执行。

全年受理各类案件 22705 件，比上年增长 13.54%；审执结各类案件 18209 件，比上年增长 18.06%；结案标的额 52 亿元；收结案数和结案标的均创市法院历史之最。落实宽严相济和人权保护刑事政策，严惩涉众型经济犯罪、腐败渎职犯罪等行为，强力助推法治溧阳建设，受理刑事案件 937 件，审结 836 件 1142 人。

依法严惩刘某华虐待未成年子女等犯罪行为，保护妇女儿童等弱势群体利益。发挥民商事审判规范、指引、评价、引领社会价值作用，重视民生保障，强化产权保护，助力供给侧结构性改革，维护全市经济社会平稳健康发展，受理民商事案件 11736 件，审结 9802 件。下发关于审理民间借贷纠纷审委会会议纪要，明确“经常性放贷行为”属于合同无效情形，不予支持利息主张，并在朱某诉刘某芸、王某立民间借贷纠纷一案中首次适用。

【行政审判】 坚持“质量第一、兼顾效率”指导思想，开展庭审观摩，定期发布审监建议、审管通报，完善案件质评机制，强化审判管理短板考核，推动实现审判管理常态化、均衡化、标准化。2017 年，市法院结收案比、法定审限结案率等审判核心指标均跃居常州市基层法院第一，长期未结案件数在常州市基层法院中最少。

坚持监督与支持并举，通过建立诉前协调机制、召开联席会议、发送司法建议等方式，促进行政争议实质化解，受理行政案件 325 件，结案 254 件。支持行政机关依法行政，快立快审，依法驳回陶某保诉城管局要求撤销拆除违法建筑物行政处罚决定的诉请。

坚持专业化审判，助推繁案精审，明确建设工程合同纠纷、与破产有关的纠纷等类型案件仍分别由民事审判第一庭、民事审判第二庭等民商事审判庭集中审理。先后成立民商事、刑事、行政和执行专业法官会议，集众人智慧为重大疑难复杂案件提供业务咨询和参考意见，发现裁判差异，积累典型案例，统一裁判尺度。制定专业法官会议工作规则，明确会议性质、职能、成员和程序等事项，确保专业法官会议专业化、规范化、科学化。构建集中送达机制，明确由速裁庭组建送达小组负责送达，保障专业化审判。

发挥环境资源审判庭和水资源保护巡回法庭功能，严厉打击非法捕捞水产品、污染环境等犯罪，依法审理全市首例环境公益诉讼案件，保障全市全域旅游开发和绿色发展。

【执行案件】 2017 年，受理执行案件 9707 件，执结 7317 件，执结标的 39.82 亿元。坚持问题导向，对照第三方评估体系要求，补短板强弱项，着力推动实现“四个基本”总体目标。审执兼顾，引入保全保险机制，独立办理财产保全案件 810 件，以保促审，以保促执。建立“终本”案件单独管理制度，对标对点排查问题，提高实际执结率。在运用纳入失信被执行人名单等信息化手段外，还运用搜查扣押、罚款拘留等传统强制措施，打击拒执行为，全年司法拘留 156 人。坚持集中执行常态化，开展夜间、凌晨和假日执行活动，显著提高执行到位率。

开展涉民生案件“秋季会战”专项执行活动，执行完毕案件 138 件，促使和解案件 272 件，查扣冻金额 2900.80 万元，执行到位金额 829.09 万元。2017 年，市法院执行局被省高院评为“全省法院执行工作先进集体”。

【司法便民】 坚持“法院多服务，群众少跑路”诉讼服务理念，推进网上立案、跨域立案、诉讼档案自助查询等工作，优化诉讼服务功能。主动接受监督，向市人大常委会专题报告人民法庭建设情况，围绕“两便”原则，加快推进人民法庭建设，切实发挥法庭贴近群众、服务地方的司法“窗口”作用。成立为军队和武警部队全面停止有偿服务提供司法保障领导小组，依法妥善协调处理相关案件，竭力为国防建设和军队改革提供司法服务。

【司法宣传】 坚持“团结稳定鼓劲、正面宣传为主”基本方针，利用媒体资源和自媒体优势，强化对审执工作、司法成果和先进典型等方面的正面宣传报道，增进社会公众对人民法院工作的理解、认可和支持。2017 年，市法院被最高院评为“司法宣传工作成绩突出单位”。

邀请法医学专家到院集中鉴定 38 次，为当事人节约鉴定成本 54.72 万元。开展司法救助工作，规范司法救助程序，为困难群众减、缓、免诉讼费 82.28 万元，发放司法救助款 49.80 万元。

推进人民法院信息化 3.0 版建设，开展裁判文书上网、庭审“三同步”、庭审直播、档案数字化等工作，拓宽司法公开的广度和深度，保障人民群众的知情权、参与权和监督权。在天目湖等镇区和司法局、广播电视台等部门的支持下，开展巡回审判、法治大讲堂、法院开放日、“法律六进”等活动，扩大司法公开社会影响。

【依法行政】 与市公安局、住建委、城管局、环保局、征收办等部门沟通协调、联合协作，妥善处理关停污染企业非诉执行案件8件，强制执行木材公司、燕山新区等地块房屋征收补偿决定和责令交出土地处理决定案件5件，全力保障依法行政，助力法治社会建设。完善与市人社局欠薪纠纷预警机制及协同联动处置机制，快速妥善处理“双欠”合同纠纷案件841件、申请强制执行劳动保障监察行政处理决定案件16件，结案标的达2660余万元。

建立随机分案为主、指定分案为辅的民商事案件分配机制，实现案件分流源头化。坚持“简案快审、繁案精审”原则，推进速裁机制改革，明确除专业化审判外的所有民商事案件均由速裁庭先行审理，在规定审限内未审结案件一律移交民商事审判庭审理，严禁延长、中止审限，审判效率显著提高，基本做到70%的民商事案件由30%的员额法官审理，最大限度满足人民群众高效司法需求。2017年，市法院被省高院评为“全省法院案件繁简分流机制改革示范法院”。

推行民商事案件扁平化管理，明确从速裁庭移出的案件在民商事审判庭的所有法官之间随机分案，破解个别部门收案数少而法官须配置3人以上的问题，解决不同部门法官忙闲不均、偏科严重问题。

建立健全刑事速裁机制，在市公安局、检察院、司法局的配合下，制定《溧阳市人民法院关于推进刑事案件繁简分流的实施细则》，通过明确适用范围、简化办案程序等举措，显著提高刑事诉讼效率。协调看守所设立刑事审判法庭，减少案件流转在途时间，缓解开庭提押办案压力。协调公安交通管理部门设立速裁办公场所，快速集中处理危险驾驶和轻微交通肇事案件。制定《溧阳市人民法院缓刑适用规则》，强化刑事专业法官会议和审判委员会对缓刑适用的指导和决定作用，规范统一缓刑适用标准。

【改革管理】 落实裁执分离，将执行裁决权从执行局剥离纳入行政庭，有效规范、监督执行行为。构建执行团队化运行机制，力争经验与规范相融合，选调2名业务庭副庭长和8名年轻法官助理进入执行局，组成1名员额法官+3名执行员+1名聘用制书记员+1至2名法警的6组执行团队。制定《溧阳市人民法院关于执行局内部机构设置和推行执行团队办案职责的方案》，完善执行绩效考核，强化执行案件流程管理，制定权力清单，做到权限清晰、全程留痕，助推实际执结率和终本率两项执行核心指标明显改善。

推进司法人员分类管理制度改革，确保法官、审判辅助人员、司法行政人员各归其位、各尽其责。推动落实法官职级待遇，在市委组织部、财政局、人社局等部门的支持下，完成法官单独职务序列等级评定和晋升工作，落实法官、司法辅助人员工资制度改革、审判津贴补发和绩效考核奖金发放工作。推进聘用制书记员管理体制改革，实行书记员单独序列管理，评定等级。在市编办、财政局的支持下，推动落实聘用制书记员经费全额纳入财政预算工作，提高聘用制书记员履职保障。

【教育工作】 贯彻全面从严治党、从严治院要求，坚持以上率下，严格落实“两个责任”，推动落实中央八项规定精神常态化、长效化。用好监督执纪“四种形态”，组织开展“纪律作风及廉政问题集中整治月”等活动，整治陈规陋习和不良作风。坚持挺纪在前，开展司法廉洁警示教育，加强廉政风险防控，营造良好司法生态。坚持清正用人，建立中层正副职遴选廉政风险评价制度和员额法官遴选外部评价机制，打造过硬司法队伍。建立工作时间着制服制度，开展部门定人、定岗、定标准工作，严格督促落实值班、门禁、用车等规章制度，通过连续开展机关作风专项督察、“三大一实干”等活动，强化纪律意识，改进工作作风。

建立健全双向挂职锻炼、竞争性选拔、轮岗交流、脱产培训等机制，着力提升干警司法能力。引导法官将专业化审判与国情、社情、民情相结合，推动法官从法律视角和社会视角通盘考虑法理、事理、情理，提高分析、解决实际问题能力，实现矛盾纠纷实质化解。开展司法警察岗位技能大比武，增强执法实战能力，保障涉诉群众和干警人身安全。坚持“年轻化、专业化、现代化”法庭队伍建设方针，采取“一线磨砺”培养模式，安排年轻干警到审执一线、人民法庭锻炼，提升解决基层实际问题能力，夯实司法为民前沿阵地。推进院史荣誉室、图书室等实事工程建设，为全院干警创造更优质、更丰富的学习环境，增强干警综合素养。

广泛征求干警在行政管理服务领域和重要机制架构方面的意见，对具备可行性的事项加紧谋划实施，增强干警主人翁意识。及时更新工作设施设备，为干警公正履职提供有力物质保障。强化干警安全防范意识，提高法警预防、处置风险能力。坚决支持干警依法办案，对侮辱、诽谤、威胁法官、扰乱诉讼秩序等妨碍法官依法履职的行为依法给予严惩。

成立法官协会和法官权益保障委员会，有效维护法官依法履行审判职责不受违法追究和违法侵害。加大人身意外伤害保险和商业医疗保险投保力度，提高干警职业风险保障水平。

（牟华礼）

司法行政

【法治宣传教育】 提请市人大常委会审议通过《关于开展第七个五年法治宣传教育的决议》，明确“谁执法谁普法”责任制的责任主体和职责清单。以开展基层民主法治创建工作“回头看”带动新一轮创建工作，新创建成功省级法治文化建设示范点1个，省级民主法治示范村（社区）10个，年末全市有103个村成功创建，创建率达47%。“推进基层民主法治建设经验”在全省司法行政系统“美好生活 德法相伴”动员部署会进行大会发言交流。推动并完成“五区同创”试点工作，科华控股、天目湖中专等12家单位成功创建常州市首批“五区同创”示范单位。完成青少年法治宣传教育基地建设，累计接待观摩学生5000余人，完成燕山消防主题园二期工程建设。深化“法律六进”，全年开展“12·4宪法宣传日”等各类主题法治宣传活动20余次，举办全市“七五”普法骨干培训、村居“法律明白人”培训，组织全市公务员、党员参加网上考法，开展法治宣传“十件好事”评选和家规家训征集等活动。完成法治小品《情怀》创作排练演出。发挥新媒体作用，利用普法微博、微信、“法润溧阳”网等上传各类普法信息、法治文章和图片1000余篇（幅）。全年进行法治宣传教育200余场次、发放宣传资料10万余份、惠及群众30万人次。

【社会矛盾纠纷化解】 做好矛盾纠纷排查调处“百日会战”行动，以战时机制强化党的十九大安保维稳工作。对重大、疑难、复杂纠纷组织协会会员、律师、公证员提供专家会诊服务。推动建立市物业纠纷人民调解机制，下发《关于在全市城市社区500户以上的居民小区设立人民调解工作室工作意见》。完善“诉调对接”工作机制，探索“访调对接”工作机制，在信访窗口设立人民调解席位，成立溧阳市知识产权人民调解委员会。在全市开展“优秀人民调解委员会”和“优秀人民调解员”评选活动，落实调解案卷补贴，完成全市894名人民调解员等级评定，组织全市260余名调解员和百姓议事堂理事代表举办了业务培训班。全市各级调解组织接待群众9103批次、20356人次，组织排查4963次，受理并调处纠纷13227件，劝阻群体性上访70批次610人次。市医患纠纷调处中心成功调处医疗纠纷60件，其中死亡纠纷21件，婚姻纠纷调解室劝和270对面临婚姻破裂的夫妻。驻交巡警中队调解室调解纠纷980件，全市没有因调解不成或调解不及时引发的纠纷激化、民转刑及群体性事件发生。

【公共法律服务】 围绕“重大项目攻坚年”活动，开展“法企同行”等专项活动，走访企业600余家，提出有针对性的法律建议和风险提示等，在溧阳高新技术创业园区设立“法律服务站”。组建12348法律服务队，开展民意访问征集、提供公证调查取证、组织巡回法治宣传和法律服务、为行动不便的群众提供上门服务，成立溧阳市妇女儿童法律维权中心。落实法律顾问制度，推行公职律师、公司律师工作。村（社区）法律顾问实现全覆盖，推动建立村（社区）法润民生群、法律顾问之家群。18名资深律师参与市领导信访接待工作60次，63名律师在法院律师公益服务岗值班144次，组织10家律师事务所参与化解涉法涉诉信访积案，4名律师8次作为嘉宾参加常州电视台“有请大律师”节目录制。将法律援助工作列入司法局“对标找差”项目，扩大法律援助范围，建立完善法律援助对象动态数据库，开展法律援助“名优工程”，开展办案质量检查，组织评选和宣传优秀法律援助案件等。实行公证为民，缩短涉企公证办证时限，开通老弱病残绿色通道，为监狱服刑人员上门服务100余次，开具309份存款查询函，为出国留学、探亲、务工等群众办理公证1151件，办理首例微信公众号迁移公证和首例监护协议公证。2017年，全市13家律师事务所，163名执业律师，收案件8335件，收费5208万元。全市6家基层法律服务所，29名基层法律服务工作者，收案1613件，收费306万元。法律援助中心共办理指派法律援助案件925件，窗口接待咨询4368人次，12348电话咨询708个，避免和挽回经济损失3071万元。办结各类公证事项3807件，没有出现一件错、假证。

【特殊人群管理】 落实重点时期社区矫正安全稳定工作情况每日报告、重要情况即时即报制度、“四严”请销假管理制度、签订社区矫正工作安全稳定责任书。规范新入矫程序、“三等五级”日常管理，落实研判分析制度，周报、月报常态化，重点时节和重大活动期间日报。对市社区矫正中心和各镇（街道）司法所社区服务基地设施设备进行安全排查和整改。十九大安保期间，全市没有发生违反规定的情况。强化科技应用，实现工作人员矫务通和社区服刑人员定位手机的全覆盖。联合公安、检察、法院每月召开联席会议，与市检察院开展对各司法所社区矫正安全工作专项检查，与卫计局以及市中医院召开协调会，规范做好暂予监外执行罪犯病情诊断鉴别工作。组织服刑人员家属与监狱服刑人员远程视频会见。组织各镇（街道）司法所对社区服刑、刑满释放人员和后续照管对象特困家庭开展集中排查活动和重点帮扶。落实必接必送制度，全年妥善安置34人。2017年全市累计接收社区服刑人员316人，解除矫正287人，年底在册386人。接收安置帮教对象594人，在册2854人。在册后续照管对象共19名。累计完成社区矫正适用前调查评估59件，给予社区服刑人员撤销缓刑3人，警告40人次，全年没有发生社区服刑人员重新犯罪。

【队伍建设】 把思想政治建设摆在首位，学习贯彻党的十九大精神和习近平新时代中国特色社会主义思想，增强“四个意识”、坚定“四个自信”，提升全市司法行政系统的政治向心力。履行管党治党职责，开展省委巡视反馈意见整改工作，推进“两学一做”学习教育常态化制度化。开展“打铁还需自身硬”、纪律教育学习月专项活动。落实“365”工程和队伍“三化”建设。推动司法行政体制改革，明确司法所以司法局管理为主的管理体制。规范社会组织运行机制，成立“溧阳市阳光公益法律服务中心”，完成4个社会组织法人变更、年检等工作。开展“三大一实干”活动，走访村（居民）群众700余户，服务对象173名。开展“‘两代表’‘一委员’”和管理对象服务对象联络月活动，通过信函、座谈等形式，通报工作情况，征求意见建议。落实“路长制”、“双挂双促”工作任务，与25户村民开展“阳光扶贫”结对。《人民日报》《法制日报》3次大篇幅报道全市司法行政工作。获评全省“四个全覆盖”体系建设先进单位、全省司法行政系统党的十九大安保维稳工作先进集体、全省司法行政系统新闻宣传先进集体等荣誉。潘盘芳被评为全国模范人民调解员、甘春英登上江苏好人榜、谈贵龙被评为溧阳市十佳政法干警。

（蒋军明）

开放型经济

【利用外资】 2017年，全市完成协议外资5.15亿美元，其中新批项目25个，协议外资4.73亿美元，占总量的91.84%；增资项目5个，协议外资0.42亿美元，占总量的8.16%。其中新增制造业项目协议外资0.75亿美元，占总量的14.56%。实际到账外资2.5亿美元，其中到账大项目（到账500万美元及以上项目）有7个，共完成实际到账外资2.39亿美元，占完成总量的95.4%。

【项目建设】 全市积极组织参加、举办各类节会招商活动，推介、洽谈和引进项目。2017年，溧阳市组团参加“常州·上海经贸活动月”“常州科技经贸洽谈会”等经贸洽谈活动。举办中国常州（香港）产城融合发展推介活动等各类招商活动，宣传推介溧阳投资环境，巩固拓展客商资源。引进中信国安信息产业股份有限公司、泰禾集团股份有限公司、原能细胞科技集团有限公司、深圳长城开发科技股份有限公司等一批重要项目。采取“走出去”和“请进来”相结合，先后邀请并接待德国富尔达代表团、美国马里兰州代表团等各类商务团体和友城团体。

【专业招商】 编印中、英、德等多语种版本《美音自在溧阳》、“四大经济”系列招商手册，编辑国际版城市宣传片和产业宣传片，制作溧阳市投资环境推介宣传材料，通过微信公众号等手段多角度宣传溧阳。完善在欧洲、美国等地经贸交流平台的联络机制和考核机制，境内巩固驻上海、北京、南京等地办事处。举办全市招商干部培训班、深圳大学溧阳市招商干部培训班等培训，使全市招商队伍掌握有关法律法规、商务礼仪和招商技巧，了解市情、区位资源优势和优惠政策等，提高招商队伍的招商能力。

6月9日，溧阳市与中信国安集团签署战略合作框架协议

（市商务局　供稿）

【对外贸易】 2017年，全市实现进出口总值67.38亿元，比上年增长23.7%。其中出口59.83亿元，增长22.7%；进口7.54亿元，增长32.2%。2017年，全市机电产品、化工产品、纺织面料及其制品、贱金属及其制品等主要出口产品分别出口35.22亿元、8.60亿元、8.28亿元、4.40亿元。出口位于前三位的地区分别是：“一带一路”22.98亿元、东盟13.16亿元、欧盟10.37亿元。全年新增获权企业84家，累计700多家。

【外经合作】 2017年，溧阳市外经工作以“一带一路”为重点，积极推动企业“走出去”发展，全年累计完成新签外经合同额12674.29万美元，完成年计划的101.39%，全年累计完成营业额14105.54万美元，完成年计划的120.56%，新备案境外投资项目2个，完成年计划的200%，中方协议总投资23.80万美元。工程项目涉及电站安装、电厂安装、锅炉安装、热电安装、道路改造、钢结构安装、宾馆建设、变压器成套设备安装调试运营以及炼钢炼铁和水泥建设安装等81个项目，项目涉及26个国家和地区，主要分布在东南亚、非洲、西亚北非及中东地区。2017年，境外大工程项目有苏华建设集团有限公司在越南的承接的EPT电厂建设项目，总合同金额为5000万美元。

【商贸流通】 组织实施市场运行监测，及时、系统、全面的向公众发布各类市场信息。宣传贯彻国家农产品流通政策，组织开拓城乡市场，鼓励市内具备条件的大型商贸流通企业开拓农村市场，实施“农超对接”“农市对接”等。指导社区商业发展、家政服务、流通领域节能降耗工作，指导流通企业改革。推动商务领域信用建设，建立市场诚信公共服务平台。负责商务领域内成品油、拍卖、典当、茧丝绸、废旧汽车回收拆解、二手车市场交易评估等企业经营、资格许可证的预审以及再生资源等企业的备案登记管理。承担重要消费品（肉类、糖类、小包装食品等）储备管理和市场调控有关工作。按照双随机抽查机制要求，定期开展单用途商业预付卡的检查活动，确保备案发卡企业“三项制度”执行到位。牵头组织打击侵犯知识产权和制售假冒伪劣商品工作，大力整顿市场秩序。2017年，全市电商交易额突破130亿元，其中农村电商交易额7亿元。全市注册登记的电商企业共130多家，有360多家规模以上企业运用电子商务，电商直接从业人员1500余人。溧阳市竹箦镇被评为省级农村电子商务示范镇，溧阳市竹箦镇北村村被评为省级农村电子商务示范村，溧阳市戴埠镇南山竹海被评为省级电子商务特色街区。

（蒋依纯）

海　　关

【概　况】 2017年，海关驻溧阳办事处征税入库393.5万元，比上年减少57.9%；审结报关单252份，减少14.0%；监管货运量5123吨，增长0.7%；备案加工贸易合同74份、减少13.9%，合同备案金额1719万美元、增长33.4%，核销合同90份、减少16.7%；新增注册企业72家，增长4.3%。

【业务改革】 组织开展全员稽查、统计业务培训，开展各类业务小课堂，派员参与常州海关稽查、核查作业，提升关员业务技能，为隶属海关功能化改造做好准备。全面实施加贸监管一体化改革，召开加贸一体化改革企业座谈会，听取企业在一体化业务办理中遇到的问题和意见建议。加强与中心海关沟通衔接，3人次参与加贸一体化备案集中工作，一体化新手册核销顺利开展，一体化新手册已核销结案12份。全面推行全国通关一体化改革，积极做好全国通关一体化改革的政策宣传和准备，确保改革同步推进。全年报关单无纸化率100%，所处理报关单中涉及全国通关一体化报关单133票，占比52.8%。通过连续两次召集相关报关企业和进出口企业共同对本现场通关作业时限超长的报关情况进行分析排查，针对排查出的原因及时采取相应措施，有效压缩本现场的通关时间，进口4.9小时、减少75%，出口3.8小时、减少49%。

【深化综合治税】 建立本口岸易归错、税差大的高风险商品和重点税源商品档案，提高归类审价水平。深入重点税源企业调研，积极参与推广税收电子支付，其中通过税款电子化支付的企业比例达45.5%，采取税款自报自缴方式的报关单38票，自报自缴的比例42.2%；税收总额的80%以上、100%的一般贸易税收通过电子支付方式缴纳。做好财关库银横向联网各项准备，确保联网工作顺利实施。及时做好税单核注，有效防控税款压库。

【服务地方发展】 积极拓展服务平台，在全面开通关企通QQ群、微信群的基础上，通过业务小课堂、政策集中宣讲等方式进一步搭建“关政企”合作平台。3月，赴各镇（区）开展外贸政策集中宣讲，帮助企业了解加工贸易监管一体化、全国海关通关一体化、减免税、企业信用管理等政策措施，全力支持企业外向型经济发展，252家企业参加集中培训。7月，召开全国海关通关一体化改革政策宣讲会，重点介绍通关一体化改革的实施时间、“一次申报、分步处置”新型通关管理模式、税收征管方式改革等主要内容，30家重点进出口企业参加。11月，赴江苏中关村科技产业园、南渡镇等重点镇（区）集中宣讲“南京海关关于支持江苏开放型经济发展的20项措施”，逐一听取并解答企业在办理海关业务中所遇到的困难问题等，25家企业参加。全年走访重点进出口企业15家，针对性开展小课堂4次；通过手机短信平台向地方政府和各乡镇提供信息参考200多条。发扬“店小二”精神，主动融入地方经济发展大局，坚持需求导向，靠近服务对象、提供优质服务。针对多个超亿元新能源锂电池大项目相继签约开工建设，相关企业对生产设备进口政策需求迫切，主动提前跟进，为溧阳时代新能源和溧阳北星新材料等3家企业提供设备免税进口专门咨询服务。为科华控股有限公司提供一对一政策咨询和业务培训，及时指导该企业妥善处置加工贸易申报差错问题，避免企业遭受损失。帮助江苏开利地毯股份有限公司解决进口免税设备纺丝机的归类业务难题，使企业及时避免货物压港滞报和不能享受免税的损失。开展“8·8”海关法制宣传日活动，组织党员志愿普法小组深入企业一线宣传海关各项业务改革、“放管服”政策及促进外贸稳增长措施、商品归类等，为企业提供个性化服务。

（沈沛云）

出入境检验检疫

【概　况】 2017年，国检局溧阳办事处坚持以提高发展质量和效益为中心，以推进供给侧结构性改革为主线，遵循“讲政治、顺大势、应民意、守底线”工作总原则，紧扣“重大项目攻坚年”和“文明城市攻坚年”工作主题，全面提升服务经济社会发展水平，不断加强自身建设，积极展现新作为，为溧阳经济发展做出积极的贡献。

2017年，溧阳办事处共接受进出口货物报检1086批，金额11445.69万美元，货值比上年增长47.89%；其中出口货物报检981批，货值金额 2884.83 万美元，减少 39.54%；进口报检 105 批，货值金额 8560.86 万美元，增长 188.48%。签发各类证书 3876 份，签证金额 23691.96 万美元，签证批次比上年增长 3.72%，签证金额增长 19.52%；企业减免境外关税约 915 万美元。

【服务企业】 强化与涉外部门之间的联动，提高服务企业工作效率。参与市商务局牵头的涉外部门联席制度，联合对相关企业或镇（区）开展服务活动。3 月 6 ～ 10 日，联合市商务局等部门组织为期一周的外贸政策巡讲活动。该次活动分五个片区进行，使服务前延至各镇区，对全市所有进出口企业全覆盖。办事处积极创新政策宣贯模式，点对点服务。强化与海关、经信以及各镇招商部门的联系强化联合服务，提升服务效能。

【原产地证无纸系统实现全覆盖】 全面推进溧阳地区原产地证签证无纸化申报，节省企业时间和成本。2017 年，全面推行原产地证无纸化申领工作，企业通过网络发送申报数据得到审核正确的回执后，申办企业无需再提供随附的《原产地证明书申请书》和发票等纸质单据，只需提交一份原产地证书即可办理签证。无纸化申领系统避免排队，减少窗口等待时间，办证效率提高，无需提供纸质单证，避免因企业办事人员所提供纸质单据有瑕疵需重新提供的情况发生，降低企业再次提交单据所产生的人力物力成本。至年底，原产地证无纸系统在溧阳企业全覆盖。

（杨　剑）

江苏中关村科技产业园

【概　况】 2012 年 1 月，中关村科技园与常州市政府签约成立江苏中关村科技产业园，是中关村科技园在北京市外设立的第一个科技产业园区，江苏省政府专门出台促进园区加快发展的 8 项政策措施。北京市委、市政府与江苏省委、省政府联合成立“江苏中关村科技产业园领导小组”，建立合作领导小组会晤制度和工作沟通协作机制，先后于 2012 年 12 月和 2014 年 6 月召开两次工作会议。2017 年，园区全面完成各项经济指标，各项指标同比增幅均在两位数以上。园区实现地区生产总值 172.1 亿元，增长 16.9%，净增值占全市增值的 43.9%；公共财政预算收入 14.99 亿元，增长 10.2%，净增值占全市增值的 58.4%；工业设备投入 15 亿元，增长 96.5%，净增值占全市增值的 52.8%。

2017 年，园区紧紧围绕“凝聚精气神，建设新溧阳”总要求，围绕创建国家级高新区和打造全球有影响力的储能产业科创中心的总体目标，踏踏实实抓项目、补短板、优服务，全面提升园区的核心竞争力。2 月，江苏北星新材料科技有限公司高分子复合材料项目举行开工仪式（总投资 50 亿元）。4 月，园区与中科院物理所、东南大学签约，建立天目湖先进储能技术研究院、东南大学溧阳研究院；上海璞泰来新能源科技股份有限公司锂离子电池材料项目举行开工仪式（总投资 50 亿元）。5 月，苏高新南大创新园举行开园仪式。6 月，上汽时代先进动力电池系统产业化、时代上汽先进动力电池产业化项目举行开工仪式（总投资 200 亿元），江苏中关村入选 2017 最佳投资环境锂电产业集群。11 月，江苏中关村被评为省优秀科技园区、园区 4 家企业上榜省瞪羚企业。

2017 年，园区围绕打造全球有影响力的储能产业科创中心的总体目标，坚持“一切围着项目干”，实现重大项目招引的“大、多、高、快”。项目体量大，成功引进并建设上汽时代超百亿的动力电池产业基地，实现园区百亿项目双连击。项目数量多，全年累计引进总投资 5000 万元及以上工业项目 33 个，亿元以上项目 19 个，聚集产业链企业 30 余家。项目水平高，成功引进天目湖先进储能技术研究院、东南大学溧阳研究院两大平台，大幅提升园区研发水平。项目推进快，20 个市重点工业项目全部开工建设，开工率 100%，完成年度投资计划的 120%，时代新能源、璞泰来、科达利、上汽大通等 11 个项目投产或试生产，投产率 55%，其中上汽房车 4.5 万平方米厂房从打桩到主体封顶 93 天完成、璞泰来从基础到主体封顶 50 天完成，干出项目建设的“中关村速度”。

企业发展速度加快，销售增幅 20% 以上规模以上企业有 24 家，其中销售增幅 40% 以上的规模以上企业有 17 家。另有 4 家新投产企业销售额均在亿元以上。企业发展质量提升，纳税超过千万元的企业共 21 家，5000 万以上的 4 家，上上、华朋、苏华集团纳税超过两亿元。良友正大、金梧股份成功挂牌新三板，园区的经济基础愈发稳固。创新能力不断增强，上上电缆获评国家技术

4 月 10 日，举行天目湖先进储能研究院签约仪式

（中关村科技产业园　供稿）

创新示范企业、江苏制造突出贡献奖优秀企业，华鹏电力仪表被认定为省级和国家级两化融合贯标试点企业，中兴西田被认定为国家级两化融合贯标试点企业，时创能源等4家企业被评为省瞪玲企业。全年完成专利申请601件，其中发明专利152件；新增专利授权429件，其中发明专利52件。

安置工作有序推进，全年园区内安置房建设总面积319.62万平方米，竣工105.28万平方米。完成小夏庄北、徐格笪、濑江新城等5个安置小区、5062套房源的交付工作，另准备交付1629套。精准扶贫力度加大，全年发放低保金、残疾人补助、优抚对象补贴等救助和慰问金1663万元，落实各项惠民补贴190万元，建档立卡贫困户从年初的170户342人减至18户40人。杨庄小学开工建设，新建街道居家养老服务中心1个，村（社区）居家养老服务中心10个，如意小食堂2个。

（刘　创）

溧阳经济开发区

【概　况】 江苏省溧阳经济开发区成立于1992年。1993年11月，江苏省人民政府批准为省级经济开发区。2005年，省级经济开发区经国家发展和改革委员会审核通过。2006年4月，国土资源部第五批审核公告确定溧阳经济开发区四至范围：东至半夜滨河，南至老城区，西至泓口河、蒋笪河，北至昆仑河，确定规划面积434.04公顷。

2016年，溧阳市委、市政府围绕将溧阳建设成为“宁杭生态经济带最美副中心城市”的新目标，提出“融入常州、接轨南京”的重大发展战略，作出将溧阳经济开发区拓展到上兴新区的重大决策，为开发区的发展提供更广阔的舞台。上兴是溧阳距离南京最近的镇，区域面积245.6平方公里。上兴新区规划面积20平方公里，重点打造军民融合、智能制造、汽车零部件等产业。2017年，推进开发区一期6.7 平方公里园区基础设施建设，共拆迁11个自然村农户862户，完成土地征收5349亩，完成6条总长6.5公里主干道路框架及5座桥梁建设，开挖并完成全长1600米河道，雨污管网、水电气建设等与主干道路建设同步实施推进。5000亩土地基本完成“七通一平”，路灯、绿化同步配套，开发区框架基本成形，招商优势逐步显现。2017年，开发区实现地区生产总值46.64亿元，增长11.9%；实现公共财政预算收入2.81亿元，增长36.8%；税收收入2.66亿元，增长37.1%；工业总产值151.1亿元，增长13.9%。

（许　峰）

镇工业集中区

【天目湖工业园】 位于溧阳市区南部，于2003年5月经溧阳市政府批准成立，总规划面积18平方公里，其中工业12平方公里，商居配套6平方公里，园区承担全市高科技产业基地和城区副中心的双重招商、建设和管理任务。2006年初，园区在田家山开辟0.5平方公里中小企业区，作为对主园区的有效补充。

2017年，天目湖工业园加快重点工业项目推进，高标准打造优质载体，提升园区的服务工作，实现经济快速发展。全年实现工业投入20亿元，应税销售达到79.5亿元。

至2017年底，园区历年累计完成房屋征收34个自然村1714户、6592人，总征收面积35.6万平方米，安置总面积约45.28万平方米（其中期房安置12.29万平方米）；历年区内工业总投资累计达195亿元，其中投入公共基础设施建设资金超19.5亿元，完成工业区6平方公里“七通一平”基础设施建设，完成商居区3.5平方公里的市政建设及商居开发；入驻园区企业200多家，其中工业企业186家（田家山中小企业区8家）、房地产开发企业16家，进区企业中有外资企业25家（房地产6家），进驻企业中高新技术企业8家，销售超亿元以上工业企业17家，其中上市企业1家，拥有瑞士布勒、鹏程钢构、顺风光电、台湾永冠集团、安靠智能、东发纺织、金利宝等国内外知名企业。

（居　乾）

【别桥工业园】 2017年，别桥工业园（原北山工业园，8月更名）新建污水管网2千米，完成园区道路修复8千米，水、电、天然气均已到位。新入驻东翼航空、常州福升新材料、无锡汉和、江苏宝盛住宅等8家企业，形成绿色建筑产业、电梯产业和无人机产业三大特色产业集群，由民航华东局、江苏中关村科技产业园共同扶持的中国·溧阳无人机产业园在园区内建成，成为中国机器人运动人才培养基地和农业部农用无人机技术培训基地。电梯产业园内有整机安装企业1家，配件企业、电梯物联网（智能电梯）企业和安装、维保、销售等各类企业60余家。

（滕　俊）

【北郊工业园】 园区依托丹金溧漕河、中河、常溧高速等交通区位优势，构建集加工、仓储、运输、配送、交易及配套服务功能于一体的区域性专业物流集散地，推动园区内产业升级与集聚，冶金及工业型材产业成为园区的特色产业。2017年，园区新增绿化面积3000余平方米，完成园区道路修复6000米，新增管网配套企业15家，新增技术改造升级、产能扩充项目6个。

（滕　俊）

【埭头镇工业园区】 2017年，园区有工业企业370多家，其中规模以上企业42家，亿元企业8家，外资企业20多家，已形成食品、轻纺、新材料、冶金、建材、机电等产业体系，着力打造1平方公里绿色建筑产业集聚区和1平方公里宝钢装配化住宅产业基地。江苏骏益科技创业园是埭头镇重点打造的绿色建筑产业集聚区，总规划用地100公顷，建筑面积91万平方米，骏益科创园已成为江苏中关村第一个拓展的主题园区、溧阳第一个省级众创空间和国家级科技孵化器，有40余家成长型企业入驻。加快工业的转型升级，加快推动传统企业和国企、外企、上市公司的合资合作，推进企业兼并重组和股改上市，优化企业资本结构、创新水平，园区有上海E板上市企业一家。2017年实现工业总产值109亿元。

（李　丹）

【江苏中关村科技产业园南渡新材料工业集中区】 溧阳市唯一的化工园区，2008年9月经常州市政府批准设立，2011年11月取得省环保厅审查意见，工业集中区规划面积3.93平方千米。2017年，报请常州市政府同意，集中区规划面积调整为1.84平方千米。

园区产业定位以氨基模塑料、高性能树脂、锂电池为主导，上下游产品延伸为辅，形成合成材料、有机硅、高端涂料、多元醇、电子化工材料等化工新材料及其配套的专用化学品研发、生产及其应用开发的产业链，同步发展机械、轻工等二类产业。园区拥有一批行业内的领军企业和多个自主核心研究领域，其中：江苏省工程技术中心2家（常州乔尔塑料有限公司——热固性新材料工程技术研究中心、江苏联盟化学有限公司——高分子助剂工程技术研究中心）、江苏省博士后工作站1家（常州乔尔塑料有限公司）、江苏省院士工作站1家（江苏弘博新材料有限公司），江苏省高新技术企业4家（常州乔尔塑料有限公司、溧阳市乔森塑料有限公司、溧阳市山湖实业有限公司、江苏联盟化学有限公司），常州市企业技术中心2家（常州乔尔塑料有限公司、溧阳市山湖实业有限公司）。2017年，13家企业实现工业总产值164157万元，纳税销售182617万元，利税6629.9万元，其中规模以上企业8家，共实现工业总产值161872万元，纳税销售180332万元，利税6543.2万元。

园区配套基础设施完善，电力供应充足，南渡境内建有220KVA变电所2座，110KVA变电所2座；“川气东送”溧阳天然气门站位于南渡境内，距离工业集中区约10千米，天然气管道已到达园区内；日处理3000吨的工业污水处理厂已投入运行，可满足园区工业污水的处理。12月，江苏弘博热电有限公司投入运行，实现区内集中供热的目标，大幅降低煤炭使用量，有效提升能源利用率和供热质量。2017年启用集中区出入门禁，实施集中区封闭式管理，同步推进集中区信息化管理工作。至年底，搭建完成集中区环境监管信息平台，利用信息化手段对园区空气、地表水质量进行监测，提高集中区现代化管理水平。

（吴有安）

【南渡智能制造产业新区】 位于南渡镇东侧，东接江苏中关村科技产业园，南至芜申运河，西到新104国道。2017年，一期启动100公顷，征收拆迁工作基本完成。园区内两横两纵四条道路，除最后一层沥青没有摊铺外，其他全部完成。雨污和通信管道工程以及自来水和消防管道全部完工，宁新路两侧以及经六路部分土方造型已完成。园区采用架空线与电缆埋地相结合的方式敷设，电缆埋地部分已完成，地上部分在建设中。跃进河整治工程完成70%工程量，泵站在建设中。

（吴有安）

【上黄科创园】 始建于2006年3月，东南至239省道，西至上林路，北至北环路，总体规划面积2平方公里。2017年，加快工业园区提档升级，在1平方公里基础上，规划至2.5平方公里，继续拉大园区框架，加强园区道路、绿化等“七通一平”配套设施建设，启动涂家村拆迁，园区集约化、有序化、智能化发展日益凸显。至2017年年底，园区已形成高端装备制造、信息技术、新材料、电子轻工等优势产业，入驻企业30多家，包括溧阳市飞跃机电有限公司、溧阳市宇政机械制造有限公司、江苏杭钢精密铝业有限公司、江苏晶瑞半导体有限公司、江苏瑞复达新材料有限公司、常州恒联五金有限公司等规模企业。

（刘龚献）

【戴埠镇工业集中区】 园区有镇西、镇南、新北和镇东4个工业集中区。截至2017年年底，拥有以机械制造、精密铸锻、电子设备、合成材料、轻纺服装为主的各类企业380多家，逐渐成为先进制造业的新兴基地。

2017年，戴埠镇重点打造的镇东高端装备制造集中区位于长江东路以北、谈家村以南、溧戴河以东、环镇东路延伸段以西，以环保机械及装备制造为主导产业。集中区规划面积1平方公里，建成面积0.25平方公里，充分利用现有土地存量，以高标准规划设计。区内基础设施完善，道路、供水、排水、供电、电信、有线电视、天然气、土地平整等“七通一平”基本到位。区内地质承载力高，配套产业成熟，适合环保机械类工业企业建设，有效降低投资者的配套成本。区内共有16家工业企业，包括以江苏恒力通用装备有限公司、江苏翔能科技发展有限公司等为代表的高新技术项目入驻。

（袁子杰）

【溧阳市（竹箦镇）绿色铸造科技产业园】 位于竹箦集镇南侧，始建于2015年，规划面积3.8平方公里，一期核心区建设面积1.2平方公里，园区道路、综合管网、水、电、气等配套基础设施建设框架已经全面拉开。园区突出“绿色”发展理念，强力推进铸造产业持续、健康、有序发展，成为江苏省铸造产业转型升级示范基地。2017年6月，竹箦镇被中国铸造协会授予全国首个“中国绿色铸造小镇”称号。

园区以建设百亿元级具有国际竞争力和影响力的国家级绿色铸造产业集群（高端制造业基地）为目标。园区内企业产品涵盖汽车零部件、风电、核电、船舶、柴油机、农业机械、工程机械、轨道交通、环保机械、五金工具等20多个系列1000多个品种。已建22条代表世界先进水平的日本新东、丹麦迪砂等自动化生产线；规模铸造企业全部被国家工信部批准为“行业准入企业”。至2017年年底，有4家国家高新技术企业，5个省、市级工程技术研究中心和企业技术中心，36只高新技术产品，70多件国家专利授权。

（李柏之）

综　述

【概　况】 2017年，全市旅游工作紧紧围绕“建设宁杭生态经济带最美副中心城市”的发展定位，按照“全域一体，全国一流”的目标，以推动全域旅游发展为契机，优化旅游空间布局，完善旅游要素保障，加快新兴业态培育，注重产业融合发展，努力把溧阳打造成为全国知名的休闲度假目的地和长三角最具吸引力的休闲度假城市。全市旅游接待1757.09万人次，旅游总收入达206.59亿元，分别比上年增长9.87%、14.35%。

2017年，全市在建旅游项目23个，涵田半岛养生谷、天目湖天沐温泉、神马亲子农场等一批项目建成投运。中信国安、浙江蓝城、北京荣盛等一批品质优、业态好、市场认可度高的休闲经济项目在溧阳成功签约，并进入项目规划设计阶段。重点旅游项目建设完成投资11.58亿元，完成年度计划的101%。帮助旅游企业向上争取省、市级引导发展资金230万元。

按照市委、市政府关于全市“十三五”规划及市政府18项重点工作要求，指导完成推进曹山省级旅游度假区创建工作；完成《上兴全域旅游规划》编制及白露山、日日春、节点服务区、自行车公园、登山步道、慢行系统等旅游设施建设。根据《中共溧阳市委、市政府“向休闲经济拓展”三年行动计划实施意见》，完成《休闲经济发展规划》编制。打造300余公里“溧阳1号旅游公路”，串联沿线的旅游景区、乡村旅游景点、特色田园乡村，获评江苏省首批旅游风景道路称号。南山竹海风情小镇被列为江苏省首批旅游风情小镇创建单位。制定出台《溧阳市鼓励和促进“溧阳茶舍”发展的实施意见》，竹马岭、闲庭、香云小筑等一批溧阳特色美宿开始运行。上汽房车工厂建成，正在规划设计露营地项目；完成望星谷房车露营地一期；完成龙潭房车露营地基础设施建设。2017年9月，江苏天目湖旅游股份有限公司在上海证券交易所主板成功上市（股票代码603136），成为江苏省首家上市的旅游景区。南山花园于4月被评为常州市唯一一家江苏省首批五星级乡村旅游区（点），12月被中国互联网新闻中心授予“中国最美乡村旅游目的地”称号。

形象宣传融入新元素。在央视4套《海峡两岸》栏目播出“中国天目湖”城市形象及旅游品牌宣传片，在京沪高铁命名“溧阳天目湖号”列车，拍摄制作《年味溧阳》《美音自在溧阳》《天养溧阳》等近10个旅游宣传片，分别在央视10套、亚太第一卫视和江苏电视台播出，受到领导和社会各界的广泛好评。编印《溧阳百景》《全域旅游　全景旅游》和《影响溧阳的历史名人》等旅游文化书籍，在旅游微信公众号上系列推出《溧阳牧歌》和《天下文人游溧阳》等，加强地域文化内涵的挖掘，强化文旅融合宣传。开展“乘着高铁游溧阳”等系列宣传推介活动，在《新华日报》《中国旅游报》以及人民网等报刊、网络等多家媒体报道达1000多篇，在国内权威搜索引擎上的相关网页达2000多篇。制作并在多个平台推送《全域旅游导航地图》、《跟着孟郊游溧阳》主题动漫和《全域旅游手绘地图》等新形式的旅游宣传品。

2017年年底，全市拥有国家级旅游度假区1家、省级旅游度假区1家；A级旅游景区5家，其中，AAAAA级旅游景区1家（包括天目湖、南山竹海、御水温泉）、AAAA级旅游景区1家、AAA级旅游景区1家、AA级旅游景区2家；全国工农业旅游示范点7家；江苏省五星级乡村旅游区（点）1家、江苏省四星级乡村旅游区（点）10家（其中4家全国农业旅游示范点）、江苏省三星级乡村旅游区（点）4家、江苏省二星级乡村旅游区（点）4家；省级自驾游基地3家；旅行社（营业部）39家，其中全国百强国内旅行社1家；星级饭店16家，其中五星级4家、四星级4家、三星级6家、二星级2家，拥有3672张床位。

旅游宣传

【概　况】 2017年，旅游宣传围绕全局中心工作，积极参与组织2017中国溧阳茶叶节暨天目湖节（以下简称“两节”）及系列活动，主动开展新闻宣传，创新制作旅游宣传品，取得良好的工作成效，展现溧阳“长三角最佳旅游目的地”和天目湖旅游品牌形象，展示“自在茶香、美音溧阳”

的魅力，推进溧阳旅游转型升级，推动溧阳“全域旅游”休闲度假目的地建设。

精心组织节庆活动。2017年的“两节”，以“自在茶香，美音溧阳”为主题，举办茶乡风情体验、全国都市报总编看溧阳、曹山自行车全国邀请赛、天目湖·古琴音乐会、百名旅行社老总和旅游大咖游溧阳、网络征集游客游溧阳、探秘长寿寻味南山、重点项目集中开工等15项活动。其间，大力推介溧阳本地生态资源和产业资源，持续唱响“世界长寿之乡”“中国名茶之乡”“国家级旅游度假区”和天目湖旅游品牌，进一步彰显“美音自在溧阳”的城市形象和“生态美、产业美、生活美”的城市特质。紧扣“重大项目攻坚年”主题，以举办“两节”为契机，与国内外一批优秀企业达成重大项目共建意向。南山竹海旅游综合体、中德国际养老护理等16个项目落户溧阳，总投资达250亿元。“两节”期间，全市共有12个重大项目集中开工，其中工业项目10个，基础设施项目2个，计划总投资88.8亿元。总投资50亿元的上海璞泰来锂离子电池材料项目正式开工；南京航空航天大学与常州市、溧阳市分别签署战略合作、合作办学框架协议，共建南京航空航天大学溧阳校区；“两节”期间，组织全国都市报总编、旅行社老总及旅游达人网络大咖走进溧阳、网络征集游客参加“两节开幕式”活动，并游览天目湖山水园、南山竹海等经典景区，体验了御水温泉。活动期间，《现代快报》《楚天都市报》《天津每日新报》《深圳晚报》等近20家全国知名晚报专题专版宣传溧阳全域旅游及“两节”，网络大咖、旅游达人在新浪、腾讯、搜狐等门户网站刊发各类溧阳旅游宣传信息107条，“中国溧阳”“常州旅游推广中心”“今日溧阳”“游子吟溧阳”“溧阳旅游”等公众号推送溧阳旅游及“两节”微信100余条，产生了巨大的节庆效应。2017年，市旅游局组织“手绘溧阳”作品征集、溧阳百景征集评选、南山竹海风情小镇宣传片脚本征集等活动，指导旅游企业举办中国溧阳曹山自行车全国邀请赛、第三届天目湖房车嘉年华、“长寿探秘·寻味南山”系列活动、第二届南山竹海长寿文化节、第六届曹山采摘节暨日日春杨梅节、2017白露山蓝莓节、第三届“天目湖平桥黄桃采摘节、第一届欣龙生态园桃花节、第一届欣龙生态园寿桃节、第四届溧阳樱桃采摘节、南山竹海第二届长寿文化节等节庆活动，并利用这些平台积极做好旅游新闻报道工作。组织设计溧阳城市形象及“两节”广告画面30余个，制作投放高炮广告、大型户外广告、灯箱广告、建筑围挡广告和LED广告800余面，并充分利用溧阳出租车、公交车、城区大型小区等游动字幕宣传“两节”活动，营造浓厚的节庆氛围。

注重旅游新闻报道工作。在挖掘新闻专题进行系列旅游宣传的同时，利用“两节”及溧阳旅游推介会等平台、机遇，不断掀起旅游新闻宣传高潮。2017年在《新华日报》《中国旅游报》《华东旅游报》《扬子晚报》《行旅》《旅游时尚》、溧阳时空、新浪、搜狐、网易、凤凰网、人民网、新华网、中华网、江苏网等报刊、网络和各微信平台、国内多家知名媒体播发溧阳旅游的相关报道达500条，在国内权威搜索引擎上的相关网页达2000多篇。

积极开展旅游宣传促销活动。组织开展“乘着高铁游溧阳”系列宣传活动。到宁波、开封、绍兴、温州等地举办溧阳旅游推介会，在御水温泉度假酒店举行“乘着高铁游溧阳——北京顺隆·天目湖旅游推介会”，在京沪杭线命名高铁“溧阳天目湖”号。制作播发旅游宣传品。在央视4套制作播出溧阳旅游广告10秒，期限1年；组织江苏电视台制作完成《天养溧阳》《溧阳美宿》《溧阳民宿》《溧阳全域旅游》《旅游厕所》等10余个旅游宣传片，并在江苏国际频道、影视频道栏目播出；在央视《味道》栏目播出《年味溧阳》、在亚太第一卫视《投资中国》等栏目播出《美音自在溧阳》专题宣传片，极大提升了溧阳城市及旅游的影响力，受到社会各界的广泛好评。组织央视10套文明密码栏目组进行踩线，年内完成溧阳旅游文化专题片《东西南北过大年》拍摄工作，预计2018年春节前后播出。编辑出版《溧阳百景》《(手绘)旅游地图(全域旅游、美宿、美食系列)》《全域旅游　全景旅游》《影响溧阳的历史名人》旅游文化书籍，制作并在多个平台推介《全域旅游导航地图》、《跟着孟郊游溧阳》旅游主题动漫等，提升溧阳旅游文化品质，扩大溧阳旅游影响力。利用微信宣传溧阳旅游文化。在“游子吟溧阳”“游子吟—溧阳”等公众号推送溧阳旅游文化微信1000余条，阅读量在全省县级市旅游行业中名列前茅，起到良好宣传的效果。

【央视十套播出《年味溧阳》专题篇】 时长近1个小时的美食专题片“溧阳年味”，于2017年2月11日元宵节黄金时段21：04在央视十套首播，并于2月12日6：00、11：19、16：45重播。

“溧阳年味”由溧阳市旅游局组织央视《味道》栏目组一行6人，于2016年12月11～24日拍摄完成。围绕年味这个主题，《味道》栏目组重点选取天目湖砂锅鱼头、溧阳扎肝、糊鲜螺蛳、羊羔、风鸡、神仙蛋等溧阳特色菜肴制作和吃年夜饭、天目湖围网捕鱼、看地方戏等场景，酣畅淋漓地展示了集历史传承性、发展创新性、经典特色性于一体的溧阳美食文化，营造出浓浓的溧阳特色年味。

“溧阳年味”拍摄工作得到天目湖镇、戴埠镇、上黄镇和天目湖旅游股份有限公司、天目湖宾馆、新华厨大酒店、吴楚农耕文化园、深山沟家庭农场、上黄六指羊糕店、五谷园、闲庭、天目茗居、涵田、WEI天目湖等相关镇区及旅游企业的积极支持、配合。

【溧阳天目湖旅游推介会宁波站】 3月16日下午，由溧阳市人民政府主办，郎溪县文旅委、溧阳市旅游局协办的溧阳天目湖旅游推介会在宁波威斯汀酒店精彩上演。溧阳市委常委、常务副市长周卫中，浙江省宁波市旅游局副局长朱必余，安徽省郎溪县文化旅游发展委员会主任张燕，以及宁波市各大旅行社代表，南京、常州及宁波市主流媒体记者和旅游业内人士参加活动。

溧阳市旅游局局长朱红新主持推介会。溧阳市委常委、常务副市长周卫中致辞并隆重推介溧阳旅游。周卫中副市长介绍说，溧阳位于长三角地理中心、苏浙皖三省交界，是著名的“鱼米之乡”，列全国百强县第37位。2016年，全市旅游接待人次1599.12万,比上年增长9.35%，旅游总收入180.66亿元，增长13.29%。天目湖集国家AAAAA级旅游景区、国家生态旅游示范区和国家级旅游度假区于一体，被誉为“江南明珠、绿色仙境”。2017年4月10日，溧阳将举办“茶叶节”“旅游节”，活动为期1个月。周卫中诚邀浙江的朋友到溧阳走一走、看一看，体验溧阳悠久的历史、秀美的山水、健康的饮食和优质的服务。

宁波市旅游局副局长朱必余盛赞溧阳旅游，充分肯定溧阳旅游的多姿多彩。溧阳生态环境优美，旅游市场成熟规范，旅游产品丰富，形成三大优势。他表示宁波和溧阳同属江南水乡，历史悠久，旅游资源丰富。通过该次推荐会，希望能翻开宁波和溧阳旅游交流的新篇章，特别希望宁波各大旅行社能抓住两地交通便捷的契机，期待两地旅游能有更多的交流合作。

郎溪县文化旅游发展委员会主任张燕女士在推介会上介绍，郎溪县是著名的“中国绿茶之乡”，地理位置优越、旅游资源丰富、历史文化璀璨，拥有福寿岛、高井庙森林公园、天子湖、伍员山、观天下景区等美丽风景，未来还将开发更多的旅游产品。郎溪县毗邻溧阳，与宁波距离也很近，欢迎江浙的更多的游客关注郎溪，前来旅游。

会上，常州金牌导游欧子斌对溧阳旅游资源进行推介。溧阳天目湖旅游股份有限公司与宁波中青旅现场进行了签约。溧阳市委常委、常务副市长周卫中在接受媒体采访时表示，溧阳的旅游资源丰富，旅游势头强劲，正在拓展思路，转型升级，向外积极拓展旅游市场，向构建“苏浙皖大旅游圈”“江浙沪长三角大旅游圈”迈进。

【第一届欣龙生态园桃花节】 3月19日上午，欣龙生态园首届桃花节隆重开幕，众多常州的摄影爱好者驱车前来，一起相约在欣龙，感受生态之美，体验农家之乐。

桃花节现场，表演者舞姿优美，笑容灿烂，长袖善舞，歌声悠扬，精湛的表演让众多宾客欢呼喝彩！欣龙采茶女的茶艺表演让现场观众大呼“之前的茶都白喝了，原来喝茶还有那么多讲究啊”。《风情竹竿舞》展现了采茶女的灵动身姿，大家都赞不绝口。虽然是初春季节，现场还下着雨，却也阻止不了这些游客爬茶山、赏桃花的兴致，一览这里的春意蒙蒙。

2017年3月16日，溧阳市常务副市长周卫中在溧阳旅游宁波站推介会上介绍溧阳城市及旅游发展情况 （市旅游局 供稿）

【第十届天淼山庄桃花节】 3月28日，第10届桃花节在以“湖海奇观”和桃林景致为特色的溧阳天淼山庄举办，吸引了大批都市游客。众多游客沉醉桃林，赏花、摄影，其乐融融。与往年不同的是，该届桃花节还增加了京剧票友献演、民俗表演和旅游达人歌舞等内容。

三面环山一面临湖的天淼山庄，拥有大溪水库美丽的湖光山色，满山桃花呈现“桃源”景致。据庄主朱锦华介绍，经过10多年滚动发展，山庄已形成以千余亩山水为核心景点、生态观光农业为特色，兼具餐饮、住宿、娱乐、会务为一体的大型乡村旅游农庄和集赏花、游玩、爬山、垂钓、烧烤、篝火晚会、野外拓展训练等为一体的综合性旅游度假之地。山庄每年种植1000多棵新桃树品种，以更新老树种，扩大新桃园，在此基础上，利用山湖风光与桃花盛景，通过每年举办桃花节，逐渐形成“花开十年香十里”的品牌效应。并从三月桃花节衍生出四月挖笋节、六月采桃节、八月葡萄节，这些节会，不断吸引八方游客，让大溪水库被游客熟知。如今，山庄的桃花节已被纳入天目湖旅游节系列活动。

【2017中国·溧阳茶叶节暨天目湖旅游节开幕式】 4月的溧阳，茶香景美，怡然自在。4月10日上午，为期1个月的2017中国·溧阳茶叶节暨天目湖旅游节，在天目湖畔的凌峰生态园开幕。参加开幕式的嘉宾们在溧阳凌峰生态园参与茶乡风情体验活动，按照游园体验线路，观赏茶园美景，体验制茶工艺，品鉴溧阳新茶，并开展趣味农事体验和梨园采风摄影等活动。

2017年起，溧阳市将两年一届的茶叶节改为一年一届，与一年一届的天目湖旅游节同步推进。“两节”计划推出“乘着高铁游溧阳”旅游推介会与城市宣传和推介系列活动；百名旅行社老总、旅游达人、网络大咖走进溧阳，采风踩线，洽谈旅游线路合作活动；“太美溧阳”全国都市晚报总编感受溧阳、体验溧阳、书写溧阳活动；“大美曹山、骑乐无穷”家

2017 年 4 月 10 日，市委书记蒋锋在 2017 两节开幕式上致辞
（市旅游局　供稿）

庭自行车嘉年华活动；“长寿探秘、寻味南山”活动；“手绘溧阳”作品征集活动；金融支持实体经济政银企对接会等 16 项活动。

【长寿探秘·寻味南山活动启动仪式】 4 月的溧阳美音飞扬，4 月的南山自在茶香。在这美好的人间四月天里，世界长寿之乡——溧阳用极致的美与南山儿女的热情，喜迎八方贵宾、共赏南山美景，品长寿盛宴。4 月 16 日上午，由溧阳市旅游局、溧阳市南山景区管委会主办，江苏省中华文化促进会联办，行走五万里栏目组、南京颜真卿书画院、南京东吴传媒协办的 2017 中国溧阳茶叶节暨天目湖旅游节——长寿探秘·寻味南山活动启动仪式在江苏唯一的全国最美茶园戴埠镇欣龙生态园顺利举办。

溧阳市委常委、常务副市长周卫中，中华文化促进会副主席、江苏省中华文化促进会主席高以俭，南京艺术学院教授、博导、南京颜真卿书画院院长周积寅，溧阳市旅游局局长朱红新，戴埠镇党委书记扈军华，戴埠镇镇长张余亮，南京艺术学院教授、博导、南京颜真卿书画院副院长樊波，中国国家画院专业画家、南京艺术学院教授、博导尚可，颜真卿书画院多位著名艺术家，及澳大利亚江苏总商会执行会长兼秘书长、南京市企业家摄影家协会常务副会长王宁，澳大利亚江苏总商会副会长、南京银城地产总经理朱林楠，澳大利亚江苏总商会副会长、淮安市餐饮行业协会会长蔡俊明，中国商务参赞与企业家联谊会副主席、江苏富有集团有限公司董事长陈宽有，溧阳市南山景区管委会副主任魏平东出席启动仪式，户外旅游达人、企业家摄影家协会、高端俱乐部会员以及多家主流媒体共同见证了该次活动的成功举办。

溧阳市戴埠镇党委书记扈军华首先作精彩讲话，他表示该次“长寿探秘·寻味南山”的主题活动聚集全省数百名文化、旅游、户外休闲等行业领域的精英，为大家创造了分享长寿秘诀、深化友谊、促进合作的良好契机，更为南山景区学习经验、寻找合作提供了难得的机遇。真诚希望各位嘉宾多传宝贵经验、多提宝贵意见，工作之余常来南山，助力南山旅游发展，诚挚邀请各位嘉宾一起点燃南山旅游发展之梦，在这江苏省第一避暑胜地享受幸福之旅。

中华文化促进会副主席、江苏省中华文化促进会主席高以俭发表热情洋溢的致辞，盛赞溧阳旅游：“溧阳得天独厚的绿色生态环境是南山长寿文化的根基。南山，是世界自然生态的典范，是中国的风水宝地，是神州的人间天堂，是华夏的桃花源。”江苏省中华文化促进会多年来举办了各种高规格活动弘扬中华民族优秀文化，养生长寿文化正是中华文化中的瑰宝，溧阳南山是这瑰宝中的明珠。”

随后溧阳市委常委、常务副市长周卫中宣布 2017 中国溧阳茶叶节暨天目湖旅游节——长寿探秘·寻味南山活动正式启动。启动仪式过后，嘉宾们进一步深入了解溧阳南山长寿养生文化，感受南山美食，开启“长寿探秘·寻味南山”之旅。

【2017 常州乡村旅游节暨文明旅游主题活动】 4 月 26 日上午，2017 常州乡村旅游节暨文明旅游主题活动在繁花似锦、风光怡人的南山花园拉开帷幕。常州市人民政府、常州市旅游局、常州市文明办、溧阳市人民政府、溧阳市旅游局等相关领导，《中国旅游报》《华东旅游报》、江苏电视台、常

2017 年 4 月 26 日，常州乡村旅游节暨文明旅游主题宣传活动开幕式在南山花园神马农场举行
（市旅游局　供稿）

州电视台等省内外媒体，常州志愿者代表、溧阳旅游农庄代表和嘉宾约300余人参加开幕式，并体验精彩的骑马体验、山野骑行、赏花闻香、呆萌动物喂养、摄影大赛、常州乡村风景照片展、溧阳农副产品展等活动。

开幕式上，溧阳市委常委、常务副市长周卫中致欢迎辞，对前来参加活动的嘉宾表示诚挚的欢迎，对溧阳市旅游发展情况作亮点介绍，南山花园董事长仲春明简要介绍了南山花园神马亲子农场的概况。常州市文明办副主任柯善学介绍了2017年文明旅游主题活动的内容。2017年“爱常州 游天下”主题活动围绕“爱常州”这一主题，突出“文明旅游常人最美”这一主线，历时9个月时间，重点开展8项活动，由常州市文明办、旅游局、教育局、交通运输局、园林局、团市委6个部门共同组织开展。溧阳市委常委、常务副市长周卫中，常州市旅游局党委副书记、副局长张立新，常州市旅游局副局长陆宏伟为文明旅游志愿者代表授旗。随后，常州市旅游局党委书记局长丁一为南山花园省五星级乡村旅游区授牌；常州市政府副秘书长黄建德宣布2017年常州市乡村旅游节暨文明旅游主题活动开幕。

近年间，溧阳市政府非常重视乡村旅游发展，《市政府关于加快推进乡村旅游发展的指导意见》《常州乡村旅游发展三年行动计划（2016—2018)》相继出台，为全市乡村旅游发展指明方向、提供政策保障。市旅游局积极推动，多措并举，乡村旅游发展迅猛。产业规模日益扩大。全市在建和已建的各类乡村旅游点200多家，已开始运营并有一定规模和影响力的有90多家，在此基础上创建成61家全国农业旅游示范点和江苏省星级乡村旅游区，在全省名列第四。乡村旅游在全国创出“溧阳模式”，有24家乡村旅游示范点，300多家农家乐。拥有全国特色景观名镇1家，省级特色景观名镇3家；全国休闲农业与乡村旅游示范点2家。产品体系日益完善。打造众多类型丰富、特色鲜明的乡村旅游产品，初步形成以“度假”“文化”“田园”“农趣”“亲子”“美食”等为特色的乡村旅游产品体系。市场份额持续增大。2016年，纳入旅游统计的乡村旅游区接待游客1190多万人次，实现营业收入7.7亿元，分别比五年前增长113.65%和249.18%。乡村旅游富民工程成效明显。全市乡村旅游直接从业人员总数超过4.52万人。全市纳入调查范围（全国休闲农业，全国、省级特色景观名镇村，省三星级以上乡村旅游区和部分最美乡村）的农村居民因从事乡村旅游人均年收入持续增长，已达到26033.85元，仅次于苏州、无锡和南京，位于全省第四，与全市农村常住居民人均可支配收入21912元相比高出4121元。乡村旅游的富民增收效益明显，带动就业、改善农村环境和弘扬文明乡风的作用突出。

【“大美曹山 骑乐无穷”家庭自行车嘉年华主题活动】 5月6日，由溧阳市妇联、市旅游局主办，上兴镇政府、曹山管委会协办的“大美曹山 骑乐无穷”家庭自行车嘉年华主题活动在曹山紫薇谷自行车运动休闲公园举行。全市户外运动爱好者家庭，以及周边城市单车协会会员约200余人参加活动。

主题活动包含骑游和娱乐两大板块。骑游活动在紫薇谷自行车运动赛道举行。赛道全程13.4千米，沿途经过上兴镇幸福兰栽培园、曹山京林禅寺、昌米蓝莓采摘园、曹山紫竹林生态农业园、曹山天之福生态园、曹山星河湾生态农业园、绿球苗木园艺场；娱乐项目包括家庭亲子趣味活动以及欣赏春天曹山大美风景，运动爱好者们可以充分享受运动和旅游带来的欢乐。

溧阳市正在全力发展“全域旅游”，拟将整个城市作为一个最大的景区、最好的旅游产品、最美的旅游目的地进行打造。该次主题活动为溧阳市妇联助力2017年中国溧阳茶叶节暨天目湖旅游节的一项举措。该活动区别于一般的专业赛事，以家庭为单位，侧重于趣味性和娱乐性，让参与家庭在感受单车骑行魅力的同时，充分领略溧阳北山旅游的风情，并通过活动传播“低碳环保、绿色出行、文明旅游”的时尚生活理念，推动家庭全民健身运动的开展，吸引广大游客关注曹山、参与曹山、推广曹山，为实现溧阳旅游全域共建、全域共融、全域共享贡献巾帼力量。

【2017中国（溧阳）天目湖创意设计大赛】 5月12日，来自全国各地优秀的创意设计师汇聚在金陵溧阳宾馆，2017中国（溧阳）天目湖创意设计大赛正式启动。大赛在江苏省经济和信息化委员会指导下，由江苏省工业设计协会、溧阳市人民政府联合主办，市经信局、旅游局承办。大赛共设工业产品组、创意设计组和工业文化遗产改造设计组三个组别，其中创意设计组又分为工业产品类、旅游商品类、动漫设计类和VR设计类四大类。大赛得到社会各界的广泛关注和参与，共有500多个单位和个人报名参赛，提交设计作品640余件，其中旅游创意设计作品500余件，经过客观、公正的评选，最终确定70个奖项。

10月13日上午，2017中国（溧阳）天目湖创意设计大赛颁奖仪式在天目湖豪生大酒店举行。江苏省经信委副巡视员周毅彪、省经信委经济运行局局长管明、省经信委经济运行局副局长程旭、省工业设计协会副会长包锦球、常州市经信委副主任张志强以及溧阳市领导周卫中、王耀庆、曹岚出席颁奖仪式。溧阳市委常委、常务副市长周卫中在颁奖仪式上致辞。他指出，近年来，市委、市政府高度重视创意设计产业发展，将创意设计产业纳入智慧经济发展范畴，并且通过举办一系列设计赛事、创意交流活动，打造具有溧阳特色地域文化的创意设计资源共享平台，该次大赛为创意设计和溧阳产业的融合发展开启了新起点，带来了新机遇。他希望各位设计师能与溧阳企业深入交流合作，以设计成果引领溧阳产业转型升级。周毅彪对此次大赛的举办给予充分肯定。他指出，近年来，江苏工业设计产业有了长足的发展，该次大赛是江苏省2017年举办的系列产业大赛之一，大赛紧紧围绕溧阳工业企业需求和地方文化特色，征集到640余件设计作品，形成一批产业化意向合作成果，对于溧阳产业的转型升级起到了积极的推动作用。颁奖仪式结束后，部分与会嘉宾还围绕“工业设计与产业对接”主题进行了现场访谈。

【“手绘溧阳”作品征集活动】 6月13日，由溧阳市旅游局主办，溧阳市文联、溧阳市新闻信息中心、溧阳市美术家协会承办的“手绘溧阳”作品征集评选活动揭晓，南京艺术学院李荣洲教授的油画《长荡湖湿地公园》获得一等奖，《南山翠竹》《高静园》等5幅作品获得二等奖，《大石山》《天下第一壶》等10幅作品获三等奖，50幅作品获优秀奖。

该次“手绘溧阳”作品征集评选活动以“美音自在溧阳”为主线，自2月中旬开展以来，来自全国各地的近百名书画家围绕溧阳风光进行即兴创作，共征集到国画、油画、素描、书法、篆刻、剪纸等作品350余件，经《溧阳时报》和溧阳论坛、“中国溧阳”“游子吟溧阳”“溧阳旅游”等网络媒体陆续刊登后，社会反响良好，受到普遍赞誉。

【中国·溧阳曹山自行车全国邀请赛暨2017年PDM自行车系列赛】 4月23日，中国·溧阳曹山自行车全国邀请赛暨2017年PDM自行车系列赛在曹山旅游度假区拉开序幕。该次赛事由溧阳市人民政府主办，溧阳市文化广电体育局、溧阳市上兴镇人民政府、溧阳市曹山旅游度假区管委会、溧阳市体育总会承办，溧阳市自行车运动协会协办，上海凌烟体育文化发展有限公司执行运营。市政府副市长陆慧琦、市文化广电体育局局长吴旺志、溧阳经济开发区党工委书记、上兴镇党委书记夏国中、曹山旅游度假区管委会主任汤全明等出席开幕式。

该次邀请赛集聚了全国业余自行车赛事最高的关注度，来自21支精英业余车队的130余名选手参赛。其中包括森地客鑫元鸿、凯路仕烈风车队、志庆·复仇者车队、Specialized Roval Racing、熊猫自行车竞速车队等众多高人气的车队与车手。该次赛事赛道单圈13.4公里，比赛全程共计6圈，总赛程80.4公里。赛道总

表3 “手绘溧阳”获奖作品情况

作者	作品名称	获奖等级
李荣洲	长荡湖湿地公园（油画）	一等奖（1名）
朱富平	南山翠竹（粉画）	二等奖（5名）
莫大林	高静园（油画）	
程安中	天目湖（国画）	
史解元	码头街（国画）	
潘洪光	燕山公园（国画）	
殷南柱	大石山（国画）	三等奖（10名）
彭　衷	东野堂（书法）	
王建林	耕渎庐（篆刻）	
包　洋	和鹿岗桥（油画）	
姜锡生	天下第一壶（剪纸）	
姚庆同	晶阳山庄（国画）	
李红霞	礼诗圩（烙画）	
管建林	沙涨村（油画）	
钱　栋	燕湖公园（书法）	
杨　霖	史侯祠（油画）	
张卫平	和鹿岗桥（油画）	优秀奖（50名）
史解元	神女湖春晓（国画）	
姚　波	寿星广场（素描）	
管尧秋	报恩禅寺（书法）	
刘恩发	蔡邕读书台遗址（篆刻）	
董　敏	长荡湖湿地公园（油画）	
周华琴	瓦屋山下（国画）	
彭　洪	慈母堂（素描）	
王　绚	翠谷三月（油画）	
孙明连	李家园（油画）	
朱富平	傩文化（粉画）	
沈韵之	凤凰公园（篆刻）	
李家峰	高静园（油画）	
李新月	高静园（油画）	
马郁茜	耕渎庐（素描）	
周叶萍	观莲桥（素描）	
王晓云	和鹿岗桥（书法）	
陶汇敏	鸡鸣村、将军法书碑廊（篆刻）	
姜锡生	十思园（剪纸）	
蔡永华	晶阳山庄（国画）	
姚庆同	晶阳山庄（国画）	
吕恒富	吴都文化公园（素描）	
张惠泉	南山（国画）	
陈菊娣	平桥石坝（国画）	
吴慎峰	沙涨村（油画）	
费成义	善庆桥（书法）	
胡志春	善庆桥（素描）	
葛福春	寿星广场（书法）	
黄群娟	水母山胜景（国画）	
程不识	天目湖（国画）	

续表 3

作者	作品名称	获奖等级
姜宇鹏	天之福（篆刻）	优秀奖（50 名）
王国平	溧阳风光（书法）	
沈爱琴	吴越弟一峰（粉画）	
杨祝平	丫髻山（篆刻）	
杨　霖	南山竹海溪之魅（油画）	
朱海明	中华曙猿地质公园（国画）	
陈建国	蛀竹棵（书法）	
吴文明	平桥石坝（国画）	
史　菲	状元阁（素描）	
潘洪光	高静园（国画）	
潘建中	龙兴岛（粉画）	
强亚萍	人民广场（水彩）	
朱亚文	东野堂（素描）	
许友松	寿星广场（国画）	
赵　顺	舍头桥（国画）	
马雪松	天目湖（烙画）	
饶金龙	苏园（国画）	
曹祥生	溧阳风光（书法）	
崔惠芳	溧阳风光（书法）	
高凤歧	平桥石坝（国画）	

爬升高度 2400 米（误差 10 米），最低海拔 21 米，最高海拔 130 米。赛道全程为山地赛道，平均宽度 5 ~ 6 米，以起伏路面为主，最大坡度达 16%。最后，来自森地客鑫元鸿车队的“小强”周克强几近全程领先成功夺冠；来自香港黑骑士—竞赛风精英自行车队的哥伦比亚车手朱利安落后周克强 1 分 19 秒过线收获亚军；夏威获得季军。该次比赛途经风光秀丽的上兴镇幸福兰栽培园、曹山京林禅寺、昌米蓝莓采摘园、曹山紫竹林生态农业园、曹山天之福生态园、曹山星河湾生态农业园、绿球苗木园艺场等景点，不仅让游客及当地群众感受到自行车运动的魅力，还引导了绿色环保、全民运动的理念。赛后，选手们纷纷表示，在曹山旅游度假区如诗如画的赛道上比赛让他们非常享受。

近年间，曹山旅游度假区确立以体育旅游为龙头，体育运动休闲、竞赛表演、健身养生等多种业态齐头并进，体育旅游与生态旅游融合发展、体育产业与旅游经济相互促进的发展方向。围绕“体育 + 旅游”新理念，树立以体育为本、旅游为形，延伸发展体育休闲旅游产业的目标定位，实现由农业园区向旅游度假区的转型升级。

2017 年，溧阳市通过开展曹山旅游度假区体育品牌赛事，努力把体育与旅游两大产业相融合，把上兴镇打造成名副其实的体育健康特色小镇，促进该区域持续健康发展，力争实现长三角知名体育旅游、休闲度假目的地的目标。曹山旅游度假区结合上兴镇省级体育健康特色小镇建设，建成自行车公园、登山步道、慢行道等多项体育产业项目，逐步建成集休闲、观光、度假于一体的特色旅游景区。

【2017 第三届天目湖房车嘉年华活动】 2017 年 5 月 12 ~ 14 日，由天目湖国家旅游度假区主办，南京海莫尼文化发展有限公司承办执行，旅居时代网支持的主题为“韵味天目湖 · 多 YOUNG 新休闲”——2017 第三届天目湖房车嘉年华”活动圆满举行。五月天，天目湖景色醉人，湖水、青山、密林处处，绿意盎然。为顺应旅游市场转型升级的新形势，天目湖国家旅游度假区积极应对，倡导新的休闲度假理念及生活方式，通过组织房车嘉年华活动，展示天目湖国家旅游度假区旅游新业态，提升天目湖生态休闲旅游品牌和溧阳“生态家园”的城市旅游形象。

天目湖景区四面群山枕水、碧波荡漾，湖中岛屿散落、湖岸曲折通幽，50 辆房车围绕波光粼粼的天目湖景区游客中心，于湖畔扎营，集中展示房车生活。房车车主通过最传统的制作方式、使用最质朴的工具，体验参与溧阳乌米饭的制作流程；了解“乌饭树叶”的植物营养学价值；通过品尝自己亲手制作的乌米饭，体会舌尖上的天目湖。车友们通过日间户外瑜伽、“我为地球填绿色”及夜间点亮地球等环保互动活动，呼吁绿色出行，文明旅游。富有创意的圣旨通关文牒集章游戏丰富多彩，天目湖鱼旗创意涂鸦、趣味主题拍客行等互动活动令嘉年华活动充满乐趣。活动期间，20 辆超酷房车还沿着天目湖环湖、溧阳高铁站、汽车站等人流量密集的区域巡游，声势浩大的房车巡游活动令路人纷纷驻足观看，成为天目湖一道靓丽的风景线。

【南山竹海风情小镇宣传片脚本征集活动】 6 月 21 日，由市旅游局举办的“南山竹海风情小镇”宣传片脚本征集活动评选揭晓，25 篇作品获奖。其中《南山，南山，美出俗尘》《我在南山竹海，等你》《幽美南山，风情万种》3 篇作品获特别奖，《悠然自在竹海南山》《古风南山，风情悠然》获二等奖，《风情小镇，梦幻南山》等 5 篇作品获三等奖。

自 4 月底溧阳市“南山竹海风情小镇”入选江苏省首批旅游风情小镇创建名录后，市旅游局为进一步挖掘展示“南山竹海风情小镇”的特色和魅力，面向全社会征集“南山竹海风情小镇”宣传片脚本，短短半个月时间，共收到来自上海、南京、苏州等地和本土文友的应征作品 30 余篇，以宣传片脚本、解说词、导游词等形式描绘了小镇如诗如画的自然风光，彰显了其中蕴含的丰富厚重的文化底蕴，勾勒了竹海人家健康长寿的自在生活图景，让读者充分领略到“采菊东篱下，悠然见南山”的小镇风情。

表4 “南山竹海风情小镇”宣传片脚本征集获奖作品情况

作者	作品名称	获奖等级
韩沐洋	《南山，南山，美出俗尘》	特别奖（3名）
陶　冶	《我在南山竹海，等你》	
戴　青	《幽美南山，风情万种》	
李传华	《悠然自在竹海南山》	二等奖（2名）
陈　洁	《古风南山，风情悠然》	
高　斌	《风情南山，魅力小镇》	三等奖（5名）
虞秀群	《风情小镇，梦幻南山》	
马丽雅	《爱上南山，爱上时间》	
罗莎菲	《山温水暖，茶竹故里》	
赵洪香	《南山竹海风情小镇》	
徐云峰	《南山吟》	优秀奖（15名）
黄　诚	《风情闲雅，有物南山》	
汤罗景	《悠然南山解风情》	
黄　霞	《欢迎你走进这片山水画》	
张晓波	《我，在南山等你》	
郑　俊	《采菊东篱下，悠然见南山》	
陶　冶	《一封写给南山竹海的情书》	
方雪华	《古韵诗情话南山》	
王　婷	《一直想追寻的地方》	
张国芳	《无限风情，溧阳南山》	
陈廷芳	《月光下的竹海》	
洪　超	《风情小镇大气魄》	
邹新宇	《南山竹海风情小镇》	
陈大庆	《竹林深处有人家》	
赵红梅	《忆溧阳》	

【2017中国·溧阳茶叶节暨天目湖旅游节闭幕式】 5月13日晚，2017中国·溧阳茶叶节暨天目湖旅游节在天目湖游客中心广场圆满落下帷幕。溧阳市委常委、常务副市长周卫中出席闭幕式。

伴随着大型歌舞音诗画《五彩溧阳情》，活动正式开场。随后，电子大屏幕向观众和游客展示江苏溧阳在两节期间举办的一系列重大活动及取得的丰硕成果。历时一个月的“两节”，溧阳以“自在茶香，美音溧阳”为主题，举办重点项目集中开工、茶乡风情体验、全国都市报总编看溧阳、曹山自行车全国邀请赛、天目湖·古琴音乐会、百名旅行社老总和旅游大咖游溧阳、网络征集游客游溧阳、探秘长寿寻味南山等15项活动。一系列活动的举办，让中外宾朋感受到“美音自在溧阳”的城市魅力，达到结交一批海内外新朋友、捕获一批项目新信息，推进一批项目新落户、促进一批项目早开工的预期效果，取得良好的节会效应。期间，溧阳大力推介本地生态资源和产业资源，持续唱响“世界长寿之乡”“中国名茶之乡”“国家级旅游度假区”和天目湖旅游品牌，进一步彰显“美音自在溧阳”的城市形象和“生态美、产业美、生活美”的城市特质。“两节”期间，全市共有12个重大项目集中开工，其中工业项目10个，基础设施项目2个，计划总投资88.8亿元。总投资50亿元的上海璞泰来锂离子电池材料项目正式开工；南京航空航天大学与常州市、溧阳市分别签署战略合作、合作办学框架协议，共建南京航空航天大学溧阳校区。活动现场，情景表演唱《美音自在溧阳》、舞韵书法《翰墨飘香》、女子群舞《茶乡美》等文艺演出精彩纷呈，广大游客看得如痴如醉。

【天目湖·天沐温泉华丽启“沐”】

5月31日上午，溧阳天目湖·天沐温泉华丽启“沐”。该项目位于天目湖景区旁，总投资2亿元，由珠海天沐温泉旅游投资集团有限公司和天目湖维景国际温泉酒店联手打造。珠海天沐温泉旅游投资集团股份有限公司，是中国温泉旅游度假行业的龙头企业，在秉持“真山真水真温泉”的产品理念指导下，打造了全国几十处深受消费者喜爱的大型温泉度假综合体，“天沐温泉”“泊心堂”“天沐荟”已成为业内和客户公认的知名品牌。天目湖·天沐温泉启“沐”现场，中国温泉旅游协会秘书长张越、中国华东沐浴温泉SPA委员会主席张锦忠、江苏省地质调查研究院总工程师徐雪球、江苏浙商联盟主席徐群、珠海天沐集团董事长黄志敏、溧阳市委常委、市政府副市长周卫中、溧阳市人大副主任陆晓明、溧阳市政协副主席蔡金龙、天目湖旅游度假区党工委书记朱志军、天目湖旅游度假区管委会主任柳建平、溧阳市相关部门领导、全国OTA代表、旅行社代表及各大新闻媒体等出席仪式。

天目湖·天沐温泉分室内温泉、室外温泉及温泉汤街三大部分。室内温泉馆建筑面积约8000平方米，一层为接待大厅、室内泡池、男女更衣区；二层为多功能休闲区，配备有各种各样的娱乐休闲项目；三层为精品汤屋、VIPSPA房等功能配套设施。室外温泉区占地面积1.2万平方米，包含理疗、水疗功效、中药花草的养生温泉泡池及地热石板浴等。这里是都市人养生休闲的好去处，你能想到的温泉娱乐设施，应有尽有；这里也是孩子的乐园，健全的儿童娱乐设施会是他们的快乐天地。

天目湖·天沐温泉水质主要含偏硅酸、氟等20多种微量元素，经国土资源局水质评价，已达到医疗洗浴水质标准。对人体皮肤有清洁消炎效果；给皮肤以润滑感，浴用后对湿疹、荨麻疹、神经性皮炎等有一定的治疗作用；特别是对风湿性关节炎、软骨病等骨科病症有较好的医疗效果。天目湖·天沐温泉以温泉旅游为中心，以感受温泉文化为目的，将温泉的养生功能与休闲度假旅游概念完美融合。让温泉旅游的内涵以“健康养生、美容养颜、休闲度假”为核心并得以延伸。

天沐集团凭着行业领先的专业素养，把养生温泉、园林景观、特色美食汤街完美结合，将天目湖·天沐温泉建成为一个集养生、娱乐、休闲、美食、购物于一体的温泉综合体项目。天目湖·天沐温泉的投入运营，预计每年可以让天目湖景区增加14万人次的游客量，使天目湖常规的“一日游”变成“二日游”。

【2017曹山采摘节暨第六届日日春杨梅节】 6月18日上午，由溧阳市旅游产业指导委员会主办，溧阳市曹山旅游度假区管委会、上兴镇人民政府、常州日日春农业科技开发有限公司承办的“2017曹山采摘节暨第六届日日春杨梅节”开幕式于日日春农庄——水上舞台举行。开幕式由曹山旅游度假区管委会副主任朱中华主持；日日春农业科技公司董事长致欢迎辞；溧阳市委常委王朝晖宣布开幕。溧阳市政府副市长曹俊、曹山旅游度假区党工委书记夏国中、曹山旅游度假区管委会主任汤传明等也参加了采摘节启动仪式。开幕式上，江苏广播合唱团、铁军艺术团为游客倾情献艺，表演了丰富多彩的文艺节目。通过网络平台、微信平台等媒体获取活动信息并报名参加采摘节的游客很多，杨梅节首日的游客人数近3万人，主要为溧阳周边南京、常州、无锡、镇江、扬州、丹阳、溧水、句容、金坛、宜兴、马鞍山等城市的驴友、社会团体、协会、户外运动爱好者、摄影爱好者、钓鱼、房车旅游出行爱好者等。杨梅采摘节共持续3天，期间同时还举办油桃、蓝莓等水果采摘；十里花海赏析；九岗十八弯单车山道骑行，体验速度与激情；临湖休闲垂钓比赛、儿童游乐场游玩；真人CS对抗赛、水上摩托艇体验、水上步行球游乐、环湖徒步等多项活动，让更多的游客享受闲暇美好时光。

杨梅是曹山日日春公司有名的特产，具有很高的营养价值。每当杨梅成熟时，总会有一大批自驾游客千里迢迢地赶来品尝杨梅的甜美，观赏曹山十里花海胜景。曹山日日春的荠、水晶杨梅色泽鲜艳，果实丰满，游客在杨梅园尽情品尝，那又甜蜜蜜又酸溜溜的味道，令人爽歪歪。日日春农业科技开发有限公司王玮董事介绍说，2017年杨梅获得大丰收，大树一颗有120斤，小树有40～50斤，平均每颗杨梅收获80～100斤左右，优质杨梅挂果达50万斤以上，大棚采摘园确保雨天也能采摘，提升了杨梅的品质和口感。2017年，公司围绕农业采摘、农业观光等基础设施建设投资1300多万元。兴建大型文化休闲茶吧、自助餐厅；在原有木屋别墅的基础上，新建木屋别墅15幢，使一次性接待餐饮游客能力增加到600余人，住宿游客近200人；购置大型冻干设备，开发杨梅、蓝莓冻干保鲜系列环保产品，对游客实行杨梅酒私人定制；在火龙果种植园的基础上，建立大型猕猴桃种植园和樱花园、月季园、薰衣草等花卉观赏园，增加腊梅、茶梅、茶花等秋季观赏品种，做到一年四季有景，让游客在优美的环境中赏花采摘，休闲度假，放松身心。

【2017溧阳白露山生态园蓝莓节·开园采摘嘉年华】 6月28日上午，2017溧阳白露山生态园蓝莓节·开园采摘嘉年华在曹山白露山生态园隆重开幕。上兴镇党委书记、曹山旅游度假区党工委书记夏国中，曹山旅游度假区管委会主任汤全明，农林局副书记万宝龙，旅游局副局长何建荣，科技局副局长丁金荣等相关领导以及户外旅游达人、企业家摄影家协会、高端俱乐部会员以及多家主流媒体参加活动。开幕式上，曹山旅游度假区管委会主任汤全明致欢迎辞，溧阳市白露山生态农业发展有限公司董事长余庆贵介绍了白露山近年来的发展情况，上兴镇党委书记、曹山旅游度假区党工委书记夏国中宣布蓝莓采摘节开幕。活动现场，嘉宾们欣赏了蓝莓走秀和文艺表演、并参与蓝莓品鉴、蓝莓创意工坊等多项活动，随后进入蓝莓园，进行一场酣畅淋漓的采摘之旅。

2017年，白露山生态园拥有超过800亩的蓝莓种植基地，品种有奥尼尔、灿烂、圆蓝、顶峰、杰兔、布里吉塔等。蓝莓营养丰富，不仅富含常规营养成分，而且还含有极为丰富的黄酮类和多糖类化合物，因此被称为“水果皇后”和“浆果之王”，白露山蓝莓尤其甜美、颗粒圆润、饱满诱人。白露山作为溧阳曹山最具代表性的农庄之一，以水果采摘、农业观光、休闲生态旅游为平台，先后获得常州市级农业龙头企业认定、江苏省省级科普示范教育基地、江苏省最具潜力赏花胜地、江苏省农业科技成果转化基地、国家级农民专业合作社等称号。

【欣龙生态园第一届寿桃节】 7月10日上午，溧阳欣龙生态园第一届寿桃节开幕。活动现场，舞蹈、京剧等各类活动精彩纷呈。欣龙无公害水蜜桃作为欣龙水果的首选产品，个大、色鲜、甜脆爽口，先后通过国家绿色食品、无公害食品认证，并获得江苏省“神园杯”金奖。

【第三届天目湖平桥黄桃采摘节】 8月12日上午，第三届天目湖平桥黄桃采摘节在平桥石坝附近的天目湖丰畅农业生态园拉开序幕，采摘活动持续到8月28日。开幕首日，上海、南京、安徽、无锡等地的3000余名游客前来采摘、游玩。外地游客凭身份证即可享受“1元福利”，游客付1元入园采摘品尝券，入园随便采摘随便吃，另付15元可享中午素斋同时获赠广德紫金寺门票。

丰畅黄桃园自2013年开始种植黄桃，品种引自上海农科院的锦绣黄桃，种植面积约500亩。平桥黄桃生长在得天独厚的天目湖湿地公园湖畔，独特的地理位置和气候铸就了平桥黄桃特有的品质。平桥黄桃不仅外观漂亮，果形整齐匀称，且肉色金黄，软中带硬，果味甘甜。具体细分为5大特点。甜：含糖量高，口味香甜、肉柔韧、纤维少、汁液多，可溶性固形物含量更是高达14%以上；大：果实大，单果重量一般在250克－350克；圆：果型圆整，果顶圆平，缝合线浅，两侧较对称；黄：果皮黄绿色至金黄色，果肉金黄色，胡萝卜素含量高达1毫克／克；香：果实桃香气浓郁，香味室内可保留一周以上。2016年，360余亩桃园开园销售仅8天就采摘一空。2017年的黄桃普遍比上年更大、更甜，品质也更高，定价与往年持平，网络预售更加火爆，线上订购的黄桃就有近2万斤，报名前来参加采摘活动的团队和个人都超过上年。主办方新开通快递服务，在保质保量的同时，通过顺丰快递在第一时间免派送费用送到游客手中。精品黄桃每盒价格根据分量分为100元／盒、130元／盒、150元／盒不等，精品黄桃罐15元／瓶，苏浙皖沪实行包邮。

主办方还利用独特的旅游资源，开辟旅游短线和更多好玩的旅游项目。采摘园内有精彩的马戏表演奉献给游客，节目有“山羊巧走钢板桥”“猴子滚球骑车”“小马跳障碍”“老虎跳花环”“狮子滚绣球”“狗熊搞破坏”“狮虎同台跳火圈”“空中双飞人”“欢乐小狗”等。平桥石坝景点距平桥黄桃园仅5分钟车程，它是中国最大的非钢筋混凝土水库大坝，亚洲最大的浆砌石拱坝。南山竹海为国家AAAAA级景区、距平桥黄桃园仅20分钟车程，生态环境优良，空气质量好，纯正好空气、天然氧吧，远离城市喧嚣，还是国宝大熊猫星安与华丽的家园。竹海漂流到平桥黄桃园仅10分钟车程，漂在河上，堆青叠翠；层层竹海，绿浪汹涌；到处苍翠怡人，蔚为壮观。

【江苏天目湖旅游股份有限公司登陆A股主板】 9月27日，上海证券交易所铜锣鸣响，江苏天目湖旅游股份有限公司（股票代码“603136”，股票名称“天目湖”）登陆A股主板上市仪式盛大举行，常州市迎来首家上市旅游企业，天目湖景区也成为江苏省首家上市的旅游景区。天目湖成功登陆资本市场，将为溧阳旅游发展带来新的契机和动力，进一步提升溧阳旅游的竞争力。

天目湖旅游开发源于1992年。天目湖围绕“一站式旅游休闲模式”为核心，将旗下的旅游产品打造成以自然生态为依托，融合当地历史人文，汇聚景区观光旅游、休闲养生旅游、会议商务旅游等众多功能于一体的一站式旅游目的地。天目湖旅游公司自1992年10月成立以来，围绕天目湖旅游度假区不断发展旅游度假类项目，先后开发建设了天目湖山水园景区、天目湖南山竹海景区、天目湖御水温泉度假项目、天目湖水世界等集观光、度假、休闲功能为一体的旅游景区和产品。1994年7月，天目湖旅游度假区成为江苏省政府批准的省级旅游度假区；2013年9月，天目湖旅游景区（包括天目湖、南山竹海、御水温泉）成为国家AAAAA级景区；2015年10月，天目湖旅游度假区被评为首批“国家级旅游度假区”。

天目湖旅游度假区已逐渐形成成熟的“一站式”的度假休闲体验。游客来到天目湖，不仅可以在天目湖山水园赏湖光山色、品茶香雅兴，还可在南山竹海饱览万亩竹海，阅尽竹之浩瀚，更有御水温泉带来的全天然温暖养身体验。同时以天目湖旅行社为纽带，进行区域资源整合，将周边数量庞大的农庄、拓展基地、生态园及酒店进行整合，突破传统的自有产品组合，以天目湖的品牌效应，带动周边的旅游企业发展，以大景区为核心、数量众多的采摘、农庄成为点缀，博采众长，抱团成行，使得天目湖旅游度假区的核心竞争力得到前所未有的增强，为成功进入资本市场奠定坚实的基础。

【溧阳旅游温州站推介会】 10月26日下午，溧阳市政府在浙江温州香格里拉大酒店成功举办旅游推介会，推出的系列高品质养生游产品备受温州旅游业内人士和众多游客推崇，温州各大旅行社积极与天目湖景区洽谈签订团队合作协议。

溧阳市旅游局局长朱红新主持推介会。朱红新在会上介绍了溧阳旅游发展的历史渊源，强调说明近二十年来，溧阳旅游迅速崛起，形成了天目湖旅游品牌等溧阳的城市名片。同时介绍说，温州虽然和溧阳相距近500公里，路途有点远，但随着高速的开通，两地的时间距明显在缩小。温州到溧阳的高铁每天十几趟，时间也就3个多小时。近几年，乘着高铁游溧阳的趋势已经明显，温州已经成为溧阳旅游重要的客源地。仅天目湖景区的不完全统计，温州到溧阳的团体游游客量每年在3.8万人次左右。他对应邀参加推介会的温州市旅游局、温州市旅游协会领导、温州各大旅行社，及应邀参加的《中国旅游报》、江苏电视台、中国江苏网、今日头条、温州电视台、《温州都市报》《温州晚报》《华东旅游报》《旅游时尚》等各大媒体记者表示衷心的感谢！

溧阳旅游温州推介会进行四项议程，溧阳市政府副市长何家奎介绍溧阳经济社会发展情况；温州市旅游局党组成员、调研员黄崇艺讲话；常州市金牌导游欧子斌对溧阳秋冬旅游产品资源进行推介；温州卓悦国际旅行社发布推介高品质养生游溧阳路线。

何家奎在溧阳旅游温州推介会上致辞并介绍说，溧阳位于苏浙皖三省交界，地处长三角几何中心，总面积1535平方公里，是著名的“鱼米之乡”。2016年全市旅游接待人次1600万，实现旅游总收入180亿元，先后荣获国家卫生城市、国家生态市、中国优秀旅游城市和世界长寿之乡、中国长寿之乡称号，在全国百强县中排名第30位。举办本次推介会，就是想让温州的各位朋友，更多地了解溧阳，游溧阳品吴越文化；游溧阳看江南山水；游溧阳享悠闲生活；游溧阳尝养生美食。

温州市旅游局党组成员、调研员黄崇艺发言说，溧阳旅游资源丰富，拥有独特的山水资源，湖光山色的秀美，飞禽走兽的野趣，倾倒了无数游客。希望通过此次的推介会，温州与溧阳的旅游主管部门和旅游界同行能够进一步加强沟通，互通有余。他同时简要介绍了温州的旅游发展情况，欢迎嘉宾和同行今后能够多到温州的景区深入体验，用慧眼展看温州，为温州的旅游发展提出更多宝贵的意见和建议。

推介会上，常州金牌导游欧子斌专门推介溧阳秋冬季旅游产品。温州卓悦国际旅行社总经理郭涛发布推介高铁溧阳养生游路线。主要有以“沐浴中国十大温泉、看万亩竹海、体验天目湖慢生活”为内容的高铁品质三日养生游；汽车老年专线——九九重阳江苏溧阳南山竹海钜惠二日游，以及以悦享生活，天目养心，南山看“海”为内容的老年旅居五日游等多个养生旅游项目。这些养生项目主要以养生休闲度假为主，凸显溧阳是世界长寿之乡的独有养生旅游元素，基本串联起溧阳市全域旅游点线。

【溧阳旅游绍兴站推介会】 2017年10月25日下午，溧阳市政府在绍兴咸亨酒店成功举办“乘着高铁游溧阳”溧阳旅游推介会。溧阳市政府相关领导、溧阳市旅游局、天目湖旅游度假区旅游开发局、溧阳市南山景区管委会、溧阳天目湖旅游股份有限公司主要负责人、绍兴市旅游委员会领导、绍兴各大旅行社旅游同行以及《中国旅游报》《华东旅游报》、江苏电视台、中国江苏网、绍兴103.5电台、《绍兴晚报》、绍兴E网、《旅游时尚》等媒体记者100余人参加。

溧阳市旅游局局长朱红新主持推介会。他说，绍兴是溧阳旅游重要的客源地，绍兴与溧阳渊源颇深，千年前，绍兴在良渚文化时期发现的精美玉器，就来自溧阳。1800年前，东汉诗人蔡邕来到溧阳，制作了中国四大古琴之一的焦尾琴，美音绕梁。唐朝著名诗人孟郊在溧阳任县尉，创作的《游子吟》广为传颂。举办本次推介会，就是想让绍兴的各界朋友们，更多地了解溧阳，了解迅速崛起的溧阳旅游，了解成为溧阳城市名片的天目湖品牌。

溧阳市委常委、常务副市长周卫中，溧阳市副市长何家奎参加了溧阳绍兴旅游推介会。周卫中在推介会上介绍了溧阳经济社会发展情况。他说，非常高兴来到“文物之邦、鱼米之乡”的绍兴，举行溧阳旅游推介会，向大家介绍溧阳旅游资源、推介精品景点、展示旅游产品。溧阳先后获得国家卫生城市、国家生态市、中国优秀旅游城市和世界长寿之乡、中国长寿之乡称号，在全国百强县中排名第30位。唐代诗人李白曾三到溧阳，寄情这方山水，发出“何时到栗里，一见平生亲”的感叹。

绍兴市旅游委员会副主任钱进致欢迎辞。他说，溧阳旅游走进绍兴，为绍兴人带来了美丽的溧阳山水；也希望更多的溧阳人能来绍兴走一走，看一看，绍兴有好酒、好字、好剧、美食、名人……多种主题旅游线路产品，满足游客的多样需求。

推介会上，常州金牌导游欧子斌在推介会上发布系列溧阳秋冬季旅游产品及一站式旅游服务，绍兴海外国际旅行社有限责任公司张竹群女士发布推介溧阳高铁游路线。

【南山竹海第二届长寿文化节】 九九重阳，相约南山。10月28日下午，由溧阳市文明委、溧阳市老龄委主办的第二届中国·溧阳市长寿文化节在南山竹海景区隆重开幕，旨在弘扬中华民族敬老爱老的传统美德，营造全社会敬老爱老助老的良好风尚，推动老年生态健康旅游业和老年公益事业的发展。

溧阳市委常委王朝晖出席开幕式并发言，溧阳市老龄协会、溧阳市文明办、溧阳市旅游局、溧阳市老龄委、南山景区管委会等领导嘉宾以及各大媒体应邀出席活动。王朝晖表示，溧阳是名副其实的长寿之乡。溧阳优良的自然生态环境、逐步完善的社会养老服务设施、日益健全的养老政策，和越来越先进的医疗卫生事业，使得溧阳人均寿命高于全国平均寿命，百岁老人占地方人口总数比为10万分之16.03。

随后，活动颁发了溧阳市“爱心助老志愿者”提名奖、十佳“爱心助老志愿者”、全国“敬老爱老助老模范人物”、全国“老有所为”先进典型人物以及全国“敬老文明号”等奖项，全力宣扬尊老爱老的文明风尚。活动现场还为老人们准备了重阳糕，预祝老寿星健康长寿；重阳节太极表演、舞蹈表演等也为老年朋友们带来了更多快乐。

“长寿文化节”是溧阳重要的节庆活动。经过精心打造和培育，长寿文化活动得到持续的发展，生动地展示了溧阳“世界长寿之乡”的健康形象。南山竹海景区作为溧阳著名的长寿文化体现区，万亩翠竹萦绕，天然氧气益身健体，为游客提供了独特的寿文化体验，丰富了溧阳旅游文化产业元素，推动了老年旅游事业的发展。

【御水温泉获得2017年第三届中国温泉金汤奖“最佳生态温泉”称号】 12月15日，备受关注的第四届中国温泉旅游推广季暨第三届中国温泉金汤奖颁奖典礼在珠海海泉湾度假区隆重举行，御水温泉获得第三届中国温泉金汤奖“最佳生态温泉”称号。第三届中国温泉金汤奖由中国旅游协会温泉旅游分会、中国旅游报社联合主办。奖项经过精心设置和优化，围绕温泉企业的软硬件展开，由业内权威人士组成的专业评审和各个领域的意见领袖组成的大众评审，从行业和消费者的角度进行公开公正的评选，含金量极高，为行业发展树立积极的典范意义，被称为温泉界“奥斯卡”。

【乘着高铁游溧阳——北京顺隆·天目湖旅游推介会】 12月17日下午，乘着高铁游溧阳——北京顺隆·天目湖旅游推介会在御水温泉度假酒店举行。市委常委、常务副市长周卫中出席会议，市旅游局、天目湖旅游股份有限公司相关负责人及数百名华北区域各大旅行社、华东区域各大景区代表300余人参加了该次推介会。与在宁波、绍兴、温州等地举办的溧阳旅游推介会有区别的是，这次采取的是请进来的方式，邀请北京及周边区域各大旅行社的嘉宾们齐聚在美丽的天目湖畔，让他们能更真实地感受到溧阳市优美的生态环境及丰富的旅游资源。

在推介会上，周卫中从溧阳底蕴深厚的历史文化、得天独厚的生态资源、声名远播的特色美食三个方面向各大旅行社、景区代表介绍了溧阳市的概况。他说，溧阳位于中国经济最发达的长三角地区，是宁杭生态经济带上的重要节点城市，既有三省交接的区位优势，又有高铁、高速等便捷高效的交通体系，是名副其实的“长三角后花园”。周卫中希望各大旅行社将溧阳丰富的旅游资源推介给更多游客，通过此次推介会，让更多华北区域的游客能关注溧阳、宣传溧阳、推荐溧阳。

江苏天目湖旅游股份有限公司代表还向来宾们精彩推介了天目湖丰富的旅游资源和旅游发展成果。结合传统景区产品，重点推出冬季主打产品“御水温泉养生季”精品旅游线路，诚邀各旅行社带团前来体验一站式旅游服务。

【旅游宣传品制作播出发行】 央视拍摄制作的《年味溧阳》于2月11日在央视10套味道栏目播出；亚太第一卫视拍摄制作的《焦尾琴的诞生地——溧阳欢迎您》于4月17日在亚太第一卫视投资中国栏目播出；江苏电视台拍摄制作的《只羡南山南，不羡桃花源》《天养溧阳》《溧阳民宿》《溧阳美宿》《“厕所革命”让溧阳旅游更美好》，分别于1月22日、4月23日、11月19日、11月26日、12月31日在江苏电视台国际频道播出。4月，出版发行《溧阳百景》《(手绘)旅游地图（全域旅游、美宿、美食系列)》《全域旅游　全景旅游》《影响溧阳的历史名人》等旅游文化书籍。

旅游开发

【概　况】 2017年，全市旅游工作围绕市委市政府“建设宁杭生态经济带最美副中心城市”目标定位，按照“两大攻坚年”主题，结合“三大一实干”活动和全市18项重点工作(程)，以落实《中共溧阳市委、市政府“向休闲经济”三年行动计划实施意见》和全市18项重点工程（工作）建设为契机，深入推进旅游业转型升级，加快全域一体旅游布局，不断加大项目推进力度。全年实施建设项目共23个。中信国安、浙江蓝城、北京荣盛等一批品质优、业态好、市场认可度高的休闲经济项目在溧阳成功签约，并进入项目规划设计阶段；天目湖旅游公司的南山旅游综合体和悦榕庄高端酒店等旅游项目进入规划设计阶段；推进天沐温泉、塘马旅游区、涵田半岛健康养生中心、瑞芝颐养山庄一期、御水温泉二期竹客项目、御水南山精品酒店等项目建设。

【全域旅游推进】 按照“全国一流、全域一体”的旅游发展定位，全面提升“三山两湖一团城”整体建设水平。强化科学规划引领，着手编制《溧阳市全域旅游发展规划》《南山竹海风情小镇概念规划》等一批旅游规划，实施全域旅游发展战略，推动溧阳旅游向传统观光型和休闲度假型并重转变，实现旅游产业从单一分散的景区（点）模式向“吃、住、行、游、购、娱”旅游六要素全领域及“三山两湖一团城”的全市域一体化方向发展。推动“旅游+”产业融合。大力发展休闲观光农业与乡村旅游，推进南山竹海风情小镇、天目湖旅游小镇等特色小镇建设，加快房车营地、“溧阳茶舍”、特色田园乡村等新业态产品发展。促进旅游品质提升。依托现有公路路网，串联全域各类旅游资源，总体形成“大环小环内联外通”的旅游公路网络，构建旅游交通体系。加大“厕所革命”力度，推进景区、乡村旅游集聚区、城市旅游厕所改造提升工程。

【度假区、景区创建】 按照省级旅游度假区标准，曹山全面拓展基础设施和旅游项目建设。曹山省级旅游度假区申报材料于2017年年初上报省政府，相继通过了省住建厅、国土厅、旅游局等部门的审查。6月初，省调研组对曹山进行实地调研，对曹山的创建工作给予充分的肯定。2017年年底由江苏省人民政府批准设立为省级旅游度假区。5月，史侯祠成功创建国家AAA级旅游景区。

【休闲经济三年行动计划持续推进】 认真组织实施《中共溧阳市委、市政府“向休闲经济拓展”三年行动计划实施意见》，完成《溧阳市休闲经济发展规划》编制工作，充分发挥溧阳市的休闲资源优势，积极推动天目湖、南山、曹山、瓦屋山、长荡湖等区域休闲旅游产业的提级升质，带动溧阳休闲度假经济的全域发展。通过龙头项目带动、产品连片发展，形成“一体两翼六组团”的空间格局，汇编近40个招商项目信息，积极对外招商引资。

旅游管理

【概　况】 2017年，市旅游局依据《中华人民共和国旅游法》《旅游安全管理办法》和《旅行社条例》等法律法规，规范旅游企业的经营行为，加大服务旅游企业力度，提升旅游服务接待水平，全市旅游环境得到实质性优化。完成御水温泉度假酒店五星级旅游饭店评定性复核工作。组织完成全市200余名导游员的年审工作，并全部通过年审。组织举办全市旅游行业从业人员培训班、旅游饭店管理人员培训班和全市旅游行业管理人员安全培训班。在各个黄金周、小长假前夕，市旅指委组织相关部门开展安全大检查行动，对全市重点旅游景区（点）、旅游饭店和旅行社开展旅游安全大检查。针对检查中发现的问题和安全隐患，检查组现场提出整改要求，及时下发检查通报，督促受检单位及时整改，排除安全隐患，规定时间节点完成整改任务，并进一步加强复查力度。各旅游企业每年定期组织参加安全管理知识考试和现场消防演练，全年未发生重大旅游安全事故。旅游执法大队全年处理各类旅游投诉25起，旅游矛盾、纠纷均得到及时处理，投诉圆满解决率达100%，天目湖旅游巡回法庭处理旅游类案件8起，结案率100%，未出现越级上访、群访现象。加强旅游执法检查力度，每逢假日期间，市旅游局执法大队深入景区、旅游购物场所和旅行社开展执法检查，查处“黑导”“野导”，配合天目湖旅游度假区、南山景区管委会等单位打击拉客、宰客现象。在全市旅游行业开展精神文明创建活动，提高旅游服务质量，倡导游客文明出游。检查景区旅游服务质量，对游客满意度情况进行调查，全年游客对山水园、南山竹海景区的满意度分别达到96.8%和96.9%，对景区服务人员的满意度分别达到94.1%和94.6%。

【江苏省星级乡村旅游接待区（点）评定】 江苏省五星级乡村旅游区创建工作于2016年全面展开，通过创建单位申报、各地旅游主管部门审

表 5

2017 年溧阳市旅行社情况

单位名称	地　　址	电　话
天目湖旅行社	天目湖旅游度假区	87980000
阳光国际旅行社	平陵中路 251 号	87225688
华天假日国际旅行社	东大街 182 号	87201600
山水国际旅行社	平陵中路 212 号	87290077
东方旅行社	清溪路商业街 4 区 19 － 20 号	88328282
蓝天国际旅行社	平陵中路 319 号	87203376
华夏国际旅行社	南大街 117 号	87272299
交通旅行社	西大街 142 号	87208266
春秋国际旅行社	燕园路 88 号	87221995
青年国际旅行社	新省溧中对面	87260036
金旅国际旅行社	溧阳汽车站出口处	87289288
天目湖探索旅行社	天目湖牌楼东侧	87978777
溧阳风光国际旅行社	平陵中路 218 号（平陵大酒店对面）	87237332
安途旅行社	建设中路 1–16 号	80989993
途宏旅行社	锦绣路 290 号	87598168
环球国际旅行社	建设中路 1–8 号	88076056
遐客行旅行社	燕山中路 4–15 号	87224088
小任旅游	镇善南路 58 号	80689816
扬天户外	燕山路 73 号一楼	13196710808

表 6

2017 年溧阳市星级饭店情况

单位名称	星级	地　　址	电　话
天目湖宾馆	五星	天目湖旅游度假区	87168888
溧阳宾馆	五星	西大街 118 号	87222777
天目湖国际饭店	五星	天目湖中心大道 8 号	87989999
天目湖御水温泉度假酒店	五星	天目湖南山竹海景区	80695222
溧阳假日酒店	四星	罗湾路 99 号	87199999
皇廷国际大酒店	四星	燕山中路 9 号	83106888
扬子国际大酒店	四星	溧城镇南大街 131 号	87928888
涵田度假村酒店	四星	天目湖旅游度假区	87178888
天目水庐宾馆	三星	天目湖旅游度假区	87981798
翠谷庄园	三星	南山竹海旅游区旁	87933888
日日春	三星	曹山度假区	18115789101
白露山	三星	曹山度假区	87772999
天之福	三星	曹山度假区	87741288
紫竹林	三星	曹山度假区	87657777
翠竹园宾馆	二星	天目湖旅游度假区	87169000
天目湖大酒店	二星	天目湖旅游度假区迎宾大道 301 号	87980396

表 7

2017 年全国农业旅游示范点情况

单位名称	地　　址	电　话
大石山旅游农庄	新昌西山大石山下（宁杭高速溧阳西道口）	87186666
吴楚农耕文化园	戴埠镇黄岗岭村	87930080
天目湖玉枝农庄	天目湖旅游度假区内 241 省道 118 公里处	87031109
翠谷庄园	戴埠镇南山竹海旅游区旁	87933888
十思园	天目湖三胜村	87987999
花果山农庄	天目湖旅游度假区内	87980558

核推荐、综合评估和网上公示，2017 年 4 月，17 家单位被评为首批江苏省五星级乡村旅游区，南山花园成功入选，并成为常州市唯一一家江苏省五星级乡村旅游区（点）。

溧阳南山花园占地面积超过 2000 亩，拥有长三角地区不可多得的自然生态环境，一期“花园酒店”建筑面积 7000 多平方米，集会议、餐饮、客房、娱乐、休闲五大功能设施于一体，清新明亮的欧式建筑风格，就像一颗瑰丽的翡翠镶嵌在秀美的南山之中。二期项目“美芥山野温泉度假村”于 2015 年 5 月正式推向市场，其中包括由荷兰设计团队打造的 31 栋“生态树屋”，整体项目位于山林之上又融为一体，别具风格。深掘 1788 米而寻出的“山野温泉”，富含硅、钾、钙、钠、氟、氯、溴等 20 多种矿物质和微量元素，堪称溧阳最佳水质。无闻茶社、音乐广场、松鼠屋 SPA、云水吧 · 茶园泳池等休闲娱乐场所，也穿插园中，为宾客提供一站式休闲度假新选择。公司推行管家式服务模式，注重宾客体验性产品开发，致力于把都市现代化高品质生活融入山里，和原生态的自然结合在一起，让客人在惬意放松的状态下休养身心，亲近自然，南山花园已成为溧阳旅游休闲度假的一张新名片。

【全市旅游行业从业人员培训班】 为全面提高旅游行业服务人员素质，增强旅游业内生发展动力，提升旅游服务质量和接待能力，7 月 26 日，溧阳市旅游行业从业人员培训班在溧阳市天目湖中等专业学校（溧阳旅游学校）开班，全市旅游饭店、省星级乡村旅游区（点）基层服务人员共 90 余人参加。培训班从 7 月 26 日开始，至 8 月 2 日结束，学员共分为两批，首批为溧阳旅游星级饭店、省星级乡村旅游区（点）服务人员，培训内容包括礼仪、摆台、客房清扫、技能展示等；第二批为溧阳旅游星级饭店、省星级乡村旅游区（点）中层管理人员，培训内容包括安全管理、沟通与督导技巧、企业管理和创新思维等。

【旅游饭店管理人员培训】 为贯彻落

表 8

2017 年江苏省星级乡村旅游接待区（点）情况

单位名称	星级	地址	电话
南山花园	五星	戴埠镇杨家村 88-1	87917839
十思园	四星	天目湖三胜村	87935788
翠谷庄园	四星	戴埠镇南山竹海风景区旁	87933333
大石山	四星	新昌西山大石山下	87186605
吴楚农耕文化园	四星	戴埠镇黄岗岭村	87930080
欣龙生态园	四星	戴埠镇黄岗岭 128 号	87931868
天淼山庄	四星	溧阳社渚镇周城新丁路 1 号	87555555
通用山庄	四星	戴埠镇横涧村委徐家村 168 号	80951999
日日春旅游农庄	四星	上兴镇上沛龙峰村	87165885
古松山庄	四星	溧阳市戴埠镇深溪岕村	87938228
晶阳山庄	四星	溧阳市丫髻山景区附近	87722077
白露山农庄	三星	溧阳市上兴镇曹山园区	87615966
天目茗居	三星	溧阳市天目湖环湖西路	87956777
康鸿生态园	三星	溧阳市戴埠镇竹海大道 478 号	87993888
天露山庄	三星	溧阳市天目湖东园路	80951111
松溪生态园	二星	溧阳市竹箦镇青龙村 2 号	87973250
天目四季春	二星	溧阳市天目湖镇南钱村	
江南丝府	二星	溧阳市天目湖镇田家山村	87985052
长寿谷	二星	溧阳市新溪路 88 号	

表 9

2017 年溧阳市国家等级旅游景区情况

景区名称	等级	地址	电话
天目湖旅游度假区	5A	天目湖旅游度假区内	87980000
新四军江南指挥部纪念馆	4A	溧阳市竹箦镇水西村	87818918
史侯祠	3A	埭头镇河西村 1 号	87366006
高静园	2A	溧阳市溧城镇交通街 38 号	87285115
凤凰公园	2A	溧阳市溧城镇凤凰路凤凰桥堍	87325020

表 10

2017 年溧阳市全国工业旅游示范点

单位名称	地址	电话
江苏天目湖水电科普园	天目湖旅游度假区内	87982788

实《中共溧阳市委溧阳市人民政府关于实施“天目湖英才榜”三年行动计划的意见》精神，进一步加快推进“人才兴旅”战略，全面提高全市旅游行业管理人员素质和职业素养，增强旅游业内生发展动力，打造一支高素质、高水准的旅游管理人才队伍。11 月 21 日上午，溧阳市旅游行业管理人员培训班在扬州大学旅游烹饪学院开班，全市旅游星级饭店、省星级乡村旅游区（点）、精品民宿中、高层管理人员，挂钩协作地区陕西白河、汉阴旅游饭店管理人员，苏皖合作示范区安徽郎溪、广德旅游饭店管理人员等近 50 余人参加培训。溧阳市委常委、常务副市长周卫中、溧阳市旅游局局长朱红新、溧阳市旅游局副局长冷洁参加开班仪式。

溧阳市旅游局局长朱红新主持开班仪式，扬州大学旅游烹饪学院院长周晓燕致欢迎辞，溧阳市委常委、常务副市长周卫中作动员发言。周卫中表示，近年间，溧阳市旅游业的发展发生了翻天覆地的变化，旅游经济发展迅速，产业结构调整要求十分迫切，供给侧改革稳步推进，旅游拉动经济增长贡献大，促进了社会就业，增加了农民收入，对提高群众的生活水平和生活质量起到了积极的推动作用。溧阳作为宁杭经济带副中心城市，提出“四大经济”发展战略目标，给溧阳市的旅游业发展创造了重大发展机遇。溧阳市委、市政府把旅游业作为国民经济发展战略的支柱产业。

培训班为期三天，主要围绕当前餐饮发展动态及现状分析、旅游饭店供给侧结构性改革、产业创新与服务品质、领导者的情商与变革能力等方面，采取集中授课、经验交流、现场考察相结合的方式进行。

【全市旅游行业管理人员安全培训班】 12 月，市旅游局联合市安全生产监督管理局，在假日酒店举办一年一度的全市旅游经营单位法人代表、主要负责人和安全管理人员安全资格培训。培训剖析讲解了旅游安全有关法规制度和案例，进一步加深旅游经营单位的安全认识，100 多人参加该次培训并取得《安全资格证书》。

（陈卫君）

天目湖旅游度假区

【概　况】 天目湖旅游度假区成立于 1992 年，1994 年被批准为省级旅游度假区，总规划面积 320 平方公里，已实施旅游开发区域约 90 平方公里，基本形成“一中心三片区”（游客综合服务中心，沙河滨湖旅游区、龙潭乡村体验区、南山康体养生旅游区）的大旅游格局，于 2015 年获评国家级旅游度假区，先后获得国家生态旅游示范区、国家 AAAAA 级旅游景区、国家水利风景区、国家特色景观旅游名镇、全国环境优美乡镇、国家森林公园、国家湿地公园（试点）、国家级水利工程管理单位、中国最佳旅游度假目的地等称号。

旅游资源丰富　以丘陵山区为主，森林覆盖率达 84.5%，空气质量达国家一级标准，每立方厘米空气中的负氧离子含量高达 3 万个，富硒土壤极具养生保健功效。拥有沙河和大

溪两座国家大二型水库，水域面积25平方公里，天然弱碱性水质，水质达到国家二级饮用水标准。南山竹海是江苏省第二大山脉，苏南第一大山脉，是江苏地区难得一见的低山丘陵景观密集地，是江苏省分布面积最广的竹海。御水温泉是华东地区稀缺的碳酸氢钙型温泉。龙潭森林公园保存了170份板栗良种资源的基因库，是全国两家重点板栗良种繁育基地之一。拥有野生植物1100多种，野生脊椎动物149种。

文化底蕴深厚 有建于明代的鸡鸣村与金宅，有江苏迄今保存最完好的古官道；有东汉文学家、书法家蔡邕的读书台，传统音乐《蔡氏五弄》被列为江苏省非物质文化遗产；是著名的“焦尾琴故里”，以焦尾琴为代表的中国古琴是世界非物质文化遗产；有距今4500万年前“中华曙猿”化石，被考证为包括人类在内的一切灵长类动物的共同祖先；被誉为“中华第一诗”的《游子吟》在此写就；以春秋时代楚人伍子胥名“员”命名的伍员山，史贞女义救伍子胥的感人故事广为流传；还有讲述姜子牙钓鱼传奇故事的太公山，距今已有1300余年的历史的龙兴寺；已有1400多年历史、源于佛教四报恩理念的报恩禅寺，为泰式风格建筑，寺内静卧的石蜥、石狮等重点文物；有高24米，青石垒砌而成，被誉为“亚洲第一浆砌石拱坝”的平桥石坝。

度假产品丰富 拥有山水园、南山竹海和御水温泉以及竹海漂流、报恩禅寺等景区及江苏省自驾游基地2家。有涵田度假村、WEI天目湖、天目湖宾馆、维景温泉酒店、云岭度假村、悦南山、望星谷等40多家宾馆酒店。有十思园、南山花园、欣龙生态园、翠谷庄园等众多旅游农庄，其中全国休闲与乡村旅游点1家，全国农业旅游示范点5家，江苏省四星级乡村旅游点5家，以及香云小筑、南山十一间、闲庭等精品民宿。各类住宿接待设施126家，客房总计5990间，床位10000余张。

服务设施齐全 实现市区和宁杭城际高铁站到度假区以及度假区内景区间公共交通的无缝对接，神州自驾落户高铁站，游客中心和主要旅游点提供公共自行车租赁服务。1号旅游公路把景区、乡村旅游点以及田园乡村串联起来，为全域旅游发展奠定基础。规模停车场13个，面积达15万平方米以上，其中，生态停车场面积4万多平方米。度假区主入口设立多功能一级游客服务中心，各主要景区都设立二级游客中心，景区和酒店公共区域提供免费wifi，游客凭网络订单到景区换票或直接刷二维码入园。其他医院、银行、加油站、邮局、电信等服务设施一应俱全。

综合效益显著 天目湖旅游直接从业人员6000余人，随着天目湖旅游的知名度扩大，天目湖品牌的影响力越来越高，“天目湖”商标使用范围涵盖旅游、餐饮、茶叶、果品、工艺产品等100多个品种，天目湖砂锅鱼头、玉枝和玉莲白茶商标分别被评为全国驰名商标，天目湖旅游、啤酒被评为江苏省著名商标，天目湖白茶和白芹分别为国家农产品地理标志产品，“富子”白茶被评为“中国上海世博会十大名茶”。“天目湖”品牌系列产品销售收入逐年上升。

【产业发展】 2017年，天目湖旅游度假区认真贯彻落实全省旅游业发展大会精神，按照“大发展、大提升”的发展思路，坚持“项目为王、生态为本”的理念，以“全域旅游”为工作重点，高起点规划、高标准开发、高水平建设、高要求保护，积极构建适合市场需求的休闲度假产品，全面推进度假区旅游发展步伐。2017年接待游客450万人次，实现旅游收入18亿元。天目湖旅游公司成功上市，为全市首家服务行业上市企业和江苏省旅游景区类首家上市企业。

坚持高起点规划，优化旅游发展思路 委托专业公司编制《天目湖全域旅游休闲度假总体策划》，按照功能分区及相对集聚的原则，因地制宜打造度假型、体验型的新兴业态旅游项目，以策划为基础，编制旅游发展总体规划。编制《平桥乡村旅游概念规划》《天目湖旅游风情小镇设计》《南山竹海风情小镇建设发展规划》等专项旅游规划。以旅游规划为引领，科学有序推进旅游开发进程。

坚持高标准开发，丰富度假旅游内涵 山水园氦气球、天沐温泉和南山花园神马农场、涵田养心谷、格林东方、悦南山和望星谷竣工投运，涵田国际康养中心、御水南山精品酒店、南山龙祥生态园，以及天目湖宾馆、翠竹园改造加快推进，南山竹海竹客、瑞芝颐养山庄、十思园度假酒店、南钱风情旅游街区、耕莘颐苑温泉度假项目正在办理施工手续。江南第一城、蓝城颐养小镇、启迪冰雪世界、泰禾院子等规模旅游项目正在招商跟踪对接。引导和扶持“溧阳茶舍”发展，绿乡民宿、竹马岭民宿、沸水塘民宿、香云小筑、南山十一间、晚秋山居等一批项目投运，自在溪山、且隐山居、青峰书院等项目方案已报批，周大镜、凤凰窠等项目方案初稿已完成。

坚持高水平建设，提升旅游环境质量 长山路、S360稳步推进，建成约50公里的“1号旅游公路”，配套建设驿站和观景台等设施，为全域旅游发展夯实了基础。实施平桥石坝及周边村庄、S241小陈庄至平桥集镇、东园线以及旅游通道两侧等重点区域整治。完成天目湖牌楼改造和生态停车场建设；完成沙河水库大坝和状元阁、太公山亮化设施改造；天目湖新镇改造稳步推进。以村庄环境整治和环境综合提升为重点，实施一系列美丽乡村建设工程，逐步形成一批风貌独特、内涵蕴厚，助力乡村旅游的民俗村庄。竹塘村启动民宿改造，完成蛀竹棵、河洛岗、松墩三个美丽乡村工程。积极完善农村基础设施。大力实施污水管网建设、景观提升改造以及农村道路提档升级。

坚持高基调宣传，扩大品牌影响力 举办节庆活动。4月10日，2017年中国溧阳茶叶节暨天目湖旅游节在天目湖凌峰生态园隆重开幕，国外友城、客商、项目签约代表、媒体记者等约450人参加活动，“以茶为媒，茶旅融合”。“两节”期间，度假区还举办“茶之旅”“长寿探秘　寻味南山”“2017天目湖房车嘉年华”、“两节”闭幕式晚会等活动。首届“常州市乡村旅游节”在南山花园神马亲子农场成功举办。以活动为载体，打响天目

湖旅游品牌。开展宣传推介。拍摄旅游专题片，制作精美画册。澳门电视台、CCTV 发现之旅等栏目宣传天目湖旅游。组织参加第五届澳门国际旅游博览会、中国昆明国际旅游交流会、南京国际度假休闲及房车展览会和宁波国际旅展，赴温州、绍兴、开封、合肥等高铁沿线重点城市开展专题旅游推介。

坚持高要求保护，夯实生态资源优势 扎实推进《天目湖水源地保护实施方案》五大类十五项工程，水源水质保持稳定，共新建湿地 1760 亩，入湖河道水生植物带 350 亩，实施生态驳岸 1700 米，疏浚河道 1.5 公里。完成退耕还林（草）面积约 25205 亩、封山育林 18377 亩、退渔还湖 6500 亩、临湖面林相改造 1280 亩、收购沙河水库 16450 亩临湖面林茶，关闭矿山宕口 23 个、轧石生产线 32 条、高尔夫球场 1 家，搬迁工业企业 4 家，并对关闭的矿山宕口实施生态修复。按照《天目湖水源地保护实施方案（2017—2019 年）》要求，实施平桥集镇生活污水收集二期工程、两大水库周边 40 个自然村的生活污水收集工程和所有农家乐排污达标工程；实施 2000 亩退耕还林、2900 亩退茶还林，2500 亩湿地建设、3000 米河道综合整治提升工程；实施 2 个村的沟塘湿地综合拦截试验示范工程。天目湖流域生态观测研究站建成投运，天目湖湿地公园建设工程基本完成。实施全年全域封湖禁渔，《天目湖保护条例》即将正式立法，渔政执法管理逐步制度化、规范化。

【2017 中国·溧阳茶叶节暨天目湖旅游节】 4 月 10 日上午，2017 中国·溧阳茶叶节暨天目湖旅游节在天目湖凌峰生态园拉开帷幕。国外友城代表团、客商、签约企业代表，国内外知名网络大咖、网络达人、知名旅行社负责人、网络招募游客、市民代表等约 450 人参加开幕式活动。开幕式由溧阳市市长徐华勤主持，溧阳市委书记蒋锋致开幕辞，常州市委副书记、政法委书记徐缨宣布开幕。开幕式上，上汽集团动力电池电芯及电池系统项目、南山竹海旅游综合体项目、中德国际养老护理项目等 16 个项目进行现场签约。“两节”期间，天目湖举办“2017 天目湖房车嘉年华”、“两节”闭幕式晚会等活动，以活动为载体，打响天目湖旅游品牌。

【天目湖获 2016 年江苏省国家级旅游度假区发展综合考评第一名】 12 月 25 日，江苏省旅游局公布《江苏省 2016 年度旅游度假区发展情况考核评价总体报告》，天目湖旅游度假区考评再获佳绩，考评得分 803 分，在全省 5 家国家级旅游度假区中综合排名第一，较 2015 年考核成绩排名上升一位，其中，度假环境与质量、市场结构与影响 2 个单项考核指标均排名第一。

【天目湖旅游 A 股主板上市】 9 月 27 日，江苏天目湖旅游股份有限公司在上海证券交易所主板正式挂牌上市（股票代码 603136），成为溧阳市 A 股主板第一股，成为江苏首家上市的旅游景区，打破了国内旅游行业近三年 IPO 的空窗期。

【全省旅游工作暨旅游风情小镇创建推进会】 4 月 23 日，江苏省政府在天目湖召开全省旅游工作暨旅游风情小镇创建推进会，会议公布了江苏省首批 13 家旅游风情小镇创建单位，天目湖旅游度假区南山竹海风情小镇入选。南山竹海风情小镇位于戴埠镇，规划面积 4 平方公里，核心区建设面积约 1 平方公里。近年来，南山竹海风情小镇凭借良好的交通区位、生态资源、旅游市场、功能配套等优势，紧扣“长寿”主题，从舌尖品寿、栖居驻寿、山水寻寿、休闲乐寿、温泉养寿、康体延寿、全民论寿、四时问寿、禅茶悟寿等方面弘扬长寿文化、发展长寿旅游，成为具有长寿内涵的养生度假首选地。2016 年，共接待游客 250 万余人次，实现旅游收入 5.5 亿元。

【常州市首家劳模（职工）疗休养基地落户天目湖】 4 月 12 日上午，常州市总工会在天目湖御水温泉度假酒店举行常州市天目湖劳模（职工）疗休养基地揭牌仪式。常州市政府副市长方国强，常州市政协副主席、常州市总工会主席、党组书记徐伟南等出席。为弘扬劳模精神，关爱劳模的身心健康，常州市总工会决定建立一批劳模（职工）疗休养基地，经考察，天目湖御水温泉酒店符合常州市劳模疗休养基地的相关条件，由此成为常州市首家劳模（职工）疗休养基地。

【第十届蕙兰展在天目湖豪生酒店举行】 3 月 31 日，由市农林局、旅游局主办，市兰花协会协办的 2017 年平陵集团·万达杯华东六省一市蕙兰展暨溧阳市第十届蕙兰展在天目湖豪生大酒店举行。来自江、浙、皖、赣、闽、中国台湾以及上海等地的 70 多家兰花企业参加活动，共有 300 余盆精品蕙兰参展。经过专家评委的评选，共评出金奖 13 个、银奖 25 个、铜奖 38 个。

【2017 第三届天目湖房车嘉年华活动】 作为溧阳“两节”期间的重要活动内容，主题为“韵味天目湖·多 YOUNG 新休闲”的“2017 第三届天目湖房车嘉年华”活动，于 2017 年 5 月 12 ~ 14 日在天目湖旅游度假区隆重举行。活动由天目湖管委会主办，南京海莫尼文化发展有限公司、旅居时代汽车露营网承办执行，组织 50 辆房车扎营天目湖畔，国内外不同品牌的房车悉数亮相，自行式、拖挂式、越野房车、MINI 房车等将家、车于一体的休闲特色一应呈现，活动期间还举办房车露营展、乌米饭制作展示和比赛、房车试乘试驾、绘制天目湖鱼旗、夜间露天电影、拍客行等精彩活动。

【天目湖赴澳门开展旅游推介活动】 在国家和省、市旅游局的组织下，天目湖旅游度假区于 2017 年 7 月 6 ~ 9 日赴澳门参加第五届澳门国际旅游（产业）博览会。该次博览会共有 45 个国家及地区 303 家企业和单位参展，展出内容涵盖旅游产业链吃、住、行、娱、游、购六大元素，吸引大量旅游买家、市民前来展区洽谈合作和观展，观展群众达 3.5 万人次。天目湖旅游度假区共发放旅游宣传画册

500多份、景区和宾馆酒店等度假产品宣传单页1500多份、宣传手拎袋500多份，并现场开展互动抽奖活动，发放旅游纪念品和互动抽奖礼品600多份。

【天目湖御水温泉度假酒店获评“2016年度国内十大热门温泉酒店”】 1月18日，艾瑞咨询与国内温泉游领军品牌驴妈妈联合发布2016年度国内十大热门温泉酒店榜单，御水温泉度假酒店拔得头筹，位居首位；同时，天目湖御水温泉也被评为“2016年国内十大热门温泉景区”前五名。御水温泉度假酒店置身于万亩竹海中，与御水温泉相邻而建，隐于竹海、伴以温泉。酒店凭借其优美的自然环境、尊贵与优雅共存的氛围及御式服务，获得广大游客的高度认可。

艾瑞咨询集团秉承专业、严谨、客观的工作作风，长期致力于大数据平台建设，为研究洞察和企业服务提供分析基础，致力于打造中国最有效的大数据商业分析平台，具有很高的网络权威性。驴妈妈为中国的新型B2C旅游电子商务网站，中国的自助游产品预订及资讯服务平台，是旅游平台中的佼佼者。

（把志卫）

曹山旅游度假区

【概　况】 溧阳曹山旅游度假区为省级旅游度假区，位于溧阳市西北，与南京的高淳、溧水接壤，规划总面积50.85平方千米。其中，省级旅游度假区创建区面积9.02平方千米，人口1.1万人。曹山旅游度假区入口处即有宁杭高铁瓦屋山站和宁杭高速上兴、白马道口，距禄口机场、溧阳市区均在35公里左右，交通区位优势明显。2011年成为常州市级现代农业产业园区，2014年成为江苏省四星级乡村旅游区。2016年5月，成立溧阳曹山旅游发展有限公司，启动“江苏省旅游度假区”创建工作，2016年11月，设立溧阳市曹山旅游度假区党工委、管委会。

【基础建设】 围绕“七彩曹山”发展目标，曹山旅游度假区自启动开发建设以来，累计完成投资21.2亿元。

开发建设北山路、园区中心大道、九岗十八洼、341省道连接线、南环线等旅游道路100公里，连接支线（水泥路）200公里，整修水库10座、塘坝40座、水塔13座、渠道7万余米。

为更好地服务游客，建设占地面积9.7万平方米，建筑面积2030平方米，由多功能服务中心、生态停车场、草坪广场、旅游厕所等设施组成的度假区游客服务中心，建设日日春、白露山、紫薇谷、紫竹林等旅游节点游客服务中心和10个大中型生态停车场。配套的旅游厕所、咨询、安保、医疗、保洁等服务设施齐全，人员到位。

整个度假区通讯无盲区，主要游客接待点实现wifi全覆盖。能源、给排水布局合理到位，污水通过管道收集到上兴镇污水处理厂集中处理后达标排放，垃圾统一收集至上兴镇垃圾处理站处理。

【旅游发展】 曹山旅游度假区依托优良的自然生态环境、深厚的文化积淀，丰富的现代农业资源，优越的区位条件，以“七彩曹山”为主题，构建“养眼、养身、养心”三个层次的休闲度假旅游产品体系，集生态农业、乡村文化、运动休闲、养生度假于一体，着力将规划区打造成全国知名的乡村型旅游度假区。

节庆活动　曹山全年不间断的旅游活动共吸引来自全国各地的游客近300万人次。曹山采摘节暨日日春杨梅节连续举办6年，2017年杨梅产量达80万斤，仅15天就采摘一空，日游客高峰达3万人次。2017年4月23日，中国·溧阳曹山自行车全国邀请赛暨2017年PDM自行车系列赛—溧阳赛段在曹山举行，曹山再一次汇聚国内外众多媒体与观众，进一步扩大了旅游知名度。6月，溧阳市“七彩曹山”杯广场健身舞大赛在白露山生态园举行。参赛者们用健美绚烂的舞姿和青春不老的精神，为七彩曹山注入蓬勃的健康活力，掀起全民健身的热潮。10月，国际舞龙舞狮争霸赛在曹山日日春水上舞台火热开赛，来自世界多地的运动员们纷纷拿出看家本领，各显绝技。12月，度假区推出首届曹山美食节，鼓励各餐饮企业拿出最具特色的本地菜肴参与“曹山十大美食”角逐，入选美食同时推介为“江苏省名菜名点”。

乡情农庄　2017年，曹山旅游度假区上规模的特色农庄有19家，除4家三星级餐饮住宿设施外，还有正在建设中的3个房车营地、3个帐篷露营地、1个工坊村、2个民宿村，可接待培训、会议、露营、垂钓、采摘、烧烤等活动。“一月二月大棚草莓幸福兰，三月四月踏青采茶赏春花，五月六月枇杷杨梅栀子花，七月八月蓝莓脆梨紫薇红，九月十月葡萄冬枣桂花香，岁末年关羊肉香米红龙果”。物产丰饶的曹山，四季不断的采摘与赏花活动带来无限的美食与乐趣。众多的农庄是曹山一大休闲好去处，庆贵包子、石锅盐卤豆腐、红茶鱼羊鲜等曹山特色美食别具风味，天之福的水上客房、紫竹林的集装箱客房、日日春的密林深处小木屋、白露山的家庭别墅各有特色。

参禅拜佛　京林禅寺坐落于曹山山腰，缘起西晋，已有1800多年的历史。传说晋朝年间，曹山脚下南郭村庄上的郭云、郭雨两姐妹为民除恶，后人为纪念她们，在半山腰建造庙宇，所以有人把京林寺说成是“娘娘庙”。1994年12月经溧阳市人民政府批准开放后，陆续新建天王殿、娘娘殿、玉佛殿、观音殿、地藏殿、三圣殿等建筑，新请十八罗汉、千手观音、玉佛、四大天王、释迦牟尼等佛像。在寺址的后山上，存有晋代的仙人棋盘，隋朝的古井、石臼等文物。每年农历六月廿八形成传统庙会，周围百余里有万余名香客前来进香，挂灯结彩，鸣炮献花，热闹非凡。

休闲运动　曹山自行车公园全长15公里，一期建设9公里，沿途打造六大花海，使游客能真正感受“骑乐曹山，花海慢旅”。与之配套的13公里山地公路自行车赛道、棋盘峰登山健身步道、曹山慢行系统已完工，骑车＋徒步＋登山的曹山运动休闲主题给游客带来不一样的旅游体验。

（施云龙）

城乡规划

【概　况】 2017年，市规划局紧紧围绕市委、市政府中心工作部署，自觉践行五大发展理念，紧扣“聚力创新、深化改革”的核心要义，突出“强引领、保重点、促改革、重服务、抓队伍”五大工作重点，科学引领城乡规划发展，为溧阳“重大项目攻坚年”和“文明城市攻坚年”提供保障，持续发挥规划的前瞻性作用。

加强对城市总体规划、各项专项规划、美丽乡村规划的编制工作，开展重点区域和历史文化研究保护。推进体制改革。坚持问题导向，改革审批体制，推进电子报批，简化办事手续，科学划分事权。提升管理服务。完善规范文件，夯实法制基础，深化基础测绘，创新服务管理。加强队伍建设。转变工作方式，加强技能培训，开展对标找差活动，深化党建工作。

【规划引领】 以创新、协调、绿色、开放、共享的理念为先导，发挥城乡规划的统筹引领地位，促进城乡一体化、现代化进程。完成城市总体规划修编。围绕建设宁杭生态经济带最美副中心城市定位，主动融入国家战略，聚焦交通和生态优势，明确长三角生态休闲旅游城市、苏浙皖交界地区交通枢纽城市的性质，提出转型发展、特色发展、差别发展的战略，确定“中心集聚，外围开敞”的总体格局。

开展重点区域空间研究　委托国内顶尖设计团队深圳规划院开展城市南部区域空间发展规划编制工作，规划以健康休闲为新动力，倡导产城融合，培育城市经济新的增长极。以空间特色为主线，城景融合，构建美丽城区新格局，落实空间管控措施和要求。

推进各类专项规划编制　惠民生、促发展，组织完成城市安全设施控制、社区公共设施布局、城市公共交通体系、城市蓝线等一系列专项规划的编制工作，为建设功能健全、服务完善、环境友好、和谐宜居的现代化城市提供科学前瞻的规划引导。

指引美丽乡村规划实施　贯彻落实乡村振兴战略，发挥规划控制引导作用，编制完成溧阳市域乡村建设规划，服务特色田园乡村建设试点工作。坚持新型城镇化导向，指导上兴镇、社渚镇等乡镇开展总体规划修编工作。

强化历史文化传承保护　深化团城更新规划、“一环一带”滨水城市设计，提升城市文化品位与品质。开展沙涨村历史文化名村保护规划以及戴埠老街保护与更新规划的编制，启动历史建筑普查工作，市规划局联合市交通局推出溧阳最美山水“1号公路”获2017年度全市工作创新奖。

【规划保障】 围绕四大经济发展，以服务重点项目、重点工程建设为核心，创新构建系统完善、保障有力的规划服务新机制。全局联动为文明城市创建贡献新力量。全员行动，坚持问题导向，发挥规划的统筹作用，挖掘停车空间，有效扭转路长路段停车乱象，起到示范和引领作用，获得文明城市创建先进集体称号。

重点工程落实　建立重点工程责任分解制，实行分管领导负责制、业务科室责任制和专门科室督查制，规划提前介入，全程跟踪进程，查找服务缺陷，落实解决措施，推动项目能落地、快建设、早运行。

创新举措为四大经济建立服务新机制　建立“第一时间对接、第一时间研究、第一时间反馈和全周期跟踪”的规划服务招商机制，重点跟进了中信国安、浙江蓝城、原能细胞等国内知名企业以及德国富尔达大区等与溧阳的深度合作项目，助推休闲、健康和智慧经济发展。

【规划服务】 夯实法治基础，推动进度建设。开展规范性文件评估和清理工作，制定出台城乡规划建设、技术会审会、电子报批、中心城区控规管理规程、规划许可与施工图审查办理等一系列管理规定、导则和规范，夯实依法行政基础。

完善信息系统，深化基础测绘。制订城乡规划综合管理智慧信息平台建设三年规划，实施空间基础地理信息工程建设，审批应用系统不断成熟，航空影像、城市三维等基础数据体系不断完善，基础测绘成果不断丰富，质量显著优化。

突显规划服务，创新服务举措。推行服务重心前移，主动对接需求，提前介入策划，超前提供指导。深化建设项目集中受理，强化规划全流程技术交底和无缝对接，推行全流程、全事项、全要求的"一站式"服务指引。深化首问负责、一次告知、多方会谈等沟通服务制度。2017年市规划局核发建设项目选址意见书总用地面积274.11公顷，建设用地规划许可证总用地面积468.77公顷，建设工程规划许可证总建筑面积499.76万平方米，完成规划核实面积287.64万平方米。

【体制改革】 以简政放权提升效能为出发点，从细节入手，持之以恒在行政审批上做减法、服务质量上做加法。从大局着眼，真刀真枪推进行政事权下放、服务重心下移。改革审批机制，简化审批流程。力推机构和服务前移，行政许可和技术审查科室迁入政务中心，实现联合办公，事项进驻率和授权到位率100%。落实"不见面"审批改革要求，基本实现"网上报、集中办、不见面"。全省率先施行施工图并联审查，大大缩短技术审查时间。完善信息平台，深化电子报批。统一规划行政审批的各类标准，强化管理对接，初步开展全域规划一套图建设。完成电子报建流程梳理、软件开发和平台建设，完善城乡规划一体化管理信息系统。优化内部机制，科学划分事权。实施规划局新一轮"三定方案"，强化政务中心规划服务窗口和分局属地服务职能，推进行政审批重心下移。按照条块结合的原则，优化调整局领导班子分工，确保在全局系统条线顺畅、上下联动，在各个板块守土有责、统筹并举。

【党建工作】 落实"三大一实干"活动。开展"1+4"大讨论活动，形成生态交通、历史文化、民生幸福等三方面成果。走访了541户家庭，梳理归纳问题49条，通过直接解决和帮助反映，每个问题得到有效落实。围绕规划引领，分类制定任务清单、问题清单和服务清单。

提升规划素质，开展"对标找差"活动。按照市委市政府"全面对标找差，全力争创一流"活动，对标南京、常州和宜兴，寻找规划编研、规划管理和规划信息化等方面的短板和差距，形成规划编研五年计划、规划编研框架体系等成果，启动技术审查标准化，规划信息化升级工程。

深化"党建1+3"工作。结合规划工作实际，形成了党建＋规划编研、党建＋规划管理、党建＋规划服务的新格局，党建工作与规划业务工作实现了有机统筹、深度融合、始终贯穿。

创建教育平台，探索人才培养体系。通过人才招聘、专题培训、战略合作等方式，搭建人才建设平台。2017年新招4名专业人才成立常州规划院溧阳分院，全年综合能力素质提升培训50多人次，选派干部参加组织调训、部门选训、专题培训、能力实训、十九大精神轮训共计40多人次。

（潘　玥）

国土资源管理

【概　况】 2017年，全市国土资源系统贯彻落实市委、市政府决策部署，坚持"保护资源、节约集约、维护权益、改革创新"工作定位不动摇，发挥国土资源对经济社会发展的支撑、服务和调控作用，为重大项目攻坚、文明城市攻坚提供保障。

7月底，《土地利用总体规划调整方案》经省政府批准启用，新增建设用地指标1.4万亩、规划流量指标1.5万亩，从而拓展全市用地空间，保障南航溧阳校区等重大项目落地。

落实各类用地指标1.12万亩，比上年增长12%。其中，工业用地3026亩，比上年增长31%。为璞泰来、时代新能源、上汽大通等重大项目落地提供保障。报批土地12个批次、面积1.34万亩。全市完成总供地172宗、面积1.21万亩，涉及出让金133.21亿元。争取耕地占补平衡异地调剂资金27亿元、土地储备专项债券资金15亿元。

【耕地保护】 划定永久基本农田82.28万亩，建成高标准农田3.87万亩。实施占补平衡、增减挂钩、工矿复垦项目总规模1.62万亩，新增耕地9239亩，新增面积连续两年位居全省第一，溧阳市连续两年被评为全省耕地保护受激励单位。围绕乡村振兴战略，市委、市政府出台《溧阳市改进占补平衡工作提升村镇集体建设用地利用效益的办法》。对特色田园乡村试点村在规划空间、盘活存量农房和集体建设用地、土地综合整治等方面精准保障。优先做好试点村不动产登记前期准备，完成权籍调查1523宗，涉及宅基地面积316.2亩，房屋建筑面积19.6万平方米，推进杨家村特色田园乡村建设的规划编制、权属调查、土地流转、工程招标等方面工作。

【节约集约】 强化节地水平考核，持续加大对各镇区"建设用地亩均投入与产出"的考核力度。全市单位GDP建设用地占用面积比上年下降6.7%，建设用地地均GDP比上年增长7.2%。对所有闲置土地不予办理融资抵押、出租、转让及各类变更登记手续，督促各镇区"一地一策"加快处置。加大对各镇区盘活存量建设用地的指导考核力度，全市盘活存量建设用地867亩。

【矿产资源管理】 全省"矿地融合"暨地质灾害防治工作座谈会在我市召开，总结推广全市土地和矿产管理在人文融合、管理融合、技术融合、生态融合等方面的经验。建成燕山公园景观型测量标志点，成为全省第一个基岩标景观建设项目。编制完成《溧阳市矿产资源总体规划》（2016—2020年），上报省国土厅并通过专家组审查。市政府出台《溧阳市矿山地质环境恢复和综合整治工作方案》，编制37个废弃露采矿山生态修复"一矿一方案"，修复废弃矿山宕口7个。绿色矿山创建工作成效显著，社渚镇金山矿、长山南矿创建成为省级绿色矿山试点单位。加大"263"专项行动执行力度，全年关闭矿山1家、砖瓦窑5家，全市黏土砖瓦窑全部关闭。

【执法监察】 充实国土执法队伍，在所有镇区重点部位和矿山区域安装了100多个"慧眼守土"24小时智能视频监控，对违法违规用地及时发现、快速处置，先后下发《责令停止违法行为通知书》17份，立案查处土地违法案件45件、矿产违法案件2件。健全土地执法共同责任机制，及时向发改、经信、水利等部门抄送涉土违法违规线索，加大联合处置、快速打击力度，有2件涉土案件被依法移送公安机关处置，全市层面依法依规用地的良好氛围进一步形成。

【不动产统一登记改革】 按照市政府关于推进“放管服”、“互联网+政务服务”和“3550”工作的相关要求，不动产登记业务管理系统正式上线运行，将原有的房屋登记与土地登记系统有机整合，实现在常州范围“全城通办、受办分离”便民新模式，所有登记业务5个工作日内办结并发放不动产权证，企业绿色通道3个工作日内办结发证。以争创“全国不动产登记便民利民示范窗口”为契机，制定《不动产登记操作规范》，开通微信公众号、EMS邮寄服务、自助查询，为特殊人群提供上门服务，同时与法院、住建、地税、公积金、银行等单位开展不动产登记所涉信息点对点共享，实行“一窗受理、集成服务”办理模式，办理各类权属登记4.88万件，受理各类查询业务5万余次。

【党建工作】 学习贯彻党的十九大精神，推进“两学一做”学习教育制度化常态化。主动配合省委巡视工作，落实巡视反馈意见，建章立制完善长效管理机制。邀请市委宣讲团、市委组织部专家授课辅导，组织中层以上干部120余人次开展廉政警示教育，在全系统开展“践行两学一做，展国土人风采”知识竞赛，提升广大党员干部的政治素养和履职能力。以贯彻落实中央八项规定、省委十项规定为切入点，履行管党治党主体责任，加大对资金使用、物资采购、干部任用、土地整治、行政审批、行政执法等环节的风险评估和业务回访力度，重点加强对不动产登记交易中心、国土所等基层服务单位在廉洁自律、工作作风、服务效能等方面的督查，全系统形成廉洁高效、风清气正、为民务实的服务氛围。

（吕　强　葛圆幸）

城乡建设

【概　况】 2017年，全市城乡建设围绕“凝聚精气神，住建当先行；建设新溧阳，住建创辉煌”的总体要求，秉持“精美住建，精彩生活”的工作理念，以打造精品、树立样板为目标，不断完善城市功能，改善城乡环境，推动城市建设工作迈上新台阶。

2017年，市政工程建设完成约2.01亿元，启动清泓路北延伸、码头街西延伸、西后街西延伸、夏林路、罗湾路东延伸等道路建设。完成天目路综合改造工程（西后街至码头街段）、南环路改造、西后街东段、南村路等道路及交通街、镇前街、三家村巷等背街小巷整治建设。建成了政务中心、教育局卫计局、体育馆、花市路、恒基广场等10多个停车场，新增停车位1200多个，缓解市区停车难问题。“管道天然气进村”的民生工作继续推进，全年累计为城区老小区、城中村3738户居民通上管道天然气。截至2017年年底，建成高压管道38.48公里，中压管道约541.4公里，全市管道燃气环网高压工程西线投入使用，北线工程已完成近一半工程量。

【老小区专项整治】 按照“三年任务两年完成”的目标，2015～2016年整治35个老旧小区。2017年在此基础上，开展老小区专项整治，投资5180万元，完成10个老小区和零星散住楼专项整治，整治总面积达41.7万平方米，惠及住户4100多户。主要整治内容包括：完善小区内的各项配套设施，整治路灯、增设停车位，绿化调整补种等。

【住房保障】 2017年，全市保障性安居工程开工6009套，建筑面积857918平方米，基本建成4309套（含续建项目），建筑面积633668平方米。办理房改房、经适房上市备案535户，办理公有住房出售6户。对不符合公租房条件的住户进行整改，清退公租房保障家庭11户。为全市申请到上级住房保障专项资金1.48亿元。

【建设美好家园】 2017年，市住建委以村庄环境整治为契机，开展美丽乡村和特色田园乡村建设。上黄、天目湖等九个镇区均已完成2017年集镇提档升级“三个一”工程，完成27个项目，有效改善镇区人居环境。大溪、前马等7个撤并镇的综合整治改造已完毕，溧城镇黄家村丁家园改造基本完成。礼诗圩、塘马、牛马塘、杨家村4个村成功入围省特色田园乡村首批试点，深溪岕和南山片区入选常州美丽乡村特色示范区（点），江苏人居环境奖通过省级验收，2017年争取到4578万上级补助资金。

【房地产市场】 2017年，溧阳市房地产市场土拍地价上涨造成房价上涨预期，形成市场需求上涨，同时政府出台各种政策严控房价。房地产开发完成投资73.92亿元，增长67.8%。全年商品房施工面积628.9万平方米，增长129.7%。其中当年新开工面积412.8万平方米，增405.3%。全年新建商品房（已剔除政府安置小区）批准预售面积91.7万平方米，增长17.6%；新建商品房网签备案面积118.3万平方米，增长15.4%；新建商品房销售均价9094元/平方米，增长10.9%。全年楼市的特征概况为，地价高企，房企争地热情高涨；房价稳步上涨，整体均价保持稳定以上；供小于求，住宅库存将至低位；调控持续发力，政策维稳。

【建筑市场监督】 依法加强建设监管力度，规范建筑市场秩序。2017年受监房屋建筑工程324只，面积975万平方米。受理各类欠薪投诉42件，涉农民工人数748人，涉及总金额2055万元。全市工程质量安全处于受控状态，没有发生特大安全事故。

（陈　刚）

房屋征收与补偿

【概　况】 2017年，溧阳市征收办围绕溧阳市委、市政府“两个攻坚”“18项重点工程”等市级目标任务，明确指导思想，细化工作目标，以“三大一实干”为依托，更新观念，调整思路，抓实务、促转型，秉承阳光征收的理念，坚持依法规范的原则，加强全市房屋征收的组织统筹和司法保障工作，注重各镇、街道的政策和业务指导，以优化和完善征收政策和相关制度为抓手，确保全市征收工作“一个政策、一个标准”，被评为常州创建平安工作先进单位，获常州地区年度综合考核第一。

2017年全市征收项目61个，总户数9875户，总面积256.1万平方米，已完成9112户，完成率达92.27%，20个项目已完成清零任务，41个在拆项目中完成率达95%以上的项目15个。其中，2017年完成征收住户2510户，征收企业68家，征收面积98万平方米。

【重点项目征收】 眠香庙地块 是溧阳市国有土地上实行预签约模式的第一个地块，在上年初步预签约的基础上，2017年年初全面启动，该地块全面实施依法规范、阳光征收新模式并取得实效。截至5月17日，征收期限内完成128户，完成率95.5%，余6户，已启动司法程序。

交通堵点工程 该项目是为保障城区道路畅通，服务于民的民心工程，由市征收办具体负责实施，涉及6个区域，已启动4个。其中，钢铁大楼和实验中学教师宿舍已完成清零，云龙南三期完成率91.7%；影剧公司正清理承租户，完成率50%；眠香庙B地块由于方案待定暂缓实施，新晨百货报市政府研究同意待租赁到期后再予实施。

市场地块 5月13日成立市场地块房屋征收指挥部，市征收办协助溧城镇共同参与该地块征收工作，征收总量超10万平方米，共403户，由于征收难题涉及问题较多，工作人员解决了一系列违章建筑和分户析产等疑难问题，完成370户，完成率91.8%。

清安片区 该地块位于城郊接合部，人员复杂，房屋性质多样，违章建筑杂乱，总量近19万平方米，根据属地管理原则，溧城镇为实施主体，历时9个月完成750户，完成率89.1%。

苏皖合作示范区社渚先导区 该地块是苏皖合作示范区的先行区，是市委、市政府提出的重点工作，先行先试成功与否，房屋征收又显出举足轻重的作用，为此，社渚镇派出实力干将，全面投入该项工作，已完成395户，完成率88.6%，有6个自然村完成清零。

大山下地块 南航溧阳校区的建设用地分溧城镇和天目湖两个区域，其中天目湖大山下村先行实施征收，是全市重点工程。天目湖镇组织精干队伍，村书记和队长陪同一线工作，村民代表全过程参与监督，完成69户，完成率达85.2%。

企业搬迁 企业搬迁以昆仑街道企业征收工作量为最大，主要分为中关村园区和小山头两部分。昆仑街办紧抓“两减六治三提升”专项行动和全国文明城市创建的契机，重点推进特种水泥厂、化工厂的搬迁，完成47家企业搬迁。溧城镇完成企业搬迁15家，市征收办完成4家。

清零项目 完成清零项目20个，分别是市征收办的清安南村、木材二期、实验初中教师宿舍、钢铁大楼和企业搬迁项目，昆仑街道的码头西街以南企业搬迁，燕山新区项目，天目湖的360省道项目，南渡的芜申运河国有、集体项目及平城村项目，上兴的341省道和经开区一期项目，竹箦的桃园里和西气东输道人渡地块，别桥的海事处二期、341省道和263整治项目，社渚的芜申运河河口大桥、麻园项目，其中结转项目11个，新启动项目9个。

【司法程序保障】 出台《溧阳市城区征地中地上附着物补偿标准》《溧阳市市级房屋征收专项资金管理办法》《关于明确征地房屋补偿安置中可安置人口问题的通知》。完成《溧阳市房屋征收文件汇编手册》《溧阳市房屋征收实务操作手册》两大汇编资料，从而实现了真正意义上的政策标准和操作程序的统一。

建立每周司法审议制度，开展难点课题研讨，经常深入镇区项目一线指导司法程序工作，督促结转项目及时作出补偿决定和责交令，新启动项目实行司法程序前置、同步跟进，出台《关于加强全市房屋征收司法程序保障工作的意见》，建立“司法三级调解机制”，确定司法强制“黄金72小时的稳控机制”，通过一系列措施的落实，确保司法程序“全过程、全覆盖、全把关”，以司法程序助推项目清零和加速推进，营造征收系统良好的法制环境，做到依法征收、维护公平正义。共启动司法程序56户，作出补偿决定和责交令29户，经调解签约的21户，申请法院强制执行13户，依法实施司法强制执行5例。

【安置房建设和交付】 按时准确发放安置过渡费用，督促安置房建设进度，及时交付已建成安置房，缩短住户在外过渡时间，缓解社会不稳定因素。截至2017年年底，城区安置房建设总量为32248套，其中未开工安置房为8425套，已经竣工交付和即将竣工交付的安置房的总量为14686套。2017年完成竣工交付的安置房11587套，分别为夏林小区一期、丽景苑、甘露名苑一期、西城花园一期、徐格笪一期、小夏庄南区、北区、蒋店一期、翰林苑一期等10个小区。

（史毓贤）

公用事业

【供　水】 2017年，溧阳市城区供水总量3649.99万立方米，售水量3560.61万立方米，最高日供水量13.17万立方米，水质综合合格率100%，供水管网压力合格率、主要供水设备完好率、管网抢修及时率和用户投诉处理及时率达99%。除溧城镇、上黄镇、埭头镇外，其余7个建制镇有农村集中式水厂9座，供水总量约2373.47万立方米，售水量约1702.20万立方米。所有水厂供水水质由市卫生部门定期检测，确保达标供水。上兴片区已接收范围内供水管网改造基本完成，供水趋于正常。完成南渡至竹箦23公里供水主管道。截至2017年年底，完成一级主管网

92.3公里（南渡—竹箦主管网完成23064.4米、南渡—社渚主管网完成18025.7米、南渡—别桥主管网完成11990.8米），二级管网47.5公里，三级管网227.0公里。上兴集镇管网改造3.9公里，上兴镇赵沛、余巷、分界及鸡笼坝水厂供水范围内户表改造工作已基本完成，完成98个自然村、4608户户表改造。

【排　水】 2017年城市污水处理厂污水处理规模9.8万吨／日，实际处理污水2411.44万吨，出水执行国家GB18918—2002《城镇污水处理厂污染物排放标准》一级A标准，城市污水集中处理率96.98%，污水厂处理处置污泥19557吨，全部做建材处理。城市污水厂再生水生产能力2.62万吨／日，2017年再生水利用量956.90万吨，用于工业冷却水使用。溧阳市有建制镇污水处理厂8座，污水处理总量410.60万吨，乡镇污水处理厂由市水务、环保部门按季度进行检查考核，督促污水厂实现安全、稳定、尾水达标排放。

2017年完成天目湖镇至城区污水管网的贯通。天目湖镇至城区污水管网运营正常，每天污水输送量达到6000立方米　。对上兴至旧县5.3公里污水主管道先行招标，已完工。上兴经开区由上兴镇政府先行建设，完成污水管网　8.3公里。花园污水厂前期工作已经完成，周城至社渚建成污水管网7.5公里。

（袁　立）

【供　电】 2017年，全市全社会用电量累计78.527亿千瓦时，比上年增长7.94%。完成供电量72.3679亿千瓦时，比上年增长9.22%。完成售电量70.7034亿千瓦时，比上年增长9.27%。最大调度用电负荷105.904万千瓦（7月25日），比上年下降20.23%。最大日供电量达2980.6万千瓦时，创历史新高。截至12月31日，实现连续安全生产运行5790天。

2017年，溧阳电网建设投资13.15亿元。其中，主网建设投资8.58亿元，新增主变容量5万千伏安，新建线路26.98公里。配农网建设投资4.57亿元，新建、改造配电线路1618余公里，新增、增容配变769台。全市居民户均配变容量由2016年的4.41千伏安提升至5.45千伏安，中压架空线路绝缘化率由2016年的52.3%提升至53.3%。

（周云华）

【供　气】 2017年，全市管道燃气购气量1.5亿立方米，销售量1.5亿立方米，比上年增长4730万立方米，其中工商业用气量10000万立方米，居民用气量3700万立方米，汽车加气站用气量1300万立方米。2017年全市管道天然气用户共计97362户，其中居民用户95809户、商业用户1369户、工业用户184户。全年瓶装液化气总销售量5130吨，比上年增加2%，液化气用户总数约7.5万户。

2017年溧阳市管道天然气推广力度不断加强，配套工程不断完善，天然气普及率稳步提高。截至2017年末全市建成高压管道38.48千米，中压管道约541.4公里。溧阳市管道燃气环网高压工程西线已投入使用，北线工程已完成近一半工程量。

（陈　刚）

住房公积金管理

【概　况】 2017年，全市新增住房公积金开户单位357家，较上年增长27.96%；新增开户职工11690人，较上年增长34.1%；年末缴存职工人数达6.37万人，较上年末净增6932人。全年归集住房公积金8.94亿元，较上年增长12.4%；提取住房公积金7.35亿元，较上年增长27.7%；年末归集余额24.62亿元。全年向2976户职工家庭发放住房公积金个人贷款11.54亿元，贷款金额较上年增长12.15%；回收住房公积金贷款3.84亿元；年末个人贷款余额32.53亿元。全年实现增值收益3381.73万元。计提廉租住房建设补充资金2431.8万元，累计计提达1.84亿元。年内被评为2017年江苏省巾帼文明岗。

【增人扩面】 溧阳市政府首次组织召开全市住房公积金工作会议，向全市各镇（区）宣传公积金政策和传达公积金扩面要求。与中关村、天目湖、上兴三个镇区签订住房公积金合作协议，将扩面网络逐步覆盖至镇区。参与和推进“产城融合”“两聚一高”相关公积金工作，形成季度汇报、年终总结的工作惯例。开通协理员、联络员微信群、QQ群，做到沟通日常化、经常化。与市军转办、民政局等部门沟通协商，促成其在《关于促进自谋职业转业士官就业工作方案的通知》文件中明确自谋职业转业士官缴存住房公积金相关内容，全年110名自谋职业转业士官建缴住房公积金。筛选17家亿元以上重点企业发送催建函，筛选1084家未建单位进行点对点网上催建，对到同和服务点登记申报的5000家企业进行一对一公积金政策宣传。强化对受托银行扩面过程考核，协助受托银行召集50余家企业召开6场扩面推进会，召开银行员工内部培训7场次300余人次，受托银行全年扩面3036人。创新宣传方式，借助微信朋友圈平台、燕山灯会灯箱、小区灯箱等对相关地区、相关行业、相关年龄段的建缴公积金目标对象进行针对性的宣传；深入乡镇、社区和人才市场，开展现场咨询15场次，发放政策业务指南1.5万册；印制6万份个人缴存宣传手册向全市个体经营者集中的区域发放，全年新增个人缴存户2727人，比上年增长67.2%。

【资金归集】 开展2017年度住房公积金基数调整工作，全市共有1699家单位5.45万名职工参加基数调整，单位参调率和职工参调率分别达到94.1%和99.2%，调整后月应缴额达到7500万以上，比调整前增加约600万元，人均月缴额由996元提高到1093元。推进单位托收业务，全年新增托收签约单位361家，新增单位实际签约率为99%，累计托收单位1853家，实际有效签约率达90.8%。更新重点汇缴单位信息库进行缴存提醒，通过电话、QQ业务群、微信群等方式，分门别类为全市200多家重点企业提供汇缴提醒服务；

对托收未到账情况及时跟踪，按季对欠缴3个月以上单位发送催缴函，确保应缴尽缴。

【贷款管理】 2017年住房公积金贷款需求旺盛，全年申请量12.30亿元，比上年增长5.1%。全年发放公积金贷款11.54亿元，促进溧阳住房销售37.9万平方米、32.75亿元，其中促进商品住房销售22万平方米，占全市新建商品住宅销售面积的21.1%。积极应对资金流动性紧张，加大与上级公积金中心的区域间资金调度，全年净增融资5.8亿元，有效缓解了资金压力，满足中低收入职工家庭的住房公积金贷款需求。加强楼盘评审管理，把握住宅市场供需情况，对符合期房合作项目的新楼盘，及时办理准入手续。全年有35个楼盘批准准入，准入面积为73.67万平方米。支持低收入家庭公积金贷款贴息，为全市6户低收入家庭发放贷款贴息22745.88元。

【风险防控】 加强贷款规范管理防范风险，做好贷前贷后管理，严格贷中审批手续。加大逾期贷款催收力度，期末个贷逾期率为零。加大账户资金核对，做到日日清。加强融资，保障公积金提取和贷款需求。做好资金运行情况分析，按资金需求计划进行内部资金调度，确保资金安全运行。做好存量房抵押督办手续，全年办理抵押手续41笔。启动预防打击骗提联动机制，将中心《关于严肃查处骗提骗贷住房公积金行为的公告》在服务大厅醒目位置张贴，由于机制建立、政策威慑、措施得力，全年未发生骗提案件。落实党风廉政、作风建设责任，按照各项要求积极落实，不定期进行自查，全年查出的问题均已整改到位。

【服务效能】 树立分中心“服务暖心，积金惠民”的服务品牌形象。积极协助政府项目“自在溧阳APP”开通公积金查询。全年服务大厅办理业务超过10万笔，接待咨询4万人次，开展预约上门服务、午间延时服务等特色服务20余次。每月为新缴存单位的经办人开展政策培训，共培训150人次。为住房公积金工作站开展政策指导和业务操作培训6次，为中关村30名一线招商人员开展住房公积金专题培训。为受托银行开展公积金业务培训300人次。网上服务厅全新启动，对内组织培训，对外扩大宣传，全年开通网上业务单位249家，累计1372家，占全部缴存单位的66.1%。推出个人网上业务办理，主要功能有租住商品房提取、退休（退职）提取、解除劳动（人事）关系并离开本市三类提取，支持在线更改密码、在线更改提取直联银行卡、在线更改职工辅助信息联系地址等。优化窗口岗位配置，增设机动岗，应对服务高峰时咨询和服务秩序的维持。提升员工服务技能，组织全体员工开展各项业务培训和服务培训16次。按季度进行初审和复审人员岗位互换，促进柜员熟悉各业务环节。加强窗口初审员工工作量系数的绩效考核，激励员工工作积极性和规范性。

（潘　璠　张　蕾）

城市管理

【概　况】 2017年，溧阳市城市管理工作围绕城市管理“畅、洁、绿、美、好”的目标，紧扣创建全国文明城市主线，统筹推进各项工作。制定出台《市政府关于进一步完善城市长效综合管理考核工作的实施意见》（溧政发〔2017〕52号），城乡一体化考评实现扩面提质。开展以菜市场、道板违停和户外广告为重点的市容秩序整治“三大战役”，环卫管理“四个一”模式（ 道路保洁“一把扫帚扫到底”，垃圾收运“一个轮子滚到底”，乱张贴清理“一把刷子刷到底”，环卫设施“一个标准管到底”）被列为全国文明城市创建经验成果。市城管局先后获评常州市市容专项整治先进单位、常州市创建全国文明城市先进集体和溧阳市创建全国文明城市立功集体，城管局党委被评为“五个好”市级机关党组织。

【环境卫生管理】 环境卫生管理中心大力推进“五化”建设（环卫工作一体化、市场化、机械化、规范化、智慧化），道路清扫保洁面积达480余万平方米，生活垃圾收运覆盖溧城镇113个物管小区、34个社区、村委和1200个垃圾收集点。取消燕鸣路、育才路、燕山南路等28条主次干道路边垃圾桶，实行垃圾上门收集。城区机扫道路达到124条，主要道路机扫率达100%。智慧环卫建设深入推进，通过信息化管理，环卫作业效率和质量明显提升。全年清理河道垃圾3000余吨，收集大件垃圾6000余车，无害化处置生活垃圾20万吨。

【市容秩序管理】 按照“先干后次、部门协作、稳步推进”的工作原则，稳步推进道板违停管理，管控范围由8条主干道延伸到31条道路，全年抓拍违停行为8100余次，拖离违停车辆7700余辆，引导规范各类车辆3万余辆。实施主次干道市容顽疾整治行动，查纠占道行为2万余处，规范烧烤摊点200余处，58条主干道、43条次干道和背街支巷保持统一管理标准。会同相关镇区（街道）开展高速高铁夹心地带和西山风景区综合整治，恢复改变用途土地180余亩，完成生态复绿16万平方米。全年拆除违章建筑178处，面积2.2万平方米。

【园林绿化管理】 建成丁园、码头街、清廉园等一批精品绿地，护城河滨水休闲绿带等大型绿化项目成效显现，建成滨水绿地12万平方米、水上步道6公里、健身场地6000平方米、林荫大道10公里、特色花道10公里、色彩片林7万平方米和70组精致绿雕，城区改造、新增绿地面积120万平方米。补植各类苗木8万余棵，铺植草坪2.8万平方米，栽植地被1万平方米，260万平方米绿地管养到位。加强绿化监察，追缴绿化损坏赔偿金44.3万余元。开展园事花事活动，举办春兰展、庆国庆溧阳市书画作品展、中秋拜月等文化活动90余次。

【市政设施管理】 实施23条主次干道停车空间整治，改造盲道、缘石坡7000米，安装限位器6500米、自动

市政绿化修剪　　（市城管局　供稿）

抓拍球机156个，划设停车位1.2万余个。完成8次大规模绿化修剪、50余次病虫害防治及绿化斑秃治理和补缺任务。全面接管燕山新区20余条道路的绿化管养任务，清理陈旧垃圾70余吨，补植苗木3000平方米。完善市政设施病害快速处置机制，全年完成零星维修近3.5万平方米，整改盲道约6000米，调整缘石坡道口206个。

【菜市场管理】 推进城区菜市场规范化、长效化管理，对重点菜场全大候监管，督促整改各类长效督查问题3000余件。完成13个菜场设施提升改造，修复破损墙面、地坪3.4万余平方米，规范经营摊位1000个，统一设计安装门头LOGO20个、导行系统50套，活禽交易区全部改造出新。抽调执法力量开展菜场内外一体化管理，清除存在多年的场外出摊现象，取缔菜场周边各类违章2.8万余起，拆除菜场附属违建127处，打通西城、平陵、昆仑、东都菜场周边等城市交通堵点。

【户外广告管理】 加强店招标牌审批管理工作，将初审权下放到行政执法大队，针对重要道路和重要节点加强巡查监管，掌握现场情况，有效实施动态规范管理。开展店招标牌和户外广告整治工作，改造花园路、平陵街等道路沿线门头店招1000间。完成护城河沿线亮化建设，启动天目湖大道城区段景观照明建设，拆除许可到期、违规设置的各类户外广告8000平方米，统筹高炮、电子显示屏、大型楼宇广告等载体，设置创建公益广告7万余平方米。

【基础设施建设】 完成“一河两路”绿化景观工程（宋团城护城河滨水休闲绿带工程、永平大道沿线环境整治及绿化提升工程、天目湖大道沿线环境整治及绿化提升工程）；苗木培育基地完成建设并投入使用；建成公共自行车交通服务系统，投放自行车3000辆；新建8座城市公厕；启动湾溪公园三期建设；花园排档一期和东升菜场完成建设并投入运营。

【队伍建设】 开展“三大一实干”“对标扎差”活动和城管作风年建设，实施执法队伍“强转树”专项行动，厉行“五个严禁”。加强执法能力建设，改进执法方式，规范执法流程，确保执法行为有章可循、有矩可依。落实党风廉政建设主体责任，发挥党委核心作用，提升党组织服务能力，推动中心工作有效落实。强化信访维稳，全力解决群众合理诉求，全年受理处置网络舆情、来信来访、各类投诉3000余件。承办人大、政协提案10件，办结率和满意率均为100%。

燕山新区

【概　况】 燕山新区作为溧阳城区的延续和发展，2017年，以建设带动地块商业发展，成为了城市的住宅、商业新中心。招商、经营土地、引进房地产开发企业，以建设宁杭生态经济带最美副中心城市为蓝图，既快又好地完成全年建设目标。

【项目建设】 重点打造精品建筑。作为省、常州和市的重点工程项目，博物馆和文化艺术中心项目于年内竣工，满足交付条件。基本完成企业总部经济园1期园林景观工程、企业总部经济园2期及高铁北侧景观绿化带工程建设工作。燕山新区企业总部经济园3期及燕城大道北侧景观绿化工程完成70%。燕山公园配套工程凝翠茶社项目于6月开工建设。光华高级中学、燕山中学新校区项目于下半年顺利开工。

【道路建设】 在燕山新区主干道路已全部完成的基础上，继续完善路网建设，做好支路道路。其中崇文路于6月份竣工验收。南大街南延伸U型槽、崇文路东延伸、金汇路、上墟路基本完成。完成了一湖两河的整体竣工验收及移交工作。

【招商引资】 2017年，重点围绕燕山新区的南大街核心商务区、燕城大道总部经济园和银江国际三大重点区块重点开发，南大街沿线基本成型，万达广场、弘基广场两大重点招商项目建设顺利，碧桂园在建、银江国际房地产开发。拍出土地五块，先后被常州宏硕、杭州宋都、昆山时代和溧阳吾悦创盛房地产开发有限公司拍得，经营拍出土地44万平方米，成交37亿元，燕山新区的房地产成为全市的热点，良好的经济环境使新区也成为全市的经济、文化、商业新中心。

【社会管理】 燕山新区城管中队通过数字化平台上报、自查等方式，对新区保洁、道路、秩序等进行高效率维护，共处理数字平台城市管理工作700余项，自查问题50项，配合城管中队在户外广告整治中发现建筑工地围档破损8起，整改8起。沿街店面乱张贴13起，其中整改12

起，立案查处1起。夜间露天烧烤2起，整改2起。建筑工地车辆带泥上路，抛洒滴漏14起其中整改13起，立案查处1起。清理各类生活、建筑垃圾10余起。协调园林、环卫苗木补缺、草坪保洁、路面不洁情况4起，完成4起。完成城市管理的交接工作，与溧城镇协调，完成燕河湾、燕阳嘉苑、望湖景苑3个小区的物业管理移交工作。

（王英磊）

环境保护

【概　况】 2017年全市空气质量优良天数为299天、优良率为82.1%，比上年2016年增加16天、提高4.4个百分点，重污染天数2天，比上年2016年减少1天，PM2.5平均浓度为45.4微克／立方米，基本与去年持平。集中式饮用水源地沙河水库、大溪水库水质达标率为100%。全市“水十条”六个考核断面中塘东桥、潘家坝、大溪水库库体、沙河水库库体和前留桥水质达到考核标准，达标率为83.3%。2017年城市区域环境噪声监测结果平均值为55.5dB(A)，比2016年下降0.1dB(A)，城市交通环境噪声监测结果平均值为68.2dB(A)，比2016年下降0.1dB(A)。

【“两减六治三提升”专项行动】 2017年，溧阳市“263”专项行动综合评价等次为优秀，再次位列常州第一方阵，其中组织推进排名第2，环境质量排名第2，生态绿城排名第2。11个专项中减少煤炭消费总量排名第4，减少落后化工产能排名第1，治理太湖水环境排名第2，治理生活垃圾排名第2，治理黑臭水体排名第6，治理畜禽养殖污染排名第2，治理挥发性有机物污染排名第1，治理环境隐患排名第4，提升生态保护水平排名第2，提升环境经济政策调控水平排名第3，提升环境监管执法水平排名第2。

减少煤炭消费总量。2017年全市完成煤炭消费总量净削减10.9万吨，完成率102.8%。淘汰国强镀锌、弘博新材料4台10蒸吨以上燃煤锅炉，完成华杰轧钢等13台工业炉窑煤改气改造，弘博热电全面建成投运。新建59兆瓦光伏发电项目，新建二星级以上绿色建筑 21.58万平方米。

减少落后化工产能。2017年全市完成62家化工企业关闭，完成率229.6%。整治拟保留的32家化工企业，推进南渡硬脂酸盐企业重组工作。南渡新材料工业集中区500米防护距离内4个自然村210户村民已有185户完成签约，签约率88.1%。腾空165户，拆除160户。集中区实现封闭化管理，环境监控和预警平台投入运行。

治理太湖水环境。2017年实施水污染减排工程110个，总氮、总磷污染物排放量完成预期削减目标。加强水质污染源治理，关闭中鹏染业、熊猫针纺2家印染企业和太湖二级保护区内5家化工企业，淘汰落后产能企业2家。77艘400总吨以上内河船舶生活污水防污设施完成改造，清除城区河道废弃船舶181条。编制完成《溧阳市畜禽养殖禁养区划定方案》，划定畜禽养殖禁养区面积917.29平方公里，占全市国土面积的59.76%，开发应用禁养区手机APP软件辅助畜禽养殖治理。注重农村环境面貌改善，实施覆盖拉网式农村环境综合整治，完成38个行政村整治任务。

治理生活垃圾。2017年全市51个垃圾分类试点已全部完成，建设分类收集亭78座、设置分类垃圾桶2060个，日处理量800吨的生活垃圾大型转运中心建成投运。溧阳市城市固体废弃物综合处置项目完成规划编制，确定实施主体，正在稳步推进中。

治理黑臭水体。2017年全市完成黑臭水体治理133个，其中属于常州任务范围的24个，完成率200%。建成污水主管网42.6公里，完成率142%。完成上兴至旧县、周城至社渚污水主管道先建工程，其余撤并乡镇完成污水主管道施工图设计。推进区域治污和农村生活污水治理项目，南渡污水厂新建、埭头污水厂提升改造工程进场施工。完成溧城镇马垫河等4个中小河流综合整治。推进178家经营性农庄污水整治。推行“河长制”，落实市镇村三级河长355名。

治理畜禽养殖污染。2017年全市关闭畜禽养殖场459家（其中禁养区内374家），完成率101.4%。完成规模化畜禽养殖场整治48家，完成率137.1%，治理率达到81.4%。禁养区内共转栏生猪5.7万头，拆除猪舍面积20.2万平方米。全市规模化养殖场畜禽粪污综合利用率达到96%以上，生猪大中型养殖比重达72%以上。化肥施用量较2015年消减2%，农药使用量实现零增长。

治理挥发性有机物污染。2017年全市完成各项VOCs治理任务83个，完成率176.6%。配合南渡加快新材料工业集中区监测监控平台建设，完成12家化工企业设备与管阀件泄漏检测与修复（LDAR）和45家工业企业VOC治理。完成餐饮油烟整治方案制订，取缔露天烧烤，花园排档城正式投运。配合交通运输局完成20家汽修单位VOC治理，责令6家加油站油气回收装置整改到位。

治理环境隐患。开展重点环境风险企业环境安全达标建设专项行动，4家化工企业完成安全生产标准化达标提档升级。2017年全市完成38家重点环境风险企业入库，完成率111.8%。完成49家企业“八查八改”，完成率144.1%。编制“土十条”方案，开展土壤污染治理与修复调查，排查150家关闭搬迁化工企业遗留地块污染情况，联盟化学、溶解乙炔、红星电镀三个地块土壤修复及宜巷化工土壤应急修复全面完成，化解环境风险隐患。强化水上运输监管，关停城区码头27个。

提升生态保护水平。强化规划管理，编制《溧阳市2017年度生态绿城建设方案》，组织实施6大类27个生态绿城项目，完成工程项目15个，完成率136.4%，实现增核7420亩、扩绿1365亩、连网72.4公里。成片造林面积超5800亩，湿地面积增加至201平方公里，完成7个废弃露采矿山地质环境治理与复绿。2017年，全市自然湿地保护率为 49.08%，完成率 104.4%，林木覆盖率达到考核要求。深化生态创建，天目湖镇、戴埠镇、埭头镇、竹箦镇和天目湖镇三胜村分别通过省级生态文明建设示范镇、村验收。全年创建常州市生态文明示范村 2 个、常州市绿色机关 2 个、常州市级绿色学校 2 所、常州生态文明教育示范学校 1 所、省级绿色学校 2 所。完成《国家生态文明建设示范市规划》编制，全面启动创建工作。

提升环境经济政策调控水平。在常州各辖市区率先建立与污染物排放总量挂钩的财政政策，推行排污权有偿使用和交易，39 个项目获得排污权有偿使用。完善生态补偿机制，拨付省级生态补偿转移支付资金 2332 万元。落实差别化的环境价格政策，实施阶梯水价、电价。推进绿色金融政策，促成绿色企业江苏安靠及天目湖旅游 2 家公司成功上市。

提升环境执法监管水平。加强执法协作，对外强化与周边城市协作，编制完成《苏皖合作交界区域环境综合整治实施方案》，联合安徽省郎溪、广德县协同治污、联动执法，推动与安徽交界区域的环境综合整治。对内强化与公检法等部门联防联控，加大违法行为打击力度，全年出动现场检查人员 1.9 万人次，检查企业 7400 余厂次，立案查处环境违法案件 513 起，比上年增长 97.31%，其中查封 28 家单位、停产限产 17 家单位、申请法院强制执行 45 起、按日计罚 1 起、移送公安行政拘留 7 起、移送司法涉嫌刑事案件 11 起。公安机关侦办环境资源类案件 32 起，检察机关下达“263”检察建议书 32 份。将高科技成果运用在环境执法过程，实施无人机进行环境监察和租用 37 个高清视频探头配合开展秸秆禁烧巡查工作。建立市、镇两级网格化环境监管执法责任体系，推行“双随机一公开”制度，定期公开环境违法案件查处情况，曝光环保十大典型案例，主动接受社会监督。妥善处理信访，落实“早发现、早报告、早控制”的“三早”预警处理机制，第一时间化解环境矛盾。全年共受理 12369 平台信访 684 件（含部级 1 件、省级 87 件），办结率 100%。

志愿者参观水资源展厅　　（市环保局　供稿）

【服务项目发展】 深化“环保直通车”服务品牌建设，对重点项目提前介入、急事急办、特事特办，畅通审批“绿色通道”，完成 2017 年度常州市级 9 个重点项目环评审批。严格环境准入，严把项目审批关，全年受理各类许可项目 162 个，其中审批报告书项目 15 个、报告表项目 147 个，完成组织验收工业项目 76 个。部署开展新的排污许可证申领和核发，发放 23 张新排污许可证。创新便民措施，简化审批手续，优化审批流程，139 个项目实行网上备案。

【大气污染防治】 推进 35 蒸吨以下锅炉淘汰工作，完成国强镀锌、弘博新材料、朗盛多元醇和瑞阳化工 7 台 10 蒸吨以上燃煤锅炉淘汰。推进鑫林钢铁等企业清洁能源替代工作，实施富春江环保热电锅炉超低排放改造，督促申特钢铁开展无组织排放粉尘治理。开展大气污染应急管控，保障国家公祭日和江苏发展大会环境空气质量。

【水源地保护】 编制《天目湖水源地保护实施方案（2017—2019 年）》，强化天目湖水源地保护。组织开展 5 大类 12 项工程，完成平桥污水管网、退耕还林、退茶还湖等一批重点保护工程。天目湖流域生态观测研究站建成并投入运行，跟踪监测研究天目湖水质动态变化情况。出台《常州市天目湖保护条例》，提升天目湖水环境质量。修编《溧阳市集中式饮用水源突发污染事件应急预案》，制订《溧阳市集中式饮用水源地流域范围内倾倒填埋固废风险排查实施方案》，提高应对饮用水源地突发环境事件能力，保障集中式饮用水源地环境安全。

【固废治理】 严格执行危险废物备案制度、转移联单管理制度等各项制度，加强危险废物转移事中事后监督。督促危险废物监管重点源且危废数量达到 3 吨以上企业安装视频监控系统，提高对危险废物产生企业的监督管理，有效防范企业非法转移和倾倒。溧阳中材环保有限公司水泥窑协同处置 27000 吨／年危险废物项目通过验收，江苏腾业新型材料有限公司利用隧道窑协同资源化处置一般污泥项目建成投运，固废处置能力得到有效提升。

【服务群众】 完善环境基础设施建设，新建市廉政教育基地空气自动站，加强污染源自动监控管理。开展“三大一实干”活动，以夜访、周末访、预约访等形式走访群众 1200 余户，牵头办理“四访四求”环境共性问题 3 起。为市民免费检测室内甲醛 200 余次，社会反响较好。

（周岷瑾）

农业综述

【概　况】 2017年，全市实现农林牧渔业现价总产值93.95亿元，增加4.7%。其中农业产值50.76亿元，增长3.4%；林业产值1.19亿元，增长4.3%；畜牧业产值6.9亿元，增长5.5%；渔业产值31.08亿元，增长6.9%，农林牧渔服务业产值4.02亿元，增长3.4 %。

（朱　廷）

【农业综合开发】 2017年，溧阳市申报各类农业综合开发项目14个，总投资4433.78万元，共争取各级财政资金4110万元。其中：申报国家农业综合开发土地治理项目4个、2万亩，项目总投资3013.14万元，财政资金3000万元；申报省级丘陵山区综合开发项目7个、0.24万亩，总投资729.3万元，财政资金420万元；申报市级高标准农田建设项目3个、0.3万亩，总投资691.34万元，财政资金690万元；全年累计农业综合开发面积约2.54万亩；吸引"三资"投入农业开发项目12.15亿元，实际利用外资180万美元。

（葛惠兴）

【高效农业】 通过牵头协调、部门联动、政策推动、财政支持等配套措施的落实，实施村有百亩方，镇有千亩片，市有万亩区的设施农业"百千万"工程，形成了一批规模大、档次高、效益好的高效设施农业基地，促进了全市高效设施农业规模的扩大和产业档次的提升。高效设施农业面积稳步增长，新增高效农业2.1万亩，其中设施农业4200亩，高效设施渔业3400亩。春茶产量1300吨，产值约3.65亿元。生猪存栏6.5万头。

【农民培训】 2017年的农民教育培训包括省级农业职业技能培训、农业部新型职业农民培育工程生产经营型新型职业农民培训、常州市级新型职业农民培训、溧阳市级新型职业农民培训。全年开展各类培训39期，培训农民2994人。其中，省级农业职业技能培训14期、培训农民1029人；农业部新型职业农民培育工程生产经营型新型职业农民培训2期、培训农民190人；常州市级新型职业农民培训2期、培训农民126人；溧阳市级新型职业农民培训21期、培训农民1649人。通过培训，受训农民系统学习了最新的农业生产新技术、经营管理知识和创业技能及信息技能等，提升农民就业创业能力，培育了一批新型职业农民和现代农业生产经营者，为全市农业现代化工程和现代农业发展提供强有力的人才支持和智力支撑。

省级农业职业技能培训：全市共开展培训14期、培训农民1029人。其中粮油种植5期、培训314人；水产养殖3期、培训186人；茶果种植1期、培训76人；农机技术1期、培训72人；多种经营1期、培训70人；花卉苗木1期、培训91人；设施农业1期、培训90人。

农业部新型职业农民培育工程生产经营型新型职业农民培训：开展培训2期、培训190人。其中粮食生产1期、培训150人；农机机械1期、

农民田间培训　　（市农林局　供稿）

培训40人。

常州市级新型职业农民培训：开展创意休闲农业培训班2期、培训126人。

溧阳市级新型职业农民培训：全市共开展培训21期、培训农民1649人。其中粮油种植7期、培训499人；水产养殖1期、培训64人；青虾养殖1期、培训283人；蔬菜种植3期、培训178人；茶果种植4期、培训250人；花卉苗木2期、培训131人；多种经营2期、培训134人；家庭农场主1期、培训110人。

通过培训，2017年全市新增新型职业农民2994人，新型职业农民培育程度新增比重达3.83%；到2017年底共培育新型职业农民38864人，新型职业农民培育程度达49.7%。

（许传中）

【农业品牌建设】 新增“三品”认证51只，社渚镇被农业部评为国家级“一村一品”专业镇，“勤农”牌白芹在2017中国（北京）国际农产品交易会上获金奖，“碧波”等21个农产品品牌被列入江苏农产品品牌目录。天目湖时雨牌白茶在“2017中国茶业科技年会”上，获“中茶杯”全国名优茶评比绿茶类金奖；在第十二届“中茶杯”全国名优茶评比活动中有13只茶样获奖（其中特等奖2只，一等奖11只）；2017年在首届江苏“紫金杯”暨铜山“尚文堂杯”优质草莓评比活动中，选送的13个样品全部获奖，取得12金1银（获金奖数占金奖总数的50%）的成绩。全市9只产品通过常州市名优农产品认定，分别是：江苏香山白云生态农业开发有限公司的“香山白云”牌天目湖白茶、溧阳市优鲜到家家庭农场的“天目濑江”牌番茄、溧阳市天目湖肉类制品有限公司的“天目湖”牌小王子香肠（熟制）、溧阳市周城汤山茶厂的“九龙”牌翠柏、溧阳市双健油菜农机专业合作社的“双健”牌菜籽油、江苏云塔食品有限公司的“云塔”牌卤鹅、溧阳市周城金山火锅食品厂的“天目缘”牌牛肉火锅、溧阳市刘家竹园生态农业有限公司的“刘家竹园”牌红豆和溧阳市刘家竹园生态农业有限公司的“刘家竹园”牌黄豆。

【农业产业化】 2017年，全市191家规模以上农业产业化龙头企业实现销售收入255.8亿元，较上年增6.2%，实现利润8.2亿元，直接带动农户15.5万户，较上年增5.1%。其中销售超亿元的有10家，江苏苏浙皖边界市场销售收入超百亿元。拥有省市级农业龙头企业26家。溧阳市白露山生态农业发展有限公司、常州日日春农业科技开发有限公司升级为省级农业产业化龙头企业。

（朱　廷）

种植业

【概　况】 2017年，全市粮油生产坚持“创新、协调、绿色、开放、共享”的发展理念，坚持稳粮、优经、扩饲、多元发展的目标，坚持推进农业供给侧结构性改革，粮油生产综合能力不断提高。全市粮食种植面积92.4万亩，比上年减少7.41万亩，减8%；粮食总产45.7496万吨，比上年减少2.9111万吨，减6.4%；单产495.1公斤，比上年增加7.5公斤，增1.5%。

【粮油作物良种推广】 2017年，全市稻、麦、油播种面积98.7万亩，良种覆盖率为98.5%，优质化率59.7%。主要示范、推广应用优质水稻品种4个，优质小麦品种2个，油菜品种2个。水稻主推了优900、武运粳23，搭配南粳5055、宁粳8号；小麦主推扬辐麦4号，搭配扬麦20；油菜主推宁杂1818，搭配油研10号。

【轻简高效栽培技术推广】 2017年，全市建设3亩以上商品化集中育供秧示范基地128个，面积1210亩，推广水稻高产优质精确定量栽培技术52.7万亩，占水稻种植面积的96.0%；推广小麦群体质量栽培技术28.1万亩；推广油菜免耕稻草全量还田技术8.5万亩；示范推广稻田综合种养0.28万亩。

【农技服务】 2017年，全市从事粮油和经济作物的农技推广人员100余人。在开展农技服务过程中，坚持抓好粮油基础产业，稳定粮油面积，培育建设优质粮油生产基地，推广优质高产良种配套技术、新型轻简栽培技术和测土配方施肥技术，加强病虫草综合防治。坚持抓好农技信息服务，发布《溧阳农技》等农技资料1万余份。

【高产创建】 全市组织实施水稻绿色高产高效创建示范片11个、小麦绿色高产高效创建示范片7个。粮油高产高效创建活动的开展，对促进粮油大面积平衡增产起到积极的推动作用。

（狄田荣）

水产业

【概　况】 2017年，全市养殖水面12954公顷，水产品养殖总产量5199万千克，水产品总产值17.22亿元。养殖结构进一步调优调强，河蟹放养面积6574公顷，以蟹塘套养青虾、蟹虾混养为主要模式；青虾主养面积

2017年溧阳市主要农作物生产情况

表11

类　别	面　积（千公顷）	比上年（±%）	总　产（万吨）	比上年（±%）	单　产（千克／公顷）	比上年（±%）
稻谷	54.9	−4.19	33.77	−3.90	615.1	0.34
小麦	30.9	−13.69	9.60	−13.77	310.9	0.03
油菜	12.9	−12.48	2.15	−8.12	166.7	4.84

表 12

2017 年溧阳市渔业主要指标情况

项　　目	单　位	指　标	比上年（±%）
水产养殖面积	公顷	12954	−0.9
设施渔业面积	公顷	5199	−4.93
水产品总产量	万千克	17.22	−5.03
水产品产值	亿元	6574	−5.52
河蟹养殖面积	公顷	751	5.76
河蟹产量	万千克	2849	0
溧阳青虾主养面积	公顷	470.2	−1.65
青虾产量	万千克	478.1	−11.85

2849 公顷，养殖效益进一步提高；溧阳市社渚镇在“中国青虾第一镇”的基础上，通过苏皖合作示范区建设这一平台，将青虾养殖技术和效能逐步进行输出；黄颡鱼、克氏原鳌虾、泥鳅等名优品种养殖积极性、效益显著，与特种鱼养殖、垂钓、乡村旅游相结合的休闲游钓观光渔业蓬勃发展。

【渔业现代化工程】 全市新建、改造标准化池塘 385 公顷，亩效益 5000 元以上的设施渔业面积累计达 5900 公顷。借助政府加快推进“四圈三区二园一重点”工程的契机，推动三大渔业园区发展，树立产业亮点。前马荡园区完成园区综合服务中心房屋建设设计、勘探和招投标，完成配套景观建设土方回填及低洼道路旁沟渠开挖梳理工程，建设万余平方米的工业化养殖水槽，总投资千余万。黄家荡园区进一步加固圩堤，在变化异常的天气中抗旱抗涝能力不断加强。溧阳青虾产业园区创建省级精品园区，溧阳市社渚镇建成青虾批发市场。

【渔业科技创新】 2017 年，继续推进渔业科技入户工程建设，遴选县级专家 7 名组建县级专家组，并分镇开展渔业科技入户工程的相关工作指导和督查，遴选技术指导员 16 名，培育科技示范户 400 户，以河蟹、青虾、异育银鲫为主推品种，主推养殖水体水质调控技术、水产病害防治技术、渔用药物安全使用技术、青虾标准化生产技术等。

【水产品质量安全建设】 为深入贯彻落实《农产品质量安全法》、《江苏省农产品质量安全条例》等法律法规，加快推进农业现代化进程，市农林局成立农产品质量安全工作领导小组，落实责任人员及责任单位。印发《2017 年溧阳市农产品质量安全工作目标任务考核办法》，明确监管机构的职责分工及具体的考核指标，市农林局与相关科站、镇农产品质量安全监管站签订责任书，确定相关责任单位和责任人员。局水产科与养殖生产企业分别签订农（水）产品质量安全责任状，建立质量安全责任制及责任追究制。局水产科制定 2017 年全市水产品质量安全工作计划和《2017 年溧阳市水产品质量安全专项执法监管工作方案》，积极进行水产品质量安全管理诚信企业建设工作，水（农）产品质量安全工作纳入政府对市农林局的年度目标考核。发放《水产品安全生产告知书》，与养殖场、苗种场、合作社、重点养殖户签订《农业企业农产品质量安全承诺书》，并对 400 户渔业科技示范户发放规范的养殖记录台账。全年开展以水产品质量安全生产为重点的培训 33 期，共计受训养殖户 2170 人次。

【水产品质量监管抽检】 积极配合部、省、市农检等部门定期定点抽检，特别是三品一标产地、水产品质量安全监测点及病害测报点，采用不定期上门督查、抽检等检打联动手段，接受各级抽检 7 批次，样品 107 只，其中产品样品 61 只、土样水样 46 只。开展水产品药物残留快速检测工作，药物残留快速检测实验室 12 个，主要是在镇（街道）农产品检测中心的基础上新增部分水产品快检设备及人员，对全市各乡镇（街道）全覆盖。所采样品主要是各镇（街道）“三品”基地、苗种生产企业、科技示范户等，检测项目为孔雀石绿和呋喃唑酮代谢物，涉及草鱼、白鲢、鲫鱼、鳙鱼、青鱼、鳊鱼、青虾、河蟹、翘嘴红鲌、黄颡鱼、泥鳅、罗氏虾等养殖品种。全年共检测样品 600 个，其中 50 个为异地交换检测，检测结果均为阴性，样品合格率 100%。对全市 14 个抽检样品进行氯霉素药物残留检测，检测结果均为阴性。

【渔政监督管理】 渔业船舶检验及渔业互助保险相关工作顺利完成。2017 年，共有 552 艘机动渔船参加年度检验，合格率 100%。完成渔民人身平安互助保险 6636 份，投保额 6636 万元。全年开展渔业执法 69 次，出动执法人员 180 余人次，查处违法案件 54 起，结案 54 起，处罚金额 64400 元。全年共调处渔业事件 12 起。通过增殖放流、生态环境的营造等方式，丰富天然水域的渔业资源，营造良好的水域生态环境。12 月 5 日举办“保护渔业资源，改善水源水质”——2017 年溧阳市天目湖大溪水库渔业资源增殖放流活动，放流生态碳汇类鱼种白鲢、鳙鱼 2 个品种 5.5 万尾，以渔活水，优化天目湖大溪水库生物多样性种群，改善天目湖大溪水库水质。

（孙红辉）

畜牧业

【概　况】 2017 年，全市畜牧兽医发展紧紧围绕建设现代畜牧业这一中心任务，按照“抓规模、突亮点、强基础、保安全”和“质量提升、效益增长、环境改善”的工作方针，突出“规模、效益、安全、环保”四大主题，深入推进畜禽规模养殖标准化、生态化建设，构建现代化畜牧业生产体系。全市生猪受“263”行动禁养区关闭养殖场影响，存栏量和出栏量都有所下降。部分停产肉鸡养殖场的复养致使全市肉禽存出栏量大幅增加。生猪存栏6.5万头，较上年同期的7.79万头减少16.56%，出栏8.19万头，较上年的8.42万头减少2.73%；肉禽存栏83.65万羽，较上年同期的152.34万羽减少45.09%，出栏438.59万羽，较上年同期的262.65万羽增加66.99%；蛋禽存栏30.22万羽，较上年同期的31.94万羽减少5.39%；肉羊存栏1.14万只，较上年同期的1.01万只增加12.87%，出栏1.6万只，较上年同期的1.58万只增加1.27%。

表13　2016年溧阳市畜牧业主要指标情况

项　　目	单　　位	指　　标
生猪出栏	万头	10.71
生猪存栏	万头	4.93
能繁母猪	万头	0.34
家禽出栏	万羽	575.39
家禽存栏	万羽	133.58
羊存栏	万只	0.88
羊出栏	万只	2.08
兔存栏	万只	1.59
奶牛存栏	头	204
猪肉产量	吨	8032
禽肉产量	吨	8850
羊肉产量	吨	143
蜂蜜产量	吨	105

【畜牧养殖示范创建活动】 按照省、市农委的统一要求，全市开展省级“畜牧生态健康养殖示范创建”活动。溧阳市双荣牧业有限公司通过市级验收，溧阳市南渡仁福养鸡场通过市级复验，获“江苏省畜牧生态健康养殖示范场”称号。

【三大防疫行动】 3月3日，制定《关于印发2017年溧阳市春季重大动物疫病防控行动方案的通知》。3月8日，市政府组织召开全市重大动物疫病防控工作会议，市政府副市长曹俊和市农林局局长谢菊芬分别就重大动物疫病防控工作进行动员讲话并提出具体的工作要求，市政府与各镇（街道）签订了2017年溧阳市重大动物疫病防控工作责任状。7月14日，结合全市实际情况和上级文件精神，溧阳市动防指办公室下发《关于组织开展2017年夏季重大动物疫病集中补免和消毒灭原行动的通知》文件，在全市范围内开展重大动物疫病夏季补免及消毒灭源大行动。9月12日，溧阳市防治重大动物疫病指挥部召开2017年溧阳市秋防工作会议部署秋防工作，并分发《关于印发2017年溧阳市秋季重大动物疫病防控行动方案的通知》。各镇（街道）领导小组均根据自身实际情况制定了秋防方案，召开专题会议，天目湖、戴埠等镇还根据实际情况开展相关培训。

【基础动物疫病防疫】 全市的春防、夏防和秋防工作按照规模场按程序自己免疫，小规模场及散养户进行集中免疫，大部分乡镇以防疫小分队的形式开展防疫工作，共使用猪口蹄疫苗23.32万毫升，免疫猪19.13万头；猪瘟苗24.17万头份，免疫猪14.21万头；猪高致病性蓝耳苗16.48万头份，免疫猪14.04万头，牛羊口蹄疫苗2.44万毫升，免疫牛0.082万头、羊1.57万头；小反刍疫苗1.38万毫升，免疫羊0.94万头；高致病性禽流感苗189.83万毫升，免疫鸡315.21万羽、鸭19.95万羽、鹅6万羽、其他禽类17.45万羽；新城疫苗351.94万羽份，免疫鸡315.77万羽。“三大防疫”行动应免密度100%，免疫达到预期效果。

按照省、市监测工作要求，采取日常监测和飞行监测相结合的监测模式。全市共监测口蹄疫抗体1126份、高致病性蓝耳病抗体1126份、猪瘟抗体1126份，H5禽流感禽流感免疫抗体1206份，H7N9禽流感免疫抗体784份，新城疫免疫抗体574份，全市重大动物疫病免疫抗体合格率均在80%以上。牛羊布病基线调查采样576份，全为阴性。在H7N9防控工作上共监测禽抗体血样453份，未发现抗体阳性禽。

【建立健全防疫责任制】 市农林局与各镇畜牧兽医站，各镇畜牧兽医站与防疫员、规模养殖户，通过责任状明确职责，保证质量；开展全市动物防疫包片包场制度，市级工作人员挂钩各镇（街道），镇（街道）级工作人员挂钩各畜禽规模养殖场，各级工作人员在做好服务的同时，监督镇（街道）畜牧兽医站和畜禽规模养殖场做好动物防疫工作。

【完善应急管理体系建设】 按照《重大动物疫情应急条例》和《溧阳市突发重大动物疫情应急预案》要求，不断完善应急预案体系建设，更新储备应急物资。市疫控中心建立紧急防疫物资储备库，更新应急物资，主要包括诊断试剂、兽用生物制品、消毒药品、防护用品等。新建储备物资进出库台账、疫苗耳标申领单、疫苗耳标入库验收单、过期（废弃）疫苗回收处理记录及物资管理工作制度。加强应急值守，实行应急值守和领导带班制度，应急人员通讯要保持畅通。

【家畜血吸虫病消除通过省级验收】 6月7日，省家畜血吸虫病消除评估专家组对溧阳市家畜血吸虫病消除工作进行评估验收。省专家组听取了2012—2016年家畜血吸虫病普查监测、综合防治等工作情况汇报；查看了5年家畜血吸虫病防治工作台账；

现场检查部分乡镇采集家畜粪便进行的“塑料杯顶管孵化”实验，实验结果均为阴性，实验室监测能力水平符合考核标准。

【畜产品质量安全专项整治】 全面落实生猪“瘦肉精”监督监测工作制度。按照省里要求建立健全生产监测与屠宰监测两项制度，全市共监测场所79个，出动执法人员106人次，抽样数量8302个，合格数量8302个，合格率为100%。

【动物诊疗机构专项整治】 根据上级相关文件要求，积极开展动物诊疗机构专项整治活动18次，出动执法人员54次，对全市9家诊疗机构进行监督检查，并做好动物诊疗监督检查记录。发现有部分动物诊疗机构出具处方不符合规定，病历保存条件不完善的情况，检查执法人员当场对诊疗机构负责人提出整改要求。

【动物及其产品的检疫工作】 2017年，全市产地检疫生猪89810头，屠宰检疫162810头。为进一步完善全市畜禽产地检疫工作模式，规范畜禽产地检疫程序，根据上级业务部门的相关要求，全市畜禽产地检疫实行现场在线电子化出证。全年发放《动物诊疗许可证》2张；查处动物卫生执法案件共5起，案件处置依法规范。

【病死动物无害化处理监管】 全市养殖环节无害化处理生猪18655头。按照相关规定通过焚烧或深埋进行无害化处理，及时发放相关补贴。全市无害化收集体系的建设根据常州市的规划和设计，按时建设到位。

【规范兽药市场秩序】 为有效防范药物残留风险隐患，严厉打击使用违禁药物等各类违法违规行为，由市畜牧兽医局牵头，农业执法大队和水产科参加，对全市兽药经营企业进行质量安全专项整治活动。活动共出动执法人员78余人次，对全市98家持证兽药经营企业进行逐一、全面的质量安全检查。同时采样20次，对其中有相关违法行为7起进行立案处理。

【规范饲料生产秩序】 通过培训、座谈和日常监管，不断加快《规范》实施的步伐。加强对全市18家持证饲料生产企业的日常监管，抽取各类饲料样品41个，未发现违法违规行为。加大对相关饲料企业、兽药经营户的持证管理。新发兽药经营许可证1张。加强对持证企业的监管，对兽药经营户采取分级管理。

【加强屠宰场管理】 依据省、市要求及《溧阳市开展生猪屠宰行业清理整顿工作实施方案》要求，开展不合格生猪屠宰场的清理整顿工作，关闭一家屠宰场。从宰前、宰中、宰后等各个环节入手，加强规范定点屠宰场管理和屠宰规程；大力规范肉品生产经营行为，健全长效管理机制，促进屠宰及肉品市场秩序根本好转，努力实现城镇销售的猪肉全部来自定点屠宰企业。

对有私屠滥宰嫌疑的经营户进行重点调查摸底。严厉打击往生猪或生猪产品注水或注入其他物质，屠宰注水或注入其他物质的生猪等违法行为。集中力量抓紧时机对全市所有的农贸市场进行拉网式检查，重点检查肉品来源及票证规范化程度，完善屠宰企业的内部管理，实现部门之间齐抓共管的局面。

（姜军华）

林特产业

【概 况】 2017年，全市林业工作通过共同努力，绿化造林力度进一步加强，生物多样性、森林的数量和质量均显著提高。森林资源林政管理、林地管理、生态公益林管护、森林防火、森林病虫害防治工作有序开展。

【重点绿化工程】 围绕城乡绿化重点工程的具体要求，全市建设省级村庄绿化示范村11个；完成成片造林375.95公顷；完善提高农田林网1200公顷；四旁树折合面积377.51公顷，林木覆盖率达31.19%。

切实做好病虫害监测调查工作，结合常年定点监测和定期普查，及时上报监测情况，采取社会化防治的方式，及时采取防治措施，清理病死树529株，防治疫情面积10957亩。

全年发放林业采伐许可证28份、签发木材检疫（苗木）证书2421份、发放野生动物驯养许可2份、办理林地征占用13起、林木种苗生产经营许可证9份、竹木经营（加工）许可证2份。

【森林防火】 2017年，全市认真贯彻落实国家森林防火行政领导负责制“五条标准”的指示精神，在“防”字上下功夫，全面实行森林防火第一责任人和主要责任人制度，重点防火单位负责人制度；落实护林划片包干制，签订护林员管护责任书，采取定岗定位定责任定报酬的“四定”政策，继续聘用230名森林防火专职护林员，把林区野外火源管理责任落实到护林员身上；确定市护林防火指挥部成员单位的森林防火责任，做到防火责任无盲区。通过各项责任制的落实，进一步强化各级领导的防火责任心。各镇都组建以机关人员和企业骨干为主的50人的扑火应急分队；国有场圃成立的30人森林防火半专业队伍和市农林局成立的37人森林火灾扑救应急队伍全部到位，随时应对突发性事件。全年无森林火灾发生。

加大投入，不断完善防火基础设施建设，全市投入森林防火经费530多万元，其中市镇财政投入经费220万元。购置灭火弹6000只、风力灭火机2台、二号工具1400把、防火服125套。

（朱俊洪）

园艺业

【概 况】 2017年，全市现有桑田面积0.5万亩，春蚕发种383张。茶园总面积7.2万亩，采摘面积6.2万亩，春茶产量1300吨，产值约3.65亿元，其中安吉白叶1号面积2.5万亩，产量约146吨。水果面积26370亩，全年产量16200吨，产值13860万元；草莓3550亩，产量3350吨，产值4370万元；其他水果5530亩，产量3210吨，产值2550万元。蔬菜播种面积6.5万亩，总产约10.8万吨。

【休闲观光农业】 全市现有各具特色的休闲观光农庄农园260余家，其中千亩以上集生态、旅游、观光等功能于一体的休闲农业园区70个，国家级农业旅游示范点6个，国家级休闲农业星级企业5家，其中五星1家、四星4家，2017年创建国家级休闲农业四星级企业2家，市级休闲农业星级企业15家，李家园村、桂林村被评为江苏省休闲观光农业示范村。八字桥村获第四届“江苏最美乡村”称号。

规划完成10条精品休闲观光农业旅游线路。3月19日，戴埠镇欣龙生态园首届桃花节吸引了来自上海、常州等周边地区近300名游客前来赏花游玩。6月18日上午，由市旅游产业指导委员会主办，曹山旅游度假区管委会、上兴镇人民政府、常州日日春农业科技开发有限公司承办的2017曹山采摘节暨第六届日日春杨梅节在曹山慢城开幕，近3万名来自南京、无锡、镇江、扬州等周边城市的游客前来体验杨梅采摘乐趣。8月12日，天目湖平桥丰畅黄桃采摘节在溧阳市丰畅生态农业有限公司开幕。

【规范园艺项目的申报和管理】 2017年共申报省级农业产业化引导项目9个，申报常州市级设施园艺项目11个，项目均能按照《溧阳市农业项目管理办法》要求进行审核上报及项目管理。

全面完成菜篮子建设工程，全市完成菜篮子基地建设13700亩，超额完成省政府下达的12100亩任务。

溧阳市天目湖玉枝特种茶果园艺场的《天目湖红茶质量等级》项目和溧阳市天目湖茶叶研究所的《桂花白叶茶加工技术规程》项目分别纳入2017年江苏省质量技术监督局—江苏省地方标准项目计划。《天目湖红茶质量等级》和《桂花白叶茶加工技术规程》省地方标准的修订，对推广溧阳名茶新品种、规范生产技术、提升农产品品质起到积极的推动作用，为地理标志产品保护提供技术规范。

【技术服务与培训】 为有效推广茶叶、蔬菜绿色防控技术，在全市开展园艺作物绿色生态防控标准园建设，溧阳市优鲜到家家庭农场推广试验蔬菜绿色防控技术；溧阳市天目湖玉枝特种茶果园艺场、溧阳市天目湖新概念生态农业有限公司、溧阳市茶叶研究所推广试验茶叶绿色防控技术。及时向种植企业、大户发布蔬菜病虫害防治预测预报10次，发放蔬菜生产安全用药指南260余份，配合质检科认真做好蔬菜日常抽检，确保全市蔬菜安全生产。

全年共举行红茶制作培训、水果标准化种植技术培训、蔬菜技术培训等各类培训班13期，参加常州市组织的果树培训3期，通过培训提升园艺企业的茶叶制作、果树、蔬菜栽培管理的能力。

【灾后恢复生产】 面对严重的干旱灾情，全站技术人员及时深入基层，帮助受灾群众全力抗击干旱，积极指导受灾的园艺生产专业户从技术上提高园艺作物的抗灾能力，先后发布技术指导信息7次，将受灾的损失降到最小。

【品牌推介展示】 2017年4月17～18日，在河南郑州召开的全国农业品牌推进大会上，“天目湖白茶”代表江苏省参与国家级农产品地理标志示范样板重点展示。5月25～27日，溧阳市天目湖白茶参展第十一届中国国际有机食品博览会，溧阳市天目湖茶叶研究所生产的天目湖白茶在斗茶比赛中获第一名。溧阳市金泉生态科技园有限公司的有机茶生产技术专利受有机中心领导及茶叶界同仁的关注。8月19日，在香港国际茶展名茶比赛中江苏印象天目茶业有限公司选送的“印象天目牌”天目湖白茶获绿茶组三大名茶之一。9月22日，天目湖茶研所的“伍员山牌”天目湖白茶，江苏松岭头生态茶业有限公司的“松岭头牌”天目湖白茶在杭州举行的2017中国长寿之乡养生名优产品博览会上，获“中国长寿之乡养生名优产品”称号。

2017年4月21日上午，第三届腾讯女神节江苏赛区在天目湖畔天目茗居茶场开幕。6月16日，2017年常州“茶经济与茶文化”沙龙在溧阳市天目湖茶叶研究所召开。11月28至29日，“一壶春国香杯”第二届江苏省茶艺技能竞赛暨江苏省茶艺团选拔赛在苏浙皖边界市场举行。12月2日上午，由省茶叶学(协)会、溧阳市人民政府联合主办的“江苏茶产业科技高端峰会”在天目湖畔举行。

（杨　清）

农业机械化

【概　况】 2017年，全市以夯实农业现代化物资装备基础，促进农业增效、农民增收为宗旨，以开展加快推进粮食生产全程机械化示范建设行动、加快实施高效设施农业“机器换人”工程、推进实施绿色环保农机装备与技术示范工程为重点，以提效率、稳生产、降成本、增效益为目标，持续向着全程化、全面化发展。农机装备总量继续保持平稳增长，农机装备总动力达54.9万千瓦，大马力、高效先进的农机需求不断增加。畜牧、林果、渔业、设施农业机械化水平和农产品加工机械化水平全面提升，全市农机化综合自测水平89.21%。

【粮食生产全程机械化】 紧紧围绕两年完成省级粮食生产全程机械化示范市建设的目标，依托农机专业合作社组织为实施主体，全面启动和推进粮食生产全程机械化示范市创建。耕整地、种植、植保、收获、烘干、秸秆处理六大生产环节机械化水平分别达99%、86%、99%、99%、80%、83%，粮食生产全程机械化水平达88.6%。建成粮食生产全程机械化千亩核心示范区6个、万亩示范片4个、社会化农机维修点11个，培育90多家全程机械化种植模式的农机合作社，4个镇（街道）粮食生产全程机械化示范镇创建达标。全市粮食生产全程机械化水平提升呈现两大特点：耕整地、烘干、植保等强势环节机械化装备持续巩固强化，结构更优化，配置更合理。种植、收获自给等薄弱环节机械装备增长瓶颈松动，小麦种植机械化水平得到大幅度提升，其中主要粮食收获机械化自给能力首次达65%以上，彻底改变了全市一直以来依赖跨区的收获作业模式，小麦机播水平达81%。

【农机购置补贴】 2017年，全市享受中央财政购机补贴资金1254万元，购机总额6995万元，受益农户619个，高性能和大马力成为农户购机首选，农民理性购机趋向明显，各类机具达1546台，其中新增拖拉机96台、乘坐式插秧机60台、大马力联合收割机175台、烘干机125台、高地隙喷杆喷雾植保机17台、小麦复式播种机55台。

【农机合作社】 2017年，经工商部门注册，农机部门备案的农机专业合作社197家，注册资金总额3.38亿元，合作社成员2.9万人，占农村种植劳动力的50.78%；大中型拖拉机、收割机、插秧机等粮食生产大型农机具8719台套，占全市粮食生产大型农机具的74.1%；流转经营面积28.3万亩，占水稻面积的51.8%；作业服务覆盖面积74.13万亩，占粮食种植面积的85.4%。

【农机示范推广】 2017年，持续对微喷灌硬地硬盘育秧机械化、麦秸秆机械化还田机插秧、稻秸秆机械化还田小麦机播等新技术新机具农机进行示范推广，其中微喷灌育秧应用面积4200亩，应用率90%，其中5亩以上农机合作社水稻集中育供秧中心103个，集中育供秧面积是上年的两倍。全年秸秆机械化还田面积64.65万亩。首次引进丘陵山区小型联合收割机在戴埠、天目湖丘陵地区试验示范。开展全市特色产业茶叶生产全程机械化模式和技术路线探索，继续完善和改良溧阳白芹种植机械，在突破壅土环节机具后，初步实现溧阳白芹生产全程机械化、规模化。

（蒋秋新）

水　　利

【概　况】 2017年，全市水利（水务）工作紧扣“建设宁杭生态经济带最美副中心城市”的总基调，以防汛防旱安全为中心，以加快项目推进为重心，不断创新理念、扎实举措，水利水务各项工作稳中有升、态势良好。

【防汛防旱】 全市上下坚持“宁可备而不用，不可用时无备”的工作理念，按照“防大汛、抗大旱、抢大险”的要求，扎实开展防汛防旱各项准备工作，切实做到组织机构、责任体系、防御措施“三落实”，险工处置、设备维护、值班制度“三到位”，防汛物资、抢险队伍、应急预案“三备足”，为高效防汛、平稳度汛奠定坚实基础。针对7、8月份出现的平均气温超过35℃的持续高温无雨天气和汛末罕见的强降雨天气，通过强化监测预警、强化用水管理、强化应急预案和强化部门联动等“四个强化”，确保全市范围内未出现明显灾情，保障了全市经济社会稳定发展。

【工程建设】 全年实施政府性投资项目16个，PPP项目2个，概算总投资超20亿元，其中4项工作（工程）列入市委、市政府年度重点工作（工程），2项工作（工程）列入民生实事项目。不断提升防汛防旱能力，全年完成圩堤达标建设103.11公里；新区枢纽、南港闸全面开工，开展西山河节制闸前期工作；中关村防洪工程完成53%，长山路排洪沟工程完成82%，上兴工业园区水系调整、社渚集镇防洪工程前期工作基本完成；完成2017年度小型农田水利重点县项目；中小河流治理重点县上兴项目区、社渚项目区全面开工建设；完成除险加固10座，新开工10座，开展剩余12座前期工作，预计2018年主汛前可全部投入运行。

不断提升水利服务民生能力开展城市河道清水亲水综合治理，完成盛世华城、育才路等区域截污工程。采取PPP模式，同步推进区域供水和区域治污项目，区域供水完成主管道93公里、支管网274.8公里，完成上兴6家、南渡1家水厂收购交接，大力推进竹箦、后周、周城等水厂收购工作；区域治污先期建设污水主管道上兴——旧县4.96公里、上兴新区8.3公里，埭头污水厂升级改造、南渡污水厂、花园污水厂新建项目全面开工建设；8月接受全域农村生活污水治理职能，加快推进PPP工作。

实施水库移民项目40个，投入5000余万元，开工38个，待开工2个，开工率达95%。县乡河道疏浚9.53公里，完成村庄河塘清淤23个行政村129座，

【行业管理】 积极开展世界水日、中国水周等宣传活动，通过媒体、广场活动、横幅等形式，不断提升全民爱水、护水、惜水等意识。严格按照政策下限，加强水土保持、河道堤防占用等补偿费征收，减轻企业负担。落实最严格水资源管理制度，严格水资源论证审查和许可，加强地表、地下水资源监测。积极推进饮用水水源地达标建设，推进规范化管理，配合常州市人大完成《天目湖保护条例》立法工作。大溪水库创成国家级水利工程管理单位，完成3座省规范化小水库创建。先后完成1所省级节水型学校、3所市级节水型学校和3家市级节水型单位的验收，创建省级节水型城市。完成小型水利工程长效管护下放工作，小型水利工程管理体制改革通过本市和常州市级验收。水利工程划界工作基本完成，相关经验被采访推广。水利信息化建设、农业综合水价改革全面铺开并取得阶段性成果。加强水行政执法力度，共巡查414次985人次、总里程约9000公里，发现处理各类水事违法违章案件46起。

不断强化专项整治能力，出台《关于在全市全面推行河长制的实施意见》，成立溧阳市河长制工作领导小组，全面推进河长制工作，创新理念，将水库、重点塘坝纳入河长制工作内容，建立市、镇、村三级河长制体系，出台各项制度，完成三级河长认河巡河工作，治河工作深入推进。加快“263”专项行动黑臭水体治理，完成治理河道（含内塘）130条。

（陈星宇）

综　述

【概　况】 2017年，全市经信系统按照市委、市政府的统一部署，紧紧围绕"重大项目攻坚年"和"文明城市攻坚年"工作主题，深入推进"向先进制造出发""向智慧经济聚合"三年行动计划，主攻项目建设、经济增长、节能降耗、转型升级、效能提升等重点工作。在宏观经济下行压力持续加大的形势下，全市工业经济保持平稳运行的发展态势，基本实现全年目标。2017年，全市实现规模工业总产值比上年增长10.6%；实现规模工业增加值增6.4%；实现工业应税销售收入增14%。2017年，全市完成工业投入比上年增长9%；固定资产增值税进项税额抵扣增11.41%。规上单位工业总产值能耗和单位工业增加值能耗均比上年下降9.9%，全年万元地区生产总值能耗下降率完成常州市下达的目标。全年关闭化工企业62家，完成"减化"全部任务的82.6%。

【项目建设】 围绕"重大项目攻坚年"工作主题，进一步完善有效投入考核办法，落实有关扶持政策，着力推进全市重点工业项目和重点技改项目建设。87个重点工业项目全年完成投资132亿元，其中29个技改项目完成投资34.3亿元。提升项目建设跟踪服务，对重点项目特别是未开工项目建设中存在的困难和问题逐个梳理，全力联系相关部门予以协调，确保项目早开工早投产早见效。18个10亿元以上重点项目的建设速度明显快于全市的平均速度，时代新能源、璞泰来、科达利、上汽大通等11个项目投产或试生产，特别是璞泰来的隔膜和负极材料项目，从开工建设到部分试生产历时半年，创造了前所未有的"溧阳速度"。加强技改项目推进力度，切实将全市技改项目备案信息及时录入省投资项目在线审批监管平台，方便部门监管、企业查阅项目审批情况。铭丰电子的扩建1万吨级高档铜箔生产线项目、科华控股的汽车涡轮增压器项目等成为企业做大做强、攻克关键技术的典型案例。创新工业项目扶持方式，牵头起草并以市委、市政府名义出台《关于开展工业企业精准扶持工作的实施意见（试行）》文件，围绕推动企业加快上市、鼓励企业做大做强、提升智能制造水平和激励企业科技创新等扶持方向，重点对技术含量高、成长性好、附加值高的项目，实施"一企一策"个性化扶持。江苏上上电缆集团有限公司的新型环保电力电缆研发及产业化项目等7个企业的项目作为首批精准扶持对象，进入项目实施阶段。

【工业经济监测与政策引导】 围绕全年目标，切实加强目标管理和运行监测分析。深入调研、及早拟定、合理分解2017年全市工业经济主要目标；排定当年重点新增长点企业，在百家重点企业的基础上，将重点企业样本数量扩大至150家，跟踪（监测）、采集重点企业有关数据并汇总分析；定期召开镇区工业统计分析会，形成季度工业经济运行分析报告；加强对重点企业、重点行业、重点新增长点情况的分析，形成相关材料，为市委市政府决策或制定政策提供参考。开展工业企业资源集约利用综合评价工作，经过充分调研，出台《关于开展工业企业资源集约利用综合评价工作的意见》和《溧阳市工业企业资源集约利用综合评价办法（试行）》，从企业亩均税收、亩均开票销售收入、单位电耗税收、单位能耗销售收入、单位主要污染物税收、研发经费占销售的比重和企业综合素质7个方面对企业进行绩效综合评价，对综合评价出来的A、B、C、D类企业在用地、用电、排污、信贷等资源要素配置上实施差别化措施。通过正向激励和反向倒逼，促进企业转型升级发展，提高全市工业经济发展的质量和效益。

【节能降耗】 以转型升级推动结构节能。严格控制高耗能项目立项，对单位增加值能耗不符合现代化指标要求的项目一律不批，从源头上扭转高耗能产业结构。开展全市重点用能单位主要耗能设备台账的建立与备案工作，积极推广高效节能型变压器。全年累计更新高效节能变压器13台。以科技进步推动技术节能。推进全市节能技术改造项目信息库建设，并积极向上争取节能和循环经济专项资金扶持。以服务管理推动管理节能。明确各镇区2017年度节能工作目标任务，积极组织企业实施节能重点工程。全年组织10家重点用能单位开展能源审计，21家企业开展自愿性清洁生产审核，完成对26家企业的节能监察工作，实施重点节能与循环经济项目8项，淘汰落后设备50台／套以上。以深化改革加强电力管理。加强电力需求侧管理，切实减轻实体企业负担。全年累计电力直接交易企业48家，累计直接交易总用电量14.77亿千瓦时，降低企业用电成本5170万元。大力推进全市重点用能企业能耗在线监测平台建设，全市共有70家重点用能企业进入在线监测平台，实现企业科学用电，智能用电。

【淘汰落后产能】 根据省、常州市“263”专项行动部署，扎实开展减少落后化工产能专项行动。及时组织相关职能部门开展化工企业调查摸底工作，全面掌握全市107家生产型化工企业的经营、环保、安全等现状，确定“四个一批”分类整治名单，其中列入淘汰关闭计划企业75家，整治提升企业32家。根据上级方案要求，对照目标任务，结合溧阳市实际情况，制定《溧阳市减少落后化工产能专项行动实施方案》，明确各镇区“减化”分年度工作任务，2017年计划关闭48家，2018年计划关闭27家。组建部门联合执法小组，配合各镇区，加大对化工企业安全、环保等方面问题的执法力度，促进专项行动加快推进。2017年关停化工企业62家，超额完成年度任务。扎实开展过剩产能及低端低效产能淘汰工作，羚羊水泥和夏林铸钢2家企业被列入省去产能和淘汰低端低效产能计划，分别淘汰水泥产能30万吨，铸造产能1.8万吨。

【企业转型升级】 引导产业转型企业升级。全面落实“向先进制造出发”三年行动计划，围绕重点产业培育、企业设备投入、企业科技创新、企业信息应用、企业加快上市等方面，加快推动传统产业向智能制造、绿色制造转变。全年申报省级智能车间2家（江苏司能润滑油科技有限公司、江苏华鹏变压器有限公司），培育常州市级智能车间3家（江苏华鹏变压器有限公司、溧阳市华鹏电力仪表有限公司、江苏迪赛诺制药有限公司）。促进技术创新管理创优。坚持创新引领，推动创新政策、资源、要素向企业集聚，着力发挥企业技术创新主体作用。加强企业技术中心和公共服务技术平台建设，加速科技成果产业化，提高企业科技研发能力。全年新增省级企业中心3家（江苏冠宇机械设备制造有限公司、江苏立达电梯有限公司、天目建工），常州市级企业技术中心4家（中兴西田、溧阳市华鹏电力仪表有限公司、常州时创能源科技有限公司、江苏铭丰电子材料科技有限公司），培育省首台（套）重大装备及关键部件项目1个（华鹏变压器）。聚力举办创意设计赛事。为推动企业创新、产业转型，加速外部高端设计资源与溧阳市企业的对接，与省工业设计协会联合举办2017中国（溧阳）天目湖创意设计大赛，大赛范围拓展为工业产品组，创意设计组，工业文化遗产组。大赛共有500多个单位和个人报名参赛，征集作品640件，评选出70个奖项。

【智慧经济】 制定《溧阳市智慧城市总体框架及专项规划》，该规划明晰了溧阳智慧城市建设蓝景、建设任务等内容，以共享和开放为原则，最大化资源利用率，指导溧阳市统筹开展项目建设。启动智慧城市大数据云平台项目，总投资超2300万元的大数据云平台将打造“一个中心”“四类数据”“五大平台”“三种典型应用”的智慧溧阳服务体系，重点推进以人口、法人、宏观经济、地理信息为基础的公共基础库建设，为溧阳市智慧城市建设打好基础，2017年已完成项目招标和前期调研。推进智慧城市相关应用建设，与银江股份合资成立溧阳市智慧城市建设运营有限公司，重点推进智慧溧阳公共服务平台—“自在溧阳”APP建设工作，截至年底，“自在溧阳”APP已更新至2.4版本。推进信息化建设，深入推进企业两化融合工作，培育国家级两化融合贯标试点企业1家（溧阳市华鹏电力仪表有限公司），省级两化融合贯标试点企业1家（溧阳市金昆锻压有限公司）；省互联网与工业融合创新示范企业1家（江苏正昌集团有限公司），试点企业3家（江苏金源高端装备股份有限公司、天目照明有限公司、江苏阳毅实业有限公司）。根据《溧阳市政府机关事业单位购买政务云服务暂行办法》，规范政府投资信息化项目建设，实现集约化管理和应用。2017年共审核政府投资信息化项目8项。

【提升服务效能】 围绕重点工业项目、重点工业企业、重点新增长点，切实做好要素保障、跟踪服务等工作，努力当好企业发展的“店小二”。缓解企业融资难。重点发挥市中小企业信用投资担保有限公司的主力军作用。创新担保方式，开展科创型企业银政担业务和农业旅游银政担业务。全年全市担保发生额18.97亿元，在保责任余额18.04亿元，其中市中小企业担保公司担保发生额18.4亿元，在保责任余额17.54亿元。降低实体经济企业成本。深入贯彻落实国家、省、常州市降低实体经济企业成本政策文件，完善工作机制，落实配套措施，增强政策实施的针对性和有效性。全年降低实体经济企业成本约34.3亿元。开展“三大一实干”活动。共走访群众1450余户，走访企业百余家，梳理归纳问题70多条。对于能及时解决的，当场帮助联系解决，对于其他问题，及时与有关职能部门沟通并移交问题，以确保群众反映的问题事事有着落，件件有回复。进行全面对标找差。深入贯彻落实市委书记蒋锋在市委十二届四次全体（扩大）会议上的讲话精神，经过前期调研学习，将苏州市吴江区经信委作为对标单位，从工业经济运行分析、服务企业举措、干部能力水平提升等方面，对照先进找差距，不断提升服务效能。

（市经信局）

2017年溧阳市工业企业产品销售收入前100家企业

表14

序号	企业名称	序号	企业名称
1	江苏申特钢铁有限公司	51	溧阳三元钢铁有限公司
2	江苏上上电缆集团有限公司	52	溧阳市力士汽车配件制造有限公司
3	江苏国强镀锌实业有限公司	53	天目照明有限公司
4	江苏华鹏变压器有限公司	54	常州乔尔塑料有限公司
5	溧阳市宏峰水泥有限公司	55	江苏宏光钢铁有限公司
6	江苏金峰水泥集团有限公司	56	江苏诺信达电缆科技有限公司
7	江苏瑞昕金属制品科技有限公司	57	溧阳市大禾建材有限公司
8	溧阳市新金峰水泥有限公司	58	江苏金隆新材料有限公司
9	溧阳市四方不锈钢制品有限公司	59	江苏新华机电设备制造有限公司
10	江苏正昌集团有限公司	60	江苏云通机电设备制造有限公司
11	溧阳市万兴特种建材有限公司	61	江苏力乐汽车部件股份有限公司
12	江苏昇远金属制品加工有限公司	62	江苏杭钢精密铝业有限公司
13	溧阳中材重型机器有限公司	63	江苏冠宇机械设备制造有限公司
14	江苏富民新材料有限公司	64	江苏铭丰电子材料科技有限公司
15	江苏鑫林钢铁有限公司	65	江苏诺信达特种电缆有限公司
16	江苏弘博新材料有限公司	66	溧阳东发纺织有限公司
17	布勒（常州）机械有限公司	67	江苏维多股份有限公司
18	鹏程住宅工业化材料江苏有限公司	68	常州紫金花铜业有限公司
19	溧阳陟峰实业有限公司	69	江苏运通建设有限公司
20	江苏宝鹏建筑工业化材料有限公司	70	溧阳兰天化工有限公司
21	江苏超强工程材料有限公司	71	江苏天目建设集团钢机有限公司
22	江苏昶和交通产业发展有限公司	72	江苏联盟化学有限公司
23	常州普莱德新能源电池科技有限公司	73	溧阳金利宝胶粘制品有限公司
24	江苏国信溧阳抽水蓄能发电有限公司	74	冶建新材料股份有限公司
25	科华控股股份有限公司	75	江苏力强化工有限公司
26	常州海大生物饲料有限公司	76	溧阳市金昆锻压有限公司
27	溧阳市坦途道路护栏设施有限公司	77	溧阳市夏林铸钢厂
28	江苏盛屹钢构有限公司	78	溧阳二十八所系统装备有限公司
29	江苏鹏程钢结构有限公司	79	溧阳宏茂电气有限公司
30	申芝电梯有限公司	80	江苏翔鹰新能源科技有限公司
31	江苏洁美管业科技有限公司	81	江苏安靠智能输电工程科技股份有限公司
32	溧阳市宏泰特种扁钢有限公司	82	江苏迪赛诺制药有限公司
33	江苏国电铁塔有限公司	83	溧阳市凯瑞地毯制造有限公司
34	溧阳市飞跃机电有限公司	84	溧阳市江山矿业前峰有限公司
35	江苏钢锐精密机械有限公司	85	江苏保龙设备制造有限公司
36	江苏金源高端装备股份有限公司	86	常州晨强化工有限公司
37	溧阳市鹏程彩钢有限公司	87	溧阳市山湖实业有限公司
38	重庆啤酒集团公司常州天目湖啤酒有限公司	88	江苏竹箦阀业有限公司
39	溧阳安顺燃气有限公司	89	江苏顺风光电电力有限公司
40	江苏三益科技有限公司	90	江苏盈德机电设备制造有限公司
41	江苏扬子水泥有限公司	91	江苏立达电梯有限公司
42	溧阳索尔维稀土新材料有限公司	92	江苏璟隆新材料有限公司
43	溧阳天山水泥有限公司	93	江苏盛大新材料有限公司
44	江苏司能润滑科技有限公司	94	江苏华强模具科技有限公司
45	常州市宏豪制钢有限公司	95	江苏兴源矿业有限公司
46	溧阳市乔迪塑料有限公司	96	溧阳市虹翔机械制造有限公司
47	江苏开利地毯股份有限公司	97	溧阳市隆鑫新型材料有限公司
48	江苏开磷瑞阳化工股份有限公司	98	溧阳市江山矿业金山有限公司
49	溧阳市华鹏电力仪表有限公司	99	江苏溧阳南方水泥有限公司
50	江苏碧玉谷化工有限公司	100	溧阳市立方贵金属材料有限公司

2017年溧阳市工业企业产品实现利税总额前100家企业

表15

序号	企 业 名 称	序号	企 业 名 称
1	江苏申特钢铁有限公司	51	江苏碧玉谷化工有限公司
2	江苏国强镀锌实业有限公司	52	江苏钢锐精密机械有限公司
3	江苏上上电缆集团有限公司	53	天目照明有限公司
4	江苏金峰水泥集团有限公司	54	江苏司能润滑科技有限公司
5	溧阳市宏峰水泥有限公司	55	溧阳市大禾建材有限公司
6	溧阳市新金峰水泥有限公司	56	溧阳金利宝胶粘制品有限公司
7	江苏瑞昕金属制品科技有限公司	57	常州乔尔塑料有限公司
8	江苏华鹏变压器有限公司	58	江苏盈德机电设备制造有限公司
9	溧阳市四方不锈钢制品有限公司	59	江苏竹箦阀业有限公司
10	江苏正昌集团有限公司	60	江苏兴源矿业有限公司
11	江苏弘博新材料有限公司	61	江苏联盟化学有限公司
12	鹏程住宅工业化材料江苏有限公司	62	溧阳市江南烘缸制造有限公司
13	溧阳市万兴特种建材有限公司	63	溧阳市隆鑫新型材料有限公司
14	溧阳天山水泥有限公司	64	溧阳市万盛铸造有限公司
15	布勒（常州）机械有限公司	65	溧阳市江山矿业前峰有限公司
16	江苏国信溧阳抽水蓄能发电有限公司	66	江苏盛大新材料有限公司
17	溧阳陟峰实业有限公司	67	江苏溧阳南方水泥有限公司
18	溧阳中材重型机器有限公司	68	溧阳市江山矿业金山有限公司
19	江苏超强工程材料有限公司	69	溧阳市虹翔机械制造有限公司
20	江苏富民新材料有限公司	70	江苏璟隆新材料有限公司
21	重庆啤酒集团公司常州天目湖啤酒有限公司	71	江苏迪赛诺制药有限公司
22	江苏宝鹏建筑工业化材料有限公司	72	冶建新材料股份有限公司
23	江苏扬子水泥有限公司	73	溧阳市中纺联针织有限公司
24	江苏鑫林钢铁有限公司	74	江苏诺信达特种电缆有限公司
25	科华控股股份有限公司	75	溧阳市盛翔新型建材有限公司
26	江苏洁美管业科技有限公司	76	溧阳市乔迪塑料有限公司
27	江苏力乐汽车部件股份有限公司	77	江苏盛德电子仪表有限公司
28	江苏安靠智能输电工程科技股份有限公司	78	江苏华强模具科技有限公司
29	溧阳索尔维稀土新材料有限公司	79	溧阳市鑫天地金属制品有限公司
30	溧阳市鹏程彩钢有限公司	80	江苏腾业新型材料有限公司
31	溧阳市飞跃机电有限公司	81	溧阳市山湖实业有限公司
32	江苏昶和交通产业发展有限公司	82	溧阳市夏林铸钢厂
33	溧阳市坦途道路护栏设施有限公司	83	江苏晶竹服饰有限公司
34	江苏鹏程钢结构有限公司	84	江苏广信东腾环保装备有限公司
35	江苏三益科技有限公司	85	溧阳市华力金属有限公司
36	申芝电梯有限公司	86	溧阳市金山尾矿综合利用有限公司
37	江苏省前峰服饰有限公司	87	溧阳中材环保有限公司
38	江苏新华机电设备制造有限公司	88	常州晨强化工有限公司
39	常州紫金花铜业有限公司	89	溧阳市华鹏电力仪表有限公司
40	江苏诺信达电缆科技有限公司	90	江苏天目建设集团钢机有限公司
41	溧阳市力士汽车配件制造有限公司	91	溧阳市盛杰机械有限公司
42	江苏宏光钢铁有限公司	92	溧阳东发纺织有限公司
43	江苏金源高端装备股份有限公司	93	溧阳市乔森塑料有限公司
44	常州时创能源科技有限公司	94	江苏富春江环保热电有限公司
45	江苏铭丰电子材料科技有限公司	95	江苏金久科技新材料有限公司
46	溧阳安顺燃气有限公司	96	江苏维泽过滤科技有限公司
47	溧阳水务集团有限公司	97	溧阳市塑宝塑胶科技有限公司
48	江苏沙河抽水蓄能发电有限公司	98	江苏山湖电缆有限公司
49	江苏云通机电设备制造有限公司	99	江苏羚羊机械有限公司
50	江苏运通建设有限公司	100	江苏冠宇机械设备制造有限公司

2017年溧阳市工业企业期末资产总计前100家企业

表16

序号	企业名称	序号	企业名称
1	江苏申特钢铁有限公司	51	江苏竹箦阀业有限公司
2	江苏金峰水泥集团有限公司	52	江苏上齿集团有限公司
3	江苏国信溧阳抽水蓄能发电有限公司	53	江苏振达钢铁有限公司
4	江苏上上电缆集团有限公司	54	江苏铭丰电子材料科技有限公司
5	江苏华鹏变压器有限公司	55	江苏盛大新材料有限公司
6	江苏国强镀锌实业有限公司	56	江苏新华机电设备制造有限公司
7	溧阳市新金峰水泥有限公司	57	江苏国粮仓储工程有限公司
8	溧阳市宏峰水泥有限公司	58	溧阳市华力金属有限公司
9	江苏正昌集团有限公司	59	江苏盛德电子仪表有限公司
10	科华控股股份有限公司	60	江苏盛屹钢构有限公司
11	江苏顺风光电电力有限公司	61	江苏德盛食品有限公司
12	江苏弘博新材料有限公司	62	溧阳金利宝胶粘制品有限公司
13	布勒（常州）机械有限公司	63	江苏天目建设集团钢机有限公司
14	江苏钢锐精密机械有限公司	64	重庆啤酒集团公司常州天目湖啤酒有限公司
15	江苏溧阳南方水泥有限公司	65	溧阳市飞跃机电有限公司
16	江苏金源高端装备股份有限公司	66	溧阳市力士汽车配件制造有限公司
17	江苏安靠智能输电工程科技股份有限公司	67	江苏昶和交通产业发展有限公司
18	江苏开磷瑞阳化工股份有限公司	68	江苏司能润滑科技有限公司
19	江苏鹏程钢结构有限公司	69	江苏兴盛重工有限公司
20	波士顿电池（江苏）有限公司	70	江苏省溧阳市云龙设备制造有限公司
21	溧阳水务集团有限公司	71	江苏迅隆科技发展有限公司
22	溧阳中材重型机器有限公司	72	江苏粘博士新材料有限公司
23	溧阳安顺燃气有限公司	73	溧阳市坦途道路护栏设施有限公司
24	常州普莱德新能源电池科技有限公司	74	江苏省社渚轴承有限公司
25	江苏开利地毯股份有限公司	75	江苏金隆新材料有限公司
26	溧阳二十八所系统装备有限公司	76	常州海大生物饲料有限公司
27	江苏省前峰服饰有限公司	77	溧阳陟峰实业有限公司
28	江苏昇远金属制品加工有限公司	78	江苏三益科技有限公司
29	江苏扬子水泥有限公司	79	溧阳市金昆锻压有限公司
30	江苏联盟化学有限公司	80	常州时创能源科技有限公司
31	溧阳索尔维稀土新材料有限公司	81	江苏诺信达电缆科技有限公司
32	江苏翔鹰新能源科技有限公司	82	溧阳市虹翔机械制造有限公司
33	江苏宝鹏建筑工业化材料有限公司	83	江苏阳毅实业有限公司
34	溧阳市万兴特种建材有限公司	84	鹏程住宅工业化材料江苏有限公司
35	江苏富民新材料有限公司	85	江苏沙河抽水蓄能发电有限公司
36	江苏富春江环保热电有限公司	86	江苏运通建设有限公司
37	江苏力乐汽车部件股份有限公司	87	江苏国电铁塔有限公司
38	溧阳天山水泥有限公司	88	江苏友邦新型建材有限公司
39	溧阳市华鹏电力仪表有限公司	89	江苏鑫林钢铁有限公司
40	江苏瑞昕金属制品科技有限公司	90	江苏晶瑞半导体有限公司
41	江苏诺信达特种电缆有限公司	91	江苏立达电梯有限公司
42	江苏保龙设备制造有限公司	92	溧阳市山湖实业有限公司
43	常州乔尔塑料有限公司	93	江苏维多股份有限公司
44	溧阳市四方不锈钢制品有限公司	94	江苏云通机电设备制造有限公司
45	江苏超强工程材料有限公司	95	溧阳市乔森塑料有限公司
46	冶建新材料股份有限公司	96	溧阳三元钢铁有限公司
47	申芝电梯有限公司	97	江苏恒祥石化工程有限公司
48	江苏兴源矿业有限公司	98	溧阳市金世纪混凝土有限公司
49	江苏冠宇机械设备制造有限公司	99	溧阳市峻成特种焊接耐磨材料有限公司
50	江苏迪赛诺制药有限公司	100	江苏杭钢精密铝业有限公司

电子信息、新能源电池与新材料制造等新兴产业

【概　况】 溧阳的电子信息、新能源电池与新材料制造等新兴产业发展迅速，已经拥有一批初具规模的企业。

建设新材料基地是提升产业结构的重要途径之一。溧阳的新材料主要有锂电池、稀土、太阳能、氨基模塑料、有机硅、绿色建材和生物能源等，拥有以上汽时代、时代上汽、普莱德新能源电池为龙头的锂电池、索尔维稀土为龙头的稀土新材料、以司能润滑为核心的润滑油产业、以乔尔塑料、乔森塑料为主的聚酰亚胺膜材料产业。2017年，普莱德新能源电池销售收入9.5亿元，索尔维稀土销售收入5亿元，司能润滑销售收入4.5亿元，乔尔塑料销售收入8亿元，国电新能源装备销售收入8.1亿元。

【常州时创能源科技有限公司】 成立于2009年11月，注册资金1390万元，坐落于江苏中关村科技产业园，占地82.5余亩，由浙江大学硅材料国家重点实验室毕业的博士团队创立。公司主导产品是自主研发的高尖端的太阳能电池单、多晶制绒辅助品和晶硅太阳电池体缺陷钝化设备Anti-LID，属国内首创，国内客户市场覆盖率达到70%以上，国际市场覆盖率达到50%以上。主创产品单晶硅太阳电池制绒催化剂被列入2013年度国家火炬计划。公司总资产2.1亿元、资产负债率20%、银行信用等级AAA级。2017年，实现含税销售收入17500万元、利润4800万元、税收1832万元。

2011年，公司与浙江大学硅材料国家重点实验室合作成立“浙江大学—时创能源联合研发中心”。研发项目团队有7名博士和15名硕士，涉及硅材料、高分子、分析化学、微结构等专业。公司牵手中旭教育，培养和规范团队，提升团队的职业化素养和团队凝聚力，提高了公司的竞争力。时创团队以开放、务实、分享的心态，与国内外同行进行广泛合作，也吸纳各级优秀人才，进行共同创业。

公司先后获得科技部中小企业创新基金、江苏省科技型企业创新基金支持，国家高新技术企业、江苏省民营科技企业、江苏省科技型中小企业、常州市科技型民营企业、常州市明星企业、溧阳市科技创新企业等称号。公司于2011年获批溧阳市工程技术研究中心，2014年获批省博士后创新实践基地，2015年获批常州市工程技术中心，2017年被评为江苏省最具成长性高科技企业、瞪羚企业、常州市企业技术中心。

（刘　创）

【江苏司能润滑科技有限公司】 成立于2012年3月，是司能石油化工有限公司投资设立的全资子公司，位于江苏中关村科技产业园内，占地面积118亩，年生产各类润滑油／脂能力达8万吨。2017年，实现销售收入4.5亿元。

公司是集工业、车用、特种润滑油研制、开发、生产为一体的综合性润滑油企业，主要产品包括内燃机油、齿轮油、液压油、液力传动油、润滑脂、防冻液、刹车液、金属加工液等19个系列500多种润滑油产品。公司拥有现代化生产厂房、自动化调合及罐装生产线、完整及先进的润滑油质量控制检测仪器，有员工100余人，其中研发人员比例30%以上。公司为大型工程机械企业提供各种工程机械装机和售后服务用油；同时也为汽车、金属加工、冶金等行业提供系统润滑解决方案，展现润滑与机械的完美结合。

公司坚持采用优质原材料以及通过严格专业台架实验和实践评定的高科技配方，严格按照国际先进的管理模式组织企业的生产经营活动，产品满足国际标准组织（ISO）、美国石油学会（API）等规格标准的要求，已通过TS 16949：2009、ISO 9001:2008质量管理体系认证。主要产品通过辛辛那提、丹尼逊、美国康明斯、沃尔沃、ZF及高新技术产品认证。技术中心实验室总面积1200平方米，可进行各种润滑油品的实验室研发、分析检测、模拟试验、台架评定等研究工作。建有“常州市企业技术中心”“常州市润滑油工程技术研究中心”，通过“国家级高新技术企业认证”，“司能润滑油”被评为“常州市名牌产品”。公司充分利用华东地区的资源及成本优势，全面覆盖东北、华东、华北、西北四大区域，最大限度拓展全国油品市场。

（刘　创）

【江苏迅隆科技发展有限公司】 是一家主要生产各种高精度铝合金压力铸件和高压输变电设备配件的国家级高新技术企业，产品广泛应用于电力、冶金、石化、交通等行业。公司成立于2007年，位于江苏中关村科技产业园，占地面积8万平方米，建筑面积6万平方米，有员工170余人，本科以上的工程技术人员和专业管理人员占员工总数的30%以上，并聘请国内科研机构专家和大专院校教授负责技术和质量管理工作。

公司拥有各种铸造、机加工、热处理、喷涂等高精度机械设备100台（套），配备有金相分析、压力分析、气密性检测、拉伸检测等多种检测设备，为国内外客户提供优质的产品，并能满足不同客户、不同电压等级、不同应用场合下对产品的特别要求。购置砂型低压浇注机、金属型低压浇注机等专用设备，形成行业内最为全套的低压浇注生产规模，树脂砂低压浇注及产品检测手段处于国内领先水平。公司参照客户行业要求及国家有关标准，制定了合金材质控制全套技术文件及质量规范，通过改变合金中部分元素的含量和组织结构，提高合金强度及延伸率，提高了合金的性能指标。

公司取得ISO 9000、ISO 14000、OHSAS 18000体系审核认证和欧洲SVTI资格证书，并通过SIEYUAN（思源电气）、韩国HYOSUNG、日本AE POWER、日本NISSIN、ABB、德国SIEMENS、法国ALSTOM等客户的供应商资格审核，成为日本ABB、德国SIEMENS、法国ALSTOM等客户的战略供应商。2017年，实现销售收入7300万元。

公司拥有多项技术产品专利，获

得江苏省民营科技企业、江苏中关村科技进步企业，国家级高新技术企业，常州市工程技术中心等称号，多个产品被评为江苏省高新技术产品和常州市高新技术产品。为提高公司的抗风险能力，2017年，公司启动轨道交通和高速桥梁护栏配件项目，样品已通过中国中车和英国客户的认证并投入批量生产。

（刘　创）

【江苏粘博士新材料有限公司】主要从事粘胶剂、不干胶、绝缘胶带、光电及通讯材料的研发与生产，成立于2010年，位于江苏中关村科技产业园上上路13号。公司隶属于台湾四维集团，注册资本4000万美元，占地面积130亩，拥有员工200名，已建成4条PVC涂布生产线、2条双面胶带生产线。

公司与台湾知名企业合作，引进粘性产品设计、粘胶配方研发及精密涂布等先进技术。公司生产的多元化粘性产品，广泛应用于电子、建筑、汽车、消费品等产业。2017年，实现销售收入1.37亿元，纳税182万元。

（刘　创）

【常州普莱德新能源电池科技有限公司】　成立于2016年，是一家新能源电池系统方案供应商，为技术领先、管理一流的国际化清洁能源企业，由北大先行科技产业有限公司（电池关键材料）、东莞新能德科技有限公司（电芯）、北京汽车工业控股有限公司（汽车）和北汽福田汽车股份有限公司（汽车）共同出资成立。公司由东方精工合并重组上市，股票代码002611，总部位于北京采育经济技术开发区。公司管理团队来自于美国、加拿大、中国台湾、中国香港等国家和地区，员工总数200人，超过80%拥有学士以上学历。公司技术支持团队由来自中国科学院、北京汽车研究院、北京理工大学、北京交通大学等科研机构的院士、教授和专家组成。公司注重发挥团队成员的主动性、能动性，为每位优秀人才提供良好的发展空间。

公司产品按照TS 16949品质系统要求在自主研发的全自动生产线上生产，并经过公司自建的国家标准实验室严格测试和验证。锂离子电池包及管理系统具有安全、优质、高效、环保等优势，能够为新能源汽车、新能源汽车充电站以及电网储能系统等完美配套。2017年，实现销售收入9.5亿元。

公司与国内外众多知名品牌企业和科研机构建立长期的战略合作联盟，拥有材料、电芯、电池安全结构设计、电池管理系统等多项专利，可以根据客户需求灵活定制产品，并通过完善的追溯系统提供一站式的售后跟踪服务。

（刘　创）

【江苏翔鹰新能源科技有限公司】成立于2016年，位于江苏中关村科技产业园，总投资3亿元，注册资本3000万元，主要开发和生产锂电池用镍钴锰酸锂三元正极材料，包括523、622、811等各型号高镍三元正极材料。公司坚持绿色能源理念发展新能源与新材料，按照现代企业制度规范化运作。2017年，实现销售收入2.34亿元。

公司拥有来自上市公司的专业管理团队和锂电池正极材料一流企业的技术团队。公司具备年产8000吨三元正极材料的生产能力，产品主要应用于新能源汽车动力电池、3C数码电池、储能电池等领域。

公司投资1.3亿元购置窑炉、发那科机器人、自动化生产线等行业一流的生产设备；投资500万元购置ICP、XRD、SEM、激光粒度仪等进口检测设备；投资500万元购置国内最先进的氧气气氛辊道炉等设备用于NCA中试研发。为加快高电压高能量镍钴锰酸锂、倍率型动力电池正极材料和高容量高镍多元正极材料的开发，公司与中科院物理所和浙江大学均签订了产学研合作项目。

（刘　创）

【常州乔尔塑料有限公司】　成立于2005年，位于南渡镇旧县工业园区，占地面积15万平方米，建筑面积10万平方米，总资产5.8亿元，有员工800余人，其中科技研发人员120名。公司拥有发明专利等自主知识产权50余件，主导产品为氨基模塑颗粒料，年生产能力达8万吨；胶木粉、电玉粉年生产能力达2万吨；甲醛年生产能力达15万吨。2017年，实现销售收入8亿元。

公司于2008年通过ISO 9001－2008、ISO 14001－2004国际质量和环境两大管理体系认证。2009年9月，承担江苏省科技计划支撑项目“低成本高性能氨基模塑复合材料及其新工艺技术”，项目于2011年2月竣工验收，并于2011年1月进行科学技术成果鉴定，鉴定委员会认为“该项目形成的技术成果为国内首创，达到国际先进水平”。2010年9月，公司被江苏省科学技术厅认定为高新技术企业。2011年5月，成立江苏省热固性新材料工程技术研究中心。2013年9月，江苏省科学技术厅核准承担科技成果转化专项资金项目“环保型高性能氨基模塑颗粒料关键技术研发与产业化”，项目竣工验收后被常州市评为产学研合作成果奖。2015年5月，公司成功申报科学技术部（产业化示范）火炬计划项目。2015年12月，获江苏名牌产品证书。2016年，成立江苏省博士后创新实践基地。2015年3月和2017年11月，分别成功申报并获批江苏省“双创计划”—双创团队和双创博士（企业博士后类）2个项目。

（吴有安）

【江苏金隆新材料有限公司】　位于南渡镇新材料工业集中区，创建于2012年6月，占地面积90亩，注册资本1800万元，总资产1.18亿，有员工80名，具有年生产10万吨不饱和聚酯树脂及4万吨醋酸纤维增塑剂的能力。公司已通过ISO 9001质量体系认证和ISO 14000环境体系认证。2017年，实现销售收入3.8亿元。

公司拥有先进的自动控制饱和树脂生产线、醋酸纤维增塑剂生产线和精良的检测设备。公司采用苯乙烯、顺酐、苯酐、双环戊二烯等原材料，生产各类通用型不饱和树脂、各类改性不饱和树脂以及醋酸纤维增塑剂，产品质量稳定，信誉良好，广泛应用于建筑、工矿、木材、塑胶、玻璃、金属、纸张、皮革等行业，得到国内外广大客户的一致认可。

（吴有安）

【溧阳市乔迪塑料有限公司】 始建于1996年，位于南渡镇永安路281号，原名为溧阳市永安热固性塑料有限公司，2009年常州乔尔塑料有限公司出资收购并经营该公司。2009年8月，企业重组后经市化治办和工商局批准更名为现名。2017年11月，公司通过清洁生产验收。

公司注册资本378万元，总资产2800万元，占地面积34亩，建筑面积16222平方米，有员工102人。公司主要产品为氨基模塑料和酚醛模塑料，其中酚醛模塑料在全国同行业中处于领先地位，出口日本、中国台湾等国家和地区。2017年，实现产值6000万元、销售收入5600万元、税收300万元。

（吴有安）

【朗盛（溧阳）多元醇有限公司】 位于南渡强埠集镇，占地面积100亩，注册资本1.86亿元，有员工127名，为外商独资企业。2009年，朗盛德国有限公司收购江苏多元醇化学有限公司和江苏波力奥化工有限公司，合并成立朗盛（溧阳）多元醇有限公司。公司由朗盛德国公司高品质工业中间体业务部负责运营管理。2017年，实现产值1.54亿元、销售收入1.52亿元（其中出口2500万元），上缴税收452万元。

公司主要产品三羟甲基丙烷年产能达1万吨，主要应用于润滑剂、涂料制造等领域。公司已通过ISO 14001环境管理体系和ISO 9001质量管理体系。公司产品质量稳定，市场占有率在同行业内处于领先地位，并得到国内外广大客户的一致认可。

（吴有安）

【溧阳市乔森塑料有限公司】 成立于2009年，占地面积5.5万平方米，注册资本2000万元人民币，总资产15038万元，固定资产9738万元，主营业务为高档氨基模塑料颗粒及制品的生产和销售，有员工近200人。2017年，实现销售收入1.8亿元。

公司致力于自主研发创新，自创的造粒专用工艺技术、创新的制粉加工工艺技术均达到国际先进水平，初步实现连续化、密闭化、自动化生产。公司产品满足REACH环境指标要求；通过美国UL认证、ISO 9001—2015、ISO 14001—2015认证以及西门子公司的专业部门审核，达到德国DIN7708第三部分标准、国标GB 13454—92标准以及企业标准Q/320481 QSS001—2012。公司高度重视品牌建设，长期分析客户群的品质要求和服务需求，培育乔森高标准品牌建设，通过企业文化建设来提高软实力。公司获得17项专利，其中，发明专利2项、实用新型专利15项，另有2项发明专利已受理。公司获得“高新技术企业”“江苏省民营科技企业”“AAA企业信用等级证书”“江苏省科技型中小企业”“江苏省高新技术产品认证证书”“科技成果鉴定证书”“银行信得过企业”“常州知名商标”等称号。

公司为国内脲醛模塑料行业的领头羊，并成功进入国际高端市场，成为多家国际著名企业的战略合作者。2010年，公司通过西门子公司的第二方审核，成为西门子公司系统内部的合作伙伴。公司先后与法国罗格朗、日本松下电气、香港天基电气、英国ELECTRIC、英国奈斯、美国HONEYWELL、德国HAMBERGER，丹麦PRESSALIT等公司成为长期业务伙伴。在卫浴配套领域，与国际美国科勒、西班牙乐家、美国美标、日本TOTO、德国维宝和杜拉维特等顶级品牌建立合作关系；与国内厦门海益建材、厦门威迪亚科技、厦门倍杰特科技、中山美图、唐山伟达等龙头企业建立长期合作伙伴关系。

（吴有安）

【溧阳市盛翔新型建材有限公司】 是一家外资控股的股份制企业，主要生产各种规格、容重的岩棉板、岩棉条等保温材料。公司注册资本3000万元，占地面积95亩，有员工160人，其中，高级工程师2人、工程师5人、各类技术人才20余人。公司投资建设的岩棉生产线，由中材科技南京玻璃纤维研究设计院倾力打造而成，采用最新的技术及装备，共分二期建设，已达成年生产能力4万吨的生产规模。2017年，实现销售收入1亿元。

（许　峰）

【江苏国电新能源装备有限公司】 成立于2015年10月，注册资金6800万元，有员工700余人，位于上兴镇曹山路，水陆交通便利。公司主要从事光伏支架的生产和销售；输电线路铁塔、广播通信铁塔、导航塔、输变电钢管结构、铁附件、公用天线及钢结构的设计和制造；热浸镀锌；焊管、金属制品、浸塑制品的制造和销售；交通安全工程设施的制造、销售和施工；绿化工程、环保工程、钢结构工程的设计和施工；声屏障产品、钢结构桥梁的设计、制造和销售；有色金属销售等。2017年，实现销售收入8.1亿元。

公司与国内高校广泛建立产学研关系，与常州大学开展镀锌工艺研究，与合肥工业大学开展冷弯与焊管工艺研究，与武钢研究所开展材料结构研究，与南京大学开展纳米技术研究，与大连理工学院联合开发吸音降噪声、风屏障和防尘网项目，与多家电力设计院结合国内外先进技术开发太阳能支架、西格玛立柱产品等。公司充分利用科技信息，运用SWOT法进行综合分析，制定技术开发目标和计划。采取人才与项目对接、强化技术经济分析论证、项目专家组评估验收等措施，保障技术的先进性和实用性。2017年4月，365光伏电站网主办的“2017全球光伏20强排行榜”发布会在上海举行，公司凭借2016年度2908兆瓦的全球出货量，名列“2017中国光伏支架企业20强”榜单首位。

（许　峰）

【江苏铭丰电子材料科技有限公司】 成立于2013年，位于社渚镇工业集中区，占地95亩，建筑面积27710

平方米，注册资本2000万人民币，总资产2.5亿元。公司有职工346人，其中各类专业技术人员60余人，汇集一批具有20多年电解铜箔生产经验的技术与管理团队。公司主要从事电子铜箔及FR-4覆铜板的研发、生产和销售，产品主要应用于电脑、手机、消费电子业和大容量锂电池等领域。2017年，完成纳税销售3亿元。

在原有年产8000吨高档电子铜箔生产线和年产200万平方米FR-4覆铜板生产线的基础上，公司投资2.8亿元扩建1万吨级高档电子铜箔生产线并实现投产。公司采用国际上先进的生产工艺，控制机组均从日本、美国进口，产品质量达到美国ANSI/IPC-MF-150F（2009）标准要求。公司加强与国内高校的产学研合作，投入千万以上资金用于研发。公司已通过职业健康安全管理体系认证、质量管理体系认证和环境管理体系认证，获得国家高新技术企业、江苏省民营科技企业、江苏省研究生工作站、常州市工程技术研究中心、常州市企业技术中心和常州市工业设计中心等称号。

（陆　平）

【溧阳索尔维稀土新材料有限公司】 是比利时索尔维（SOLVAY）集团在全球投资规模较大的稀土电子与催化剂新材料生产企业，也是江苏省人民政府确定重点支持和培育的省稀土催化材料产业基地。公司于2000年8月合资组建，主要从事稀土相关产品（含稀土新材料）的开发、应用、生产与销售。

公司建有江苏省稀土电子与催化剂材料工程技术研究中心，积极发展下游、功能性材料产品，依托索尔维集团技术研发、创新优势，已经完成产品的结构调整，成功实现从上游分离产品向稀土应用新材料的转型升级。公司开发的用于汽车尾气净化处理的稀土催化材料、用于电子领域的稀土精密电子陶瓷材料等稀土应用产品得到众多知名跨国公司和国内高端客户的青睐。2017年，实现销售收入5亿元。

公司已通过ISO 14001：2004环境管理体系认证、ISO 9001：2008质量管理体系认证、ISO 50001：2011能源管理体系认证、清洁生产和安全生产标准化审核。企业的管理水平、产品质量档次、技术创新能力、信息技术应用、社会经济效益在国内稀土行业中处于领先地位。2017年，公司实现销售收入4.9亿元、利税8000万元、进出口总额3.2亿元；企业顺利通过“海关高级认证企业”复审，被评为常州市工业三星企业、溧阳市工业三星企业和溧阳市工业企业资源集约综合评价A类企业。

（黄　卿）

【冶建新材料股份有限公司】 成立于1988年，是一家长期专注于高端、特种、环保海洋防腐新材料的研发、生产、销售和服务的国家火炬计划重点高新技术企业。

公司为中国涂料工业协会常务理事单位，建有江苏省工程技术研究中心、江苏省企业技术中心、江苏省级博士后科研工作站，已通过最新的ISO 9001：2008质量体系、ISO 14001：2004环境体系和GB/T 28001-2001职业健康安全体系认证，获得CCS、GL、DNV、LR、BV、RINA、NK、KR八大船级社认可，通过IMO（国际海事组织）规定的PSPC实验。公司获得“江苏省高新技术企业”“江苏省创新型企业”“江苏省民营科技企业”“标准化良好行为企业”“中国石油化工优秀民营企业”“江苏省企业信用管理贯标企业”“全国重合同守信用企业”“国家新型涂料产业化基地重点骨干企业”“AAA级资信企业”“2014年度常州三星级明星工业企业”“中国涂料百年百强企业”等称号。2017年，公司通过“安全生产标准化二级企业”验收。

公司与清华大学、复旦大学、南京工业大学、中国涂料大学等众多知名大学的化工学院和知名教授建立长期合作关系。公司承担多项国防、省、市科研项目，拥有众多的专有技术和专利，其中国家授权发明专利15项、实用新型专利34项，拥有国家重点新产品3项、江苏省高新技术产品8项、江苏省科技进步奖3项、常州市科技进步奖3项，参与修制定国家、行业标准二十多项。公司攻克众多行业技术难题，产品质量居国际领先水平，形成安全环保型精益生产模式。“天虎”商标获得中国驰名商标称号，连续多年当选“中国最受欢迎十大防腐涂料品牌”。产品被认定为“江苏省名牌产品”，广泛应用于船舶、桥梁、重点工程、海洋工程、风电、石油化工、机车、钢结构等行业，销售覆盖全国各省、市、区200多家大中型企业。2017年，实现销售收入3.3亿元。

（黄　卿）

【江苏顺风光电电力有限公司】 是一家涉及硅片、太阳能电池片、电池组件的研发、生产、销售为一体的高新技术企业，是由顺风光电控股有限公司于2010年12月在天目湖工业园区注册成立的外商独资企业，注册资本2亿美元，占地150亩。母公司于2011年成功在香港主板上市，股票代码01165。

公司主要从事设计、制造太阳能电池组件、太阳能发电应用产品、太阳能户用发电系统、太阳能电站及其相关产品，销售自产产品及提供相关技术支持和售后服务。公司十分重视市场开发，积极参与各类展览会、研讨会，组建售后服务团队，以提高企业的知名度。2017年，实现销售收入2亿元、利税3000多万元。

（居　乾）

【溧阳市立方贵金属新材料有限公司】 是以白银为原料进行深加工的高新技术企业，成立于2007年，总投资5000万元，占地面积20亩，位于天目湖镇田家山工业园区。公司主要生产超纯银粉、超细银粉、片状银粉、球形银粉、光亮银粉、电子浆料等产品，广泛应用于电器、电子、粉末冶金、航天军工、太阳能光伏等行业。2012年，公司通过ISO 9001质量管理体系和ISO 14001 环境管理体系认证。公司与国内著名院校、科研单位和众多国际知名客户建立深层次的战略合作关系，2014 年5月被授予“江苏省企业研究生工作站”“江苏理工学院研究生实践基地”。公司研发中心拥有教授、博士和高级工程师5名，员工20余名。公司拥有多项国家发明专利，产品远销国内外。2017年，实现销售收入1.68亿元、利税2000多万元。

（居　乾）

【江苏顶塑实业有限公司】 是由香港悦天集团投资的外商独资企业，占地面积70亩，规划建筑面积3.7万平方米，总投资1.3亿元，注册资本1000万美元。公司专业致力于研发、制造和销售环保材料——热塑性弹性体TPE，拥有“Topolymer”和“TPETEX”国际注册品牌，产品主要应用于牙刷软胶、汽车密封条和医疗用品等领域。2017年，实现销售收入1.23亿元、利税2000多万元。

公司投资6000万元实施热塑弹性体技改项目，扩建厂房1.7万平方米，采用先进螺杆高分子组合工艺，包括高温、组合、造粒、干燥、包装等生产流程。项目厂房主体已完工，2017年5月开始试生产。项目建成达产后形成年产热塑弹性体1.6万吨的能力，预计实现销售2亿元、利税3000万元、利润2000万元。

（居　乾）

输变电设备制造业

【概　况】 2017年，溧阳市输变电产业在全市工业经济中继续保持着领先地位。输变电行业主要靠龙头规模企业带动发展，上上电缆集团的特种电缆和华朋集团的特种变压器等产品在国内外具有很大的知名度和很高的市场占有率，两大集团利税总额均在溧阳市位列前10。安靠智能于2017年2月成功登陆创业板，成为溧阳市首家A股上市公司，股票代码300617。

【江苏上上电缆集团】 创建于1967年，是中国率先进入世界线缆企业规模排名前十的国家重点高新技术企业，拥有国家认定企业技术中心、博士后科研工作站和江苏省特种电线电缆工程技术研究中心。2014年，获得首届“中国线缆行业最具竞争力企业”第一名。2015年，丁山华董事长被评为“2015中国十大经济年度人物”。2015～2016年，上上电缆连续两届获得“中国质量奖提名奖”。“上上”品牌当选为“中国机械工业最具影响力品牌”“中国电器工业卓越品牌”。上上电缆获评“装备中国功勋企业”“中国质量诚信企业”“中国出口质量安全示范企业”“国家技术创新示范企业”“中国工业示范单位”“全国守合同重信用企业”“全国质量管理先进企业”“全国卓越绩效模式先进企业”等称号。

上上50年间专注于电线电缆产品的研发、制造和服务，产品涉及新能源、输配电、海工及船舶、建筑工程、矿用、工业制造、轨道交通、机场等领域。产品为天安门城楼改造、北京奥运、上海世博、南京青奥、京沪高铁、核电工程等国家重点项目所选用，并出口美国、意大利、澳大利亚、新加坡、中国香港等80多个国家和地区。企业具备从220伏直至50万伏全系列电力电缆及各类特种电缆的生产能力，其中三代核电AP1000壳内电缆填补了世界核级电缆领域空白。一大批高技术含量的港口机械用卷筒电缆、柔性防火电缆、风能用耐扭电缆、光伏电缆、岸电电缆、轨道交通用特种电缆、新能源汽车用电缆等均已批量进入市场，成为公司新的增长点。2017年，实现销售收入139亿元。

近年间，CCTV新闻联播、焦点访谈、经济信息联播等央视黄金栏目均专题报道上上，《人民日报》《经济日报》、中新社、人民网、《光明日报》《中国质量报》等国家级媒体都在重要版面刊登上上报道，上上品牌影响力与日俱增。

（刘　创）

【江苏华鹏变压器有限公司】 是江苏华朋集团的核心企业，是国家定点生产电力变压器和特种变压器的专业制造企业，是常州地区纳税骨干企业，多年来在全国变压器行业十强企业排名中名列前茅。公司始建于1967年，占地29.84万平方米，资产总额51.4亿元，年生产能力12万兆千伏。公司产品品种从单一的S9系列10千伏级配电变压器，发展到电压等级750千伏，容量1500兆伏安，共12个类别、30个品种、80个系列、765种样本标准规格，实际品种达千种以上。2017年，实现销售收入31.41亿元。公司为国家重点高新技术企业、江苏省百家重点培育发展企业、中国机械工业企业核心竞争力100强企业、全国机械工业质量效益型企业、江苏省管理创新示范企业、江苏省两化融合示范企业，建有国家级企业技术中心、企业院士工作站、博士后科研工作站、博士后技术创新中心和江苏省高压智能变压器工程中心、国家地方联合工程研究中心，并率先在行业内建立完备的质量、环境和职业健康安全三大管理体系。2005～2014年，公司连续十年被评为“中国工业行业排头兵

上上电缆超高压智能生产车间　　（市经信局　供稿）

企业”；2009年，获得国内机械行业质量奖的最高奖项——全国机械工业质量奖；2014年，获得中国工业行业排头兵至尊大奖。

公司自主研发的500千伏级超高压电力变压器通过国家级鉴定，其性能水平达国际先进；自主研发的48脉波干式整流变压器技术为国际首创；风电、核电、光伏等新能源产品、220千伏、110千伏产品及干式变压器产品产销量均位居全国前列。产品不仅广泛应用于国内各大火电、水电、核电、风电、特高压、轨道交通、航空航天、石油化工、高层建筑等领域，并远销北美、南美、欧洲、东南亚、中东、非洲等50多个国家和地区。

（刘　创）

【江苏安靠智能输电工程科技股份有限公司】 为国内领先的超高压智能地下输电整体方案供应商，前身是江苏安靠超高压电缆附件有限公司，创建于2004年5月，注册资本为6667万元人民币。公司于2017年2月28日成功登陆创业板，成为溧阳市首家A股上市公司。

公司是国家重点高新技术企业和首批新标准认定的省高新技术企业，先后被认定为江苏省民营科技企业、江苏省创新型试点企业。公司是参与GB/T 22078.3—2008“额定电压500千伏（Um=550千伏）交联聚乙烯绝缘电力电缆附件”国家标准制定的唯一行业生产型企业，也是参与国家电网公司“高压电缆生产运行关键技术、课题”的唯一电网外企业。公司长期致力于超高压电缆输电线路关键技术设备——超高压电缆连接件的国产化研发和制造，逐步由关键技术解决发展为整体系统方案提供。2017年，实现销售收入2.87亿元、利税近亿元。

公司先后承担国家级火炬计划6项、省级火炬计划2项、科技型中小企业技术创新基金项目1项、江苏省重大科技成果转化项目1项、江苏省重点科技攻关项目1项、江苏省重点研发计划项目1项。超、特高压智能地下输电研究中心建设项目被纳入“2012年能源自主创新及重点产业振兴和技术改造（能源装备）项目中央预算内投资计划”。“安靠”牌电缆连接件获评江苏省名牌产品和江苏省著名商标。公司获得授权专利47项，其中发明专利9项，先后有35项产品被评为省级高新技术产品，5项产品被评为国家级重点新产品，27项产品被评为常州市高新技术产品。公司拥有江苏省电力电缆附件工程技术中心、省企业技术中心、省工业设计中心、江苏省智能地下输电工程中心、省博士后科研工作站等研发机构。

（居　乾）

【江苏山湖电缆有限公司】 为江苏省最大的电视电缆生产基地，创建于1984年，前身为江苏省溧阳市第一电缆厂，是全国光电线缆行业协会所属生产同轴射频电缆的江苏省高新技术企业，占地面积2.7万平方米，固定资产3500万元，有员工200余人，其中高级工程师、技术人员、专业人才占30%。公司凭借一流的引进设备、严格的质量管理和优质的售后服务，赢得国内众多广电网络公司的信任，电视电缆的国内市场占有率在全国同行业中名列前茅。公司拥有自营进出口权，产品出口美国、欧洲等发达国家和地区。2017年，实现销售收入5100万元。

公司利用世界银行贷款，从瑞士NOKIA—MAILLEFER公司引进世界先进的物理发泡绝缘电缆生产线，从美国HP公司引进HP8713B标量网络分析仪，从德国西门子公司引进氩弧焊铝管生产线，从英国DOMINO公司引进高精度自动喷码计数仪，主要生产SYWV（Y）—75系列物理发泡电视电缆（包括四屏蔽电缆）、SYWLY—75系列铝管外导体同轴电缆、SYWV(Y)—50系列物理发泡同轴电缆、SLDY—75系列移动通讯用泄漏电缆、SLDY—75系列移动通讯用自承式电缆及SYWKV—75系列工业监控电缆，年产量8万余公里。产品通过电子工业部广电部联合组织的专家鉴定和广电部有线电视台器材入网认定和“采标”验收，获国家级新产品称号、江苏省高新技术产品称号，于1998年通过ISO 9001质量保证体系认证和美国UL认证。

（滕　俊）

工程机械制造业

【概　况】 溧阳的工程机械制造业比较发达且处于扩张阶段，主导产品有汽车部件、风电设备、电梯设备以及农牧机械设备，该产业的龙头企业规模较大、数量较多。正昌集团是中国行业内第一家“中国驰名商标”企业，2017年实现产品销售收入11亿元。江苏富民新材料有限公司2017年实现销售收入9.4亿元。申芝电梯2017年实现销售收入7.57亿元。金源高端装备2017年实现销售6.1亿元。飞跃机电2017年实现销售6.7亿元。布勒（常州）机械有限公司建成亚太地区最大最高端谷物食品加工基地，2017年实现销售收入13.2亿元。钢锐精密2017年实现销售6.2亿元、利税1亿元，为永冠能源科技集团子公司中投资最高、规模最大的企业。鹏程钢结构2017年实现销售收入6.7亿元。二十八所在国内机动式应急通信指挥平台、车载复杂系统集成领域位列前3强，2017年实现销售收入6亿元。科华控股成功登陆A股，股票代码603161，2017年实现销售9亿元。

【江苏正昌集团有限公司】 是一家集饲料机械与工程、粮食加工装备与仓储、农牧饲料与油脂为一体的大型产业化集团。公司创建于1918年，占地400余亩，有员工1150余人，下属20个分支企业，海内外30多家服务机构。正昌集团是国家级“守合同重信用企业”、国家重点高新技术企业、全国模范劳动关系和谐企业，获得“亚洲名优品牌”“中国行业标志性品牌”等称号，产品通过出口欧洲CE认证和俄罗斯GOST—R认证；

正昌系列饲料机械和成套工程覆盖全国各省、市、自治区，业务遍及东南亚、中东、非洲、欧洲、大洋洲、南美洲等80多个国家和地区。为全国1万多家饲料企业中65%的企业提供了9000多台套制粒机装备，在国内外完成近3000座整厂工程，项目涉及饲料机械成套设备、牛羊饲料成套设备、秸秆再生能源成套设备、农副产品综合利用、整体养殖、繁育项目、禽肉食品加工、复混肥工程成套项目、垃圾处理环境工程项目等领域。公司已成为国内饲料机械行业的领军型企业。2017 年，实现销售收入 11 亿元。

正昌集团是粮食行业的大型粮食烘储保粮装备一体化的提供（解决）商，旨在提高粮食的储藏周期、确保粮食的纯天然无污染以及储粮设备、工程的安全性等。正昌粮食加工装备与仓储技术是国家粮食局科研院十一五新技术，获得国家科技进步奖一等奖。公司累计为粮食、港口、油脂、面粉、饲料、酿造、建材、化工、环保等行业的国内外 1800 多家用户设计了 2000 多套交钥匙仓储成套工程。

正昌集团设有农牧饲料、预混料（包括畜禽、水产系列预混料、猪料、鸡料、鸭料、鱼料等）培训中心，一方面为饲料企业提供现场实际操作技术培训，为饲料企业提供便利，创造价值；另一方面为公司科研人员研发饲料机械设备提供现场理论联系实际的机会，保证公司设计出来的产品品质优、效率高，真正为客户创造价值。

（刘　创）

【溧阳二十八所系统装备有限公司】 是中国电子科技集团公司第二十八研究所全资控股的高新技术企业，成立于 2003 年 10 月，有员工 300 余人，经过四次增资扩股，注册资本金达 10170 万元。公司已发展为机动式电子系统集成、方舱、专用车、房车制造的综合型科研生产企业。

公司占地面积 212 亩，建有设施齐全、条件一流、近 5 万平方米的现代化生产车间，拥有国内最先进的大板热压机、数控加工中心、数控转塔冲床，以及屏蔽测试系统、理化试验设备、淋雨系统、复合材料实验室等生产与保障设施，形成了完整、高效的生产及试验检测体系。具有日生产复合板材厢体 120 台，年生产集成各类方舱 2000 台（套）、复合板材车厢 5 万台（套）的能力。2017 年，实现销售收入 6 亿元。

公司建成江苏省专用车系统集成工程技术研究中心、常州市企业技术中心、江苏省工业设计中心、博士后工作站等，获得国家及国防发明专利 9 项及实用新型专利 48 项，拥有“中驰威”等自主品牌商标 2 项。公司已通过 GJB/9001B-2009 武器装备质量体系认证、ISO 14001：2004 环境管理体系、OHSAS 18001:1999 职业健康安全体系认证、应急指挥车“CCC”认证，拥有三级保密单位资质、武器装备科研生产许可、计算机信息系统集成三级资质、A 级纳税信用等级单位等资质，是国家级高新技术企业、江苏省市科技型企业、常州企业社会责任标准达标企业，是工业和信息化部“车辆生产企业及产品（第 185 批）公告”企业，拥有专用车改装资质。

（刘　创）

【江苏金源高端装备股份有限公司】 始建于 1997 年 5 月，坐落于江苏中关村科技产业园，多年来专注于高速重载齿轮的研发、生产、销售，产品主要涵盖电力、海洋工程、轨道交通、矿山机械等领域。公司占地面积 22.5 万余平方米，建筑面积 16 万平方米；设有 2 个厂区、8 个职能部门；拥有一支 430 余人技术力量雄厚的员工队伍，其中本科及以上学历 72 人，各类专业技术人才 135 人。

公司拥有各类生产设备 600 余台套，其中配有国内技术水平领先的 80MN 模锻压力机、数控操作机、智能化数控辗环机及其配套设备，拥有国际领先水平的程控式温控天然气炉窑台、智能化热处理炉台、各类大小锤锻设备，可生产 0.5 公斤至 20 吨产品，最大生产吨位 30 吨。公司年产锻件能力达 7 万吨，产品覆盖全国 20 多个省市，部分产品出口至荷兰、加拿大、美国、印度、日本、西班牙、德国等国际市场。产品质量稳定、可靠性高，受到国内外广大用户的一致好评，公司多次被客户授予“优秀供应商”和“最佳供应商”等称号。2017 年，实现销售收入 6.1 亿元。

公司建有江苏省企业技术中心、江苏省 3MW 及以上级风电精密齿坯工程中心、江苏省大型锻件成形与控制工程技术研究中心和获得 CNAS 认证的国家试验室（可完成金相、力学、探伤、化学分析）；与南京理工大学、江苏大学等国内知名院校合作建立博士后创新实践基地，培养企业需要的各种人才；通过自主研发开发十余项省高新技术产品，拥有 42 项授权专利技术，其中发明 35 项；完成国家火炬计划、科技成果转化等国家级、省级科技项目，并获得多个省市级科技奖项。

公司通过质量、环境、职业健康安全管理、能源管理、知识产权贯标体系、工业和信息化部两化融合管理体系、IRIS 国际轨道交通体系等多个体系认证；获得 CCS 风电准入认证，以及中国、韩国、挪威、法国、德国、美国、日本、意大利和英国九大船级社的认可，通过通用电气、博世力士乐、阿尔斯通、歌美飒、维斯塔斯、久益环球等国际知名企业的合格供方认证。

（刘　创）

【江苏保龙设备制造有限公司】 成立于 2010 年 4 月，是一家主要从事风力发电机组塔筒（塔架）的制作、安装和服务的专业生产厂家，注册资本 10200 万元，有员工 800 多人，其中，各类专业技术人员 180 余人，本部占地 260 多亩。公司是中国能源协会会员单位，拥有国内多家实体经济，已抢占华东、西南、东北地区的风力塔架制造市场，并辐射华北、西北等地区，已成为中国覆盖面积最大、制造能力最强的风塔制造商。公司始终坚持绿色发展战略与方向，推动中国绿色能源的扩大使用和可持续发展能力。2017 年，实现销售收入 2.6 亿元。公司配有各种机械加工设备和多种精、大、稀加工设备，以及科学准确、完备齐全的检测技术和手段，拥有先进的软硬件系统和辅助系统，具备专业设计、制作及安装大型非标设备的实力和适应各类用户要求的快速反应能力。

公司注重现代化企业管理工作，应用现代企业管理成功经验，多次被授予“重合同守信用企业”“私营企业二十强”“‘AAA’资信企业”“银行信得过单位”“江苏省名牌产品”“中国驰名商标”等称号，连年被评为国家级“高新技术企业”。公司坚持创新，综合技术力量雄厚，建立了完善的研究开发管理体系，历年来承担多项国家级、省级、市级项目，拥有一批核心自主知识产权，掌握多个技术诀窍，在行业内处于领头羊地位。

（刘　创）

【江苏冠宇机械设备制造有限公司】 成立于2004年11月，位于江苏中关村科技产业园，注册资金10560万元，总资产2.6亿元，是自动化输送生产线集成供应商，涉及汽车、烟草及家电行业。公司有员工400多人，科研人员近100人，大专及本科以上学历人员近一半，主要技术管理人员具有行业内知名国外公司工作经验。公司占地145亩，生产厂房10万平方米，办公生活用房2万平方米，职工宿舍、食堂酒店一应俱全。2012年，公司扩展海洋工程装备和智能立体车库等新兴业务，为企业的发展注入新的活力。公司以汽车焊接生产线和立体停车库为主导产品，占据市场的21.5%左右。主要客户涉及上海大众、上海通用、上汽、一汽大众、北京奔驰、沈阳宝马、长沙菲亚特、沃尔沃、德国西门子及奇瑞等国内外知名汽车厂商。公司历年信用等级均为AAA级。“冠宇牌”商标被评为常州市知名商标。2017年，实现销售收入4亿元，创造利税近5000万元，科技产品的转换率60%以上。

2010年10月，国务院明确将海洋工程装备、智能制造装备列为高端装备制造业的重点发展方向。2011年3月，国家发改委将智能焊接设备，激光焊接和切割、电子束焊接等高能束流焊割设备，搅拌摩擦、复合热源等焊接设备，数字化、大容量逆变焊接电源，归为第一类鼓励类项目，为公司的发展营造了良好的外部环境。公司努力拓展员工培训渠道，积极探索实践员工培训形式；支持走岗位成才之路，在工作实践中培养和造就人才，培养造就了一支优秀的科技队伍。公司成立以总经理为主任委员的技术委员会，专家委员会下设技术创新工作领导小组，加大对技术创新工作的投入，不断完善企业技术中心建设，提高技术创新人员待遇。

公司享有无梁柱式立体停车库、偏心转台、中心转台等30多项发明和实用新型专利。公司近2年投入1亿多元进行大规模技术改造和设备更新，先后引进龙门加工中心、CNC加工中心、CNC数控车床、数控冲床、数控折弯机、激光切割器、数控火焰切割机等十多台大型先进设备，引进国内外优秀企业的先进的生产工艺和生产技术，形成国内一流的机械生产自动化系统。冠宇注重品质的管理，强化经济责任制，把个人经济利益和产量、质量、设备保养、文明生产、安全生产、劳动纪律紧密挂钩，建立严格的质量监督体系、质量保证体系和安全监测监控体系，以保证产品质量和生产安全，公司的管理、技术、产品在行业内都达到了领先水平。

公司获得NGV颁布的“质量管理体系认证”证书，取得“特种设备制造A级许可证”“维修B级许可证”“机电设备安装二级”“钢结构工程三级”和“管道工程三级”资质，产品先后5次被“江苏产品质量监督保障中心”评为“江苏省优质产品”。企业2009年被评为“全国质量、安全、信誉AAA级优秀施工企业”，2011年被评为“江苏省诚信企业家”，2013年被评为江苏科技民营企业，2014年被评为国家级高新技术企业，多次被评为“江苏省质量管理先进施工单位”。

（刘　创）

【江苏立达电梯有限公司】 是集制造、安装、维修及改造为一体的现代化电梯专业企业，成立于2000年，坐落于江苏中关村科技产业园区，占地面积约8.5万平方米，建筑面积6.5万平方米，有员工320多名，其中高级职称6人，中级职称32人，技术人员90多人。公司主要生产乘客电梯、住宅电梯、观光电梯、医用电梯、家用电梯、载货电梯、杂物电梯及电梯配套部件等自主知识产权产品，产品质量从设计、制造到安装服务诸环节均严格受控。2017年，实现销售收入2亿元。

公司具有多年丰富的电梯制造和安装维保经验，是较早取得国家颁发的电梯制造、安装、改造、维修许可双A资质的企业之一，已通过ISO 9001质量管理体系认证、ISO 14001环境管理体系认证、OHSAS 18001职业健康安全管理体系认证、GB/T 29490企业知识产权管理规范体系和GB/T 23001两化融合管理体系认证，连续多年获AAA资信企业、A级纳税信用企业、银行信得过企业、省重合同守信用（AAA）企业、常州市名牌产品、江苏省四星级电梯维保质量单位、电梯维保质量考核优秀单位、江苏省民营科技企业、江苏省科技型中小企业等称号。公司注重企业的研发创新能力，是国家级高新技术企业，有独立的研发中心。技术中心被认定为“江苏省电梯关键部件工程技术研究中心”、江苏省企业技术中心。

公司拥有现代化的厂房和先进的制造装备，具有较强的机械制作加工能力，特别具有较强的钣金加工能力。公司具有板材柔性折弯生产线、数控激光切割机、数控高速冲床、数控折弯机、数控高精度剪板机、焊接机器人、自动涂装流水线、加工中心、数控车床等进口专业设备；拥有完备的检验、检测仪器设备，配备钣金零件视觉检测系统，能对钣金零件智能化快速检测。

公司是上海三菱电梯有限公司重要定点协作单位之一，并与奥的斯、日立、永大等知名品牌电梯公司建立长期合作关系。公司不断吸收消化知名电梯企业的先进管理和先进技术，通过遍及全国各地的销售和维保网络，为客户提供尽善尽美的产品服务。公司是常州市质监局为民办实事认定的96333网络（119、110联动）电梯救援溧阳地区唯一指定单位，提供24小时全天候紧急故障和意外事故处理的保障。

（刘　创）

【金纬机械溧阳有限公司】 是一家致力于新型材料成型设备研发、制造的高科技厂家，属国家战略新兴产业，是上海金纬公司的重要发展战略中心，坐落于江苏中关村科技产业园。公司总投资12亿元，注册资本2.5亿元，占地面积339亩，建筑面积14万平方米。公司在塑料挤出行业有着30多年的经验。对塑料挤出技术的深刻理解和出色的金属加工能力使其品质与众不同。专门成立金纬机械安装服务公司，对产品的质量和售后服务进行全方位的监控和管理，满足客户最严格的要求。

公司主要经营各类汽车内饰装修材料生产线、汽车管件生产线、塑料管道生产线（大口径PE/PVC双壁波纹管生产线、大口径PE/PVC实壁管生产线、PP-R/PEX/PE-RT冷热水管生产线、PA/PE/PVC单壁波纹管生产线）、各类塑料异型材生产线、各类塑料板材、片材生产线、化纤纺丝工程设计与制造、微电脑自动塑料中空成型机、塑料辅助回收（破碎、清洗、造粒）生产线、各种单螺杆／双螺杆挤出机及螺杆机筒、T型模具、换网器、辊筒、机械手等配套件以及智能制造软硬件的开发。2017年，实现销售收入2.75亿元，纳税2076万元。

公司拥有一支高素质的研发队伍和经验丰富的机械、电气调试工程师团队，以及先进的机械加工基地和规范的装配车间，先后从韩国、日本等国引进1000多台国际一流的多工位加工中心及数控车床、数控铣床等先进的高精度加工设备。公司已通过CE认证、ISO 9001：2008质量管理体系认证，全面推行“零缺陷”品质管理，加强对采购供应、生产工艺、质量检验、产品销售、资金安排、售后服务等环节的高效质控。

公司自主开发多项世界领先的关键核心技术，获得国家专利30余项，多项产品被评为国家重点新产品，“jwell”和“金海螺”品牌已成为中国塑料机械行业的著名品牌。公司在挤出领域的国内市场占有率遥遥领先，产品出口到埃及、俄罗斯、波兰、印度、土耳其、巴西、秘鲁、伊朗、罗马尼亚等20多个国家和地区。2008年起，公司派遣商务代表长驻埃及、印度及土耳其，进一步扩展海外市场。

（刘　创）

【江苏国粮仓储工程有限公司】 是国内最早从事粮食仓储工程的大型工程技术公司，为国内领先的具有仓储一体化及自动化控制等先进功能的大型烘储运保粮装备一体化方案的提供（解决）商。公司以正昌钢板仓储粮、保粮为核心技术，并吸纳了正昌输送设备和正昌干燥设备，主营业务为粮食烘干、仓储装备及工程。

公司有员工180人，其中科技人员30多人，注册资金8000万元，总资产3.1亿元。公司拥有干燥设备、钢板仓设备、港口装卸设备、电控自动化、工程工艺、工程土建、标准化7个设计组，科研实力位居同行业前茅。2017年，公司研发投入601万元（4.2%），研发新产品40项，其中4项获得省级高新技术产品等称号。公司已通过ISO 9001、OHSAS 18001、ISO 14001体系认证，申请专利30多项，授权专利22项，其中发明专利2项。公司采用ERP、OA、PDM、三维数字工厂设计平台等现代公司管理系统。2017年，实现销售收入1.4亿元，

公司专业从事物料的烘干、输送、仓储等技术的研究、开发、销售、服务和培训，掌握着钢板仓、拱形仓、房式仓及大中型输送设备、干燥设备、仓储一体化及自动化控制等最新技术，并填补多项国内空白，在全球范围内已完工的精品工程超5000余座。

2012年，具有世界先进水平的现代化生产研发基地在溧阳市建成并投入使用，占地142亩，新建厂房及办公配套设施建筑面积8万多平方米。基地具有行业内先进的工程研发中心，汇集来自全国各地的科研技术精英队伍，面向全球用户提供一流的产品、技术与服务；以环保、低耗、智能、低碳的理念引领粮食储运市场。

（刘　创）

【溧阳市四方不锈钢制品有限公司】 是专业从事不锈钢卫生流体设备研发与制造的高新技术企业，为中国卫生级流体产品制造的知名企业。公司成立于1995年，占地面积105亩，总资产2.2亿元，有员工500名。2009年，公司与瑞典阿法拉合资，总投资5000万元，注册资本2310万元。公司专注于卫生泵、阀门、管件的研发与制造，在卫生级流体产品领域不断进行专业化投资、研发、扩大生产规模。公司的生产规模、装备水平、专业化程度、市场占有率等均处于国内领先水平。2017年，实现销售收入3.1亿元。

公司生产各种卫生级产品，规格有DIN、3A、ISO、IDF、SMS、BS、DS、BPE等，具有卓越的性价比。LYSF品牌产品大批量出口到美国、欧洲等发达国家和地区。公司是国内外著名啤酒饮料及乳品企业的供应商，主要客户有华润啤酒、蒙牛、伊利、汇源等公司。

（李　丹）

【江苏羚羊机械有限公司】 为一家高新技术企业，专业生产立磨、选粉机、篦冷机、除尘器等产品。公司成立于2008年8月12日，注册资本2200万元，资产总额9003万元，先后获得“常州市民营科技企业”“江苏省民营科技企业”“银行信得过企业”等称号。2011年，公司通过ISO 9001国际质量体系认证。2013年，公司被认定为安全生产标准化三级企业。2017年，实现销售收入1.1亿元。

公司产品具有环保、高效节能低碳等功能，广泛应用于建材、冶金、电力、化工等行业。2011年，公司设立“粉煤体工程技术研究中心”，利用新技术改造传统产品性能，成效显著。公司长期为著名跨国企业莱歇研磨机械制造（上海）有限公司提供立磨、选粉机、热风炉等配套设备，并通过该公司出口到欧洲、北美、印度、韩国等国家和地区。公司还与江苏羚羊水泥工程技术有限公司合作研制具有国际领先水平的粉磨设备。

公司获得国家专利证书18项，取得技术诀窍5项，以自主知识产权为基础，核心竞争力得到快速提升。立磨、篦冷机、选粉机等产品均被评为常州市高新技术产品，其中篦冷机、

选粉机被评为江苏省高新技术产品。

（李 丹）

【江苏翔能科技发展有限公司】 成立于2012年5月，位于戴埠镇河西工业园，厂房面积2.3万平方米，总投资1.5亿元，主要从事专业化精密锻造生产。公司主要生产各种合金材料的环形件和自由锻件，产品广泛应用于冶金、矿山、风力发电、船舶、高速列车、石油化工、可再生能源、饲料机械及其他通用工程机械领域。2017年，实现销售收入1.1亿元。

公司已通过ISO 9001：2000质量管理体系认证、ISO 1400:2004环境管理体系认证和OHSAS 18001：2007职业健康安全管理体系认证，获得“高新技术企业”“江苏省科技型中小企业”“江苏省民营科技企业”“外国专家工作室”等称号。企业资信等级为AAA级。公司获江苏省高新技术产品认定2项、常州市高新技术产品认定4项；拥有授权发明专利2项、实用新型专利10项。

（袁子杰）

【溧阳市江南烘缸制造有限公司】 创建于1993年4月，是一家专业设计、研发、制造钢制焊接烘缸的企业，主要产品为钢制扬克烘缸、镀铬烘缸、夹套镀铬烘缸、光泽缸、高速导辊、纸机机架及非标设备等。公司注册资金3600万元，拥有标准化现代厂房面积4.6万平方米，起吊能力达200吨，拥有大型数控机床装备及加工中心。公司具有自营进出口权和国家质量监督检疫总局颁发的特种设备生产许可证D级资质（Ⅰ、Ⅱ类压力容器），并通过美国ASME“U”钢印认证和ISO 9001:2008质量管理体系认证。2017年，实现销售收入1.1亿元。

2006年起，公司与比利时考克利公司、奥地利安德里茨等多家欧洲知名企业于造纸机械行业开展长期合作。2014年，公司成功研发具有自主专利技术的钢制扬克缸，性能指标达到国际先进水平，并畅销国际市场。

（袁子杰）

【溧阳市山湖实业有限公司】 是一家生产机械设备及汽车内饰的国家级高新技术企业，创建于1986年，占地面积80多亩，注册资本5088万元，总资产1.5亿元，有员工320名，其中研发技术人员40名。公司主营业务为机械研发和制造、汽车顶篷PU复合板生产及采用机器人自动化生产线生产汽车内饰PHC产品。2017年，实现销售收入2亿元。

公司生产各种规格的变压器油箱、散热器，整套生产线设备年产能3500吨；各种型号皮带输送设备及非标钢结构制作，年产能6000吨；汽车顶棚PU板四条生产线年产能150万台套；SUV汽车后备胎盖板年产能60万台套。公司技术力量雄厚、生产设备齐全、引进先进的生产流水线、检测仪器先进。优质的产品、合理的价格、全方位的服务使公司产品远销全国各省市，深受广大客户的好评。

（吴有安）

【溧阳市盛杰机械有限公司】 前身为溧阳市上兴农具厂，2000年企业改制，2003年8月迁移至上兴工业园区，隶属常林工程机械集团成员企业。公司占地面积5.6万平方米，标准厂房4.5万平方米，有员工320人，注册资金2000万元。

公司为常林股份、现代江苏、北京现代、江苏柳工、天津柳工、玉柴重工、斗山山猫等国内知名工程机械制造企业配套生产装载机、挖掘机、压路机、平地机的零配件产品，主要产品有挖掘机大臂、小臂、上部支架、下部支架、推土版高压油管、油箱、销轴、轴套、履带支架、链轮、法兰、阀块、不锈钢管、主控阀支架、轴承等精加工件、结构件和钣金件。公司年生产能力为6万台套，部分产品通过现代集团出口到韩国本部。2017年，实现销售收入1.3亿元。

公司多次被评为银行信得过企业、优秀供应商、质量先进供方，2004年通过ISO 9001质量管理体系认证；2006年被认定为江苏省民营科技企业；2008年被评为溧阳市工会工作先进单位；2010年被认定为安全生产一级达标企业和A级纳税信用等级，通过ISO 14001：2004环境管理体系认证。

（许 峰）

【科华控股股份有限公司】 位于溧阳市竹箦镇余桥工业集中区，注册资本1.334亿元，股票代码603161，有两个厂区和一家全资子公司（溧阳市联华机械制造有限公司）。

公司专业生产汽车涡轮增压器零部件和液压泵阀、工程机械配件，是国家高新技术企业，先后被认定为“江苏省（科华）涡轮增压器部件工程技术研究中心”“江苏省企业技术中心”和“江苏省重点企业研发机构”，累计拥有国家授权专利67项，其中授权发明专利26项。

公司拥有国内一流的FCMX智能化铸造生产流水线、耐热钢铸件负压生产流水线，具有DISA、PV、STAMA等具备国内领先水平的智能化生产装备以及国际先进水平的检测、试验设备，产品客户有位于行业前列的霍尼韦尔、博格华纳、上海菱重、石川岛等国际知名企业，已成为汽车涡轮增压器零部件国际市场上最具有竞争力的供应商之一，产品出口北美、南美、欧洲、日本、韩国等地区。2017年，实现纳税销售9亿元。

（李柏之）

【溧阳市虹翔机械制造有限公司】 成立于1995年6月，注册资金503万元，占地面积10万平方米，建筑面积8万平方米，员工330人，资产2.2亿元。公司为国家高新技术企业、江苏省创新型企业、中国铸造协会和江苏省铸造协会成员企业，拥有江苏省汽车传动系统部件制造技术工程技术研究中心。企业通过IATF 16949：2016国际质量管理体系认证、GB/T 24001—2004环境质量管理体系、GB/T 28001—2001职业健康安全管理体系认证，是工业和信息化部首批确认通过《铸造行业准入条件企业》企业，江苏省环保厅认定“绿色企业”，被中国铸造协会评定为“中国绿色铸造试点企业”。

公司建成年产8万吨铸件生产

线，包括2条日本进口的国际先进的水平自动造型流水生产线和1条丹麦进口的国际先进的垂直无箱造型线。产品涵盖各类高低牌号的灰铸铁、球墨铸铁、奥贝球铁（ADI）材质的汽车零部件系列、农机传动箱体系列、工程机械零部件系列、新能源太阳能系列和各类皮带轮系列等。2017年实现纳税销售1.8亿元。

（李柏之）

【溧阳市万盛铸造有限公司】 创建于1999年，是生产铸造用覆膜砂及球墨铸铁件、灰铸件等精密铸造的国家高新技术企业。公司拥有日本新东FBO水平造型线、树脂砂造型线、万能材料试验机、德国OBLF光谱仪等先进设备，主要生产汽车零部件、高铁地铁配件、工程液压件、泵、阀、管道工具和高压电气开关铸件，产品出口美国、日本、意大利、德国等国家。2017年，实现纳税销售1.7亿元。

（李柏之）

【溧阳市联华机械制造有限公司】 成立于2007年，是科华控股股份有限公司的全资子公司，专业生产铸造材料（覆膜砂）和精密铸件。公司拥有国内领先水平的制造精密铸件、铸造材料的生产技术和工艺装备，还拥有直读光谱仪、布氏硬度机、液压万能材料试验机、高速七元素分析仪、三座标测量仪、粗糙度仪、轮廓仪等国内一流的产品检测设备。公司主要生产汽车增压器产品系列部件、汽车刹车缸体系列部件、机械液压系统系列部件等高技术产品，主要客户包括卡特彼勒、霍尼韦尔、博格华纳等世界知名企业，产品出口至美国、英国、德国、日本、加拿大、韩国等多个国家。2017年，实现纳税销售1.2亿元。

（李柏之）

【江苏建腾机械设备有限公司】 成立于2014年，厂房面积3.5万平方米，有机械、电气工程师50余人，制作、安装技术工人600余人。

公司主营机械夹具和建筑钢结构的设计、制作和安装，产品主要包括普通辊床输送线、焊装线高速辊床输送线、电动单轨小车（EMS）、摩擦线输送系统（FCS）、推板线输送系统、非标输送系统、钢结构以及电气自动化控制系统等。

公司先后为上汽大众、上汽通用、沈阳通用、沈阳宝马、长春一汽、北京奔驰、一汽大众、芜湖奇瑞等汽车品牌的车身车间、总装车间、油漆车间、动力总成设备提供制造、装配、安装及调试等方面的服务；与通用SGM公司、大众汽车有限公司、德国AFT、德国杜尔、德国爱达克和德国诺帮以及意大利柯马等外企建立友好的合作关系。2017年，实现纳税销售1.14亿元。

（李柏之）

【溧阳市金桥机械有限公司】 为铸件生产、机械加工的专业生产厂家，成立于1972年，2001年改制为民营企业。2013年，公司新建1.2万平方米铸造厂房，投资两条粘土砂生产线，扩建和改建自硬砂、覆膜砂生产线；新建4000平方米精加工车间。企业主要产品有钳体、支架类、球铁叶轮类、箱体、壳体类；产品范围涉及汽车配件、农机配件、工程机械、液压配件等；主要客户包括上海大众、上海通用、一汽等知名企业，产品远销北美、欧洲、东南亚等地。公司已通过TS 16949质量管理体系、ISO 14001环境管理体系、ISO 18001职业健康安全管理体系认证，是工业和信息化部确定的符合《铸造行业准入条件》公告企业。2017年，实现纳税销售1亿元。

（李柏之）

【溧阳市飞跃机电有限公司】 成立于1987年，注册资金1000万元人民币，主要从事电梯、风力发电机、轨道交通、纺织工业等领域的机械部件制造和加工。公司位于上黄镇科创园内，占地面积10万平方米，有员工850名，主要机械设备250多台套。2015年，公司新增用地60亩，投资15000万元，建设三幢现代化的标准厂房1.3万平方米，新投入4×12米大型数控龙门加工中心2台、160数控落地镗铣床1台、2.5米数控立车2台、焊接机器人作业流水线3套，达产后可增加年产值2亿元。2017年，实现销售收入6.68亿元。

（刘粪献）

【申芝电梯有限公司】 是一家集电梯设计、制造、安装、改造及维保的企业，具有电梯制造A级资质，2015年成功申报“江苏省著名商标”。公司占地5万多平方米，厂房面积4.5万平方米，有职工400余人，拥有数控激光切割机、数控多工位转塔冲床、数控剪板机、数控折弯机、数控加工中心加速度测试仪、限速器测试仪等一整套先进的制造加工设备及完善的检测仪器，具备乘客电梯、观光电梯、病床电梯、载货电梯、小机房电梯、无机房电梯、自动扶梯、自动人行道、杂物电梯等各类电梯的生产能力。2017年，公司生产电梯整机600多台套，实现销售收入7.57亿元。

（刘粪献）

【江苏华强模具科技有限公司】 成立于2010年5月，位于社渚镇工业集中区振兴大道1号，占地88亩，厂房面积3万平方米，研发试制场地4500平方米。公司专业从事设计、制造汽车模具和汽车冲压件生产，有员工300多人，其中大专以上技术人员120多人。公司分为工程设计中心、模具制造部、零件制造部三大版块，具备年产冲压模具3500T，冲压焊接件2500万件的生产能力。公司为上汽大众、上汽通用、一汽大众等国内知名汽车企业指定的模具供应商。2017年，实现产值1.95亿元。

公司高度重视技术研发投入，设立专项资金进行关键技术攻关和科技成果转化，每年研发投入不少于销售额的3%。公司成立时即组建技术研发中心，并成立多个技术团队，针对汽车覆盖件模具、铝制件精密冲压模具、车身冲压高速精密级进模具等进行技术攻关，完成国家级、省级、市级项目多个，多个产品被评为省、市高新技术产品，获得发明专利3项、实用新型专利6项。公司设有“江苏省数字化汽车模具工程技术中心”“常州市企业技术中心”“常州市工业设计中心”，与江苏大学开展产学研合作，设有江苏大学企业研究生工作站。公司于2013年被认定为“高新技术企业”，2016年11月通过复审。

（陆 平）

【江苏省社渚轴承有限公司】 始建于1971年，原名江苏省社渚轴承厂，隶属于江苏球星有限公司，专业从事圆锥、圆柱滚子轴承及其套圈、滚子、保持架零件制造，为国有中型企业。企业拥有锻造、车加工、热处理、磨加工、滚子、保持架、装配7个专业生产车间，在国内圆锥滚子轴承生产企业中排名第15位。公司占地面积14万平方米，生产厂房面积5万余平方米，从业人员700余人，其中工程技术人员130余人。公司具有40mm ≤ D ≤ 400mm公、英制系列圆锥滚子轴承年生产能力600万套，其中D ≥ 120mm年生产能力200万套。产品广泛应用于减速机、运输机械、工程机械、冶金机械、矿山机械、起重机械和农用机械等领域，产品国内市场占有率在5%以上。企业与青特集团、义和车桥、中联重科、盐拖、临工、国茂等知名企业建立稳定的配套合作关系。2017年，实现销售收入1.3亿元。

公司拥有常州市级技术中心和江苏省圆锥滚子轴承技术研究中心，采用三维CAD、CAPP等先进数字化设计技术，具有较强的轴承产品研发能力。公司拥有各类加工设备和检测仪器900余台套，按照“自动化、数控化、智能化”的技术发展改造方向，形成中频锻造、数控车削、可控气氛淬火、数控磨削、自动装配、超声波清洗等先进生产线，具有完备的生产、检测、试验、分析能力。公司致力于全国轴承行业“滚子轴承减振降噪”“轴承寿命与可靠性”等共性核心技术难题的研究与攻关并取得突破，能够批量生产Z1(V1)、Z2（V2）组圆锥滚子轴承，成功研发P6X、P5、P4级圆锥滚子轴承和汽车用长寿命、低噪音轴承，多个项目获全国轴承行业技术攻关成果奖和江苏省科技进步奖，多项技术获得国家专利，具有核心专利技术的圆锥滚子轴承获2009年度江苏省装备制造业专利新产品优秀奖，2014年生产的32218/P4级产品被评为国家重点新产品。公司已通过ISO 9001：2008、ISO/TS 16949：2009、CQC质量体系和职业健康安全管理体系、环境管理体系认证，具有稳定的质量保证能力。“球星牌”（QX）轴承获得“江苏省著名商标”“江苏省名牌产品”等称号，产品广泛为汽车、工程机械、船舶、农机、机床和通用机械领域的主机配套。

（陆 平）

【布勒（常州）机械有限公司】 始建于2004年4月，前身是私营企业江苏保龙农牧机械有限公司，2006年3月与瑞士布勒控股股份公司合资成立布勒（常州）机械有限公司（布勒公司控股80%），变更为中外合资企业，同年公司投资3.2亿元人民币新增用地232亩，新建厂房、办公楼等5万平方米建筑。2015年，布勒（中国）投资有限公司收购中方全部股份，公司变更为布勒公司100%的全外资企业（瑞士布勒占20%的股份，布勒（中国）投资公司占80%）。公司自成立以来，合同销售收入及利税连年增长；2005年实现销售3760万元、利税61万元；2007年实现销售突破1亿元、利税2383万元；2009年实现销售收入1.9亿元、3032万元；2017年实现产值近15亿元、利税近2亿元。公司连续多年跻身中国机械制造业产量及效益前10名。

公司主营业务为粮油机械、饲料机械、牧草机械、干燥机械、港口机械及工业电器控制柜等产品。公司拥有5个国家技术专利，在正大集团、希望集团等重要客户中树立了良好的声誉。公司技术力量雄厚，已完成第一批瑞士技术转让，可为客户提供贴心的技术服务，包括工厂和成套生产线规划设计，生产问题诊断、操作维修培训、配件供应和维修服务。公司于2008年获“国家高新技术企业”称号，2009年获得博士后科研工作站、江苏省外资研发中心称号；2012年获评省级工程技术研究所；2016年获评省级技术中心。

2015年，瑞士布勒调整全球战略投资，并购内资股份，加大对天目湖工业园的投资，正式启动“布勒（常州）粮食及食品加工成套设备项目”，总投资2.5亿美元，总占地面积537亩，其中一期总投资1.2亿美元，占地300亩，注册资本4000万美元，主要生产饲料机械、牧草机械、烘干机械、食品机械、港口机械以及饲料、牧草成套工程。产品主要用于粮食和饲料加工、港口运输等领域。项目一期新建建筑面积16.7万平方米，其中厂房14.4万平方米，办公楼2.3万平方米。项目投资2亿元购置数控激光切割机、数控车床、数控液压机、数控折弯机、多功能机械手、试验生产线等设备1300多台（套）。项目于2015年10月开工建设，2017年9月底投入生产。新项目不仅是一流加工生产线的综合性工厂，也是一座信息化与工业化融合、设有自主研发基地的智慧型工厂，更是集高效、清洁、节能、数字化、生态化于一体的花园式工厂，它的建成标志着布勒全球最大生产中心的落成和亚太地区最大最高端谷物食品加工基地的成立。

（居 乾）

【江苏鹏程钢结构有限公司】 成立于2001年，已有多年钢结构制作、安装历史。公司注册资金1.01亿元，总资产5.76亿元，有生产基地2个，占地17万平方米，生产厂房10万多平方米，钢结构生产流水线8条，配备国内较先进的生产设备，年生产轻重钢结构制品10万吨以上。公司有员工600多名，其中中高级技术人员87名、一级建造师12名、二级建造师15名、三级项目经理12名，其他中高级技术职称48名。2017年，实现销售收入近12亿元(含鹏程彩钢)。公司产品畅销华东地区，涉及钢铁、冶金、化工、电力、轻工以及民用建筑领域，参与建设青岛流亭机场、浙江长兴电铲厂、南京国际金融中心、无锡茂业城二期68层钢结构建筑工程、京沪高铁无锡火车站、安徽广电中心一期工程、赤道几内亚700套钢结构房屋、印度腾达电厂、广州亚运场馆、广州火车站、上海宏力电子公司、马钢、南钢、沙钢、华西钢厂、无锡雪丰钢厂、宁波建龙钢厂、江苏申特钢厂、昆山台塑南亚化工等企业的基建项目。南京国际金融中心53层超高层建筑获得上海市最高质量奖“金刚奖”，上海港务公司上海港外高桥港区六期供电照明及E-RTG供电工程获中国建筑金属结构协会颁发的2010年中国钢结构金奖（国家优质工程）。

公司是中国质量检验协会团体会员单位和中国建筑金属结构协会会员单位。公司重视掌握国内外钢结构行业的发展趋势，拥有一流的技术、先进的机械设备及完善的组织管理机构。2004年，公司通过GB/T 9001-2000质量管理体系和GB/T 28001-2001安全管理体系认证。企业先后获得“溧阳市先进私营企业”“常州市重合同守信用AAA企业”“全国质量信得过企业”“全国钢结构百强企业”“江苏省质量守信誉诚信施工单位”“江苏省明星企业”“江苏省百强企业”“江苏省钢结构十强企业”等称号。

（居　乾）

【江苏钢锐精密机械有限公司】 始建于2006年年底，2008年8月投产，主要从事大型风电零部件、火力发电零部件，水泥机械零部件、大型蝶阀及气涡轮机零部件等大型铸件的生产、加工和研发。公司总投资1.6亿美元，注册资本1.3亿美元，占地面积26万平方米，建筑面积11万平方米，有正式员工800多人。公司坐落于天目湖工业园区，隶属于永冠能源科技集团（集团于2012年4月在台湾证交所上市，股票代码：1589）。公司是集团子公司中投资最高、产业最多、规模最大的企业。近年来，公司成功并购2家企业，从2个厂区发展到4个厂区。

公司是中国铸造协会理事单位，已通过ISO 9001质量管理体系认证、ISO 14001环境管理体系认证、OHS 18000职业健康安全管理体系认证、船级社认证、江苏省能源审计认证和清洁生产审核，拥有专利近50项，获得“中国铸造行业百强企业”“江苏省两化融合示范企业”“江苏省企业技术中心”“高新技术企业”“CSA8000常州社会责任达标企业”“江苏省厂务公开民主管理先进单位”等称号。公司与美国、德国、意大利、法国、日本、韩国等20多个国家的著名企业保持着广泛的业务联系，产品深受国内外知名品牌企业的信赖。2017年，实现销售收入6.2亿元、利税1亿元 。

2017年4月，公司投资1.5亿元在天目湖工业园田家山分区扩建大型铸件生产线技改项目，新建厂房1.7万平方米，投资9000万元购置升降混砂机、振动落砂机、球化站、再生砂系统、行车等国产设备70多台套，项目竣工后可形成年产8万吨大型铸件的生产能力，预计2018年10月正式投产。

（居　乾）

【溧阳市力士汽车配件制造有限公司】 是江苏省定点生产汽车配件的重点企业，已有30多年的历史，产品质量具有国内一流设计技术水平。公司于2009年1月成为上海汽车集团股份有限公司B类件产品指定生产厂家；2011年11月，获得上海汽车集团股份有限公司“A级供应商证书”。十多年来，公司为南汽、上汽、一汽、江淮、扬子、长安、吉利等数十家车企配套生产汽车配件500多个品种。2017年，实现销售收入3.7亿元、利税8000多万元。

企业创建于1976年7月，2001年10月改制为股份制企业，有职工400多人，其中专业技术人员50多人，注册资金2000万元，总资产2.3亿元，占地面积53360平方米，建筑面积39550平方米，其中厂房建筑面积34520平方米。公司拥有精加工设备258台，其中大型、高精度设备62台；冲压设备计50余台；现代化的焊接机器人30多台。公司具有精良的检测仪器，其中三坐标测量仪1台、多元素分析仪2台。2017年11月，公司举行中信建设证券上市辅导签约仪式，围绕股改上市的各项工作正在逐步开展中。

（居　乾）

【溧阳中材重型机器有限公司】 为江苏省高新技术企业，是中国中材国际在长三角地区的重型水泥装备制造基地，主要生产破碎机、板喂机、堆取料机、辊压机、立磨、矿渣磨、回转窑、生活垃圾焚烧处理等环保节能设备。公司成立于2007年12月，占地面积325亩，建筑面积10.4万平方米，有员工528人。公司由上市企业中国中材国际工程有限公司与溧阳市重型机械厂有限公司共同出资成立，集中国中材国际在国内外水泥建设市场上的技术、研发、市场、品牌优势和以溧阳市重型机械厂有限公司强大的机加工能力等优势于一身。2016年年底，公司总经理吴建宏回购了中材国际的股份。

公司拥有8米立车、TJK6920数控镗铣床、GMC4×16米数控镗铣床、6.5×20米筒体车床等大中型机加工设备80台套，形成年产日产5000～10000吨新型水泥生产线装备6.93万吨的制造能力。公司生产的破碎机、板喂机为江苏省高新技术产品，产销量位居业内第一；堆取料机、辊压机、立磨、回转窑等产品拥有自主知识产权，市场占有率达20%以上，位居业内前三。2017年，实现销售收入2.7亿元、利税6000多万元。

（居　乾）

【江苏上齿集团有限公司】 是一家从事汽车、工程车螺旋锥齿轮和圆柱齿轮的专业单位，为中国齿轮专业协会常务理事单位、中国质量检验协会团体会员单位、中国汽车零部件企业信用指数样本企业和江苏省高新技术企业。公司占地面积200亩，建筑面积6.7万平方米，拥有美国格里森公司产的800G六轴联动数控磨齿机、250HC数控铣齿机和M & M3525齿轮测量中心等国内外先进技术装备近400台套，年生产齿轮300万套。2017年，实现销售收入1.7亿元、利税3000多万元。

公司致力于新产品开发的生产，开发生产的五十铃齿轮、亚细亚客车驱动桥齿轮和商务车齿轮先后被评为国家重点新产品和江苏省高新技术产品。公司产品覆盖重、中、轻、微等各种汽车车型和多种工程车车型，品种规格多达200多种，主导产品被多家主机厂评为免检产品。“上溧”牌汽车、工程车螺旋锥齿为国家免检产品和中国齿轮十佳名优品牌，具有较高的市场知名度。2015年，公司投资5000多万进行技术改造项目，引进瑞士的数控切齿机、齿轮测量中心、刀条磨刀机等先进齿轮加工设备。

（居 乾）

【常州富士电梯有限公司】 创建于2014年，位于别桥工业园，是中国大陆最大的富士电梯生产基地之一。公司占地面积126亩，总投资3亿元人民币，拥有现代化厂房4.6万平方米，现代化办公楼6000平方米，优质员工生活楼5000平方米。公司全套引进富士先进的电梯技术，是集设计、制造、销售、安装、维修、保养和改造于一体的专业化中外合作企业。公司主要生产变频变压变速的小机房和无机房乘客电梯、观光电梯、医用电梯、载货电梯以及自动扶梯和自动人行道，还可以根据用户需要提供各式非标电梯，年产电梯3000～5000台。

公司秉承安全、节能、优质的企业理念，按照电梯专业化、国际化的现代管理方式和ISO 9001质量管理体系要求运行。公司大量引进数控激光机、进口数控车床、进口折弯机、进口剪板机、大型喷粉线等国际领先设备，拥有86米高电梯试验塔一座。公司结合富士集团机电产品的综合制造能力优势，引进富士先进的模块结构电气部件并应用于电梯控制系统，使产品更加安全、可靠、环保。

（滕 俊）

【江苏富民新材料有限公司】 是一家以型材生产为主导的生产贸易型企业，成立于2011年7月，2012年5月投产，坐落于古渎北郊工业园中心路，固定资产投资达2亿元，占地10万平方米。公司主要从事汽车、船舶、机械、五金零部件相关产品的设计和铸造，铁合金、铸造材料加工及销售自产产品。公司采用先进的德国磨根技术工艺设备、金属机械成型机成型技术、飞剪等技术，年产能达80万吨。公司开发出各种规格槽钢、角钢、电力角钢、小角钢、扁钢、工字钢、小H钢等产品，广泛应用于造船、钢结构、电力、汽车大梁板、邮电通信、市政、公路桥梁、钢格板（栅）及车辆制造等领域。2017年，实现销售收入9.4亿元。

（滕 俊）

【江苏力乐汽车部件股份有限公司】 为国内规模最大的汽车座椅零部件生产企业，创建于1987年，前身为江苏省溧阳市汽车座椅调角器总厂，2011年12月改制为股份有限公司，注册资金8000万元，占地面积25万平方米，建筑面积10万平方米，有员工800多人，其中大专以上人员200多人。公司实行董事会领导下的总经理负责制，企业成立职工代表大会，搭建员工与管理层之间的沟通平台。2017年，实现销售收入2.4亿元。

公司主要生产汽车座椅调角器、滑轨、精冲件、骨架等汽车部件，其中座椅调角器、滑轨年生产能力为2000万套、精冲能力为3000万件、骨架为20万件。公司引进日本森铁工精冲压力机生产线4条、瑞士法因图尔精冲生产线2条、韩国自动盘簧生产线3条、BBH预抽真空渗碳热处理生产线3条，拥有专业热处理（网带炉）生产线4条、进口全自动弹簧机4组、焊接机器人30组、精密数控机床8台、自动装配生产线30条、专业实验室一个。公司具有较强的各种汽车调角器滑轨的开发制造能力，产品性能指标达到或超过国际先进水平。公司已成为一汽大众、奇瑞、哈飞、华晨、长城、北汽福田、比亚迪、东风、江淮、通用五菱、昌河铃木、东南三菱、双环等品牌的配套供应商。公司长期致力于满足顾客多样化的需求，调角器国内市场占有率在全国同行业中名列前茅，并远销北美、东欧、中东、南亚等地区。2010年，公司被中国汽车协会授予“中国汽车零部件（调角器）龙头企业”称号；“力乐”品牌被评为江苏省著名商标。2013年，“力乐”品牌通过江苏省著名商标的复审认定。

（滕 俊）

【江苏盈德机电设备制造有限公司】 主要从事机械设备、机械零部件及电气控制系统设备的研发、制造、销售和安装等业务。公司成立于2016年11月，坐落于北山工业园区，现代化厂区面积83.41亩，办公楼建筑面积3500平方米，厂房建筑面积3.6万平方米，注册资金1000万元人民币，固定资产原值5000万元，有员工168人，其中中高级技术人员100人。

公司投入1700多万元引进龙门加工中心、激光切割机、等离子切割机等先进的机械加工设备和检测设备，并投入大量资金进行技术升级。公司致力于为客户提供贴心的技术服务，已通过ISO 19001质量体系、ISO 24001环境管理体系、ISO 28001职业健康安全管理体系认证，部分员工取得国际认可的埃比埃斯不锈钢和Q345钢材的焊工资质。

公司加工生产各种设备零部件，并配套安装整台设备，主要客户有瑞士布勒集团、德国必诺、日本恩斯克、台湾盟立、上海博凯机械、上海ABB工程、安德里茨（中国）有限公司、萨伊感应设备（上海）有限公司、葆柯物流科技（上海）有限公司等知名企业。公司还具备自主进出口权限和资质，可直接进行对外贸易。2017年，实现销售收入5400万元。

（滕 俊）

生物医药和精细化工业

【概 况】 生物医药和精细化工业是技术含量较高，应用范围较广，有发展前途的产业。溧阳的生物医药和精细化工保持稳定增长，能生产生物医药产品、农用化工产品、化学试剂等多个大类几百个产品，其中有些产品的质量居国内领先水平。2017年联盟化学销售收入2.8亿元，兰天化工销售收入4亿元，维多股份销售收入3亿元，力强化工销售收入2.34亿元，碧玉谷化工销售收入2.7亿元。开磷瑞阳化工在新三板挂牌，股票代码870994，2017年实现销售收入4.13亿元。

【江苏维多股份有限公司】 成立于

2002年1月，是全球唯一一家同时拥有安赛蜜、阿斯巴甜两种高品质甜味剂的专业生产提供商。维多品牌创建于1995年，前身为北京维多化工有限责任公司，是国内最早生产高强度甜味剂安赛蜜的企业。公司一直致力于甜味剂领域的创新和改革，已发展成为集开发、生产、销售及技术支持为一体的食品配料专业生产提供商。

维多秉承“创造甜美生活、倡导健康理念、促进食品安全”的价值理念，致力于生物技术以及化工技术产品的研究、开发、生产及销售，涉及领域包括食品配料、氨基酸、维生素、营养品、医药中间体等。公司已在全球建立了完善的分销网络，成为雀巢、卡夫、吉百利、娃哈哈、汇源、乐百氏等知名品牌的供应商。2017年，实现销售收入3亿元。

“维多”商标被江苏省工商行政管理局认定为“江苏省著名商标”。公司已通过ISO 9001质量管理体系、ISO 22000食品安全管理体系认证、ISO 14001环境管理体系认证、阿斯巴甜HALAL证书等，先后被评为“国家火炬计划重点高新技术企业”“江苏省百家优秀科技成长型企业”“江苏省民营科技企业”“生态园林单位”“江苏省创新型企业”“江苏省高新技术（后备）企业”。

（刘　创）

【江苏迪赛诺制药有限公司】 成立于2006年，系上海创诺医药集团成员企业，由上海创诺制药有限公司和香港鹏系有限公司共同投资成立，为具有区域性品牌影响力的综合性制药企业。企业注册资金1000万美元，总投资逾3亿元。公司具有丰富的产品组合，拥有各类药品批文83个。生产许可涵盖小容量注射剂、粉针剂、片剂、硬胶囊剂、洗剂、酊剂、原料药、无菌原料药等，产品涉及心血管、皮肤科、抗感染等领域。2017年，实现销售收入2.1亿元。

上海创诺医药集团创建于1996年，总部位于上海张江高科技园区，在上海、江苏溧阳、江苏盐城、江苏南通、内蒙古赤峰和印度班加罗尔等地建有十余处生产基地和研发中心，其中，5家为省级高新技术企业，7家通过中国GMP认证，3家通过美国FDA认证。

（刘　创）

【江苏开磷瑞阳化工股份有限公司】 是贵州开磷控股（集团）有限责任公司国有控股的混合所有制企业，位于南渡镇强埠集镇，创建于2001年11月，占地面积110亩。公司是一家以多元醇研发生产为主体，向新型树脂涂料和相关产业链拓展的精细化工企业集团，是全国最大的多元醇制造商，也是国内唯一能够生产三季戊四醇的企业。2017年2月，公司在新三板挂牌，股票代码“870994”。

公司注册资本3.8亿元，总资产9.62亿元（含各分子公司），公司拥有江苏溧阳、内蒙赤峰、湖南衡阳3个主要生产基地，新材料产业设计研究院、卡帕瑞化学（上海）公司2个技术和市场服务平台。江苏溧阳生产基地有职工250名，其中研发技术人员35名。2017年，溧阳生产基地实现总产值4.13亿元、销售收入4.19亿元，其中出口销售收入2345万元、税收581万元。

公司是国家级高新技术企业、拥有博士后科研工作站、江苏省级工程技术研究中心，通过ISO 9001质量管理体系、ISO 14001环境管理体系及职业健康安全管理体系认证。公司具有年产工业季戊四醇12万吨、双季戊四醇5000吨、三羟甲基丙烷2万吨；光固化单体2万吨、光固化低聚物1万吨；涂料1万吨、树脂5000吨；水性聚氨酯5000吨；草酸亚铁4500吨的装置能力。公司以“诚信务实，知恩图报，团结协作，自强不息”作为核心价值观。“瑞阳”商标被评为中国驰名商标，产品质量达到国际先进水平，畅销全国及全球56个国家和地区。

（吴有安）

【溧阳兰天化工有限公司】 成立于1999年11月，坐落于旧县集镇，注册资本800万元，总资产1.08亿，有员工41名。生产基地于2004年迁移至宁夏回族自治区贺兰县。公司主营业务为生产及销售靛蓝产品，年产能达1.5万吨，产品主要应用于牛仔布的染色，具有强度好、经久耐磨、色光鲜艳等特点。公司已通过ISO 9001:2008质量体系认证。

公司采用先进技术生产高含量的靛蓝产品，产品深受中高端客户的认可，9成销往国外，主要销往日本、韩国、印度及东南亚国家，同时也出口至土耳其、巴西、德国等国家。2017年，实现销售收入4亿元、出口总额2.95亿元人民币。

（吴有安）

【江苏联盟化学有限公司】 是一家从事PVC稳定剂生产的知名龙头企业，创建于1991年1月，坐落于南渡镇江苏中关村新材料工业集中区，占地面积8万平方米。公司注册资本3200万元人民币，总资产5.6亿元，有员工255名，其中研发技术人员26名，具备年生产8万吨PVC稳定剂的能力，产品畅销全国20多个省市。2017年，实现产值2.8亿元、销售收入2.8亿元、税收1600万元。

公司广泛吸纳一批国内PVC稳定剂行业的精英加盟，拥有一支具备强大自主研发能力和超强售后服务能力的技术团队，建有完备的试验中心，配备包括BRABENDER流变仪等在内的各种先进的研发和检测设备。公司与中国科技大学、浙江大学、南京工业大学等科研机构建立长期的“产、学、研”合作关系，为公司的技术发展提供强有力的保障。公司建有常州市“高分子材料研发中心”平台，拥有专利22件，已通过ISO 9001：2003质量体系认证，被评为常州市安全生产标准化三级企业。产品自2012年起连续多年获得中国塑料加工协会塑料行业“十佳助剂”称号。

公司被中国塑料加工工业协会聘为副会长单位，被中国塑料加工协会异型材及门窗制品专委会聘为副理事长单位。公司董事长蒋全松2013年被中国塑料加工协会评为塑料行业“十佳风云人物”，2014年获常州市“五一劳动奖章”。公司先后获得农业部“全面质量管理达标企业”、“江苏省高新技术企业”“江苏省中小科技创新企业”“江苏省清洁文明生产企业”“江苏省民营科技企业”“江苏省著名商标”“江苏省2015—2016年度守合同、重信用企业”“常州市名牌产品”等称号。

（吴有安）

【江苏力强化工有限公司】 位于南渡镇强埠集镇化工集中区，其前身由原酚醛厂（1990年投产）、电玉粉厂（1992年投产）和甲醛厂（1994年投资）三厂合建而成，2001年改制为民营企业。公司注册资本1250万元，资产总额20027万元，净资产12686万元，占地面积21万平方米，建筑面积14万平方米，有职工人数219人，专职从事质量工作人员27人。公司具有甲醛10万吨、电玉粉（氨基模塑料）1.5万吨、密胺粉1万吨和酚醛树脂（酚醛模塑料）1.2万吨的年生产能力。2017年，实现产值2.5亿元、销售收入2.34亿元、税收450万元

公司技术力量雄厚，各类产品检测手段齐全，设备精良，主导产品均采用国家标准和国外先进标准，质量稳定，产品深受用户欢迎。公司年出口氨基模塑料及酚醛模塑料5000吨左右，国内市场占有率、覆盖率在同行业中名列前茅。2001年，公司生产的氨基模塑料、酚醛模塑料被评为省乡镇企业、省技术监督局名牌产品。公司多次被评为“全国百强化工企业”“全国乡镇化工先进企业”、常州市“文明单位”“明星企业”。2017年，公司通过ISO 9001:2015质量管理体系认证和ISO 14001：2015环境管理体系认证。

（吴有安）

【江苏碧玉谷化工有限公司】 创建于2012年5月，位于别桥镇北郊工业园中心路，注册资本4500万元人民币，占地面积108亩，有员工70人。公司主要从事环保型不饱和聚酯树脂和环保型增塑剂的生产、研发、销售和进出口业务。公司与多家常州化工公司零售商和代理商建立长期稳定的合作关系。2017年，实现销售收入2.7亿元。

公司具有自有核心技术，拥有化纤、PET、PTA残渣再生利用知识产权专利，研发不饱和聚酯树脂、增塑剂类新型复合材料，在长三角地区具有相当影响力。产品广泛应用于建筑材料（如人造石材等）、化工防腐、造船工业、工业电器材料、工业雕塑、国防工程等领域，在质量性能及环保方面具有传统产品不可比拟的优势，部分产品引领国内同类产品升级换代。

（滕　俊）

【溧阳巨神科技材料有限公司】 成立于2009年1月，位于别桥镇绸缪，注册资本3000万元，前身为溧阳市巨神化学品有限公司。公司主要生产硅橡胶结构控制剂系列产品及羧基丁苯胶乳系列产品，多数产品达到国内先进水平，部分产品达到国际先进水平。2017年，实现销售收入3700万元。公司按标准建立从中试到大生产、设备先进、配套齐全的生产车间；拥有完善的质量保证体系和健全的质量控制制度；拥有进口高压液相色谱、气相色谱等高效高灵敏度的分析仪器，对产品进行有效的分析和监控。公司具有一流的实验设备、良好的科研氛围，拥有一套完整的自主知识产权体系，与国内知名院校建立科研合作关系。公司以促进新能源的开发利用为宗旨，以市场开发、技术开发为主导，以ISO 9001为基础，为客户提供优质的产品和服务。

（滕　俊）

【溧阳市华邦高分子材料有限公司】 为专业生产环氧树脂、环氧树脂固化剂、环氧稀释剂和绝缘材料的江苏省“民营科技企业”，成立于1988年，位于别桥镇后周，注册资本220万元人民币。公司具有年产环氧3000吨、二甲苯甲醛树脂3600吨的能力，是全国最大的二甲苯甲醛树脂生产厂家。2017年，实现销售收入3000万元。

公司生产环氧树脂、酚醛环氧树脂、二甲苯甲醛树脂、邻苯二甲酸二辛酯（二辛酯）、邻苯二甲酸二异丁酯（异二丁酯）、塑料粒子（聚丙烯）、塑料制品、涂料（水溶性）、邻苯二甲酸、萘醌等产品，自营和代理各类商品及技术的进出口业务。公司具有雄厚的技术力量和完善的工艺流程，品种规格齐全，产品质量稳定，具有制造各种环氧树脂及绝缘材料的能力，已通过ISO 9001质量管理体系认证和ISO 14001环境管理体系认证。公司与多家树脂科研单位合作，研发高质量，高技术的产品，产品多次被中国科协评为“华东优秀科技产品”。

（滕　俊）

建材工业

【概　况】 建材工业是溧阳的传统产业，溧阳的建材工业以水泥为主，主要生产干法新型水泥及熟料。2017年，金峰水泥销售收入56亿元，扬子水泥销售收入6.8亿元，天山水泥销售收入4.6亿元。金峰集团是江苏省最大的水泥生产企业。

【江苏金峰水泥集团】 是江苏省最大的水泥生产企业，入围2017年中国民营企业五百强第236位，有员工5000多名，注册资本10.28亿元。公司创建于1980年，经过三十多年的市场拼搏，从一个名不见经传的小水泥厂华丽变身为拥有多家子公司，业务经营范围涉及水泥制造、矿山开采、金融服务、房产开发等多个领域的集团公司。2017年，实现销售收入56亿元。

公司拥有9条新型干法旋窑水泥熟料生产线（其中有8条5000吨/日的水泥熟料生产线）和3条年产200万吨的水泥粉磨生产线，年水泥生产规模达3000万吨。公司采用国家重点鼓励支持的新型干法旋窑水泥生产项目，生产技术装备领先，工艺先进。公司响应国家相关行业政策和要求，发展循环经济节能减排，对所有生产线均配套建设纯低温余热发电，全年总发电量达5.5亿度；借鉴其他水泥企业的成功经验，积极探索水泥窑协同处置生活垃圾、污泥等的有效途径。

2006年12月，金峰水泥集团被

国家发改委、国土资源部和中国人民银行三部委列入全国60家重点支持水泥工业结构调整大型企业（集团）名单，并于同年被江苏省经贸委列为全省101家重点培育发展企业。2013年被省政府苏政发〔2013〕162号文件列入积极引导实施兼并重组的重点支持、鼓励发展企业集团名单。

公司生产的“金峰”牌普通硅酸盐水泥产品，1994年通过国家产品质量认证；2003年通过国家GB/T 19000产品质量认证验收；2004年通过国家GB/T 19001-2000，idtISO 9001:2000企业质量管理体系认证和ISO 14001环境管理体系认证，获得国家质检总局颁发的“产品质量免检证书”，被评为“江苏名牌”产品。公司为溧阳市纳税超亿元企业，连续多年被评为全国私营企业纳税百强企业和江苏省私营企业纳税大户。公司先后被授予“中国民营企业500强”“江苏省建材行业优秀企业”“重合同、守信用企业”“常州市五星级企业”“常州市文明单位”“十佳企业”“常州市明星企业”“常州市名牌产品”“常州市工商行政免检企业”“常州市技改投入前十名”“诚信纳税户”“AAA级信用企业”“银行同业会信得过企业”等称号。

（陆　平）

【溧阳天山水泥有限公司】 是江苏天山水泥集团有限公司的子公司，有员工237人，其中具有高、中级技术职称的专业技术人员近40人，大中专院校毕业生116人。江苏天山水泥集团有限公司是一家专业从事水泥、商品混凝土生产销售和房地产开发经营的大型建材企业集团，集团以水泥为主业、全面形成水泥、商品混凝土、房地产、矿山、管桩共同发展的良性产业链发展模式，具备年产水泥400万吨、年产商品混凝土200万方、年开发房地产竣工面积10万平方米的经营规模，年销售收入达20亿元。

公司拥有科学完善的经营机制和管理体系，坚持以水泥熟料生产、环保节能和技术创新发展“三项并举、整体推进”的发展战略，连续多年被溧阳市税务局评为纳税大户，先后获得常州市星级企业、AAA级纳税诚信企业、AAA级银行信用企业、溧阳市级先进企业等称号。2017年，实现销售收入4.6亿元。

（许　峰）

【江苏兴源矿业有限公司】 专业生产高速公路、桥梁、国家一级公路及市政建设道路路面玄武岩集料，是江苏省高等级公路建设最大的沥青面层材料生产基地。公司成立于2010年11月，位于上兴镇上沛老虎山，矿质资源丰富，集料优良，紧邻104国道、宁杭高速，与高铁擦肩而过，紧靠大运河，水陆交通十分便利。公司拥有一流的专业管理团队和技术骨干，有员工260人，其中中高级管理人才50人。

公司为专业化、环保化的玄武岩集料生产龙头企业，设备总投入超过8000万元，操作系统引进国外最先进的西门子S7-300PIC自动化程序远程控制技术，年生产能力达500万吨。公司配备先进的产品分析检测设备，建立完整的产品质量监测体系，生产的玄武岩沥青路面集料通过江苏省高速公路指挥部入围资格，各项技术指标均达到国内同行业领先水平。2017年，实现销售收入1.9亿元。

（许　峰）

【溧阳市濑江防火门有限公司】 成立于1991年，是公安部消防局定点生产防火门系列产品的专业企业，紧临扬溧高速、宁杭高速和104宁杭国道，交通便捷。公司占地面积4万多平方米，建筑面积3万多平方米，设有两个厂区，新厂区于2011年10月投入生产，有员工320人，其中高级工程师2人，助理工程师15人。

公司致力于提高产品的生产质量，有独立的研发部门和质检部门，2000年通过ISO 9001质量管理体系认证。公司不断加大先进产品设备投入，拥有3条自动化防火门生产线。主要产品有MFM木质防火门系列；高档豪华全木质防火门、豪华木质套装门系列；FXB型透明防火玻璃系列；GFJ钢质防火门、钢质防火进户门、钢质防火卷帘系列、防盗门、无机复合卷帘门等。所有系列消防产品均获得公安部消防局颁发的生产许可证，各项指标均达国家标准。公司已与江苏新城房产、中海地产、恒大地产，华润置地、金地集团等大型房产公司建立了长期的协作关系。2017年，实现销售收入7000万元。

（芮玉娇）

【江苏扬子水泥有限公司】 始建于1985年，拥有2条日产2500吨新型干法水泥熟料生产线暨纯低温余热发电，固定资产总额6亿元，占地面积45万平方米，在职员工600多人，其中，中、高级职称的技术人员88人。公司建立完善的管理体系，已通过“产品质量认证”“质量管理体系认证”和“环境管理体系认证”；产品获得“产品质量国家免检”“江苏省名牌产品”等称号。公司被农业部授予“全面质量管理达标企业”称号；被江苏省人民政府命名为“重合同、守信用企业”“江苏省建材行业优秀企业”“常州市明星企业”；连续十年被常州市人民政府评为“重合同、守信用企业”“常州市文明单位”。2017年，实现销售收入6.83亿元。

（刘龚献）

【江苏华冶钙业有限公司】 前身为溧阳市茅山石灰厂，成立于2002年10月，主要生产冶金石灰与建筑石灰，是江苏省最大的石灰生产企业。公司位于周城集镇北面，紧靠芜太运河，交通十分便捷。2017年，实现纳税销售2亿元，被评为“突出贡献企业”。

公司分二期建设计120万吨／年活性氧化钙6条生产线，一期投资9000万元，占地18.5亩，采用国内最新研制开发的LM系列固燃自控竖式600型（600吨／日产）生产线4条，可年产60万吨高活性炭氧化钙。生产线采用高品质无烟颗粒煤为燃料，实现全机械化，应用DCS集散型自动控制技术，仅需生产技术工人30名，工程技术人员15名。生产线具有节能环保、氧化钙活性的可控性好、可根据不同行业对氧化钙活性的要求组织生产、不易产生死烧氧化钙等特点。

公司在选料和生产过程中严格按照ISO 9001标准要求进行质量管理，专业化验室24小时监测石灰质量，现场及售后服务接通知后6小时到达现场。产品色泽洁白，产浆量高，含钙量达到国家和行业优等品标准，广泛用于轻质碳酸钙、钢铁、热发电、造纸、化工、塑料、橡胶、建筑等行业，常年供应沙钢、宝钢、太仓国华电厂、南京金浦锦湖（中韩合资企业）等知名企业，销售覆盖本地及常州、镇江、苏州、南通、上海等市，在市场上享有较高的声誉。

（陆　平）

【江苏溧阳南方水泥有限公司】 原名溧阳市汉生特种水泥有限公司，现隶属于央企中国建材集团（CNBM）旗下的南方水泥，由上海南方水泥有限公司100%控股，总资产12.1亿元，在职员工120人，其中技术人员20余名。2017年，完成纳税销售1.8亿元。

公司拥有一条4500吨/D新型干法水泥熟料线，5台水泥磨机（其中2台带辊压机），年生产规模可达400万吨。公司已通过ISO 9002质量管理体系认证和ISO 14001环境管理体系认证。主导产品“苏特”牌（江苏省著名商标，现更名为“南方”牌）系列硅酸盐水泥为国内名牌产品，是国家级水泥免检产品，被广泛用于国家重点工程，销售网络覆盖华东地区。2010年，公司中标杭宁高速铁路工程，成为杭宁高速铁路工程水泥的主要供应商。

公司坚持中国建材“善用资源、服务建设”的核心价值观，秉承南方水泥“创新、绩效、和谐、责任”的企业文化，技术力量雄厚、自动化程度高、质量控制可靠、经济技术指标先进、环保设施齐全，通过国家安全标准化一级验收，清洁生产处于行业内领先水平。

（陆　平）

【溧阳市万兴特种建材有限公司】 成立于2004年4月，为天舜集团的下属分公司，主要从事预应力钢绞线、预应力钢丝线、预埋件、高速铁路轨道板钢丝的生产和销售。公司占地15万平方米，建筑面积6万余平方米，有员工200余人，其中专业技术人员45人，高级工程师5名。2017年，实现销售收入4亿元。

公司产品广泛应用于铁路、桥梁、电力、高层建筑等行业，被上海磁悬浮列车运营线建设工程，秦沈高速铁路工程、青藏铁路建设工程、深圳湾公路大桥、京沪高速铁路、郑西客运专线、哈大客运专线等多项国家重点工程采用。近年来，公司在全国高速铁路工程建设领域的年订货金额均达数亿元。2013年，公司生产的预应力混凝土用钢绞线被评为常州市“名牌产品”，生产的实用速接架被江苏省科技厅认定为“高新技术产品”。公司为常州大学、上海交通大学“产学研”合作基地，每年的研发金额超1100万元。

（滕　俊）

食品加工和制造业

【概　况】 溧阳的食品加工和制造业以天目湖啤酒为龙头，拥有以天目湖啤酒为主的酒类系列产品，以果蔬原汁、矿泉水、植物蛋白饮料为主的饮料系列产品，以畜禽水产深加工为主的香肠、羊肉火锅、天目湖鱼头、风鹅、青虾等生熟制品。2017年，天目湖啤酒实现销售收入3.2亿元。

【嘉士伯天目湖啤酒（江苏）有限公司】 是全球知名的国际啤酒公司嘉士伯的全资子公司，为全国百家绿色食品示范企业，也是江苏唯一的绿色食品（啤酒）生产基地。公司创建于1986年，创立以来，一直坚守绿色、自然、活力、环保的发展理念，拥有广泛的品牌知名度和良好的品牌忠诚度。公司生产的纯生啤酒、无醇啤酒、易拉罐啤酒、全麦芽啤酒、原汁麦啤酒、低醇啤酒受到市场的广泛欢迎。2017年，实现销售收入3.2亿元。

2011年，重啤集团在重庆市国资委、重庆轻纺控股集团的大力支持下，构建全新的发展战略，天目湖啤酒品牌成为重啤集团在华东市场的主推品牌。公司与国内著名科研院校合作，建成江苏省啤酒行业唯一的省级技术研发中心，主导绿色食品（啤酒）的开发。研发中心由中国啤酒顶级专家、中国酿酒协会啤酒分会常务理事、江南大学生物工程学院顾国贤教授领衔，拥有专业技术人才10多位，首创科研院所、企业、市场三级互动的技术创新机制。公司自2014年加入嘉士伯啤酒集团以后，引入高新技术和管理模式，对产品进行全面升级，加工生产的国际品牌乐堡啤酒实现3年连续高速增长，天目湖3/6/9全新系列销量不断增长，得到了广大消费者的青睐。

（李　丹）

金属冶炼和加工业

【概　况】 金属冶炼和加工业是溧阳的主要产业，占全市工业企业销售收入的比重超过20%。2017年，申特钢铁销售收入123亿元，国强镀锌销售收入99亿元，瑞昕金属销售收入22.6亿元，宏豪制钢销售收入12亿元。

【江苏申特钢铁有限公司】 是一家集烧结、炼铁、炼钢、轧钢、制氧、发电为一体的钢铁联合企业，总资产100多亿元。公司有员工3000余人，其中各类技术人才和专业人员占30%以上，总占地面积150万平方米，建筑面积40万平方米，建有年吞能力达1000万吨级的厂区码头和能力可达60万吨的仓储基地，溧金河水路连通长江，水陆运输方便快捷，厂区环境优美，道路布局合理，配套设施一应俱全。

科学合理的产业布局，方便快捷的物流配送，严谨高效的管理团队以及和谐奋进的人文环境，培育了企业强劲的核心竞争力。公司连续六年被常州市政府评为“五星企业”“特殊贡献企业”“文明单位标兵”，多次被评为“质量信用守信企业”“产品质量国际信用AAA级企业”。企业先后通过ISO 9001质量体系认证、ISO 14000环境体系认证、GB/T 23331能源管理体系认证、GB/T 28001职业健康安全管理体系认证、清洁生产审核。2009年公司成为江苏省330家重点工业企业之一，2010年被评为“江苏省节能先进企业”，2012年9月成为江苏省高强钢筋示范企业之一，2013年位列中国企业五百强第288位、中国制造业第144位、中国民营企业500强第59位、中国民营企业500强制造业第40位，2013年4月成为工业和信息化部公告的首批符合《钢铁行业规范条件》之一。2017年，实现销售收入123亿元。

公司坚持绿色低碳发展理念，积极履行节能环保社会责任，着力于发展节能节排和能源综合利用，实现工业污水零排放；转炉污泥、钢渣100%回收利用。将溧阳二污厂中水处理后用于工艺用水，日处理量4万吨，将整个城市污水全部用于工艺补充水，在国内尚属首家。建设高炉TRT压差发电、烧结环冷发电、转炉蒸气发电项目，年发电量近6亿千瓦时。公司的资源利用效率和污染物的排放等指标达到国内冶金行业先进水平，在赢得社会效应的同时，也获得了可观的经济效益。

公司主要产品有40Mn、45Mn钢坯、圆管坯，规格150×150 ～ 220×220；HRB400\HRB400E、HRB500\HRB500E螺纹钢及线材，规格Φ6—Φ40；HPB300光圆钢筋，规格Φ6—Φ22。产品以其稳定的性能和优良的品质广泛应用于上海虹桥枢纽、崇启大桥、无锡地铁、重庆涪陵—丰都—石柱高速、中船长兴造船基地等国家重点工程。400MPa及500Mpa高强度螺纹钢属国家重点鼓励和推广产品，已通过中国香港、迪拜等地区产品的质量认证，畅销国内外。注册商标“申特”牌螺纹钢连续两年被中国质量监督管理学会等权威部门推荐为“中国同行业最具影响力品牌”，获得“江苏省著名商标”和“产品实物金杯奖”称号，同时成为上海期货交易所交割品牌。

（刘　创）

【溧阳市金昆锻压有限公司】 成立于1996年2月，是一家从事各类金属材料的锻造、热处理和机械加工的民营企业，已成为全球知名锻件和机械配件供应商。公司占地8万平方米，有员工300余人，其中中高级工程师20余人，各类研发人员50余人，注册资本8000万元，固定资产8648万元，年产各类金属材料锻件3万多吨。产品主要涉及风力发电、轨道交通、船舶制造、压力容器制造、饲料机械、矿山机械、冶金机械、石油机械等多个行业领域，远销德国、意大利、俄罗斯、美国、新加坡、日本、韩国、中国台湾等十几个国家和地区。2017年，实现销售收入2.4亿元

公司拥有电液锤、天然气加热炉、多用热处理炉、数控车床、数控加工中心等各类生产设备300余台套，并配备有可完成金相、力学、探伤、化学元素分析的检测中心，各类硬度计、研究级金相显微镜、直读光谱仪、氢氧氮元素分析仪等各类检测设备齐全，确保产品质量优异、性能稳定，并准备申报CNAS国家实验室认证。

公司通过ISO 9001国际质量管理体系认证，GB/T 29490知识产权管理体系认证，获得美国（ABS）、挪威－德国（DNV-GL）、英国（LR）、法国（BV）、意大利（RINA）、日本（NK）、韩国（KR）、中国（CCS）八大船级社认证，PED欧盟承压设备指令认证，TSG中国特种设备制造（压力管道元件）许可证（A+B），API美国石油协会认证，采用用友U8 ERP 企业资源计划软件作为日常生产流程管理工具。

2015年，“饲料机械压辊锻件”被评为常州市名牌产品，“HXD1D机车动力系统从动齿轮锻坯”获得江苏省高新技术产品称号；2016年，“风力发电齿轮锻件”“轨道交通机车专用锻件”获得江苏省高新技术产品称号。2015年，公司被认定为国家高新技术企业。2016年，常州市企业技术中心、常州市新能源锻件成形与控制工程技术研究中心、常州市外国专家工作站、江苏省硕士研究生工作站通过认定。公司有实用新型专利授权16项，已申请并在实质审查中的发明专利8项。公司陆续获得“江苏省民营科技企业”“劳动保障诚信企业”“科技进步企业”等称号。公司信息化应用成效显著，2012年被省经信委认定为“江苏省两化融合试点企业”，2017年被省经信委认定为“江苏省两化融合贯标试点企业”。

（刘　创）

【重庆顺博合金江苏有限公司】 是一家专业从事再生铝合金生产的企业，占地面积177亩，建筑面积12.6万平方米，项目总投资10亿元，年产约30万吨，年销售可达45亿元。公司新建物资、分选、生产和成品车间，拥有先进的生产设备和雄厚的专业技术力量。产品铝合金锭经权威机构检测，满足国内国际标准以及行业标准，销往国内各大知名汽车、摩托车行业配套厂家以及电子产品配件等领域。

公司充分关注和保障生产安全，建立一系列健全的安全保障措施，落实以人为本的办厂理念。公司高标准执行国家环保要求，建立各类排放在线监测和视频监控系统，市环保局可随时随地监控企业生产过程。生产熔炼过程产生的铝渣灰等属于一般固废，由专业资质公司进行回收。

（刘　创）

【江苏振达钢铁有限公司】 创建于1984年4月，有员工350余人，各种专业技术人员80多人，占地面积8万平方米，建筑面积3.5万平方米，拥有炼钢生产线一条，轧钢生产线二条，固定资产2.5亿元。公司主要产品为HRB400钢筋混凝土用热轧带肋钢筋。

公司炼钢车间有40 T电炉4套，日产钢坯2500余吨，年生产能力达65万吨。轧钢车间有Φ530×3/Φ450×2/Φ400×4/Φ350×12全连轧生产线和Φ550×1/Φ430×4/Φ280×12半连轧生产线各一套，年产Φ12 ～ Φ20棒材60万吨。

公司已通过ISO 9000质量管理认证，于2013年取得国家质量监督总局颁发的高强度热轧带肋钢筋（HRB400）生产许可证，证号XKO5—001—00141，有效期至2018年5月。

（李　丹）

【常州亚泰焊材有限公司】 成立于

2004年，位于埭头工业园区，占地4.5万平方米，有员工100多名。公司是中国焊接协会理事单位，拥有直进式粗拉生产线4条，精拉生产线8条，年产能达2万吨各类焊丝，主要产品有ER50-6气保焊丝、ER49-1气保焊丝、H08A埋弧焊丝、H10Mn2埋弧焊丝、TIG.-50氩弧焊丝和YT-ER04机器人专用焊丝，亚钛尔牌焊丝获得常州市名牌产品称号。2017年，实现销售收入1.4亿元。

公司致力于设备的技改和投入，提高产品质量，开发新品种，满足客户的个性需求，形成气体保护焊丝、埋弧焊丝、氩弧焊丝、机器人专用焊丝四大系列15个品种35个规格产品，广泛应用于船舶制造、冶金机械制造、钢结构制作安装、电力设备生产、矿山设备制造、机车车辆生产和压力容器生产等领域。产品因焊接强度高、飞溅小、性能稳定等特点而畅销海内外。公司先后投资1500多万元，增加3条药芯焊丝生产线，加大对特种焊材的研发和推广力度，先后有十多个产品不断推向市场，市场效益良好。

公司已通过ISO 9001：2008质量管理体系认证，中国船级社认证和挪威船级社认证。企业先后被评为“江苏省民营科技企业”“江苏省质量信用A级企业”“常州市和谐文化建设示范单位”“常州市企业文化职工文化建设先进单位”“溧阳市模范职工之家”。

（李　丹）

【江苏鸿开有色金属有限公司】 创立于2011年，位于戴埠镇，总投资12亿元人民币，占地300多亩，拥有厂房8万平方米，办公及配套1.5万平方米。公司采用国产连铸连轧和德国尼霍夫大拉机、多头多拉、电解镀锡等生产线，形成年产27万吨低氧光亮铜杆及3万吨各类铜绞线加工生产能力。产品主要应用于高铁、核电以及船舶和信息工程领域，辐射江浙沪地区电缆企业。2017年，实现销售收入8亿元。

（袁子杰）

【江苏冶建锌业有限公司】 创建于2007年，是一家集生产、加工、销售于一体的高新技术企业，经营范围包括锌粉生产，生产加工锌锭、锌制品等，产品广泛应用于化工、医药、染料、冶金、立德粉、保险粉、涂料、电池、农药等行业。公司研制的涂料专用亚微米锌粉具有特殊的球形结构、良好的附着力、显著的防腐抗氧化效果、高强活性以及优良的导电性能，其产品纯度、粒度分布范围指标超过国际同类产品，技术与产品性能达到国际先进水平。近年间公司获得“国家高新技术企业”“江苏省民营科技企业”“常州市民营科技企业”“省级守合同重信用企业”等称号。2017年，实现销售收入1.4亿元。

（袁子杰）

【常州博尼特种钢管有限公司】 主要从事不锈钢无缝钢管的生产加工，创建于2005年，原名常州博尼实业有限公司，占地2.5万平方米，注册资金1020万元。不锈钢无缝钢管凭借其耐腐蚀、耐高温、无毒、可塑性强等其他钢材无可比拟的优势，被广泛应用于石油、化工、制药、食品、造船、汽车、航天航空、核工业等领域。产品热销全国各省市，并远销东南亚、中东和欧洲地区。2017年，实现销售收入1.1亿元。

（袁子杰）

【溧阳市华磊锻造有限公司】 为股份制民营企业，创建于1999年，位于戴埠镇新桥村，占地面积2.8万平方米，有职工110名，其中各类管理人员30名、技术人员8名。公司主要生产各种自由锻件和胎膜锻件，品种有不锈钢、合金工具钢、轴承钢、弹簧钢、合金结构钢、碳素钢等，年生产锻件能力达3.5万吨。产品广泛应用于石油机械、饲料机械、起重机械、水泥机械、工程机械、冶金机械等领域。公司积极开拓市场，企业规模逐年得到发展。2017年，实现销售收入1亿元。

公司拥有各类加工设备数十台，各类下料带锯床数十台，各类热处理炉数十台，及各种配套设备和检测设备。公司已通过ISO 9001国际质量管理体系认证，获得TSG压力管道元件制造许可证（A级）、APIQ1认证证书、GL德国劳氏船级社风电产品工厂认可证书、CCS中国船级社风电产品工厂认可证书、CCS中国船级社船用产品工厂认可证书。

（袁子杰）

【江苏瑞昕金属制品科技有限公司】 坐落于南渡镇小金山工业园区，是一家专业生产镀锌带钢、轻钢龙骨料、电缆铠装料、型钢料等的企业，为华东地区极具竞争力的金属表面处理基地。公司创建于2012年，有员工380名，占地面积600亩，建筑面积14万平方米，注册资本8000万元，总资产49069万元。

公司已通过ISO 9001质量体系认证，正申请20项国家专利。产品广泛应用于建材、钢结构、光伏产业、装饰装潢、卷帘门窗、农业大棚、仓储及货架、钢板仓等领域，得到广大客户的一致认可。2016年，实现销售收入13.7亿元、纳税额500万元。2017年，实现销售收入22.6亿元、纳税额1487万元。公司先后获得江苏省“AAA级重合同守信用企业”“常州市目标管理服务奖”“常州市民营科技企业”“溧阳市阳光就业扶助基地”“溧阳市2017年度纳税大户”“溧阳市2017年度纳税销售杰出贡献奖”等称号。

（吴有安）

【江苏弘溧新材料有限公司】 坐落于南渡镇小金山工业园区，创建于2016年5月，占地面积140亩，建筑面积8.4万平方米，注册资本3000万元，有员工180名。

公司主要生产精密钢管、轻钢龙骨料等产品，年产能达40万吨。公司产品质量在同行业内处于领先水平，得到了国内广大客户的一致认可。2017年，实现销售收入7.8亿元、纳税额120万元。公司规划在3年内建成年产80万吨精密钢管、轻钢龙骨料的生产基地。

（吴有安）

【江苏国强镀锌实业有限公司】 始

建于1998年10月，占地1600余亩，拥有员工3000余人，其中技术人才150余人、中级管理人才43人，资产总额50亿元，年生产能力200万吨。公司专业生产、销售各类高频焊接钢管、螺旋钢管、石油天然气管、高速公路安全设施、铁路声屏障、钢板桩、电力铁塔、太阳能光伏支架等产品，专业从事各类铁制构件的镀锌加工业务。2017年，实现销售收入99亿元。

公司先后获得“中国民营企业500强”“中国交通百强”“中国工业行业排头兵”“江苏省平安企业”“常州市五星企业”等称号，通过环境、质量、职业健康、能源、交通产品等体系认证及国际API认证。公司拟与华南理工大学合作，构建绿色钢结构件热镀锌的先进技术工艺及管理体系，引进先进的镀锌生产及管理技术，规范和完善现有热浸镀锌工艺及化学分析规程，以生产及化学分析数据指导生产实践，从而获得稳定质量的镀锌产品，达到降低生产成本、提高生产效益的目的。

（许　峰）

【常州紫金花铜业有限公司】 创建于2011年5月12日，位于上兴镇工业园区，是一家专业从事铜导体加工的中大型民营企业。公司拥有高速中拉机（含：连拉连退）、高速小拉机、管道退火（镀锡）机、并线机及高速绞线机等主要设备和扭转测试仪，拉力测试仪、伸长率测试仪、电阻测试仪、PH测试仪、糖度仪、测温仪、测速仪、微米千分尺（量针）、冷焊机、轧头机、电脑磅秤系统（标准砝码）等仪器工量具。公司主要生产无氧环保铜杆、中丝软线、裸铜线、镀锡线、并线及绞合导体，采用ABS料3寸、4寸、5寸、8寸、200型、250型胶盘和300型、500型、630型铁盘包装方式。2017年，实现销售收入1.1亿元。

（许　峰）

【溧阳市鑫天地金属制品有限公司】 成立于2013年5月，注册资本2000万元，位于上兴镇工业园区。公司主要从事金属制品锻造，五金件的制造和加工，机械配件铸造，销售钢材、钢坯、机械配件、其他金属材料和自产产品。2017年，实现应税销售收入33651万元。

（许　峰）

【溧阳市光明金属有限责任公司】 创建于1992年，主要生产ф10-ф25mmHRB400及HRB400E钢筋混凝土用热轧带肋钢筋，位于竹箦镇前马工业集中区（前马桥旁），前马运河直通上海、杭州、镇江至长江，交通十分便利。公司有员工710人，拥有高级、中级工程师、经济师85人，大中专文化程度的专业技术人才占员工35%，占地面积580亩，注册资本11180万元，实际投资3.3亿元。2017年，实现销售收入1.4亿元。

公司拥有一支强有力的企业管理团队，已形成一套科学的生产工艺流程，在同行业中处于领先水平。公司拥有三条高速螺纹钢及线材生产线，年产能达180万吨钢材，总产值可达60亿元。公司为加强质量管理，创优质产品品牌，建立完善的质量检测中心，运用先进的理、化检测设备、严格控制产品质量。公司正在申请注册光明金属有限责任公司商标，标志为“GM”牌的建筑钢材。

（芮玉娇）

【江苏杭钢精密铝业有限公司】 成立于2013年12月，位于上黄工业园区，占地约40余亩，注册资金1亿元，主要产品为节能环保型平行流微通道铝扁管。公司由杭州钢铁集团公司与常州祥龙冶金设备有限公司合资组建，上海交通大学提供技术服务支撑，是江苏省溧阳市重点项目之一。2015年，公司引进铝棒加热炉、喷锌机、收卷机等进口设备40台套，设备总投入1亿元。2015年1月，上海交大获国家科技进步奖二等奖的“微通道管材与换热器制备技术及其应用”项目在该公司实现产业化。2017年，实现纳税销售3.19亿元。

（刘龚献）

【溧阳市宏泰特种扁钢有限公司】 是一家以优质扁钢为主，其他型钢为辅的生产贸易型企业，地处上黄镇坡圩桥下，占地面积5万平方米，有员工99人。公司拥有₵550轧机1套、₵430连轧机组9套等轧机流水生产线，年产量30万吨以上。2007年，公司通过“中国船级社认证公司ISO 9001:2000质量认证”。公司先后获得“银行信得过企业”“信用（合同）AAA企业”等称号。2017年，实现销售收入7.74亿元。

（刘龚献）

【常州市宏豪制钢有限公司】 成立于2006年11月，位于别桥镇绸缪，占地面积2.5万平方米，有员工108名，其中各类工程技术人员20名，注册资本金1000万元，实际投资近5000万元。公司为个人股东出资的私营有限责任公司，主要生产“宏豪”品牌热轧扁钢，年生产能力20万吨以上。产品品种规格齐全，广泛应用于造船、电力、邮电通信、市政、公路、桥梁、钢格栅（板）、钢结构及车辆制造等领域，畅销北京、上海、江苏、浙江、安徽、江西、湖南等地区，并远销东南亚及欧洲地区。2017年，实现销售收入12亿元。公司拥有₵450自动化连轧生产流水线一条，以及万能试验机等先进的理化检测设备。2007年8月，公司通过中国船级社质量认证公司ISO 9001:2000质量体系认证。2008年，被常州工商行政管理局授予“企业信用（合同）AAA”证书，多次被溧阳市政府授予“先进私营企业”“溧阳市光彩之星”等称号。

（滕　俊）

纺织服装业

【概　况】 纺织服装业是溧阳的传统产业，也是溧阳的主要出口创汇产业之一，同时更是高就业、广富民的产业，呈现出地毯、箱包两大系列产品。2017年，开利地毯销售收入4.6亿元，东发纺织销售收入1.7亿元，开成毯业销售收入1.7亿元，恒天宝丽丝销售收入1.5亿元。

【溧阳市中纺联针织有限公司】 是一家经过改制的民营企业，是集研发、设计、生产、销售于一体的羊毛内衣专业工厂。公司选用来自澳大利亚的优质羊毛——美利奴羊毛为原料，丝光、条染、纺纱，织布环节层层把关，确保产品品质，每年自主研发运动休闲、时尚个性等系列几百种款式，年生产能力达300万条件羊毛内衣（裤）。公司分别在新西兰、挪威设立办事处，与“GLASSONS”“NORHEIM”“MCKINLEY”“POSTIE”“MAYA”“MAX”“PUMPKIN PATCH”“EVEREST”“KARI TRAA”等国际知名品牌长期协作，产品深受消费者青睐，远销澳洲、欧洲十几个国家和地区。公司在澳大利亚注册了属于自己的商标“FLASHINE”，并通过OEKO-TEX100认证。公司是江苏省信息化示范企业，2013年起全面运用ERP系统，涵盖销售、财务、生产领域。2017年，实现销售收入10550万元。

公司严格奉行“打造世界品牌，争做羊毛内衣行业领军者”的企业目标，不断引进国际先进的生产设备。公司拥有各式针织园机50台（其中德国德乐园机20台），日本大禾、重机缝纫设备200台（套），后整理设备60台（套），坯布柔软机、全自动拉布机、悬挂系统、喷气式裁床等采用电脑控制，形成了先进完备的生产流水线。

（刘　创）

【江苏开利地毯股份有限公司】 为集地毯及其材料的专业设计、研发、生产、销售和服务于一体的国际型全产业链式地毯集团公司，拥有国内七大工业厂区和国外一个生产基地。基于航空航材的需求，2015年9月，下属公司新疆中际航材航空设备有限公司在新疆成立。围绕“一带一路”建设，2016年3月，在新疆沙湾新投资1.5亿，注册成立新疆天目湖地毯织造有限公司。

公司产业规模居于中国地毯行业领先行列，拥有世界一流的技术和生产设备，并不断在航空、汽车、游轮专业地毯项目上持续加大投入，各类地毯年产能达2800万平方米，BCF纺丝达2.3万吨，年均增长率达10%。威尔顿满铺块毯、阿克明工程毯、船用毯、簇绒汽车用毯、单面威尔顿航空毯、各类印花家用工程毯、PVC、沥青方块毯均名列行业前列。2017年，实现销售收入4.6亿元。

2004年，公司与日本大野公司在地毯领域开展合资合作。2014年8月，收购南非Clossley公司，同时拥有了美国Crossley Axminster Incorporated公司、英国Master Weaver Limited公司的控股权以及该公司在北美和欧洲的专业销售服务与设计团队。2015年10月，与美国The Dixie Group(迪克西集团)旗下Masland Contract品牌签署战略合资协议，并获得在东南亚地区市场销售服务的主导权。开利地毯结合Crossley公司在国际市场上的品牌渠道优势，将“开利地毯”品牌推向全球。

公司严格按照国际环保及等级要求，生产流程坚持按照ISO 9001：2008质量管理体系、ISO 14001:2004环境管理体系进行管理营运。公司通过中国环保地毯认证、国际环保地毯认证和美国CRI+PLUS室内空气质量认证。2012年，开利地毯被文化部、商务部等六部委授予“国家文化出口重点企业”称号。2014年11月，通过全球最具权威的认证机构— 挪威船级社（DNV GL）认证并获得证书。2016年3月，获得由欧洲权威认证机构Dedal颁发的欧盟CE证书。2016年12月，共同发起中国纺织国际产能合作企业联盟。

开利地毯坚持围绕顾客需求，以持续技术创新服务市场，致力于为客户提供工程及售后服务的整体解决方案，销售网络遍布全国各地及全球10多个国家和地区，凭借不断增强的设计制造创新能力、突出的灵活定制能力、日趋完善的工程服务能力赢得客户的信任与合作。

（刘　创）

【溧阳市凯瑞地毯制造有限公司】 是专业从事各类地毯产品的开发生产、国内销售、国际贸易及其他投资经营的综合性企业，有员工260余人。公司拥有雄厚的企业实力、强大的品牌优势、一流的管理体系、完善的服务支持和深厚的文化底蕴。2017年，实现销售收入1亿元。

公司拥有世界上设备技术最先进，生产速度最快的阿尔法400型多功能型8色和10色威尔顿地毯织机，威尔顿地毯年生产能力达600万平方米。公司拥有各类簇绒设备14台套，能年产各类高中档簇绒满铺毯500万平方米、拼块毯150万平方米。产品广泛应用于宾馆、酒店、娱乐会所、办公场所。公司能够设计生产各类地毯，为广大客户提供优质的产品，满足各层次用户的需求。公司设有产品研发中心，拥有先进的地毯图案设计系统和专业的设计队伍，不断推出适应国际新潮流的地毯花色图案，为公司的持续发展注入新活力。

（李　丹）

【溧阳开成毯业有限公司】 成立于2003年6月，坐落于南渡镇永安路161号，是集地毯及其材料的专业设计、研发、生产、销售和服务于一体的专业地毯制造商。公司占地面积4.3万平方米，建筑面积3.1万平方米，有职工300人左右，注册资金6125万元。

公司规模位于中国地毯行业前列，是国内最具实力、最具规模的专业地毯制造商之一，拥有一批高素质的技术人才、经验丰富的生产能手和专业的设计队伍。公司主要生产簇绒地毯与方块毯，产品适用于商用、工程用、民用等多个领域，簇绒地毯总销量位居国内前三甲，方块毯为2012年引进新设备投资生产的新产品。2017年，实现销售收入1.7亿元。

公司已通过ISO 9001：2000质量管理体系认证和ISO 14001:2004环境管理体系认证。公司打造以研发和生产技术为中心的双重并举格局，致力于为客户提供工程及售后服务的整体解决方案，销售网络遍布全国各省市。

（吴有安）

【恒天宝丽丝生物基纤维有限公司】 创建于2015年，由常州宝丽丝纤维有限公司和恒天集团出资成立，是一家以研发、生产、销售新型针织纱线和高档绣花线为核心业务的高新技术企业。公司注册资本1亿元人民币，占地面积46亩，建筑面积5万余平方米，有员工368人，其中，大专以上管理人员和各类专业技术人员96人。

公司集纺纱、捻线、染整于一体，年产绣花线、天蚕丝、曲珠纱、蚕丝蛋白纤维、银纤维等各类中高档纱线3000余吨。2017年，公司总投资5亿元新上生物基纤维、智能纤维等中试生产线项目。企业具有独立自营进出口权，产品80%外销到欧美、东南亚等30多个国家和地区。银纤维、蚕丝蛋白纤维等创新产品先后被皮尔卡丹、梦特娇、老人头、鳄鱼等世界知名品牌选用。2017年，实现销售收入1.5亿元。

公司为江苏省高新技术企业，获批成立“中国化纤功能纱线研发中心”和“江苏省功能银纤维工程技术研究中心”，是江苏省唯一一家同时拥有2个高等级技术中心的纺织企业。先后获得国家发明专利2项，实用型专利15项，“博洋”牌商标被评为江苏省著名商标，2项银纤维产品获得江苏省高新技术产品证书，6项产品获得常州市高新技术产品证书。2006年，通过ISO 9000质量体系认证和ISO 14000环境体系认证及“常州市清洁生产审核”。历年均通过瑞士OeKo-Tex100认证，从体系上确保产品质量和产品的绿色环保。公司先后获得“溧阳市民营科技企业”“溧阳市年度爱心单位”“信用AAA级企业”“常州市劳动保障诚信示范企业”“常州市两化融合试点企业”“常州市和谐文化建设示范企业”“江苏省节水型企业”“中华慈善总会慈善之星”等称号。

（陆　平）

【江苏省前峰服饰有限公司】 创建于1985年，坐落于天目湖畔伍员山下，有员工3000余人，现代化厂房4万多平方米，专业从事来料加工梭织、针织服装和3至12针羊毛衫成衣。公司拥有成衣分析系统、自动裁剪系统、信息化管理系统、自动节拍流水线和全自动钉扣机等各类装备3600余台套，主要承接衬衫、T恤衫、拉链衫、棉上衣、牛仔装、童装、睡衣、羊毛衫等各类产品，年加工成衣3500余万件。2017年，实现纳税销售9000万元。公司拥有良好的口碑和美誉度，“前峰加工”品牌得到业界人士的广泛认同。2014年，公司被江苏省服装协会评为“江苏省服装精品加工基地”，2015年被江苏省方源集团评为“精品加工集群”。

（陆　平）

【江苏开利地毯股份有限公司天目湖分公司】 开利地毯成立于1994年，已成为集地毯及其材料的专业设计、研发、生产、销售和服务于一体的专业地毯制造商，产品适用于商用、工程用、民用等多个领域。公司规模位于中国地毯行业前列，所生产的机织威尔顿地毯、簇绒地毯总销量位居国内前三甲，其中家居用毯销量全国第一。

2006年，公司在天目湖工业园区征地180亩，成立江苏开利地毯股份有限公司天目湖分公司，并将公司的薄型丝毯、簇绒地毯的生产基地搬迁至天目湖分公司厂区内。2009年，公司转型升级，在天目湖厂区新增阿克明车间。2011年，增设机器人/手工枪刺地毯车间。公司产品涵盖地毯生产用纱、威尔顿地毯、单面威尔顿地毯、簇绒地毯、阿克明斯特地毯、印花地毯、匹染地毯、薄型仿丝毯、方块地毯、机器人/手工枪刺地毯十大系列，成为中国地毯行业中品类最齐全的专业地毯生产商。2017年，实现销售收入1.8亿元、利税3000多万元。

（居　乾）

【溧阳东发纺织有限公司】 是一家中外合资企业，占地面积1120亩，建筑面积7万平方米，拥有自动数控JW—911喷水织机200多台套，年产量5600万米；PVC热贴数控sr-4F1830设备的生产流水线2条；台湾6M冷贴PVC自动生产线2条；PE120型涂塑生产线2条，年生产能力6000万米。产品有牛津革、提花革、麻丙革、人造革四大系列400多个品种，广泛用于各种系列的箱包、旅游用品、沙滩椅、野营床、服装等。2017年，实现销售收入1.7亿元、利税2000多万元。

（居　乾）

造纸印刷、塑料制品、仪器仪表、日用杂品及其他行业企业选介

【常州海大生物饲料有限公司】 于2011年8月正式投产，占地70多亩，总投资1.2亿元，是广东海大集团股份有限公司投资的一家大型现代化、高科技型水产饲料生产企业，拥有发明专利3项。公司有员工216人，其中，硕士4人，博士2人，技术研发人员53人。2014年，获得江苏省“高新技术企业”称号。

公司主要从事水产饲料的研发、生产与销售，设有研发部、生产部、销售部、技术服务部、财务部、人力资源与行政部6个部门，各部门主管均有丰富的饲料行业经验。公司实行现代企业管理模式，管理科学规范。主销产品有大菱鲆配合饲料、翘嘴红鲌配合饲料、黄颡鱼配合饲料、鳊鱼配合饲料、鲫鱼配合饲料、混养配合鱼料（适用草、青、鳊、鲫）、南美白对虾配合饲料、河蟹配合饲料等，主要销往华东地区。2014年，公司饲料销售额达7.3亿元。2017年，实现销售收入9亿元。

公司拥有可以从事鱼类营养、生理生化和生物技术研究的实验室，主要设备有近红外检测仪、酶标仪、无菌操作台、恒温培养箱、蛋白测定仪、脂肪抽提仪、微量天平和高速离心机等；拥有德国布勒公司生产的时产10吨的颗粒鱼料线6条，拥有丹麦安德里兹等公司生产的膨化料鱼料线4条，实行全电脑操控，年设计生产能力达30万吨；拥有300多亩的外塘实验池塘、网箱实验系统及室内水泥池实验系统，可开展黄颡鱼、翘嘴红鲌、草鱼、青鱼、鲫鱼、鳊鱼等养殖品种的实验。

（刘　创）

【溧阳市华鹏电力仪表有限公司】 始创于1998年，是一家专业研制生产智能电能表、电能计量箱、智能防伪封印和电动汽车充电桩的高新技术企业。公司有员工300名，其中专业技术研发人员28名，占地2万多平方米，全新厂房1.6万平方米，拥有全新自动贴片无铅波峰焊接线，充电桩生产线，注塑生产线，全新单、三相智能电能表校验设备、检测设备等。

公司产品包括符合国家标准和国家电网公司技术要求的单、三相智能电能表，单相电子式多费率表，电能数据采集器，电能数据集中器，低压集抄系统，充电桩，多表合一系统单、三相电能计量箱等电能设备及配套产品，年产单相智能电能表500多万只，三相智能电能表60多万只，单相电能计量箱220万只，三相电能计量箱100万只，智能封印8000万只，电动汽车充电桩2万台。产品覆盖华东、华中、华北、东北、华南等地区，拥有1000多万用户，所有挂网产品运行良好。2017年，实现销售收入2.4亿元。

公司为质量诚信倡议企业和江苏省质量服务信誉AAA级企业，通过AAA级企业资信和信用等级认证。2012年，公司被评为江苏省高新技术企业，2015年通过复审。2017年，被确定为江苏省和工业和信息化部两化融合试点企业。公司凭借先进的技术、可靠的产品性能及快捷优质的服务，赢得用户的信赖，合同履行率为100%，产品验收合格率达99.8%以上。2012年被评为湖北省质量诚信企业，2013年被评为江苏省质量服务信誉AAA级企业，2015年被评为江苏省企业信用管理贯标单位。2017年，华鹏牌商标被评为江苏省著名商标，多费率智能电能表被评为江苏省名牌产品。

公司已通过ISO 9001：2008质量管理体系认证、ISO 14001：2004环境管理体系认证、OHSAS 18001：2007职业健康安全管理体系认证以及ISO 10012:2003测量管理体系认证，所有产品均通过国家质检总局和江苏省技术监督局的历次市场监督抽查。2009年以来，公司所生产的电能表、电能计量箱等产品在国家电网公司和下属网省公司的项目招标中年年中标，2017年又在南网项目招标中中标，公司已成为国家电网公司、南方电网公司及其下属网省公司的重要供应商。

（刘　创）

【江苏富春江环保热电有限公司】 成立于2014年，注册资本1.5亿元，占地130亩，是浙江富春江环保热电股份有限公司（在深圳证券交易所上市，股票代码“002479”，简称“富春环保”，是国内最大的环保公用型垃圾发电、淤泥发电及热电联产循环经济型高新技术企业之一）的全资子公司。富春环保拥有自主核心知识产权共58项，其中，发明专利4项，实用新型专利54项；垃圾焚烧炉清灰技术、循环流化床锅炉燃烧优化控制技术等均达到国内先进水平。

公司一期项目投资4.8亿元，规模为3炉（110t/h高温高压循环流化床）2机（15MW背压式汽轮发电机组）及相应辅助设施，热网全线32公里，供热能力200t/h。远景规划为5炉4机，供热能力500t/h。作为溧阳市北片区热电联产规划的唯一热源点，公司秉承“拓展循环经济，实现持续发展”的理念，充分保障园区的快速发展，年发电2.1亿千瓦时，供热140万吨。2017年，实现销售收入1.3亿元。

（刘　创）

【江苏常宏帝豪电器股份有限公司】 主要生产各类热敏金属突跳式热保护器及KSD温控器，为国内通用型热保护器和超小型热保护器行业的金牌企业。公司采用一流的生产设备、工艺技术和管理流程，拥有多年研发经验的工程师和10多年大型企业管理经验的生产主管。公司质量管理体系规范，能为客户提供专业化的技术支持。公司拥有完善的销售服务网络，多年和格力、美的、AUX、海尔、格兰仕、地尔汉宇等知名家电企业合作配套。2017年，实现销售收入1.2亿元。

公司长期制造和销售各种温度开关、热保护器、热敏器件产品，已通过UL、CUL、CQC、VDE、ISO 9001质量体系认证、KC认证和CB、CTI环保测试。产品广泛应用于空调、冰箱、洗衣机、风扇、镇流器、变压器、镍氢、镍铬、锂离子、锂聚合物等可充电电池组、电动工具、吸尘器、电加热器具（电热毯、直发器、发热片、电加热棒等）、油烟机、按摩器、开关电源等领域，畅销国内市场。公司拥有强大的OEM生产加工能力，可以为国外同类企业提供OEM加工服务。

（李　丹）

【常州市诚鑫环保科技有限公司】 位于埭头工业园区，注册资本1000万美元，主要从事可降解纸浆模塑产品的研发、生产；精密模具、纸塑加工相关专用设备的生产、加工；包装领域内的技术开发、转让、服务和咨询；包装材料、橡塑制品及其技术的国内批发和进出口业务等高科技环保产品。2017年，实现销售收入1.17亿元。

公司创造良好的企业环境，员工宿舍宽敞舒适并配有卫生间、浴室、空调、宽带。公司尊崇“踏实、拼搏、责任”的企业精神，以全新的管理模式、完善的技术、周到的服务、卓越的品质为生存根本，始终坚持用户至上，用心服务于客户。

（李　丹）

【江苏盛德电子仪表有限公司】 始建于2001年3月，是一家专门从事电能表生产，集电能表设计开发、生产、销售、服务于一体的企业。2008年5月，公司投入资金扩建和改造，占地面积40亩，厂房面积达4万平方米。公司有员工200多名，其中，高级技经职称管理人员8人、中级技经职称管理人员7人、技术研发人员20人、生产技术工人15人、销售人员20人、行政和管理人员25人、一般生产员工110人。公司得益于国家两网建设改造工程的全面实施，已发展为具有一定规模的新型企业，电能表年生产能力达500万只。2017年，实现应税销售14816万元。

公司主要生产普通单、三相有功电能表；单、三相485电能表；三相无功电能表；三相有功无功组合电能表；单、三相复费率电能表；单、三相预付费电能表和三相多功能电能表。国网集中招标产品的单、三相智能电表均通过国家电力科学院的检测并获得合格报告。

（许　峰）

【江苏竹箦阀业有限公司】 原名江苏省竹箦机械厂，始建于1972年，占地面积25万平方米，员工1100多名，各类工程技术人员298名。

公司主要产品有钢制、铁制和铜制闸阀、截止阀、球阀、止回阀、船用阀门以及蝶阀和水嘴等共计150多个品种2000多种规格。产品通过美国FM认证、中国住房和城乡建设部"康居认证"、英国水务WRAS证书等十多个国家和地区的专业认证，产品由中国人民保险公司质量承保。

企业是大陆地区唯一一家获得香港政府工程使用许可证的企业，具有国家特种设备制造许可证（TS）和自主出口经营权，是《CJ/216-2013　给排水用软密封闸阀》《GB/T12232-2005　法兰连接铁制闸阀》等10多项国家阀门标准的主要起草单位，是中国石化物资源市场成员单位、中国石油天然气集团公司一级供应网络成员单位、国家电力公司电站配件供应网络成员。

公司有精密铸造、锻造、焊接、热处理、金加工、装配等十多个现代化专业车间，拥有数控加工中心等先进加工设备和先进检测设备400多台套，产品出口到欧洲、日本、新加坡、韩国、以色列、澳大利亚、中国香港等20多个国家和地区，"ZJ"牌、"V"牌已成为中国阀门行业的知名品牌。2017年，实现纳税销售2.17亿元。

（李柏之）

【溧阳东晨服饰制伞有限公司】 是一家自营出口产品的外贸公司，前身为"常州市工贸合营制伞总厂"，2001年5月更名为溧阳市东晨服饰制伞有限公司，注册资本400万元，主营专利儿童卡通伞、电子伞、印花伞、配套雨具等，是中国规模最大的专利卡通伞、印花伞制造出口商之一。2017年，实现销售收入9000万元。

公司有员工700余人，其中各类技术职称人员100余人，占地22余亩，厂房面积11510平方米，年产能达1200万把伞。公司有下属工厂5个，海外办事处2个，产品主要销往欧洲、北美南美洲、中东、澳洲、日韩等。公司具有30年的制伞经验及丰富的丝印工艺技术，开发拥有150多种外观、实用专利伞，产品以其造型优美、质优价廉、安全耐用和符合环保、安全等国际标准而畅销全球。公司长期与世界家居业巨头IKEA，世界服装零售业巨头H&M、迪斯尼、Target等著名跨国公司合作，已通过欧盟要求的BSCI、ITS等认证。

（芮玉娇）

【常州百斯福模塑股份有限公司】 是一家专业从事塑料模具及注塑产品保鲜盒盖生产的企业，成立于2004年7月，2017年6月实施股份制改造。

公司设备先进，拥有国内外先进数控设备10多台，多种型号注塑机31台。公司通过技术改造、优化，加装机械手，基本实现自动化生产。公司与法国弓箭、安徽德力股份、济南力诺股份等行业内上市知名品牌建立长期合作关系，并被国际第一玻璃器皿生产商法国弓箭评为全球采购商。2017年，实现销售收入6160万元、利税300万元、出口总额1630万元。

公司已通过ISO　9001：2008质量管理体系、ISO/TS　16949：2002质量管理体系认证，并参与制定注塑行业标准。企业的管理水平、技术开发创新能力、品质管控能力在同行中处于领先地位。公司长期致力于研发具有自主知识产权创新型的家居产品，为更多客户提供专业化注塑产品的解决方案，拥有各类专利30多项，"百斯福"牌保鲜盒盖被评为常州市名牌产品。公司被全国塑料行业协会评为"全国AAA级诚信单位"，被中国名牌事业促进会评为"全国质量信得过企业"。2017年11月，公司在新三板成功挂牌上市。

（黄　卿）

【江苏东方印务有限公司】 创建于1978年，是一家集印前、印刷、印后和服务于一体的综合型纸制品包装生产企业。公司设备先进，拥有多台德国五色平版印刷机、五色＋上光高清水印机、单瓦及三层高速瓦楞线，印后各工序均实现自动化。公司积极开发绿色包装，引进国际先进的印刷技术，通过技术改造、优化，成功实现产品从中低档包装向中高档包装转型，并顺利进军快速消费品、小家电、汽配等领域，与行业内知名品牌建立长期合作关系。公司在局部工序实施"机器换人"项目，总体效率提升50%以上。2017年，实现销售收入9330万元、利税　627万元、出口总额882万元。

公司已通过ISO　9001：2008质量管理体系、ISO　14001：2004环境管理体系和GB/T　28001：2004职业健康安全管理体系和绿色印刷认证，企业的管理水平、技术创新能力、信息技术应用在同行中处于领先地位。公司被江苏省新闻出版广电局评选为第二批"江苏省印刷示范企业""江苏省双优诚信印刷企业"。

（黄　卿）

【溧阳安顺燃气有限公司】 成立于2000年6月，是集天然气销售、储配、管道安装、维修于一体的企业，拥有天然气加气站4座。公司以国家"西气东输"工程为契机，积极推进溧阳市天然气利用工程建设，管道已覆盖全市所有镇（区）、街道，发展民用户近9万户，工商业用户1200多户，天然气汽车1200多辆。2016年，销气量达1亿立方米。2017年，实现销售收入5.1亿元。

2012年3月，公司重点投入的溧阳南渡天然气门站、CNG母站、LNG调峰站及高压管线项目开工建设，该项目为中石油向溧阳供气的第二条管线及"川气东送"溧阳配套工程。项目总投资4亿元，每年可同时接收中石油西气21.66亿立方米及中石化川气3亿立方米，配套完成高压燃气管线20公里、5000立方米LNG应急调峰气源站一座，2014年12月竣工。

公司先后获得“江苏省放心消费创建先进单位”“江苏省守合同重信用企业”“江苏省文明单位”“常州市年度明星企业”“溧阳市年度纳税大户”“江苏中关村科技产业园纳税先进企业”等称号。公司董事长邵良先后被评为常州市“十佳爱国拥军企业家”和“明星企业家”。

（黄　卿）

【江苏国信溧阳抽水蓄能电站】 位于天目湖镇平桥，枢纽建筑物由上水库、下水库、输水系统及发电厂房系统四部分组成。电站安装6台单机容量为25万千瓦的抽水蓄能发电机组，通过2回500千伏线路接入500千伏天目湖变，电站额定水头259米，设计年发电量20.07亿千瓦时，年抽水电量26.76亿千瓦时，工程概算总投资89.27亿元。2008年11月，国家发改委出具《印发国家发展改革委关于江苏溧阳抽水蓄能电站项目核准的请示的通知》（发改能源〔2008〕3181号），核准项目开工建设。2011年4月，电站主体工程开工，首台机组于2017年1月投产发电，最后一台机组于2017年10月投产发电。2017年，电站获得国家优质投资项目奖，实现销售收入9.5亿元。

电站由江苏国信溧阳抽水蓄能发电有限公司建设及运营，公司由江苏省国信资产管理集团有限公司、中国电建集团中南勘测设计研究院有限公司、溧阳市投资公司于2007年3月共同出资成立，各家股比为85%、10%、5%。

电站承担着华东和江苏电网的调峰、填谷、调频、调相及紧急事故备用等任务，在优化系统电源结构、提高系统供电质量、应对系统突发事故、保障系统安全运行等发挥着重要作用。电站可有效缓解电力系统调峰压力，改善火电机组运行工况，每年减少系统煤耗19.3万吨，降低火电平均调峰率4个百分点，提高系统燃煤机组发电利用108小时，减少二氧化碳排放42.7万吨，并可作为核电、水电、风电、太阳能发电等清洁能源的支撑电源，提高电网安全运行水平。电站每年可实现利润1.5亿元，上缴税金2亿元，社会效益和经济效益显著。

（居　乾）

【江苏沙河抽水蓄能发电有限公司】 1997年9月16日，江苏省国信资产管理集团有限公司、江苏省电力公司和溧阳市投资公司三家单位共同出资成立江苏沙河抽水蓄能发电有限公司（以下简称沙河电站）。1998年9月18日，沙河电站正式开工兴建，工程概算总投资60330万元，工程竣工决算59770万元，单位千瓦造价为5977元／千瓦。沙河电站装机容量为2×50MW，采用法国ALSTOM公司制造的立轴单级混流可逆式水泵水轮机及三相立轴悬式空气冷却同步可逆式发电电动机，配备计算机监控系统，自动化程度高，设计年发电量1.82亿千瓦时，年抽水用电2.44亿千瓦时。2002年6月14日，1号机组投入商业运行；2002年7月30日，2号机组投入商业运行。

公司按照因事设岗、一人多岗、一专多能的配置原则，构成精简、高效的扁平化管理组织机构。截至2016年12月，公司实现连续安全生产5315天；累计完成发电电量28.05亿千瓦时、上网电量27.39亿千瓦时；实现主营业务收入18.78亿元、利润2.66亿元、净利润2.02亿元，上缴各类税费3.09亿元。2017年，实现销售收入1.3亿元。

（居　乾）

江苏溧阳抽水蓄能电站公司办公楼　（市经信局　供稿）

【溧阳金利宝胶粘制品有限公司】 成立于2007年1月，为台商独资企业，主要从事不干胶纸、不干胶膜的生产和销售，有员工200多名，总投资额2950万美元，占地面积4万平方米。公司有6条生产线，生产以日用品、医药、物流、服装、防伪、玩具、酒、交通、电子胶带、电子电器、广告装饰、安全警示等类别标签产品为主的5000多种产品，广泛应用于电子电器、日化、汽车、轮胎、啤酒、防伪、玩具标签等领域。公司具备完善的研发体系，拥有不干胶材料（金利宝）工程技术研究开发中心，已取得1个发明专利及20多个实用新型专利。2017年，实现销售收入2.66亿元、利税6000多万元。

2009年7月，公司通过ISO 9001：2008质量管理体系认证和ISO 14001：2004环境管理体系认证。公司是国家标准制定起草单位之一，被授予“全国标签产业技术创新企业”“全国标签产业业绩优异企业”等具有行业地位的大奖，并被评为“2012年常州市第一批两化融合示范试点企业”“2012年第二批江苏省科技型中小企业”“常州市企业技术中心”，连续多年获得“银行信得过企业”等称号。

（居　乾）

（注：以上具体企业选介中的数据由于统计口径原因，可能有所偏差，仅供参考）

建筑施工

【概　况】 2017年是溧阳市实现“亿特鲁”之年(亿,百亿产值,过亿税收;特,特级资质;鲁,鲁班奖)。2月龙海建设集团获得建设部批准的特级资质，成为常州市首家特级建筑企业。江苏华能建设集团更名为苏华建设集团，本地纳税超2亿元，成为溧阳建安史上首家税收过2亿的企业。11月，正方园集团再次获得建筑业最高荣誉——鲁班奖。建筑业发展取得历史性突破，被市委、市政府授予重大贡献奖。

2017年全市建筑业完成施工产值663.9亿元，实现劳务收入205.81亿元，比上年均增长10.5%，占常州地区的43.48%。2017年省外产值首次超过省内产值，占51.3%。机电安装、房地产项目市场份额持续巩固，新开工面积增长28%，达1444.82万平方米。完成外经新签合同额6520.1万美元，营业额7937.63万美元，分别完成年度指标的106.9%和136.9%，全市有50个项目遍布20个国家，龙海集团成为首个境外营业额超过3000万美元的企业。建筑业全年完成地方税收15.05亿元，较上年12.33亿元增长22%，建筑业对税收贡献从2015年的14.8%提升到19%。溧阳在外从事建筑业的有10万人，农民收入的28%来自建筑业。

建筑管理

【提升建筑品牌】 截至2017年12月，全市有建筑业企业294家，其中特级1家、一级资质32家、二级资质105家、三级资质126家、一体化1家，劳务资质29家。苏阳建工、中一达、江苏汉宇、江苏伟力4家企业由二级资质晋升为一级资质。

正方园集团承建的“无锡地铁一号线工程”获得鲁班奖，这是正方园获得的第四只鲁班奖。由天目集团承建的溧阳市竹箦中心小学迁建工程等6个项目获扬子杯，13个项目获省级优质工程，19个项目获省级标准化示范工地，6个项目获省级工法，26项专利。苏华集团还获一项全国科技创新成果二等奖。龙海集团、苏华集团、天目集团、溧阳建设4家企业获2016年度中国建筑业成长性200强企业；龙海集团、苏华集团、天目集团、鹏程钢构、天力集团5家企业获2016年度“江苏建筑业百强”企业；龙海集团、苏华集团、天目集团3家企业位列2016年度江苏省建筑业“双百强”企业中竞争力百强企业；瑞峰集团、溧阳建设、苏南集团、正方园集团、溧阳城建5家企业位列2016年度江苏省建筑业“双百强”企业中最具成长性百强企业；龙海集团、苏华集团获2017年“江苏省建筑业优秀企业”。

【企业转型升级】 在做强主业做精专业的同时，各建筑企业还抢占新兴高端市场，延长企业的产业链，谋求新的经济增长点。天目集团由传统的工业、民用安装向太阳能、风能、生物质能等新能源项目发展。苏华建设承接数十个光伏发电项目。天力集团与中石油、中石化等大型企业建立长期合作关系，承建多家重点天然气规模工程。主动对接国家战略调整，苏华、金马等安装集团紧跟“一带一路”，将安装的业务拓展到印尼、泰国等东南亚国家。龙海集团、中一达、溧阳建设、华晨路桥等公司与央企、国企对接。瞄准PPP项目，引进技术、吸引人才、密切配合。宝鹏建筑致力于装配式建筑系统的集成及相关建筑新材料的研发、加工、制造、施工及技术支持，形成以蒸砂加气混凝土砌块、板材，保温装饰一体板，金属构件等三大建筑新材料产业发展的局面。

【市场环境建设】 2017年，市委市政府出台《关于实施溧阳市建筑业做大做强做优三年行动计划的意见》和《市政府关于设立溧阳市“建安基金”的意见》。住建委在服务企业、市场监管等方面打出一系列“组合拳”，规范市场行为，整顿市场秩序。公开招投标程序，公平信用评分制度，公正招投标评标体系，打击借资质、寻挂靠违规行为，严肃处理围标、串标等违法行为，杜绝招标项目设置条件的不良行为。建立委领导定点联系企业制度，主动对接36家重点建筑企业。成立3个专业小组，为企业送信息、送政策、送服务，帮助企业解决发展中的难题。成立3个服务小组，为企业股改、创新技术、创鲁班奖等提供指导。南方、北方等四个招商分局，工作有序跟进，初步形成较为系统的工作网络，成功为企业出谋划策。总承包约 6.6 亿元的天津吾悦广场与天目集团已对接，该项目也是天目集团截至 2017 年最大的土建项目。

建筑行业协会与同济大学开展战略研究、学术研讨和各项培训，在提升公司战略定位、开展产学研一体化方面取得成效。新技术、新材料应用有序推开，绿色施工，智慧工地，新型建材，BIM 技术等已在多个工地先行先试。工程总承包（EPC）试点工作在省里处于第一方阵，苏皖公司实施的看守所和文化艺术楼项目，龙海集团和城建集团两家公司入库全省 EPC 名录。建筑产业现代化升级，除宝鹏在埭头镇率先投入运行外，正方园集团与别桥镇政府谈妥“新型内墙板生产基地”项目，启动全市建筑部品部件生产。

溧阳市建筑业 2017 年度最佳企业（突出贡献企业）

1. 苏华建设集团有限公司
   董事长　宋小华
2. 龙海建设集团有限公司
   董事长　张龙海
3. 江苏天目建设集团有限公司
   董事长　周大喜
4. 江苏正方园建设集团有限公司
   董事长　吕树宝

溧阳市建筑业 2017 年度十佳企业（综合实力企业）

1. 江苏五星建设集团有限公司
   董事长　张云奎
2. 江苏溧阳建设集团有限公司
   董事长　吕永武
3. 江苏天力建设集团有限公司
   董事长　史俊生
4. 江苏溧阳城建集团有限公司
   董事长　姜　军
5. 晟唐伟业建设集团有限公司
   董事长　沈祖富
6. 江苏瑞峰建设集团有限公司
   董事长　缪文峰
7. 江苏金马工程有限公司
   董事长　马亚平
8. 江苏苏南建设集团有限公司
   董事长　花新华
9. 江苏茂盛建设集团有限公司
   董事长　陈建平
10. 江苏汉宇建筑有限公司
   董事长　潘水华

溧阳市建筑业 2017 年度十佳精彩工程

1. 苏华集团研发中心
   ——苏华建设集团有限公司
2. 溧阳文化艺术中心
   ——龙海建设集团有限公司
3. 北京市海淀区军博展览大楼
   ——江苏天目建设集团有限公司
4. 溧阳金峰又一城
   ——江苏正方园建设集团有限公司
5. 溧阳市人民医院
   ——江苏五星建设集团有限公司
6. 西双版纳江北滨江区护堤工程
   ——江苏溧阳建设集团有限公司
7. 重庆市普洛斯物流园
   ——江苏天力建设集团有限公司
8. 溧阳市实验小学新校区
   ——江苏溧阳城建集团有限公司
9. 江苏中关村孵化器中心大楼
   ——晟唐伟业建设集团有限公司
10. 江苏科达利公司厂房
   ——江苏鹏程钢结构有限公司

溧阳市建筑业 2017 年度十佳精美工地

1. 河北省衡水市垃圾焚烧项目（项目负责人范伟星）
   ——苏华建设集团有限公司
2. 溧阳龙海大厦（项目负责人周瑜）
   ——龙海建设集团有限公司
3. 天津吾悦广场项目（项目负责人闵玉林）
   ——江苏天目建设集团有限公司
4. 溧阳北星动力及储能电池隔膜项目（项目负责人王振青）
   ——江苏正方园建设集团有限公司
5. 溧阳尚景苑项目（项目负责人蒋成）
   ——江苏瑞峰建设集团有限公司
6. 山东东营锅炉安装项目（项目负责人马亚强）
   ——江苏金马工程有限公司
7. 徐州好得家商城 A 区（项目负责人刘少勇）
   ——江苏苏南建设集团有限公司
8. 江苏茂盛大厦（项目负责人李宇）
   ——江苏茂盛建设集团有限公司
9. 南京麒麟启迪低碳智能产业园（项目负责人吴文伟）
   ——江苏汉宇建筑有限公司
10. 溧阳华府晶园（项目负责人钱立群）
   ——溧阳市金燕建筑安装工程有限公司

溧阳市建筑业 2017 年度十佳精美工匠

1. 罗俊毅　苏华建设集团有限公司
2. 苏建生　龙海建设集团有限公司
3. 陈伟东　江苏天目建设集团有限公司
4. 宋顺华　江苏正方园建设集团有限公司
5. 宋海林　江苏五星建设集团有限公司
6. 汤小浩　江苏溧阳建设集团有限公司
7. 宗国强　江苏天力建设集团有限公司
8. 蒋志东　江苏溧阳城建集团有限公司
9. 郭乐群　晟唐伟业建设集团有限公司
10. 潘文君　江苏瑞峰建设集团有限公司

溧阳市建筑业 2017 年度最具成长性企业

1. 江苏鹏程钢结构有限公司
2. 溧阳市金燕建筑安装工程有限公司
3. 江苏华晨路桥有限公司
4. 安顺集团建设有限公司
5. 中一达建设集团有限公司
6. 江苏伟力建设有限公司
7. 江苏通用路桥工程有限公司
8. 江苏百茂建设集团有限公司
9. 溧阳市兴亚建筑工程有限公司
10. 中易建设有限公司
11. 江苏溧阳晶鑫建设有限公司
12. 江苏宏昌建设集团有限公司
13. 常州东华建筑安装工程有限公司
14. 江苏金濑建设工程有限公司
15. 江苏科嘉建设有限公司
16. 苏阳建工有限公司
17. 江苏宇浩建筑安装工程有限公司
18. 江苏博妍建设有限公司
19. 江苏昱星建设有限公司
20. 江苏弘海建设有限公司

溧阳市建筑业 2017 年度最美项目部

1. 苏华建设集团有限公司

宋小牛项目部
2. 苏华建设集团有限公司
卢建平项目部
3. 苏华建设集团有限公司
罗云新项目部
4. 龙海建设集团有限公司
蒋建国项目部
5. 龙海建设集团有限公司
陈炜炜项目部
6. 龙海建设集团有限公司
戴明瑜项目部
7. 江苏天目建设集团有限公司
赵文斌项目部
8. 江苏天目建设集团有限公司
黄晓琦项目部
9. 江苏天目建设集团有限公司
沈留坤项目部
10. 江苏正方园建设集团有限公司
江方文项目部
11. 江苏正方园建设集团有限公司
张二庆项目部
12. 江苏正方园建设集团有限公司
张　成项目部
13. 江苏五星建设集团有限公司
倪新民项目部
14. 江苏五星建设集团有限公司
陈和平项目部
15. 江苏溧阳建设集团有限公司
蒋雪芳项目部
16. 江苏溧阳建设集团有限公司
施建伟项目部
17. 江苏天力建设集团有限公司
徐　杰项目部
18. 江苏天力建设集团有限公司
宋跃国项目部
19. 江苏溧阳城建集团有限公司
吕俊骄项目部
20. 江苏溧阳城建集团有限公司
王　宏项目部
21. 晟唐伟业建设集团有限公司
王国忠项目部
22. 晟唐伟业建设集团有限公司
黄富国项目部
23. 江苏瑞峰建设集团有限公司
刘明法项目部
24. 江苏瑞峰建设集团有限公司
陈祥忠项目部
25. 江苏金马工程有限公司
朱丽平项目部
26. 江苏金马工程有限公司
郑正球项目部
27. 江苏苏南建设集团有限公司
范金明项目部
28. 江苏苏南建设集团有限公司
孙国清项目部
29. 江苏茂盛建设集团有限公司
皮精华项目部
30. 江苏茂盛建设集团有限公司
左云凤项目部
31. 江苏汉宇建筑有限公司
许建锋项目部
32. 江苏汉宇建筑有限公司
周建康项目部
33. 江苏鹏程钢结构有限公司
杨俊华项目部
34. 溧阳市金燕建筑安装工程有限公司
周祥清项目部
35. 江苏华晨路桥有限公司
钱军成项目部
36. 安顺集团建设有限公司
陈　宏项目部
37. 中一达建设集团有限公司
沈益明项目部
38. 江苏伟力建设有限公司
赵云福项目部
39. 江苏通用路桥工程有限公司
钱志华项目部
40. 江苏百茂建设集团有限公司
史建松项目部
41. 溧阳市兴亚建筑工程有限公司
谷玉明项目部
42. 中易建设有限公司
扈保华项目部
43. 江苏溧阳晶鑫建设有限公司
韦金荣项目部
44. 江苏宏昌建设集团有限公司
王建伟项目部
45. 常州东华建筑安装工程有限公司
经浩芳项目部
46. 江苏金濑建设工程有限公司
缪　超项目部
47. 江苏科嘉建设有限公司
邵文立项目部
48. 苏阳建工有限公司
周小俊项目部
49. 江苏宇浩建筑安装工程有限公司
李　鑫项目部
50. 江苏博妍建设有限公司
吴德保项目部
51. 江苏昱星建设有限公司
王文剑项目部
52. 江苏弘海建设有限公司
陆　凯项目部
53. 江苏圣丰建设有限公司
黄　柠项目部
54. 溧阳市水利市政建筑有限公司
黄路平项目部
55. 江苏金桥建筑安装工程有限公司
武忠平项目部
56. 江苏中安建设有限公司
陶春桂项目部
57. 江苏顺联工程建设有限公司
蒋建华项目部
58. 江苏中天市政工程有限公司
郑　伟项目部
59. 江苏恒卓建设有限公司
朱忠平项目部
60. 溧阳市建忠建筑安装工程有限公司
潘叶萍项目部
61. 江苏家宇建筑安装工程有限公司
史美涛项目部
62. 江苏鼎邦建设工程有限公司
殷剑敏项目部
63. 江苏中辰建设工程有限公司
王兆龙项目部
64. 江苏方正建设有限公司
赵阿荣项目部
65. 江苏恒固建设工程有限公司
张　琳项目部
66. 江苏黄腾建设有限公司
黄益骏项目部
67. 江苏宸希建设有限公司
赵　剑项目部
68. 江苏百尊建设有限公司
朱玉民项目部
69. 江苏龙地建设工程有限公司
钟俊强项目部
70. 江苏天之恒建设有限公司
顾　敏项目部

溧阳市建筑业 2017 年度最美建筑人

杨志龙　金海全　姜华平　马家俊
杨国富　史卫忠　魏　柯　陈达良
袁建新　潘韶其　沈崇良　刘永辉
陈海波　房国锋　蒋文化　王　伟
史志冬　蒋金保　彭旭东　陆　英
浦庆伟　沈建伟　杨　飞　赵建明
周红富　宋海福　尚定松　顾宇忠
张善兵　任吉如　吴建良　孟春明
朱丽萍　吴建明　赵桂民　万洪春

王国利　沈　俊　彭　洁　蒋少贤
骆志荣　陈国松　漆方林　柳晓春
王　宁　陈雪峰　吴忠平　杨国平
朱全松　张惠民　马菁良　张爱国
徐进才　谈志平　范根南　韦珍保
王新华　赵建忠　吴堂建　高晓良
芮　敏　马海彦　于加峰　郭　杰
蒋振宇　朱　平　芮俊杰　周国强
史云超　王庆安　陈洪建　胡为庚
谢高明　周　新　程卫平　施建国
吴丹云　赵伟平　李　强　颜　飞
杨科俊　徐安兴　余　鹏　徐中华
赵玉平　姜国松　袁建国　张建秋
张海兵　戚云涛　费　翔　汤云飞
芮俊飞　张俊杰　李国荣　史卫东
张晓东　刘国荣　缪桢清　钱　俊
史国平　施俊翔　杨　瑛　董　芬
刘振华　朱建平　蒋春平　沈雪东
万再仁　刘春富　沈荣亮　姜　琴
黄　梅　蒋建伦　钱建荣　谢伟彬
谢云龙　赵　梦　许馨予　唐夕琴
潘　坚　李志贞　王国强　赵国庆
吕长泉　刘　冰　史建彬　潘卫东
葛事成　史海江　蒋旭伟　钱　鹏
杨俊兵　潘亚平　王国新　史　俊
周建明　李来富　吕　俊　葛振康
黄　震　刘　鑫　杨涛涛　闵志富
宋　炜　蒋志平　汪立群　王冠达
吴　珏　沙　萍

企业选介

【龙海建设集团有限公司】 前身为溧阳市建工集团公司，逐步发展成一家“以信息化为基础，以科研为支撑，集施工、设计多项资质于一身”的区域性龙头建筑企业。公司注册资本金30200万元，公司具有建筑工程施工总承包特级资质、工程设计建筑行业甲级资质、市政公用工程施工总承包一级资质、机电工程施工总承包一级资质。建筑机电安装工程、钢结构工程、建筑装修装饰、地基基础工程等专业承包一级资质。还具有电子与智能化工程、消防设施、石油化工工程、锅炉、压力管道、压力容器、电梯安装等施工资质。具有商务部授予的对外工程承包签约权及省级技术中心。

集团总部设在江苏溧阳，有41家分公司、9家控股子公司，企业年产值超百亿元，名列中国建筑业竞争力百强企业172位。集团有注册建筑师、注册结构师、注册建造师等注册人员300余人。公司致力于质量、环境和职业健康安全管理，取得GB/T 19001—2008质量管理体系、GB/T 24001—2004环境管理体系、GB/T 28001—2011职业健康安全管理体系的认证。多次获得中国建筑业百强企业，全国优秀施工企业，江苏省建筑业百强企业，江苏省建筑业优秀企业，江苏省质量管理优秀企业，国家级重合同守信用企业，江苏省信用管理示范建筑业企业，上海市建筑业诚信企业，天津市优秀诚信企业，AAA级资信企业等称号。

企业围绕“科技兴企”和“管理竞争”的发展战略，分别与重庆大学、东南大学、南京工业大学等单位联合研发多项绿色、环保、节能建筑专利产品。公司拥有21项省级工法、19项专利（发明专利5项、实用新型专利14项）。公司采用信息化管理，提高管理水平，降低管理成本，加强管理效率。

公司国内市场遍布全国，国际市场分布在澳大利亚、朝鲜、印尼、卢旺达等国家。先后承建北京市门头沟区潭柘寺镇旅游产业项目、上海世博会日本馆、大型客机研制保障条件建设项目二期总装厂房工程、天津市公安局北辰分局、廊坊东方家具城、重庆第三军医大学第一附属医院科教楼、永城市体育中心体育馆、安徽阜阳国桢燃气调度中心办公楼工程、青奥文化体育公园为代表的众多总承包工程。一大批工程获得鲁班奖、市政金杯奖及“白玉兰杯”“扬子杯”“金奖海河杯”“中州杯”、钢结构金钢奖和军队一等奖等省市优质工程荣誉。

【江苏天目建设集团有限公司】 创建于1958年，于1995年组建省级集团公司，2002年由全民企业改制为民营企业，总注册资本3亿元人民币，总资产16亿元人民币，公司拥有6个子公司，施工区域辐射全国各省、直辖市及海外。

2017年6月，企业技术中心被江苏省经济和信息化委员会、江苏省住房和城乡建设厅认定为江苏省建筑企业技术中心。2018年2月企业申特成功，迈进了全国建筑施工企业“第一方阵”，企业还具有建筑行业甲级工程设计资质、机电工程、钢结构、地基基础、建筑机电安装、消防等一级资质、市政、冶金、建筑装修装饰、电子与智能化工程等二级资质、电力工程、石油化工工程、环保工程三级资质，锅炉安装Ⅰ级、起重安装A级及压力管道安装等特种资质，企业年完成国内外施工产值70多亿元。

企业管理成效突出，专业管理和综合管理都具较高水平。通过ISO 9001质量体系、OHSAS 18001职业健康安全体系及ISO 14001环境管理体系的认证，获得全国建筑业先进企业、全国安装行业先进企业、全国优秀施工企业、全国用户满意安装企业、全国守合同重信用企业、中国建筑业成长性200强企业、全国建筑业AAA级信用企业、江苏省建筑业最佳企业、江苏省建筑业百强企业、江苏省建筑业竞争力百强企业、江苏省知名建设承包商等称号。

企业坚持以“忠于职守，无私奉献，勇于开拓，争创一流”的企业精神，以“承一项工程，树一片信誉，辟一方市场”的经营宗旨，上下齐动、左联右合、内炼外拓、不断进取，先后承接一大批远近闻名的高、大、新、特工程。企业获得国家级优质工程数十项、省市级优质工程及省市级文明标化工程数百项，取得较好的经济效益和社会效益。企业在海外工程市场上也屡有突破，参加印度、土耳其、印尼、越南、法国、沙特、安哥拉、缅甸、柬埔寨、巴基斯坦等国家和地区的工程建设，所承建的工程均得到当地政府及业主的高度评价和赞赏。

【苏华建设集团有限公司】 原江苏华能建设工程集团有限公司，成立于1976年，是中国建筑业成长性百强企业、全国优秀施工企业、全国安装行业先进企业、全国守合同重信用企业、全国用户满意安装企业、江苏省建筑业百强企业。

苏华建设集团已经初具规模：公司注册资本1.28亿元，总资产超10亿元，2017年公司签订施工合同超100亿元，完成建筑业产值76.8亿元，上缴税金4.02亿元，其中上交溧阳市税金超2亿元。

苏华建设集团作为壹级资质企业，能够以EPC总承包的方式承建火电、风电、燃机发电、生物质发电、垃圾发电、光伏发电项目以及冶金、石油、化工领域的设备成套和房屋建筑、市政公用工程、消防设施工程和电子与智能化项目。还拥有锅炉安装改造一级许可证、起重机械安装维修改造、压力管道安装等许可证和电力设施承装（修、试）资格以及独立的对外承包工程经营权。公司先后承接溧阳本地多个规模较大的公共设施项目，包括学校、广场、绿地和园区道路等。

公司自成立以来，在北京、上海、天津、贵州等20多省、市设有分公司，施工业务遍布全国各地，建成各类电站5000座。除了国内市场，苏华建设集团还成功进入印尼、马来西亚、越南、缅甸、阿根廷、斯里兰卡、巴西等海外建筑市场，具备丰富的涉外工程承包经验和完善的保障体系。

公司多次获得中国建设工程鲁班奖、国家优质工程奖、中国安装之星、全国化学工业优质奖、“扬子杯”和“钱江杯”。公司自行开发多项国家级、省级工法，多项技术被中国安装协会和中国施工管理协会评为科技进步和科技成果奖，多项应用技术取得国家发明专利。苏华建设集团连续三年被中国施工企业管理协会评为科技创新先进企业。

【江苏正方园建设集团有限公司】 江苏正方园建设集团有限公司创建于1968年，2001年改制完成，总部坐落于无锡太湖新城，高浪路南侧。公司具有建筑工程施工总承包和市政公用工程施工总承包双壹级资质，同时具有地基基础工程、消防设施工程、建筑装修装饰工程和建筑机电安装工程等专业施工资质，已通过GB/T 19001、GB/T 50430质量管理体系、GB/T 24001环境管理体系、GB/T 28001职业健康安全体系的综合认证，是全国重信用守合同企业。

公司注册资金32000万元，总资产15亿元。对外投资设立江苏宝盛住宅工业有限公司、无锡江达节能科技股份有限公司、无锡市宝盛房地产开发有限公司、无锡正方园科技发展有限公司、无锡金水源物资有限公司等子公司，集建筑施工安装、房地产开发、市政道桥施工、商品混凝土生产销售、建材物流、建筑施工机械设备租赁为一体，成为专业化管理多元化发展的集团企业。

公司坚持“质量第一、信誉至上”，获得建筑行业多项荣誉。凭借优质的施工质量，优良的信誉，无锡市土地交易市场工程、无锡市人民医院儿童医疗中心工程、无锡市环境监测控制中心工程和无锡市轨道交通地铁控制中心工程等四项工程项目，连续获得中国建筑工程鲁班奖，打造建筑行业“正方园”品牌。

科技创新是公司持续发展的永恒原动力。公司多项技术获得国家专利、国家级工法和国家级QC成果。2010年，公司携手南京工业大学开发绿色建筑新产品，正方园科技大厦为江苏省首批、无锡首家全国3A级绿色施工示范工程。2011年，无锡首家同上海鲁班软件集团建立战略合作伙伴关系，在无锡锡山人民医院工程、无锡地铁轨道交通工程等项目成功运用并推广BIM技术施工。2015年，首度投资医疗民生领域，与苏州医科大学、江南大学等院校建立产学研合作机制，提供智能化医疗产品，最大限度实现“智慧医养”。2017年，公司投资设立江苏宝盛住宅工业有限公司，在工业化领域开创更广阔的市场。2012年，开发运用杭州新中大软件智能化信息管理平台，业务流程“标准化”建设，全面生产资源协调管理更加高效，提高企业核心竞争力。

【江苏五星建设集团】 创建于1964年，经过50多年的发展和壮大，取得了房屋建筑工程施工总承包壹级资质、市政公用工程施工总承包二级资质，以及建筑装修装饰、钢结构工程、机电设备安装工程、消防设施工程、特种结构（补强）、城市及道路照明工程、防腐保温工程、地基基础工程等专业承包资质和房地产开发资质，取得中华人民共和国对外承包工程资格。公司先后通过ISO 9001：2008质量体系认证，GB/T 28001-2011健康安全体系认证，GB/T 24001-2004环保体系认证，连续多年被授予全国守合同重信用企业、AAA级信用企业、银行信得过企业等称号。

公司注册资本2.01亿元，资产总额达23.3亿元。公司有技经人员400多名，其中高、中级技术人员120多名，一、二级注册建造师130多名，项目经理200多名。公司总部位于溧阳市罗湾路8号建设服务大楼5楼，下辖上海、南京、无锡、苏州、镇江、常州、徐州、海阳、广州、天津、项目管理公司等十几家分公司，拥有江苏凯浪置业有限公司、劳务公司、五星钢结构、德航投资公司、仁浩资产公司、李家园大酒店等多家子公司。

公司全体员工发扬“诚信敬业，团结拼搏，勇于开拓，务实进取”的企业精神，坚持走“质量—科技—效益”型发展之路，建立具有自身特色的质量保证和管理体系。承包的工程多次获得江苏省“扬子杯”、无锡市“太湖杯”、镇江市“金山杯”、常州市“金龙杯”等奖项。公司每年有多项工程，数百个项目被评为省、市级文明工地。2017年，公司施工的溧阳市人民医院新院工程被评为全国建筑业绿色施工示范工程。公司施工的南京空港NO.2015G47地块房地产开发项目27#、28#楼、云鼎秀水湾安置房一期二标段（14栋、16栋、17栋、18栋）等4个项目获得江苏省标准化文明示范工地称号。公司多次被评为全国优秀施工企业，江苏省、常州市建筑业优秀企业，江苏省建筑业竞争力百强企业，江苏省、常州市安全生产先进企业，溧阳市建筑业五强企业，溧阳市建筑业五星企业，溧阳市建筑业十佳企业等称号。

（陈　刚）

表 17

2017 年度建筑施工省级及以上优质工程情况

工 程 名 称	施 工 单 位	项目经理	获奖名目	颁发部门
溧阳市竹箦中心小学迁建	江苏天目建设集团有限公司	赵文斌	扬子杯	江苏省住房和城乡建设厅
华电望亭发电厂至无锡供热工程 I 标段	江苏天目建设集团有限公司	杨国芝	扬子杯	江苏省住房和城乡建设厅
江苏新韩通船舶重工有限公司 800 吨造船门式起重机安装工程	江苏天目建设集团有限公司	晏永健	扬子杯	江苏省住房和城乡建设厅
无锡高等师范学校新校区四标标体育运动中心	江苏正方园建设集团有限公司	王明生	扬子杯	江苏省住房和城乡建设厅
常州至溧阳高速公路	江苏华晨路桥有限公司（参建）	蒋勤伟	扬子杯	江苏省住房和城乡建设厅
大丰生活垃圾焚烧发电项目全厂机电安装工程	苏华建设集团有限公司	张 翔	扬子杯	江苏省住房和城乡建设厅
萧山区东片生活垃圾焚烧发电一期工程	苏华建设集团有限公司（参建）	罗俊毅	钱江杯	浙江省建筑厅、建筑业协会
河北灵达环保能源有限责任公司炉排炉替代一期流化床炉项目	苏华建设集团有限公司	强国斌	安济杯	河北省住建厅、建筑业协会
全椒太平文化街区工程	溧阳全润建设工程有限公司	万再仁	黄山杯	安徽省住房和城乡建设厅
122 省道常州东段工程	江苏华晨路桥有限公司（参建）	黄朝华	江苏省交通建设优质工程	江苏省交通运输厅
金湖县荷花荡旅游公路工程	江苏华晨路桥有限公司（参建）	邱阿才	江苏省交通建设优质工程	江苏省交通运输厅
宝鸡国金中心—购物中心工程	江苏鹏程钢结构有限公司	孔林方	金钢奖	上海市金属结构行业协会
江苏安靠电力电缆连接件和 GIL 扩产项目车间一工程	江苏鹏程钢结构有限公司	唐黎春	金钢奖	上海市金属结构行业协会

表 18

2017 年度省级建筑施工标准化文明示范工地情况

工 程 名 称	施 工 单 位	项目经理	获奖名目
溧阳市竹箦镇濑阳新村安置小区一期 4#–11# 楼及地库	龙海建设集团有限公司	陈 维	江苏省标化工地
新建 C 栋厂房及配套辅房项目	龙海建设集团有限公司	虞自强	江苏省标化工地
闫街、马庄还迁经济适用房 6#–12# 楼工程	龙海建设集团有限公司	朱士兵	天津市文明施工示范工地
谷物加工成套设备制造项目新建生产管理用房—联合厂房、办公楼	江苏正方园建设集团有限公司	江方文	江苏省标化工地
太湖新城东侧校区和畅小学建设项目施工总承包标段	江苏正方园建设集团有限公司	王明生	江苏省标化工地
南京空港 NO.2015G47 地块房地产开发项目 27#、28# 楼	江苏五星建设集团有限公司	张善兵	江苏省标化工地
梨庄实验小学扩建项目	江苏五星建设集团有限公司	陈 栋	江苏省标化工地
云鼎秀水湾安置房一期一标段（1 栋、2 栋、15 栋及 D1 地下车库）	江苏五星建设集团有限公司	陈和平	江苏省标化工地
云鼎秀水湾安置房一期二标段（14 栋、16 栋、17 栋、17 栋）	江苏五星建设集团有限公司	张建全	江苏省标化工地
徐州好得家商城项目 A 区	江苏苏南建设集团有限公司	钱浩兴	江苏省标化工地
恒通、竹田桥地块开发项目 -- 江苏溧阳恒通、竹田桥地块南和园 19 号、20 号楼	晟唐伟业建设集团有限公司	徐 智	江苏省标化工地
江苏省溧阳市晶阳华苑住宅小区一标段	晟唐伟业建设集团有限公司	蓝 彬	江苏省标化工地
句容市香溪湾住宅小区三期工程（E3#，E5#，E6#，E7#，S8#，S9#，s11#，s12#，4# 地下车库一区及人防地下室）工程	江苏茂盛建设集团有限公司	左云凤	江苏省标化工地
S20 公路（沪嘉 – 曹安路）路面大修工程 1 标（外围 K75+615.8–K75+938.8K77+341.3–K78+800）	江苏溧阳建设集团有限公司	王 宁	上海市文明工地
莱芜安泰华府 8#、10#、11#、12#、13# 工程	江苏溧阳城建集团有限公司	周友飞	山东省建筑施工安全文明标准化小区
莱芜安泰华府 5#、6#、7#、9# 工程	江苏溧阳城建集团有限公司（参建）	周友飞	山东省建筑施工安全文明标准化小区
华府晶园 3 号地块（9#、10#、14# 住宅楼、物业、社区管理用房及 E、F 区地下车库	溧阳市金燕建筑安装工程有限公司	周国强	江苏省标化工地
华府晶园 4#–8# 楼、D 区、G 区地下室工程	溧阳市金燕建筑安装工程有限公司	史云超	江苏省标化工地
恒通、竹田桥地块开发项目 -- 原恒通地块商业楼、地下车库	江苏天之恒建设有限公司	张志峰	江苏省标化工地

2017 年度溧阳市工程建设省级工法情况

表 19

工法名称	主要完成单位	完成人
大型固定式龙门吊安装工法	江苏天目建设集团有限公司	陈洪民、蒋金保、晏永健、陈亚萍、龚建军
模块式雨水收集利用系统施工工法	江苏正方园建设集团有限公司	孙朝晖、杨飞、余日升、江方文、王小亮
高承载力基础桩及其与基础处理集成施工工法	江苏溧阳城建集团有限公司	徐超、郑春晖、刘忠云、钱莉、阮琪
现浇板后浇带充气软管模板系统施工工法	江苏溧阳城建集团有限公司	徐超、郑春晖、刘忠云、钱莉、阮琪
高层型钢框架核心筒结构楼板悬模浇筑施工工法	晟唐伟业建设集团有限公司	蒋清剑、朱琪中、王宁、史旭琴、宋琦
节能型工具式装配幕墙施工工法	晟唐伟业建设集团有限公司	彭秀川、张欣华、韩书海、彭振、陶旭

2017 年度溧阳市建筑施工技术科技进步获奖情况

表 20

名称	获奖单位	获奖名目
超限设备与结构整体提升成套机具和吊装工艺的研制开发及应用技术	苏华建设集团有限公司	科学技术奖科技创新成果二等奖（中国施工企业管理协会颁发）

2017 年度溧阳市工程建设类专利情况

表 21

专利名称	专利权人	类别	专利号
环保建筑隔热材料	龙海建设集团有限公司	发明专利	ZL 2015 1 0336662.0
一种安全顶	江苏溧阳建设集团有限公司	发明专利	ZL 2015 1 0445171.X
型钢框架结构混凝土楼板悬模浇筑施工方法	晟唐伟业建设集团有限公司	发明专利	ZL 2014 1 0057445.3
柱周楼地面混凝土面层可调式工具化模板	江苏天目建设集团有限公司	实用新型	ZL 2016 2 0313665.2
抵抗高空悬挑钢结构平台拆除过程中冲击荷载的拆除结构	江苏正方园建设集团有限公司	实用新型	ZL 2016 2 0813463.4
一种用于标准化施工的临边安全护栏	江苏正方园建设集团有限公司	实用新型	ZL 2016 2 0810742.5
扁铁扣件式外脚手架连墙件	江苏正方园建设集团有限公司	实用新型	ZL 2016 2 0809701.4
一种燃气管道顶管施工结构	安顺集团建设有限公司	实用新型	ZL 2016 2 1104061.3
一种地下燃气管施工刃脚安装结构	安顺集团建设有限公司	实用新型	ZL 2016 2 1103334.2
一种燃气管道隐蔽施工结构	安顺集团建设有限公司	实用新型	ZL 2016 2 1104574.4
一种燃气管道管口矫正装置	安顺集团建设有限公司	实用新型	ZL 2016 2 1103948.0
一种燃气管道施工用地上电杆保护装置	安顺集团建设有限公司	实用新型	ZL 2016 2 1103781.8
一种燃气管道吹扫装置	安顺集团建设有限公司	实用新型	ZL 2016 2 1104003.0
一种室内装潢涂料搅拌设备	江苏天力建设集团有限公司	实用新型	ZL 2017 2 0599681.7
一种室内装潢辅助装置	江苏天力建设集团有限公司	实用新型	ZL 2017 2 0600258.4
一种车载混凝土搅拌机	江苏天力建设集团有限公司	实用新型	ZL 2017 2 0305804.1
一种车载建筑吊车	江苏天力建设集团有限公司	实用新型	ZL 2017 2 0305888.9
一种电动吊篮专用调节装置	江苏天力建设集团有限公司	实用新型	ZL 2017 2 0305887.4
一种钢板切割装置	江苏天力建设集团有限公司	实用新型	ZL 2017 2 0303590.4
一种管材切割台	江苏天力建设集团有限公司	实用新型	ZL 2017 2 0319988.7
一种钢筋切断机导向台	江苏天力建设集团有限公司	实用新型	ZL 2017 2 0303911.0
一种钢筋弯曲机盛料装置	江苏天力建设集团有限公司	实用新型	ZL 2017 2 0303903.6
一种钢筋折弯机	江苏天力建设集团有限公司	实用新型	ZL 2017 2 0319992.3
一种工程用水泥储料仓	江苏天力建设集团有限公司	实用新型	ZL 2017 2 0319934.0
一种工件裂纹探测装置	江苏天力建设集团有限公司	实用新型	ZL 2017 2 0381879.8
一种水利工程用搅拌装置	江苏天力建设集团有限公司	实用新型	ZL 2017 2 0319991.9

交通运输

【基础设施建设】 围绕市委、市政府重大发展战略，推进重点交通基础设施建设，完成交通建设投资30.755亿元，再创历史新高，为全市“稳增长”做出重要贡献。综合交通形成新局面。围绕建设“苏皖区域性节点枢纽”目标，推进和实施了一批重点基础设施项目，为溧阳建设“宁杭生态经济带最美副中心城市”提供支撑和先行引领。加速融入“宁杭生态经济带”。立足高铁改变溧阳城市格局。做好镇宜铁路项目对接规划研究，增设溧阳北站。开通溧阳始发至上海高铁班次，成为宁杭线上第二个拥有始发班次的县级城市。加快高速路网建设，溧高高速全线开工建设，溧宁高速前期工作快速推进，增设宁杭高速曹山互通取得突破性进展，2018年启动建设。宁杭高速溧阳东互通建成投运，溧阳城区实现东南西北中均有高速互通。城乡格局优化提升。干线公路加快实施，开工建设G104城区改线段，S341上兴和别桥段、S360社渚至明珠大道段主体贯通，G104溧阳收费站建成收费。三级航道建设进入最后阶段，除部分桥梁工程外，芜申运河、丹金溧漕河溧阳段航道工程建设基本完成，航道水运优势得到发挥。芜申运河城区段9.5公里前期工作加快推进。“交通+”模式迈出新路径。2017年，按照“全国一流、全省示范”标准，聚焦“自在驾行，畅游溧阳”主题，以“三山（南山、曹山、瓦屋山）两湖（天目湖、长荡湖）”为中心，启动并实施全域旅游公路建设，把全市的主要景区和乡村旅游景点串联起来，打造全长350公里的“溧阳1号公路”，探索出“交通+”的新路径。山水融路，提升功能。立足打造“移步即景”的视觉享受，将旅游公路与沿线山水风光、乡村风情相融合，建设“显山露水、自然通透、乡村野趣”的道路景观。根据沿线景区、景点分布情况，规划设置10个驿站、15个观景台、13个休憩点，拓展旅游公路服务功能。智慧引导，自在畅游。通过互联网和旅游大数据应用，将旅游信息、道路出行信息、景区承载信息等整合到溧阳行、溧阳交通、美音溧阳手机APP服务平台。游客只需扫描二维码，就可以快速了解所有沿线景点、驿站以及特色产业、文化等旅游信息。溧阳旅游公路获评江苏省智慧旅游示范项目。串点引线，助力产业。通过建设旅游公路，串联起全市主要景区、景点和75个行政村、233个自然村，连接220多个乡村旅游景点、62个美丽乡村和特色田园乡村试点村，初步构建“一路一景、一路一特色”的“大旅游”格局，助推旅游业发展。2017年10月16～17日，省交通运输厅组织《人民日报》、《新华日报》、人民网、江苏卫视等20余家中央、省级媒体在溧阳召开“媒眼看农路”现场会，总结宣传推广溧阳经验。12月初，“溧阳1号公路”作为常州地区唯一风景道，入选“江苏省首批旅游风景道”。

【城乡客运】 优化农村交通环境。开展“四好农村路”创建工作，新改建农村公路100公里、改造危旧农桥20座，农村交通条件得到改善。彰显公共交通效应。依托镇村公交，使公共交通资源惠及更多农村群众。在全市9个乡镇客运站建成“交通书屋”，每个客运站为所在镇村群众每年免费提供各类书籍2000多册。延伸“公交爸爸、公交妈妈”品牌服务内涵，建设“亲子行学生关爱系统”，实现乘坐镇村公交上下学学生全覆盖，家长能随时掌握孩子动态。党员职工自愿捐款，设立爱心基金，为家庭困难孩子提供帮助。2017年9月全面实施农村老年人乘坐镇村公交优惠政策，农村受惠群众超过30000人。

【行业管理】 码头管理保持常态。对照市政府进一步加强矿产品生产运输秩序长效管理工作要求，巩固内河港口码头整治成果，建章立制，对码头实施常态化、长效化监管，确保整治保留码头规范经营，严防关停码头“死灰复燃”和擅自新建、改建、扩建码头。运输市场秩序良好。完成春运工作任务，安全发送旅客290万人次，做好重大节日期间运输保障工作，确保旅客走好、走了。坚持路面一线执法，严查各类违规经营行为，全年查处各类案件245起，查处非法营运“黑车”60余辆，其中非法营运网约车26辆，有效维护全市运输市场秩序。做好高中考考生运输保障工作，运送考生5814人次，连续5年开展出租车高考“爱心送考”活动。推进“诚信汽修”建设，52家汽修企业达到信用A级以上。建立应急救援网络，公路应急救援快速有效实施。专项行动成效显著。对照“263”专项行动目标任务推进。完成辖区77艘400总吨以上内河船舶生活污水防污设施改造。推广清洁能源在公共交通行业的应用，年度新增更型75辆清洁能源公交车。开展汽修企业“三废”专项整治，新建及改造储存间45间，建立健全尾废的防范、储存、回收处置制度和流程。“五项行动”全面推进。开展交通干线沿线环境综合整治五项行动，提升104国道、241省道等干线公路绿化，完成宁杭高铁、高速公路、国省干线洁化、绿化任务。干线航道、港口码头整治推进顺利，新增航道绿化40万平方米。在2017年常州市组织的辖市（区）年度考核中，溧阳市综合考核排名位列常州第一。行政执法规范有序。全年办理交通行政许可161件、处罚案件3783件，没有发生行政复议、行政诉讼案件，未发生媒体或网络曝光、投诉举报和上级通报批评事件。做好“七五”普法宣贯工作，组织系统内执法培训两期。按照上级统一部署，综合行政执法改革工作稳步推进。建成水上交通指挥中心、海事船检服务中心，别桥海事所建成投用，交通服务手段和方式得到创新。路域环境持续改善。全年投入养护经费4120.36万元，干线公路优良路率100%，县道好路率98.75%，农村公路好路率80.11%，路容路貌得到极大改善。加大治超治限力度，全年查处违法运输车辆268辆，卸驳载2857.5吨。应对各种路况险情，全力处置，保障道路安全畅通，特别是面对今年初暴雪恶劣天气，全体交通人众志成城，昼夜奋战，尽责尽职，真正做到了“大雪无痕”，保障了群众的安全出行。安全形势平稳趋好。履行安全生产“一岗双职”，开展安全专项整治和平安创建，S341获评省级示范“平安工地”。公路坚持每月人均上路巡查26天以上，辖区水域海事巡航1907艘次、巡航里程20283公里，航政巡航740人次、巡航里程6389公里。开展天目湖水上安全应急演练、“水上交通安全知识进校园”等活动，辖区公路、航道及管理水域安全、有序、畅通，天目湖连续24年水上安全无事故。定期开展行业不稳定因素大排查，对出租车行业等有可能影响稳定的因素和群体早介入、早调查、早化解。

【党建创建】 开展“三大一实干”活动。组织局属各单位在回答好全市“六问六答”的基础上，讨论交通系统促进改革发展、推进优质工程建设、推进民生实事等重点专题，在全系统内开展“我为交通发展献一计”千字征文等活动。组织交通系统51名走访干部深入乡村社区，以“四心工作法”融入大走访全过程，全年完成走访群众户数1530户，梳理问题642个，已帮助处理580个。在全系统开展“全面对标找差，全力争创一流”活动，对标先进地区，全面了解学习新思维、新方法，并召开交通系统意见征求会，查找各项工作中存在的问题、困难和短板，制定具体措施进行提升整改，力争缩小与标杆单位之间的差距。夯实行业党建工作基础。围绕“抓日常、补短板、创品牌”基层党建工作主题，狠抓日常、紧盯难点、突出创新。做好流动党员管理，把系统内流动党员的生活及工作纳入管理和服务之中。利用“互联网＋党建”模式，在镇村公交推出“学生关爱”卡。健全制度建设，制定出台《溧阳市交通运输系统制度汇编》，在机关运转、工程建设、财务管理、干部选拔等各方面做到用制度“说话”。持续抓好党风廉政建设。贯彻党的十八大、十八届六中全会精神，学习党的十九大精神和习近平新时代中国特色社会主义思想，坚持全面从严治党不动摇，时刻以党的理论武装头脑，指导工作。以市级机关实行纪检派驻制度改革为契机，落实“一岗双责”“党政同责”“守土有责”的党风廉政建设原则，开展腐败易发多发重点领域和部门治理专项行动，加强对工作作风、资金使用、重点项目的监督检查。开展廉政教育，组织机关干部、各企事业单位中层以上干部100余人，到常州监狱开展廉政警示教育。坚持每月2课手机廉政课堂教育，廉政教育常抓常新。丰富行业品牌创建内涵，深化“工人先锋号”“青年文明号”“巾帼文明岗”创建活动。城市公交7路创成“全国敬老文明号”，汽车站“101亲情服务班”被评为全国巾帼文明岗，交通系统“国字号”荣誉增加到10个。市交通局在2017年度政府目标管理考核中获优胜单位，文明城市创建工作被市委、市政府授予集体三等功，打造的“溧阳1号公路”被市委、市政府评为2017年度工作创新奖。交通局党委被市委评为“五个好”机关党委，交通工程建设管理处党支部被授予全省交通行业先进基层党支部称号，公路管理处被评为全省公路系统先进单位，地方海事处荣膺全市文明城市创建先进单位，客运公司建成常州市信赖职工之家，江苏通用路桥工程有限公司被评为全市建筑业优秀企业。

（董小俊）

邮　　政

【概　况】 2017年，溧阳邮政分公司根据市场需求，创新经营模式、开拓经营思路，以重点项目、重点业务、重点市场为契机，抓好业务发展的同时强调有效收入增长，优化业务结构，各项经营工作持续好转。

溧阳分公司全年实现邮政业务总收入1.84亿元，完成市公司计划的103.12%，比上年增长18.3%，完成率排全区五个二级单位第三位，增幅排第一。实现有效收入1.3478亿元，完成市公司计划的102.3%，比上年增长17.25%。累计实现收支差4727万元，完成市公司计划的100.40%，比上年同期增长27.37%。

2017年初，为做大规模，实现溧阳在全省应有的位置，溧阳邮政分公司公司提出“赶超六合”的移位争先口号。按省公司口径，2017年公司实现收入1.7829亿元，完成省公司指标的107.33%，增幅14.29%。完成率全省排第4。收入增幅全省第

15。在全省县公司排名由2016年的21位，移位到19位。

【规范化服务】 根据集团、省、市公司的相关要求，开展无着邮件管理提升专项活动，组织无着邮件相关内容书面考试，营业、投递参考率100%。规范窗口收寄制度的执行，提高收寄质量，无着邮件数量明显下降。在全年投递服务质量大检查活动中，对所属30个投递网点进行全覆盖检查，落实整改问题35条，考核金额3050元。解决了部分投递网点管理不到位，客户投诉率高，虚假反馈投递信息，退转邮件审核把关不严等问题。对七里岗投递部作业流程进行优化，重新组建12条快包投递专段，21条普邮段。增加城区小包外包投递人员9人，通过优化组合，日常专段快包投递能力提高到3800件／天。

2017年，公司完成前马、后六、边界市场等3个支局的改造或迁址工作。对全市34个金融网点门前高清探头进行升级改造，为提升服务能力和网点发展提供保障。完成邮政大楼11楼大会议室的改造。

履行邮政普遍服务职责，加快业务办理、邮件传递、查验赔偿和投诉处理速度，优化服务体验，持续提高客户满意度。高度重视安全管理工作，确保了“十九大”期间邮件运营的安全。

服务“三农”。依托线下实体网点和邮掌柜、邮乐网、优乐生活等线上平台，参与农村电商建设运营，推进综合服务平台建设。助推地方香肠和茶叶等本地农产品进入全省、全国邮政农产品体系。

创建特色邮路。深化“特色邮路”创建，以加强诚信建设、道德建设、生态文明建设为主要内容，推进特色邮路创建向更高水平迈进。

参与创建全国文明城市。领导班子亲自对公司所有窗口分片监督检查，落实问责考核，利用邮政特有载体播放公益广告，传播文明风尚，开展交通志愿者、路长单位服务，助力全国文明城市创建。

重视先进典型培育。结合邮政行业实际，组织开展“十佳”服务新事、“十佳”道德模范评选活动。组织参与省、市级岗位学雷锋标兵、道德模范和身边好人等评选交流活动。

【营销管控】 企业的发展追求效益，2017年，公司在抓业务发展的同时，注重成本费用管控，大幅度下调长期来的高营销费配置标准。2017年，公司在业务收入增幅超18.39%的情况下，对应的营销费成本不升反降，营销费额度比上年下降397.67万元。

执行各类服务、管理规定，采取常规检查、不预告检查、邮银联合检查、非现场检查等方式狠抓服务质量和服务规范，落实邮政金融风险内控机制，防范金融风险。2017年，检查局所285次，走访用户438户，填写视察报告书99份，缮发《整改通知单》136份，累计考核金额57957元，奖励10463元。强化日常基础管理，各项指标均控制在规定的质量目标范围内。总包邮件损失数为0个，给据邮件损失数为0件，邮件处理规格综合不合格率为2.48%，控制在5%以内，机要邮件失密率为0，城市通邮率100%，邮政运输设备完好，重大以上事故案件0件。

【管理工作】 2017年，公司新制定《资金支付及费用报销审批流程》，规范财务要求。通过与上级主管部门的沟通，建言献策，优化财务处理流程，提高财务处理效率。通过这种管控，对各项成本、费用的使用都做到了公开透明、责任清晰、管控及时。

全年的绩效办法在上年的基础上进行优化，真正形成岗位职责、工作业绩和实际贡献直接挂钩的企业内部分配体系，重点突出了重业绩、重贡献的分配激励机制。为加强干部队伍建设，优化干部队伍结构，推动各项工作的开展，公司坚持强化竞争导向，不断完善选拔任用机制，全年有5名青年员工被选拔为支局长，干部队伍呈现学历层次趋高、年龄结构趋轻、岗位结构趋优、人才成长趋快的局面。

为使全员认清当前社会治安形势的严峻性，增强全员安全保卫工作紧迫性和危机感，针对本系统内部以及金融系统内发生的大案要案，公司及时通过网络学习和文件学习等方式组织员工开展案例教育活动，分析案件成因，总结经验教训，使广大员工对安全工作认识有了不断提高，全年没有发生大的安全事故和案件。

邮政金融业务是邮政行业资金流主体业务，虽然在日常管理中严格执行银行业管理的各项规定和制度，但仍有经营风险的存在。为避免经营风险的发生，公司严格执行轮岗制度。对支局负责人和储蓄柜员进行轮岗，自4月开始，对各金融网点柜员和支局长岗位，全面实行不预告轮岗制度。组织职能部门和金融业务局相关人员对轮岗人员进行责任审计，发现问题及时纠正。全年有12名支局长、12名综柜、45名普柜轮换到新的岗位工作。对金融从业人员开展月月排查制度，开展警示教育活动。如开展代理金融从业人员行为排查“百日大行动”专项活动，对个人的投资、担保、赌博、吸毒等异常行为，进行排查，建立排查档案，开展经常性思想教育工作，保证金融从业人员警钟长鸣。

【文化建设】 2017年，公司坚持“以人为本”的理念，围绕构建和谐企业，开展精神文明建设，促进员工与企业共同发展。党的“两学一做”常态化制度化教育实践活动成效明显，党风廉政建设进一步加强，领导干部廉洁从业各项规定得到执行。强化全公司各级干部职工科学发展的理念。

2017年，公司获得常州市邮政公司2016年度“全员创新，岗位创业”优秀奖；被溧阳市总工会评为“2015—2016年度模范职工之家”、创建和谐劳动关系先进企业；被溧阳市人行授予“2016年度银行业金融金融机构安全防范工作优胜单位”称号。报送的“书香溧阳 我是小报童”项目被溧阳市精神文明指导委员会授予2016年度未成年人思想道德建设项目三等奖。运保部被常州市公安局评为2016年度常州市单位治安保卫工作先进集体。公司2016年度常州邮政金融规范服务提升活动方案中，溧阳金厦花园支行被评为省级五星网点。公司巾帼投递班被溧阳市总工会授予“五一巾帼标兵岗”称号。

（钱恩民）

中国电信股份有限公司溧阳分公司

【概　况】 中国电信溧阳分公司（溧阳市电信局）是为溧阳地区各党政机关、企事业单位和居民提供话音及数据通信服务的主要电信运营商，同时承担着全市党、政、军特殊通信（党政专门网、应急通信）重任。公司经营业务范围包括固定电话、宽带、天翼手机、网络电视和社会信息化应用等诸多电信业务。

分公司先后获得江苏省诚信单位、常州市诚信单位、常州市保护消费者权益先进集体、溧阳市安康杯竞赛优胜单位称号，连续多年保持江苏省“文明行业”称号。

【业务发展】 2017年，公司通过坚持终端引领带动4G智能手机规模发展，加快光纤入户改造，开展“百兆宽带”和“高清itv”免费体验活动，新推出的“流量不限量”业务。

公司加快推动地方信息化建设步伐，主动参与政府电子政务公开服务平台、医院医生工作站、镇区社会面治安监控系统扩容等信息化项目的建设，提升政务管理、社会管理的信息化水平。平安护民、数字卫生系统、数字城管、司法E通、天翼对讲、车辆LBS以及移动视频监控等“智慧型”等一批项目促进了政府及企业的现代化转型。

【服务能力提升】 公司推进社会渠道建设，2017年新增多家服务门店。截至2017年年底全市有电信服务门店100多家，其中乡镇门店80余家。推动服务门店模式转变，所有门店全部采用全新的开放式体验运营模式。公司营业厅全部配置兼职辅导员，帮助新入网客户熟练掌握智能软件安装和使用。

建立网络舆论监察体系，及时收集各类服务意见，坚持多部门联动快速解决跨部门服务问题和定期通报服务问题。强化落实首问负责制和服务升级处理制度，将服务问题解决在第一界面。优化管理流程落实各类系统使用，开展用心装维专项活动，简化内部流程，减少无效退单。开展客户满意度提升专项行动，客户感知明显提升。

【网络建设】 公司继续推进“光网城市　宽带溧阳”战略，光纤到户和光进铜退是公司全年建设工作的重点，2017年实现全市光网络全覆盖，能全面提供家庭百兆甚至千兆的高速宽带接入服务。

加强滴灌站建设，改善景区、高层小区和重点区域的4G信号质量。开展宁杭高铁沿线4G网络优化，实现4G信号高铁不掉线。推进WIFI网络规模化建设，强化热点的全面有效覆盖。

【企业管理】 以深入推进创先争优为契机，以“创新推动转型上水平，争先实现发展新突破”为主题，以树旗帜、展风尚，铸品质、促和谐为主线，开展党建生态区建设和基层党组织建设活动，布置落实“道德讲堂”，加强中心组理论学习，组织发起全员读书节，开展文化大讨论，全面推进学习型企业建设。

开展各类劳动竞赛和活动，引导

深入学校企业办理业务　　（市电信局　供稿）

和鼓励广大员工积极投身市场，争先创优。举行丰富多彩的文体活动丰富员工业余生活和有效缓解员工工作压力。增强员工的生产安全防范意识，严格落实安全生产责任制，做好安全生产工作。切实做好党风廉政建设，把廉政建设和改革发展同部署和同考核，形成自律和他律、要廉洁和促廉洁的良好工作机制。

（史春荣）

中国移动通信集团江苏有限公司溧阳分公司

【概　况】 中国移动通信集团江苏有限公司溧阳分公司（以下简称溧阳移动）是溧阳地区运营规模最大、客户数量最多、网络覆盖最全的全业务通信运营商。公司响应国家提速降费号召，落实溧阳市委、市政府要求，推出系列提速降费举措，为广大客户提供优质优惠的移动信息服务。围绕“数字民生、无线政务、网络文化、信息兴业”，助力全国文明城市创建和“智慧城市”、“智慧经济”建设，为拉动溧阳产业发展、助建和谐社会贡献应有力量。公司先后获得全国用户满意企业、全国用户满意服务明星班组、江苏省青年文明号、江苏省巾帼文明岗、江苏省文明单位、常州市社会责任达标企业、常州市工人先锋号、常州市诚信单位、溧阳市创建全国文明城市先进集体等称号。截至2017年，移动用户手机上网流量单价平均下降60%，累计各类用户规模超过55万户，保持行业主导地位。

【业务发展】 溧阳移动加快4G+网络建设，推进移动光纤宽带全面升级，取消手机国内长途及漫游费，加强产品和业务创新，推出“不限量任我用”等流量优惠套餐，以实际行动降低客户通信消费成本。

溧阳移动主动参与智慧政务电子政务CA认证、智慧水利信息化平台、智慧城管违停管控系统、智慧旅游无线覆盖等信息化项目的建设，强化智慧城市的建设能力，为建立互利共赢的生态圈、共同推动智慧城市建设从规划走向现实打下了坚实基础。溧阳移动发挥优势，持续推动转型升级，针对大型企业，推动固话及互联网专线服务及跨省、跨市数据专线建设，提供专用、稳定、安全的链路，针对中小企业提供百兆宽带产品，存量低带宽专线用户，提供免费提速活动，惠及大型企业100余家，小微企业250余家。

【服务能力提升】 溧阳移动致力于社会服务网点的拓展建设，截至2017年，全市有各类营业厅130家，营业网点覆盖面宽、受理业务全。2017年，溧阳移动在全市开设32家宽带电视服务站，致力于服务周边群众，打造“家门口的宽带电视服务好管家”，实现移动智慧家庭产品的体验、销售、服务一体化。

营业厅党员服务先锋队

（移动公司　供稿）

助力地方经济及社会信息化发展，为最美“一号公路”、天目湖景区、七彩曹山等特色景点提供智能化服务，将大数据、大旅游、大交通统筹结合，为游客提供旅游信息、道路出行信息、景点景区承载信息，做到精确匹配和调控，为旅客匹配更多经典旅游线路。

【网络建设】 2017年溧阳移动为彻底解决天目湖区域内重要道路、农庄酒店4G信号覆盖问题，成立网络质量攻坚小组，提升溧阳旅游景区移动网络质量水平。加快重点项目基础通信建设，截至2017年年底，溧阳移动4G室外宏站数量超2200个，城乡镇区的4G覆盖率达96%，宁杭铁路溧阳段沿线高铁4G专网覆盖率100%。通过持续推进4G+网络扩容升级，4G＋下行峰值速度可达300Mbps、上行速度达50Mbps，为普通4G网速的2.5倍，实现“秒传”网络传输体验，使溧阳移动“4G+网络”保持业内领先。

【通信保障】 2017年，在确保网络覆盖率稳定提高的同时，溧阳移动进一步提升网络质量和稳定性，服务地方保障网络通信畅通，用实际行动践行“做优秀企业公民”的庄严承诺。对当地雨雪冰冻灾害、溧阳茶叶节暨天目湖旅游节、宋团城观灯节等重大事件提供通信保障，通过话务预测、建立话务模型、完善保障流程、制定应急保障及演练制度，完成各项通信保障任务。

【社会公益】 2017年，溧阳移动志愿者服务队在帮残助弱、绿色环保、应急救援、社区便民等志愿活动中，用实际行动服务社会、奉献社会，组织无偿献血、慈善一日捐、黄山村党支部帮扶结队、关爱留守儿童等公益活动，捐赠物资12万余元。公司在溧阳全国文明城市创建期间，牵头落实政府违章停车监控项目，引入专利防治“牛皮癣”，对老旧光改箱进行集中整治，对百个小区进行线路整改，落实“路长制”与“门前三包”制度，开展志愿服务1000多人次，为改善城市环境面貌、优化社会公共秩序、改进公共服务质量、促进城市文明程度和市民文明素质整体提升做出应有的贡献。

（吴雅瑜）

中国联合网络通信有限公司溧阳市分公司

【概　况】 中国联合网络通信有限公司溧阳市分公司以服务质量为保证，以用户满意为宗旨，以有效发展为目标，强化主营业务和优势产品，优化内部管理，深化企业改革，推进双文明建设工作，企业工作都取得了新的进展，截至2017年年底在网用户12万户。

【联通混改】 经过两年的混改，中国联通2016年引入了许多的互联网战略投资者。其中包括，中国人寿、腾讯、百度、京东、阿里巴巴、苏宁云商、光启集团、前海母基金、滴滴出行、网宿科技、中国中车、用友软件、宜通世纪等。而其中百度、阿里巴巴、腾讯、京东四家投资超过270亿元。而经过混改之后的中国联通也开始引入互联网思维，混改红利也开始在显现。陆续推出“腾讯王卡”“蚂蚁宝卡”等互联网资费卡，从而惠及和吸引了近亿的用户。

【信息化建设】 随着数据通信与多媒体业务需求的发展，适应移动数据、移动计算及移动多媒体运作需要的第四代移动通信开始兴起，4G也因为其拥有的超高数据传输速度，被中国物联网校企联盟誉为机器之间当之无愧的“高速对话”。中国联通正在加速5G布局。

联通凭借其诸多优势，助推溧阳经济社会信息化进程，为全市广大企事业单位提供更多高效便捷的信息化服务，并进一步加强与市政府在信息化基础设施建设、产业链整合与提升、先进信息技术应用、农村信息化推进等多个领域的长期深度合作。越来越多的企业选择联通4G业务，为企业的信息化管理带去更便捷的服务。

溧阳联通致力于加大加快零售渠道建设，为市民提供更加便捷的通信服务。截至2017年年底，溧阳联通建成营业厅70家，各网点约100家，丰富了为市民服务的平台。

【网络质量提升】 溧阳联通这两年全力建设和改善4G网络，实现4G覆盖基本满足用户需求，语音渗透基本无缝隙。为此溧阳联通成立了4G工程工作小组，配合市公司，强化工程质量和工期目标，细化工作内容和工程责任，达到了既定目标。联通4G已覆盖溧阳的全部城区和乡镇的主要景点和基础交通设施，在4G所覆盖范围内，可以提供高速数据业务，用户的网络满意度大幅提升。

【企业管理】 溧阳联通在向外界提供良好的通信服务的同时，不断强化内部管理，向管理要效益，提高了工作效率。狠抓安全生产，落实安全责任目标，确保全年无一起安全责任事故。加强预算管理和可控成本管理，提高财务管理水平。

溧阳联通自成立以来，获得“溧阳市文明单位”“创建和谐劳动关系先进企业”“先进职工小家”“投诉不出门店优秀企业”“诚信单位”“放心消费创建活动先进单位”等多个荣誉，

（徐　丽）

溧阳云计算中心

【概　况】 溧阳云计算中心由中国电信投资建设，位于江苏省溧阳市燕山新区，总投资约4.5亿元，具备满载2156个机架的服务能力，于2016年4月正式投入运营。

该中心具备六大优势：网络优势。实现了骨干网直连；出口带宽达200G（后续扩容至400G）。是中国电信在华东江浙地区重要节点。 星级优势。机房按最高标准五星级建设，是截至当前省内唯一县级五星级云数据机房、常州地区最大的云计算资源提供商。承重优势。机房地面全面积承重均达1.6吨，承重标准在同类机房中处于领先地位。安全优势。电力系统双路配置，双管路按照空调水系统，水蓄冷能满足市电停电时15分钟的不间断供冷。交通优势。周边有常溧高速、宁杭高速，距高铁站、高速站仅需3分钟路程。有常州机场、杭州机场、上海虹口等多个机场，距南京禄口机场仅45分钟车程，交通四通八达。服务优势。机房可以按客户需求提供全面个性化定制服务，网络质量在历次第三方网络质量测评中，均列江苏第一。

截至2017年年底，中心已有腾讯、网易、云里雾里等一批国际互联网公司正式入驻，并积极服务于地方政务云、智慧教育、平安护民、智慧城市等一批民生政务项目及企业信息化建设。

该中心的投入运营，提升了全市信息化方面的基础能力，有利于加快溧阳市云计算技术的运用推广，促进工业信息化融合推进，提升全市政务服务、地方经济建设、民生服务、城市管理四方面的信息化水平。

（史春荣）

云计算中心功能展示　　（市电信局　供稿）

商贸流通

栏目编辑　虞燕娟

综　　述

【概　况】 2017年，面临复杂的宏观经济形势，全市积极进取，攻坚克难，在增收入、促消费、稳增长方面下功夫，消费市场保持总体平稳的运行态势。2017年全市实现社会消费品零售总额331.66亿元，比上年增长9.5%。

分行业看，批发零售支撑强势，住宿餐饮稍显疲态。社零总额由批零住餐四行业构成。其中，批发和零售业份额处于绝对优势，占总量的91.8%，且增速远高于住宿和餐饮业。2017年全市批零业实现社会消费品零售额304.39亿元，比上年增长10.1%。住餐业实现社会消费品零售额27.27亿元，比上年增长2.8%。

分规模看，限上企业增速放缓，限下单位活力增强。受百货商超、汽车零售等行业大类增幅下滑的影响，限上单位社零总额增幅下滑。2017年全市限上单位实现社会消费品零售额99.47亿元，占总量的30.0%，比上年增长2.8%，拉动社零总额增长0.9个百分点。全市限下单位实现社会消费品零售额232.19亿元，占总量的70.0%，比上年增长12.6%，拉动社零总额增长8.6个百分点。

分地区看，城镇地区体量占优，农村地区规模较小。分地区看，城镇地区体量依旧处于优势地位，农村地区规模较小。2017年，溧阳市城镇化率为60.2%，并处于不断上升的趋势，城镇化率的提升带来购买力的转移。2017年城镇地区共实现社会消费品零售额302.49亿元，占总量91.2%。农村地区实现社会消费品零售额29.17亿元，占总量的8.8%。

分商品类别看，不同商品涨跌不一。根据2017年限额以上批零单位分类销售表来看，主要类别商品零售呈现出不同态势。食品饮料类零售增幅平稳。2017年粮油食品类零售额比上年增长2.7%，饮料类零售额比上年增长10.6%，烟酒类零售额比上年增长0.8%。穿戴类零售增速下滑。2017年服装鞋帽类零售增速下滑，零售额比上年下降13.3%。金银珠宝类零售比上年下降16.2%。文化产品类零售增幅较高。2017年书报杂志类零售额比上年增长27.0%，电子出版物及音像制品类零售额同比增长18.7%。出行类零售增速下滑。2017年首次呈现下滑趋势，全年汽车类零售比上年下降5.1%。建材类零售增长迅速。受房地产市场快速发展的带动，2017年全市建材类零售比上年增长25.8%。

注：限额以上标准为批发业年主营业务收入2000万元以上，零售业年主营业务收入500万元以上，住宿、餐饮业年主营业务收入200万元以上。

（李　静）

住宿餐饮业

【概　况】 2017年，溧阳市有限额以上（年主营业务收入200万以上）住宿、餐饮业单位34家。其中，住宿业单位26家，餐饮业单位8家（按住宿业餐饮业营业额所占比重来区分），年末从业人数3941人。

2017年全市限额以上住宿、餐饮单位全年营业额87327.1万元。其中，客房收入31744万元，餐费收入49820.3万元，商品销售额636.6万元，其他收入5126.2万元。年末床位数7046个，餐位数17088个，客房数4147间。

2017年全市限额以上住宿业单位全年营业额68707.9万元。其中，客房收入28657.5万元，餐费收入34389.4万元，商品销售额536.4万元，其他收入5124.6万元，年末床位数6240个，餐位数12127个，客房数3652间。限额以上餐饮业单位全年营业额18619.2万元。其中，客房收入3086.5万元，餐费收入15430.9万元，商品销售额100.2万元，其他收入1.6万元，年末床位数806个，餐位数4961个，客房数495间。

（李　静）

粮　　油

【粮食调控】 去库存保收购。针对全市政策性粮食库存多、收购仓容紧张的实际，提前轮换地储粮、销售商品粮去库存4.21万吨（小麦3003吨、籼稻10379吨、粳稻28705吨），腾出87个7.49万吨仓容，确保仓等粮。针对夏粮面积减、单产减、总产减的新情况，国有粮食企业调整收购思路，发挥收购主渠道作用，采取“早、优、快”策略，粮源早联系、收购早开秤，立足种粮大户，以略优于市场收购主体的价格收购应收尽收当地粮，“包购包销”组织外地优质小麦，打好夏粮收购“短平快”，全市收购小麦23492吨，其中国有粮库收购16314吨。全市收购稻谷87794吨（收购籼稻28110吨，收购粳稻59684吨）。其中，国有粮企收购稻谷64185吨（收购籼稻13205吨，收购粳稻50980吨），托市收购20791吨。

粮油供需平衡调查保供应。在城市居民、农户、餐饮单位、食堂中合理确定调查点，采集基础信息数据分类统计，全面掌握全市粮油生产、消费现状及发展趋势，为宏观调控提供依据。以节日粮油市场价格监测和监督检查为抓手，开展粮油保供工作，确保粮油市场库存充裕、价格平稳、品种丰富、管理规范。

军粮供应实施常州市级统筹。按照省局“统一领导，集约采购；规范管理，强化监督；明确责任，确保安全”原则，自2月起全市军粮供应顺利实施常州市级统筹。实现“五个统一供应模式”（统一粮源、统一加工、统一检测、统一包装、统一配送），军粮供应的质量和规范性，服务的优质性得到提升。

【仓储建设】 结合全市粮食行业“十三五”发展规划，抓住国家和省粮食仓储建设支持项目，加快推进粮库现代化建设。完成江苏溧阳粮食储备库综合楼、智能化粮库升级项目建设。库区0.7万吨新仓房建设已进场开工。完成并通过验收周城粮库1.45万吨仓房、配套用房和消防设施建设；新建戴埠粮库地块完成土地商业出让，准备招投标。全市国有粮库仓房现代化率达70%。

【地产粮油品牌推广】 与市农林部门合力引导农民走“优品种—优品质—推品牌”之路，满足市民中高端粮油消费需求。全市巩固主推品种，适度种植南粳9108、5055等优质粳稻，粮食部门实施订单收购、实施优质优价收购，促农民增收企业增效。全市专仓优质优价收购稻谷2.75万吨，全部实现有利销售。开展地产粮油品牌推介。依托溧阳市地产优质粮油展销中心集中推介，引导利用新媒体宣传、参加名特优农产品展销会等多渠道推介地产粮油品牌，扩大市场影响力，培育粮食品牌。有14家粮油企业50多个优质品种进入中心，以此为平台，将本地优质好粮油产品推向市场，让更多人选购到适合自己的粮油商品。开展放心粮油示范单位创建。市放心粮油工程领导小组第六批评审命名溧阳市别桥镇粮油加工厂、溧阳市庆丰粮食专业合作社、溧阳市财荣粮食种植家庭农场3家单位为放心粮油示范加工企业。溧阳市军粮供应站、溧阳市溧城镇翔宇粮油经营部2家单位为放心粮油示范销售店。截至2017年年底，全市有国家级放心粮油示范单位4家、常州市级放心粮油示范单位13家、溧阳市放心粮油示范单位34家。强化粮食流通市场监管。对收购市场、粮油加工、批发市场、大中型超市、放心粮店开展粮油市场联合检查。国有粮企、社会粮企检查率分别达100%和95%以上，确保收购市场有序，储存安全、市场粮油货源充足，质量合格，价格平稳。

【粮食产后服务体系建设】 按照市场化要求，市粮食局以粮食代存储、代烘干、代质检、代加工、代销售“五代”为重点和发展方向，筛选申报溧阳市海斌粮食作物专业合作社、常州禾丰粮食购销有限公司、溧阳市粮食购销有限公司3家企业为2018年产后服务中心建设项目，建设经营性的粮食产后服务体系，为新型农业经营主体和小散农户，提供粮食产后专业化服务，减少粮食损失，助农增收，实现全市产后服务中心建设零的突破。开展粮机生产企业情况调查，在此基础上，以正昌、布勒等大型粮机制造企业为主导，引导支持培育溧阳范围内粮机企业加强联盟合作，在溧阳形成以粮机制造为特色的涉粮工业集群。

【粮食安全责任制】 强化责任落实。粮食安全涉及粮食全产业链，涉及政府多个重点部门，为此，市政府成立由分管副市长任组长、12个相关部门负责人组成的市粮食安全责任制考核迎检工作领导小组，市粮食局充分发挥牵头单位作用，抓好迎检日常工作。召开专题会议，分解细化目标任务，层层压实责任，强化部门协作。市各相关责任部门切实承担各自责任，均明确了分管领导和工作联络员，形成上下畅通、横向协调的工作网。对照考核内容、定责任领导、定责任科室（责任人）、定具体经办人，主动沟通、协同配合抓落实。强化迎考办工作。市粮食局履行市粮食安全责任制考核工作领导小组办公室职责，建立信息传递、情况沟通、工作联动“三个机制”。抓好牵头协调、督查推进和资料汇总和总结上报等工作，通过常州市粮食安全责任制首次考核，溧阳市得分96.6分，全常州最高。全市粮食安全责任制实现了“四完成、四守住”（完成全市耕地保有量、永久基本农田任务，完成上级下达的高标准农田建设任务，完成市政府下达的粮食和水稻种植面积任务，完成地方储备粮落实任务。守住没有出现农民“卖粮难”底线，守住没有“打白条”底线，守住没有发生区域性、系统性粮食安全事件，守住没有发生生产和储量事故。）的目标任务。

开展《中共中央国务院关于推进安全生产领域改革发展的意见》和安全生产“一规定二守则”专项培训，突出党政同责、部门监管责任、企业主体责任和粮食进出库、夏季储粮安全、药剂保管和熏蒸作业、建筑施工安全等重点开展责任落实和拉网式安全大检查。对检查中暴露出的问题，落实企业主体责任，限时整改。抓好仓储和安全生产标准管理工作。以“仓储管理规范年”为契机，开展粮食保管普查，坚持季度巡查制度和考核评比制度，以巡查和考核促仓储管理再提升，确保全年安全生产无事故。上兴粮库开展粮食仓储物流企业安全生产标准化创建工作，年内达到三级标准。

【党建工作】 推进“两学一做”常态化学习教育，将“两学一做”学习教育融入日常、抓在经常。按市委要求开展“三大一实干”活动。组织机关全体党员干部大走访，赴南渡镇梅庄村和旧县村走访群众近425

户，收集有价值的意见建议7条，件件有落实。坚持不懈抓好文明创建“路长制”工作。落实巡查责任，组织20余名干部职工分组，将台港西路责任路段39家商铺分类包干，坚持每天轮流上路巡查。围绕优质优价收购，组织人员赴盐城、泰州等地粮食局和粮食购销企业，向其学习优质品种的种植、收购、加工经验。部署开展“对标找差，争创一流”工作。局党委制定《实施意见》。市粮食购销有限公司结合企业实际，开展“整风肃纪、改弊立制”整顿工作作风、提升工作效能活动。通过学习新思维、新方法、新作风，提升工作能力。在第八纪检派驻组的指导下开展党风廉政工作，就党风廉政和机关作风建设情况向局党委作专题报告，组织党风廉政专题教育，开展违规吃请、公款吃喝问题专项督查。重新梳理修改各项内部管理制度，建立完善风险防控制度，从重点领域、关键环节入手，排查风险点。

（黄和仙）

烟　草

【概　况】 2017年，市烟草局（分公司）在围绕省烟草局（公司）“争当行业楷模”战略体系，紧扣“对标楷模 奋力争先（迈入全省第一方阵）”常烟追求，深化改革、创新创优、全员奋进，各项工作呈现稳中有进、稳中向好的良好局面。

坚持定期分析、注重科学分析，编制分析报告，强化关键指标的动态管理，实现重点领域质效的持续提升。全年实现卷烟销售2.91万箱，比上年增加2.41%；销售额11.9亿元，比上年增长5.54%；卷烟单箱结构4.09万元／箱，比上年增长3.06%；实现毛利3.67亿元。全年查获涉烟违法案件206起，查获涉案卷烟8458条，实现罚没款27.48万元；破获国标网络案件1起；市场净化率保持在98.5%以上，无证经营率为1.05%。

【创新建设】 推进创新工作室建设，推进省级创新课题，借助外勤软件平台，开展课题实践应用，结合省公司营销平台“客户服务子系统”建设要求，进行客户服务流程描述与设计，依托课题的实际应用，开展QC创新和精益改善活动，在市公司营销中心指导下，开展客户经理服务标准编写工作。

【企业管理】 全面导入战略绩效管理，以二次绩效分配、梯次化管理、员工人才库建设为契机，探索基层考核管理新模式。积极运用对标管理工具、标准化管理工具、数据挖掘分析工具、精益改善工具等各类管理工具，基础管理工作得到不断强化和优化。以风险防控为着力点，结合制度宣贯抓牢学习教育，结合职能发挥加大监督问责，结合流程控制加强风险防控，为企业发展营造安全稳定的环境。

【文化建设】 推进“学习型、服务型、责任型”三型文化建设，坚持深化学理论、学技能、学经验、学模范“四学机制”，提升全员素能。坚持深化真心服务下级、细心服务前台、热心服务群众、贴心服务客户“四心服务”，提升内、外部工作效能。坚持深化“四责担当”，全力参与文明创建、三大一实干、阳光扶贫、捐资助学等活动，履行社会责任。

坚持“以贡献者为本”理念，持续推进三支队伍分类建设和人力资源五大要素管理改革，实现企业发展惠及队伍成长。持续开展换岗体验、AB岗锻炼、基层走访等活动，优化全员作风建设，持续开展师带徒、老帮青、技能比武、岗位练兵等活动，提升全员技能水平。

（吴　鹏）

盐　业

【概　况】 2017年，是盐业体制改革开局之年，公司坚持以保市场份额、参与市场竞争新思路、创新改革办法来统筹全年工作，着重抓好小包装食盐“生命线”，加快转型步伐，确立新定位、顺应新形势。全年实现营业收入2318万元，实现利润总额97万元；销售小包装食盐3666吨。

【经营环境】 随着食盐专营政策的放开，垄断环境被打破，新进入食盐市场企业6家以上，公司改革发展坚持品牌战略引领，宣传“淮盐”“大清淮盐”的品质安全和历史文化底蕴，以中高端食盐第一品牌形象占领市场。对KA商超专人负责维护对接，加大新品盐上市的衔接沟通工作，确保KA高端盐不少于12个；对BC类商超和农贸市场在产品结构推广“8+6”和“3+5”以及“1234”爆品促销活动。通过进广场、进社区、农贸市场、进超市等形式，不断提升淮盐影响力和企业品牌形象。组织开展“淮盐”品牌宣传60余场次。

【非盐经营】 非盐经济是盐改后公司效益的重要来源之一，和主营工作相辅相成，相互促进，渠道共享，在已开展的一线品牌太太乐、元宝油、菱花福瑞味精的基础上，制定新直配直送方案，从注重质效和渠道稳定性前提下，重新优化线路，结合下一步优批网的建设，把一线品牌数量扩大到10个，SKU达800种以上，把盐产品和一线品牌副食品有机结合，为特通渠道的进一步开拓打下基础，2017年溧阳市119家大中小学校食堂全部由公司直配直送。

【盐政管理】 2017年，盐政执法坚持“四个最严”总要求，坚持“队伍不散，人员不减”履行职责，加大与公安、市监等多部门沟通与合作，完善联合监管机制，开展“百日行动”和专项整治等联合执法，查获辽宁益盐堂、大连新春（盛扬物流）非法经营食盐案200多吨，移送公安案件2起（其中刑事拘留1人，取保候审3人）。为确保食盐质量安全，重点围绕农贸批发市场，KA、BC类连锁超市等领域开展联合执法，确保省内外食盐生产和批发企业经营规范和市场稳定。

加强对盐政人员的培训和考核。重点加强对新出台的盐业法律法规和工信部、发改委有关盐改过渡期相关文件的培训与学习，参加常州市局组织的盐政执法人员素质能力考试，提高执法人员的综合素质和业务技能。

开展联合检查和专项整治。盐务与公安局、市监局等相关部门，开展食盐安全专项检查和整治工作。2017年出动盐政执法人员500多人次（其中专项行动260人次），盐政出勤天数180多天。开展专项行动联合检查10次，查获案件46起，查处盐产品243.134吨，没收盐产品3.03吨（未含移送公安刑事案件34.64吨）。

【内部管理】 加强财务资金风险、库存商品风险、应收款风险是整个经营工作重中之重，在风险控制上常抓不懈，从制度上、程序审批上落手，做到事前有审批、事中有跟踪、事后有落实，做到事事有人负责，对风险防范做好前瞻性预案。在经营工作中不断强化全员风险意识、成本意识，在细节管理上，要做到审时度势，确保所购商品成本低、避免难销、高成本商品的采购，对应收款、应交款及时跟踪处理，库存现金、库存商品坚持日清月结，确保经营风险管理零事故。

（袁进利）

供销合作

【概　况】 溧阳供销合作社系统贯彻落实中央、省、市关于推进供销合作社综合改革的文件精神，围绕“改造自我，服务农民”的总体要求，深入推进综合改革。市委、市政府出台《中共溧阳市委溧阳市人民政府关于深化供销合作社综合改革的实施意见》。开展基层社组织人事制度改革试点，聘请专业合作社负责人、社会能人担任基层社主任。加强社有资产管理，对系统内社有资产进行再次摸底，对全市11个基层供销社的固定资产进行重新核对登记造册，对两证不全的资产逐一查明原因，补办相关权证手续。规范资产租赁和承包经营，按照“公开、公平、公正”的原则，向社会公开，实行阳光操作，完善合同手续，确保社有资产的保值、增值。对基层社部分闲置资产进行修缮，消除了安全隐患。

【专项试点】 按照中华全国供销合作总社办公厅《关于开展全面深化供销合作社综合改革专项试点申报工作的通知》（供销厅合字〔2017〕15号）精神，结合溧阳市实际，制定推进现代农业产业化联合体专项试点实施方案，方案坚持合作经济原则和为农服务的方向，以推动农村产业融合发展为目标，利用供销社系统资源，与别桥镇耕渎庐乡村（农业）文化园对接，成立产业化联合体。打造农业生产、（农产品）加工制造、旅游休闲、电子商务、园林、农耕文化博物馆于一体的综合服务体。形成多元性农村产业业态，带动周边村集体及农户发展特色农业，实现共同创收增效。该方案获省总社批准。由别桥供销社参与实施，总体规划，依托现有耕渎庐山水园林之优美景色和深厚的文化底蕴，沿101县道，古渎村至郝家村1公里东西两侧，建设博物馆；发展牡丹、芍药园380亩；开发电子商务用地60亩；开展水产养殖380亩；种植观赏荷花、水果莲籽、食用莲藕共310亩（25个品种）。打造成为以体验江南水乡风情为主的乡村旅游精品目的地。

【为农服务平台建设】按照以农民社员为主体、有自主经营实体、合作经济组织联合体及综合实力强、为农服务能力强的“三体两强”建设标准和“六个有”要求，整合创建工作要素，完成社渚供销合作社“三体两强”基层供销合作社创建工作。完成别桥供销合作社综合性农民专业合作社（简称农综社）建设工作。以缪氏蟹业专业合作社为基础，做实生产生活经营项目，融生产生活资料供应、农产品收购销售及农民技能培训于一体，形成新型为农服务综合平台。完成天目湖蚕桑专业合作社、天目湖玉枝茶果专业合作社两个“一二三产业融合”发展项目，推进专业合作社的产业延伸，形成融农产品生产加工销售于一体的高效的农业产业链。

【农民职业技能培训】 引导农民科学施肥、合理用药，节约农本，全年举办农技培训班（会）71场，累计培训人数1670人次。围绕农机科技入户、农产品经纪人技能、水稻、水产大宗农业生产技术等内容，联合市农合联、市农机局、金禾植保、千里马劳务公司等单位举办农机作业技能、农作物病虫防治、农村电子商务培训班6期，参训人数860人次。实现连续多年开展涉农产品经纪人中级职业技术培训工作，为助推农民经纪人队伍建设、提升农民作业技能水平发挥重要作用。

【农资供应】 组织开展“农资放心消费行业”创建活动，全年创建“农资放心消费店”3家。江苏农飞客科技有限公司新增4架飞防无人机和2架航拍精灵机，为溧阳及周边县市提供农作物病虫害及除草统防统治，统防统治面积2万亩。2017年采集土壤样本开展测土配方13份，涉及面积2.5万余亩，庄稼医生下乡25次，利用微信公众号、短信平台发送信息5次，发放各类农资、农技宣传单页共4万余份。全年销售化肥13万吨，供销社系统在溧阳全市农资保供率占80%以上，发挥了供销社农资综合服务的主力军作用。

（朱伟忠）

现代服务业

【概　况】 2017年，全年完成服务业增加值390.3亿元，比上年增长11.3%。累计完成服务业投资146.9亿元，比上年增长9.1%。其中，房地产投资73.92亿元，比上年增长67.8%。完成社会消费品零售总额331.66亿元，比上年增长9.5%。完成限额以上服务业营业收入89.61亿元，比上年增长4.6%。

重点项目推进　8个常州市重点项目，1～12月累计完成投入14.7亿元。35个总投资3000万元以上的溧阳市服务业重点项目，1～12月完成投入28.6亿元。其中，新建项目17个，已开工建设17个，开工率100%。

服务业主体培育　重点培育服务业（制造业服务化）优势企业，加强服务业集聚区建设。5家企业被认定为常州市服务业优势企业。江苏苏浙皖边界市场集聚区、天目湖旅游休闲集聚区列入常州市重点服务业集聚区建设名单。

服务业载体建设　根据省级生产性服务业集聚区建设标准，协同中关村编制《江苏中关村科技产业园科技服务业集聚区发展规划》。

服务业政策引导　编制2017年服务业发展引导资金计划600万元，重点用于服务业重点项目建设、服务业规划编制、服务业品牌创建等政策引导。

（杨　晓）

【江苏苏浙皖边界市场】为苏浙皖三省交界地区最大的综合性市场，始建于2001年，由江苏苏浙皖边界市场发展有限公司建设运营。占地面积480亩，总建筑面积28万平方米，已完成总投资8亿多元。一期市场为农副产品交易区，主要经营品种有蔬菜、水果、水产、茶叶、粮油、竹木等；二、三期市场为建材交易区及仓储物流，经营品种有陶瓷洁具、水暖器材、油漆涂料、木材夹板、花岗岩等；景丽家居城主营软体、实木、板式、欧式、美式中高档家具；精品建材城主营中高档建材。截至2017年年底，市场有经营户1800余户，从业人员超1万余人，相关源头产业及配套服务用工5万余人。2017年市场总成交额达110亿元，上缴各项税费2000余万元，经营范围辐射全国10多个省市。公司已经通过ISO 9001服务质量体系认证，连续被上级评为全国标准化市场、中国品牌市场、农业部定点市场等称号。

苏浙皖边界市场的综合服务功能已形成，各项配套设施基本到位，已经成为省际区域性大型综合性市场。市场交易秩序良好、功能比较完善、经营户入场率高，各项经营指标呈连年上升之势。在服务地方经济发展、社会主义新农村建设方面发挥了重要的作用。

市场整合了原有的分散交易中心，增强了市场整体竞争力和辐射力，变小市场为大市场，集中优势产业做大做强。市场着重发展茶叶、蔬菜、建材等已有优势行业，充分发挥了边界市场这一溧阳的综合市场品牌效应。

市场促进特色农业、产业农业的快速发展，带动一批农产品产业基地和农产品加工企业。特别是茶叶、水产、粮油等行业，产品80%来自于本地，就地取材，价廉物美，竞争力强。老百姓把产业结构调整后生产的优质农产品，通过边界市场这个渠道销售出去，提高了农业产业的规模经营和农民的生产积极性。

市场带动了溧阳农产品加工企业、农业旅游观光、物流运输等行业的快速发展。市场经营中直接安置一大批农村剩余劳动力和城镇下岗职工，增加了就业，缓解了本地的就业压力。

2017年，苏浙皖边界市场以创建国家文明城市和江苏省综合治理重点地区整治为契机，加强市场管理队伍建设，严格各项制度考核，在各部门协同配合下，市场管理工作愈加规范，各项经营业绩和场容场貌也得到提升，苏浙皖边界市场由此先后获得江苏省文明诚信市场、常州市流动人口管理示范市场、常州市平安市场等称号。

（汤　静）

【溧阳八佰伴（溧阳华地百货）】溧阳八佰伴位于商业区燕山路2号，总面积40000平方米。隶属于江苏华地国际控股集团有限公司，集团于2010年10月21日在香港主板上市（股票代码：01700.HK）。溧阳华地百货于2002年8月8日开业，2003年9月26日乔迁现址营业。2011年7月起重装调整，于12月下旬升级为溧阳八佰伴开业。溧阳八佰伴是按照香港华地国际集团的连锁化标准规划、布局和经营管理的全方位大型高档商场。2017年主营收入63199万元（含税），利润总额5582万元，上缴税款3416万元。

（费　敏）

【溧阳上河城国际购物中心】上河城秉承“对人永远尊重、追求公平回报、牢记社会责任”核心经营理念，以“踏实做人、专心做事”的“匠人”精神，潜心打造集精品百货、进口超市、国际影城、时尚购物、特色美食、休闲娱乐为一体的精品时尚购物中心。购物中心位于平陵中路与天目路交汇处，总面积18万平方米，是溧阳首座拥有顶级规划理念的Shopping Mall。

上河城购物中心开业之初引进肯德基、必胜客、星巴克、同庆楼、悠游堂等众多知名品牌。继而引进H&M、GAP等首进溧阳的国际快时尚品牌。引进幸福蓝海国际影城，让全市人民首次体验IMAX巨幕电影。引进莱绅通灵、周大福、潮宏基等知名珠宝品牌，引进大渝火锅、汉堡王、炉匠、胖哥俩、小肥羊等人气餐厅。儿童业态扩充至5000平方米。2017年上河城销售业绩比上年增长160%，日均客流比上年增长200%。

（张　俊）

【江苏华达国际物流有限公司】　公司成立于1998年4月，公司下属溧阳市贝特贸易有限公司。公司有员工75人，固定资产6150万元，注册资金500万元，有车辆25辆，联合运输车辆36辆，货物运输总能力达1150吨。下设联运分公司、运输分公司、物流分公司、外运分公司、贸易分公司、常州分公司6家分支机构。2017年完成营业收入5500万元，实现税收2051万元。

国内运输，公司奉行“您的满意就是我的工作”经营宗旨，创造“团队管理”和“管理团队”的企业文化。主要运输线路有溧阳至上海、北京、广州、西安、乌鲁木齐、成都、哈尔滨的快速物流通道。国际货运主要航线有“美加、欧洲、中东、东南亚、地中海”航线等。公司秉承“想得更多、做得更好”的服务观念，发扬“每天进一步”的员工精神，务求协助顾客准确达成目标。开展纺织服装、轻工、机电、五金、化工等商品的进出口贸易，承接来料加工、来件装配、来样定货的三来一补业务。

（吴文彬）

财　　政

【概　况】 2017年，全年一般公共预算收入完成61.4亿元，完成人大调整预算的101%，比上年增加2.4亿元，增长4%，其中税收收入完成50.2亿元，增长7.4%；非税收入完成11.2亿元，下降8.8%。税收占比81.8%。一般公共预算收入增幅在全省41个县（市）中，收入总量排名第11位，收入增幅排名第10位，税收占比排名第15位。财政总收入累计完成233.5亿元，比上年减收27.9亿元，增长下降10.7%。

全年完成一般公共预算支出81.6亿元，完成人大调整预算的92.03%，比上年增加12.2亿元，增长17.6%。其中十大保民生、促发展重点支出项目累计支出64.9亿元，占全市支出总量的79.5%，体现财政支出重点保障民生的职能要求。财政总支出累计完成243.4亿元，比上年减支12.1亿元，下降4.7%。

镇区一般公共预算收入完成39.2亿元，比上年增收6.2亿元，增长18.8%，完成年度目标的103.7%。镇区总体财政收入情况良好，但受营改增因素持续影响，部分镇区财政收入形势较严峻，财政收支及资金运行压力较大。镇区与市级往来资金规模仍然较大，镇区财政运行资金瓶颈问题突出。

【优化支出】 向民生事业倾斜。保障和改善民生，稳步推进社会和谐，十大保民生、促发展重点支出项目累计支出64.9亿元，占全市支出总量的79.5%。全年累计安排16.1亿元用于推进教育事业发展，促进全市教育质量提升，推进校安工程建设，支持优质教育城乡均衡化发展。全年累计安排7371万元用于促进文体事业发展，积极推动文化强市建设。全年累计安排9.5亿元用于社会保障与就业事业，实现基础养老金提标，支持稳岗就业和再就业，保障城乡困难群众基本生活，扶持残疾群众，推动社会养老服务体系建设，保障抗洪救灾和灾后重建。全年累计安排6亿元用于支持医疗卫生事业发展。全年累计安排6.5亿元用于提升农业发展水平，涉农补贴发放到位，厚植农业农村发展优势，打造美丽乡村，其中针对特大洪涝灾害，通过农业保险使受灾群众获赔金额近1亿元。

向生态保护倾斜。全年累计安排2.3亿元用于加强生态环境保护，以“263”专项行动为重点抓环境整治，以天目湖水源地保护为重点抓生态提升，推进区域供水治污和农村生活污水整治工程，涵养溧阳青山绿水。

保证部门运转支出。2017年安排机关运行经费2亿元，同时控制部门运转经费的不合理增长，进一步压缩“三公”经费和一般性支出，确保部门正常运转的同时进一步提高资金绩效。

【财政职能】 落实扶企政策。积极兑现制造、休闲、健康、智慧“四大经济”及“天目湖英才榜”等奖补政策，及时兑现各类扶持资金5.7亿元。有效落实国家降费减负政策，为企业减负9.6亿元，推动实体经济发展。向上争取资金。累计向上申报项目316个，争取补助资金20.77亿元。

强化存贷挂钩考核。完成对在溧阳19家银行业金融机构的目标考核评价，确定本次用于存贷挂钩的资金总额为28.45亿元，并按考核方案将存款余额调整到位。

争取2017年地方政府债券。2017年省财政厅将溧阳市的地方政府债务限额由2016年年末的32.8亿元提高到100亿元。在限额范围内，2017年溧阳市向上争取并及时下达债券资金55.31亿元。其中，新增债券32亿元；置换债券23.31亿元。

整改政府不规范融资行为。严格遵照上级文件精神，对全市不规范融资担保和不规范政府购买服务行为，按上级要求，按时间节点，全面清理登记、逐一甄别整改。

做好平台债务统计。严格按上级明确的统计口径，做好全市融资平台、国企及事业单位债务统计工作。

完善政府性债务制度管理。及时成立全市政府性债务管理工作领导小组，出台《政府性债务管理办法》《政府性债务风险应急处置预案》及《政府性债务风险预警办法》，加强地方债务管理，守住风险底线。

制定落实债务化解方案。贯彻落实财政部、省里的债务化解要求，制定、落实全市债务化解方案，实现10年内债务率控制在120%以内的目标任务。

【财政管理】 应对体制调整。根据《省政府关于调整完善省以下财政管理体制的通知》等上级文件精神，主动研判，有效应对，降低对财力的不利影响。

深化预算管理改革。完善全口径预算管理，规范部门预算编制。加强专项资金管理，加大存量资金盘活和统筹使用力度。做好预决算公开，出台信息公开工作方案，设立预决算公开统一平台，政府预决算、部门预决算实现集中公开。

有序推进税制改革。落实好全面推开“营改增”革后续政策跟进工作，有效组织应对建筑劳务增值税征收方式变更的新政策，提请市政府出台溧阳市“建安基金”的意见等文件。配合做好全市环境保护税开征各项准备工作。

加强“三资三化”（农村集体资金、资产、资源的制度化、民主化和规范化）管理工作。根据市委农村集体“三资三化”专项提升方案，完善管理制度，推行省级试点，戴埠、天目湖均已由财政接管农经站村级资金账户。制定镇（区）村集体会计服务中心管理办法，即将在所有镇（区）设立会计服务中心。

加强政府性投资项目管理。按进度拨付各类项目建设投资1.85亿元。强化投资评审管理，送审项目金额4.4亿元，审定价3.9亿元，核减率10.48%。

规范财政专项资金管理。修订出台《溧阳市市级财政专项资金管理办法》，根据“一个专项一个办法”的要求，跟进出台《溧阳市市级房屋征收专项资金管理办法》《溧阳市科技专项引导资金管理办法》《溧阳市旅游专项资金管理办法》等一系列管理办法。

履行财政监督职责。完善财政监督制度，拓展财政监督范围，建立“双随机”检查机制。

规范行政事业单位国有资产管理。推进全市政府资产报告和行政事业单位资产报表编报工作。

建立和完善国有企业资产管理体制。出台市级国有企业国有资产管理暂行办法和出租管理细则，经营性资产租金增长353万元，增长率19.39%。对国有企业进行全面审计。通过法律途径维护国有资产的完整和安全。开展财政首例“官告民”（嘉丰新城物业公司自行出租、出售政府回购车库、车位），维护国有资产不受侵害。探索政府回购车库、车位的管理新模式，确保资产安全。

（李　阳）

国家税务

【税收收入】 重点做好税源分析监控、收入统筹协调、收入质量把控工作，把完成预算确定的税收收入任务作为全年的主要工作目标紧抓不懈。全年国税总收入历史性突破50亿元大关达51.68亿元，增收17.82亿元增长52.62%，其中地方公共预算收入跨越20亿大关达24亿元，增收10.38亿元，增长76.20%，收入增长幅度在常州地区名列前茅，为增加地方财力和服务全市经济转型，企业发展和民生改善，作出积极贡献。落实好增值税税率简并等六项减税政策，全年累计兑现税收优惠23.84亿元，比上年增加12.29亿元，增长106.32%，其中出口退（免）税、固定资产抵扣、各类税收减免均创历史新高，助力经济转型、助推企业发展。深入开展营改增大走访、大辅导，四大行业减税综合效应达2.09亿元，减税面98.93%。

【税收风险管理】 以推进税收管理改革“第五战役”、打造现代化税收管理新业态为引领，着重从提升风险应对质效、提升数据管理质效等方面推进工作，持续强化风险管理，深化“七案”机制应用，实现风险应对直接入库税款1.06亿元，综合成效2.53亿元，比上年分别增长81.45%、94.87%。抽调骨干组建风险管理支持团队，选取局机关业务科室及部分分局20余名业务骨干和技术精英组建团队，成员包括5个注册税务师、3个省局业务能手、12个专业骨干，实现了税收法制、信息技术、流程管理、应对检查的全覆盖。实现信息系统支撑开展工作，开展省局税源平台支持团队模块试点，在流程走通、培训到位、过程留痕的基础上在应对模板中实现风险管理支持团队的信息化运作。协调配合有序开展工作，采取主动分析应对和应基层要求被动支持两种方式开展工作，实施被动支持23户次，开展主动风险分析并应对10户次，对风险应对团队工作开展形成强有力支撑。

【税收基础管理】 梳理税收征管薄弱环节，强化日常化、规范化管理，及时堵塞管理漏洞。上线征管质量预警监控平台，实现预警数据由手工流转转为机内流转，全流程实现痕迹化管理。开展个体户督查工作，对连续三个月销售超30%未调定、核定程序不规范等问题，进行全面分析和整改。加强建安企业税源联动管理，建立建设项目信息传递协调机制，参与政府

市国税局开展“便民春风进茶园”主题宣传活动　（市国税局　供稿）

部门达12个，建安业入库税收和外地建安企业预缴税收增幅均超200%。发挥稽查打击作用，规范行业税收秩序，震慑偷逃税行为，全年查处虚开发票案22户，其中查处一起虚开发票1.68亿元的大案，创溧阳国税打虚历史新高。探索解决欠税有效方法和路径，有效遏制欠税增长势头，全年清缴欠税2499万元。实施网络安全“双清单”管理，信息安全整体水平明显提升。

【便民办税服务】 落实省局优化营商环境试点要求，推进“互联网＋税务”建设，不断提升办税便利化水平，实现溧阳国税纳税人满意度继续保持常州第一。推进“线上（前台）套餐式受理，后台集中订单（自动）处理”的套餐化综合办理模式，办税服务“不见面”“键对键”成为主流。推动办税厅转型，强化电子体验区、集中处理区、自助办税区、导税预约区四大功能区建设，完成实体办税厅业务功能从基础业务受理向体验、辅导和预约办理转型。设立简事易办窗口，上线“办税厅综合系统”，纳税人平均等候时间由27分钟缩短为9分钟。扩大税邮合作范围，率先在常州地区推开发票区域配送，新增天目湖、埭头两个“税邮共建便民窗口”，便民办税实现镇（区）全覆盖。

【打骗打虚工作】 以“精心组织、配合协调、连续作战、严厉打击”为工作方针，促进打骗打虚工作的开展，2017年查处虚开发票案22户，其中溧阳市上黄某花木专业合作社虚开增值税普通发票101份，涉及虚开发票金额16861万元，涉及下游单位100多户，公安部门已对涉及的犯罪嫌疑人21名采取强制措施。通过对失控发票协查发现收受虚开发票案一件，涉及增值税专票48份，涉及虚开金额474.27万元，公安机关已批捕1人，2017年虚开票案查处成绩创溧阳稽查历史新高。

【办税服务厅优化升级】 将原有的25个国税窗口压缩为15个，窗口压缩率40%，设置导税预约区、电子体验区、线上办税区、自助办税区、集约处理区与实体办税区等八大功能区域，完成实体办税厅功能从基础业务受理向体验、辅导和预约办理转型，建立功能定位更明确，自助办税更方便、咨询辅导更简便、预约办税更科学、简事易办更快捷、电子体验更直接、业务处理更集中的现代化办税厅运行模式。上线“办税厅综合系统”，及时对窗口的工作量、业务用时、平均等候时间、满意度等进行全面的统计分析，确保纳税人的有序办税。纳税人平均等候时间由1月的27分钟缩短为9分钟。

【依法行政】 做好国务院六大减税措施贯彻落实工作。将六项减税措施始终贯穿于执法督察工作中，及时纠正政策执行偏差，确保税收政策红利落实到位，维护纳税人的合法权益。深度开展政策调研工作，紧紧围绕税收中心工作，深入调研，主动思考，加强与各单位的主动沟通联系，及时了解各项工作的最新进展，发挥参谋助手作用，提升辅助决策水平。加强法制培训教育，邀请法律顾问团队结合当前法制工作热点给干部开展法制培训，安排市局法律人才到名扬律师事务所学习锻炼。开展执法督查工作，加强督审人员配备，配优配强督审人员，让督审人员在做好日常各类执法督察工作的同时，开展调研、思考、探索和创新。加大网上巡查考核力度，对巡查中确实存在的过错，且相关单位屡改屡错的，拟通过网上巡查系统对直接责任人进行追责，并对单位加大考核力度。

【建筑业税收管理】 推进综合治税，强化管控力度。运用联席会议、联合检查、结果运用等全面协作机制，建立国税、住建等主管部门的项目信息共享机制，累计传递项目信息23次。在加大“以票管税”的征管力度下，向“信息管税”的征管模式进行转变。强化国地税联合管税，发挥“金税三期”数据集聚功能，开展信息共享。推进政策强税，扩大税基税源。吃准政策抢税源。4月，针对常州跨区建设项目预缴税款政策即将调整的情况，成立专项管理小组，多方合作，摸底建设项目进度，及时催缴，抢抓税收3300万元。加大宣传争税源。关于试点时期建筑企业不再受项目所在地税务机关开票限制政策出台后，及时向企业宣讲政策，消除企业后顾之忧，鼓励和引导在外地承接建筑项目的企业，回到溧阳市开票时及时申报缴纳税款，共为全市多争取税源7000余万元。推进机制管税，促进行业规范。与建设主管部门联系，双方加大整顿挂靠力度，规范建筑市场秩序，推进优化资源配置，提升行业竞争力。完善项目跟踪服务。从中标、开工之日起实行跟踪服务，重点跟踪工程项目登记、管理、交付，全过程提供优质纳税服务。推进优质办税，服务企业发展。问计问需，精准

溧阳市国税局“五四”主题活动暨读书分享会　　（市国税局　供稿）

服务。广泛征集建筑行业纳税人具体税收问题和意见建议，针对性开展培训辅导。提速减负，便捷服务。设立3个建筑业行业咨询窗口，开通绿色通道。科学执法，规范服务。落实“放管服”改革，梳理税务行政审批事项，优化审批流程，让企业充分享受改革红利。

【从严治党】 学习贯彻党的十九大精神，推进“两学一做”学习教育常态化制度化，进一步完善从严治党新格局。以常州市局党建“三三四”工程为主线，开展税企党建结对共建、“三大一实干”、“旗帜鲜明讲政治”党课等系列主题党建活动，全面提升党员干部党性修养。以“学准则条例不违规，守底线红线不逾矩”专题廉政教育为主题，组织中层干部开展警示教育、拍摄廉政法治微电影、国地税联合聘请党风廉政建设特邀监察员，提高党员干部拒腐防变能力。2017年，获得常州市五一劳动奖，20余名党员干部获得上级表彰，拍摄微电影《老同学》获评溧阳市2017年度法治宣传十件好事。

【对标找差】 立体化对标。持续完善以全面落实国税各项工作职能为点，以提升基层党建、征管效能、团队能力三类工作为线，以对内、对外对标为面的“点线面”结合立体式对标学习模式。团队化运作。根据学习项目、对标对象、人才特长等情况挑选业务骨干组建对标学习团队、督查团队，实施命题化的团队运作形式。制度化通报。在市局内网开辟专栏，对学习计划、对标结果、自查整改情况予以通报。对整改任务、措施未落实到位的发出督办通知。规范化指导。每周对学习对标情况进行小结，每月进行专门讨论总结，对突出问题整改到位，对已经解决的问题逐项销号，对新发现的问题及时汇总，从而提炼、总结出一套务实管用的制度方法。

【团队建设】 在不打破现有机构设置的基础上，按照岗责体系，对照工作事项，遵照干部特长，打造政策法规、纳税服务、风险管理、信息宣传等多个专业团队。纳服部门成立虚拟化团队、多功能团队、攻坚型团队，实现实名信息采集、涉税业务套餐等线上业务推广率位居常州地区前列。应对团队完成大要案9件，其中超500万元大要案2件，五个案例入选常州市局“十佳”“十优”。执法督察团队固化“点线面”立体式执法督察成果，受到省局纪检组长郑力坚批示表扬。稽查团队在区域税收整治工作中得到市委、市政府领导肯定。信息团队确保信息工作在全市连续七年保持第一。一大批团队骨干得到组织信任、群众认可，通过竞争进入中层干部队伍。三人获得常州市国税系统“五一创新能手”称号，一人获评“青年岗位能手”，四人取得税务师职业资格。

【三大一实干】 根据市委市政府及常州市局相关要求，制定并下发《溧阳市国税系统关于组织开展“三大一实干”活动的实施方案》。开展“我为溧阳发展献一计”千字征文活动，分三个大组九个小组进行对三个村的走访工作，召开干部座谈会，围绕“三大一实干”等进行大讨论，落实“走访干部求工作良计”工作措施，走访群众6000多户（次），收集问题452条，已解决问题150条。走访干部200多人（次），集中座谈20多场次，个别谈话200余次，收集各类意见建议80余条，实现了走访干部全覆盖。根据上级要求，走访企业21户，收集问题三大类共16个问题，基本得以解决。

【文明创建】 做好省级文明单位在线年度报告工作。围绕道德风尚引领、管理服务创新、文化建设传播、文明建设及社会公益等四方面内容，及时在“江苏文明单位在线”发布。2017年国税局管林保家庭被评为首届江苏省文明家庭。根据市创建全国文明城市“路长制”工作推进会精神，从4月起，全市在城区主要次要干道推行“路长制”管理方式，根据“路长制”包干路段，进行明细分工，排出值班表，将各项工作落到实处。抓好全国文明城市创建工作。在全国文明城市季度测评中，按照纳税大厅限改要求，一周内全部整改到位。组织全局干部参加全国文明城市创建工作。

【国地税联合聘请特邀监察员】 国地税联合聘请特邀监察员，共同制定工作方案，联合发放《税收执法情况纳税人问卷调查表》，召开特邀监察员座谈会，不定期联合走访，提升国地税全面从严治党和党风廉政建设工作水平，起到“聘一人督两家”的作用，达到听到真“声音”、得到真“线索”、接受真“监督”的目的。此次聘请的特邀监察员主要是纪检监察部门的工作人员和纳税人代表共21人，对国地税开展风险应对和稽查的84户纳税人进行了调查，已收到反馈信息16条。此项工作的信息在《中国税务报》刊登，被《常州国税信息》专报录用。

（陈　郑）

地方税务

【组织收入】 2017年，溧阳地税局组织各项收入59.26亿元，同口径增长14.3%，其中税收收入34.38亿元，同口径增长6.1%；一般公共预算收入26.36亿元，同口径增长16.4%，超额完成人代会和常州市局下达的任务。组织非税收入24.89亿元，比上年增长27.5%，其中社会保险基金22.31亿元，比上年增长30.7%。全年财政口径一般预算收入占比46.9%，高于常州地区5.76个百分点，高于苏南6.62个百分点，高于全省8.05个百分点。

找准突破口，瞄准加分点，争创各类荣誉，全年获得全国文明单位等国家级荣誉4项，省级荣誉6项。省局表彰表扬项目也取得新成绩，全年加6.2分，占常州全系统特别加分总分的41%，被评为绩效管理特别贡献奖。

承办全省地税系统绩效管理调研会、全市地税系统党建现场会等重要会议，组织开展“税业展风采　建功新时代”文明风尚展示会、“我是朗读者”等活动，参加全市“啄木鸟在行动”主题演讲、全市纪检监察系统

溧阳地税局与科华控股企业共办道德讲堂　　（溧阳地税局　供稿）

廉政文艺晚会等重要演出比赛。

【服务企业】 把“企业所盼、党政所需、重点所急”作为优化服务的着力点，扎实开展各项工作。深化“便民办税春风行动”，打造实体办税、网上办税、自助办税、移动办税联动的便捷办税服务体系。以需定教，在办税大厅设立纳税人“随到随学课堂”，根据纳税人办税难点来定制授课方案。开展以国务院六项减税新政、纳税信用等级评价、地理信息系统土地定位、房土两税申报为主题的政策解读会。运用“互联网＋”，试点微信、支付宝和银联三合一的社保缴款模式，百姓办税“获得感”得到提升。瞄准3550改革，深化“放管服”，推行房产交易“增量房自助办税、存量房线上办税”新模式，注册存量房中介网报用户152个，数量位居常州各区（市）第一。增量房自助办税机业务926笔，税款1542万元；存量房累计上线报送256笔，完成216笔，税款2079万元。发挥税收职能，服务发展大局，全年减免各类税金11.05亿元，其中改善民生类7.48亿元，鼓励高新技术企业1.37亿元，促进小微企业发展0.91亿元。强化税收分析，发挥以税咨政作用，以《透过税收看经济》《税收专报》刊物为载体，打造税收分析“拳头产品”。围绕领导关注的制造业、房地产业、亩产税收、差别化城镇土地使用税等开展调研和分析，其中《关于我市房地产业税收情况的汇报》得到市委、市政府主要领导的批示。做好“路长制”工作，实行“网格化”管理。以支部为单位保障交通志愿执勤工作。参与地方政府拆迁工作，稽查局有10人次参与，获得政府点赞。开展“三大一实干”活动，先后走访5400余户家庭、企业近50家，收集问题建议250余条并及时向相关部门反馈，解决各类涉税问题10余个。开展南渡“双挂双促”结对帮扶工作和推进戴埠松岭村委美丽乡村“精准扶贫”工作。

【培训管理工作】 持续组织各类培训，建立“以需定培、因岗施培”的培训方式，全年组织42期1612人次培训。开展“岗位大练兵 业务大比武”活动，10人获得全市“岗位能手”称号，2人获得全省“岗位能手”称号。在常州地税第三届“规范服务我最优”纳税服务岗位技能竞赛中，获得团体第一名。加强政务信息、税收宣传和科调研工作，三项工作位列全市地税系统第一。按照上级要求，理顺党建工作机制体制，优化机构职能，成立党建办、党风廉政办、作风办，完成机关党委换届选举。搭建“五色教育”廉政教育平台，首创国地税联合聘请党风廉政建设特邀监察员机制，参加“一案双查”案例评比，并被表彰为优秀单位。开展的“廉讲八分钟”活动在江苏卫视播出。打造“特色党课”品牌，加强与其他部门联通共建、与企业结对共建，实现共建共赢。精简绩效指标，对接市局和政府，实施督考合一，强化考评分析，推出“匠心税道”文化品牌，试点建设“个人绩效管理信息系统”，实现组织绩效和个人绩效双轮驱动。开展个人“岗位绩效之星”评选，激发基层干部提升岗位业务技能与干事创业热情。强化合理化建议提报，全年有2条合理化建议被省局采纳。主动走出去，前后累计组织8批120余人次赴苏州吴江、南通海门、江西新余等地开展“对标找差”活动，有效弥补工作中的部分短板。

【征管改革】 按照市局相关要求，优化机构设置和职能配置，对基础管理和风险管理事项进行进一步划分，推行纳税服务局与基础管理局合署办公。推进委托代征系统（升级版）上线，共代征不动产增值税税款5387万元。与价格认证中心、财政局及时沟通存量房管理，采集254个小区、361处标准房的数据，保证计税价格认定工作顺利开展。加强个人所得税征管，开展12万元以上所得和行政事业单位个人所得税的扣缴申报工作。加强欠税清理，通过阻止欠税纳税人法人代表出境、开展对5万元以上陈欠企业的强制执行、加强与地方政府的沟通协调等工作，欠税清理取得阶段性成效，全年清理陈欠3622万元，陈欠清理率为24.5%，较上年同期增加15.5个百分点，高于全市平均水平8个百分点。做好环境保护税开征前期工作，加强与环保、财政部门的沟通协调、数据交换等，完成440户环保税纳税人数据移交工作。落实风险预案管理，制定《深化和完善税收风险管理工作手册》《风险管理结构流程图》《关于加强中等风险管理的有关操作意见》等系列制度。全年推送风险任务461户次，累计应对入库税款1.19亿元。加强重点税源分析，做实重点税源监控。强化第三方数据应用，促进风险分析增值利用。开展风险案例、重点税源分析、中等风险预案、中等风险

溧阳地税局开展“学雷锋微党课”活动　　（溧阳地税局　供稿）

应对案卷等评比，提升中等风险应对成效。通过不断创新思路、狠抓改进，全年案卷、案例综合评价位列全系统第 3 名，取得突破。

【法治建设】 加强税收督察，发挥稽查职能，“大督察”格局取得一定的成效。开展税收执法大督察，引入“微督察”手段，将“大督察”工作中好做法向其他领域延伸，完善“督察问题—整改规范—持续改进”机制。创新引入双随机抽查、以查带教等模式，借助于“大数据”，实现精确瞄准、定点清除，提高督察的科学性和有效性。全年开展各类督察 6 次，发现问题 35 个。开展 2016 年税收征管同级审，公务接待费、会议费专项审计工作。优化法律专家团队，探索实践重大税务案件“听辩式”审理，落实执法全过程记录制度，实现全过程留痕和可回溯管理，打造“规范税务”。强化法治宣传，打造税收法治文化园，推进“法律进家庭”活动。建立健全政策解读会制度，每季度开展一次政策解读，实时解读重大税收新政和纳税人关心涉税问题。加大稽查查补力度，推行检查预案制度，预案制作率达 100%。2017 年完成查补收入 6651 万元，其中自查收入 3921 万元，直接查补入库收入 2729 万元。组织精干力量加强大要案的查处，查处大要案 5 件。开展积案清理，全年清理 39 件，清理率 97.5%，清理入库 550 万元。

（吴俊逸）

审　　计

【概　况】 2017 年，全市实际完成审计项目 30 个，查出违规金额 8.24 亿元，管理不规范金额 111.93 亿元，固定资产投资审计核减 241 万元。出具审计报告或审计调查报告 45 篇，提出审计建议 85 条，得到市领导批示 41 篇（次）。撰写信息被市政府和上级审计机关录用 23 篇次，上报问题线索 2 条。

【财政金融审计】 2017 年的预算执行审计按照中办国办《关于实行审计全覆盖的实施意见》和全国审计工作会议精神的要求，全面反映全口径预决算情况。主要审计市财政局组织的 2016 年度本级预算执行及其他财政收支情况、市地税局组织的 2016 年度税收征收管理情况，开展 2016 年度土地出让金的征管使用情况专项审计调查、2016 年城乡居民合作医疗基金的筹集、使用和管理情况、2013 ～ 2016 年原溧阳市工业、农业担保中心经营情况专题审计。财政审计中延伸审计 4 个专项资金项目使用单位。通过审计查出违规资 142165.85 万元，管理不规范金额 809563.41 万元，揭示和反映了全市财政在预算执行和预算管理中存着的一些问题，同时提出 6 条审计建议。

【经济责任审计】 2017 年审计局不断加大经济责任审计力度，拓展审计内容，继续推进“三责联审”，坚持任中审计与离任审计相合，不断提高任中审计比例。2017 年开展经济责任审计项目 12 个，2017 年首次在溧城镇开展乡镇党委书记和镇长党政同责同审，除了审计对象的全覆盖，还将审计的范围扩大到村级财务，扩大了审计范围。该次审计是溧阳首次开展乡镇书记、镇长“三责联审”工作，通过对乡镇领导干部用人、用权、用财三大核心权利进行监督，更加科学全面地对领导干部进行监督和评价，深化经济责任审计效果，促进领导干部更好地履职。

【专项资金审计】 2017 年开展保障性住房跟踪审计、国家和省创新政策措施落实情况跟踪审计、土地整治项目审计。根据上级的统一组织和安排，2017 年的保障性住房跟踪审计采用交叉审计方式，审计局负责镇江市句容市本级的审计，抽调 5 名审计人员，由纪检组长带队对镇江市句容市进行为期两个月的交叉审计，所有审计反映问题已整改到位。2017 年，对国家和省创新政策措施落实情况进行跟踪审计，主要对创新政策措施落实情况、财政专项资金管理使用情况进行审计，通过审计规范全市创新政策措施落实落地，提高专项资金使用效率。开展土地整治项目专项审计，对土地整治资金收支情况、新增耕地效益情况、工程实施建设程序情况进行审计。抽调审计人员参与省厅组织的淮安市扶贫政策措施落实情况跟踪审计。

【固定资产投资审计】 2017 年的政府投资项目审计，审计局对项目基本建设程序、工程造价管理、中介机构参与政府投资项目抽查复审进行重点审计，促进政府投资项目规范管理、提高项目投资效益。开展项目竣工决算审计。2017 年对新建人民医院、校舍安全工程、东环线项目等开展竣工决算审计，送审总金额约 24.4 亿元。开展重点项目跟踪审计。跟踪审计项目有别桥中学新建工程，2017 年老小区整治工程、2017 年校安工程项目正在实施阶段，市审计局按照跟踪审计的要求对项目实施全过程进行跟踪监督。修订出台政府规范性文件。根据市政府要求，重新修订出台《溧阳市政府投资项目抽查复审暂行规定》，对原颁布的相关规定作了调整，新规定对社会中介机构参与政府投资审计提出更严的要求，加大处罚力度，从而加大对中介机构参与政府投资审计的管理力度。开展政府投资审计抽查复审项目。完成6个项目的抽查复审，再次核减价款61.78万元，发出审计决定3份，对三户中介机构作出扣减20%审计费用的处罚。这是修订出台新的《溧阳市政府投资项目抽查复审暂行规定》后对中介机构首次作出审计处罚，对全市参与政府投资审计工作的中介机构起到明显的警示作用。

【上级交办项目】 完成2015年度市地方储备粳稻提前轮换价差亏损情况的审计、市客运有限公司2016年度经营情况的审计、市2016年度扩大失业保险基金支出情况的专项审计调查、市粮食局账外资产专项的审计调查，自来水成本定价调查、配合市纪委对上阁楼村集体经济财务收支情况进行审计。通过审计发现问题，及时提出审计建议及整改要求，加强财务管理，防止资产流失，规范资金使用，及时为市委、市政府决策提供参考数据。开展审计“回头看”工作。

2017年，根据市政府主要领导交办，审计局对自2016年1月自2017年6月的40个单位的49个项目开展审计整改落实情况“回头看”工作，重点检查整改措施制定及落实、审计决定执行、审计建议的采纳及整改成效等情况，通过审计整改落实“回头看”工作，督促相关单位及时落实整改，及时建章立制，并及时把相关情况向政府报告。配合省、市、县三级巡视巡察机构做好巡视巡察工作。先后抽调9名审计业务骨干历时三个月的时间做好配合省委巡视组，常州巡察组以及溧阳巡察组的巡视巡察工作，发挥审计优势，助力巡察工作，相关工作得到省委巡视组及常州巡察组的肯定。做好市委、市政府交办的其他社会工作。

根据市委、市政府创建全国文明城市的相关要求，派出5人参与文明城市创建志愿者活动，根据《市委办公室 市政府办公室关于在城区实施路长制的实施意见》（溧委办〔2017〕19号）的规定，做好路长制相关工作，开展创建文明城市宣传活动，向“我爱我家”平台上报问题300多条，及时跟踪问题整改情况。根据市委、市政府相关要求，做好与挂钩村别桥镇玉华山村扶贫帮扶接对工作，重点在经济、技术和部门协调等方面进行扶持。根据市委、市政府要求，抽调1名人员参与市委巡查工作，选派一名人员参与到招商一线工作。根据市委、市政府要求做好“河长制”工作和拆迁交办工作。

【教育培训】 加大教育培训力度。2017年，审计局有8名审计业务人员参加上级审计机关组织的审计能力提升培训。组织审计学会全体成员、镇区部门内审人员先后赴南京市江宁区审计局、南京审计大学进行业务学习，扩展审计视野，提升履职能力。落实“两学一做”学习教育活动常态化制度化。贯彻中央、省市要求，严格执行《中国共产党党章》和《关于新形势下党内政治生活的若干准则》《中国共产党党内监督条例》等党内法规制度，坚持全覆盖、常态化、重创新、求实效，突出“学、做、改”三个环节，持之以恒抓好学习教育各项工作。开展“三大一实干”活动。组织全局开展大讨论活动。以“深入解放旧思想，增创审计新优势”为主题，组织全局开展大讨论。全面开展大走访活动。根据上级要求，对别桥镇玉华山村、溧城镇新联村、后街新村社区进行走访，应走访干部18人，实际走访18人，共对540户家庭进行走访，走访过程中共梳理问题57条，帮助解决问题2条，梳理出的问题及时向相关部门进行上报。按照确保全局走访干部全覆盖的要求，全局27名访谈对象共开展13次个别谈话，2次集体谈话。根据开展三类清单的制定。根据部门职能和全市重点目标任务，列出“重大项目攻坚年”、文明城市攻坚年”以及2017年全市18项重点工作等8条重点任务。开展全面对标找差，提升审计能力。2017年根据市委“全面对标找差，全力争创一流”活动要求，全局人员通过找准学习标杆，瞄准先进标杆，全面提升能力。

【审计宣传】 围绕常州市审计局综合考核办法，修订出台《溧阳市审计局业务综合考核办法》《信息宣传考核办法》，明确分管领导、责任科室、责任人员，提高信息质量，上报各类审计信息103篇（次），被市政府和上级审计机关录用52篇次，2017年通过政府门户网站，将2016年度城乡居民合作医疗基金审计结果向社会公告。

（王月波）

溧阳市审计学会组织参观南京农业科技园　　（市审计局　供稿）

金融管理

【概　况】 2017年年末，全市金融机构本外币各项存款余额1112.39亿元，比年初增加95.76亿元，增长9.42%。；本外币各项贷款余额856.91亿元，比年初增加57.04亿元，增长7.13%。银行业金融机构不良贷款余额12.08亿元，比年初净增加5.89亿元，不良贷款率为1.41%，比年初上升0.37个百分点；银行业金融机构企业关注类贷款余额为14.36亿元，比年初减少5.51亿元。辖内5大主要保险公司（见表25）实现保费收入13.04亿元，理赔支出4.4亿元；东海证券实现证券交易额1331.67亿元。

（蔡　钰）

【中国人民银行溧阳市支行】 2017年，市人民银行继续执行国家稳健中性的货币政策，抓好重点项目，金融支持实体经济重点突出，开展银企对接276次，对接金额177.53亿元，已受理93.46亿元，已授信41.4亿元。认真落实《关于金融支持制造强国建设的指导意见》，加大支持地方制造业力度。全市金融机构制造业贷款余额172.19亿元，比年初增加18.98亿元，增长12.39%。密切关注供给侧结构性改革过程中的金融配套工作和经济金融运行中存在的倾向性问题，全面掌握辖内法人金融机构真实状况，做好存款保险风险评级、保费核算、收缴、风险监测等工作，督促法人机构审慎经营、创新发展。扎实推进新一轮平安金融创建，建立金融生态环境建设长效机制，切实做好金融生态县创建申报工作，顺利获评“2014—2016年度江苏省金融生态优秀县”。协助政府制定《溧阳市农村土地经营权抵押贷款管理暂行办法》，全市金融机构共发放“两权”弱抵押贷款131户，贷款金额12439万元，新增6009万元。认真落实“3550”不见面审批要求，有力提升账户管理服务效率，改善地方营商服务环境。2017年，共对辖内4614个核准类账户进行开销户处理。受理企业信用报告查询589笔、个人信用报告查询20310笔。认真履行国库监管职责，做好预算单位公务卡推广工作，国库手工拨款、商业银行代理直接支付无纸化改革在全辖率先试点成功，退税抵缴欠税在国库溧阳市支库得到推广。

2017年，实现各级预算收入229.05亿元，共办理预算收入退付12.28亿元，更正调库12.96亿元，预算支出307.33亿元。畅通农村地区金融消费者投诉渠道，在助农取款服务站点张贴全市银行机构投诉电话。建立反假宣传长效机制，全辖共收缴假人民币4654张，金额31.55万元。建立“大额购付汇重点企业”监测长效机制，每周对辖内资金流出企业进行逐一梳理和排序，有针对性地加大对货物贸易“购付汇重点企业”、外汇流出项下异常企业及个人外汇的监管力度，督促银行强化办理外汇业务真实性和合规性审核。2017年，约谈2家银行、4家企业。切实做好“允许内保外贷资金调回境内”和“扩大国内外汇贷款结汇范围”两项扩流入改革的政策推介工作，为中关村控股有限公司在香港发行的2.2亿美元债券进行内保外贷登记。全市结售汇12.3亿美元，进出口总额10.53亿美元，其中，出口9.1亿美元，进口1.43亿美元；国际收支累计申报信息16250条，申报金额14.9亿美元；资本金到位2.89亿美元。

积极探索监测、监管、核查一体的资本项目非现场核查方法。2017年，有2笔大额资本金存入共16233万美元；对1笔4929.41万美元大额结汇进行核查。制订《2017年度外汇业务综合考核办法》等，突出对外汇指定银行的非现场监管和现场检查，进一步健全外汇分析框架和非现场监管指标体系。对6家银行开展国际收支申报和购付汇业务的统计核查；对2家银行开展结售汇业务专项检查。强化对企业的外汇监管，建立了有序竞争的良好氛围。对1家违反外汇管理规定，擅自不进行预收、预付、延收、延付登记企业进行处罚，收缴罚款5万元；对5家违反外汇管理规定情节较轻的企业进行降级处理，降为B级。

完善贸易信贷报告制度，做好货物贸易外汇监测系统维护工作。为企业办理名录登记85笔，审批预收货款报告8笔，金额89万美元；预付货款报告4笔，金额131万美元；延收货款报告6笔，金额40万美元；延付货款报告8笔，金额970万美元。

（蔡　钰）

2017年年末溧阳市银行类业务情况

表 22

单位：亿元（人民币）、亿美元（外币）

项目	工商银行	农业银行	中国银行	建设银行	江南银行	农发行	交通银行	中信银行	江苏银行	华夏银行	招行银行	兴业银行	邮储银行	浦发村镇	光大银行	民生银行	浦发银行	广发银行	南京银行	合计
各项人民币存款余额	88.86	152.36	67.55	96.40	279.31	6.75	18.40	16.45	25.93	18.22	12.66	23.26	65.99	18.48	29.06	22.25	14.70	11.59	15.61	983.83
比年初 +%	5.32	7.93	12.68	13.20	13.14	69.87	−12.94	−8.12	2.92	0.92	−1.55	28.80	24.78	9.56	48.03	35.44	70.07	67.98	352.01	14.46
其中：储蓄存款余额	24.54	57.70	22.05	32.88	111.49	—	1.55	1.07	1.72	2.02	0.71	1.07	3.76	3.31	1.15	0.60	0.61	0.27	0.09	266.61
比年初 +%	−7.49	−4.85	−15.39	−10.90	−2.18	—	−19.80	−23.74	−7.80	−14.75	−33.19	−20.13	−47.91	−7.33	−25.14	−36.10	−6.31	29.09	69.57	−7.52
单位存款余额	43.02	58.62	24.16	35.48	133.26	6.75	13.10	14.35	22.80	13.35	10.19	21.05	3.93	14.29	23.96	19.08	14.08	10.73	14.81	497.01
比年初 +%	13.22	15.28	36.50	38.03	32.89	69.87	−22.06	−5.11	2.11	0.65	6.95	42.34	−6.20	19.91	71.45	43.78	76.34	81.78	393.56	27.90
各项人民币贷款余额	95.61	108.49	55.00	86.70	187.85	28.03	34.38	19.14	26.81	30.50	14.51	15.76	12.03	14.99	26.82	6.53	12.11	13.78	9.88	798.94
比年初 +%	2.78	9.86	30.41	12.51	8.33	33.96	31.25	−12.25	45.42	2.67	−0.29	3.94	35.16	0.70	66.75	−9.74	34.73	21.05	—	14.34
外币存款余额	11740	1345	6347	2590	261	—	382	56	8020	36	282	82	129	—	111	43	13	—	—	31437
外币贷款余额	451	5	879	0	8	—	0	0	0	0	0	0	0	—	0	—	0	—	—	1344
结售汇总额	17157	8373	30508	15243	5310	—	930	366	30	361	774	337	39	—	901	—	127	—	—	80456
出口收汇	15620	6786	28822	15485	3921	—	74	0	2	63	1000	70	0	—	730	—	168	—	—	72741
进口付汇	4350	1217	3217	1381	282	—	3	0	0	45	46	0	0	—	0	—	0	—	—	10541
利用外债	—	—	—	—	—	—	—	—	—	—	—	—	—	—	—	—	—	—	—	—
资本金结汇	995	253	506	14	893	—	0	0	0	0	0	0	12	0	0	—	0	—	—	2673

2017年年末溧阳市银行机构网点情况

表 23

	网点数	一级支行（家）	二级支行（家）	其他（家）	从业人员（人数）
工商银行	9	—	—	—	145
农业银行	21	1	20	—	293
中国银行	10	—	—	—	173
建设银行	14	—	—	—	207
农业发展银行	1	—	—	—	21
江南农村商业银行	46	14	14	18	504
交通银行	3	—	—	—	28
邮政储蓄银行	4	1	3	—	86
中信银行	1	—	—	—	21
江苏银行	1	—	—	—	26
华夏银行	2	—	—	—	42
溧阳浦发村镇银行	3	—	—	—	55
招商银行	1	—	—	—	27
兴业银行	2	—	—	—	30
光大银行	2	—	—	—	24
民生银行	2	—	—	—	26
浦东发展银行	1	—	—	—	17
广发银行	1	—	—	—	16
南京银行	1	—	—	—	23

表 24

2017 年年末溧阳市银行机构存贷款情况

汇率:6.5342　单位:亿元、%

		合计	农发	工行	农行	中行	建行	交行	中信	招商	华夏	浦发	兴业	民生	光大	广发	南京	江苏	江南	邮政	村镇
一、各项存款	余额	1112.39	8.42	89.31	168.11	79.08	89.51	21.44	14.98	31.11	23.90	16.03	27.42	16.73	38.31	12.96	23.39	28.65	305.87	82.68	18.50
	比上月	3.06	−4.61	0.71	5.49	1.35	1.16	5.80	−1.29	−1.87	−1.37	0.22	−4.54	−1.19	1.68	−0.56	1.94	−6.98	0.73	2.00	1.92
	比年初	95.76	2.81	−7.70	14.82	7.13	−8.68	2.77	−1.50	18.25	5.65	1.32	4.10	−5.55	9.18	1.37	7.78	−2.85	26.38	16.61	0.01
	增长％	9.42	50.04	−7.94	9.67	9.91	−8.84	14.84	−9.12	141.98	30.96	8.98	17.60	−24.89	31.49	11.81	49.87	−9.04	9.44	25.13	0.07
其中：个人存款	余额	501.64	0.00	46.04	97.61	40.13	56.80	5.02	2.32	3.50	5.12	1.30	3.18	4.51	5.94	0.77	1.73	3.69	146.40	74.17	3.40
	比上月	14.16	0.00	4.84	3.40	0.04	−0.36	0.26	0.28	0.02	0.61	−0.07	−0.27	0.38	−0.05	0.10	0.59	0.02	2.02	2.18	0.19
	比年初	20.13	0.00	1.83	3.71	0.32	−3.61	−0.37	0.23	0.95	0.24	0.68	0.99	1.31	0.80	−0.09	0.94	0.54	0.36	12.10	−0.79
	增长％	4.18		4.14	3.95	0.80	−5.98	−6.95	11.05	37.12	4.98	110.43	45.35	40.92	15.49	−10.26	117.35	17.19	0.24	19.49	−18.75
单位存款	余额	589.36	8.42	43.24	70.47	33.75	32.66	16.41	12.64	27.60	18.78	14.72	24.23	12.22	32.36	12.19	21.65	24.96	159.45	8.51	15.09
	比上月	−13.55	−4.61	−4.12	2.09	1.27	1.51	5.55	−1.56	−1.86	−1.98	0.29	−4.26	−1.56	1.73	−0.66	1.34	−6.99	−1.28	−0.18	1.73
	比年初	74.70	2.81	−7.52	11.13	6.83	−4.26	3.14	−1.71	17.32	5.40	0.64	3.18	−6.86	8.37	1.46	6.85	−3.39	26.02	4.51	0.80
	增长％	14.52	50.04	101.57	18.75	25.37	−11.55	23.69	−11.92	168.38	40.42	4.51	15.11	−35.93	34.89	13.58	46.23	−11.96	19.50	112.75	5.58
二、各项贷款	余额	856.91	28.99	1.81	120.35	60.36	89.65	32.65	23.67	9.95	25.49	11.69	29.59	7.75	27.47	16.74	10.22	25.18	202.22	17.88	15.50
	比上月	4.75	−1.47	5.64	1.10	−0.53	0.65	−0.84	−0.14	−0.49	0.30	−0.75	0.95	−0.18	0.55	0.11	0.05	0.57	3.13	0.03	−0.09
	比年初	57.04	0.96	30.98	11.86	4.75	2.94	−1.73	4.52	−4.55	−5.01	−0.42	13.83	1.22	0.65	2.97	0.33	−1.63	14.37	5.85	0.51
	增长％	7.13	3.42	−2.38	10.93	8.54	3.40	−5.03	23.63	−31.40	−16.44	−3.47	87.71	18.68	2.42	21.53	3.39	−6.09	7.65	48.65	3.38
其中：短期贷款	余额	399.73	2.15	2.44	40.49	15.47	28.37	14.92	10.84	2.78	17.43	7.11	12.14	4.17	2.57	11.60	4.65	11.99	167.07	4.53	10.48
	比上月	3.80	−0.19	70.11	1.07	0.00	1.24	0.33	−0.14	−0.52	0.09	−0.60	0.93	0.07	0.59	0.10	0.22	0.59	2.48	0.00	−0.08
	比年初	9.78	−0.06	4.25	3.87	3.44	1.34	0.69	−0.24	−4.34	−2.30	0.60	5.01	0.23	0.10	3.62	−1.94	−4.83	3.22	1.36	−2.43
	增长％	2.51	−2.89	5.70	10.57	28.63	4.95	4.88	−2.12	−60.94	−11.67	9.28	70.38	5.79	4.06	45.33	−29.43	−28.72	1.96	42.79	−18.80
中长期贷款	余额	449.41	26.84	0.25	77.54	44.51	60.40	14.64	12.82	7.17	8.06	4.58	17.45	3.58	24.91	5.14	5.57	13.18	35.15	13.35	4.37
	比上月	1.83	−1.28	−0.01	−0.54	−0.34	−0.46	−0.29	0.00	0.03	0.21	−0.16	0.02	−0.25	−0.04	0.00	−0.17	−0.02	0.65	0.03	0.19
	比年初	54.25	1.02	−2.40	8.27	4.24	3.21	−3.62	4.76	−0.22	−2.71	−1.02	8.81	0.99	0.55	−0.06	2.27	3.19	11.15	4.49	3.23
	增长％	13.73	–	–	–	–	–	–	–	−2.91	–	–	–	–	2.25	–	–	–	46.44	–	–
票据融资	余额	7.54	0.00	0.25	2.31	0.38	0.87	3.08	–	–	–	–	–	–	–	0	–	–	–	–	0.64
	比上月	−0.84	0.00	−0.01	0.57	−0.19	−0.13	−0.88	–	–	–	–	–	–	–	0	–	–	–	–	−0.20
	比年初	−6.91	0.00	−2.40	−0.29	−2.93	−1.60	1.20	–	–	–	–	–	–	–	−0.59	–	–	–	–	−0.30
	增长％	−47.81	–	−90.70	−10.97	−88.47	−64.68	63.86	–	–	–	–	–	–	–	0	–	–	–	–	−31.67

注：各项存款包括财政性存款 15.99 亿元

表 25

2017 年年末溧阳市主要保险、证券类机构业务情况

单位：亿元

险　种	单　　　　位	保 费 收 入	保 险 理 赔（给 付）
财产险	中国人民财产保险股份有限公司溧阳支公司	2.43	1.51
	中国太平洋财产保险股份有限公司溧阳支公司	1.24	0.75
	中国人寿财产保险股份有限公司溧阳支公司	0.60	0.33
	财产险小计	4.27	2.59
人身险	中国人寿保险股份有限公司溧阳支公司	3.98	1.65
	中国太平洋人寿保险股份有限公司溧阳支公司	4.79	0.16
	人身险小计	8.77	1.81
保险业务合计		13.04	4.4
东海证券溧阳南大街营业部证券成交额		1331.67	

【企业上市】 2017年，溧阳市企业上市工作取得突破。2月28日，江苏安靠智能输电工程科技股份有限公司在深交所创业板上市（股票代码：300617），首次公开发行1667万股，募集资金总额达4.1亿元，实现了溧阳市企业上市零的突破；9月27日，江苏天目湖旅游股份有限公司在上交所主板上市（股票代码：603136），首次公开发行2000万股，募集资金总额3.936亿元，实现了溧阳市企业上市的“双喜临门”，成为江苏省首家景区类上市企业，更是全国湖泊类景区和国家级水利风景区的首家上市企业，为“宁杭生态经济带最美副中心城市”作了强力推介和生动注释。11月24日，科华控股股份有限公司被证监会核准于上交所主板上市。

【企业新三板挂牌】 2017年，溧阳市金融办举办新三板等场外市场挂牌业务培训和政策讲座，宣传相关扶持政策、挂牌条件、操作实务等参加企业有30多家。2月17日，江苏开磷瑞阳化工股份有限公司在“新三板”挂牌，股票代码：870994；7月25日，江苏金梧实业股份有限公司在“新三板”挂牌，股票代码：871716；8月1日，江苏良友正大股份有限公司在“新三板”挂牌，股票代码：871765；11月6日，常州百斯福模塑股份有限公司在“新三板”挂牌，股票代码：872305。

（市金融办）

银行业

【中国工商银行股份有限公司溧阳支行】 2017年，工行溧阳支行紧紧围绕上级行党委“回归本源、稳中求进”的工作部署，坚守资产质量和内控管理两个底线，回归商业银行经营本源，在压力下前行、在转型中发展。年末，支行实现本外币存款余额89.3亿元，其中人民币存款余额87.24亿元；本外币贷款余额101.56亿元，其中人民币贷款余额101.34亿元，获2017年度省分行“精品县（市）支行”，获溧阳市文明城市创建工作“先进单位”。

工行溧阳支行继续加大对重点支柱产业和政府项目的支持力度，全年累计为重点支柱企业发放流动资金贷款25.95亿元，对重点建安企业累计发放贷款3.33亿元，向政府平台发放贷款8.6亿元，抓好重点领域贷款投放；响应“普惠金融”号召，全年发放小企业贷款9.82亿元，发放“小微创业贷”61户，总金额2.57亿元，积极支持中小企业融资需求，实现多样化发展；注重优化信贷产品结构，全年为重点客户开立保函154笔，总金额2.77亿元；签批敞口银行承兑汇票50笔，总金额4.98亿元；为35家客户办理票据贴现业务25.12亿元，盘活企业的库存票据。积极营销纯按揭和二手房贷款，同时以汽车、家装等分期付款为契机，充分满足个人客户融资需求，全年累计发放个人住房贷款9.92亿元，营销信用卡分期付款6164万元。

工行溧阳支行进一步实施网点智能化改造，全面试点柜面运营服务无纸化改革，利用双屏交互式业务办理模式优化客户体验；通过开展服务星级网点、文明城市创建等活动，同步做好硬件升级和人员调配，提升全辖网点营销服务的水平和效果；引入全量客户理念，抢抓年轻、未来、线上客户，进一步加大对融e行、融e购特色功能的宣传，凭借高效、先进的服务方式提升客户满意度。进一步加强对乡镇客户群体的拓展，在戴埠、上兴、别桥3个乡镇自助行内安排专人驻点，办理社保卡激活、自助终端操作引导及产品咨询等工作，对应网点定期为客户启用社保卡、开职场，介绍各类新型金融产品，培育新兴客户群体，提升服务水平。

（工行溧阳支行）

【中国农业银行股份有限公司溧阳市支行】 2017年末，农行溧阳市支行本外币各项存款余额168.11亿元，比年初增14.82亿元，总量在当地“四大行”占比39.46%，总量和增量均居“四大行”第一。本外币各项贷款余额120.35亿元，比年初增11.85亿元，总量和增量四行份额分别为32.25%和54.83%，均居第一。支行获农总行“三农业务先进支行”称号，获农总行“2017年县域青年英才金融服务突击队”称号。

2017年，农行溧阳市支行共申报项目贷款7户66亿元，对中关村水利建设新增贷款3.3亿元、溧阳交通建设新增贷款4.1亿元、新城房地产新增贷款7.4亿元、江苏国信新增贷款2.3亿元。新支持小微企业信贷客户25户，新投放小微企业贷款15560万元。全行掌银客户达16.6万户；成功营销E商管家556户，新增e商核心商户65户，新增缴费商户4户、成功营销市公安局代缴党费项目，联动开立了800余个掌银，预计每年归集党费40余万元。全年小微客户总数81户，小微业务连续保持同业前列，“苏微贷”规模不断扩大，“苏微贷”累计投放18户，投放贷款总额7930万元。年末，全行农户贷款余额20597万元，较年初增5886万元；新投放“金农贷”客户60户，投放金额3857万元。在全市行政村投放“惠农通”工程，覆盖面100%，有效惠农通服务点228户，服务点金融交易9.4万笔，交易金额9亿元，点均交易35笔／月，绑定存款月均2333万元，实现助农类交易量2.2万笔。

（苗 倩）

【中国银行股份有限公司溧阳支行】 2017年，中行溧阳支行紧紧围绕围绕“强党建、夯基础、控风险、助发展、提效能、争进位”的工作主线，全面对接五年规划，实施十大战略。年末，全行本外币存款77.05亿元，本外币贷款60.36亿元。完成国际结算量41736.8万美元，国际结算业务继续在溧阳同业中处于领先地位，并在当年度溧阳外管局对全市商业银行的考核评比中，取得外汇业务综合考核第一名。在做好出口商贴、福费延、远期结售汇等传统业务同时，不断进行产品创新：包括推出企业自主下单锁定汇率的远期结售汇电子交易平台、与商务局主动对接为出口企业提供信用贷款的外贸贷等。充分利用广阔的海外分行渠道和专业化优势，为国内企业“走出去”牵线搭桥，开展一系列“跨境企业撮合业务”，开展“中意－

北京”“中泰”等跨境活动，帮助国内企业走出去拓展海外市场，受到参加企业的广泛好评。

受到经济大环境影响，坚持“拓客户、调结构、促发展”的总体发展思路，坚持优化资产负债业务结构，走稳健协调的可持续发展之路。在授信政策上，对基础设施、高新技术企业、上市背景企业、中小企业、出口企业等方面进行重点支持，坚持金融创新和普惠金融等一系列金融创新业务，以信用贷款的“税贷通”来支持押品不足的中小企业；以优惠授信政策来支持“三农”经济发展的农企通宝；支持实体企业购买法院拍卖的“E拍贷”业务；和科技局合作开展“科技贷”业务，在担保、利率等优惠条件下，支持科技型企业的发展等。全行授信客户数127户，累计发放贷款23.2亿元。

（姜田才）

【中国建设银行股份有限公司溧阳支行】 2017年，建行溧阳支行按照“强基固本、转型创新”的总目标，坚定加快发展的战略不动摇，坚持以价值创造为中心，围绕“提升竞争能力，提高员工收入”两条工作主线。全行一般性存款余额达88.06亿元，各项贷款余额90.39亿元，实现中间业务收入7236万元，拨备前利润2.72亿元。积极对接实体经济，结合区域特点，大力支持区域特色产业、优势产业和新兴产业，为全市大中型重点优质项目、优质企业累计实现融资68.5亿元，有力地支持地方经济转型发展。创新发展小微快贷特色产品，进一步改善小微企业融资流程，实现全流程网络系统化操作，多渠道部署，推动小企业业务小额化、标准化、集约化、网络化转型发展，全年为全市小微企业实现普惠金融贷款新增投放2.99亿元。

全行国际业务发展实现新突破，全年营销贸易结算客户90户，实现国际结算量31404万美元；国际收支结售汇量23063万美元，外汇存款余额达5200万美元。同时，加大对优质民营企业的重点外汇产品推荐，先后办理跨境贷业务1716万美元、远期交易及“汇积通”业务1053万美元。住房金融品牌持续巩固发展，“要买房、到建行”的品牌号召力得到进一步加强，大力发展个人消费贷款和个人助业贷款等经营性业务，个人贷款业务继续保持同业第一，全年累计发放商业性个人贷款1462笔，发放贷款金额7.13亿元；个人消费贷款累计发放金额1.28亿元。客户基础持续夯实，年内，个人客户新增3.47万户，达42.6万户；新开对公基本户703户，新开全量账户850户。不断加快推进移动金融业务发展，手机银行活跃客户达4.5万户，移动金融替代率达90%以上。大力拓展发卡业务，借记卡新增1.7万张，消费额达106亿元；信用卡客户净新增约1万户，ETC龙卡客户净新增1400张，分期交易额2.62亿元。

建行溧阳支行开展“3·15金融消费权益日”宣传活动

（建行溧阳支行 供稿）

建行溧阳支行认真落实党风廉政建设工作，层层签署《全面从严治党、从严治行责任书》《廉洁从业承诺书》《安全保卫责任书》，树立和保持建设银行良好的公众形象，积极构建防控案件的长效机制。年内，堵截对私冒名开户1起、对公伪法人开户1起、电信诈骗1起650万元、假冒银行承兑汇票1张30万元，被评为常州市治安保卫工作先进集体。建行溧阳支行始终坚持“以心相交 成其久远”的服务理念，完善服务流程，强化考核监督，展示建行良好的服务品牌形象，完成南渡分理处升格为支行，新开天目湖支行，完成燕山路支行、嘉丰支行原址装修升级；积极推动星级网点评定工作，推进全行物理渠道转型，树立服务标杆和服务品牌，提升网点整体服务水平和综合竞争力；持续加强员工教育培训，开展形式丰富的员工技能培训和业务知识竞赛，提升员工技能水平，有效提高员工服务能力。积极承担国有大行社会责任，开展金融知识宣传4次，开展文明城市志愿者服务50人次，累计为新塘村贫困党员捐款6400元，为西藏蔡雅县烟多镇岩着村小学捐建爱心图书室5000元。

（建行溧阳支行办公室）

【中国农业发展银行溧阳市支行】 2017年，农发行溧阳市支行认真贯彻总分行党委党建工作战略部署，坚持“两个从严”要求，以“两学一做”制度化常态化学习教育为主线，强化党建工作和党风廉政建设的组织领导，增强履行党建工作能力，积极贯彻落实省市分行行长工作会议精神，围绕省行“六字方针”，坚持稳中求进，坚定不移落实市分行“稳发展、优结构、严要求、谋突破”的工作基调，业务发展实现稳中有进，多领域支持新农村建设，彰显农业政策性银行在支农战线上的主力军作用。向中关村园区建设公司小夏庄农民安置房项目投放贷款3.56亿元、万达公司棚改项目投放贷款3亿元；切实做好粮食收购信贷资金供应与管理工作，以优质金融服务灵活调度资金确保粮食企业快收粮、收好粮，保证售粮农民“粮入库、钱到手”。累计拨付各类粮食收购资金12183万元，支持收购小麦978万公斤、稻谷2960万公斤，没有出现“卖粮难”和“打白条”现象。以开展“依法经营、合规管理”争创达标单位活动为抓手，严格落实制度，规范业务流程操作，把控好风险，推进基础管理精细化，完成了全年各项工作任务。各项贷款余额28990万元；各项存款余额109007万元；账面利润5309万元；日均存款10.29亿元；中间业务收入206万元；国际业务结算量1816万美元；不良贷款余额和占比均为零。

（管志农）

【江苏江南农村商业银行股份有限公司溧阳市支行】 2017年，江苏江南农村商业银行股份有限公司溧阳市支行按照总行年度工作会议精神，推进各项业务稳步向前，全力以赴支持全市经济社会发展。支行各项存款余额305.87亿元，比年初增加26.38亿元，增幅9.44%，在溧阳市19家银行业金融机构中的总量和增量占比均达27.5%。各项贷款余额202.22亿元，比年初增加14.37亿元，增幅7.65%，总量和增量在溧阳同业中均保持第一。获常州市放心消费创建活动先进单位、溧阳市金融系统创建全国文明城市先进集体、溧阳市第八届运动会金融代表团组织奖。

通过支持新型农业经营主体、营销园区小微企业、促进特色信贷产品投放、做大住房消费贷款市场等措施，扶持全市“三农”经济的发展，同时还在“阳光贷”“绿电贷”等产品的试点工作中进行有益的尝试，支行三农贷款余额48.8亿元。对溧阳地区二级以上资质建安企业继续保持支持力度，授信总额近30亿元。全面推进社保卡走村入户现场激活工作，全年累计激活社保卡近7万张，为全市百姓享受社保卡金融服务功能打开通道。

（张宬尧）

【中国邮政储蓄银行溧阳市支行】 2017年，邮政储蓄银行溧阳市支行紧紧围绕省、市分行各项工作部署，围绕“抢早、做精、求均衡”的工作主基调，持续推进经营方式和增长模式转变，不断夯实经营基础，优化经营结构，提高经营效率，实现各项业务可持续发展。全行个人存款余额74.14亿元，公司存款余额8.5亿元，各项贷款余额23.43亿元。其中：个人贷款余额13.41亿元，中小企业贷款余额10.2亿元。

邮储银行溧阳支行不断开拓思路，积极探索金融发展的新模式、新路径，加大对中小企业、“三农”方面的信贷支持，提供多角度多方位的优质金融服务，助力中小企业、“三农”的发展。围绕富农贷、省农担、农保贷、专业大户等新型产品，对种养殖大户及特色农业产业进行探索创新，成功落地全区首单“省农担”业务，再次实现“农保贷”全区首单开单，全年行内的新型农业产品贷款累计投放9500万元；为破解中小微农业企业融资难题，支行积极探索与政府和担保公司三方合作，创新贷款新项目“信保贷”，在当地政府和担保公司大力配合及推动下，邮储银行常州市分行和上兴镇政府及溧阳中小担保有限公司举行上兴镇涉农企业“信保贷”项目签约。6月，开展首笔涉农小企业贷款“信保贷”业务。全年，支行小企业税贷通业务新增授信10户，授信金额合计1100万元。

（邮政储蓄银行溧阳市支行）

【溧阳浦发村镇银行股份有限公司】 2017年，溧阳浦发村镇银行股份有限公司以党建工作为引领，认真贯彻浦发村镇银行管理中心“稳发展、促转型、控风险、强管理”的总体要求，积极开拓市场，加强信贷管理，强化风险控制，改善金融服务，履行社会责任，各项业务发展较为平稳。获全国百强村镇银行、溧阳市2015—2016年度模范职工之家等称号。

溧阳浦发村镇银行股份有限公司坚持“三农小微”的市场定位，坚持小额分散原则，细分客户市场，创新金融产品，实施差异化竞争、特色化经营，沿着小微银行、专业银行的路径发展。在个人消费贷款和个人经营性贷款两大类产品上精耕细作，开发“个人手机综合消费贷款”“消易贷”“农户光伏贷”等产品。成立微贷营销团队，专门向个体工商户和微小企业发放用于生产经营的贷款，强化对小微企业信贷投放力度。通过调整客户结构、信贷结构，拓展微小信贷市场的发展空间，在积极满足客户小额贷款需求的同时，有效促进了全行业务的健康发展。年末，存、贷款余额分别为18.49亿元和15.5亿元。年度日均存款余额16.83亿元，比上年增加1.83亿元，增长12.20%；年度贷款日均余额15.53亿万元，比上年增长0.93亿元，增加6.35个百分点。

（溧阳浦发村镇银行）

保险业

【中国人民财产保险股份有限公司溧阳支公司】 中国人民财产保险股份有限公司溧阳支公司作为溧阳地区规模最大、最具实力的财产保险公司，经营除长期人身保险以外的所有保险业务，包括企事业单位财产保险、建筑和安装工程保险、货物运输保险、机动车辆保险、家庭财产保险、责任保险、信用保证保险、人身意外保险、健康保险、农业保险等险种。公司设有经理室、综合部、运营支持部、农险部、销售管理部、理赔分中心、电商部、直销部、银保／重客部、车商一部、车商二部、营销部等12个内设科室，别桥、戴埠、社渚、竹箦、南渡等5个外设乡镇营业网点，一个昆仑社区门店，与30多家保监局批准的保险代理机构合作，方便客户就近投保。

人保财险溧阳支公司实现保费收入25580万元，其中车险18237万元，非车非农险5490万元，农险1852万元。处理各种赔案16291件，支付各种赔款17645万元，发挥了社会稳定器及经济助推器的作用。秉承“紧盯合规不放松，精耕细作稳发展，提升能力优服务”的指导思想，积极创新农业保险发展活力，除传统种植业应保尽保外，开设19个高效农业保险险种，其中包含江苏省水稻大灾保险试点和青虾养殖保险两个新险种。水稻保险承保40.93万亩，承保率100%；小麦、油菜保险承保21.32万亩，承保率100%；高效设施农业险占比66%以上；另农机具承保1586辆。在农户自愿的基础上，以村或农民合作社为单位组织统一投保，统一签订保险合同，并采取统一收费，上门服务等形式方便农民缴费，单据内容统一齐全。全年共处理赔案3219件，比上年增加838件，受惠农户9348户，所有赔款都直接支付到农户一卡通或一本通，结案率100%。

（杨泾渭）

【中国人寿保险股份有限公司溧阳支公司】 2017年，中国人寿保险股份有限公司溧阳支公司紧紧围绕“区域领先”目标，凝心聚力，转型创新。全年完成保费总量3.97亿元，继续保持市场的领先地位，其中新单保费16197万元；短险保费2889万元；赔款5364件，赔款支出2071万元；其他各类给付2420件，支出15710万元。

公司牢固树立责任意识、服务意识、品牌意识、创新意识，促进商业保险在社会发展中有序、规范、有效地开展，充分利用公司品牌优势、管理优势、服务优势和强大的国企背景，积极参与社会保障体系建设，做好溧阳市政府委托经办全市54万城乡居民的合作医疗保险和大病保险，全年大病保险支付1400万元；城乡居民合作医疗保险补偿支出4亿元。公司还为全市独生子女家庭和老年人送去保障，近95%的家庭享受“独生子女幸福家庭保险”提供的意外身故、意外医疗、重大疾病等保障。中国人寿溧阳支公司的“三险一体化商保直付”项目获2017年江苏省金融创新奖，全国首家“商保直付”模式在溧阳各大医院端成功上线，与城乡居民合作医疗保险同步实现医院窗口的实时结算，参保人群在出院当场即可获得商业保险赔付，无需再为保险理赔来回奔波，参保群众可享受最大的便捷理赔服务。

（人寿保险溧阳支公司）

【中国人寿财产保险股份有限公司溧阳市支公司】 2017年，中国人寿财产保险股份有限公司溧阳市支公司以“动力常州”建设目标为指引，围绕“发展、管理、服务”三大能力的提升，积极应对市场竞争，持续加强能力建设，全面推进转型升级，实现保费收入6002.87万元，其中非车险在摒弃1000多万元高风险业务的情况下，实现保费收入1804万元，实现承保利润472.61万元，公司市场份额为10.41%。6月25日，公司进行整体搬迁至溧阳市迎宾路6号江苏华达公司大楼内，新职场的搬迁更好地体现了中国人寿财险的新形象，为公司进一步发展提供了支持。

（王云红）

【中国太平洋财产保险股份有限公司溧阳支公司】 2017年，太保产险溧阳支公司紧紧围绕年初制定的各项工作计划和目标任务，针对市场主体较多、市场竞争激烈的严峻形势，克服困难、迎难而上，业务保持平稳发展，共完成保费收入12386万元，其中完成车险保费10650万元，非车险1736万元。在坚持发展业务的同时，始终坚持以客户需求为导向，积极支持地方经济建设、履行社会责任和社会保障功能，全年共处理各险种理赔案件4248件，赔款支出7211余万元，综合成本率97.91%。

面对激烈的市场竞争和非车险控品质、车险战略调整的严峻形势下，紧紧围绕常州分公司下达的年度各项预算指标和相关考核要求，进一步细化任务落实制度，紧盯市场，提早布局，认真分析、准确预判，精心组织常州分公司开展的各险种各渠道业务销售竞赛和支公司开展的开门红业务竞赛、营销业务开门红竞赛等活动，促进了驾乘险、码上保、CRM、车E保、太伙伴、太好创等新技术和新产品推广深度和覆盖率。

（何丽薇）

【中国太平洋人寿保险股份有限公司溧阳中心支公司】 2017年，中国太平洋人寿保险股份有限公司溧阳中心支公司在集团和总、分公司的坚强领导下，广大干部员工主动适应新常态，坚持可持续价值增长，各项工作稳中有进，中心支公司业务继续保持良好的发展态势。实现总保费收入47934.83万元，市场占比50.55%，同比上升8.6个百分点。其中，个人业务提质增效，达成新保保费14445.51万元，同比增长24.8%。办理各类给付、理赔案件27646件，累计支付金额8488.85万元。全面推进“数字太保”信息化建设，增强科技支撑能力，提升营运作业智能化、自动化水平。大力推广“太平洋寿险APP”“神行太保”智能终端、微信公众号、移动保全等保险新技术应用，有效简化客户办理常规业务的流程，实现客户体验的提升。“太保E办”“捷报”等行政办公平台顺利上线，实现全员移动办公。

2016年4月30日，家住溧阳市天目湖镇的兰先生在中国太平洋人寿保险股份有限公司溧阳中心支公司为其父亲投保了《安行宝两全保险》，10年缴，每期保费2598元，共计缴费1期，合计保费2598元。2017年2月28日兰先生父亲乘坐摩托车发生交通事故，经抢救无效于2017年3月2日死亡。兰先生随后向太平洋寿险溧阳中心支公司申请理赔，接到报案后，太平洋寿险溧阳中心支公司迅速进入调查程序，主动协助兰先生收集资料办理保险理赔，第一时间将100万元理赔金送到兰先生的手中，表达诚挚的关怀与问候。

（耿剑磊）

证 券 业

【东海证券股份有限公司溧阳南大街证券营业部】 东海证券股份有限公司溧阳南大街证券营业部有员工24人，营业面积6000余平方米，有贵宾、大户座位680多位。被评为全国明星证券营业部、全国百强证券营业部、投资者教育工作先进单位，是全国十大网上交易推广先进营业部、东海证券AAA类营业部、优秀合规单位。

东海证券溧阳地区党支部的组成下辖东海证券溧阳南大街及溧阳育华

路、金坛、徐州、南京、盐城、泰兴、扬州、合肥9家证券营业部。其中合肥为2017年新加入的营业部。现有正式党员30人，培养联系中的积极分子8人，成立溧阳、金坛、徐州、南京、盐城、扬州6个营业部党小组。支部党员积极参加系列活动，引导党员的集体荣誉感，充分发挥先锋模范带头作用，不断践行企业文化建设。2017年，获东海证券股份有限公司“优秀党支部”称号。

东海证券溧阳营业部大力发展营业部投资顾问理财力量，通过增加投资顾问数量等方式齐集精兵强将再次整合组成全新的理财中心，对客户的服务工作分片包干，责任到人。对于客户托管在营业部巨大的证券资产市值，依托公司总部理财中心，对客户进行辅导、咨询，指导客户进行操作，不断使得客户资产保值增值。由东海证券打造的集手机开户、极速行情、便捷交易、掌上理财等功能的智能交易终端“东海通”APP获——“优秀运营案例”奖、“2017最朗朗上口APP名”奖等多个奖项。营业部投顾人员利用“东海通”APP这一手机软件为投资者提供投资理财等方面的专业指导。替贵宾、大户订阅《中国证券报》《扬子晚报》等报纸杂志，开通多项包括“同花顺”、提醒电话等增值服务，供客户参考。由东海证券和美国Tradestation公司联合打造的“东海智能TS交易平台”，构建东海智能品牌，以其强大的策略扩展功能、丰富的特色功能、完善的策略研发功能，进一步提升交易管理。网上交易委托方式交易量占营业部总交易量的85%以上。全面执行岗位责任制，严格遵守岗位操作流程，实行权限申报审批制，控制业务风险，严格各项规章制度的执行。利用与沪深交易所接通点对点的交易通道，实行快速交易下单，速度比传统的行情与交易快了三倍多；利用地面线路，实行行情、交易双向备份。与溧阳本地政府、公安、通信、供电、消防等部门保持良好的合作关系，制定了详细可行的交易与三防一保应急预案，及时演练，做到安全运行无事故。营业部建立一支责任心强的保安队伍和警惕性高的员工队伍，法制意识和安全防范意识深入到每个人心中，制定防盗、防抢、防火预案。配备足够的消防器材和器械，设立110紧急按钮和CK报警系统，与公安、消防单位建立友好合作关系，做到警企互动，增强安全防范外围保障。

随着东海证券股份有限公司创新业务开展日趋成熟，营业部对创新业务的开展可行性、适当性进行分析，对于部分交易活跃且风险控制意识强的客户，积极进行业务创新的推进工作：融资融券业务、IB业务、PB业务、股票质押融资业务、承揽债券发行、限售股减持、“新三板”业务等，利用创新业务，让客户切实感受到利用创新业务在投资领域的运用所带来实效，推进营业部由“狭义营业部”向“创新营业部”发展的进程。2017年10月，由营业部承揽的江苏天目湖（集团）有限公司非公开公司债券成功发行，发行规模5亿元，江苏天目湖（集团）有限公司的绿色债也正式启动。

（施陈梁）

【南京证券股份有限公司溧阳罗湾路营业部】 2017年，南京证券溧阳罗湾路证券营业部业务范围涵盖证券经纪、证券投资咨询、与证券交易、证券投资活动有关的财务顾问、证券承销与保荐、证券资产管理、证券投资基金代销、融资融券、代销金融产品等诸多领域。全年拥有客户5千名，托管资产超过2亿元，在同行业同批开立的营业部中各项指标名列前茅。在新三板、融资融券、股票质押等业务上均有一定突破，开业当年即实现盈利。与溧阳市政府共同举办2017年溧阳资本市场论坛，为溧阳的资本市场繁荣添砖加瓦。积极捐赠财物给上兴小学的困难学生，慰问溧城镇敬老院的孤寡老人等。

（谭　茂）

其他金融机构

【小额贷款公司】 2017年，全市开业的小额贷款公司累计12家，分别是溧阳市盛大农村小额贷款有限公司、溧阳市金峰农村小额贷款股份有限公司、溧阳市银泰农村小额贷款有限公司、溧阳市华盛农村小额贷款有限公司、溧阳市国强农村小额贷款有限公司、溧阳市富子农村小额贷款有限公司、溧阳市华隆农村小额贷款有限公司、溧阳市天目农村小额贷款有限公司、溧阳市祥德农村小额贷款有限公司、溧阳市融辉农村小额贷款有限公司、溧阳市庆丰科技小额贷款有限公司、溧阳市汇海科技小额贷款有限公司。注册资本11.84亿元，实收资本11.8亿元。年内累计发放贷款1218笔，金额70.85亿元，年末贷款余额17.89亿元。

（市金融办）

【担保公司】 全市注册登记的担保机构共2家，注册资本40300万元。其中，国有1家，即溧阳市中小工业企业信用投资担保有限公司，由原溧阳市中小工业企业信用担保中心转制而来，注册资本从当初的500万元增加到30500万元，系江苏平陵投资建设有限公司全资子公司。公司经营担保业务、与担保业务有关的融资咨询、财务顾问服务，以自有资金投资。收费标准为年担保费率1.5%。与14家银行进行合作，分别为工商银行、建设银行、中国银行、江南银行、交通银行、江苏银行、浦发村镇、招商银行、华夏银行、兴业银行、邮政储蓄银行、光大银行、南京银行、广发银行。民营1家，注册资本5000万元。2017年担保发生额18.41亿元，在保17.54亿元，97%的担保业务主要由国有担保公司完成。

全年为全市322户中小微企业提供贷款担保395笔，金额18.97亿元，年末在保余额18.04亿元。担保平均放大倍数4.6倍。其中高新技术产业119笔，金额81596万元，“三农”担保116笔，金额16335万元。全年获得省级专项扶持资金471.36万元，常州市专项奖励资金50万元，溧阳市奖励资金1014.11万元，合计1535.47万元。

（厉　宵）

综合管理

栏目编辑　虞燕娟　英　俊

发展改革管理

【概　况】 2017年是保持经济平稳较快发展的重要一年，全年完成地区生产总值858亿元，比上年增长8 %；完成全社会固定资产投资530.7亿元，比上年增长9.1%（其中，完成工业投入383亿元，比上年增长9%）。

【发展谋划】 按照2017年政府工作报告加快建设国家级产城融合示范城市、国家生态文明建设示范城市、全国文明城市的要求，委托南京大学完成《溧阳市产城融合示范城市建设规划（2017–2030）》编制、委托江苏省工程咨询中心完成《宁杭生态经济带（溧阳市）发展规划》编制。立足“服务园区产业、服务园区企业、服务园区发展”，根据省级生产性服务业集聚区建设标准，协同江苏中关村编制《江苏中关村科技产业园科技服务业集聚发展规划》。根据苏皖合作示范区发展规划布局和中片区热源点布局变化，经市政府批准，启动修编制定《溧阳市热电联产规划（2017—2025）》。

【区域合作】 围绕苏皖合作示范区建设，明确苏皖合作示范区2017年合作方向和工作重点，制订苏皖合作示范区2017年工作计划和重大合作项目（事项），编印《苏皖合作示范区工作简报》，组织召开苏皖合作示范区协调层会议，做好《苏皖合作示范区发展规划》上报国家发改委的前期准备工作，推动了苏皖合作示范区进入实质性操作。完成溧阳市人民政府与白河、汉阴县《关于进一步加强扶贫协作和经济合作协议》，出台《关于加强我市东西部扶贫协作工作的实施方案》。

【分析比较】 按季分析全市主要经济运行情况，与周边地区进行模拟比较，查找溧阳的不足。根据省政府办公厅对基本公共服务体系建设监测统计办法，对指标体系进行调查汇总梳理，分析全市存在的问题。根据省委省政府对“十三五”时期基层基本公共服务功能配置标准，委托市规划设计院对全市现状进行梳理，以找出短板，提出提升措施。根据省绿色发展指标体系和生态文明建设考核目标体系，会同相关部门对全市完成情况进行梳理汇总，按要求及时上报。

【项目建设】 2017年基础设施和社会事业项目共282个，总投资436亿元，年度计划投资136亿元。围绕溧阳市“重大项目攻坚年”活动主题，强化项目服务，加快重大项目推进，并配合市委、市政府开展重大工程（项目）督查工作。9个常州市重点项目，总投资290.5亿元，年内计划投资72.9亿元。247个溧阳市级重点项目，项目总投资1047亿元，年内计划投资310亿元。

【转型发展】 服务业发展。完成第三产业增加值390.3亿元，比上年增长11.3%。累计完成服务业投资146.9亿元，比上年增长9.1%（其中：房地产投资73.92亿元，比上年增长67.8%）。完成社会消费品零售总额331.66亿元，比上年增长9.5%。完成限额以上服务业营业收入89.61亿元，比上年增长4.6%。

“四大经济”发展。2017年，全市“四大经济”全产业累计完成增加值369.38亿，比上年增长10.8%，占全市地区生产总值的43%，较上年提高6.4个百分点。其中，制造经济体量最大，健康经济活力最强。2017年，制造经济完成增加值191.53亿元，占全部“四大经济”增加值比重的42.6%，处主导地位，占比较上年基本持平；健康经济增加值增速放大，达15.8%，高于“四大经济”平均增速5个百分点。

推进发展清洁能源。下达各镇区煤炭消费总量的削减目标、任务和考核办法，压减非电行业用煤，加强对风险预警企业用煤量监控，截至2017年年底，全市煤炭消费总量比2016年同期下降10.9万吨。

新兴产业发展。全市79家规上企业列入新一轮十大产业企业库，1～12月份工业总产值317.9亿元，增速13.5%。2017年列入常州市十大产业链重点项目12个，产业类别分别涵盖新能源汽车及核心零部件、智能制造装备及节能环保等三个方面，全年完成投资78.39亿元。

【价格管理】 深化价费改革。加大住宅商品房价格调控力度，通过房价调控联席会议制度，定期召开会商会议，确定价格调控目标、严控频繁涨价、会审开发成本、查处违规行为。落实居民用水阶梯价格政策，调整污水处理收费标准，对六大重污企业实施差别化水价政策。落实工业企业用天然气优惠政策，全年降低企业用能成本约1800万元。贯彻落实国家、省清理规范行政事业性、经营服务性收费文件精神，清理取消溧阳市行政事业性收费项目25项，停征行政事业性收费6项，降低行政事业性收费标准9项，取消和停征、放开经营服务性收费项目22项，年均为企业和个人减负金额4000多万元。

突出执法检查。集中力量开展市场价格常态监管和各类专项价格检查。出动执法人员80多人次，发放提醒函130多份、法律法规汇编150多本，发放各种宣传资料60余份。查处价格违法案件1起，实现经济制裁5.5万元。受理各类价格举报、咨询103件，办结率100%。

开展价格认定。全年接受司法、政府等部门委托价格认定991起，价格认定金额7045.8万元。运用《江苏省价格争议调解处理办法》调解价格争议14起，调解金额10万元。

【效能建设】 开展“三大一实干”活动。按照市委统一部署，成立“三大一实干”活动领导小组，制定出台实施方案，36名机关干部走访溧城镇南村村、别桥镇别桥村、西庄村共计1107户，上报共性问题11个。走访溧阳市规模以上企业51家，上报问题6个。走访中小企业101家，上报问题3个。干部访谈收集需要市发改委研究的问题4个。收集5类职责清单共计52张。路长制责任路段（钱家路——昆仑南路）督查，采用个人承包制，开展常态化巡查，100%入户，每天对责任路段商户及路面问题进行巡查管理，共同创成全国文明城市。

营造学习调研氛围。筹备组织镇区、部门及服务业重点企业负责人开展服务业专题培训，合力推进全市服务业加快发展。赴金坛、宜兴、扬州、南通、浙江、安徽、贵阳等地开展调研，内容涉及重点建设项目管理、产品大走访、政府信息公开等，形成调研报告3篇，给领导决策提供有效参考信息。完成“溧阳市宁杭生态经济带最美副中心城市的探索和思考”课题，参与市政协多规融合课题研究。开展全市物业服务收费调研，就如何加强和改进全市住宅小区物业收费管理提出可行性建议，《关于如何加强监管力度、提升住宅物业服务收费管理水平的思考》的调研报告获得市人大领导的高度肯定。

加快法治机关建设。健全价格案件审理制度，规范行使自由裁量权，坚持“双随机一公开”制度，加强事中事后监管和规范性文件备案清理。

（杨　晓）

市场监督管理

【概　况】 2017年，市场监管局围绕“重大项目攻坚年”和“文明城市攻坚年”总体工作部署，对照全市18项重点工程（工作）部署要求，主动履职，构建市场监管新格局，为建设宁杭生态经济带最美副中心城市作出贡献。获得2017年度全省食品药品监管工作先进单位，常州市工商局2017年度“准入、竞争、消费三大市场环境”建设优胜单位，溧阳市创建全国文明城市立功集体。

【服务创业】 以服务发展为第一要务，落实商事登记制度改革，营造宽松便捷的市场准入环境。落实各项改革举措，市场准入环境指数有效提升。贯彻落实“多证合一”“不见面审批”等多项改革举措，试行全程电子化登记、企业简易注销程序等各项登记制度。结合“3550”（开办企业3个工作日内完成，不动产登记5个工作日内完成，工业建设项目施工许可50个工作日内完成）要求进行全面梳理，缩减审批环节、所需材料和办理时限，登记注册效率和便利得到最大释放，激发市场主体发展活力。全年净增私营企业1675户，净增个体工商户5723户，分别完成年度目标的167.5%、190.8%。优化帮扶举措，推进市场主体提质扩面。围绕政府“重大项目攻坚年”主题，立足市场监管职能，实施全方位优质高效精准服务，帮助安靠智电、天目湖旅游上市，实现全市上市企业零的突破。通过动产抵押帮助科华控股等56家企业融资27.91亿元。对5家企业的7项技术标准项目实施政府奖励55万元。助推政府“四大经济”发展，辅导天目云露等4家企业申报中国驰名商标，江苏上上电缆获评江苏“双百品牌”，全市自主品牌企业增加值占GDP比重达18.8%。以南山竹海风情小镇等特色田园乡村建设试点为引领，助力168户特色个体工商户转型升级，小微企业得到蓬勃发展。

【宽进严管】 构建以信用监管为核心的新型监管机制，通过强化市场主体责任，推进事中事后监管，逐步推动市场监管一体化。事中事后监管有力推进。年报公示率达87.2%，1302户市场主体被列入经营异常名录或标记异常状态。重点开展清理“僵尸户口”工作。强化安全监管。发挥食安办综合协调职能，制定全年食品监管计划，实行风险量化分级监管，检查各类食品生产、销售、餐饮主体近万家次，登记食品小作坊22家，上兴镇留云村小作坊集中区通过验收，社渚、竹箦等6个镇划定8个食品摊贩集中经营区。发挥检验检测中心技术平台支撑作用，完成食品等各类抽检3412批次，食品抽检合格率99.7%。组织实施疫苗使用专项检查等11项药品化妆品专项检查，上报药品不良反应监测报告690份，医疗器械不良事件报告550份。完成旅游节、茶叶节等10项政府重要活动食品安全保障，全市食品药品安全形势总体向好。办理特种设备登记1421台（套），发放作业人员证892本，制发监察指令书57份，企业和社会更加重视特种设备安全管理。推动文明创建。强化责任落实，通过实施局领导区域挂钩制度、路长单位工作机制，对边界市场等重点区域、小餐饮等重点行业实行全覆盖地毯式排查，制作发放各类公益宣传资料和提示标识10万余份，下发《整改通知书》1100余份，规范各类证照500户。被评为创建全国文明城市立功集体，溧城分局被评为创建全国文明城市先进集体，个人立功1名，个人先进4名。

【市场秩序】 根据上级推进供给侧改革，压减落后低端产能要求，参与钢铁、化工等落后产能清查及压减工作，检查企业260家次，基本摸清企业经营情况，完成专项整治任务。针对老年人消费市场的焦点问题，开展保健品、医疗器械虚假宣传、违法会销专项整治，立案11件，关停非法会销点2处，维护群众的合法权益。针对制售假冒伪劣食品药品行为，建立行政执法与刑事司法衔接联席会议制度，增强打击违法食品药品的合力。全局查处虚假宣传、商标侵权等各类违法行为173起，移送公安5起，案值金额4千万元。

【民生民意】 围绕政府民生实事，开展学校“放心餐”工程和“安心菜市场”工程。全市120家学校食堂全部实现“明厨亮灶”，学校A级标准食堂达89家，占总数85%。制订并下发《溧阳市实施“安心菜市场”工程工作实施方案》，推进东升路菜场等2家菜市场提档升级工作。围绕群众诉求，持续深化消费维权。深度整合各类投诉举报资源，完善分类处置的新型维权机制，确保群众权益得到有效维护。全年处理各类消费投诉1340件，为消费者挽回损失60余万元。打造锦汇商业广场等文明经营诚信广场，竹簧镇竹安街等文明经营诚信示范街，组织34家单位申报放心消费创建先进单位，帮助天目湖白茶行业申报江苏省品牌消费集聚区，诚信经营、放心消费理念深入人心。围绕代表委员建议，主动接受监督。开展市人大代表、政协委员专题走访活动，通过面对面沟通、函询等方式征集意见、建议。承办人大建议、政协提案6件，满意率100%，及时完成并反馈领导批示20余件。

【队伍建设】 提升能力规范履职，依法行政得到加强。业务培训兼顾点、线、面的要求，做到全员学习、条线辅导和现场指导相结合，重点针对涉及食品小作坊、网络广告监管等法律法规组织专题培训，提升干部的依法行政意识。推进“三张清单一张网”建设，针对涉及市场监督管理700余部法律法规规章，理清1100余项检查事项清单，并实行动态管理，做到行政确权清晰，法定职责明确。根据按岗定责的要求，对市场监督管理工作岗位职责实行风险等级管控，立足食品药品监管、特种设备监管、餐饮监管等高风险环节关键点的防范，全面完善业务操作规范，减少工作风险存量，确保履职到位。突出党建强化作风，廉政建设得到坚决落实。确定局党委主体责任77条，出台11个基层分局的“两个责任”清单目录，分类制定三类清单270余份，确保党风廉政建设责任逐级传递、层层压实。结合八项规定要求，重新修订出台公务（会议）接待、效能问责等七项制度，对干部管理、收支结算、公开公示、责任追究等重新予以明确，确保做到用制度管人管事。参加“网上面对面”、走进市纪委《政风热线》直播栏目等活动，推进政务公开。

（沈建雄）

市市场监管局党员活动　　（市市场监督管理局　供稿）

安全生产监督管理

【概　况】 2017年，全市安全生产监管系统坚持企业、政府和社会同发力，以加强安全责任、安全检查、安全投入为核心，夯基础、强监管、严执法、除隐患，切实做到守土有责、守土负责和守土尽责。2017年全市发生生产安全事故143起，死亡55人，比上年分别下降22%、27%。全市未发生较大以上安全生产事故，岁末年初、夏季高温、十九大及“两会”等重点时段，春节、国庆等重要节日均未发生有影响的生产安全事故。

【安全责任落实情况】 把层层压实责任作为安全生产工作的主线，按照“党政同责、一岗双责、失职追责”要求，结合实际修订、细化了安全生产目标管理指标和考核办法，层层签订责任书、责任状，并采取定期巡查、季度通报、警示约谈、完善权力清单和责任清单等手段，进一步强化镇区、部门安全生产责任。同时，在企业层面启动安全生产诚信管理和安全生产不良记录“黑名单”制度，倒逼企业落实责任、排查隐患，全市有860家企业进行了诚信承诺申报。

【安全生产风险管控】 以“控大风险、治大隐患”为契机，健全安全预防控制体系。开展重点行业风险辨识。研发了较大以上事故风险防控信息系统，对涉及危险物品、冶金煤气、涉爆粉尘等企业开展专题培训，聘请专家深入企业现场指导。全市确定风险辨识示范企业10家，200家工贸企业完成风险辨识。强力推动化工产业结构调整。按照“263”“四个一批”专项行动的相关要求，配合开展减少落后化工产能专项行动，对照“四个到位”的验收标准，完成62家“减化”企业的安全关闭。以建设标杆示范企业为基础，推进危化品生产单位“智能化二道门”建设，全市所有化工企

安全生产法治宣传　（市安监局　供稿）

业全部完成“智能化二道门”建设。有效落实职业病危害防治。从10个方面按五个100%的要求，部署开展陶瓷生产、耐火材料制造、铸造冶炼、船舶修造四类行业的职业病危害专项整治。检查85家次，查出隐患286条。加强安全生产应急管理。市政府出台《溧阳市突发事件应急预案管理办法》，全市先后开展水上消防和搜救演练、油品泄露及火灾突发事件应急救援演练、消防演练、保航道畅通应急救援演练和一氧化碳中毒应急救援演练等。加大对应急管理违法行为的打击力度，全年查处应急救援违法行为为28起。

【安全生产隐患治理】 坚持把隐患排查治理挺在前面，把安全隐患消除在萌芽状态。开展“安全生产执法年”活动，强化事前监管。将发生过事故、有重大隐患的企业纳入事先执法监管的重点范围，实行执法监管闭环管理。2017年事前立案82起，占检查数比率44.39%，吊销许可证数1家，停产停业整顿27家，提请关闭2起。落实政府领导协调、部门强化督办、单位整改落实的工作机制，完成常州市挂牌督办的2个重大事故隐患企业的验收销号。推进安全生产大检查。7至10月，按国务院、省、市安委会要求，结合夏季百日执法行动和事故隐患大排查大整治工作，开展安全生产大检查。明确检查非煤矿山、危化行业、烟花爆竹、金属冶炼等重点企业177家，实现重点行业全覆盖。大检查期间，立案24起，停产整顿6家，吊销证照1家。立案数占全年事前立案数的43.2%。突出抓好重点领域专项整治。危险化学品领域：针对红、橙、黄企业分级分类监管要求，检查生产、使用化工企业86家次，查出隐患1232条。非煤矿山领域：检查企业20余次，下发整改指令书15份，处罚4家。冶金领域：对全市34家轧钢企业进行暗查夜查，对“地条钢”清理工作中涉钢的20家企业进行停产停业整顿。烟花爆竹领域：会同常州市安监局、公安局对“金三角”地区开展烟花爆竹经营执法检查，查处非法储存烟花爆竹21630箱（件）。

【安全生产基础建设】 以企业标准化建设和执法队伍规范化建设为依托，不断夯实安全生产基层基础。2017年全市化工、工贸行业完成三级标准化达标266家，小微企业达标88家，5家危化品生产企业通过二级标准化评审。同时采取“走出去、请进来”的方式，强化执法人员业务学习和执法技能训练。2017年监察大队接受并通过上级安监部门的规范化评审。在基层安监队伍上，溧阳市出台《关于设立镇安全生产监督管理办公室的通知》和《关于在相关镇区、（街道）增设安全生产监督管理办公室的通知》，各镇区全部完成机构建设工作，10个镇（区）、1个省级开发区管委会共有监管执法人员70人，其中行政事业编制58人，基层安全生产监管队伍得到壮大。

【安全生产文化建设】 利用“今日溧阳”微信公众号、《溧阳时报》和交通工具电子屏等媒介载体，传达安全生产工作信息。组织“安全生产月”咨询日、“安康杯”知识竞赛，普及安全知识。在“三大一实干”活动中，到挂钩村委和村民中宣传各种安全常识。结合文明城市创建活动，向商户和路人发放安全宣传手册，形成人人重视安全、支持安全、参与安全的浓厚氛围。抓好宣传工作的基础上，以服务企业安全发展、服务群众办证需求为宗旨，全面推进安全教育培训。2017年完成各类人员培训班48期，培训2828人。其中特种作业人员851人，企业安全管理人员1911人，无偿进企开班20余次，培训从业人员1563人，免费发放各类安全教材8000余本。联合镇区开展送教上门活动，开展培训班26期，培训各类人员7890人。安全培训工作的全面开展，为全市安全生产的宣传打好坚实基础。

（王　丹）

人力资源和社会保障

【概　况】 2017年，溧阳市人社局以迎接党的十九大召开和学习贯彻十九大精神为主线，围绕“重大项目攻坚年”“文明城市攻坚年”工作主题，突出抓好人社事业发展计划、政府工作报告目标任务以及富民增收等重点工作，就业创业、社会保障、人才人事、劳动关系和自身能力建设等领域取得了成效。

2017年，全市城镇新增就业人数15580人，城镇失业人员再就业2732人，就业困难人员再就业1295人，新增转移农村劳动力4311人，支持成功自主创业3160人，引领大学生创业人数430人，扶持农村劳动力自主创业1152人，分别完成全年任务的119%、259%、132%、160%、270%、179%、265%。城镇登记失业率1.85%。

【就业创业工作】 服务企业解难题。

针对全市企业用工需求量不断加大，企业招工难问题日益突出，开启企业外出“招聘季”，集中8、9、10月份赴安徽宣城、灵璧，贵州兴义、三都，黑龙江哈尔滨、河南平顶山市等地开展省际劳务协作对接，建立劳务合作基地7个。组织全市100多家重点骨干企业赴省内外50多所高校举办招聘会，建立校企对接合作基地3个，引进本地急需的各类适用型人才。推动与郎溪、广德人力资源市场三地共建，打造苏皖合作示范区招聘平台，构建跨区劳务对接合作。落实稳岗补贴政策，为全市72家企业发放500余万元稳岗补贴，惠及职工1.2万人。

服务重点群体稳就业。统筹做好以高校毕业生为重点的青年就业、农村劳动力转移就业、困难人员就业、返乡农民工就业工作，主动开展创业服务活动，指导创业者成功创业。对有培训需求的低收入群众开展免费技能培训。开展特色养殖及加工等农牧业生产实用技术培训。开展电梯安装等方面的转移就业技能培训。开展酒店服务、旅游餐饮、农家乐经营等服务业培训。2017年，开展农机维修、养老护理等技能培训537人。职业技能鉴定取证人数10287人、职业技能鉴定统考人数390人，分别完成294%和487%。协调相关部门开发165个公益性岗位用于安置军队转业退役士官。

创业带动就业。依托江苏省溧阳中等专业学校、溧阳市天目湖中等专业学校等创业培训定点机构，组织全市居民参加创业意识培训43场、创业能力培训29场、创业实训14场，907位社区居民享受创业服务，创业成功人数293人，创业带动就业690人。征集常州市级大学生优秀创业项目15个，其中溧阳市姚国友的“纳米级硅酸盐养护修复增强一体化技术”项目，获得“创响江苏”大学生创业大赛十佳项目的二等奖。做好大学生创业园建设工作，溧阳市2家微型大学生创业园通过常州市级验收。

【人才开发】 贯彻落实《天目湖英才榜》三年行动计划，实施人才强市战略，加快人才开发、培育和引进，加强对高层次人次的吸引力和集聚力。落实政策，提升动力。出台“天目湖英才榜”实施细则、操作办法，通过报刊、电台、公众号等途径加大宣传力度，深入100余家规模企业现场做好政策释疑工作，发放5000余份宣传资料。组织年度资金申请申报、专业拔尖人才成就奖申报评选工作，推动人才新政惠企惠民。2016年度“天目湖英才榜”专项基金共计奖励102人次，资助奖励金额600余万元。

引育并举，彰显活力。组织实施“龙城英才计划”第九批优先支持创业项目申报评选。2017年15个项目获评，其中重点资助项目（200万元）1个，优先支持项目（100万元）14个。会同江苏新蓝公司启动实施“企事业单位中高端人才猎头服务”，采取政府购买服务方式招录人才6名，节约企业用人成本26.58万元。

聚焦内评，深挖潜力。发挥企业培养高技能人才的主体作用，健全和完善以培养引进、岗位使用、评价激励为重点的高技能人才工作体系，形成政府引导、企业主导、社会参与的高技能蓝领成长新格局。围绕全市“制造、健康、休闲、智慧”四大经济，组织旅游管理人才，酒店管理人才，养老、康复护理人员赴国内外进行提升培训。通过智慧教室网络教学、“互联网＋”人才速成班、“互联网＋”分享会等形式，开展互联网创业培训，培养专业电商技能人才。2017年，引进高层次人才208人，新增高技能人才4322人、开展企业技能人才评价3506人，分别完成216%和197 %。全市每万名劳动力中高技能人才数达1083人，位居常州前列。

【社保体系建设】 截至11月底，全市城镇企业职工基本养老保险参保16.8万人，新增参保人数1.9万人，城镇职工基本医疗保险参保20.5万人，新增参保8056人，工伤保险参保12.5万人，生育保险参保人数10.4万人。社保卡持卡人数67.7万人，社保基金运行平稳有序。

社保体系健全完善。推进机关事业单位养老保险制度改革，截至11月底，差额拨款和自收自支事业单位已在省运行系统全部上线运行，涉及运行单位111家，其中在职人员3958人，退休人员2125人。完善基本医疗保险体系，出台关于重复参保、规范市外转诊就医等相关政策。明确职工基本医疗保险特殊病种门诊药品、诊疗项目及特殊医用材料目录范围，实行门诊特殊病种直接结算。优化工伤生育结算方式，简化经办流程，参保单位结算费用按规定实现了每月直接拨付。全面推行一级定点医疗机构门诊总额包干制、各级医疗机构住院病人，按病种付费和按床日付费的综合支付方式改革，严格控制不合理医疗费用的上涨。

社保政策落地见效。稳步提高社会保险待遇水平，城乡居民养老保险基础养老金由每人每月115元提高至140元。调整全市失业保险费率至1%，用人单位的缴费比例降为0.5%，为企业减负1500余万元。核实72家企业享受稳岗补贴，发放经费506万元。推进93号令被征地农民社会保障工作，为2013年12月1日后征地的保障对象进行参保登记。

全民参保深入开展。自2017年10月20日起，在开展“全民参保登记计划”的基础上，委托第三方采集登记城乡居民的参保信息，这对进一步推进统筹城乡社会保障体系建设、建立“全民参保登记计划”的长效机制、加快实现社会保险全覆盖，具有积极意义。

退管服务推陈出新。改革企业退休人员、工伤定期待遇人员领取养老保险待遇资格认证的方式，采取数据对比、电话联系、上门走访等形式开展认证工作，提升社会化管理服务水平。重点关注高龄、患病、空巢孤寡、生活困难的退休人员生活，组织举办“夕阳美、社保情”书画比赛、“关爱老年人 欢庆十九大”联欢会等活动，丰富退休人员的业余文化生活。

【人事工资改革】 贯彻落实《中华人民共和国公务员法》和国务院《事业单位人事管理条例》，切实提高人事规范化管理水平。把关从严，做好人事工作。完善机关事业单位公开招聘制度，严格把关，完成60名公务员及参公人员的招录，完成教育、卫计系统公开招聘各类人员154和148人，其他事业单位公开招聘72人。依据职务职级并行制度，建立常态化公务员职级晋升审核审批机制，对全市事业单位390人次岗位等级升级、职称晋升进行动态调整。接收安置军转干部16人。抓紧抓实，提升能力水平。在全市51家市级机关单位推进机关电子工作日志，分批次对51家单位的电子工作日志推行情况进行督查，公务员平时考核工作科学化水平得到提高。推进公务员分类分级培训，组织全市初任公务员培训班、第四期中层干部培训班，拓展中层干部视野，提升综合能力素质。统筹兼顾，推进工资制度改革。稳步推进落实乡镇工作补贴，完成法官、检察官工资制度改革，完成法院、检察院2016年度绩效考核资金总额核定，建立法院按法官、审判辅助人员、司法行政人员三类人员实施绩效考核方案。

【劳动关系构建】 抓重点，宣传巡查到位。发挥日常巡查和书面审查作用，以“宣传法律、维护权益”为主题，开展普法宣传和指导服务。组织用人单位集中开办劳动保障法律法规培训班20次，培训人数800余人，发放各类宣传资料1500余份，现场接受咨询500多人次。书面审查用人单位822户，实时更新用人单位基本信息数据库822户。

盯热点，专项检查到位。全年开展三次专项检查，针对春节前可能出现的拖欠农民工工资问题，开展农民工工资支付专项检查；联合开展全市清理整顿人力资源市场秩序专项行动；联合开展用人单位遵守劳动用工和社会保险法律法规情况专项检查。检查用人单位709户，涉及劳动者16777人。全市规模以上企业的劳动合同的签订率100%，已建工会企业集体合同的签订率99%人。

攻难点，欠薪排查到位。建立企业欠薪排查机制，坚持“预防在先、发现在早、解决在小”的原则，及时排查、防范有倒闭风险且欠薪的企业，欠薪情况落实每周上报制，发现苗头及时跟踪处理。全年排查43件群体群访事件和重大劳资矛盾隐患，涉及劳动者2046人，金额3081.2万元。

建网点，全面监察到位。对全市各类用工单位进行全方位、全天候、全覆盖的网格化监察，所有的网格全部编码，明确责任到人，排查工作横向到边，纵向到底，做到监察执法无盲区、无漏区。

疏堵点，仲裁调解到位。为防止基层调解流于形式，甚至成为仲裁调解体系的“梗阻”，在全市7个镇区建立劳动争议调解中心，配置劳动关系协调员，负责辖区内劳动关系的协调工作，以及简单劳动争议的前期调解工作，发挥基层调解预防和解决劳动争议的“第一道防线”作用，全年群体性上访事件均在基层一线妥善处置，无一例进入仲裁程序。

【效能建设】 “对标找差”提质增效。对标昆山市人社局，进一步推进基本医疗保险付费方式改革，规范住院医疗费用结算，建立激励与约束并重的付费管理机制，实施总额预算控制付费，按病种付费，按服务单元付费等多种方式结算。对标张家港市人社局，对原有医保服务窗口功能重新设置，开展“全能经办”，完善经办流程，提升窗口服务效能。对标新北区劳动人事争议仲裁院，建立巡回仲裁庭制度，推动调解仲裁服务向基层延伸，有效提升基层调解仲裁能力。便民政策加速落实。根据《溧阳市推进“不见面审批（服务）”改革实施方案》的通知精神，深化“放管服”改革，提高政府办事效率，做好“不见面审批（服务）”事项的梳理工作，第一批共梳理局不见面审批（服务）事项15项。做好江苏政务服务“一张网”建设，及时做好各项权力信息维护、45项权力拓展事项的增加工作。依托政务服务“一张网”，加快推进“网上办、集中批、联合审、区域评、代办制、不见面”。局领导与分管的科室、事业单位分别签订《党风廉政建设责任书》，确保责任到人、落实到岗。根据溧阳市纪委《关于推进部门内控机制建设的指导意见》文件精神，对照权力和职责清单，全面摸排廉政风险点，建立健全廉政风险排查机制。

（邢燕腾）

统计管理

【概　况】 2017年，溧阳市统计局紧扣“重大项目攻坚年、文明城市攻坚年”活动主题，投身“三大一实干”实践，扎实开展“对标找差、争创一流”活动，夯实基层基础，提高数据质量，优化统计服务，促进统计部门作风切实转变、能力有效提升，全市统计工作提质升级，各项工作取得新进展。

务实开展“全面对标找差，全力争创一流”活动，按照“学先进、赶先进、做先进”三步走，严格对标，严肃找差，严实争先。拟定钟楼区的统计双基和新北区的统计服务工作为两大学习标杆，通过学习交流、研究资料等形式，各专业建立分行业统计监测制度5项，在5个镇区推广实行规范化电子台账。切实把“对标找差”的过程转化为破解难题的能力、提升水平的动力、团结共事的合力。

启动“统计讲坛”活动，9月以来举办4期统计业务讲坛，通过互讲、互学、互评等方式，营造统计干部钻研统计业务知识的浓厚氛围，不断提高统计业务水平和解决具体问题的能力。组织团队拓展训练营，增强统计队伍凝聚力。举办全市统计法治、双基业务培训班，培训全市统计系统人员70余人，举办统计业务分析会议，组织参加国家、省、市统计系统、地方党政系统举办的各类业务培训班8次30余人。

注重压实全面从严治党主体责任，加强对党风廉政建设责任清单落实情况的监督检查，坚持统计业务工作和党风廉政建设“两手抓、两手硬”。主动对接，积极协调，全力配合市委第五纪检组对市统计局的监察工作。

【统计履职工作】 围绕全面、客观、真实反映经济社会发展现状这一中心任务，在做好常规统计调查的基础上，自觉把统计工作放到全市经济转型发展的大格局中去审视和把握，全面准确及时反映全市经济社会发展成果。年定报工作卓有成效。加强年定报工作的组织领导，严格执行各项年定报制度，认真组织业务培训，主动做好与相关部门、单位的沟通联系，严格审核各类数据，注重数据质量的评估与控制，较好地完成了国民经济核算、农业、工业、投资、服务业等年定报工作，客观、真实地反映全市经济社会发展状况，为市委、市政府领导决策提供第一手统计数据资料。

农业普查和各项调查顺利进行。按照“规范有序、全程管控、重点突出”的原则，完成溧阳市第三次全国农业普查入户登记、数据审核验收、事后质量检查等重要工作。坚持培训和宣传先行，严把现场登记关和审核验收关，完成11个镇（区）和181个村共15.34万农户、2014户规模户、1136家农业单位的普查表填报。普查汇总的数据初步测算，结果符合预期，真实反映了近年来农业和农村经济社会发展的趋势。高质量高标准完成联网直报企业组织机构调查、人口变动抽样调查、住宿设施调查，探索开展“三新”统计调查和“四众”平台专项调查，各项调查工作均按时保质完成。

海洋经济调查有序推进。加强组织协调，科学制定方案，做好机构组建、经费保障、宣传动员、入户登记等工作。通过印制海洋经济宣传用品、“中国溧阳”门户网站开辟宣传页面等方式营造海洋经济调查良好氛围。全市共抽调指导员21人、调查员62人。10月中旬完成全部1537家底册单位的入户调查工作，11月初完成全部数据录入工作，采集标识认定的涉海单位有18家，新增涉海单位18家。11月6日高质量完成东海区海调办对溧阳市的清查质量控制督查工作。

统计名录库不断优化。“三证合一”登记制度的改革，使得基本单位名录库中单位的唯一性、准确性、全面性得到极大提高。以此为契机，继续推进名录库建设，严格审核确保年度和季度新增联网直报单位工作质量；持续做好名录库日常维护更新，及时接收上级下发部门数据，加载到名录库管理平台，督促各镇（区）对下发数据进行核查，确保新增单位及时进库；做好与溧阳市税务、市监、卫计、民政、旅游等部门的沟通协调，充分利用部门行政记录，做好准“一套表”单位的新增排查工作，确保不重不漏，如实反映溧阳市联网直报单位规模。

【统计服务工作】 以反应更及时、内容更丰富、形式更精美、服务更到位为要求，初步形成月度情况有数据、重大问题有预警、重要情况有专报的模式，力求以最快捷的速度、最全面的内容、最客观的分析反映溧阳市经济社会发展过程中的新情况和新问题。

在做好原有月度统计信息小册子和统计年鉴的基础上，月度上新增常州下达目标预测和实绩情况表、溧阳人代会目标预测和实绩情况表、主要指标分乡镇完成情况表，季度上新增主要督查指标数据表、主要指标完成情况预测表、宁杭生态经济带和苏皖合作示范区主要指标完成情况表、苏南县市区GDP排名情况表和四大经济发展报告等，充分挖掘数据潜力，不断提升产品深度和广度，为市委市政府把握好宏观经济形势以及政策实施提供可靠的数据支持。

围绕GDP完成情况、高新技术产业产值、“263”专项行动中的年度煤炭削减目标、投资方法制度改革、服务业集聚区统计等重点工作，广泛开展全方位、多角度、深层次的调查研究，并有针对性地提出可行性意见或建议，提供统计分析信息、内部专报60余篇，撰写统计政务信息、溧阳信息近200余篇，数量较上年均明显增加，为政府精准调控和科学决策提供扎实基础。

利用统计信息资源优势，进行深入开发和挖掘。改版月度统计数据快讯，不断充实统计内容，增加主要指标横向和纵向比较、数据完成进度等指标。新增宁杭生态经济带和苏皖合作示范区主要指标情况表双面塑封胶印，既有完成实绩，又有排位变动。新增四大经济季度发展报告，指标翔实，内容丰富，装订成册，极大提升了产品档次。

【改善统计环境】 以打造基层统计规范化特色产品—电子台账PPT系统为契机，巩固基层基础，强化统计法治，不断优化统计工作内外部环境。

强化统计管理，夯实基层基础。以基层基础建设规范化为着力点，以数据质量提高为目标，从制度建设入手，努力构建基层基础建设长效机制。镇（区）层面，高质量完成常州市局对上黄镇的统计规范化回头看、溧城镇的规范化达标验收工作，局对戴埠镇、天目湖镇等镇（区）开展规范化回头看验收。在溧城、上黄、上兴、社渚、天目湖五个镇区推行规范化电子台账PPT系统，得到常州市局的高度肯定，取得明显的成效；企业层面，统一企业电子台账模板，下发至各联网直报企业推广试行，组织对所有新入库企业开展规范化验收，对百余家企业开展规范化回头看；村（社区）层面，下发《溧阳市村（社区）统计规范化建设实施方案（试行）》，村级统计规范化建设有序展开。

强化法治建设，提升依法治统能力。坚持以开展统计法治宣传教育为契机，营造了解统计、支持统计、依法统计的良好氛围。以统计法实施条例为契机，利用农业普查、海洋经济调查、月度统计小册子、短信催报平台、路长制巡查等平台做好统计法律法规宣传工作。向社会公众、企事业单位发放统计法律法规汇编等资料3000余份。全年局党组中心组专题学法2次，组织镇（区）统计业务人员法治培训班1次，培训70余人。坚持统计业务培训中开展半小时学法活动，各专业统计业务培训会上，先宣讲统计法律法规知识，然后再讲解业务培训。构建系统、全面的统计法律法规知识培训学习体系，不断增强基层统计人员的法治观念。开展统计监督检查。结合省、市法治工作要求，制定《2017年全市统计法治工作要点》，明确监审单位及监审内容。全年监审各类企业50家，坚持边查边纠，提高依法统计的意识和统计业务水平。

强化信息化建设，提升工作效率。依托“统计新干线”平台，加强对在岗统计人员信息库、统计名录库的综合管理。提升“统计新干线”数据利用水平，指导各镇建立完整的统计数据信息库及功能齐全的数据应用平台。改版统计内网，新增了数据溧阳模块，进度统计数据实时查询，新版网站风格简洁，栏目清晰实用，极大提升了统计服务能力。

（陈佩翔）

科技管理

【概　况】 2017年，市科技局围绕市委市政府18项重点工程（工作）和目标考核任务，贯彻落实国务院关于县域创新驱动发展若干意见、省科技创新“40条政策”和知识产权强省建设18条政策，开展“聚力科技创新、服务企业在行动”主题科技活动。江苏中关村科技产业园在27家省级高新园区中排名第8位，并获得省560万元奖励资金。与中国科学院共建天目湖先进储能技术研究院，“东南大学溧阳研究院”顺利签约。2017年全市实现专利申请1544件，专利授权923件，其中发明专利授权119件，全市万人发明专利拥有量达到15.72件。认定高新技术企业23家，累计84家。认定省高新技术产品74只，常州市高新技术产品183只；新建省级众创空间1家，省级加速器1家，常州市级孵化器1家，常州市级众创空间2家，全市拥有常州市级以上众创空间、孵化器、加速器25家，其中国家级孵化器2家、省级孵化器2家，省级众创空间5家；新增省级企业研发机构10家，累计建成省级以上“三站三中心”113个，高新技术企业实现研发机构建设全覆盖；组建溧阳市首家产业技术创新战略联盟“绿色铸造产业技术创新战略联盟”，举办产学研活动11场，培育产学研项目32项；发放“苏科贷”贷款9笔，金额2270万元，兑现科技创新券241万元。全市全年实现高新技术产业产值374.6亿元，比上年增长15.3%。

【高新技术企业】 全市共组织三批40家企业参加高企的申报、重新认定，成功通过23家，其中新认定企业11家，重新认定12家，全市高企累计84家。5家企业入选常州市创新型领军企业、8家列入常州市科技型上市企业培育，新增2家省上市培育企业。

【高新技术产品】 2017年申报省高新技术产品85只，常州市高新技术产品202只，认定省高新技术产品74只，常州市高新技术产品183只，形成以先进装备制造、输变电设备、生物医药、电子信息和新材料为特色的产业体系。

2017年溧阳市通过江苏省科技厅认定的高新技术产品

表26

序号	产　品　名　称	企　业　名　称
1	GDY罐式叠压给水设备	常州安控电器成套设备有限公司
2	单晶硅太阳电池制绒辅助品TS5	常州时创能源科技有限公司
3	SPHG8000C原料膨化机	江苏正昌粮机股份有限公司
4	XSL–073超高压断路器组合铝合金壳体	江苏迅隆科技发展有限公司
5	抗磨液压油L–HM46	江苏司能润滑科技有限公司
6	THJ载货电梯	江苏立达电梯有限公司
7	工业电器用伺服电缆	江苏上上电缆集团有限公司
8	稀土永磁交流同步伺服电动机组	溧阳市宏达电机有限公司
9	DE醇胺液体水泥助磨剂	溧阳市精卫新型材料有限公司
10	AHMR快速混合机	布勒常州机械有限公司
11	1.4837材质的16311008003耐热钢涡轮壳	科华控股股份有限公司
12	多功能颗粒状电玉粉	溧阳市乔森塑料有限公司
13	500kV刚性气体绝缘输电线路	江苏安靠智能输电工程科技股份有限公司
14	高硬度制粒机压辊	溧阳市金昆锻压有限公司
15	FSPL66*100辣椒专用锤片破碎机	江苏晨丰机电设备制造有限公司

续表26

序号	产　品　名　称	企　业　名　称
16	小尺寸外径锥形截面仿形环锻件	江苏翔能科技发展有限公司
17	节能型红外激光数字印版（热敏 CTP 版）	江苏威司顿印刷科技有限公司
18	石墨烯重防腐涂料	冶建新材料股份有限公司
19	轻量化高强度汽车顶蓬聚氨酯复合板	溧阳市山湖实业有限公司
20	单季戊四醇	江苏开磷瑞阳化工股份有限公司
21	风电 MW 级扭矩臂	江苏钢锐精密机械有限公司
22	DTZY83-Z 型三相四线费控智能电能表	溧阳市华鹏电力仪表有限公司
23	ZQSC-3300/35 三相树脂浇注移相牵引整流变压器	江苏华鹏变压器有限公司
24	CEV5190XZC 野外自行炊事车	溧阳二十八所系统装备有限公司
25	PE 实壁管生产线	金纬机械常州有限公司
26	埋刮板输送机	溧阳市裕达机械有限公司
27	两轮复古跨骑摩托车（HC/HS50/125/250、RAW50/125/250）	常州汉德机车工业有限公司
28	低风速风电齿轮箱组件	江苏金源高端装备股份有限公司
29	IDM5365 材质标准的 847386-0004 高镍涡轮壳	科华控股股份有限公司
30	木质味精精制用颗粒活性炭（ZX-720 炭）	江苏竹溪活性炭有限公司
31	高精度、高性能传动机械的箱体	溧阳市新力机械铸造有限公司
32	儿童智能手表 C005	天绘北斗信息技术江苏有限公司
33	前偏心齿轮 YD-QPX-2015-01	江苏亿鼎传动机械有限公司
34	同向平行双螺杆挤出生产线	常州金纬化工成套设备有限公司
35	双季戊四醇	江苏开磷瑞阳化工股份有限公司
36	SCB12-1250/10-NX2 三相干式配电变压器	江苏华鹏变压器有限公司
37	D5S 材质标准的 53031008018 高镍涡轮壳	科华控股股份有限公司
38	新型耐热钢涡轮壳	科华控股股份有限公司
39	高强度高镍涡轮壳	科华控股股份有限公司
40	产品追溯 RFID 标签	江苏探感物联科技有限公司
41	XSL—090 高压气体绝缘开关用三相联体铝合金壳体	江苏迅隆科技发展有限公司
42	XSL　263 高压超高压气体绝缘开关用铝合金壳体	江苏迅隆科技发展有限公司
43	列车转向架中心销弹性定位套	溧阳市振大铁路设备有限公司
44	动车组抗侧滚扭杆	溧阳市振大铁路设备有限公司
45	大型船用曲轴组件	江苏金源高端装备股份有限公司
46	甲钴胺片	江苏迪赛诺制药有限公司
47	SLHY 螺带混合机	江苏正昌粮机股份有限公司
48	1250 吨肘杆式冷温精锻压力机	江苏中兴西田数控科技有限公司
49	新型反冲洗水性加工过滤系统	江苏维泽净化科技股份有限公司
50	DCX700/16 回转堆料机	溧阳中材重型机器有限公司
51	PYB 圆锥破碎机	溧阳中材重型机器有限公司
52	MB26130 水泥磨	溧阳中材重型机器有限公司
53	汽车座椅折叠器（核心件）总成	江苏力乐汽车部件股份有限公司
54	四（六）分限位器（旋转机构）总成	江苏力乐汽车部件股份有限公司
55	冰区航行船用电缆	江苏上上电缆集团有限公司
56	掘进盾构设备用中压特种电力电缆	江苏上上电缆集团有限公司
57	工业机器人用超柔性抗扭抗弯电缆、屏蔽电缆及拖链电缆	江苏上上电缆集团有限公司
58	1000kV 刚性气体绝缘输电线路	江苏安靠智能输电工程科技股份有限公司
59	中压乙丙绝缘弹性体护套扁电缆	江苏上上电缆集团有限公司
60	可调式电缆固定支架	江苏安靠智能输电工程科技股份有限公司
61	交联聚乙烯绝缘钢带铠装低烟无卤防鼠防白蚁防紫外线阻燃电力电缆	江苏上上电缆集团有限公司
62	电动汽车传导充电系统用电缆	江苏上上电缆集团有限公司
63	110kV 电缆整体预制橡胶绝缘件直通接头	江苏安靠智能输电工程科技股份有限公司
64	SMARTDRY 干燥机	布勒常州机械有限公司

续表26

序号	产　品　名　称	企　业　名　称
65	晶硅太阳电池体缺陷钝化设备	常州时创能源科技有限公司
66	多晶黑硅制绒辅助品 BT1	常州时创能源科技有限公司
67	DDSK83-Z 型单相电子式费控电能表	溧阳市华鹏电力仪表有限公司
68	BNDL-3 智能剩余电流动作断路器	江苏布诺科技有限公司
69	高性能生物质制粒机环模锻坯	溧阳市金昆锻压有限公司
70	AKDQ-ZN 电器智能控制系统	常州安控电器成套设备有限公司
71	环保型电梯用对重块	江苏立达电梯有限公司
72	新型液体钡锌	江苏联盟化学有限公司
73	PVC 型材生产线	金纬机械常州有限公司
74	高速重载货运列车车轴	江苏金源高端装备股份有限公司

【科技项目实施】 按照《溧阳市科技计划项目立项管理办法》等规范性文件，引入专家评审、现场协同考察等制度，将项目受理、评估、评审、验收、结题等各环节分开管理、全程监督，实现公开公平阳光化运营。35项市本级科技计划项目已经过专家评审，正等待进入现场考察阶段。

【主题科技活动】 开展“聚力科技创新、服务企业在行动”主题科技活动，围绕重点企业、高企、科技型企业，在江苏中关村、竹箦镇、天目湖镇开展动力电池、绿色铸造、饲料农牧等专题服务活动，实行精准一对一菜单式科技服务。

【民营科技企业】 2017年，市科技局发挥职能作用，全力支持民营经济健康发展，构筑民营经济科技优势与核心竞争力。发挥科技专项引导资金的引导作用，培育壮大民营科技企业，新增民营科技企业109家。

【科技人才】 溧阳市新力机械铸有限公司博士李恒宇项目列入2017年常州“龙城英才计划”——杰出创新人才“云计划”项目；溧阳市江南烘缸制造有限公司与江苏理工学院合作，邱睿被列入江苏省“双创计划”科技副总类资助对象。

科技成果

【概　况】 2017年获江苏省科技进步奖三等奖1项，江苏上上电缆集团有限公司获得2017年度省企业技术创新三等奖，被评为2017年常州市科技进步先进企业。

科技金融

【苏科贷】 “苏科贷”业务有序开展，合作银行逐步增加，完善科技型中小企业库，入库企业达120家。召开“苏科贷”工作推介会，已为9家有融资需求的企业提供贷款2270万元，“苏科贷”产品切实为全市中小微科技企业的发展提供了资金支持。

【科技创新券】 与市财政局联合出台《溧阳市科技创新券后补助实施方案》，以政府购买服务的方式，为全市有研发经费支出的企业提供研发支持，重点支持智能电网、汽车及零部件、农牧与饲料机械、动力电池等四大主导产业，创新财政科研经费使用方式，鼓励企业高效利用社会科技资源，开展科技创新活动，兑现科技创新券241万元。

知识产权保护

【概　况】 专利申请与授权量实现连续平稳较快发展，2017年完成专利申请1544件，其中发明专利338件，专利授权923件，新增有效发明专利119件，万人发明专利拥有量15.72件。

【知识产权管理标准化】 截至2017年年底，全市共有68家企业申报江苏省知识产权管理标准化示范创建备案，其中9家企业通过国标认证；8家企业已通过省级绩效评价，其中5家企业被评为省级绩效评价优秀企业。

【宣传培训】 利用宣传栏、科技信息网站等多种形式和手段，结合“4·26世界知识产权日”和“科技三下乡”活动，全方位开展宣传培训活动，提高全社会知识产权意识。积极组织企业参加了省、常州市举办的科技政策40条宣讲活动、知识产权工程师、知识产权总监、知识产权执法等各类专业培训10余次，培训人员1380人次。

【专利资助】 下达专利发展资金资助项目712项，其中发明专利申请资助122项，发明专利授权奖励189项，实用新型专利授权奖励322项，外观设计专利授权奖励27项。奖励和资助资金共计226.89万元。

【知识产权保护】 开展知识产权护航行动，联合常州市知识产权局、常州市维权中心等部门在全市各大商场、超市开展了联合执法行动2次，查出涉嫌假冒专利商品177件，对涉嫌假冒专利商品予以立即下架。

产学研合作

【概　况】 2017年，通过“走出去”扩大合作，“请进来”巩固成果，多批次分层次组织产学研对接活动，建立以企业为主体、市场为导向、产学研深度融合的技术创新体系。

2017年4月20日，举行江苏大学——溧阳市人民政府产学研对接洽谈会暨技术转移分中心揭牌仪式。会上共签署7项产学研合作协议，江苏大学5位教授发布了最新科研成果。

2017年5月16日，举行南京工业大学——溧阳市人民政府产学研对接洽谈会暨战略合作协议签约仪式。会上共签署5项产学研合作协议，溧阳市部分企业代表与南京工业大学各院校专家就先进制造、新材料及环境科学等方面进行了对接洽谈。

2017年5月18日在常州大学城举行第十二届中国常州先进制造技术成果展示洽谈会。溧阳市汉克汽车部件、模具生产基地项目、锂电铜箔项目、南京工业大学溧阳新材料研发中心建设、高效涡轮膨胀微通道回冷有机气体回收系统研发及产业化、高速重载货运列车车轴研发及产业化等5个项目在开幕式现场签约，100多家企业参加该次洽谈活动。

江苏大学——溧阳市人民政府产学研对接洽谈会暨技术转移分中心揭牌仪式
（市科技局　供稿）

科技创新创业平台

【孵化器建设】 新增省级科技企业加速器1家：江苏中关村科技企业加速器（江苏中关村科技产业加速器有限公司）；新增常州市科技企业加速器1家：溧阳市虹翔机电产业科技创业园（溧阳市虹翔机械制造有限公司）；获省级众创空间备案1家：蓝火焰青年众创空间（溧阳市蓝火焰青年众创空间服务中心）；获常州市众创空间备案2家，分别是南大双创上兴国际孵化中心（溧阳双创企业孵化器有限公司）、翼桥众创空间（溧阳市悲鸿文化艺术有限公司）。

全市共有各级科技企业孵化器、加速器、众创空间25家，其中国家级科技企业孵化器2家，省级科技企业孵化器2家，省级科技企业加速器1家，常州市级科技企业孵化器8家，常州市级科技企业加速器1家；省级众创空间5家，常州市众创空间6家。经认定的常州市级以上科技企业孵化器、加速器、众创空间总建筑面积90多万平方米，入孵企业400多家。

【省级研发平台建设】 2017年创建省级企业研究生工作站7家，新增省级以上研发平台10家，全市累计建立省级以上“三站三中心”113个。

【常州市工程技术研究中心】 新增常州市工程技术研究中心10家，分别是常州市生物质颗粒成型设备工程技术研究中心（江苏金梧实业股份有限公司）、常州市绿色能源及产业机械关键零件工程技术研究中心（江苏钢锐精密机械有限公司）、常州市电子级铜箔材料工程技术研究中心（江苏铭丰电子材料科技有限公司）、常州市（汉德）机车整车系统及关键零部件工程技术研究中心（常州汉德机车工业有限公司）、常州市大型轴承精密成形工程技术研究中心（江苏翔能科技发展有限公司）、常州市风力发电机组关键部件工程技术研究中心（溧阳市飞跃机电有限公司）、常州市高精度薄壁医疗器械工程技术研究中心（溧阳市新力机械铸造有限公司）、常州市胶粘剂工程技术研究中心（溧阳康达威实业有限公司）、常州市新型高效柔性热处理装备工程技术中心（赫菲斯热处理系统江苏有限公司）、常州市钢制扬克烘缸工程技术研究中心（溧阳市江南烘缸制造有限公司），全市累计建立常州市工程技术研究中心50家。

【平台管理】江苏金源锻造股份有限公司、江苏正昌粮机股份有限公司和溧阳中材重型机器有限公司的省工程技术研究中心在省绩效评估中取得优秀。

（市科技局）

防震减灾

【概　况】 2017年，市地震局按照“常州作示范、江苏当先进、全国争影响”的目标定位，坚持“一个方针”，推进“三大体系”，深化“七进活动”，不断推进防震减灾工作向更深层次、更宽领域、更高水平发展。连续五年获得全省市（县）防震减灾综合考核先进单位，连续三年获得全省市县地震监测预报工作效能考核优秀单位。

【加强震情监测】 执行震情值班制度，落实观测仪器运行状况技术维护和检查制度，每月对各类监测设施进行巡检，确保全市14种手段18套地震观测仪器正常运行，资料产出连续、可靠。溧阳台获全省观测资料测震学科第二名；前兆数据管理、溧阳苏22井水温、水位获得第三名。

【落实震情跟踪】 加强震情跟踪，制定下发《2017年度溧阳市地震短临跟踪工作实施方案》，坚持异常落实不过夜和重大异常报告制度，及时做好监测资料分析处理工作。全年共出《震情简报》四期，分发每个防震减灾联席会议成员单位。

【推进观测项目建设】 根据《溧阳地震台受长山路交通建设影响抗干扰环境保护建设方案》，启动新建观测项目，溧阳地震台流体井已开始钻探，上兴3号井完成前期准备工作。完成新建茅山断裂竹箦和上兴流测点。

【完善群测群防体系】 加强地震宏观测报、地震灾情速报网络的建设，全面调整市防震减灾联席会议成员单位、各镇（区）防震减灾助理员和灾情速报员。严格按照《溧阳市宏观观测点培训及管理规范》，加强宏观观点的建设和运行，加强宏观监测资料分析、异常调查核实等环节的监督管理，对宏观点测报员实行一年一聘，每半年进行一次业务培训。

【地震科普馆运行】 以地震科普基地为依托，面向广大干部群众、学生、社区居民等进行防震减灾科普宣传，提升防震减灾知识的社会普及率。2017年国际减灾日之际，市地震局联合常州市地震局、常州市科协、溧阳市科协组织100多名学生及家长到溧阳地震台参观体验地震科普馆，通过观看科普影片、体验地震倾斜小屋等，使家长和孩子从科学角度认识、了解地震，以及如何开展自救与互救等知识。

【启动活断层探测工作】 根据省地震局要求，溧阳市探索开展活断层探测工作，经常州市地震局和省地震工程院多次协调，通过论证讨论，拟定政府财政投入近1000万元、国家财政争取300~400万元，自2018年起分4年完成溧阳市活断层探测工作。

【配合应急避难场所建设】 为填补市综合性地震应急避难所的空白，市委、市政府经过多次调研论证，决定投资7000万元在燕山公园建设Ⅰ类应急避难场所，市地震局参与应急避难场所建设并提供技术指导，编制地震应急避难场所建设方案和疏散预案。同时对现有的地震安全示范社区的应急避难场所统一更新标识标牌。

【及时有序处置地震事件】 11月1日23时43分，竹箦镇发生M2.3级地震，震源深度5公里，部分市民有轻微震感。根据预案规定，第一时间启动有感地震应急响应，及时了解震情影响情况，按规定要求和规范程序向市政府和上级地震部门报告。并通过多种渠道向社会发布真实信息，及时消除社会恐慌，网络舆情平稳、社会运转有序。

【防震减灾进校园】 5月11日，市应急、地震、教育、民政、民防、科协、红十字会在埭头高中举行以《增强防震减灾意识、提升避震逃生技能》为主题的防震减灾示范系列活动，举行全市中小学校长观摩的地震应急逃生演练1次，地震科普知识讲座2场、防震减灾知识竞赛1场、投放宣传展板12块、发放宣传资料3000多份。以点带面，全市中小学校全部开展一次地震应急疏散演练。为进一步提高防震减灾知识进课堂教学质量，培养学生的安全意识和自救互救能力，组织防震减灾科普示范学校参加常州市地震局、教育局联合开展的防震减灾知识课堂教学实录评比活动。市戴埠中心小学老师费赟的《掌握地震知识，科学防震减灾》、外国语学校老师蒋亚芳的《学习防震知识，争当安全卫士》获得二等奖。

【深化科普宣传】 利用“防灾减灾日”、科普宣传周等时机，开展内容丰富、形式多样的宣传教育活动。“5·12”在《溧阳时报》开辟专版进行《防震减灾、平安溧阳》专题防震减灾工作和地震科普知识宣传。参加大型科普集市1次，现场咨询近百人次，投放宣传图板8块，发放宣传资料1000多份；在社区、学校开展各类专题防震减灾知识讲座。通过多层次多内容的宣传活动，深化防震减灾科普知识“七进”活动，不断增强全社会防震减灾意识。

【服务政府重点工作】 深入挂钩村开展各项对接工作，与镇区协调采取镇区补贴一部分、村拿出一部分，部门补贴一部分的办法，切实帮助解决挂钩村基础建设问题。2017年出资8万元共建总投资75万元的3公里乡村道路一条，对低收入农户和困难家庭进行调查摸底和建档立卡，慰问特殊困难家庭4户。以“三大一实干”活动为契机，深入上兴镇毛家村、圩庄村开展大走访活动，共走访群众122户，听取他们在生活、生产、就医、交通等各方面的意见，梳理汇总问题意见19条。市地震局以19条问题为契机，会同村委召开座谈交流，掌握村组及村民的现实情况，了解他们在生产、生活中存在的困难和问题，并制定一系列帮扶措施，为群众排忧解难。

（市地震局）

市领导督查地震应急工作　　（市地震局　供稿）

综　　述

【概　况】2017年，全市共有各级各类学校143所，其中，小学44所，初级中学24所，普通高中6所，中等专业学校2所，少体校、培智学校、青少年活动中心各1所，在校学生92067人，其中，义务教育阶段学生56952人，外来农民工子女9918人。培智学校1所，在校学生数68人；小学毕业生数6316人，小学毕业率100%；初中毕业生数5209人，初中毕业率99.2%；普高在校学生8273人，中专在校学生5846人；幼儿园64所，其中，民办幼儿园20所，在园幼儿20996人。全市教职工8837人，其中专任教师6971人。

【学前教育优质普惠发展】对全市幼儿园实际办园情况综合调研，形成学前教育发展情况报告，制订《溧阳市学前教育三年行动计划（2018－2020年）》；以政府会议纪要的形式健全清理整顿无证幼儿园的长效机制。组织农村幼儿园组成联盟，研究开发农村幼儿游戏资源，组织部分幼儿园与周边名园结对，主动促进自我提升；以课程游戏化项目为契机，推进幼儿园课程改革，东升实验幼儿园作为省课程游戏化基地园接受现场评估；参加常州市幼儿园生态环境创意评比活动，获一等奖1个、二等奖2个。创建常州市学前教育现代化示范乡镇4个、常州市优质园4所、省优质园6所（3所暂没发文），12所省优质幼儿园通过复评，东升实验幼儿园被确定为常州市特色幼儿园。

【义务教育优质均衡发展】深化义务教育学校标准化建设，开展义务教育学校标准化建设监测，推进城乡教育一体化发展。通过多种方式探索减负增效策略，燕湖小学探索建设“学习群”，创新实施群组教学，融合田园式环境、书院式教学和家居式生活于一体。保障学位和就近免试入学原则，严控择校比例，严控起始年级班额。推动“一校一品”特色建设，推进第五轮管理特色项目建设，33个项目已立项公示。实验小学获常州市义务教育“新优质学校”；第二实验小学获常州市“新优质学校”，该校“儿童国学课程基地提升工程”被评为“新优质学校”高品质项目；外国语小学“儿童工作坊”被评为常州市前瞻性教学改革实验项目。参加常州市中小学研究性学习优秀成果评选，获得23个常州市级奖（其中特等奖1个、一等奖4个）。全市小学巩固率100%，初中巩固率99%以上，中考平均分516.79，继续保持常州市领先水平。

【普高教育优质特色发展】对普高集体调研20多次，针对高三不同阶段备考特点多角度分析，全方位科学指导。开展120多次高中教研活动，注重针对性和实效性，并且以政治、地理学科为例，探索基于微信公众号的“掌上教研”，提高教研效率。江苏省溧阳中学（简称省溧中）开设60多门选修课程，促进学生自主发展；光华高中承办江苏省中学生篮球赛，获得省第6名，苏南片第1名；埭头高中通过江苏省四星级高中复评；戴埠高中创建江苏省四星级高中。全市高考一本上线率40.66%，超省平均15.36个百分点，二本达线率97.81%，超省平均33.6个百分点；二本以上录取率92.22%，超常州市平均水平；省溧中考生郝翔宇以405分的成绩获得常州市文科第一名，4名考生达北京大学录取分数线，1名学生录取空军飞行员。

【德育工作】实行分类、分层和分岗培训，不断提高校长队伍水平，新增常州市特级校长2人、高级校长3人、骨干校长5人。招聘高层次人才12名、中小学教师65名、幼儿园教师77名（含男幼师9名）。通过基地学校培训、乡村教师培育站建设、远程培训等多种方式提升师资水平。新建2个常州市乡村教师培育站和2个溧阳市骨干教师培育站，新增常州市特级后备人才5名。在江苏省基本功大赛中获特等奖1个、二等奖1个，在江苏省优秀课评比中获一等奖1个；在常州市基本功、优秀课竞赛中获奖35人次（其中一等奖8个）。参加省市“一师一优课、一课一名师”活动，晒课2358节，晒课率名列常州第二名。外国语学校陈雨花获得江苏省“杏坛杯”青年教师课堂教学大赛特等奖，燕湖小学周丽萍获得江苏省信息化教学能手大赛一等奖，燕湖小学张康桥“儿童语文学习机制和学习群的实践建构”项目获得江苏省教学成果一等奖。

选拔25名优秀班主任参加常州市级比赛，16人获得常州市级奖。开展“走教式”心理健康教育研究，开设心理健康教育示范课75节，南渡高中成为江苏省心理健康教育特色学校。开展“沐浴阳光”公益讲座48场，开展生命教育月活动，7个项目获得常州市级奖，市二中把芩宇获常州市“十佳美德少年”，庄盛雨等14名同学获常州市“十佳百优美德少年”。平桥小学申报常州市生态文明教育示范学校，埭头中心小学获得江苏省教育系统关工委先进集体称号。

完善学生、家长和社会参与的师德监督与考评机制，建立教师思想状况定期调查分析制度，坚持年度考核师德为先，师德评价一票否决。对在职教师有偿家教进行全面整治，组织全市中小学教师参与江苏省师德师风及法律知识网络竞赛，开展第10个“师德建设月”活动，引导教职工做“四有”好教师。6位教师被评为常州市师德标兵，5位教师被评为溧阳市文明职工，1位教师被评为溧阳市十佳文明职工，评选出50位溧阳市师德标兵或先进个人，表彰151名溧阳市优秀教育工作者，评出112个文明家庭和113个文明办公室。

【职教、成教优质创新发展】 申报全国职业教育、成人教育示范县创建和江苏省现代学徒制试点区域创建，促进职业教育和社会教育的融合。天目湖中专创建成首批“江苏省优质特色职业学校”，埭头镇创建成全国社区教育示范镇，昆仑街道创建成省标准化社区教育中心，青虾养殖示范基地通过省教育服务“三农”示范基地验收，玉枝茶艺园通过省教育服务“三农”示范基地复查。在江苏省职业学校技能大赛中，获得7金9银20铜的成绩；在全国职业院校技能大赛中农机具维修项目获一等奖1个；全国机械行业职业院校专业教师教学能力大赛一等奖1个、二等奖1个，省赛一等奖4个、二等奖4个、三等奖6个；获省教学大赛三等奖1个；获江苏省首届中小学教师中华经典诵写讲综合能力展示大赛一等奖1个。

【体卫艺、科技和国防教育成效显著】 对各校卫生工作和学生每天锻炼一小时情况进行督查，省溧中等6所学校申报国家级校园足球特色学校。组建10个“市队校办”艺术社团，组织阶段性评估与展示。组织第15届高中生“三独”比赛，组织700名学生参加少儿书法现场赛并选出优秀作品进行巡展。组织全市1.4万中小学生参加江苏省中小学“金钥匙”科技竞赛，省溧中获江苏省金钥匙科技竞赛团体二等奖；组织参加中小学生机器人大赛，16名学生获常州市级奖，文化小学获江苏省个人一等奖、全国二等奖。别桥小学参加小学生无人机比赛，获全省第2名、全国二等奖。全市高一新生参加了国防军训活动，光华高中、燕山中学和天目湖中专获江苏省国防特色学校称号。

【特殊群体教育】 成立特殊教育指导中心，继续实施特殊教育发展工程。外来务工人员子女享受同城入学待遇，公办学校就读率100%；创新留守儿童关爱服务模式，试行家庭经济困难留守儿童免费周末托管，优化留守儿童教育。做好“牵手成长计划”第三次牵手结对资助工作。对各级各类家庭经济困难学生免、补助学经费1960.58万元，受益学生1.94万人次。为100个家庭经济困难大学生办理生源地助学贷款87.48万元。

【管理体制改革】 组建10大教育集团，教育集团实行多校（多园）一长负责制。实行“县管校聘”，278名交流教师“人走关系走”。参加交流的城区学校教师157名（交流到农村40名）。参加交流的中心小学教师72名（交流到村校39名）。交流教师中市级以上优秀教师超60%，进一步优化师资配置，为2018年义务教育全面推行“县管校聘”奠定良好的基础。有序推进校长交流工作，共有54名校长交流任职（其中正校长16名）。编外人员的聘用实行总量控制管理，根据各校实际需要从严核定，动态管理。

【现代教育建设】 完成《溧阳市教育设施布局规划（2017—2030）》的编制工作。做好教育现代化监测，完善薄弱学校改造计划，提升全市教育现代化建设水平。2016年度教育现代化建设监测结果为89.89分，超标完成86.5分以上的原定目标。以信息技术与教育融合应用为重点，提升全市信息化教学水平，开展数字化学习研讨活动10多次。组织参加评选教学成果奖，获得省级教学成果奖4项、常州市级教学成果奖12项。全市有16个课题被省规划办立项，其中重点资助课题1个、重点自筹课题6个。

【教育对外交流】 为满足群众教育需要提供多样选择，与溧阳明顿生态国际学校签约筹建优质民办高中（上兴高中）。以“胥河情”等教育联盟为依托，深化苏皖教育合作交流活动。组织学校申报第二批常州市国际理解教育示范学校，8所学校申报新一轮结对国外友好学校，承办第三届苏台基础教育发展论坛暨台湾师生江苏溧阳“暖心行”活动。

【教育督导】 加强督学责任区建设和兼职督学的培训，明确督导规范，推进责任督学挂牌督导工作。执行“五严规定”，对9所小学、7所初中、21所幼儿园进行综合督导。成立学校远程督导中心，坚持专项督导、远程督导和随机督导相结合的方式，加大违规办学行为查处力度，提升学校管理水平。

【教育经费管理】 落实财政投入的硬性政策，拨付生均公用经费学前教育400元、小学770元，初中、高中、职高均为1100元。完善经费保障机制，科学编制2018年部门预算，规范基本建设程序，加强重点项目建设的投资控制、资金安排，解义务教育学校标准化建设、高中阶段学校维修建设的经费，做好调整公办幼儿园收费标准的准备工作。对20所学校进行校长任期内经济责任审计，对25所学校进行校长离任经济责任审计，对22所学校的工会和食堂财务收支进行审计，开展3项专项审计。

【教育重点项目】 实施7所中小学校舍安全工程，新建校舍2.03万平方米，加固校舍2.83万平方米，计划总投资1.3亿元。镇区投入11.06亿元，启动或正在实施8所中小学、幼儿园新建项目。开办阳光城市小区幼儿园、新区实验幼儿园本部、天目湖中心幼儿园，缓解西片区和南片区的招生压力。推进幸福城小区幼儿园、夏林小区幼儿园、云龙南幼儿园的筹建，力争2018年秋季投入使用。学校食堂全面推行“五常+”管理，工具色标管理，学校食堂原料供应商综合配送。委托第三方对学校食堂进行全方位监管；委托常州市统计局社情民意调查中心对学生、家长进行食堂满意度测评，测评得分81.4，同比提高9.7分。所有学校实现“明厨亮灶”。公办学校无C级食堂，11所学校的食堂升A级，A级食堂达80%以上，同时评选出首批“品质食堂”15个。

【教育装备】 执行采购程序，投入3490万元，为学校组织采购设施设备50多次。坚持学校图书逐年添置，加强中小学图书馆建设，优化藏书结构，采购图书80万元。组织第二实验小学、省溧中附属中学、实验小学通过常州市教育装备管理应用示范校创建，同时做好创建江苏省教育装备示范市（县、区）的准备工作。推进智慧教育建设，完成90%以上学校无线覆盖智慧校园建设，实施溧阳教育云和万兆有线无线一体化教育城域网建设。

【教育改革】 全年开展教育宣传集中培训3次，召开新闻发布会1次，与《江苏教育报》《扬子晚报》《现代快报》等主流媒体保持联系，常州市教育信息积分各辖市区排名第一，发布教育新闻4832条，发布教育微信微博1218条，外宣新闻报道近80篇，溧阳电视台、《溧阳时报》保持每周有关于教育新闻发布，教育影响力显著提高。推荐15所学校参加2015～2017年度省、市文明校园评比，获得省级文明校园3个、市级文明校园12个。推进教育系统参与文明城市创建工作，教育系统集体获得三等功，个人立功1人，获得先进集体3个、先进个人9人。

【依法执教】 开展法制示范“五区同创”工作，确定别桥小学进行法制示范校区的创建。在15所中、小学开展“校园反欺凌”教育图片巡展活动。对全市所有学校法制副校长进行调整聘任。调研、科学规划全市依法治校示范校的创建工作，制定2年内完成目标任务的创建计划。完成所有学校章程建设及修订完善工作。

【教育系统安全稳定】 实施《“一岗双责”安全生产责任制意见》，将安全责任前置；层层签订安全责任状，形成人人负责任的良好工作局面。做好“五个一”安全工作，强化过程管理。结合“安全教育宣传月”、开学“消防第一课”“119消防日”等活动，开展应急演练180多场次，全面开展校园安全风险排查与整治2次，取缔无证占道经营摊点3处、“黑车”5辆、违章搭建2处，完善城区学校门前斑马线、减速带、警示牌等安全设施。采购校车智能考勤和实时监控维保服务，有效预防和管控学生接送安全；消防设施、器材检查维护服务外包，加强学校消防管理；聘请天目湖法律顾问团队，协助处理校园安全事故；加大投入，建设保安队伍，合计投入450万元。

【党风廉政建设】 开展集体党课、党员义工、重温誓词、主题征文评选和演讲比赛等活动，建立12个党员示范岗，慰问特困党员。表彰省溧中党委等6个先进基层党组织，史春燕等36名优秀共产党员，李华冬等14名优秀党务工作者。发展预备党员10名，14名预备党员转为正式党员。开展“三大一实干”活动，累计走访群众1289户，完成率100%，梳理出问题75个，直接解决问题25个。接到群众信访件63件，已办结55件。

学前教育

【概　况】 2017年年末，全市有各级各类幼儿园64所，其中民办幼儿园20所，全市幼儿园班级数635个，在园幼儿20996人，教职工2347人。其中，本科以上学历达769人，大专及以上学历1312人，大专

江苏省幼儿园园长任职资格培训溧阳班开班仪式　　（市教育局　供稿）

以上率96.19%。全市幼儿园总占地面积351189平方米，校舍建筑面积197332平方米。全市普及三年学前教育，学前三年入园率99.89%。2017年，全市省级优质幼儿园达45所，优质园占70.3%。

【园长任职资格省级培训溧阳班】 1月5日，省教师培训中心在溧阳市开设园长任职资格培训溧阳班，通过专题报告、案例分析、参与式研讨、岗位实践、自我研修等学用结合的方式对学员进行培训。

【市教育局与江苏教育报刊总社签订学前教育发展战略合作协议】 1月5日，市教育局与江苏教育报刊总社签订学前教育发展战略合作协议，合作协议包括“全市幼教发展深度调研，骨干教师培养，优秀管理人才打造，特色幼儿园创建，推动学刊用刊，宣传报道、图书出版”六个方面。该协作项目的实施，将进一步推动溧阳市幼教师资队伍的建设，促进溧阳市学前教育优质普惠发展。

【市新区实验幼儿园获全国啦啦操比赛冠军】 7月16日，全国60多个城市264支代表团队共6200名运动员参加全国啦啦操总决赛暨全国啦啦之星争霸赛，溧阳市新区实验幼儿园“绿森林啦啦队”在总决赛中获得冠军。新区实验幼儿园在比赛中，动作标准，队形变换迅速利落，以372分夺得“乙组花球集体自选动作”第一名。管诗琪被评为全国啦啦操联赛优秀教练员。

【新区实验幼儿园教育集团成立】 9月，新区实验幼儿园教育集团成立，集团含燕湖园区、罗湾路园区、燕河湾园区三个园区，现代中式风格的园林建筑、全覆盖的天然草坪、按省标科学控制小班额、150平方米的宽敞教室、优秀的保教师资队伍，实行“内部统筹，资源共享”的集团化管理模式，保障溧阳南片燕山新区以及永平大道南北邻近区域内学位充足，解决群众入园难问题。

【昆仑实验幼儿园获常州幼儿园自制玩教具展评活动一等奖】 9月8日，昆仑实验幼儿园代表队参加常州市幼儿园自制玩教具展评活动。昆仑幼儿园的作品“绳之乐”在60多件参赛作品中，获得常州市自制玩教具一等奖。

【“溧阳市幼儿园信息化能手比赛”暨“常州市数字化学习课堂展评选拔赛”】 9月22日，“溧阳市幼儿园信息化能手比赛”暨“常州市数字化学习课堂展评选拔赛”在昆仑实验幼儿园举行。老师通过借班上课，采用“智慧课堂”“班级优化大师”“希沃白板”等技术，采用探究学习、自主学习等多种方法，展现教师们运用信息技术的能力。

【昆仑实验幼儿园启动志愿者参加关爱城市小候鸟仪式】 10月3日，溧阳市昆仑实验幼儿园成立的“关爱城市小候鸟”志愿者小组参加在燕山公园举行的“美音溧阳、品读中秋”公益行开幕式并上台接受“阅读指导者”聘书，该园每月在溧阳昆仑花园社区、溧阳读书台等读书角举办阅读活动。

【竹箦中心幼儿园获得全国教育教学信息化大赛一等奖】 12月18日，第21届全国教育教学信息化大奖赛决赛在北京举行，来自全国各省市400多件作品参赛。经过现场解说、现场答辩，竹箦中心幼儿园钱慧、沈叶、谢倩3位教师制作的微课作品《可爱的小青蛙》获得幼儿教育组微课一等奖。该作品是本届大奖赛常州市中小学幼儿园唯一一件被选出参赛的作品，也是全省幼教组唯一参赛和获奖的微课作品！

【溧城中心小学幼儿园获“常州市首届幼儿园足球比赛”一等奖】 10月22日，溧城中心小学幼儿园在“常州市首届幼儿园足球比赛”小组赛中晋级16强，在淘汰赛和排位赛中分别以3∶0和5∶0的成绩进入四强，最终获得一等奖，队长赵楷瑞同学获最有价值球员奖，溧城中心小学幼儿园获得优秀组织奖。

【南渡中心幼儿园开展防恐防暴演练活动】 12月12日，为确保幼儿园安全教育落到实处，防止安全事故的发生，提升教工处置突发事件能力和逃生能力，南渡中心幼儿园开展校园安全防恐防暴应急演练活动。该次演练活动，不仅提高了幼儿的自我保护能力，也增强了全体教职工的安全防范意识，为幼儿园开展安全工作的时效性奠定扎实的基础。

【戴埠中心幼儿园获得江苏省首届中小学（幼儿园）优秀校园报刊评比优秀奖】 12月，戴埠中心幼儿园创办的校园报刊《善韵童心》在江苏省教育新闻工作者协会、江苏教育报刊总社组织的“江苏省首届中小学（幼儿园）优秀校园报刊评比的活动”中获得优秀奖。

小学教育

【概　况】 2017年年末，全市有小学44所，占地面积1053349平方米，校舍建筑面积481695 平方米。在校学生38549人，班级959个，当年毕业生6316人，招生6569人。毕业班学生毕业率100%。教职工2663人，其中，专任教师2404人，专任教师学历达标率100%，大专及以上学历99.1%，本科以上学历达91.85%。专任教师师生比16.04%。班容量40.20，另有培智学校1所，9个班，学生68人，教师16人。

【何子牧获第17届省青少年机器人竞赛活动冠军】 5月12～14日，由江苏省科协、教育厅、科技局等单位主办的第17届江苏省青少年机器人竞赛活动在南京航空航天大学（主赛场）开赛。文化小学何子牧和龚俊儒两名队员参加“超级轨迹赛”小学组的比赛，何子牧同学获得冠军，龚俊儒同学获得一等奖。同时何子牧将代表江苏省参加全国比赛。

【彭峰获江苏省第十八届小学语文优课评比特等奖】 5月15～16日，

由江苏省中小学教学研究室和江苏省教育学会小学语文教育专业委员会联合主办的“江苏省第十八届青年教师小学语文教学观摩暨优课评选活动”在连云港市举行，全省13个大市共14位选手参加该次比赛，1200名老师观摩。溧阳市外国语学校的彭峰老师作为常州市唯一代表参赛获得特等奖。

【国际米兰 intercampus 团队到东升小学考察足球项目】 5月25日，国际米兰 inter campus 团队一行9人到东升小学考察足球项目。Inter campus 团队是世界足坛中唯一被联合国推荐并认可的企业社会责任项目，团队考察学校足球场地，和足球训练班的同学互动足球，交流技巧，帮助学校足球项目的开展。

【平桥小学创建“常州市生态文明教育示范学校”】 10月31日，由常州市环保局、教育局、溧阳市教育局、溧阳市环保局组成的常州市创建生态文明教育示范学校考核验收组一行，对溧阳市平桥小学创建“常州市生态文明教育示范学校”进行考核验收。考核组成员参观竹文化特色校园，对教师和学生问卷进行调查、查阅资料台账、听取校领导做的创建工作汇报等考核活动。考核组对学校在生态文明教育方面的工作进行深入而细致的指导。

【第二实验小学获得“江苏省少先队文化建设特色项目”奖牌】 11月23～25日，在少先队活动特色项目评选中，溧阳市第二实验小学推送的“传统文化浸润下的少先队建设”获得“江苏省少先队文化建设特色项目”。

【昆仑小学老师陈云秋出版儿童文学系列作品】 2017年5月，昆仑小学陈云秋创作的《爱唱歌的蚂蚁》《小星星的新家》《窗台上的吊兰》三本文学作在吉林美术出版社出版发行。这套画册由全国40多位一线童话作家共同参与。陈云秋老师是溧阳市昆仑小学的语文老师，溧阳市作协理事、江苏作家协会会员。

初中教育

【概　况】 2017年年末，全市有初级中学25所（包括少体校），占地面积787937平方米，校舍建筑面积274944平方米。在校学生18335人，班级442个，当年毕业生5209人，招生6415人。毕业班学生毕业率100%。教职工2054人，其中，专任教师1723人，专任教师学历达标率100%，大专32人，本科1634，研究生57人。专任教师师生比10.64%。班容量41.48。

【别桥中学参加“常州市依法治校示范校遴选”汇报会】 3月28日，别桥中学在“常州市依法治校示范校遴选”上从“构建依法治校机制化”“实行法治工作制度化”“实现办学措施规范化”“实现法治队伍网络化”“实现普法教育常态化”“实现依法维权透明化”六个方面向专家组汇报别桥中学依法治校的做法和经验以及取得的成绩。

【光华初中举行常州市“十三五”规划课题课题组核心成员研讨活动】 5月22日，光华初中举行常州市“十三五”规划课题课题组核心成员研讨活动。申报立项《初中学生学科核心素养培养的策略研究》《初中情智课堂的实施策略研究》两项课题。并就课题的研究目的、目前课题所处的研究阶段、研究的主要任务、方向、研究方法等方面进行交流与探讨，并征求成员们的研究意见。

【燕山中学举办常州市初三化学教学研讨活动】 10月20日，常州市初三化学教学研讨活动在溧阳市燕山中学举行。常州市教科院领导和各辖市区化学教研员及各地化学老师共计200多人参加。该次活动推进区域内初中化学新课程改革，加强教师课程意识，提升教师教科研能力，提高课堂教学质量，促进教师专业发展。

【“台湾师生江苏暖心行”活动在实验初中举行】 11月16日，台湾新北市三峡中学18名师生到实验初中开展为期三天的”江苏暖心行”。两岸结对的学生一起学习、一起回家、一起活动，由陌生到熟悉，彼此结下深厚的情谊。

【省溧中附属初级中学与韩国仁川瑞云中学结为友好学校】 12月19日，韩国仁川瑞云中学师生到省溧中附属初级中学，开展为期两天的交流活动，并与省溧中附属初级中学签订友好学校合作协议，结成手拉手学校。交流期间，韩国师生与该校学生们一起包饺子、做手工，两校师生还表演了具有民族特色的节目。

【2017化石校园巡展走进燕山中学】 南京地质博物馆主办，常州市地学与人居环境学会承办为期一周的《聆听化石细雨　感悟生命延续》2017化石校园巡展走进溧阳市燕山中学。该次化石巡展丰富教师的教材，开阔学生的眼界，使同学们懂得要更好地保护和珍惜地球环境。

普高教育

【概　况】 2017年年末，全市有普通高6所，完全中学1所，全市普高占地面积579099平方米，校舍建筑面积275013平方米，在校学生8273人，班级199个，当年毕业生3122人，招生2767人。教职工1198人，其中专任教师1009人，专任教师学历达标率99.8%，其中研究生200人，本科807人，专任教师师生比8.20。

【陈毅元帅女儿陈姗姗到光华高中参观交流】 3月16日，陈毅元帅女儿陈姗姗一行到陈毅元帅创办的光华高中进行参观交流。陈姗姗对光华高中传承老一辈革命家的光荣传统的做法表示高度肯定，并将通过陈毅元帅子女发起的上海仲弘公益基金会，在资金资助、师资培训等方面对光华高中给予支持，加强由陈毅创建的全国十余所学校之间的红色文化交流，并以基金会为新的平台对红色经典文化进行深度研究和挖掘，传承革命精神和革命传统。陈姗姗女士希望学校进一步秉承“诚毅”校训，积淀文化底蕴，打造办学特色，不断推进学校的现代化建设。

【江苏省溧阳中学国际理解教育成绩显著】 学校国际部申报的项目《走向国际理解——多功能社团建设在省溧中》获得常州市国际理解教育精品项目一等奖，被评为常州市国际理解教育示范学校；4月，省溧中学生赴德国友好学校访问交流；10月，德国黑森州富尔达大区霍恩菲尔德市威格伯格高中师生一行14人代表团对省溧中进行为期10天的友好访问；11月，台湾新北市立中和高级中学师生到校访问交流。2018届高三托福成绩班级均分达86分，其中100分以上学生3人，90分以上学生6人。

【光华高中章盈同学获江苏省“学宪法 讲宪法”演讲比赛二等奖】 9月23～24日，光华高中高二（1）班章盈同学常州市级“学宪法 讲宪法”选拔赛中获特等奖并代表常州市参加由江苏省教育厅主办、江苏省教育报社承办的江苏省学生“学宪法 讲宪法”演讲比赛决赛中获二等奖。

【溧阳中学举行模拟联合国大会】 10月3日，省溧中模拟联合国大会正式开幕，常州市和溧阳市各个高中的代表以及全国各地高校的大学生主席们参加该次活动。活动对加强校际交流、拓宽学生视野、激发学习能力、培养学生的领袖气质与合作精神影响深远。省溧中模拟联合国社团被评为常州市“十佳百优”十佳社团，省溧中志愿者社团被评为常州市“十佳百优”优秀社团。

【市教育局行政视导南渡高中】 12月13～14日，市教育局对南渡高中进行为期2天的行政视导工作。视导组通过查阅材料，了解学校常规教学情况；走进课堂，把脉教师课堂教学；开展座谈交流，剖析学科动态教学过程，全面细致地对该校教学教学情况进行诊断分析。视导组认为该校的教学常规规范扎实，教师工作认真踏实，学生学习状态好，同时，也对该校教学工作提出指导性意见。

【省专家组调研埭头中学“族谱文化”省级课程基地】 2018年1月11日，省教育评估院专家组参观埭头中学，对埭头中学的省“族谱文化”课程基地进行中期建设视导调研。专家们查阅课程开发、教师发展、学生实践、经费投入、活动开展等资料台账，与校领导、项目负责人、师生代表进行访谈，并实地考察学校族谱文化体验厅、课程基地史侯祠探究教室，观看文承学社的戏剧表演、明理学社的辩论赛、经纬学社的乡土探究、艺美学社的古建筑绘画、南京大学史全生教授的海岳讲堂、春秋学社家国情怀体验课堂等学生社团活动。

职业教育

【概　况】 2017年年末，全市有中专学校2所，占地面积426161平方米，校舍面积239527平方米。在校学生5846人（其中五年制学生556人），当年毕业1857人，招生1831人（其中五年制学生187人）。教职员工559人，其中专任教师488人，研究生学历114人，本科370人，研究生率23.36%，本科率99.19%。

【溧阳中专16名学生获得国际通用技能证书】 6月29日～30日，德国FFT公司旗下爱孚迪（上海）制造系统工程有限公司到溧阳中专进行面试考核，学员在面试过程中以优秀的表现获得德国手工业协会颁发的“手加工项目”“机器加工项目”“CNC项目”3项技能证书。溧阳中专与德国黑森州BBZ集团合作的项目首批参训的16名学员完成项目培训，每个子项目培训完成后，通过考核学员可获得国际通用技能证书。

【天目湖中等专业学校承办“鲁班杯”全国首届电梯安装维修工职业技能竞赛江苏省预赛】 9月14～15日，天目湖中等专业学校承办“鲁班杯”全国首届电梯安装维修工职业技能竞赛江苏省预赛。全省30家电梯企业98名选手参加该次比赛。代表江苏溧阳电梯安装工程有限公司参赛的王兵健等三人获得一等奖，江苏溧阳电梯安装工程有限公司和江苏立达电梯有限公司分获电梯安装组和维保组一等奖。获奖选手分别获得四级、五级电梯特工称号，获奖团队将代表江苏省参加全国职业院校技能比赛。

【天目湖中等专业学校承办2017年“亚龙杯”全国机械行业职业院校教师教学能力大赛】 10月27～29日，天目湖中等专业学校承办全国机械行业职业院校教师教学能力大赛。全国16个省市40支职业院校电梯专业教师组成的队伍参加该次教学能力大赛。溧阳市天目湖中等专业学校两支教师队伍在比赛中，获得一金一银两枚奖牌。

（市教育局）

学员获三项国际通用技能证书　　（市教育局　供稿）

文化综述

【概　况】按照“重大项目推进年”和“全域旅游推进年”工作主题，市文广体局加快推进文化创新发展，在文化特色、文体服务、文艺创作、文体产业方面求突破，为高水平建设“宁杭生态经济带最美副中心城市”提供文化支撑，让全市人民共享文化发展成果。先后获得创建全国文明城市先进集体、2017年中国溧阳茶叶节暨天目湖旅游节组织筹备工作先进集体等荣誉、获得江苏省第一次全国可移动文物普查工作“先进集体”、市文管办获得“常州市第一次全国可移动文物普查工作先进集体”。

社会文化

【概　况】创新服务模式，组织内容丰富、形式多样、贴近基层、贴近群众、贴近生活的文化艺术活动，将“送文化”与“种文化”相结合，把更多具有地方特色、群众喜闻乐见的文化服务、文化活动送到基层，举办各种内容丰富、形式多样的文化艺术活动，在全市形成良好的文化氛围。

【基层综合性文化服务中心建设】各镇（街道）及相关部门累计投入3000余万元建成141个基层综合性文化服务中心。市财政设立1000万元专项资金用于奖补基层文化服务中心建设和文化服务创新项目，部分镇区出台镇级奖补资金管理办法。在中心建设的推进过程中，严格按照“八个一”的建设标准实施，并通过现场督查等措施，有力促进中心建设提质增效。八字桥村、天目国际村社区等11个基层文化服务中心获评2017常州市级示范点。

【文化小礼堂建设】文化小礼堂建设工作是2017年溧阳市十大民生实事之一。从141个基层综合性文化服务中心中精选出71个中心，打造全市首批文化小礼堂。根据建设规模、资金投入、亮点特色、文化服务等情况，对新建成文化礼堂进行星级评估，评选出五星16个、四星26个、三星29个。建立文艺骨干派驻机制，选派文艺骨干定向在基层派驻，把演出、展览、讲座等优质文化资源全方位下沉基层；建立联系制度，由市局统筹安排，实现群众文化需求和公共文化服务供给的精准对接，共培养文体团队115支，全年开展各类文艺骨干培训100余次，配送文化活动1000余项；加强文化配送，在完善市、镇（街道）二级公共文化配送的基础上，进一步将重心下移，全面推进本市公共文化配送向三级延伸，把公共文化送进村（社区）活动室和田间地头。

【第十届民间文化艺术节暨2018闹元宵广场文体活动】3月3日，举行“凝神聚力求发展，齐心合力促推进”第十届民间文化艺术节广场文体活动。来自全市的文化体育志愿者表演了健身舞、健身腰鼓、强军战歌、曳步舞、木兰拳等节目，非遗团队表演了南渡抖空竹、古渎太平马灯、宋村关公舞、杨庄双龙、别桥龙舞等民俗项目，近千名观众观赏演出。

闹元宵　　（市文广体局　供稿）

表 27

2016 年度溧阳市读书台文学艺术成果奖评审情况

序号	作者姓名	作品名称	类别	获奖等级
1	周玉凤	《母亲是一本书》	文学类	银奖
2	朱富平	《祈福》	美术、书法、摄影类	
3	刘琴芳	《秋色满江乡》		
4	崔文敏	《道德经节选》		
5	饶金龙	《林散之诗选抄》		
6	杨兴慧	《龙门造像》		
7	马建华	《江景》《青峰山踏雪》	文学类	铜奖
8	黄　郁	《网惑》		
9	赵善坚	《记住乡愁．溧阳 100 老村》		
10	陈云秋	《米多多日记》		
11	郭宏冰	《裂痕》		
12	管尧秋	《沁园春．雪》	美术、书法、摄影类	
13	彭　衷	《兰亭序》		
14	芮汉兴	《刻字》		
15	杨宗异	《钴鉧潭西小丘记》		
16	沈佳宾	《人与田园》		
17	车保华	《夏日》		
18	溧阳市文化馆、东方童民族艺术教育溧阳校区	《大傩面 · 小傩娃》	音舞戏曲类	

【第 29 届群众文化活动周暨优秀文艺团队展演】 举办第 29 届群众文化活动周，在活动期间展开各级各类活动 45 场，服务群众近 30 万人次。4 月 22 日，举行“文化弘扬美德 · 艺术传播文明”溧阳市第 29 届群众文化活动周暨优秀文艺团队展演。市文化馆艺术团、旭日舞蹈、民间体育健身协会、杰出舞蹈等市、镇（街道）11 支团队的优秀节目参加了展演。

【首届“天目湖”古琴音乐会】 4 月 15 日晚，举行“美音自在溧阳——首届天目湖 · 古琴音乐会”。演出由中国民族管弦乐学会古琴专业委员会、江苏省非物质文化遗产保护中心、溧阳市人民政府共同主办，江苏省古琴学会、溧阳市文广体局承办。赵家珍、朱晞等国内著名古琴家演奏了《大胡笳》《流水》等 12 首代表性曲目，溧阳省级非遗项目“泓口丝弦”成功复排演出。《中国文化报》、江苏卫视进行了专题报道，网络直播在线观看人数超 3 万人次。

美音自在溧阳——首届天目湖 · 古琴音乐会　　　（市文广体局　供稿）

【文学艺术成果奖评审】 组织开展 2016 年度溧阳市读书台文学艺术成果奖申报评审工作，经条件审核、专家评审及评审委员会审议，共有 3 类 18 件作品获奖（金奖空缺、银奖 6 件、铜奖 12 件）。其中文学类银奖 1 件、铜奖 5 件；美术、书法、摄影类银奖 5 件，铜奖 6 件；音舞戏曲类铜奖 1 件。

文化遗产保护

【文物保护】 溧城镇沙涨村入选江苏省第八批历史文化名镇名村名单。溧城镇夏庄村、沙涨村成功入选第一批江苏省传统村落名录，省级文保单位观莲桥修缮工程入选 2017 江苏省文化遗产保护成果利用展。“秦堂山遗址”入围江苏大遗址预备名录。溧阳市入选 2017 年江苏省文物安全综合管理实验区试点地区，全省仅 3 个地区入选。在全市 49 处文物保护单位安装 87 个视频监控，树立文物保护范围及控制地带的界桩，整合到文物安全综合管理平台。完成“节孝坊”“贞女祠”2 处溧阳市文物保护单位的修缮工作。

【考古发掘】 2 月，对社渚镇新塘村委桃园村发现的明清时期古墓进行抢救性发掘。对宁德高速沿途经过所在地进行前期考古调查、勘探，该次考古调查、勘探共发现 8 处文物点，其中马家浜文化遗址 1 处，土墩墓遗址 2 处，宋代—清代遗址 5 处。对溧阳经济开发区上兴镇段进行考古调查、勘探工作，共发现 8 处文物点。11 月，完成秦堂山遗址第三次考古发掘，总发掘面积 220 平方米，共清理马家浜文化墓葬 130 余座、灰坑 70 余座、洞类遗迹 150 余个，出土各类文物 300 余件。

【秦堂山遗址考古发掘成果专家论证会】 11 月 9 日，举行秦堂山遗址考古发掘成果专家论证会，中国社会科学院考古研究所研究员、中国考古学会公共考古专业指导委员会主任王仁湘等专家对秦堂山遗址进行探讨，经论证，秦堂山遗址在长江下游地区的文明进程中具有重要的意义和价值，为马家浜文化时期的中心聚落，是苏南史前文明的根脉之一。

【文物资源调查】 举办溧阳市第一次全国可移动文物普查成果图片展，使广大市民更好地了解溧阳珍贵文物。完成溧阳市水文化遗产调查工作，共登记水文化遗产139处，其中水文化遗产新发现29处。

【文物巡查】 2017年，对全市64处文物保护单位进行四次全面巡查，并将检查过程中发现的问题向相关单位发放书面工作意见函。12月12日，联合公安、消防部门对全市9处重点文保单位进行文物安全大检查。在文物巡查期间，及时处理全国重点文物保护单位“中华曙猿化石地点”和市级文物保护单位“晋塘头桥”“善庆桥”保护范围、建控地带内的违法建设，并督促使用单位对“娑陀庙石刻”“帐墓朱家祠堂”等市级文物保护单位进行局部环境整治和保养修缮，使文物得到有效保护。

【国际博物馆日、文化和自然遗产日】 5月14日，为迎接“5·18国际博物馆日”，举办了秦堂山遗址“考古探秘”活动，组织26对亲子家庭走进省级文物保护单位“秦堂山遗址”考古工地现场，参观考古人员现场工作流程及考古工作人员住宿、修复、存放出土文物等场所，切身体验考古乐趣，感受考古魅力，增强群众热爱文化遗产、保护文化遗产的意识。6月10日，为迎接中国首个“文化和自然遗产日”，邀请南京市博物院典藏部主任田名利，在市图书馆报告厅开展“考古知识普及和中国古代玉器鉴定”学术讲座，该次讲座是南京博物院专家首次面向溧阳市民进行专题普及文化遗产保护知识。

【博物馆建设】 配合完成博物馆基础工程，陈列布展工程招标并进入施工阶段。邀请省内知名博物馆专家对全市《市博物馆布展大纲》编制内容进行论证和审核，为新馆筹建奠定基础。8月，完成博物馆馆藏文物修复方案编制上报并通过省文物局审核。完成王秋生捐赠的2000多件民俗文物的登记分类工作，完成南宋大学士汤鹏举墓出土铜镜和铜钱、“观莲桥”北侧的出土石磨盘等近百件地方历史文物的征集，完成制定《溧阳市鼓励非国有博物馆发展管理办法》草案。

【非物质文化遗产保护】 编纂出版《溧阳市非物质文化遗产项目选编》，加强非遗专项资金和非遗代表性传承人的绩效考核工作，对溧阳市非遗展示馆（社渚傩文化博物馆）展览内容进行补充调整。探索非遗保护传承新方式，联合组织泓口丝弦老艺人、市锡剧团、市老年大学民乐队复排省级非遗项目《泓口丝弦》，并参加“美音自在溧阳”首届天目湖·古琴音乐会演出。分别在戴埠中心小学、社渚中心小学开展蒋塘马灯舞、太平锣鼓进校园活动，市锡剧团在全市中小学校开展了戏曲表演和戏曲知识普及。

文化市场管理

【概　况】 2017年围绕“构建和谐文化市场”的工作主题，致力于推进综合执法改革和规范化建设、完善文化市场信用体系和强化“扫黄打非”工作，营造有利于青少年健康成长的文化环境，确保文化市场健康、有序、繁荣发展。全年共出动执法人员1600多人次，检查经营单位2500多家次，组织开展网吧、演出市场、校园周边文化市场等八大类专项整治行动，立案查处违规经营案件45件，全部录入全国文化市场技术监管和服务平台、市“三合一”平台，实现行政权力网上公开、透明运行。市文化市场综合执法大队荣获常州市“扫黄打非”先进集体的称号，查办的智远网络案，实现全市网络案件零的突破，填补了空白。

【综合执法改革】 2017年，根据《省委办公厅、省政府办公厅印发〈关于进一步深化文化市场综合执法改革的实施意见〉的通知》，完成文化市场综合执法改革的各项任务。调整成立由市委宣传部部长任组长的文化市场管理工作领导小组，制定《溧阳市进一步深化文化市场综合执法改革的实施意见》，并以两办发文。市编办专门发文调整市文化行政综合执法大队有关机构编制事项：更名为市文化市场综合执法大队，增加两个内设机构，增编3人。市文化行政综合执法大队承担着对全市文化、广播电视、新闻出版、文物、体育等活动的执法和管理职责。市文化市场综合执法大队内设综合科、法制监督室、一中队、二中队，重大案件执法中队，五个科（中队），编制12人，人员参公。

【“扫黄打非”进基层】 2017年全市调整“扫黄打非”工作领导小组成员名单，调整后的“扫黄打非”工作领导小组以宣传部部长为组长、分管副市长为副组长。推进全国“扫黄打非”信息管理系统的推广应用，完成本级人员系统帐号的激活和权限设置，录入“扫黄打非”进基层的点位信息。11个镇（街道）均成立“扫黄打非”领导小组，挂牌成立“扫黄打非”工作站，175个行政村、42个居委会均建立“扫黄打非”联系点，市、镇（街道）、村（社区）三级管理网络体系基本建成，其中溧城镇嘉丰社区被授予江苏省“扫黄打非”进基层示范点称号。2017年以“清源”“净网”“秋风”“护苗”四大专项行动为基础，共开展联合集中行动和专项行动10余次，共检查经营场所1000多家（次），查缴各类盗版及非法出版图书6500多册，盗版及非法出版音像制品1.5万多张，取缔非法兜售出版物游商、地摊9个，删除或屏蔽淫秽色情及低俗信息1000多条。

【综合治理】 开展春节、元旦等节假日期间及十九大会议召开期间等特殊时期的文化市场专项整治工作。开展文化市场各个门类的专项整治和规范治理工作，主要包括：网吧、游戏、歌舞、演出、出版物市场、卫星电视接收持证用户等。加强高危体育经营项目的监管，以游泳池为重点，确保其规范、安全运行。开展镇（区）季度性文化市场全覆盖巡查工作，召开镇区文化市场管理工作会议，与各镇区文体站签订《文化市场（扫黄打非）工作责任书》，对镇（区）文化市场经营单位的经营规范程度、安全生产状况开展巡查。开展农村演出市场和互联网上网服务营业场所专项整治工作。在整治过程中，重点加强事前审查和现场监管，实现庙会、集场开市和监管同步，确保文化市场的安全、有序。开展对文化市场经营单位的安全督查工作，强化安全生产“红线”意识和“底线”思维，提高应急处置能力，定期检查经营单位的安全工作台账，对存在隐患的单位，一律限期整改，对整改不达标的，一律移交消防大队处理。全年未发生一起文化市场安全生产事故。

【规范化建设】 推进综合执法信息化建设，以全国文化市场技术监管和服务平台、市“三合一”平台、“双公示”平台为支撑，确保行政权力在网上公开、透明运行，接受群众监督。通过制定《溧阳市文化行政综合执法考评制度》《关于创建“学习型”“服务型”“廉洁型”执法队伍的意见》，促进行政执法人员解放思想，更新观念、改进作风，提高依法行政的水平。围绕“两学一做”“三大一实干”“对标找差”活动的开展，转变工作作风、加强法制监督、严格执法程序，提高工作效率，真正树立综合执法“公正、廉明、务实、高效”的良好形象。2017年办理的所有案件没有一起行政复议和行政诉讼，结案率、群众满意率均为100%。

【法制宣传】 联合市教育局开展文化行政综合执法法制宣传进校园活动，有10余所学校参与。通过宣传展板、发放宣传手册、学生签名、座谈等形式，提高文化行政综合执法的知晓度和权威性，引导未成年人远离网吧、远离不良出版物，加强自我约束，提高自控能力，促进青少年的健康成长。

表28

溧阳市文化产业引导资金扶持项目

序号	项目单位	项目名称
1	江苏东方印务有限公司	应用先进技术，助推绿色产品转型
2	常州百斯福模塑股份有限公司	韩国蜡笔盒的研发
3	溧阳市元恒房地产开发有限公司	华东地区高端声学录音中心——江苏恒峰录音基地
4	溧阳市怡洲服饰有限公司	吴越文创园产品展示中心
5	阳光万恒集团有限公司	香云小筑茶修文化苑
6	溧阳市恒业地毯制造有限公司	毯面加工生产线改造项目
7	江苏陶峰观光农业发展有限公司	溧阳市大石山国际婚纱摄影基地建设
8	天绘北斗信息技术江苏有限公司	儿童智能手表研发生产项目
9	溧阳市壹时代体育服务有限公司	壹时代健身建设项目
10	常州日日春农业科技开发有限公司	日日春精品体育旅游园
11	江苏科岩服饰有限公司	阔拼品牌户外运动装备生产基地建设项目
12	金亿源（江苏）新材料有限公司	运动地板研发生产及自主品牌打造
13	溧阳市鑫旺农业设施科技有限公司	溧阳市鑫旺农业设施科技有限公司垂钓中心建设项目
14	溧阳市别格帮体育文化有限公司	溧阳运动别格帮俱乐部
15	溧阳市浩瀚体育文化有限公司	23号球馆
16	溧阳万寿生态庄园有限公司	望星谷游泳池及配套设施项目
17	溧阳望美乡村旅游服务有限公司	人工沙滩亲子拓展训练基地
18	溧阳市欣龙生态农业发展有限公司	欣龙户外拓展基地和慢行道建设项目
19	溧阳市影剧公司	打造文化惠民演出亲子剧场
20	溧阳市江南新四军文化发展有限公司	新四军江南指挥部纪念馆文创试点工作
21	溧阳市锡剧团	《稻草人》《戏曲进校园》《前珍珠塔》
22	常州新华书店有限责任公司溧阳分公司	溧阳市新华书店全民阅读推广项目
23	溧阳市第一糖烟酒有限公司	溧阳市天目湖酒文化博物馆
24	江苏胥傩民俗文化村有限公司	溧阳市傩文化博物馆升级改造
25	溧阳市天目湖农业发展有限公司	溧阳蚕桑文化博物馆免费开放
26	溧阳市史氏文化研究会	尚贤厅改造
27	溧阳原乡建设投资有限公司	2017年第一届中国无人机对抗赛暨低空安全综合主体活动

文化产业

【概　况】 全市学习贯彻党的十九大精神，围绕“做强重点文化行业、发展特色文化园区、培育骨干文化企业”的建设目标，推动产业跨界融合，推进重大项目建设，优化文化市场环境，文化产业继续实现稳步发展。

【资金扶持】 溧阳市金谷文教书店有限公司获得中央文化产业专项实体书店奖励50万元；溧阳市广播电视信息网络公司（溧阳市特色小镇智慧社区建设项目）和溧阳市鑫宇印刷有限公司（高端商业票据印制数控一体化建设项目）分别获得省级现代服务业（新闻出版广播影视）专项扶持150万元和80万元；江苏开利地毯股份有限公司（创意设计在传统文化艺术地毯上的融合与应用项目）获得省级现代服务业（文化）专项扶持100万元。17个文化项目共获得溧阳市级文化产业发展引导资金扶持340万元。

【体量规模继续扩大】 全市纳入文化产业统计名录库的文化企业已达

1133家，其中规上文化企业有112家。2017年，文化产业增加值占全市GDP的比重达到5.5%。

【载体建设加快推进】 全市3家企业成为第四批常州市级文化产业示范基地。天目湖旅游公司上市，成为溧阳市文化产业龙头企业。常州百斯福模塑股份有限公司在“新三板”挂牌上市。新四军江南指挥部纪念馆成为省首批文创产品开发试点单位。

【产业格局逐渐集聚】 在区域布局上，形成了江苏中关村科技产业园、天目湖镇、戴埠镇、埭头镇四大文化产业集聚区。在产业类别上，形成了以文化旅游业、印刷制品业、工艺美饰业、体育娱乐业4大行业为主，节庆会展业、创意设计业、传媒影视业3大行业为辅的发展格局。

广播影视管理

【概　况】 依据国家新闻出版广电总局对于广播电视宣传管理规定和实施细则的要求，做好广播电视节目的监听监看，坚决抵制低俗、庸俗、媚俗倾向，坚决杜绝有偿新闻和虚假报道，确保全市广播电视节目正确的舆论导向。

【安全播出】 贯彻落实国家新闻出版广电总局《广播电视安全播出管理规定》文件精神。通过召开全市安全播出会议、成立安全播出领导小组、开展应急演练、重要保障期内24小时值班等，保障“十九大”等重要时期的安全播出任务。2017年全年未发生一起安全播出事故。

【广告监管】 2017年共收到5起关于违规播放商业广告的投诉。根据投诉内容，对播出机构的广告负责人进行约谈，停播违规广告，并进一步健全广告审查制度，落实播出责任，对在播广告开展全面梳理排查，确保全市播出的广告符合新《中华人民共和国广告法》《广播电视管理条例》《广播电视广告播出管理办法》等规定。

【影院管理】 在创建全国文明城市期间，要求全市5家影院（嘉丰影院、幸福蓝海——上河城店、幸福蓝海——平陵广场店、中影星美——金鹰店、竹箦影城）严格按照创建标准，逐项逐条落实好任务。定期开展检查，发现问题责令影院立即解决，不留隐患，确保影院不扣分。根据江苏省新闻出版广电局统一部署，在2017年6月底前已完成全市各大影院的放映许可证换证工作。

图书馆

【概　况】 2017年，市图书馆以第六次全国县级以上公共图书馆等级评估和全国文明城市创建为工作重心，着力丰富服务项目，改善服务环境，完善服务网络，提高服务质量和绩效，全年办理读者证5016张，接待读者25万人次，外借图书184726册次。获得江苏省2017年度县级图书馆总分馆制先行建设单位。

【全国一级图书馆等级评估】 成立以局分管局长为组长、相关业务科室负责人和市图书馆馆长为成员的工作小组，负责协调评估工作有关事项。组织职工学习研究《文化部办公厅关于开展第六次全国县级以上公共图书馆评估定级工作的通知》和江苏省文化厅《关于组织参加第六次全国公共图书馆评估定级工作的通知》，研究评估标准，并从服务绩效、业务建设和保障条件等三个方面进行初步自查，找出短板，制定迎接评估的工作方案，确保台账资料完整、准确，支撑有力，并于8月25日通过常州市图书馆学会组织的现场复评。

【图书馆服务网络建设】 全年为各类馆外服务点送书上门3万余册，新增住建委、城南派出所、无人机产业园等分馆100多家，全市实现通借通还的分馆达到201家，基本建成以市图书馆为中心、乡镇分馆为依托、村（社区）图书室为服务点、覆盖全市的公共图书馆服务网络体系。

【文献资源建设】 采编新书11579种29022册，加入江苏省少儿数字图书馆，获得11种优质数据库的使用权，新增3个资源服务大屏和一批3D有声图书。2月，“溧阳地方特色古籍数据库”正式上线，内含溧阳本地名人和寓居名人著作、溧阳及相关地方志以及地理、杂记等具有地方特色的古籍文献2000余册，该数据库面向全市读者提供免费服务，市民可通过登陆溧阳市图书馆官网便捷地查阅所需资料，有效提升读者阅读成效。

【阅读推广活动】 2017年，开展“家风文化传承”等专题讲座27场；组织开展“迎新春送春联活动”、“姜锡生剪纸活动”等各类节庆活动4场；举办“喜迎党的十九大”展、“栉风沐雨　紫荆更艳——纪念香港回归20周年”等展览8场；举办全市分馆管理员培训活动2场；开展面向未成年人的活动：参观实践活动4批次，江苏省少儿数字图书馆线上线下少儿读书活动7次，红领巾读书征文1次。这些活动丰富了读者的文化生活，提高了图书馆服务对公众的吸引力，推动了全民阅读的持续深入开展。

【“春晖朗读”系列活动】 联合溧阳广播电台《少小有家》节目组、市新华书店开展“春晖朗读”系列诵读活动，3月～12月底共开展23期，直接参与人次累计达3000余人，“春晖朗读”已成为市图书馆一项常态化、品牌化的阅读活动，被评为未成年人思想道德建设重点项目三等奖。该活动朗读形式丰富，单人、多人、亲子、团体等多种形式并行；朗读主题灵活，围绕“两节”“五四”青年节、端午节、母亲节等，选择文学经典诵读；朗读地点多样、氛围温馨，现场布置良好，多媒体设施的运用提升现场朗读的效果并邀请学校、电台、电视台等专业人士进行现场示范、讲解和点评，或举办专题讲座，多措并举调动读者的参与性。

【未成年人社会实践活动】 发挥自身的优势开展各类未成年人社会实践活动。共接待嘉丰幼儿园、文化小学幼儿园、燕山东苑幼儿园400余名小朋友集体参观、体验。常年组织大、中、小学生前来体验图书馆员职业，受到良好社会反响。

文化馆

【概　况】2017年不断完善公共文化服务职能，打造全民艺术普及工程，以工作实效全力推进溧阳市群众文化活动的发展。围绕节庆文化、传统文化、精品文化等主题，全年开展广场、社区、乡镇文化活动58场次，惠及群众10万余人。文化馆被评为常州市“工人先锋号”和“文明社区天天乐 ”优秀团队，溧阳市“模范职工之家”和“优秀志愿者组织”。

【全民艺术普及课堂】全年保障公共服务场地和设施向社会免费开放，基本公共文化服务项目免费向市民提供。创造条件，拓展“全民艺术普及课堂”项目，开设音乐、舞蹈、书法、美术、摄影等各类公益培训课程48项，全年免费培训3000余人次。

【总分馆制建设】推进文化馆总分馆制建设，合理布局全市分馆，已建成五里亭、昆仑街办、上黄镇等5个分馆。分馆与总馆资源共享、服务互通、保障基层群众的多样化文化需求，年服务人次近十万人。结合基层群众的文化需求，立足文化馆业务资源，以镇区综合文化服务中心为平台，推出公共文化“菜单式”服务，开展群众文艺活动。五里亭分馆获2017年度常州市工会“职工书屋”示范点。

【“两节”少儿书法现场赛暨传统文化展示活动】4月23日，举行迎“两节”少儿书法现场赛暨传统文化展示活动，共有587位少儿书法作者参加现场书写。并进行焦尾琴与茶道表演《琴心茶韵》、舞韵书法《翰墨飘香》、少儿古筝齐奏《爱我中华》、武术表演《醉拳之功夫少年》等传统文化展示。5月28日，该次现场书写评选出的100件获奖作品在市美术馆进行为期10天的展览，并在相关学校、部分村（社区）进行巡回展。

【“两节”闭幕式文艺晚会】5月13日晚。举行2017中国·溧阳茶叶节暨天目湖旅游节闭幕式。整场演出有大型歌舞音诗画《五彩溧阳情》、情景表演《美音自在溧阳》、女子群舞《茶间细雨》、舞韵书法《翰墨飘香》等具有地方特色的文艺节目。演出中还对溧阳市在“两节”期间举办的一系列重大活动及取得的成果进行回顾。历时一个月的“两节”，以“自在茶香，美音溧阳”为主题，通过开展一系列文化、旅游等活动，聚焦溧阳茶旅文化、生态建设、经济社会发展与人文风情，彰显“美音自在溧阳”的城市形象和“生态美、产业美、生活美”的城市特色。

【文化志愿者】“文化者服务志愿队”有成人文化志愿者298名，文明小义工55名。通过不断完善文化志愿者服务机制，从而提升文化志愿服务水平和满意率。志愿者团队还参与社区天天乐、群众文化活动周、民间文化艺术节、全国文明城市创建、263环保宣传等公共文化服务宣传、推广、辅导、演出。

【未成年系列活动】全年开展迎“两节”少儿书法现场赛、少儿书法获奖作品学校巡展、非遗课堂、主题节日专场文艺汇演、青少年暑期体验课程等未成年系列活动，特别关注留守儿童、贫困家庭儿童等弱势群体，满足未成年人对文化艺术的需求，发挥文化馆作为未成年人思想道德建设的阵地职能作用。

【文化艺术讲座、展览】推动艺术普及，引领全市文化风尚。开展“陶艺的乐趣”“职场礼仪造型”“传统扎染”“三千年的古琴传统”“团城雅韵”等各类艺术讲座30场。举办溧阳·大分文化书画展作品交流汇报展、“追寻溧阳历史人文”摄影展、道德模范图片展、“感恩信义、自在溧阳”文明城市创建宣传展、“第二届宋团城观灯节”摄影作品展、“喜迎十九大”城市建设摄影作品展、“溧阳记忆”、省青年书法家作品邀请展等主题展览25场。

【文艺精品创作】组织青少年优秀艺术作品参加江苏省第四届少儿艺术节（美术、书法、摄影）赛，获2金5银3铜的好成绩，文化馆获得优秀组织奖。创作表演的文艺作品在常州市“文艺百花艳社区，先进文化润万家”第十一届“迎新春”文艺展演中获3金4银5铜的佳绩，文化馆获得“优秀组织奖”。创作编排的广场舞《童年的印记》在“常州市原创广场舞第二季——常州笑脸”广场舞大赛获表演奖。

新四军江南指挥部纪念馆

【概　况】2017年，新四军江南指挥部纪念馆不断完善服务功能，提升服务水平，加强硬件建设，打造服务亮点，在爱国主义教育、文创试点、史料征集及学术研究等方面都取得新成效。荣获常州市文物普查先进集体、2013—2015常州市文明单位。“踏英雄足迹　寻梦抗战路”铁军夏令营入选江苏省博物馆青少年教育示范项目，获得2017年度溧阳市未成年人思想道德建设项目一等奖。

【文创试点】3月，纪念馆入选为全省文化文物单位文化创意产品开发试点单位，同时成立了文创工作领导小组，多次组织外出参观学习。全年共自主完成文创产品15件（套），并组织开展“铁军精神”红色教育培训50余场，初步完成试点先试先行的工作目标。

【接待工作】全年接待游客62万人次。钟期光之女钟德沪、胡大兆之女胡亚平、粟裕大将之子粟戎生、粟裕大将的长孙粟志军携女儿、管文蔚之子管新凯、恽前程之子恽晓虎、冯伯华之女冯海兰、钱敏之子钱海皓、许立庭之子许朝奉以及新四军徐超、彭彭、康林、王公道、钟国楚等后代到馆参观。

【主题教育】为纪念新四军成立80

周年，策划开展“同庆建军佳节 共叙鱼水深情”八一文艺汇演、《丰碑 铭记——抗战中的溧阳中共组织》图片展，创办“水西讲堂”红色宣讲等活动，让游客走进纪念馆，了解新四军抗战史，学习铁军精神。

【未成年人教育】 继续做好未成年人特色教育系列活动，举办“庆六一 猜灯谜”“水西精神伴我成长”清明缅怀活动、“踏英雄足迹 寻梦抗战路”铁军夏练营、小勇士神秘探险之旅等教育活动，培育青少年全面发展，引导青少年树立正确的世界观、价值观和人生观。

【中国人民解放军建军90周年暨新四军成立80周年纪念活动】 9月23日，中国人民解放军建军90周年暨新四军成立80周年纪念活动在纪念馆举行。一批来自北京、上海、江苏、安徽、山东等地的新四军老战士、专家学者、新四军研究会及新四军纪念馆代表等100余人参加纪念活动，通过纪念会、寻访新四军江南指挥部旧址等形式，共忆抗战历史，共话铁军精神。纪念会结束后，陈毅长子陈昊苏、女儿陈丛军，粟裕长子粟戎生中将，黄克诚之子黄晴，钟期光之子钟德苏，乔信明之子乔泰阳少将，刘毓标之子刘华苏少将等新四军后代走进溧阳市水西村新四军江南指挥部纪念馆，共同缅怀革命先辈。

【馆藏征集】 全年共征集革命文物45件，其中包含括粟裕大将使用的药品柜、书桌、马扎及新四军女兵陈模遗物及新四军老战士印国华捐赠抗日战争时期坚持敌后根据地斗争形势图（1941–1942）、抗日战争时期敌后根据地军民大反攻形势图（1945年8月）、苏北苏中抗日根据地反“扫荡”要图（1941–1942）等一批珍贵文物。

【学术研究】 全年出版《苏常铁军》季刊四期、编辑出版《水西颂》论文集、《林胜国将军研究》、水西系列连环画之六《水西保卫战》。撰写《试述陈毅在水西时期的统战工作》《新四军江南指挥部在水西》《刘少奇关于抗日民主根据地政权建设》等论文4篇。

【场馆提升】 做好场馆内设施设备及旧址的维护和保养工作，先后完成广场地面及绿化改造、AAA厕所整改、荷花池石亭重建、纪念馆南大门改造等。对新四军江南指挥部四处旧址实施维护保养。

新闻出版

【全民阅读推广】 全年开展讲座、展览、诵读等阅读文化活动250多场次，直接参与人数超万人，在全市掀起阅读新热潮。全年为11个镇（街道）的图书点送书上门3万余册，对175家村级农家书屋管理员进行业务技能的培训与提升，全市农家书屋通借通还率达85%。在城区共投放12个漂流书屋，定期维护运行。

【“世界读书日”系列活动】 为迎接第二十二个“4·23世界读书日”，3月22日，举行“书香溧阳·悦读生活”全民读书节暨优秀出版物惠民展启动仪式。全民阅读重点单位分管领导、各镇（区）宣传委员、文体站站长和社会各界人士代表等近200人次参加活动。在启动仪式上，对荣获2016年度“全民阅读好活动”和2016年度“最美读书点”的单位及企业进行了颁奖。

【十九大读物配送基层农家书屋】 11月，按照省局关于做好农家书屋配备党的十九大文件及学习辅导读物有关工作部署，在全市11个镇（街道）的农家书屋开展十九大读物配送至基层活动，累计共配送图书1500册次至175家农家书屋。并把《党的十九大报告单行本》《党的十九大报告辅导读本》等4种读物编入全省农家书屋补充更新书目，督促确保农家书屋配齐配好上述读物，实现党的十九大主题读物在全市农家书屋的全覆盖，打造农家书屋成为全市基层学习宣传贯彻党的十九大精神、让十九大精神落地生根的重要平台和载体。

锡剧团

【概　况】 全年完成文化惠民演出、送戏下乡、燕湖戏韵·锡剧周周演、戏曲文化节·新春戏曲周、263主题专场巡回演出、民俗文化节演出等共计160多场，观众人数达40余万人。现代锡剧小戏《稻草人》入选由中宣部、文化部主办的2017年全国基层院团戏曲晋京会演，7月在北京民族宫大剧院上演，受到专家评审团一致好评，实现溧阳市戏剧荣誉新突破。锡剧小戏《跌雪》入选“中华颂”第八届全国小戏小品曲艺大赛，获剧目银奖，演员优秀表演奖，市锡剧团获优秀组织奖。

送戏下乡

（市文广体局 供稿）

【排演新剧】 不断挖掘传统戏曲资源，编排小戏《玲珑女》· 行路、《庵堂相会》《摘石榴》《水泼大红袍》，文明城市创建小品《装修》《旅游风波》，环保小品《阳奉阴违》，法制小品《有话好好说》，排演大型古装戏《珍珠塔前传》。以溧阳史氏家族“刚正不阿 忠勇为国 谨身勤业 诗礼传家”的家风家训为基础，邀请国内顶尖专家联袂打造现代廉政锡剧《回家》。

【惠民演出】 举行民俗文化节（中秋、端午、重阳）演出、戏曲文化节 · 新春戏曲周、263 主题专场乡镇巡回演出、燕湖戏韵 · 锡剧周周演等品牌惠民演出近 140 场次，惠及百姓超 38 万人次，主要表演《珍珠塔》《夜明珠》《双珠凤》《寻儿记》等大型传统古装锡剧，让经典走进基层，把传统文化送到百姓家门口。

【赴南京博物院演出】 市锡剧团先后两次参加南京博物院非遗馆剧场的大型演出。参加南博非遗馆古戏楼《精品折子戏》演出，受到南京专家评审团和观众一致好评。市锡剧团优秀青年演员胡婷婷参加由南博、省锡剧团共同举办的锡剧联盟展演“花团锦簇”青年花旦系列专场演出。

【戏曲进校园】 推进戏曲进校园，组织团内优秀中青年演员走进全市中小学校，先后在第二实验小学、强埠小学、外国语小学、燕山小学、文化小学、外国语中学等校园进行戏曲知识的讲座和优秀锡剧小戏的彩妆演出，受到师生与家长一致好评。在平陵小学、别桥小学开设两个戏曲班，市锡剧团抽调骨干演员，在课堂上传授戏曲知识，讲解戏曲的四功五法、生旦净丑、虚拟化的表演程式，教授戏曲唱腔、身段等内容，提升学生对戏曲的认知度，进一步推动戏曲的传承发展。

影剧公司

【概　况】 全年完成经营收入 380 万元。全年共放映电影 4600 多场，其中完成农村送电影下乡 3744 场，五个老区集镇每周一场共 260 场，42 个社区放映 300 场，联系企业放映 300 多场，观众人数达 200 多万人次；人民立体声电影院放映 300 多场，观众人数达 5 万多人次。

【服务升级】 2017 年，更换电影放映设备 2 套、金属荧幕 20 套，购置数字放映电影节目 4200 部，完成全市 312 个放映村的固定点建设，对村民观影需求进行调查，将选片权交给观众，推动供需有效对接，对送电影下乡服务进行提档升级，满足基层群众的文化新期待。

【电影惠民工程】 在全市 11 个镇（街道）的 312 个村、42 个社区开展“宣传十九大”和市委、市政府“同心共筑中国梦 携手共建文明城”的视频播放，共计 1320 场，观影人数达 70 万多人次。联合溧城镇共同开展“爱心传递文明 奉献精彩你我”文化志愿服务城乡行活动，把《南口 1937》《血战小朱庄》等 30 多部优秀题材的影片送到溧城镇、上兴镇等 20 多个村（社区），共放映 45 场，观影人数达 5 万多人次。联合市地震局开展“防震减灾 平安电影季”安全意识教育电影活动。联合市环保局开展“禁烧秸秆 美化家园”环境日活动，共放映 23 场。为全市敬老院、留守儿童学校放映公益电影 36 场（次）。

溧阳广播电视台

【做强新闻宣传】 2017 年，溧阳广播电视台开展“全国文明城市创建”“重大项目攻坚”“三大一实干”“263”专项行动、“两节进行时”“砥砺奋进的五年 · 喜迎十九大”等重大宣传活动。在各个不同阶段以及重要时间节点，策划组织、集中采编人力，先后报道了六场“新闻宣传战役”，体现广播电视作为地方主流媒体的责任。

全国文明城市创建宣传　从 2 月中旬至 9 月中旬国检结束，《溧阳新闻》栏目中先后开设“创建全国文明城市在行动”“身边的文明创建模范”“文明观察”“街头村尾看文明”等多个经常性专栏。共播出各类文明创建电视新闻报道 300 多篇，通过正面引导，负面曝光，全方位、多视角、高密度的新闻宣传报道，让文明创建家喻户晓。

重大项目攻坚宣传　2 ~ 3 月份主要报道各镇区、部门贯彻落实市委、市政府会议精神情况。4 月起在《溧阳新闻》中开设“推进两大攻坚 建设美丽溧阳”专栏，重点报道各镇区重大项目引进、开工建设情况，并持续保持对重大项目进展的关注，进行跟踪报道。

“三大一实干”宣传　3 月上旬开始“三大一实干”主题新闻报道，在《溧阳新闻》开设“大走访 大讨论 大转变 实干为民”专栏，形成“三大一实干”新闻报道声势。在溧阳时空网站首页醒目位置，开设“大走访 大讨论 大转变 实干为民”专栏，集中推送“三大一实干”各类视频、图文信息，制作完成“溧阳深入开展‘三大一实干’活动“H5”，并在移动端进行广泛推送。

“263”专项行动宣传　3 月中旬启动“263”专项行动宣传报道，开设“‘263’专项行动”专栏，指派骨干记者负责。每周二播出市“263”办公室暗访情况曝光，每周四播出被曝光单位整改回访情况。通过常态化的舆论监督，促进相关问题的整改，取得明显效果。

“两节”宣传　在《溧阳新闻》中开设“两节进行时”专栏，节前、节中共采编“两节”电视新闻报道 36 篇，提高广大市民对“两节”的关注度和参与度，“两节”期间，共向中央电视台、江苏电视台、上海电视台、常州电视台等广电媒体发稿 15 篇，其中用稿 8 篇。

十九大召开宣传　9 月中旬，相继开设“砥砺奋进的五年 · 数说溧阳”“砥砺奋进的五年 · 喜迎十九大”专栏，抽调精干力量，进入机关、农村、企业、社区进行采访，对五年来全市各条战线、各个系统在市委、市政府的领导下取得的成绩进行全面报道，相关报道同步在网络和手机端进行推送。全年共采制各类新闻 2600 余条，向中央台、江苏台和常州台发稿193条，与市纪委合办《政风热线》节目10期，完成电视问政节目3期。

【做优自办节目】 利用和发挥广播电视台贴近百姓、贴近生活的特点和优势，着力办好自办节目。在原有《平陵茶馆》《溧阳话讲讲》《972早班车》《互助晚班车》等栏目的基础上，新开设反映全市新农村建设成果的《小镇故事》、部门工作情况的《醉美溧阳》和青少年道德文化教育《溧志工场》等节目。推进媒体融合，新成立了融媒体部，被省新闻出版广电局列为全省推进县级媒体融合四个试点单位之一。

【稳步推进改革】 精简机构，撤销杂志部和专题部，将采编部和网站合并，成立新闻部，新增民生新闻节目；调整岗位设置，优化绩效考核，20多人流动一线部门。完善各类规章制度，制定出台《财务管理办法》《设备采购管理办法》《请销假管理制度》《病假管理办法》《采访设备管理办法》等，推动管理工作规范化、制度化。

（溧阳广播电视台）

新闻信息中心

【新闻宣传】 《溧阳时报》做好市委、市政府及相关部门学习贯彻习近平总书记7·26重要讲话精神报道工作，刊登8篇《人民日报》系列评论员文章。推出多个“迎接党的十九大”特别报道专栏，其中《砥砺奋进的五年》专栏对十八大以来溧阳经济社会发展大事进行梳理，累计发稿27篇，并同步在新媒体《中国溧阳》微信公众号上推出。在十九大召开期间，报社开通2条新华社专线，准确、及时接收中央的信息，刊发十九大开幕、闭幕情况和十九届一中全会消息，以及习近平总书记带领导全体中央政治局常委与中外记者见面的重要新闻，在第一时间里准确、及时地将十九大召开的重要新闻传递给全市读者。同时，开设《党的十九特别报道》专版，推出《十九大报告催人奋进》《十九大时光》专栏。在十九大召开之后，制定策划报道方案，开设《学习宣传贯彻十九大精神》专栏、并策划《新时代、新气象、新作为》专栏，及时报道各级各部门和社会各界学习十九大精神的动态。

围绕全市“两大攻坚”工作部署，刊发《以项目突破筑牢城市发展的坚实根基》《以文造词明创建描绘城市发展的温暖底色》《以作风转变夯实城市发展的基础保障》3篇评论员文章，并开设“推进两大攻坚，建设美丽溧阳”“发展四大经济，建设崭新溧阳”“创建文明城市，建设美好家园”等重点专栏，推出一系列典型报道。

围绕“两大一实干”工作部署和推进落实，刊发《全力推动“三大一实干”活动落地生根》《确保“三大一实干”活动取得过硬成果》《要确保“三大一实干”活动开展有力有序》等系列评论，开设“四访四求解实情”“察实情，寻实策，办实事”“六个到一线，为民办实事”“集思广益，‘论出’真知”栏目。

做精典型宣传，开设“向劳模致敬”“青春旗帜——走近十大杰出青年”“立足基层，巾帼展风采”“溧阳发展看人才”等专栏，宣传报道劳模和典型人物先进事迹，并对城管先进人物涂永文先进事迹作连续报道。

“关注”和“视点”版面推出的重点报道《从卖茶叶到卖茶叶风光——溧阳茶农探索“茶旅结合转型路”》《互联网+助力我市山区农民增收，“半月笋”走出深山搭上京东扶贫快车》《农牧结合，长青合作社探索生态循环养殖农业之路》《打造人居环境从“节水”开始》《老小区改造新停车位，该不该收费？》《市场弱势下行，生猪养殖出路在何方？》等一系列关于溧阳市经济社会发展和民生热点的重点报道，受到了基层干部群众的好评。

开设“道德讲堂”“点亮心愿树”“交通违法曝光台”专栏，突出报道为民措施和政策法规，以及公益慈善、帮困扶贫、文化体育等与群众密切相关的活动。开设“美好家园”“美丽溧阳，文明市民”“文明聚焦”“身边的好人”等栏目，集中报道在文明城市创建中的人和事。

做好新闻选题，主动与上级媒体对接，及时将溧阳市创建文明城市活动在《新华日报》头版头题作典型报道，《经济日报》及时刊登溧阳市重大经济活动，《溧阳文明创建：群众满意是最大的满意》《稻田“游”出生态虾》《上汽集团牵手宁德时代 打造全球领先的动力电池生产基地》被《新华日报》、中共江苏省委新闻网、《经济日报》客户端等多家媒体转载。2017年被《常州日报》以上媒体录用稿件共计100多篇。

【媒体融合】 加快新闻传播方式创新，尝试新闻航拍、微信直播、H5等新技术。先后组织“财政惠民宣传月系列活动文艺演出”“市纪检监察系列廉政文艺晚会”“学习贯彻党的十九大精神，‘凝聚精气神、建设新溧阳’时政知识竞赛”等6场微信直播，点击率均超万次以上。

【经营创收】 注重社会、经济两个效益并举，将广告经营由单一的报纸版面广告逐步向报纸广告为主、活动引领、新媒体参与融合的方向转型，将以商业广告为重转向以服务镇区和机关部门为重，拓展政务类宣传合作空间，为镇区和部门发展提供“菜单式”“打包式”“托管式”“创新式”等全方位宣传服务，从而扭转广告经营下滑态势，取得两个效益双增长。

【党建和内部管理】 坚持政治理论学习，推进“两学一做”学习教育常态化制度化。开展学习十九大精神专题党课、廉政教育专题党课，组织“庆七一”演讲比赛、“影响我的那本书”主题征文比赛、“不忘初心、砥砺前行”学习贯彻十九大精神参观等活动，提高党员干部的责任意识，增强队伍的凝聚力和向心力。优化管理建立《溧阳时报》全媒体采编管理系统平台、OA办公系统、《溧阳时报》工作群、新闻信息中心党支部群。

（市新闻信息中心）

综　述

【概　况】 2017年，全市体育事业秉承“体育为民”的理念，立足市情实际，协调统筹各方力量，全力推进公共体育服务体系建设，让人民群众享受体育带来的健康与幸福。市文广体局被国家体育总局评为2013～2016年度全国群众体育先进单位。

群众体育

【概　况】 2017年，群众体育工作以贯彻落实《全民健身条例》为重点，完善公共体育服务体系，“没有全民健身就没有全民健康，没有全民健康就没有全面小康”，改善群众健身条件，开展群众体育健身活动，营造浓厚的全民健身氛围。

【体育基础设施】 全年新增体育设施面积101863平方米，人均体育设施面积增长0.13平方米，总计人均

2017年溧阳市购买公共体育服务项目

表29

时间	项目
2月12日	年度全民健身总结大会
3月4日	溧阳市广场健身舞运动协会教练员、裁判员培训
4月28日	迎“八运”中老年人全民健身比赛——溧阳市庆五一“黑土地杯”钓鱼比赛
5月14日～11月13日	2017年溧阳市武术大会——陈式太极拳名家张保忠走进溧阳
5月21日	溧阳市第二届“羽协杯”羽毛球争霸赛
5月28～30日	2017年溧阳市“长三角”业余网球公开赛暨KANNON网球嘉年华
6月24～25日	溧阳市“七彩曹山杯”广场健身舞大赛
7～11月	溧阳市足球联赛
8月19～20日	溧阳市“天目湖酒文化博物馆杯”木兰拳比赛
8月27日	溧阳市民间体育健身项目比赛
9月17日	溧阳市首届“史侯祠旅游杯”史式八卦掌内家拳交流赛
10月1～15日	溧阳市第四届篮协杯暨“溧阳建设杯”男子篮球联赛
10月20～22日	溧阳市“江苏富民杯”苏皖友好城市桥牌团体邀请赛
11月5日	溧阳市徒步大会
11月6～15日	溧阳市“跃野·天目湖营地杯”中小学生校园足球锦标赛
11月12日	溧阳市乒乓球比赛
11月24～26日	2017年溧阳市武术大会——溧阳市武术比赛
11月28日	迎“八运”中老年人全民健身比赛——2017年苏南县市（区）门球联谊赛
贯穿全年	溧阳市一线社会体育指导员再培训及三级社会体育指导员培训
贯穿全年	健身知识宣传

表 30

2017 年溧阳市体育社团年度工作考核情况

一等奖	溧阳市木兰拳健身运动协会、溧阳市广场健身舞运动协会
二等奖	溧阳市武术运动协会、溧阳市体育舞蹈协会、溧阳市民间体育健身协会、溧阳市桥牌协会
三等奖	溧阳市舞龙舞狮协会、溧阳市社会体育指导员协会、溧阳市篮球协会、史式八卦掌溧阳研究总会、溧阳市门球协会、溧阳市健身气功协会
申报奖	溧阳市青少年校园足球协会、溧阳市围棋协会、溧阳市乒乓球协会、溧阳市足球协会、溧阳市长跑协会、溧阳市网球运动协会、溧阳市钓鱼协会、溧阳市老年人体育协会。

3.40 平方米。共新建特色驿站 1 处、健身路径 124 套、篮球场 91 片、羽毛球场 4 片、安装室内乒乓球台 73 张、室外乒乓球台 45 张、2 片五人制笼式足球场、一个拼装式游泳池、1 片多功能运动场、健身步道 2 条 10 公里。

【政府购买公共体育服务】 2017 年共投资 89 万元，购买公共体育服务活动项目，项目分为健身活动和健身服务两类，其中有 12 个大项 16 个小项健身比赛活动，及 4 个健身服务活动。

【全民健身活动】 全年共举办 200 余场群众体育活动，丰富群众的业余生活，增强群众体质和获得感。承办全国啦啦操联赛总决赛、2017 中国溧阳 · 曹山自行车全国邀请赛、曹山国际龙狮争霸赛、长三角户外网球公开赛、2017 年苏浙皖三省边界友好城市健身气功交流展示活动。举办溧阳市第八届运动会暨第五届全民健身节、2017 年溧阳市购买公共体育服务、纪念毛泽东题词“发展体育运动，增强人民体质”65 周年全民健身千人大展示活动。指导组织元旦上兴曹山越野跑、别桥镇广场舞比赛和半程马拉松比赛、正昌集团篮球比赛、溧阳春季钓鱼比赛及“全民健身日”的启动仪式。

【社会体育指导员队伍扩大】 举办 22 期社会体育指导员培训与再培训，1200 多人次参加培训。全年 8 人获得一级社会体育指导员称号，62 人获得二级社会体育指导员称号，171 人获得三级社会体育指导员称号。承办省体育局主办的健步走（中华五禽操）一级社会体育指导员培训、常州市体育局主办的排舞广场舞一线社会体育指导员再培训和健身气功社会体育指导员轮训、溧阳市啦啦操学校教练员培训等。

【体育社会团体】 2017 年，全市共有 43 个市级体育类社会团体，包括市级单项体育协会 31 个和民办非企业 12 个。其中，5A 级社团 1 个，4A 级社团 1 个、3A 级社团 4 个。新成立杨式太极拳协会、别格帮射箭俱乐部、别格帮攀岩俱乐部。对 2017 年度溧阳市体育社团年度工作进行考核，评选出溧阳市老年人体育协会等 10 个先进集体，史冀、范立新、秦春涌等 60 位先进个人并予以表彰。

【国民体质监测】 在全市 11 个镇（街道）开展国民体质监测服务，共测试人员 5855 人。按照江苏省体育局要求，2017 年，开展对全市农村老年人、青年和幼儿国民体质监测工作，共提交 560 个样本。

【中国 · 溧阳曹山自行车全国邀请赛】 4 月 23 日，举行中国 · 溧阳曹山自行车全国邀请赛暨 2017 年 PDM 自行车系列赛。该次邀请赛共吸引全国 21 支精英业余车队的 130 余名选手参赛，赛道单圈 13.4KM，比赛全程共计 6 圈，总赛程 80.4KM。赛道总爬升高度 2400 米（误差 10 米），最低海拔 21 米，最高海拔 130 米。赛道全程为山地赛道，平均宽度为 5 ~ 6 米，以起伏路面为主，最大坡度达 16%。周克强、朱利安、夏威分获冠、亚、季军。

【2016 ~ 2017 年全国啦啦操联赛总决赛暨中国啦啦之星争霸赛总决赛】 7 月 18 ~ 21 日，举行 2016 ~ 2017 年全国啦啦操联赛总决赛（少年、青年、成年）暨中国啦啦之星争霸赛总决赛。溧阳作为全国啦啦操示范区，已连续 5 年承办国家级、省级啦啦操大赛，该次比赛是啦啦操赛事中规模最大、时间最长、水平较高的国家一级官方赛事。该次大

中国曹山全国自行车邀请赛　　（市文广体局　供稿）

赛共吸引来自全国20多个省、直辖市、自治区60多个城市的264支代表队近6200名啦啦操运动员参赛，其中包括清华大学、浙江大学、华东师范大学、厦门大学等在内的全国65所知名高校代表队。溧阳有6支队伍参加该次比赛。CCTV-5、新华社、中新社、《中国体育报》《中国教育报》《新华日报》人民网等全国、省级数十家媒体对赛事进行报道，新浪体育全程直播。

中国溧阳国际龙狮争霸赛　　（市文广体局　供稿）

竞技体育

【概　况】 2017年，围绕以训练、比赛和省运会工作以及溧阳市第八届运动会暨第五届全民健身节为目标中心，推进青少年体育竞赛活动，改进和完善训练项目和社会办竞技体育机制，较好地完成了全年竞技工作任务。

【溧阳市第八届运动会暨第五届全民健身节】 3～11月，组织全市23个代表团超万名运动员参加学生、职工、镇（街道）、老年人、残疾人五大部44个大项275个小项比赛，共产生金银铜牌2490枚，观赛群众超过20万人次。10月28日，该届市运会在溧阳市中专体育场举行开幕式，全市5000余名志愿者参演以“激情全运　动感溧阳”为主题的大型文体表演。12月19日，该届市运会总结表彰大会在市委党校举行。对职工部团体总分、奖牌总数前8名的代表团，镇（街道）部团体总分、奖牌总数前6名的代表团，以及19个优秀组织单位、9个最佳赛区进行了颁奖，并对获得体育道德风尚奖的12个代表团、14名裁判员、59名运动员进行了表彰。

【第十三届全国运动会】 2018年，第十三届全国运动会在天津举行，顾艳超、赵楠获男子手球第一名；王小华、张海侠获女子手球第一名；左博获体操第二名；郑超群获棒球季军。

【CBA季前赛（溧阳站）】 10月12～14日，举行CBA季前赛（溧阳站）。经过3天连续6场激烈的对抗，江苏队获得本次比赛的第一名。该次比赛是中国篮协首次将CBA季前赛安排在县级市举办，参赛球队分别是江苏、上海、青岛、深圳4支CBA联赛劲旅。中央电视台体育频道对比赛进行了直播。

【2017中国·溧阳国际龙狮争霸赛】 11月4～6日，举行2017中国·溧阳国际龙狮争霸赛暨第二届曹山旅游节。来自国、内外的18支队伍250多名运动员、裁判员参加该次比赛，其中包括俄罗斯、哈萨克斯坦、越南和非洲多个国家的7个代表团及香港、台湾代表队。江苏西来桥获舞龙第一名，溧阳龙狮协会获北狮第一名，广东义兴比麟堂获南狮第一名。

【江苏省青少年校园篮球联赛暨第二十四届中学生篮球锦标赛】 8月6～11日，江苏省青少年校园篮球联赛暨第二十四届中学生篮球锦标赛（初、高中男子组总决赛）首次在溧阳举行。

来自省内30所中学的400多名运动员在溧阳市奥体国际花园体育馆、光华高中篮球馆进行总计79场的对决，其中14支初中代表队通过市级赛区的选拔赛后进入总决赛，16支高中代表队经过市级赛区选拔、省级南北分区比赛后进入总决赛。溧阳市光华高级中学代表队参加高中组比赛，燕山中学篮球队参加初中组比赛。南京市第九中学夺得了高中组第一名，江苏省灌云高级中学、南京高淳淳辉高级中学分列第二、三名，连云港外国语学校获得初中组第一名，扬州市蒋王中学和盐城毓龙路实验学校分获第二、三名。

【裁判员队伍培养】 2017年，裁判员队伍建设有新突破。朱清、芮大力晋升为国家一级篮球裁判员，新申报成功国家二级裁判员80余人，三级裁判员30余人。市武术协会和广场舞协会分别开办裁判员学习班，对一批三级裁判员进行业务指导和能力提升。

【体育后备人才培养】 2017年7月，在第十届世界运动会技巧项目中，溧阳籍选手芮留铭和队友获得四人组亚军，同年在全国技巧锦标赛四人组以30.280的成绩获第一名。光华高中参加苏南片男子篮球赛获得第一名；光华初、高中分获苏南片田径比赛团体总分第三名和第二名；男子手球队获得全国奥林匹克基地赛三等奖。少体校组队参加常州市中、小学生举重锦标赛获中学组团体第一名，小学组团体第二名；参加常州市中、小学生射击锦标赛获高中组团体第二名，中学组团体第二名；溧阳市代表队参加常州市乒乓球锦标赛获小学组团体第二名。

表 31

2017 年溧阳市体育馆举办重大活动和比赛情况

时间	名称	时间	名称
1月9～18日	舞龙舞狮培训	8月14日	江苏省中学生篮球赛
2月8～15日	舞龙舞狮培训	8月17日	全运会乒乓球比赛
3月29～4月2日	2017常州市中小学生乒乓球锦标赛	8月19～20日	“天目湖酒文化博物馆杯”木兰拳比赛
3月29～4月2日	市运会学生部乒乓球比赛	8月22日	市象棋比赛
4月10日	“美音自在溧阳”大型歌舞晚会	8月23日	市运会残疾人乒乓球、残疾人羽毛球
5月5日	溧阳职教中心体育公开课	8月24日	“南京银行杯”舞动江苏广场舞大赛
5月13～18日	市运会职工部、镇（街道）部篮球比赛	8月27日	民间体育健身项目大赛
5月26～31日	市运会暨职工部、镇（街道）部、老年人部乒乓球比赛	9月13日	市运会武术比赛
6月3～4日	正昌职工篮球友谊赛	9月14日	市运会木兰拳比赛
6月20日	2017体育社团组织年检工作培训班	9月17日	全国柔力球公益惠民推广万里行活动
6月24日	溧阳市体育彩票站点培训班	9月22日	全运会篮球赛
6月24日	江苏高速篮球赛热身赛	10月1～5日	“建设杯”篮球赛
6月27～29日	江苏高速苏南片篮球赛	10月10～12日	CBA季前赛（溧阳站）
7月19日	2017全国啦啦操赛		

体育产业

【概　况】 苏南（县域）国家体育产业基地建设工作水平进一步提升。在2017中国体育文化体育旅游博览会上，溧阳市入选为2017中国体育旅游精品目的地，全省共有四个县（市）入选。在2017江苏体育产业大会上，畅游体育溧阳茶马欣道被江苏省体育局、江苏省旅游局，评选为2017年度江苏省精品体育旅游线路。苏高新智能体育产业园获得省级特色类体育产业基地称号。引进上市公司上海金恪集团与溧阳万寿生态庄园有限公司签订合作协议，共同建设运营望星谷国际房车营地度假村；牵线江苏畅游体育集团公司联合溧阳南山花园度假村合作投资，建设“茶马欣道”精品体育旅游项目。

【资金扶持】 溧阳市双马塑胶纺织有限公司（高舒适性运动瑜伽垫的研发生产与自主品牌打造）和溧阳市启航健身有限公司（启航国际健身豪生旗舰店和燕山1号店建设项目）各获得省体育产业专项扶持50万元。10个体育项目共获得溧阳市级资金扶持140万元 。

【体育彩票销售】 2017年，体育彩票总销量1.469亿元，市场份额占61%，运营安全零事故。在销售保障工作中，站点终端发生故障第一时间上门解决，提升并完善站点硬件设施，全市淘汰更新终端设备20台次，站点维护三级保养130台次，开通13家竞彩升级网点。加强宣传渠道建设，确保每月在《江苏体彩报》上刊登一篇体彩信息，全年报送各类信息18条；在欧洲杯赛事、超级大乐透周年派奖等活动推广期间，进行户外LED大屏上宣传广告16面，张贴社区宣传海报300余张，覆盖城乡的流动宣传5次；全年在226辆城乡公交车后视LED屏进行宣传。加大培训力度，定期邀请南京、常州等地的讲师到溧阳为广大业主开展交流培训，完成线上专题培训9次，图书馆大场培训3次，驻店培训工作6次等。有序开展营销活动，开展针对性、及时性营销活动19次，覆盖网点达到100%，提升公益活动的宣传力度和参与力度：组织“溧阳体彩代表队”“体彩大乐透代表队”参加溧阳市系列羽毛球赛以及组织彩民方阵观看篮球对抗赛；全年开展“公益体彩送电影下乡”活动；在重阳节举办了“送戏下乡”活动慰问高龄老人，在春节、端午节走访慰问站点业主及销售员。

（市文广体局）

综　　述

【概　况】 至2017年年底，全市共有各级各类医疗卫生机构259家。其中，综合医院11家、中医医院1家、专科医院1家、镇卫生院17家、厂矿医务室（个体诊所）66家、村卫生室145家、公共卫生机构17家、医学在职培训机构1家。全市卫计系统从业人员5596人，其中执业（助理）医师数1916人、注册护士数1817人。实有床位数3237张。全市医疗机构总诊疗325.9万人次，医疗机构总收147654.64万元。全市一级以上公立医疗机构门急诊人次211万人次、入院9.38万人次、住院病人手术人次3.11万台，分别增长2.6%、7.7%、43%。全市病床平均使用率87%，患者综合满意度达到95%。

【基础建设】 2017年9月，总投资12.2亿元，建筑面积18.5万平方米的市人民医院新院投入使用。截至2017年年底，医院有临床医技科室54个，省级常驻专家12人，坐诊8个科室。硕士以上学历99人，本科以上学历745人，大专以上学历1255人，大专以上率83.95%。其中包括省人民医院长驻专家拥有硕士以上学历11人，本科以上学历12人，大专以上学历12人。总投资2000万元、建筑面积4500平方米的南渡镇中心卫生院精神科扩建项目已完工。建筑面积4500平方米、投资2000万元的竹箦镇中心卫生院住院大楼进入内外装饰阶段。

医学教育与科研

【医学科研】 2017年，全市卫生计生系统科教人才专项经费使用达270多万元。全市科技项目立项数3项(其中，省中医药局1项，常州市卫计局2项)；获得各级各类科技进步奖4项；科研成果鉴定8项；溧阳市医学新技术引进奖16项；发表SCI（E）收录论文3篇、中华系列论文2篇；实用新型专利3项。人民医院、中医医院分别与省人民医院和省中医院在学（专）科建设、科研教学、人才培养全方位合作。

【学科人才】 加强重点学（专）科能力建设，建有省级中医重点专科1个、省级特色科室1个；常州市级共建重点学科1个、现有常州重点专科6个、常州市级特色科室建设项目3个。建立高层次人才培养奖励机制，“常州市卫生领军人才培养对象”市中医医院肾脏病学主任医师潘荣华、“常州市卫生拔尖人才培养对象”市中医医院中医内科学（中医脑病）主任中医师黄赛忠，在年度评估考核中获得优秀。

【医学教育】 完成省卫计委下达各类人员岗位培训等指令性任务，16名临床医师到上级医院参加“务实进修”项目；2名乡镇卫生院院长参加省管理培训班；102名村卫生室人员参加合理用药知识培训；28名上海规范化培训学员结业到岗；82名上海住院医师规范化培训结业。乡镇卫生院从事临床医师岗位的新录用医学本科生参加全科医师规范化培训达100%。2014～2017年共完成乡镇卫生院技术人员进修597人次。全市继教学分达标率95.69%，完成继续医学教育项目36项（国家级2项、省级9项、市级25项）。开展适宜技术应用，共向农村推广8项适宜技术。

医　　政

【概　况】 市级医院开展优质护理服务示范病房创建工作，有23个病区被评为“常州市优质护理服务A类病房”；开展优质护理服务第三方满意度调查，满意度达到97%以上。组织专家对全市护理质量进行专项检查。开展“5·12”护士节主题表彰活动，表彰6个优质护理服务团队、6个优秀护理团队、12名优秀护士长、32名优秀护士。加强医院感染管理监督与考核，联合市环保局、卫生监督所做好全市医院“两废”监督管理工作，市疾病控制中心完成全市消毒物品监测工作。完成全市27家医院病原微生物实验室生物安全备案管理工作。

【医联体工作】 医联体建设实现全覆盖。17名二级医院医疗骨干分赴16家乡镇卫生院进行为期两年的锻炼；紧密型医联体有序推进中（江苏省人民医院溧阳分院与溧城镇、上兴镇卫生院；江苏省中医院溧阳分院与天目湖镇、别桥镇卫生院）；南渡镇中心卫生院分别与江滨医院、常州二院、德安医院建立医联体合

溧阳市纪念 5·12 国际护士节表彰大会（市卫计局　供稿）

作关系；戴埠镇中心卫生院与常州一院、常州二院建立医联体合作关系；社渚镇中心卫生院与常州二院建立医联体合作关系。

【医政监督执法】 组织人员对全市各级医疗卫生机构进行医政监督执法检查，共检查各类医疗机构 173 户，对查出的问题，当场提出整改意见。发现存在不良执业行为的医疗机构 41 户，出具《医疗机构不良执业行为记分通知书》41 份，依据《江苏省医疗机构不良执业行为记分标准（试行）》累计扣分 127 分。处罚 7 户，共计处罚金额 12700 元。受理群众举报 15 起，立案调查 15 起，处罚 15 起，罚款 47000 元，移送公安机关处理 1 起。4 月份联合市场监督管理局开展打击非法制售和使用注射用透明质酸钠、玻尿酸等行为的专项行动。

【中医工作】 溧阳市中医医院肾病科被评为江苏省中医重点专科。溧城镇马垫卫生院和上黄镇卫生院通过了中医馆建设项目省级评审；邱余新全国基层名老中医传承工作室通过国家级中期评审；同时加快中医药适宜技术推广，针对农村常见病、多发病，筛选 10 项中医药适宜技术，在基层进行推广普及。

【血液管理】 推进无偿献血工作，新建献血屋，出台了《溧阳市无偿献血实施细则（暂行）》，做好无偿献血工作的组织、宣传、发动和落实工作，2017 年举办大型无偿献血宣传活动 11 次，累计发放无偿献血宣传资料 12000 余份。全市共有 9742 人参加无偿献血，献血量 17113 单位，基本满足临床用血需求，实现临床用血 100% 来自无偿献血，成分用血比例达 100%。各医疗机构全年无输血差错及事故发生。

【医院综合管理】 完成溧阳市人民医院二甲复审工作。市人民医院通过“院府合作”模式与江苏省人民医院共建江苏省人民医院溧阳分院，按照“一体化、同质化”发展思路，建立以理事会、监事会为架构的法人治理结构。溧阳市中医院通过“院府合作”模式与江苏省中医院共建江苏省中医院溧阳分院。

初级卫生保健

【农村卫生】 2017 年共新建村卫生室 9 家，改扩建村卫生室 2 家，别桥镇团结村卫生室、溧城镇歌岐村卫生室被评为“省级示范村卫生室”。派遣 24 名年轻乡村医生到获得“江苏省示范乡镇卫生院”称号的基层卫生机构进行实用技能进修，2 名优秀乡村医生到常州市中医医院进行实用技能进修；继续委托连云港中医药卫生高等技术学校定向培养农村医学专业中专生 30 名；加强乡镇卫生院服务能力建设，组织完成全市基层卫生骨干人才考核考评工作。所有镇区开展健康管理团队服务及家庭医生签约服务工作，为建立基层首诊、分级诊疗和双向转诊的服务模式探索经验。溧城镇马垫卫生院建成“全国 2016—2017 年度群众满意的乡镇卫生院”；溧城镇马垫卫生院口腔科被评为“省级乡镇卫生院特色科室”；戴埠镇中心卫生院获评“全国百佳乡镇卫生院”称号。

【基本公共卫生服务与社区卫生】 按人均 64 元落实基本公共卫生服务项目经费，加强项目组织管理工作，强化服务人员培训，按季度进行督查指导，年终进行绩效考核，规范项目工作。代表江苏省接受国家基本公共卫生服务项目绩效考核，获全国第五名。2017 年，按计划完成溧城镇新昌卫生

江苏省人民医院溧阳分院新大楼（市卫计局　供稿）

院中关村社区卫生服务站和溧阳经济开发区卫生院徐格笪村社区卫生服务站建设，向辖区内居民提供优质、便捷的基本医疗及基本公共卫生服务。

妇幼卫生

【概　况】 2017年，市活产新生儿数7355人，全市住院分娩补助2931人，补助率100%；叶酸服用3159人，服用率100%；孕产妇艾滋病、梅毒和乙肝检测率100%，阳性病例均得到随访和治疗；农村妇女“两癌”检查25423人。全面落实出生缺陷三级预防措施，2017年免费婚检率90.54%，产前筛查率85.52%，无孕产妇死亡，新生儿出生缺陷发生率4.48‰，婴儿死亡率2.99‰。加强孕产妇、儿童保健系统管理，孕产妇保健管理率和儿童保健管理率分别为97.87%和98.32%。

疾病控制和卫生监督

【概　况】 全面落实国家免疫规划政策，全市现有二级规范化预防接种门诊7家，一级规范化预防接种门诊11家，全年开展儿童免疫规划疫苗免费接种17万多人次。安全、有序推进国家级临床研究项目“带状疱疹减毒活疫苗Ⅲ期临床研究”。市疾控中心与苏州大学签订合作协议，苏州大学公共卫生学院溧阳教学实习基地、研究生工作站相继挂牌成立；中美合作项目（院内医护人员结核菌感染防控）、国家儿童与乳母营养健康项目等4项国家级或省市级科研项目落户市疾控中心；组织开展儿童口腔疾病干预项目工作。及时有效处置12起传染病疫情。

【疾病预防控制工作】 传染病防治工作扎实推进，组织实施艾滋病、结核病、血吸虫病和手足口病等重大传染病防控工作，针对重点场所重点人群，严抓传染病防控措施的落实，规范疫情监测、报告、流调和处置，有效防止疫情的扩散蔓延。2017年全年无甲类传染病报告，乙类、丙类传染病报告数分别为14种688例和7种1139例。全市建立居民电子健康档案695944份，电子建档率91.38%；更新档案301517份，健康档案使用率43.33%；全市各乡镇卫生院为76029名老年人提供了健康管理服务，年度老年人健康管理率71.02%；累计建档管理高血压病人81383人，糖尿病人20153人，建档管理率分别为53%和34.01%；登记在册严重精神障碍患者3065人，检出率4.03‰，患者管理率达到93.64%。进一步规范死因登记报告管理和肿瘤网络报告工作。

以创建国家卫生镇为契机，发挥自身业务技术优势，协同上兴镇、竹箦镇政府，完成牌楼公园、吴都文化园健康步道建设，为顺利通过国家卫生镇验收打下坚实基础，与溧阳团市委在燕山健康主题公园举办传承文明、传递健康4.5公里亲子徒步大型公益活动，两省3个县市500多人参与，取得良好社会效应。

收集78所学校6.5万名学生基础资料，上报3.3万名学生体检信息，因病缺课上报率97.94%，教学生活环境监测在16所农村中小学全面开展。

实行从业人员健康体检免费政策，完成体检3.7万人。完成食品安全风险监测样品11类143件，上报疑似食源性疾病病例336例。监测市政水厂样品56件、农村水厂样品102件、二次供水样品19件。

利用全市各种新闻媒体，宣传参与江苏省“2017年爱国卫生运动65周年”微信平台知识竞赛活动，发动4500人次，居常州第一。

【卫生监督】 更换卫生监督信息公示栏300多块，投入经费20多万元，出动卫生监督员4120人次、车辆598车次、核发卫生许可证315张，获得“创建全国文明城市先进集体”的荣誉。实行卫生监督执法“双随机、一公开”，建立完整的被监督单位和执法人员数据库。饮用水安全知识“四进”宣讲30场；对全市18家集中空调通风系统使用单位开展空调系统评价；开展“三八节”妇女儿童卫生用品专项检查，药店消毒产品经营专项检查和医院内消毒产品专项检查；重点针对春、秋学校卫生、非法行医、饮用水卫生等开展专项整治，完成各项卫生监督工作任务。

【卫生应急】 2017年，完成“两会”“燕山公园灯会”“溧阳市全运会”“茶叶节音乐会”、中高考等医疗救护保障任务。开展卫生应急培训和演练，完善应急预案，做好应急值守工作。全年处理水痘暴发疫情3例、乙型流感暴发疫情1例、诺如病毒感染性腹泻暴发疫情1例。继续推进实施“六进”活动，普及型培训850人次；开展自救互救素养宣传教育活动2次，发放应急宣传材料63000份。

爱国卫生

【概　况】 2017年，上兴镇、竹箦镇创建国家卫生镇。上兴镇建成江苏省健康镇，溧城镇北郊社区等9个村（社区）建成江苏省健康村（社区），卫计局等6个单位获得“江苏省健康单位”荣誉称号。在卫生镇、健康镇村创建工作中，积极推进健康元素普及和健康场景建设，在部分乡镇建设健康主题公园、健康步道和健康小屋，全市共建健康主题公园8个，健康步道16个，健康小屋13个。全市改厕普及率达99.12%。全市共有11个农村集中式供水单位，水质监测覆盖率100%，水质合格率100%。

人口和计划生育

【计划生育基层指导】 规范推进国家免费孕前优生健康检查工作，年内完成待孕夫妇孕前优生健康检查3966人次，参检率达99.2%；开展孕前优生咨询指导5800人次，检查发现高风险对象362人，均给予优生指导和医学建议。高质量完成省项目组的两次实验室质控工作。创建孕优知识免费咨询微信群，增设高危对象微信通道，方便服务对象。

开展“女性生殖健康优生优育知识有奖问答沙龙”活动，服务2600余人次，发放宣传资料和优生书籍3万余份。

完成省计生科研所宫内节育器首诊登记、心身疗法及“使用宫内节育器对再生育力影响的队列研究”三项省级科研项目。全市全年共上报避孕药具不良反应／不良事件971例，避孕药具不良反应监测工作在全国排名第三。

完成避孕药具管理发放，全市全年共免费发放避孕套60600盒、避孕膜4255本、避孕栓199盒、短效口服避孕药1940盒、宫内节育器240只。分层次举办全市镇（街道）、村（居）避孕药具信息系统操作培训班，推进“互联网＋”药具服务。编印《避孕药具知识读本》，开展“世界避孕日”“世界艾滋病日”宣传咨询活动。在江苏省中医院溧阳分院、溧城镇马垫卫生院、苏浙皖边界市场、汽车总站、江南春市场安装避孕药具自动免费发放机共5台，对城区69台自动售套机开展长效管理。

【流动人口服务管理】 开展流动人口基本公共卫生计生服务均等化专项活动，全面强化流动人口基本公共卫生计生服务项目落实，稳步推进流动人口儿童预防接种、孕产妇和儿童健康管理、健康档案、传染病防控、健康教育和促进、计划生育等工作开展。2017年市卫计局联合社渚镇举办关爱流动人口“暖冬”活动，并向流动人口赠送“暖冬”大礼包，共计发放礼包40余份，宣传资料200多份，健康及政策咨询20多人次；安排专项慰问资金2.75万元，对30户流动人口困难家庭及25户留守儿童困难家庭进行了走访慰问。发挥安徽省郎溪县、泗县、广德县3个单位驻溧阳市流动人口计生协会组织的优势，加强两地的信息互通、阵地互用、服务互动工作。2017年溧城镇苏浙皖边界市场成功创建“常州市流动人口服务管理示范市场”。

【关爱活动】 开展“心灵家园工程”志愿行动，在端午节、中秋节期间，对全市特殊家庭及部分困难家庭进行走访慰问，为他们送去慰问品和慰问金，全年累计慰问各类家庭1258人次。深入推进“生育关怀行动”，2017年，建立常州市级春晖家园1个，建立常州市级生育关怀基地2个、溧阳市级生育关怀基地4个，发挥基地示范带动效应，帮助计生困难家庭发展生产、解决就业、增加收入。荣获2017年度江苏省计划生育保险工作先进集体。

【计生惠民政策】 截至2017年年底，全市累计享受农村部分计划生育家庭奖励扶助对象18150人、享受独生子女伤残死亡家庭扶助1327人。2017年共发放农村部分计划生育家庭奖励扶助金1666.85万元、独生子女伤残死亡家庭扶助金878.15万元。做好2008年1月1日后企业持证退休职工的一次性奖励金的发放，着力解决挂靠退休职工、倒闭企业职工的一次性奖励金兑现问题；做好年满60周岁持独生子女父母光荣证的城镇无业人员、进社保的被征地农民和灵活就业人员的排查、登记、资格审查及一次性奖励金的分年度发放等工作。

卫生计生信息化建设

【区域平台建设】 2017年在区域平台开展7000余名“带状疱疹”疫苗接种人的诊疗信息监测工作；截至2017年10月31日，分别向省、市平台上传数据1412万条和11772万条。继续提供医疗、收费、公共卫生等统计分析功能，为强化医疗卫生服务监管、提高服务质量和效率提供强有力保障。

【基层信息系统】 目前市基层医疗机构已建成医院管理信息系统（HIS）、实验室信息系统（LIS）、超声影像信息系统（UIS）、影像报告信息系统（RIS）、影像图片传输与存储系统（PACS）、胃镜影像信息系统（EIS）、区域体检系统和住院电子病历系统，覆盖卫生院大部分业务工作。

【区域信息体系】 做好“区域影像会诊系统”的运行和保障工作，共计完成1700多例会诊工作，基层影像诊断人员不足、工作开展困难等得到有效缓解；推进医联体双向转诊系统建设，完成二级医院的系统联调及城乡居民合作医疗系统对接工作；配合市人社局开展职工医保系统与基层医疗机构区域HIS系统对接工作，配合江苏省人民医院溧阳分院迁院和信息系统迁移保障工作。加强基层信息化专兼职人员的分级培训，及时应对和处置信息化系统问题，做好风险防控。

【计生信息统计】 继续做好溧阳市国家、省和市计划生育人口信息系统的推广应用及省、市、县、镇、村五级联网工作；做好计生数据统计上报，督促和指导各镇规统人员与公安、民政、防保数据核对工作及出生人口统计核查，及时完成婚姻、死亡信息的系统录入。

（崔　桦　郑　晨）

结对帮扶座谈会　（市卫计局　供稿）

居民生活

【概　况】 2017年年末，全市户籍人口79.1万，比上年减少0.85万人，其中，男39.8万人，女39.3万人。总户数26.22万户。人口自然增长率−7.8‰。新登记暂住人口5.73万人，出租屋11543户，同比分别上升808%和128%，暂住人口新登记率列常州第一。常住人口76.25万人，其中城镇人口45.91万人，城市化率60.21%，比上年提高0.19个百分点。全年居民人均可支配收入34816.7元，增长9.4%，其中城镇常住居民人均可支配收入45738.7元，增长8.7%；农村常住居民人均可支配收入23834.5元，增长8.8%。居民收入增速均高于经济增速，分别高于GDP0.7和0.8个百分点。农村居民收入增长快于城镇居民收入增长，城乡居民收入之比为1.76。

【城乡就业】 2017年，全年城镇新增就业人数15580人，城镇失业人员再就业2732人，就业困难人员再就业1295人，新增转移农村劳动力4311人，支持成功自主创业3160人，引领大学生创业人数430人，扶持农村劳动力自主创业1152人，分别完成全年任务的119%、259%、132%、160%、270%、179%、265%。城镇登记失业率1.85%。进一步整合培训资源，创新培训模式，全年组织市民参加创业意识培训43场、创业能力培训29场、创业实训14场，907位社区居民享受创业服务，创业成功人数293人，创业带动就业690人。

（周龙龙）

民　　政

【民生保障】 从2017年7月1日起，全市城乡低保标准从每人每月670元提高到760元，并首次实现与常州市区同标准发放。分散、集中供养"五保"标准分别从每人每年8500元、9500元提高到9600元和10600元。申请救助家庭经济状况核对系统首次与金融、房管等部门开展数据对接，对申请救助家庭的车辆、房产、社保等27类信息数据进行全方位比对。

【救灾工作】 围绕"减轻社区灾害风险、提升基层减灾能力"主题，组织开展形式多样的防灾减灾宣传活动，昆仑街道凤凰社区和天目湖镇美景天城社区创建为"全国综合减灾示范社区"。

【社会福利】 2017年，全市散居孤儿养育标准和"三无老人"供养标准同步从每人每月1430元提高到1540元。开展"合力监护、相伴成长"关爱困境儿童专项行动，按照"一人一档"的原则为全市562名特殊未成年人建立个人档案，通过定期走访和跟踪关怀，困境未成年人得到妥善照料。残疾人"两项补贴"政策有效落实，全年共发放"两项补贴"6600余万元。

【社会养老】 市政府正式颁布《溧阳市"十三五"养老服务业发展规划》，为全市养老服务业发展指引方向。拟定《溧阳市养老设施空间布局规划》初稿，为全市养老设施的均衡、有序推进提供科学蓝本。探索"舌尖养老"新模式，在城区范围内建成昆仑街道、燕山社区、北郊社区等如意小食堂10家，满足城区所有老年人助餐服务需求，日均为老助餐400余人次。全年新建标准化居家养老服务中心41家，居家养老功能更为齐备。投入300余万元，对养老机构消防设施进行升级改造。天颐峪生态养生养老中心建成竣工，新增高端养生养老床位近1000张。

【社区建设】 不断深化社区"减负增效"、"政社互动"工作，社区配套设施逐步改善，新建昆仑街道濑江社区、天目湖镇洙漕村、戴埠镇高桥村、上兴镇汤桥村、南渡镇永丰村等5个社区综合服务中心，把关审核燕山新区37号地块、眼香庙安置小区等8个新建住宅小区的公建配套用房近2.2万平方米。全市省级和谐社区达标率100%，竹箦镇、上兴镇获评省级和谐社区建设示范镇。

【社会组织】 完成2家镇级社会组织孵化中心建设，全年新增登记公益服务类社会组织8家。引导社会组织以困境儿童、留守儿童保护为重点，设计实施公益创投项目8个，溧阳市汇众社义工协会的"传爱馄饨"项目获评常州市优秀为老服务项目。社会组织管理力度依法依规全面加强，实现严格审批、严格管理。首次将第三方财务审计纳入社会组织年检流程，年检更具公信力。全市共有社会组织787家，获得评估等级的社会组织203个，占应评数的50%。

【区划地名】 印制出版《地名是我们回家的路》，组织编撰《溧阳地名印记》。推进全国第二次地名普查工作，形成地名普查成果资料1万余份。全年共命名及调整道路11条，住宅类地名16个。

【双拥工作】 全力做好省级双拥模范城创建工作，通过常州市创建考核小组检查考评。投入70余万元落实拥军实事11件，进一步深化军地感情。

【优待抚恤】 全面实施重点优抚对象抚恤补助标准动态调整机制，全年下拨抚恤补助经费5100余万元。投入30余万元开展“关爱功臣 情暖老兵”活动，为27名重点优抚对象解决“住房难”和“医疗难”。

【退役安置】 接收2017年秋冬季退役士兵342名，发放退役士兵自谋职业补助金1900余万元。在常州市范围内率先完成自谋职业转业士官再就业解困工作，共拿出165个公益性岗位实行积分选岗，参加选岗的105名转业士官已上岗就业。为20余名退役士兵办理自主就业证，并指导其申请税收减免、贷款贴息等优惠政策，帮助其创业。

（周奕帆）

老年人生活

【概　况】 2017年，全市老龄工作充分发挥“综合协调、参谋助手、督促检查”的作用，创新老龄工作思路，构建老龄工作大格局。编制完成《溧阳市“十三五”老龄事业发展规划》，全面加强联络协调，优化老龄委成员结构，提升统筹协调工作能力。全市老年活动室基本实现行政村全覆盖；全力推进老龄工作规范化示范村建设，规范化示范村覆盖率超过67%，进一步优化老年人活动环境。

【实施安康关爱行动】 2017年，根据省和常州统一部署，配合中国人寿保险溧阳公司，实施“安康关爱行动”，推广以“老年人意外伤害综合保险”为主要内容的老年人意外伤害保障工程，以应对人口老龄化的需要，拓宽养老保障渠道，减轻个人负担。全市53500余名老年人参保意外伤害保险，参保率同比增长12%。

【“邻里守护”志愿互助】 为70岁以上独居、80岁以上空巢老人等特殊、困难老年群体提供邻里结对守护服务。积极发挥典型示范作用，获常州“邻里守护优秀站点”2个和“邻里守护优秀志愿者”3名。组织结对志愿者为老人送温暖活动，使“邻里守护”活动深入老年人身边。

【长寿文化品牌建设】 4月，联合爱心组织和企业开展“探访百岁老人 关爱健康生活”活动，走访慰问全市123位百岁老人家庭，并在常州电视台、《扬子晚报》、溧阳电视台、《溧阳时报》、溧阳微信平台等媒体广泛宣传报道。5月，参加在贵州赤水召开的中国长寿之乡绿色产业发展联盟第一届理事会第二次（扩大）会议暨康养旅游高峰论坛，并在会上作题为《发展全域旅游，打造康养胜地》的交流发言；9月，赴杭州参加2017丽水生态精品农博会暨中国长寿之乡养生名优产品博览会，江苏松岭头生态茶业有限公司、溧阳市天目湖茶业研究所两家企业的产品获评中国长寿之乡养生名优产品并参加展览；10月，与CCTV7《美丽中国乡村行》栏目合作，拍摄播出《美丽中国乡村行——溧阳寻鲜记》，向全国观众展示溧阳生态美景，品味健康美食。

【老年人权益维护】 深入贯彻落实新修订的《中华人民共和国老年人权益保障法》，采取拉横幅，印发宣传资料，联合司法局、各镇区民政部门广泛开展老年人法律知识和健康知识讲座等多种形式宣传；积极做好涉及老年人赡养、扶养、财产纠纷及家庭和邻里纠纷的调处工作，全年共提供法律援助5次，为老年人免费提供法律咨询等服务80余次，全年共接待老年人来电来访200多件次，老年人满意率100%。

【老龄宣传工作】 加强与各职能部门联系，大力开展以各类创建、评选活动为抓手，爱心志愿者服务为依托，加大宣传力度，在全社会引起尊老爱老共鸣。积极开展“十佳爱心助老志愿者”评选活动，传播社会正能量。10月28日，市文明委、市老龄委联合主办中国溧阳第二届长寿文化节主题活动，颁发十佳“爱心助老志愿者”及其提名者奖项，蒋洪宁获全国“敬老爱老助老模范人物”称号、潘洪强获全国“老有所为”先进典型人物称号、客运公司7路公交线获全国“敬老文明号”。

【自身建设】 以各镇（区）目标管理考核为契机，从机制上大力加强全市老龄工作人员思想、作风和能力建设，通过举办培训班、座谈会等形式，全面提高老龄干部综合素质，以更好地适应老龄工作需求；8月，开展第四次城乡老年人生活状况监测调查，及时安排部署并进行业务培训，做到层层把关、层层负责，确保调查工作落实到位，调查信息真实、可靠；9月，举办老龄工作重点课题研讨会，为老龄事业出谋划策，充分发挥参谋助手职能。

（强　静）

残疾人事业

【概　况】 2017年，全市持证残疾人18947人，占全市总人口的2.37%。其中：视力残疾2246人，听力、言语残疾1447人，肢体残疾11479人，智力残疾2601人，精神残疾1150人，多重残疾24人。在持证残疾人中，重度残疾人9282人，占持证残疾人总数的49%。其中：视力重度残疾1596人，肢体重度残疾5329人，智力重度残疾1589人，精神重度残疾754人，多重残疾14人。

【组织建设】 不断健全和完善基层残疾人组织规范化建设，根据《中国残疾人联合会章程》规定和省、常州市残联换届工作意见，及时完成了市、镇两级残联换届选举工作。

【民生保障】 做好残疾人“两项补贴”的审核工作，每月对申报对象进行审核，确保符合条件的残疾人都能享受补贴。积极配合民政部门落实好残疾人低保政策，确保残疾人应保尽保。为全市符合条件的10457名持证残疾人办理新一年度的人身意外伤害保险，投保金额52.3万元，全年共有8名残疾人得到了理赔，理赔金额37万元。利用春节和全国助残日等节日，对享受各项救助政策后仍然困难的残疾人家庭发放临时救助金和慰问金50余万元，慰问物品38万元。联合培智学校为12名重残儿童开展一对一的送教上门服务，对139名考取大中专院校的残疾学生和低保残疾人家庭子女按标准发放奖励金和补助金17.04万元。

【服务体系】 全市新建5家“残疾人之家”，为93名残疾人提供辅助性就业，对已建的7家“残疾人之家”进一步完善服务功能，提升服务内涵。分别为350名贫困白内障患者免费施行复明手术，28名下肢残疾患者安装假肢，42名听力患者适配助听器，发放各类残疾人辅助器具1000多件，免费为1084名贫困精神病患者每季度下乡供药，逐步提高二代药的比例，为1000名残疾人进行免费体检。为84名14岁以下进入专业康复机构训练的残疾儿童，按标准发放救助金150万元。为进一步推动残疾人康复工作的规范化、信息化建设，出台《溧阳市残疾人精准康复服务行动实施方案》。借助福恬康复医院平台，开展“三进家庭”工程，每月安排康复医生上门2次，全年巡诊和指导残疾人康复训练达850人次。新建7个康复站，对55户有需求的特困残疾人家庭进行无障碍设施改造。

在已有14家残疾人托养机构的基础上，充分利用残疾人之家、养老服务机构、村（社区）日间照料机构等，整合资源，按照属地托养的原则，为800余名重度残疾人实行全托和日托。

鼓励企业集中安置残疾人就业32名，推进按比例安排残疾人就业，审核132家企业，安置残疾人581名，残保金征收入库1606万元，对上年度安置残疾人达标和超标的43家企业发放补贴和奖励金33.6万元，鼓励残疾人自主创业、自谋职业和灵活就业，向用人单位推荐5名残疾人就业，新建1个残疾人扶贫基地，全年新增实名制就业115人。虞小富青虾养殖基地实施的《青虾混养技术运用》项目获省残疾人就业创新（创优）优秀项目，辐射带动41名残疾人就业，帮助16名残疾人实现创业。根据区域分布、行业特色和残疾人实际需求，分别举办养殖业、种植业等3期农村实用技术培训班，3期电子商务培训班。通过培训，有2名残疾人从事电子微商业务，全年共培训残疾人达313人次。

【残健互融】 开展系列助残活动，市残联走访慰问特困残疾人家庭和接受免费复明手术的白内障患者，举行辅助器具捐赠仪式；市培智学校携手西平小学举办助残文艺汇演、义卖活动；福恬康复医院举行康复知识的宣传和义诊活动；清溪路社区开展“浓浓端午情，关爱残疾人”志愿服务活动，组织志愿者包粽子、献爱心。组织残疾人体育赛事，举办市第八届全民运动会暨“残疾人部”比赛，在常州市第六届残疾人运动会上，全市31名残疾人运动员获金牌21枚、银牌20枚、铜牌18枚，获金牌榜第二、团体总分第三的好成绩。盲人运动员陈燕在全国残疾人田径锦标赛、江苏省第七届特殊奥林匹克运动会2017年江苏省残疾人田径锦标赛上，夺得4块金牌；盲人选手何文亮代表江苏队参加第二届两岸四地盲人象棋残健共融团体赛决赛；央视7套《农广天地》栏目专题报道了残疾人虞晓付创业致富事迹。

（周　媛）

民族、宗教事务

【概　况】 2017年，全市民族宗教事务工作坚持不断完善工作网络，健全工作机制，增强服务意识，为溧阳民族宗教领域的稳定发展打下了组织网络基础。完善“市—镇—村”三级民宗工作领导小组，建立村（社区）民宗工作联络员制度，市与镇、镇与村签订民族和宗教工作责任书，将工作责任列入市、镇、村年度工作综合考核内容。宗教团体与各宗教活动场所签订平安宗教场所责任书，形成多层次依法管理宗教事务的格局。组织学习十九大会议精神和新修订《宗教事务条例》，通过召开宗教界各个层次会议及培训班，开展爱国爱教、宗教政策、宗教业务为内容的教育，正确引导广大信教群众合法参与宗教活动。

【服务少数民族】 为10人办理少数民族家庭子女变更民族成份，为5名少数民族学生办理中高考加分手续等。帮助解决15名流动少数民族同胞解决子女就近入学问题，协调解决流动少数民族大型宗教活动的用地问题，对10户有家庭困难的流动少数民族进行慰问资助。依托“溧阳市少数民族法律援助站”，为有需求的少数民族家庭和少数民族群众提供法律服务，通过法律途径为他们化解难题和主持正义。利用社会各界的援助资金走访慰问少数民族困难家庭40余户（次），慰问资金8万元；助学37名少数民族困难学生，发放助学金7.4万元。

【少数民族致富工程】 依托农林局等职能部门和各镇（区）为少数民族勤劳致富项目提供全方位的协调服务。继续加大对少数民族致富的推动力度，全市对30个少数民族致富项目，发放20万元扶持资金。30个致富项目纯收入超600万元，形成全市“一镇一品，一镇多品”少数民族致富特色。

【宗教场所管理】 对照宗教活动场所星级评定的要求，建立了14家三星级档案室，规范宗教活动场所档案资料管理和台账建设工作。通过星级场所的创建，进一步增强场所的安全意识和管理水平，宗教活动场所内部管理日渐规范，做到财务公开透明；工作、学习计划周密，落实严格；教职人员自身素质明显提高，服务信教群众能力明显增强，确保全市宗教的发展顺应社会发展的要求。

严格把握“以法主导，政策指导，宣传引导，积极疏导”的十六方针，对未被批准开放的非法宗教场所（聚会点）进行检查，维护正常的宗教秩序。全面排摸全市民间信仰场所，为进一步对民间信仰场所的管理打下了基础。

（市民宗局）

关心下一代工作

【举办关工委培训班】 关工委驻会人员通过集中学习、自学、讨论等形式深入学习党的十九大报告，撰写读书笔记和心得体会。组织各镇（区）、有关局关工委负责同志认真学习贯彻十九大精神以及习近平总书记关于关心下一代工作的重要指示。12月7日，在市委党校举办为期二天的全市关工委基层干部、“五老”骨干培训班，近百名基层关工委干部、“五老”骨干参加培训。

组织宣讲团宣讲党的十九大精神。征订中央宣传部印发的《十九大报告》《十九大报告学习辅导材料汇编》《党的十九大精神学习宣讲提纲》等，集中学习并结合实际到社区学校进行宣讲。各镇关工委组织还组织“五老”以及“五老”网吧义务监督员部分代表举行座谈会，交流学习宣传贯彻党的十九大精神体会。

【开展主题教育活动】 全市各级关工委广泛开展“爱学习，爱劳动，爱祖国——老少共筑中国梦”为主线，开展“学党史、学国史、听党话、跟党走”主题教育活动，进一步加强青少年思想道德建设和社会主义核心价值观教育，以“学史立志、崇德向善”，“军号嘹亮、红心向党”的教育活动。精心组织全市广大青少年学生开展读一本新书，唱一首军歌，看一部红色经典影视作品，参观一个爱国主义教育基地或走访慰问一位军人家庭，写一篇读（观、访）后感、组织一次主题班队会等“六个一”的活动。和教育局关工委积极配合学校运用主题班会、少先队主题队会，征文、演讲、书画比赛，开设校园历史文化走廊等方式，在班会、少先队活动时，讲一个革命故事，唱一首歌颂党和祖国歌曲，写一篇心得体会。有些关工委老同志主动向学校提供历史图片，指导学校在教学楼通道设置历史文化廊，营造了用党史国史军史陶冶学生高尚情操的氛围。

发挥“五老”和思想道德宣讲团成员的作用，开展多种形式的主题宣讲活动，关工委主任路发今带头撰写了宣讲材料5篇，到昆仑街道、西平小学、上黄中小学、嘉丰社区作宣讲。市思想道德宣讲团共编写宣讲材料21篇，听宣讲报告5万多人次。

在新四军江南指挥部纪念馆举行万名青少年走进爱国主义教育基地启动仪式，全市有30多所学校学生参加。报送省关工委党史国史教育课题研究论文《大力推进阵地建设 深入搞好“二史”“三爱”教育》获二等奖。利用暑期期间由各镇、区关工委组织发动“五老”带领辖地的青少年走访抗日老英雄、老模范，寻访溧阳红色记忆，参与学生有300多名，走访18名英模（家属及子女）。

溧阳市关工委举行关工委干部培训班 （市关工委 供稿）

【法治教育】 开展多种形式的法治教育，组织“老少共建”“青少年网络文明行动”“大手拉小手”“做守法小公民”等丰富多彩的法治教育活动，对广大未成年人进行面对面的法治宣讲，帮助他们增强法治观念。全市各级法制教育宣讲团23个，宣讲员151人，共举办法治报告会204场次。各级关工委组织394名“五老”对163名失足、有不良行为的青少年进行帮教，转化率为92%。全市226个社区、村中实现未成年人零犯罪的为212个，占总数的98.2%。

【未成年人教育阵地建设】 以全市校外教育辅导站、乡村学校少年宫为基础，进一步加强软硬件设施配备，在投入三级政府配套资金132万元购置675台套电脑帮助村（社区）建立电子阅览室的基础上，又投入20多万元建立电子阅览室，村、社区的电子阅览室覆盖达80%。昆仑街道党工委投入资金建立2000平方米功能齐全的青少年活动中心。

【帮困助学】 全年有23名品学兼优的贫困家庭学生获得《关心下一代周报》社提供的“冰凌花”奖学金，5名学生获得江苏省关心下一代基金会“三年千人助学计划”助学金，溧城镇唐家村、上阁楼村等多年来帮困助学，累计发放100多万元助学金。上兴镇袁氏兄弟教育基金十年来共发放助学金100多万元。埭头镇发放青少年圆梦学业基金20多万，埭头村五年来为83名考取大学和有家庭生活困难的学子发放奖金24万元。昆仑街道杨庄村、吴潭渡村连续12年为贫困学生和优秀学生发放奖学金近20万元。社渚镇通过各种渠道多方筹措40多万元，近300位困难学生得到帮困助学。

（尹耀东）

溧城镇

表 32　2017 年溧城镇主要社会经济指标

	项　　目	数　据
自然概况	年末土地总面积（平方公里）	75.51
	其中：镇区建成面积（平方公里）	22.96
	居民委员会、行政村委会（个）	49
	总人口（人）	187979
	其中：非农业人口（人）	135953
综合实力	地区生产总值（GDP，亿元）	247.2
	人均 GDP（万元）	13.15
	财政收入（亿元）	5.88
	全社会固定资产投资（亿元）	74.04
	实际利用外资（万美元）	625
	农民人均纯收入（元）	23656
工业	工业企业（家）	584
	工业企业职工（人）	11683
	工业总产值（亿元）	88.38
	工业增加值（亿元）	9.4
	工业销售收入（亿元）	86.5
	工业利税（亿元）	7.2
	工业固定资产净值（亿元）	19.31
农业	农林牧渔业总产值（万元）	68258
	其中：农业（万元）	48992
	林业（万元）	492
	牧业（万元）	5145
	渔业（万元）	12043
	农业服务业（万元）	1586
	粮食产量（吨）	16491
	年末农机总动力（万千瓦）	2.7
第三产业	第三产业实体（个）	23133
	第三产业从业人员（人）	49788
	第三产业增加值（亿元）	208.36
	集贸市场（个）	16
	年末个体工商经营户（户）	21853
社会事业	中学（所）	3
	在校中学生（人）	2562
	小学（所）	10
	在校小学生（人）	8500
	文化场馆（个）	1
	体育健身场所（个）	262
	人口自然增长率（‰）	1.37

【概　况】 镇域面积 75.51 平方公里，辖 14 个行政村、35 个社区居委会，总人口 18.80 万。2017 年，全镇完成地区生产总值 247.2 亿元，增长 4.5%；实现财政收入 5.88 亿元，增长 40%；工业总产值 88.38 亿元，增长 5.6%；工业销售收入 86.5 亿元，增长 5.7%；工业利税 7.2 亿元；农业总产值 6.83 亿元，增长 11.4%；全社会固定资产投资 74.04 亿元，增长 5.2%；第三产业增加值 208.36 亿元，增长 4.7%。2017 年，溧城镇被评为全市创建全国文明城市集体三等功，镇党委被评为市“五个好”镇党委。八字桥村被评为全国文明村和江苏最美乡村，嘉丰社区被评为国家级“创建无邪教示范社区”，砻坊场社区、盛世华城社区被评为省和谐社区建设示范单位。

【经济实力】 2017 年，全镇完成固定资产投资 74.04 亿元，其中工业投入 44 亿元，服务业投入 30 亿元；工业总产值 88.38 亿元，其中规模以上工业产值 32 亿元。溧阳市信益化工设备有限公司、溧阳市双马塑胶纺织有限公司、天目工艺品项目有序推进，溧阳市天颐谷生态养生养老中心项目即将竣工营业，江苏巡洋舰跨境电子商务有限公司跨境电商运行良好。百斯福模塑股份有限公司在新三板挂牌上市，实现全镇企业上市零突破。全年企业申请专利 86 件，发明专利申请量和授权量分别达到 59 件和 17 件。水产推广虾蟹套养技术 3500 亩，新增高效设施渔业面积 100 亩，新增高效农业设施种植面积 308 亩，城东“菜篮子”工程蔬菜基地加速建设。

【文明创建】 2017年，全镇开展农村环境专项整治、小区环境提升行动，清理乱种植9400平方米、乱堆放6700余车、乱张贴97000余张，规范停车秩序，增划停车位5300余个，处置各类数字化城管案件94000余件。重拳推进“263”专项行动，减煤1.6万吨，关闭化工企业9家，整治黑臭水体38个，完成4个村生活污水整治，关停畜禽养殖场59家，实现全域禁养，取缔废品收购站16处，拆除违章建设30000多平方米，高铁高速、东环路等交通干线沿线和西郊风景区环境集中整治成效突显。开展“大手牵小手，文明一起走”“邻里守望、共创文明”等系列精神文明建设活动，文明理念融入群众生活。文化阵地逐步覆盖，特色楼道、文化墙绘全面铺开，打造福阳志愿广场、台港邻里大舞台、东升向阳花爱心驿站、燕山家风家训长廊、五里亭廉洁教育馆等一批富有特色的品牌。

【农业农村】 2017年，出台《溧城镇村级集体资金管理办法》等制度，农村“三资”管理规范运行，“村务卡”专户结算全面推开。出台《溧城镇村级建设工程项目管理办法》，工程招投标、审计、结算等环节监管更加有力。土地确权工作有序推进。农作物秸秆综合利用大范围推广，秸秆焚烧得到有效控制。实施镇村两级“河长制”，投入1000多万元对千亩以上圩堤加固提标，水利设施更加牢固。实施共联、庄家城中村改造工程，新建葛渚桥、礼诗桥2座农桥，大林、新联、歌岐、倪庄农村公路提档升级。八字桥礼诗圩村入选省级特色田园乡村建设试点村，流转土地近4000亩，并与央企中商投集团成功签约。

【百姓福祉】 全年发放粮食直补、农资综合补贴和“一事一议”财政奖补349万元，完成公租房报批101户，兑现各类救助资金1000余万元，落实“阳光扶贫”挂钩联系制度，为36名低收入农户提供公益性岗位，并办理补充医疗保险。“心愿树”爱心工作站功能再延伸，全年帮助困难群众4600余人次；8家“如意小食堂”投入运营，日均就餐人数200多人，新增7家居家养老服务中心。教育事业优质均衡发展，“两升”“两考”工作完成到位。“文化三送”工程深入基层，广泛开展形式多样的年庆民俗、文化艺术、经典诵读等活动百余次，主办“少儿书法现场赛”“中华武术展示”等系列活动，市第八届运动会获3个团体第一，36枚个人金牌。全面落实安全生产责任制和信访包案责任制，调解矛盾纠纷1017起，受理来信来访事项272件，开展法治宣传活动8场，发放资料7000余份。

2017年溧城镇各村基本情况

表33

村　名	中共支部（总支、党委）书记	村委主任	村合作经济组织总收入（万元）
唐　家	李志龙	李志龙	1450.45
钱　家	钱昔保	钱勇强	412.20
先　进	马海兰	彭　伟	304.10
清　安	吴钦惠	葛忠于	446.36
南　村	强和富	葛建福	660.53
北水西	赵　科	赵　科	386.30
上阁楼	余建中	陶正华	218.00
马　垫	赵洪生	张　叶	178.38
倪　庄	吴全林	周志荣	184.79
歌　岐	周松海	周鹤年	180.01
八字桥	黄涵君	周　华	193.53
共　联	黄志平	储金海	219.58
图　塘	陈建平	沈春荣	109.32
新　联	陈伟春	郝小庚	155.78
大　林	潘荣生	潘建国	126.53
罗　庄	庄伟荣	庄伟荣	232.44
黄　墟	潘小芳	王曙洪	265.18
长　阳	唐小伟	王建华	302.65
三　和	周　伟	王正友	732.72
湾　里	赵龙伟	赵云飞	472.13
庄　家	费水松	周洪珍	402.72

2017年溧城镇销售收入2000万元以上企业

表34

企　业　名　称	法人代表	销售收入（万元）
溧阳安顺燃气有限公司	邵　良	51360
溧阳索尔维稀土新材料有限公司	何继全	49609
溧阳三元钢铁有限公司	陈建武	37192
江苏宏光钢铁有限公司	王洪生	34669
冶建新材料股份有限公司	史优良	32978
溧阳市双马塑胶纺织有限公司	谈怀定	12297
溧阳水务集团有限公司	何刚信	12171
溧阳市恒基商品混凝土有限公司	周永乐	9637
江苏东方印务有限公司	黄梅芳	8619
溧阳新元窗帘制品有限公司	周伟坚	8475
溧阳乐融电器有限公司	颜惠平	7739
溧阳联星混凝土有限公司	陈洪才	6976
溧阳市浩特金属有限公司	芮浩彬	6130
常州市百斯福模塑有限公司	杨建才	5487
溧阳市华力水泥制品有限公司	鲍富松	3677
溧阳市熊猫针纺有限公司	宋亚红	3504
溧阳中联混凝土有限公司	唐全海	3272
溧阳市中天纺织日用品有限公司	谈怀定	3112
溧阳市中大建材有限公司	王忠伟	3049
溧阳怡合服饰有限公司	沈红娟	3005
溧阳市高展光电材料有限公司	庄维新	2438
溧阳市天然气有限公司	邵　良	2214
溧阳市博基混凝土有限公司	朱田福	2174
溧阳市苏南机械有限公司	狄雪峰	2120
溧阳市信益化工设备有限公司	葛志勤	2112
溧阳市天目湖肉类制品有限公司	韦乔俊	2100
溧阳华晨混凝土有限公司	葛小平	2001

（祁华龙）

天目湖旅游度假区（天目湖镇）

2017 年天目湖旅游度假区（天目湖镇）主要社会经济指标

表 35

项目		数据
自然概况	年末土地总面积（平方公里）	238.97
	其中：镇区建成面积（平方公里）	9
	居民委员会、行政村委会（个）	19
	总人口（人）	75419
	其中：非农业人口（人）	4234
综合实力	地区生产总值（GDP，亿元）	63.85
	人均 GDP（万元）	8.32
	财政收入（亿元）	9.27
	全社会固定资产投资（亿元）	42.88
	实际利用外资（万美元）	13055
	农民人均纯收入（元）	29515
	社会消费品零售总额（亿元）	36.01
工业	工业企业（家）	320
	工业企业职工（人）	11396
	工业总产值（亿元）	120.7
	工业增加值（亿元）	29.27
	工业销售收入（亿元）	118.15
	工业利税（亿元）	12.32
	工业固定资产净值（亿元）	62.16
农业	农林牧渔业总产值（万元）	81019
	其中：农业（万元）	60532
	林业（万元）	5799
	牧业（万元）	4621
	渔业（万元）	5432
	农业服务业（万元）	4635
	粮食产量（吨）	24845
	年末农机总动力（万千瓦）	3.35
第三产业	第三产业实体（个）	3165
	第三产业从业人员（人）	11796
	第三产业增加值（亿元）	26.21
	集贸市场（个）	3
	注册工商经营户（户）	2849
社会事业	中学（所）	2
	在校中学生（人）	671
	小学（所）	3
	在校小学生（人）	2417
	文化娱乐场馆（个）	0
	体育健身场所（个）	22
	人口自然增长率（‰）	2.28

【概　况】 镇域面积 238.97 平方公里，度假区规划总面积 320 平方公里，其中天目湖镇域内面积 180 平方公里，辖 14 个行政村、5 个居委会，总人口 75419 人。国家级旅游度假区、国家 AAAAA 级旅游景区、国家生态旅游示范区——天目湖坐落在镇西南部。2017 年，全镇实现地区生产总值 63.85 亿元，增长 9.0%；实现财政收入 9.27 亿元，增长 27.2%；工业销售收入 118.15 亿元，增长 11.4%；工业利税 12.32 亿元，增长 10%；农业总产值 8.10 亿元，增长 14.2%；全社会固定资产投资 42.88 亿元，增长 10.1%；第三产业增加值 26.21 亿元，增长 10.3%。旅游区全年接待游客 450 万人次，实现旅游收入 18 亿元，位列国家级旅游度假区省级考评第一。江苏安靠智能输电工程科技股份有限公司、江苏天目湖旅游股份有限公司在 A 股主板上市，分别为全市首家上市企业和江苏省旅游景区类首家上市企业，被溧阳市委、市政府授予“工作创新奖”。

【工业经济】 2017 年，全镇完成工业总产值 120.7 亿元、工业纳税销售收入 90.1 亿元。7 个市级重点工业项目完成投资 6.5 亿元，布勒（常州）机械有限公司、江苏顶塑实业有限公司、江苏钢锐精密机械有限公司等项目竣工投产，江苏力泰锂能科技有限公司第一条生产线完成调试。外资招引成果丰硕，完成协议注册外资 1.62 亿美元、实际到账外资 1.3 亿美元，均创历史新高。科技创新持续发力，成功创建 5 家省级大中型研发机构，获评省高新技术产品 3 只。完成产学研合作 6 个，落户“龙城英才”1 项。企业上市实现“零”的突破，江苏安靠智能输电工程科技股份有限公司、江苏天目湖旅游股份有限公司在主板上市。

【现代农业】 全年新增高效设施农业种植面积 800 亩，建成水稻高标准万亩区一个、丰产示范方 3 个。大溪水库成功创建国家级水利工程管理单位，沙河水库被评为江苏省最美水地标。《天目湖国家森林公园总体规划》通过专家论证，天目湖国家湿地公园（试点）建设有序推进。全面启动“三资三化（农村集体资金、资产和资源管理的制度化、民主化和规范化）”建设和省级试点工作，土地确权颁证工作基本完成。在“中茶杯”名特茶评比中，获特等奖 2 名、一等奖 3 名。

【全域旅游】 全年接待游客 450 万人次，实现旅游收入 18 亿元。旅游项目进展顺利，天沐温泉、涵田养心谷竣工投运，凌峰生态酒店、十思园精品酒店、苏园文化养老以及天目湖宾馆、翠竹园改造项目加快推进，涵田国际康养中心、瑞芝颐养山庄、十思园度假酒店项目在全面开工准备中。一大批旅游储备项目和“溧阳茶舍”项目蓄势待发。品牌推介力度加大，组织参与澳门、昆明、宁波等多地的旅游展览会和温州、绍兴、开封、合肥等高铁沿线重点城市的专题旅游推介，成功承办“两节”闭幕式、房车嘉年华等活动，在中央电视台、澳门电视台等媒体大量投放天目湖宣传片，品牌影响不断提升。

【城乡建设】 突出规划引领和“大建设管理”的理念，实施镇容镇貌整治、地下管网建设、牌楼及大坝护栏灯光亮化改造等提升工程。燕南山、御湖城等房地产项目开发完成，碧桂园二期进度明显，滨湖花园、茶亭花园二期安置房即将交付，中心村二期、小学东安置房建设有序推进。完成屏峰路、嵩山路、美景路等道路工程，镇区框架进一步拉开。完成天目湖、茶亭、城南新区生活垃圾分类亭建设，实施高速高铁夹心地块、牌楼北侧停车场等一批绿化提升和环境整治工程，镇村面貌显著改善。生活垃圾清运市场化运作顺利，全年处理生活垃圾1.8万吨。加强用地保障，全年累计征收土地1080亩，租用土地176亩，征收房屋133户，拆迁面积36107平方米。2017年，共出让供地601亩、划拨供地121亩，被评为常州市2016年度国土资源执法先进镇。

【生态文明】 开展“263”专项行动，完成年度煤炭消费总量削减任务0.15万吨，24个燃煤锅炉全部整改到位；完成4个矿山复垦、120条黑臭水体治理，新增两套日处理1000吨的污水处理设施；完成121家畜禽养殖场关闭工作。建筑垃圾规范化临时堆放点建设和天目湖流域内农家乐(民宿）污水整治加快推进。省级生态文明建设示范镇、常州市级绿色机关通过验收。“263”专项整治工作完成度在全市镇（区）名列前茅。持续加强水源地保护，扎实推进《天目湖水源地保护实施方案》五大类十五项工程，水源水质保持稳定，4个“水十条”市考以上断面达标比例75%以上。实施4500亩湿地建设、320亩林相改造、3852亩退耕还林等工程和沙河水库16450亩临湖面林茶收购工作。平桥石坝生态带建设、下周桥拦水坝建设、25度以上坡植被改造、平桥集镇和两大水库周边生活污水收集等工程有序推进。天目湖流域生态观测研究站建成投运，天目湖湿地公园建设工程基本完成。全面推行“河长制”，镇域范围内4条市级河道、9条镇村河道实现河长督查全覆盖。始终保持高压态势，严厉打击破坏水库渔业资源行为，全年共立案50余起，刑事处罚10人。

【民生福祉】 全镇社保体系更加健全，全镇368家用人单位与职工全面建立劳动关系，劳动保障书面审查、网上申报完成率100%。企业职工社保扩面任务净增数和居民养老保险续交数持续增加。有效规范城乡居民合作医疗保险，收缴工作较为顺利。城乡低保应保尽保，五保供养标准提高，保障标准实现一体化。贫困救助、优抚工作深入推进，累计发放各类补助救助款超2500万元。深入开展“精准扶贫”“阳光扶贫”“双挂双促”工程，实现镇、村干部结对帮扶全覆盖。社会事业协调发展，全面落实学校安全管理工作，外国语学校天目湖校区、天目湖中心幼儿园新校区建成投用。天目湖中心幼儿园和茶亭幼儿园顺利通过江苏省优质幼儿园复审。人口计生严格审批，医疗卫生稳步发展。完成全镇65岁以上老人免费健康体检，平桥医院顺利完成国家级志愿者接种项目。村级“文化小礼堂”建设有序推进，圆满完成征兵任务，双拥模范工作持续深化。

6月3日，全国妇联党组书记宋秀岩在三胜村调研基层妇联组织改革创新工作（天目湖镇 供稿）

积极开展送文化下乡活动，成功举办8场大型文体活动，获市第八届运动会团体季军。在全市文明城市创建中，全镇干部群众齐心协力、团结奋进，高质量完成国检、省检任务，为全市创成全国文明城市作出积极贡献。社会治理得到加强，组织开展“四项排查”，健全矛盾纠纷排查调处、信访接待值班等稳控制度，各类矛盾纠纷调解成功率97%以上，信访件办结率100%，圆满完成党的十九大安保维稳任务。高度重视安全生产，加强社会治安综合管理，严打违法犯罪行为，社会治安形势稳定。加大“四违”整治力度，共计拆除规模以上违章建筑115起，建筑面积1.5万多平方米。高度重视历史遗留问题处置工作，统一全镇征地拆迁安置政策，全年共办理安置房规划证410本、不动产证305本。

2017年天目湖旅游度假区（天目湖镇）各村基本情况

表36

村名	中共支部（总支、党委）书记	村委主任	村合作经济组织总收入（万元）
天目湖	武爱斌	方顺溪	718.40
田家山	李汉生	杨建伟	464.63
茶亭	彭志新	史国英	447.42
古县	宋建平	宋建平	463.50
桂林	许浩生	许浩生	414.27
南钱	霍家喜	霍家喜	192.77
三胜	钱保国	钱小娥	182.59
吴村	陈建国	陈建国	138.51
杨村	朱建军	朱建军	129.40
平桥	王荣建	王荣建	147.46
梅岭	叶卫国	叶卫国	116.97
毛尖	葛卫其	葛卫其	117.24
观山	罗阿宝	罗阿宝	156.06
洙漕	韩金华	韩金华	300.76

2017年天目湖旅游度假区（天目湖镇）销售收入2000万元以上企业

表37

企　业　名　称	法人代表	销售收入（万元）
布勒（常州）机械有限公司	孔云生	131699
江苏国信溧阳抽水蓄能发电有限公司	崔少银	94568
江苏鹏程钢结构有限公司	史蒙杰	67190
江苏钢锐精密机械有限公司	张贤铭	61519
溧阳市鹏程彩钢有限公司	史　鹏	52302
溧阳市力士汽车配件制造有限公司	史长生	38392
江苏安靠智能输电工程科技股份有限公司	陈晓晖	28716
溧阳中材重型机器有限公司	吴建宏	27652
溧阳金利宝胶粘制品有限公司	陈世忠	26588
江苏顺风光电电力有限公司	张付波	19731
溧阳东发纺织有限公司	蒋伟年	16997
溧阳市立方贵金属材料有限公司	王自伟	16875
上齿集团有限公司	张焰庆	13784
江苏沙河抽水蓄能发电有限公司	李贵桃	13010
江苏顶塑实业有限公司	丛桂阳	12432
布勒水产设备（常州）有限公司	孔云生	11613
江苏欧标有限公司	周国军	9850
江苏通达机械设备制造有限公司	尹水保	9513
江苏恒祥石化工程有限公司	杨恒保	8614
溧阳市诚亿布业有限公司	袁阿保	8576
常州市宏寰机械有限公司	张福平	8267
江苏富昌机械设备有限公司	尹水富	8207

续表37

企　业　名　称	法人代表	销售收入（万元）
天目照明有限公司	蒋伟年	7110
溧阳市晟业商品砼有限公司	沈祖富	6774
溧阳市南亚塑胶有限公司	莫志国	6124
溧阳市储丰钢板仓设备制造工程有限公司	赵菊荣	6017
江苏五洲机械有限公司	周际宇	5202
江苏维泽过滤科技有限公司	杨献春	5149
溧阳新建重型机械有限公司	葛芙妹	5045
溧阳康达威实业有限公司	胡洪良	4984
南方铁塔有限公司	史正明	4801
中安（常州）电气有限公司	郑伟新	4041
溧阳圣泰重型机械有限公司	葛芙妹	3935
溧阳市塑胶电线电缆有限公司	陈献民	3159
溧阳市中钢冶金设备有限公司	杨玉全	2841
江苏丰达电器设备有限公司	赵云龙	2798
溧阳市众星环保机械有限公司	崔洪彬	2342
瑞那斯铝业（常州）有限公司	杨建明	2143
江苏上齿传动有限公司	张焰庆	2117
大峘集团溧阳冶金工程技术有限公司	张桂华	2107
溧阳市恒力起重机有限公司	陈金林	2050
江苏航天万源科技有限公司	张学轩	2043
江苏永立机械有限公司	蒋立华	2019
江苏正华机电科技有限公司	蒋振华	2006

（居　乾）

天目湖湿地公园　（天目湖镇　供稿）

埭 头 镇

2017 年埭头镇主要社会经济指标

表 38

	项　目	数　据
自然概况	年末土地总面积（平方公里）	43.7
	其中：镇区建成面积（平方公里）	7.3
	居民委员会、行政村委会（个）	8
	总人口（人）	27426
	其中：非农业人口（人）	2552
综合实力	地区生产总值（GDP，亿元）	39.07
	人均 GDP（万元）	14.25
	财政收入（亿元）	1.44
	全社会固定资产投资（亿元）	27.84
	实际利用外资（万美元）	730
	农民人均纯收入（元）	29615
工业	工业企业（家）	192
	工业企业职工（人）	7029
	工业总产值（亿元）	108.9
	工业增加值（亿元）	18.53
	工业销售收入（亿元）	109.1
	工业利税（亿元）	12.71
	工业固定资产净值（亿元）	27.84
农业	农林牧渔业总产值（万元）	30159
	其中：农业（万元）	7825
	林业（万元）	103
	牧业（万元）	1045
	渔业（万元）	20162
	农业服务业（万元）	1024
	粮食产量（吨）	16273
	年末农机总动力（万千瓦）	2.29
第三产业	第三产业实体（个）	946
	第三产业从业人员（人）	2717
	第三产业增加值（亿元）	1.93
	集贸市场（个）	2
	年末个体工商经营户（户）	1064
社会事业	中学（所）	2
	在校中学生（人）	2527
	小学（所）	2
	在校小学生（人）	1952
	文化站馆（个）	1
	体育健身场所（个）	121
	人口自然增长率（‰）	−8.17

【概　况】 镇域面积 43.7 平方公里，辖 7 个行政村、1 个居委会，人口 27426 人。2017 年，全镇完成地区生产总值 39.07 亿元；实现财政收入 1.44 亿元；工业销售收入 109.1 亿元；工业利税 12.71 亿元，；农业总产值 3.02 亿元；全社会固定资产投资 27.84 亿元；第三产业增加值 1.93 亿元；农民人均纯收入 29615 元。2017 年，埭头镇被评为全国社区教育示范镇、常州市征兵工作先进单位、常州市基层武装工作先进单位、常州市数字化学习先行镇；镇团委被评为江苏省五四红旗团委、镇机关被评为常州市绿色机关、镇财政所被评为常州市示范财政所。

【工业经济】 2017 年，新引进总投资 5000 万元以上工业项目 15 个，其中亿元以上项目 8 个。总投资 3000 万美元的台资企业常州市诚鑫环保科技有限公司实现项目当年签约、当年外资到账、当年销售超亿元、当年纳税超两千万元；由美国 Vision Wheel 公司投资 2000 万美元的汽车热交换器项目落户骏益科创园，租用 1.68 万平方米厂房，被列入江苏省重点项目。全年申报市级重点工业项目 16 个，备案 300 万元以上重点技改项目 11 个，完成股改企业 2 家，新增规模以上工业企业 3 家。支持江苏美标精密管件有限公司、常州市诚鑫环保科技有限公司、江苏贝菲自动化仪表有限公司等企业以兼并重组、购买资产等方式盘活低效工业用地 200 多亩。签约龙城英才计划 B 类项目 1 个、C 类项目 2 个，3 家企业获省级企业研究开发费用财政奖励，新增常州市工程技术研究中心 1 家、省级高技术产品 2 件。初步形成机械装备制造、绿色建筑建材产业集群，两大产业集群全年实现产值 70 亿元，占全镇规模以上工业总产值的 80% 以上。

【城乡面貌】 河道废弃杂船整治、住宅小区环境提升、违章搭建处置等专项行动取得明显成效。投入 4000 多万元完成埭头集镇环境提升、后六集镇综合整治、埭中路景观提升、人民公园设施完善、农贸市场改造等工程，新增公共停车位 1200 多个。完成前圩新村 1.75 万平方米、画诗新村 4200 平方米安置房建设。腾飞路开工建设，人民路北延伸、凹山路、粮站路基本竣工。投资 230 万元实施龙荡桥、五胜圩桥、白塔村桥等农危桥改造。投资 220 万元实施莲花庵至赵村桥、新安南路延伸段、大华路延伸段路灯亮化工程。投资 1200 万元建设集镇防洪工程、5.6 公里标准圩堤、1 公里挡浪墙及 8 座涵闸改造。集镇面貌、农村环境、交通秩序、小区物业、居民素养等得到显著改观，提升了群众满意度，获溧阳市“全国文明城市创建”先进集体，全国文明镇通过复评。

【环境整治】 深入开展“二减六治三提升”专项行动，全面整治环境突出问题。全年煤炭消费总量减少 2900 吨，提前完成“十三五”目标任务。关闭 8 家畜禽养殖场（户），万丰、建庆等 2 家养殖场整治通过市级验收。投入 500 万元开展省级全域生活垃圾分类收集试点。配合市水务局启动埭头污水处理厂改造提升工程。全面落实“河长制”，进一步加强全镇河道管护。编制集镇雨污分流改造方案、规划发展村生活污水整治方案、镇区河道环通景观提升方案。完成南埝村、小东荡村覆盖拉网式农村生活污水整治。开展中河山前桥、赵村河小圩里、赵村河埭南桥、常州河大东荡断面上下游2公里范围内小环境综合整治。启动太湖2级保护区内和被撤并集镇农村生活污水整治。完成新跃河、河西内河、东培河黑臭水体治理，清淤河道15条。完成镇域污水管网排查上图，新建白塔中心村污水管网500米。清理疏浚石黄线、污水提升泵站沿线污水管道4公里。开展河道排水口、企业污水接管排查，对12家企业进行排污口改造、新装加密阀。健全矿产品生产运输秩序长效管理机制，开展5个码头环境综合整治，封堵1个码头下料口。

【民生福祉】 落实产业富民，做活土地文章，土地整治通过常州市级验收，总规模12600亩，净增耕地4900亩，占2017年全市净增耕地总规模的三分之二以上，项目区内粮食亩产较整治前提高15%左右，承办全省土地整治现场会，被评为江苏省耕地保护激励单位。入选常州市“三资三化”管理工作试点镇，年内流转土地4169亩，交易额1136万元，溢价率22%，被评为江苏省农村产权交易月度之星。新增高效设施农（渔）业770亩。土地确权颁证工作全市领先。争取到“一事一议”奖补资金200万元，发放政策性农保资金100万元。办好民生实事，新增就业岗位300多个，落实低收入农户就业23人，“政企校”对接取得实质性进展。低保与常州标准同步提高到每月760元。对全镇93名五保户、294名低保户、92户临时救助、394名残疾人、962名扶助对象等群体发放各类补助562万元。实施老年人乘坐镇村公交优惠政策，帮助4005名老年人落实人身意外伤害保险，为353名70岁以上孤独空巢老人安装呼叫救助一键通。创成全国社区教育示范镇，成立溧阳市青少年活动中心埭头分校。埭头高中高考二本上线率98%、一本达线率20%，创历史新高。埭头卫生院与市人民医院组建医联体。史侯祠创成AAA级旅游景区。

2017年埭头镇各村基本情况

表39

村　名	中共支部（总支、党委）书记	村委主任	村合作经济组织总收入（万元）
埭　头	史富波	史富波	598.14
埭　西	史卫平	史卫平	286.43
余家坝	朱　俊	朱　俊	388.81
后　六	王建良	王建良	334.32
前　六	周和平	周和平	453.09
邹　家	阚中培	阚中培	176.37
南　埝	戴俊良	戴俊良	154.43

2017年埭头镇销售收入2000万元以上企业

表40

企　业　名　称	法人代表	销售收入（万元）
常州朝峰物资有限公司	黄朝阳	32864
嘉士伯天目湖啤酒（江苏）有限公司	李生华	31908
溧阳市四方不锈钢制品有限公司	史　铭	31224
常州亚泰焊材有限公司	刘建华	14151
江苏常宏帝豪电器股份有限公司	周伟萍	11758
常州市诚鑫环保科技有限公司	赖宗伸	11744
溧阳华碧房地产开发有限公司	杨文杰	11221
江苏羚羊机械有限公司	芮明先	11192
溧阳市凯瑞地毯制造有限公司	谢建冬	10217
溧阳好利医疗用品有限公司	CHRISTHOM	9693
江苏苏阳电工机械有限公司	史米生	9123
江苏嘉成轨道交通安全保障系统有限公司	史和平	6872
常州拜尔斯塑胶制品有限公司	徐世武	6743
江苏乾昭新材料有限公司	蒋功云	6275
江苏屹居木业有限公司	管洪伟	6010
常州亚泰焊割科技有限公司	刘小华	5317
溧阳市利达有机硅科技有限公司	陈拉克	5309
溧阳市宏宇建材有限公司	彭　科	5125
溧阳市兴中锻造有限公司	阮国强	5078
赫菲斯热处理系统江苏有限公司	陈　曦	5016
溧阳市佳禾电子材料有限公司	陈永凤	4887
江苏阳毅实业有限公司	杨志平	4685
江苏华基包装有限公司	凌志荣	4441
溧阳杰康诺酵母科技有限公司	张锁林	4441
江苏丰林汽车零部件制造有限公司	李　权	4408
溧阳市溧福肉粉有限公司	鲍振海	4009
江苏宝鹏建筑工业化材料有限公司	史蒙杰	3976
溧阳市特佳机械有限公司	黄国伟	3718
江苏凯都新型建筑材料有限公司	施鸿江	3638
江苏屹居建筑科技有限公司	陈荣林	3494
溧阳市荣达机械有限公司	管　君	3314
溧阳市嘉雄不锈钢设备有限公司	史　俊	3095
江苏省溧阳市云龙设备制造有限公司	胡全明	2953
江苏家宇建筑安装工程有限公司	史玉卫	2948
天昇塑料（常州）有限公司	佐藤敏男	2244
江苏德汇机电设备有限公司	黄跃彬	2059
江苏荣晖文化发展有限公司	蒋　烨	2039
江苏中远机械设备制造有限公司	陈志跃	2038
江苏爱嘉木业有限公司	钱　程	2025
溧阳市云龙建设工程有限公司	单国勤	2020

（李　丹）

上　黄　镇

2017 年上黄镇主要社会经济指标

表 41

项　　目		数　据
自然概况	年末土地总面积（平方公里）	47.6
	其中：镇区建成面积（平方公里）	2.93
	居民委员会、行政村委会（个）	9
	总人口（人）	25979
	其中：非农业人口（人）	3312
综合实力	地区生产总值（GDP，亿元）	36.51
	人均 GDP（万元）	14.05
	财政收入（亿元）	0.98
	全社会固定资产投资（亿元）	19.59
	实际利用外资（万美元）	625
	农民人均纯收入（元）	31801
工业	工业企业（家）	269
	工业企业职工（人）	6789
	工业总产值（亿元）	70.02
	工业增加值（亿元）	13.22
	工业销售收入（亿元）	70.57
	工业利税（亿元）	6.42
	工业固定资产净值（亿元）	55.43
农业	农林牧渔业总产值（万元）	90102
	其中：农业（万元）	12124
	林业（万元）	4150
	牧业（万元）	2554
	渔业（万元）	68352
	农业服务业（万元）	2922
	粮食产量（吨）	5523
	年末农机总动力（万千瓦）	4.47
第三产业	第三产业实体（个）	1654
	第三产业从业人员（人）	9211
	第三产业增加值（亿元）	14.54
	集贸市场（个）	1
	年末个体工商经营户（户）	1553
社会事业	中学（所）	1
	在校中学生（人）	351
	小学（所）	1
	在校小学生（人）	692
	文化站馆（个）	1
	体育健身场所（个）	101
	人口自然增长率（‰）	−1.96

【概　况】 镇域面积 47.6 平方公里，辖 8 个行政村，总人口 25979 人。2017 年，全镇完成地区生产总值 36.51 亿元，增长 12.7%；实现财政收入 9757 万元；工业销售收入 70.57 亿元，增长 13.5%；工业利税 6.42 亿元；农业总产值 9.01 亿元，增长 9.5%；全社会固定资产投资 19.59 亿元，增长 9.4%；第三产业增加值 14.54 亿元，增长 9.2%；农民人均纯收入 31801 元，增长 9.6%。2017 年，上黄镇被评为溧阳市平安建设和党的十九大安保维稳工作先进集体、获溧阳市重大项目突破奖；村镇建设服务中心档案室被评为省一级村镇建设档案室；浒西村被评为省美丽田园乡村。

【综合实力】 2017 年，上黄镇牢牢把握"重大项目攻坚年"主题，全面提升项目招引、项目建设水平，实体经济基础持续夯实。总投资 3 亿元的江苏蓝海住宅工业有限公司装配式建筑结构件项目顺利签约，江苏利德塑业有限公司、江苏瑞泽光学技术有限公司、常州恒联机械五金有限公司、溧阳市宏泰特种扁钢有限公司等重点工业项目进展顺利，江苏杭钢精密铝业有限公司、江苏晶瑞半导体有限公司、江苏瑞复达高温新材料股份有限公司等先进制造业产值增幅均超 10%。依托"三站三中心"建设，溧阳亚邦建材有限公司建立外国专家工作室，溧阳市飞跃机电有限公司获评常州市工程技术研究中心和高新技术企业。新增 3 家常州市级以上科技创新创业平台，规模以上工业企业研发机构建有率达 100%。现代化农业初具规模。实施农业科技入户工程，遴选农业科技示范户 140 户。开展粮食高产创建，全面推广硬地育秧、机插秧及定量栽培，水稻种植 5000 亩、小麦 2960 亩、油菜 1500 亩。完成农机购置补贴核查和秸秆综合利用任务，成功申报粮食生产全过程机械化示范镇。"三资三化"工作推进有序，村级经营性资产、资源全部纳入农村产权交易平台交易，并已成功交易项目 4 个。服务业发展态势良好，常州驾驶培训中心电子考试系统建成运行，高俊驾校高标车辆监测中心顺利启动。

【投资环境】 充分利用"四大经济"三年行动计划，大力宣传各项优惠政策，并结合实际实施"一企一策"，全力以赴引进新项目、大项目，实现企业产能提升、效益提升和贡献提升。落实投资项目审批全程代办服务，为企业和投资人提供高效、快捷、优质的行政审批服务，推进签约项目早落地、早开工、早投产。新增私营企业 30 家、个体工商户 70 余家。通过市、镇联动方式，开展企业大走访，梳理解决各类问题 11 条，帮助企业排忧解难。盘活存量建设用地 1 块，面积 30 亩；清理闲置土地 2 宗，面积 50 亩，优化土地利用结构，提高建设用地的投入与产出比例。

【镇村环境】 聚焦文明城市创建，努力实现创建为民、创建惠民。举办"金鸡起舞闹元宵，文明创建促和谐"元宵晚会暨文明志愿者启动仪式、"护航 263，你我同参与"等专题活动，发动全体机关干部争做志愿者，部门联动、全员参与，在全镇上下营造出齐抓共管的生动局面，环境面貌、交通秩序、群众文明程度等明显改观，为溧阳市成功获评第五批“全国文明城市”做出积极贡献。上黄老街整治基本完成，修复2000余米集镇道路，400余户居民生活污水改造到位，增设1200米河岸亮化带，立面出新、河道整治、景观提升、杆线入地等全面完成。积极推行“两减六治三提升”专项行动，削减煤炭总量超1万吨，关闭化工企业3家，完成黑臭水体治理20个，关闭畜禽养殖场21家，1家规模化畜禽养殖场通过治理认定，完成1家企业挥发性有机物污染治理、1家重点环境风险企业入库和1家企业“八查八改”，“263”本年度目标任务全面完成。“河长制”工作卓有成效，制作安装河长制公示牌48块，完成达标圩堤挡墙925米，修复圩堤2235米，河道清淤3.5万立方米。启动扬子西路重建，完成曙猿路绿化及节点景观提升，周山路、北新桥南延路段、汤庄里道路和马家村道路提档升级，群众出行更加便捷。完成洋渚东村、尚典村生活污水改造工程和夏林河截污工程，启动湿地公园木栈道修复、中干河水环境综合整治工程，浒西村垃圾分类工程通过验收，镇村环境日臻美好，群众满意度明显提高。

【民生福祉】 2017年，全镇社会保障水平稳步提高，办理已参保被征地保险的退休人员160人，办理居民基本养老保险在职退保428人，发放社会保障卡7692张，社保扩面指标完成率100%。结合阳光扶贫、光伏扶贫，科学实施精准扶贫，发动镇、村两级干部与140名贫困人员结成“一对一”帮扶对象，挨家挨户现场走访，“一人一策”针对帮扶，努力实现小康社会不落一人。城乡低保管理规范，发放临时救助资金20余万元，低保边缘家庭、五保户重病医疗及残疾人群补助金670余万元，新增居家养老服务中心2个、残疾人康复中心2个。教育事业取得新佳绩，中考省溧中录取17人、光华中学录取12人，四星级以上高中录取率达70%，上黄小学被评为“双优”学校。建成集宣传文化、党员教育、科学普及、普法教育、体育健身等功能于一体的镇级综合文化服务中心，8个村级文化服务中心都具备“一厅一场一栏七室十个门类器材”的平台服务功能，提高广大群众的业余文化生活品质，群众幸福感明显提升。

湿地夕照（上黄镇 供稿）

2017年上黄镇各村基本情况

表42

村名	中共支部（总支、党委）书记	村委主任	村合作经济组织总收入（万元）
上黄	黄宪	芮志明	155
西埝	史小祖	史小祖	191
山下	袁小荣	袁小荣	138
浒西	张志良	张志良	252
坡圩	王祝俊	王祝俊	189
水母山	何伟国	宣国才	177
周山	秦夕中	秦夕中	460
桥西	黄进军	黄进军	133

2017年上黄镇销售收入2000万元以上企业

表43

企业名称	法人代表	销售收入（万元）
溧阳市宏泰特种扁钢有限公司	王国忠	77425
申芝电梯有限公司	童益平	75702
江苏扬子水泥有限公司	秦三罗	68261
溧阳市飞跃机电有限公司	冯初华	66826
溧阳市大禾建材有限公司	黄惠芬	34013
江苏杭钢精密铝业有限公司	何产明	31911
江苏申芝设备有限公司	童益平	28657
溧阳市夏林铸钢厂	胡炳兰	24230
溧阳市诚泰机械制造有限公司	冯剑	23393
常州晨强化工有限公司	姜凌武	21050
常州机动车驾驶员培训中心有限公司	张怀培	16438
常州恒联机械五金有限公司	肖又松	16399
溧阳维信生物科技有限公司	丁红辉	14312
江苏腾业新型材料有限公司	黄鹤	13880
溧阳富盈进出口有限公司	沈月惠	13592
溧阳亚邦建材有限公司	周玉明	12645
溧阳杰思特贸易有限公司	蒋林芳	10457
常州杰祥新材料有限公司	华洪坤	8175
江苏瑞复达新材料有限公司	宋学斌	8082
溧阳市宇政机械制造有限公司	张志良	7930
溧阳恒润电梯有限公司	王建中	7524
常州长城驾驶服务有限公司	钱立锋	7455
江苏利德塑业有限公司	宋国钧	7022
溧阳市鼎强新型建材有限公司	朱生伢	6699
江苏晶瑞半导体有限公司	阮科军	5217
江苏恒升源建材有限公司	张剑	5193
溧阳正和燃气有限公司	蒋再荣	5181
溧阳市白云仓储有限公司	黄耀星	4627
常州畅羚轻工产业园有限公司	史永峰	3706
常州祥龙冶金设备有限公司	孙勤	3578
常州新翼机械配件有限公司	周玉明	3085
溧阳金鹏特种水泥有限公司	阮绍中	2276

（刘粪献）

戴 埠 镇

2017 年戴埠镇主要社会经济指标

表 44

项 目		数 据
自然概况	年末土地总面积（平方公里）	162.99
	其中：镇区建成面积（平方公里）	5.3
	居民委员会、行政村委会（个）	18
	总人口（人）	51835
	其中：非农业人口（人）	3700
综合实力	地区生产总值（GDP，亿元）	38.42
	人均 GDP（万元）	7.41
	财政收入（亿元）	1.42
	全社会固定资产投资（亿元）	31.78
	实际利用外资（万美元）	625
	农民人均纯收入（元）	26030
工业	工业企业（家）	392
	工业企业职工（人）	11235
	工业总产值（亿元）	34.42
	工业增加值（亿元）	8.32
	工业销售收入（亿元）	34.22
	工业利税（亿元）	2.41
	工业固定资产净值（亿元）	93.65
农业	农林牧渔业总产值（万元）	69822
	其中：农业（万元）	42958
	林业（万元）	7583
	牧业（万元）	4333
	渔业（万元）	12081
	农业服务业（万元）	2867
	粮食产量（吨）	21596
	年末农机总动力（万千瓦）	2.39
第三产业	第三产业实体（个）	3058
	第三产业从业人员（人）	13775
	第三产业增加值（亿元）	20.95
	集贸市场（个）	2
	年末个体工商经营户（户）	833
社会事业	中学（所）	4
	在校中学生（人）	3948
	小学（所）	2
	在校小学生（人）	1353
	文化站馆（个）	1
	体育健身场所（个）	45
	人口自然增长率（‰）	0.02

【概　况】 镇域面积 162.99 平方公里，辖 17 个行政村、1 个居委会，总人口 51835 人。2017 年，全镇完成地区生产总值 38.42 亿元，增长 11.3%；实现公共财政收入 1.42 亿元，增长 16.4%；工业销售收入 34.22 亿元，增长 9.8%；工业利税 2.41 亿元，增长 39.3%；农业总产值 6.98 亿元，增长 4.9%；全社会固定资产投资 31.78 亿元，增长 10.7%；第三产业增加值 20.95 亿元，增长 10.8%；农民人均纯收入 26030 元，增长 8.0%。镇区拥有国家 AAAAA 级旅游景区——南山竹海。2017 年，戴埠镇被评为国家卫生镇、江苏省生态文明建设示范镇、溧阳市创建全国文明城市先进集体。松岭村、南渚村被评为常州市生态文明建设示范村。

【经济建设】 2017 年，全镇完成固定资产投资 31.78 亿元，实现规模以上工业产值 25.9 亿元，规模以上工业增加值 5.52 亿元，实现工业投入 20 亿元，完成设备投入 1.6 亿元。全年列入市重点工业项目 8 个，恒力机械、广信东腾二期等 6 个新建项目顺利开工建设。列入全市重点旅游项目 4 个，长三角科技创新论坛一期主体已完工，望星谷项目已竣工；耕莘颐苑温泉度假项目、御水温泉二期竹客前期准备工作已到位。实施政府投资项目 12 个，总投资 4827 万元。全年招引 5000 万以上项目 12 个，共计总投资 18 亿元。中信泰富特钢集团异形环项目、河芥民宿等 6 个项目在推进中。新增常州市级创新创业平台 2 个，全年实现高新技术产值 11.8 亿元。

【全域旅游】 2017 年，南山旅游继续保持稳中有增，全镇（区）共接待游客超过 600 万人，增长 10%，全年旅游收入 13.5 亿元，增长 10.8%。茶叶节、旅游节期间，成功举办“长寿探秘 · 寻味南山”活动，承办首届“常州市乡村旅游节”开幕式，不断提升旅游影响力和美誉度。南山竹海风情小镇入选江苏省首批旅游风情小镇创建单位，戴南杨家村入选省首批特色田园乡村创建试点单位。建设完成绿乡民宿、香云小筑、南山十一间等一批具有代表性的民宿茶舍。圆满完成蛀竹棵、河洛岗、松墩三个美丽乡村工程的收尾和验收工作。投资 1.8 亿元对总长 50 余公里的金牛路、金溪路、深官路等 7 条旅游道路沿线环境进行优化美化。围绕全市旅游“1 号公路”建成松岭驿站、仙人台、同官观佛台等观景平台。

【三农工作】 紧紧围绕“农业增效、农民增收、农村增美”的核心目标，全镇农业农村工作健康稳步发展，土地确权工作完成常州市级试点任务。2017 年农民人均收入 26030 元，增长 8%。创建镇北万亩水稻示范片 1 个。大力发展特色农业，农旅融合发展步伐加快，戴埠镇南山农旅小镇入选江苏省首批农业特色小镇名录。着力培育南山特色经济林果产业带，推进茶叶、应时鲜果、花卉苗木等高效设施发展，新增高效设施农业 550 亩。全年新增家庭农场 4 家、各类农业合作社 2 家，全镇共有一定规模家庭农场 57 家、各类农业专业合作社 87 家，富民资产合作社被评为全国示范合作社，香山白云牌天目湖白茶被认定为常州市名优农产品。赵家桥、郑墅区域5000亩高标准农田项目已完工。

【镇村面貌】 立足“文明提升”“基础完善”，镇村面貌发生显著变化，宜居家园呈现崭新气象。借助文明创建契机，对竹海大道沿线、景区周边、镇村开展交通秩序、街容街貌、环境卫生等方面的集中整治。引导群众积极投身创建热潮，大力开展菜市场治理，交通违法整治活动，全面形成“人人争做文明人、齐心共创文明城”的浓厚氛围，在全市一举创成全国文明城活动中贡献“戴埠力量”，被评为文明城市创建先进集体。以“263”专项行动为契机，有序推进各项环境治理。在河西村市级试点基础上，南渚村、松岭村同步实施垃圾分类收集。完成7条黑臭水体治理，完成8个规划发展村农村生活污水治理工程。关停化工企业4家、畜禽养殖场74家。完成高桥、牛场、红武3个村砖瓦窑的土地复垦。省生态文明建设示范镇通过验收，建成南山水源涵养区300亩涵养林。

【民生事业】 2017年，全镇投资2000万元对镇善北路、长江东路、台港路、金泰路、军民路、新村路、戴埠中学道路、锦乡苑广场等集镇道路和公共设施进行改造提升。投资800万元完成竹海景区周边环境提升、夜间照明设施建设等工程；完成仕农桥、河云桥等3座农桥改造。完成集镇污水管网一期工程，河西泵站和集镇污水管网二期工程在建设中。全年共发放低保金、残疾人生活补助845万元，各类优抚经费508万元，慈善救助金40余万元。建成河西、高桥、牛场等5个村居家养老服务站。戴埠医院被评为全国百佳乡镇卫生院。戴埠高中成功通过省四星级高中创建验收。扎实开展全镇安全生产工作，认真组织安全生产隐患排查。深入推进“法治戴埠”“平安戴埠”建设，强化基层综合治理。加强“百议堂”运转，积极预防和有效化解各类社会矛盾，有效促进社会和谐稳定。加强社会治安防范，依法打击各类违法犯罪活动，坚决守牢“两个绝不能”和“三个不发生”任务目标，圆满完成党的十九大安保维稳各项任务。

2017年戴埠镇各村基本情况

表45

村名	中共支部（总支、党委）书记	村委主任	村合作经济组织总收入（万元）
松岭	陈文彬	戴忠富	101.77
南渚	杭祥平	杭祥平	103.15
横涧	姜建国	姜建国	149.60
黄岗岭	朱玉仙	朱玉仙	122.64
同官	任建春	张利民	138.08
李家园	刘永友	彭汉良	284.79
戴南	杨旭宇	杨旭宇	126.14
高桥	马建平	马建平	140.26
牛场	李来西	李来西	113.90
河西	孔建平	孔建平	382.60

续表45

村名	中共支部（总支、党委）书记	村委主任	村合作经济组织总收入（万元）
山口	张旭东	张旭东	101.08
红武	汤卫民	汤卫民	101.97
戴北	杨国松	杨国松	155.16
新桥	陈朝辉	陈朝辉	170.88
百家塘	潘凤娟	阮阿兴	101.87
赵家桥	郑新	郑新	101.36
郑墅	潘明华	谢治国	101.90

2017年戴埠镇销售收入2000万元以上企业

表46

企业名称	法人代表	销售收入（万元）
江苏鸿开有色金属有限公司	沈祖富	79784.17
江苏冶建锌业有限公司	史建群	13972.80
江苏翔能科技发展有限公司	周洪	11430.34
常州博尼特种钢管有限公司	陈国洪	11164.14
溧阳市江南烘缸制造有限公司	何维忠	11060.62
溧阳市华磊锻造有限公司	蒋小华	10073.13
江苏威司顿印刷科技有限公司	李明	9556.15
江苏爱卓电气制造有限公司	黄莺	8694.56
江苏佰日合金科技有限公司	余清生	8634.44
溧阳市怡洲服饰有限公司	甘志泉	7186.72
江苏腾业建材有限公司	黄义	6846.94
江苏谦胜合成材料有限公司	邵建波	6627.96
江苏新兴海特种电缆科技有限公司	杨文贤	6574.81
金亿源（江苏）新材料有限公司	谈怀定	6415.37
江苏省鼎盛强磁新材料有限公司	庄明福	6131.64
江苏天目建设集团钢机有限公司	周天喜	6090.05
溧阳市立源机械配件有限公司	郑波	5990.81
江苏法斯特机械有限公司	唐金祥	5336.80
溧阳市金泰锻造有限公司	王建庆	4869.75
溧阳市天鑫混凝土有限公司	李世民	4838.46
常州雪奈利时装有限公司	庄子文	4617.67
溧阳市明鑫模具有限公司	吴明	4434.11
溧阳市戴西金属建材厂	王瑞伢	4192.10
江苏广信东腾环保装备有限公司	任建东	4131.51
江苏嘉仁禾科技有限公司	沈卫锋	4062.06
溧阳市新建轧钢厂	潘建兴	3608.93
溧阳市兴达机械有限公司	杨书平	3550.02
溧阳市康博士运动用品有限公司	谈怀定	3394.00
江苏港鹏重工机电设备制造有限公司	王敏惠	3139.95
溧阳市乾康木业有限公司	袁永泽	2719.12
溧阳市永南模具制造有限公司	江永军	2584.39
江苏维美轻工机械有限公司	何维忠	2582.15
江苏润昌机械设备有限公司	狄国平	2574.19
江苏中天农牧机械有限公司	吕志华	2548.03
溧阳华晶电子材料有限公司	钱炜	2386.87
溧阳智科精密机械有限公司	周洪	2357.69
溧阳市起重机厂有限公司	周伟华	2336.96
溧阳市天盛绝缘材料有限公司	黄尹	2267.67
江苏晨丰机电设备制造有限公司	庄晓波	2061.19

（袁子杰）

别 桥 镇

表 47

2017 年别桥镇主要社会经济指标

项 目		数 据
自然概况	年末土地总面积（平方公里）	128.3
	其中：镇区建成面积（平方公里）	6.03
	居民委员会、行政村委会（个）	21
	总人口（人）	71444
	其中：非农业人口（人）	2584
综合实力	地区生产总值（GDP，亿元）	52.77
	人均 GDP（万元）	7.39
	财政收入（亿元）	2.13
	全社会固定资产投资（亿元）	29.5
	实际利用外资（万美元）	0
	农民人均纯收入（元）	25780
工业	工业企业（家）	514
	工业企业职工（人）	11376
	工业总产值（亿元）	126.7
	工业增加值（亿元）	24.19
	工业销售收入（亿元）	124.06
	工业利税（亿元）	13.85
	工业固定资产净值（亿元）	24.4
农业	农林牧渔业总产值（万元）	132600
	其中：农业（万元）	38023
	林业（万元）	1288
	牧业（万元）	8715
	渔业（万元）	78659
	农业服务业（万元）	5915
	粮食产量（吨）	64619
	年末农机总动力（万千瓦）	7.42
第三产业	第三产业实体（个）	2194
	第三产业从业人员（人）	12544
	第三产业增加值（亿元）	17.08
	集贸市场（个）	3
	年末个体工商经营户（户）	2517
社会事业	中学（所）	3
	在校中学生（人）	694
	小学（所）	4
	在校小学生（人）	1944
	文化站馆（个）	2
	体育健身场所（个）	51
	人口自然增长率（‰）	0.28

【概　况】 镇域面积 128.3 平方千米，辖 18 个行政村、3 个居委会，总人口 71444 人。2017 年，全镇完成地区生产总值 52.77 亿元；实现财政收入 2.13 亿元；工业销售收入 124.06 亿元；工业利税 13.85 亿元；农业总产值 13.26 亿元，增长 16.3%；第三产业增加值 17.08 亿元，增长 9.1%；农民人均纯收入 25780 元，增长 14.5%。2017 年，别桥镇被评为省“扫黄打非”工作先进集体、省农家书屋提升工程试点工作先进镇；被溧阳市委、市政府授予“重大贡献奖”。

【经济发展】 2017 年，全镇实现规模以上工业产值 94.7 亿元，工业应税销售收入 70 亿元，培育及新增规模以上企业 3 家。传统产业、新兴产业齐头并进，江苏金久科技新材料有限公司、江苏诺信达特种电缆有限公司等技改扩能项目投产销售。江苏宝盛住宅工业有限公司等一批重点项目建设进入立项阶段。引进溧阳东翼通用航空科技有限公司、溧阳三益智能科技公司、常州银鹰航空科技有限公司等一批科创型企业，在智能轮椅、重载无人机、智能无人船等领域取得突破，形成集研发、制造、销售于一体的智能产业链条。通航产业积极布局，获批全国首批无人机试飞空域，搜索热度占据同类园区百度搜索榜第一位。科创活力持续增强，实现高新技术产业产值 31.5 亿元。全年申报江苏省双创计划 2 项，申报第九批龙城英才计划 3 项，专利申请量 90 件，新增省级以上企业“三站三中心”1 家。服务载体不断创新，配备 1200 米无人机试飞跑道；开办人才食堂和休闲空间，服务企业达 3000 人次；装修“人才公寓”1000 平方米，有效解决企业高管及技术人员“住宿难”问题。

【“三农”工作】 2017 年，品牌建设卓有成效，“别桥原乡”品牌影响力日益提升，推出两花观赏、稻梦空间等多个主题活动。游客中心、原乡驿、停车场建成使用，全年接待游客 2 万余人次。“一村一品”纵向推进，塘马村富硒百合、两湾村白芹等“原乡”系列产品集合亮相省旅游产品博览会，获得各方一致好评。设施建设持续加强，新增水稻绿色高产高效创建示范片 4657 亩，高效设施农业 416 亩。农业园区建设亮点纷呈，易佳甸园白芹种植基地实现白芹规模化种植，种植规模居全市之最。水利建设扎实开展，投入约 5500 万元建设重点水利工程 14 项，增强区域防洪排涝能力。土地确权工作顺利推进，17 个行政村通过市级预验收。村级管理不断强化，完善村级考核体制，村干部绩效考核和队伍管理得到优化。聚焦“三资”管理、工程建设、村务公开等社会关注度高的领域，村级管理的透明度与规范化有效提升。

【环境整治】 别桥镇“263”专项工作走在全市前列，9 家企业改换清洁能源，全年削减煤炭消费总量 6000 吨；关闭落后化工企业 4 家，园区生产、生活环境得到切实改善。搭建 5 个自然村生活污水处理设施，整治黑臭水体 46 处，关停养殖场 34 家，实现河清水畅、碧水润城。深入开展建设塘马特色田园乡村、美丽乡村，突出农村环境综合治理，着力打造“产业强、功能全、颜值高”的美丽样板农村。不断完善农村循环路网，打通断头路，畅通微循环，让群众出行更加方便、快捷、安全。城镇管理创新有为，实行重要集镇路段“路长”制管理，对镇区停车秩序、户外广告设置及农贸市场、学校周边等重点区域实施常态化整治。坚持对违法建设采取高压态势，集中开展违法建设专项整治，全年共拆除违法建设103起，有效遏制违法建设蔓延势头。

【实事民生】 全年共投入8600万元，实施6类政府投资类工程，一批民生工程扎实推进。启动兴城东路改造提升工程，营造良好的人居、投资环境。别桥中学新校区即将建成投用，调优全镇教育布局，得到社会的广泛赞同。安置房建设交付有序推进，永定景苑配套收尾。社会保障逐步完善，全年共救助各类困难群众400余人次，发放低保金、五保户供养经费554.6万元。全镇五大保险完成率达107.5%；城乡居民养老保险完成率达102%。文化强镇工程加快推进，行政村基本实现健身广场、文化小礼堂、健身器材全覆盖。群众性表演常态化开展，营造文明向上的社会氛围。社会事业全面发展，别桥中学、后周中学的中考成绩创列年最佳，普高以上录取率远高于市平均录取率，在农村中学中名列前茅。医疗卫生、计生工作等服务水平不断改善，人民调解、信访维稳等工作有效推进，各行各业安全生产工作长抓不懈，群众幸福指数持续攀升。

2017年别桥镇各村基本情况

表48

村　名	中共支部（总支、党委）书记	村委主任	村合作经济组织总收入（万元）
前　程	谢志龙	谢志龙	70
合　星	虞　忠	杨国庆	171
湖　边	范建才	范建才	347
马　家	刘忠庆	刘忠庆	101
塘　马	王　宇	刘志新	156
西　马	杨志荣	杨志荣	120
小石桥	袁立民	袁立民	153
北　山	周夕芳	周夕芳	68
两　湾	沈旭东	沈旭东	119
后　周	高泓林	戴志强	149
黄金山	卜庚庆	卜庚庆	21
西　庄	陈国华	陈国华	132
绸　缪	狄　鹏	狄　鹏	80
镇　东	陈俊鹏	—	98
玉华山	朱庚庆	龚春松	182
道　成	周国忠	周国忠	106
古　渎	潘田庆	陈　俊	130
别　桥	濮和春	马小康	116

2017年别桥镇销售收入2000万元以上企业

表49

企业名称	法人代表	销售收入（万元）
常州市宏豪制钢有限公司	魏　卫	120153.18
江苏富民新材料有限公司	王清民	94098.50
溧阳市鑫林金属材料有限公司	李　柯	82149.41
江苏鑫林钢铁有限公司	李文林	80035.60
江苏三益科技有限公司	成　绩	41365.58
溧阳市万兴特种建材有限公司	何珍美	40421.30
江苏碧玉谷化工有限公司	李　凌	27494.31
溧阳市北山鑫金属制品有限公司	潘水保	27221.90
江苏力乐汽车部件股份有限公司	马金保	24237.06
江苏诺信达特种电缆有限公司	徐　栋	21410.92
常州欣荣盛金属制品有限公司	蒋国荣	20384.97
江苏广福钢铁物资有限公司	彭林奎	18931.16
江苏新华机电设备制造有限公司	马建新	11462.64
江苏金久科技新材料有限公司	闵向东	9136.39
江苏隆迪新材料有限公司	狄　璟	8078.06
溧阳市三益化学有限公司	张　峰	7559.66
江苏健达交通工程有限公司	孙　健	7065.02
江苏嘉智电缆有限公司	徐芳琴	6636.73
江苏永武钢结构工程有限公司	吕永武	6210.36
长沙远大住宅工业（江苏）有限公司	唐　芬	5884.82
江苏盈德机电设备制造有限公司	周英法	5395.00
溧阳鑫晨电子有限公司	吕东平	5231.47
江苏山湖电缆有限公司	周阿林	5074.81
江苏贤辰机电设备有限公司	陆海军	5047.05
溧阳市铁建混凝土有限公司	耿静生	4973.30
溧阳巨神科技材料有限公司	郭　浩	3655.52
溧阳市天恒再生资源有限公司	赵申青	3586.81
江苏华能墙材有限公司	华云鹤	3499.76
江苏万金汽车零部件制造有限公司	卢学学	3233.26
江苏耀东饲料科技有限公司	何　玲	3216.17
溧阳市万邦金属制品有限公司	姚　桃	3044.65
溧阳禾锋化学有限公司	周国成	2976.84
溧阳市华邦高分子材料有限公司	孟宪俊	2851.44
江苏富民鑫科重型机械有限公司	蒋　熠	2757.77
江苏京锐新能源材料有限公司	段　颖	2662.95
溧阳华耀起重机械有限公司	袁志军	2658.81
溧阳市昆仑锻造厂	施爱松	2587.77
溧阳河西港金属加工有限公司	吴　斌	2488.84
溧阳市民晖金属材料有限公司	吴建才	2445.82
溧阳市金联树脂有限公司	殷书金	2259.21
常州市华丰集团有限公司	王　琪	2087.25
溧阳市航星金属制品有限公司	袁红娣	2078.20
溧阳市劲博机电设备有限公司	窦　超	2035.38

（滕　俊）

竹 箦 镇

表 50

2017 年竹箦镇主要社会经济指标

项　　目		数　据
自然概况	年末土地总面积（平方公里）	183.6
	其中：镇区建成面积（平方公里）	6.8
	居民委员会、行政村委会（个）	20
	总人口（人）	63611
	其中：非农业人口（人）	4281
综合实力	地区生产总值（GDP，亿元）	31.0
	人均 GDP（万元）	4.87
	财政收入（亿元）	2.68
	全社会固定资产投资（亿元）	21.94
	实际利用外资（万美元）	0
	农民人均纯收入（元）	25071
工业	工业企业（家）	382
	工业企业职工（人）	10389
	工业总产值（亿元）	46.55
	工业增加值（亿元）	10.73
	工业销售收入（亿元）	44.16
	工业利税（亿元）	4.43
	工业固定资产净值（亿元）	17.3
农业	农林牧渔业总产值（万元）	94928
	其中：农业（万元）	40903
	林业（万元）	1366
	牧业（万元）	13580
	渔业（万元）	35225
	农业服务业（万元）	3854
	粮食产量（吨）	54782
	年末农机总动力（万千瓦）	4.53
第三产业	第三产业实体（个）	1993
	第三产业从业人员（人）	11647
	第三产业增加值（亿元）	12.78
	集贸市场（个）	4
	年末个体工商经营户（户）	2443
社会事业	中学（所）	2
	在校中学生（人）	1435
	小学（所）	3
	在校小学生（人）	2047
	文化站馆（个）	1
	体育健身场所（个）	18
	人口自然增长率（‰）	−0.47

【概　况】 镇域面积 183.6 平方公里，辖 18 个行政村、2 个居委会，总人口 63611 人。2017 年，全镇完成地区生产总值 31 亿元，财政总收入 2.63 亿元，实现财政收入 2.68 亿元，工业销售收入 44.16 亿元，工业利税 4.43 亿元，农业总产值 9.49 亿元，全社会固定资产投资 21.94 亿元，第三产业增加值 12.78 亿元。2017 年，竹箦镇被评为中国绿色铸造小镇、国家卫生镇、江苏省电子商务示范镇、江苏省生态文明示范镇、江苏省和谐社会建设示范乡镇，陶庄村被评为全国改善农村人居环境示范村。

【综合实力】 2017 年，全镇实现工业增加值 10.73 亿元，工业总产值 46.55 亿元，完成工业纳税销售收入 41.8 亿元；全年工业设备投入 4.5 亿元，增长 73.5%，连续多年位于全市前列。全镇 12 家铸造及汽车零部件企业实现高速增长，完成工业总产值 18.7 亿元，纳税销售收入 18.4 亿元，比上年增长 30%。2017 年，完成高效渔业 300 亩，建立粮食高产示范方 3 个，新增小麦示范片 1 个，水稻示范片 1 个，完成“菜篮子工程”650 亩。顺利完成秸秆机械化还田以及综合利用工作，秸秆综合利用率达 95% 以上；新认定家庭农场 8 家，完成无公害产地认证 7 个，产品认证 14 个；新增农业机械 71 台。全年服务业投入完成 5.3 亿元，增长 2.7%。农村电子商务快速发展，北村村被评为第五批江苏省农村电子商务示范村。

【产业集聚】 2017 年，全镇列入市重点工业项目 8 个，其中新建项目 7 个，计划总投资 8.2 亿元，完成投资 5.62 亿元，完成年度投资计划的 68.5%，3 个项目已竣工。狠抓招商引资，强化项目储备，2017 年在谈项目 18 只，签约项目 2 只。苏州纽威阀门股份有限公司与竹箦镇政府签署项目投资协议，项目总投资 5 亿元。科华控股股份有限公司在 A 股主板上市；科华控股股份有限公司、溧阳市虹翔机械制造有限公司被市政府列入第一批精准扶持企业。2017 年，培育高新技术企业 1 家，新增高新技术产品 10 个、企业专利 85 件，其中发明专利申请 25 件；专利授权 50 件，其中发明专利授权 2 件；引进省外博士 2 名，成功申报“常州市龙城英才”C 类项目 1 个。

【内生动力】 积极开展光伏扶贫，完成“房屋、贷款条件”双符合建档立卡户光伏安装 33 户；为 1336 名低收入群众购买医疗补充保险；“百千万”“双挂双促”帮扶、大走访扶贫深入开展，竹箦村、北村村分别获溧阳市集体经济增收补助。生态环境有效改善，完成造林面积 1200 亩，森林抚育、新建及完善农田林网控制面积各 3000 亩，新建绿化示范村 1 个。强力推动“263”专项整治，累计减煤 4500 吨，关停化工企业 9 家，关闭规模以上养殖场 23 家，19 家畜禽养殖户全部完成整改；王渚村、洙汤村等 4 个村的生活污水处理设施全部完成，惠及村民 260 余户。基础设施日益完善，投入资金 2980 万元，完成村级公益事业建设 148 个。先后投入 9000 多万元修缮水利隐患，累计加固圩堤 8016 米，疏浚整治河道 4 条、自然塘 30 座。

农村管理全面加强，建立健全“三资”公开平台，完善农村集体产权交易市场建设，完成产权市场交易7笔。行政村清产核资和土地确权工作有序推进，逐步推进“还账于村”。严格审批村级建设项目，受理76个，退批7个，先后组织40余次对违反土地和规划建设的违法行为开展联合执法，拆除各类违法建筑3000余平方米。

【镇村面貌】 坚持规划统领，先后投入300余万元完成绿色铸造科技产业园区、集镇雨污分流、竹箦河整治等8个指导性规划。坚持品质优先，瓦屋山站站前路、前马老街改造年内全面竣工，竹箦卫生院住院楼完成主体封顶，中王村、十三队村创建省级美丽乡村顺利通过常州考核验收。瓦屋山旅游线路构成“溧阳1号旅游公路”的内涵版块。实施农贸市场、公厕改造，加快实施华胥路、竹溪南街镇区入口等基础设施升级改造等工程。管理水平提档升级，实行定时、定员、定岗、定职责、定奖惩的“五定”管理，形成“动态化、网络化、全覆盖”的工作机制；实行主干道错时保洁和生活垃圾收集转运市场化运行模式，强化集镇保洁力度；定期联合交警、市场监督管理分局等部门开展专项整治行动，规范集镇停车、经营秩序；不定期对农村环境卫生进行督查，重点加强镇中村环境卫生整治，形成“共建、共管、共赢”的良性互动局面。

【民生事业】 社会保障更为健全，累计发放民政保障资金2234万元，其中镇财政配套1265万元。发放各类优抚资金751万元，城乡最低生活保障431万元；特困人员供养171人；发放供养费163万元；发放残疾人两项补贴720万元；发放80岁以上尊老金158万元，临时救助救济20万元。镇财政出资20多万元，为全镇居民家庭财产进行保险，全力保障居民的财产安全。全年调处劳动纠纷75起，涉案金额426万元。社会事业协调发展，全面落实人口均等化服务管理政策，实施孕前优生健康免费检查，组织3000余名育龄妇女免费“两癌”筛查。村级文化小礼堂通过常州市级验收。文化广场月月演、有奖征文、神韵竹箦摄影大赛等活动极大丰富群众业余生活。在2017年深阳市平安法治建设测评中，竹箦镇公众安全感评价、社会治安满意度评价的满意率均名列全市第一。

2017年竹箦镇各村基本情况

表51

村名	中共支部（总支、党委）书记	村委主任	村合作经济组织总收入（万元）
竹箦	葛国荣	吕生方	68.83
中梅	王志兰	王志兰	83.34
王渚	袁卫平	袁卫平	97.75
前村	万志强	丁全强	113.07
北村	邱建冬	邱建冬	87.40
南旺	彭国才	彭国才	93.29
长岗	李洪福	李洪福	77.52
姜下	张志刚	宋龙保	76.68

续表51

村名	中共支部（总支、党委）书记	村委主任	村合作经济组织总收入（万元）
陆笪	陶志明	杨锁法	191.76
陶庄	易明连	郑忠泉	149.11
下宅	宋卫明	宋卫明	49.22
前马	赵文斌	陈国伟	134.35
洙汤	缪留清	缪留清	116.58
西芮	芮公兴	芮公兴	89.02
水西	葛国林	芮瑜亮	84.11
余桥	陈永球	陈永球	184.59
濑阳	吴建峰	王磊	65.08
道人渡	沈海金	沈海金	74.49

2017年竹箦镇销售收入2000万元以上企业

表52

企业名称	法人代表	销售收入（万元）
科华控股股份有限公司	陈洪民	90100
江苏竹箦阀业有限公司	汤伟	21723
溧阳市虹翔机械制造有限公司	吕逸建	17895
溧阳市万盛铸造有限公司	陈春花	16736
溧阳市光明金属有限责任公司	陈义永	13929
溧阳市金世纪混凝土有限公司	徐福康	13575
溧阳市联华机械制造有限公司	陈国香	12457
江苏建腾机械设备有限公司	张建伟	11420
溧阳市金桥机械有限公司	王国强	10347
溧阳市新力机械铸造有限公司	陈信华	8933
溧阳市东晨服饰制伞有限公司	刘一东	8805
溧阳市濑江防火门有限公司	吕才林	6958
溧阳市恺源电池有限公司	陈国民	6734
江苏康宏新材料有限公司	葛寿康	6453
江苏晶阳加工有限公司	郑贤永	6254
溧阳市天弈牛仔服饰有限公司	李国民	5329
江苏竹溪活性炭有限公司	陈浩勤	5147
溧阳市新世纪电器材料有限公司	宋洁	4606
溧阳市泓业车辆配件有限公司	李洪生	4318
溧阳市正平锻造有限公司	费小平	4095
江苏晶竹服饰有限公司	王志红	3845
溧阳市苏菱机电有限公司	黄小平	3502
江苏华亿锻造有限公司	赵锡松	3463
溧阳宏基兴业混凝土有限公司	曹芝芳	3443
溧阳市鑫盛化工设备有限公司	缪新民	3399
溧阳市金盛金属加工厂	赵国庆	3399
溧阳市骏威重工机械有限公司	宋双俊	3163
溧阳市北方机械有限公司	巢卫东	3162
江苏燎原活性炭有限公司	嵇健康	3155
溧阳市威达金属制品有限公司	沈菊明	3127
江苏恒欣仓储设备有限公司	操文武	2954
溧阳市新明机械配件制造有限公司	杨建明	2801
溧阳市广和纱业有限公司	吴雪峰	2708
溧阳三丰铸锻有限公司	倪筱贤	2219
溧阳市双盛机械制造有限公司	陈博雄	2096
江苏新东周涂料工业有限公司	钟小明	2080
江苏良友环保科技有限公司	邱建东	2042

（李柏之）

上 兴 镇

2017 年上兴镇主要社会经济指标

表 53

项 目		数 据
自然概况	年末土地总面积（平方公里）	245.6
	其中：镇区建成面积（平方公里）	5.85
	居民委员会、行政村委会（个）	26
	总人口（人）	81628
	其中：非农业人口（人）	6660
综合实力	地区生产总值（GDP，亿元）	46.64
	人均 GDP（万元）	5.82
	财政收入（亿元）	2.81
	全社会固定资产投资（亿元）	30.6
	实际利用外资（万美元）	0
	农民人均纯收入（元）	23835
工业	工业企业（家）	145
	工业企业职工（人）	9345
	工业总产值（亿元）	151.1
	工业增加值（亿元）	27.4
	工业销售收入（亿元）	164.4
	工业利税（亿元）	19.0
	工业固定资产净值（亿元）	66.2
农业	农林牧渔业总产值（万元）	94522
	其中：农业（万元）	53949
	林业（万元）	9683
	牧业（万元）	6378
	渔业（万元）	20189
	农业服务业（万元）	4323
	粮食产量（吨）	90709
	年末农机总动力（万千瓦）	64356
第三产业	第三产业实体（个）	3752
	第三产业从业人员（人）	16084
	第三产业增加值（亿元）	8.7
	集贸市场（个）	4
	年末个体工商经营户（户）	3080
社会事业	中学（所）	3
	在校中学生（人）	1362
	小学（所）	4
	在校小学生（人）	3172
	文化站馆（个）	1
	体育健身场所（个）	33
	人口自然增长率（‰）	0.91

【概　况】 镇域面积 245.6 平方公里，辖 4 个集镇、3 个居委会、23 个行政村，总人口 81628 人。属丘陵山区，地域面积广大，有耕地面积近 1 万公顷，水域面积 2000 公顷，林地面积 3300 公顷，100 万亩以上水库 7 座。上兴镇距南京禄口国际机场 38 千米，宁杭城际铁路、宁杭高速公路、104 国道、341 省道在集镇区交汇。2017 年，全镇完成地区生产总值 46.64 亿元，增长 17.5%；实现财政收入 2.81 亿元，增长 37.1%；工业销售收入 164.4 亿元，增长 26.5%；工业利税 19.0 亿元，增长 41.7%；农业总产值 9.45 亿元，增长 2.1%；全社会固定资产投资 30.6 亿元，增长 10.5%；第三产业增加值 8.7 亿元，增长 20.2%；农民人均纯收入 23835 元。2017 年，上兴镇被评为国家卫生镇、省健康镇、省特色景观旅游名镇、省和谐社区建设示范乡镇。牛马塘村成为全省特色田园乡村建设首批 43 个示范点之一。

【转型升级】 2017 年，全年完成服务业投入 4.9 亿元，增长 17.5%；高新技术产值 14.2 亿元，增长 113%。龙头企业加快转型，江苏国强镀锌实业有限公司产业向智能光伏支架、光伏机器人、现代物流等延伸，其中快车智网、运通供应链等实现销售收入 4 亿多元，税收 5300 万元，产业转型效果显著。工业制造经济运行质量提升，16 家企业产值比上年大幅增长，其中增长 160% 以上企业 2 家、增长 90% 以上企业 1 家、增长 50% 以上企业 6 家；江苏国强镀锌实业有限公司高速增长 50% 以上。智慧经济跨上新台阶，创建全市首家“互联网 +”产业园，已有江苏舟球信息科技有限公司、江苏依路物流科技有限公司等企业入驻，2017 年缴税 5300 多万元；江苏盛辉软件科技有限公司取得“双软”认证，溧阳市盛杰机械有限公司以自动焊接设备为主投资近 1800 万元完成部分车间“机器换人”；省电子商务镇、村的示范效应显现，27 家电子商务企业实现电商交易 20 亿元。企业科技意识显著增强，申报省高新科技产品 1 个，产学研合作 5 份，申请专利 99 件，申请授权 35 件；依托南京大学共同设立国际孵化中心，申报常州市众创空间。与南京工业大学合作成立金属新材料研究中心，成立江苏海鑫新材料研究有限公司；培育和申报市重点研发科技项目、科技创新券项目 10 余项。节能减排显成效，全镇在工业用电量比上年减少 65% 的情况下，实现经济总量增长 12%，经济质量明显改善。

【项目攻坚】 2017 年，全镇推进实施投资 5000 万元以上工业重点项目 8 个，总投资 25.75 亿元，完成投资 11.3 亿元。实施重点技改项目 8 个，完成投资 6000 万元。共对接项目 104 个，其中已签约项目 11 个，包括总投资 30 亿元的江苏国电高端管件制造项目、总投资 10 亿元的新阳星斗湖度假区项目及投资 5 亿元的博飞特（江苏）汽车设备自动化有限公司汽车柔性自动化生产线及输送设备生产项目、兴跃洋新材料科技（江苏）有限公司医用合金新材料项目等，累计总投资达 62 亿元；至年底，已有待签约项目8个，包含工业、旅游、农业、地产，投资超100亿元。积极实施资源集约利用和招商盘活工程，9个企业累计盘活存量土地近300亩，厂房近10万平方米，办公楼1.5万平方米，有力保障项目的落地投产。

【城乡形象】 2017年，全镇各村总计投资约3000万元用于环境卫生改造；实施镇区部分道路的白改黑、绿化、管线入地、河道清淤工程；完成S341老明路、G104国道景观道路绿化、亮化和绿道改造；启动老集镇改造工程；新修健身步道18公里；启动牌楼公园景观提升、上沛游园建设工程；完成陶村后村美丽乡村提档升级；牛马塘村成为省特色田园乡村建设首批43个示范点之一。围绕“263”专项行动，实施天山水泥防护距离内200多户居民搬迁安置工作；完成天山南路改造、绿化防护林建设、废旧轮胎的清理等卫生环境治理；关闭（转产）企业3家，完成年度减煤减化工作任务；工业用电量比上年减少3.5亿度，重产业整治见效明显；实施区域治污系列工程，全力推动经营性农庄生活污水治理工作，完成7个自然村农村生活污水环境整治，推进集镇雨污分流；关闭禁养区和非禁养区养殖场60个。举办多层次旅游节目，相继举办2017元宵联欢会、“相约曹山”交友联谊活动、中国·溧阳曹山自行车全国邀请赛、中国·溧阳国际龙狮争霸赛、“大美曹山，骑乐无穷”自行车嘉年华、日日春杨梅节、白露山蓝莓节、广场舞大赛、旗袍秀及“醉美曹山”音乐会等活动。曹山旅游度假区加强媒体合作，冠名“七彩曹山”号高铁，精心打造微信公众号，扩大对外宣传，提升“七彩曹山”品牌，提升上兴美誉度。

【基础设施】 大力推进区域供水工程，惠及居民用户2万余户；投入600多万实施上兴老菜场、上沛农贸市场改造；建成一批公共停车场所（停车位）；改造集镇公厕10余座；实施4个集镇区域主干道路灯亮化工程；实施农村危房改造300户；完成约200公里砂石路改造；农村公益事业建设投入2000多万元。所有自然村庄生活垃圾清运和卫生保洁全覆盖；新建农村垃圾亭1428座；全力推进上兴镇三年（2016—2018年）水利工程建设，全年投入1500多万元。实施和推进省市及重点县各类水利工程项目总投入达5500万元，完成重点塘坝除险加固6座；完成全域主要节点太阳能路灯安装；实施1600亩土地整理，新增耕地300余亩。

【社会事业】 强化社保扩面工作，超额完成企业养老、医疗参保和农村居民养老参保扩面任务；完成上兴、上沛敬老院合并搬迁至上兴镇社会福利中心；民办高中筹建工作顺利启动，全镇基础教育、学前教育质量稳步提高。中考取得好成绩，新增省优质幼儿园1所，社区教育及企业岗位培训成效明显；完善公共卫生服务体系，全面完成上兴医院装修并配备相关设备；广泛开展群众性文化体育活动，开展文物保护和修复工作，完善上兴乡情馆建设，完成涧东等5个村的文化小礼堂建设；大力推进体育健康特色小镇创建工作；建设社区网格化管理队伍，提升小区物业管理水平。社会稳定维护有力，深入开展“七五”普法宣传活动，创新法律服务方法，“法润民生”活动有效开展。“上兴小白”微信公众号普及态势良好。扶贫攻坚取得成效，分界村的香菇大棚项目亩均利润达2万多元，全镇12个村的帮扶项目投入都高于50万元，全年完成1300余人的脱贫任务。

11月4～5日，2017年中国·溧阳国际龙狮争霸赛在曹山日日春农庄举行　　（上兴镇　供稿）

表 54

2017 年上兴镇各村基本情况

村　名	中共支部（总支、党委）书记	村委主任	村合作经济组织总收入（万元）
分　界	蒋志敏	向明清	106.67
陶　村	赵　超	徐江海	102.42
老　河	邹荣国	邹荣国	105.70
上　城	史长明	史长明	114.55
上　兴	陆建春	胡树清	104.27
练　庄	李定福	李定福	106.65
赵　沛	何忠华	张顺根	102.25
余　巷	蒋志敏	蒋志敏	133.59
永　和	张方平	董明洪	102.72
步　村	许善林	胡世成	138.35
涧　东	韦建华	韦建华	117.18
万家边	强文俊	陈家孝	128.79
沛　民	王佩峰	刘贞明	103.33
龙　峰	余庆贵	余庆贵	134.24
桥东干	张成保	张益安	108.63
东　塘	陈和国	黄建华	120.89
毛　家	楚训全	许小龙	100.51
缪　巷	马国强	江金财	104.56
祠　堂	施国林	施忠良	105.78
蒲　村	吴火根	吴火根	103.32
吐　祥	芮爱国	芮爱国	163.23
圩　庄	伊水银	曹锦绣	192.03
汤　桥	汤惠军	杨生根	117.61

表 55

2017 年上兴镇销售收入 2000 万元以上企业

企　业　名　称	法人代表	销售收入（万元）
江苏国强镀锌实业有限公司	袁国强	986518
江苏超强工程材料有限公司	黄桂珍	126815
溧阳市华力金属有限公司	易会盛	120942
江苏国电新能源装备有限公司	冯　玮	80977
溧阳天山水泥有限公司	刘国山	45548
江苏久业新材料有限公司	彭建平	43116
溧阳市鑫天地金属制品有限公司	黄光明	33651
江苏兴源矿业有限公司	万三军	18686
江苏盛德电子仪表有限公司	陈志萍	14816
溧阳市盛杰机械有限公司	潘剑青	12683
江苏国强日铁建材有限公司	宫川和久	10413
常州紫金花铜业有限公司	邰家明	11030
溧阳市隆鑫新型材料有限公司	徐昌彬	10407
溧阳市盛翔新型建材有限公司	葛芙妹	10316
溧阳市宝丽佳塑胶纺织有限公司	易　群	9383
溧阳市塑宝塑胶科技有限公司	丁雪峰	8496
溧阳市高邦电缆材料有限公司	周建平	8256
江苏北山建材有限公司	张忠明	5792
江苏阳帆机电设备制造有限公司	杨宏伟	4832
溧阳市嘉乐针纺织品有限公司	毛献金	4819
溧阳中材环保有限公司	俞　刚	4785
溧阳比利美英伟饲料有限公司	李泽燕	3606
溧阳市南方活性炭厂	朱　涛	3480
朔州市恒中矿山工程有限公司溧阳分公司	周立平	3422
溧阳市盛力橡塑制品有限公司	吴建春	3354
江苏阳帆家居用品有限公司	徐阿发	2776
江苏叶琦机械有限公司	巢卫东	2725
溧阳市恒盛门窗有限公司	张　住	2399
溧阳市亮亮金属制品厂	徐保英	2195

（许　峰）

烟雾袅绕下的曹山　　（上兴镇　供稿）

南 渡 镇

2017 年南渡镇主要社会经济指标

表 56

项 目		数 据
自然概况	年末土地总面积（平方公里）	124.53
	其中：镇区建成面积（平方公里）	3.3
	居民委员会、行政村委会（个）	19
	总人口（人）	75834
	其中：非农业人口（人）	11611
综合实力	地区生产总值（GDP，亿元）	47.43
	人均 GDP（万元）	6.25
	财政收入（亿元）	3.3
	全社会固定资产投资（亿元）	23.8
	实际利用外资（万美元）	2200
	农民人均纯收入（元）	27561
工业	工业企业（家）	281
	工业企业职工（人）	7908
	工业总产值（亿元）	91.3
	工业增加值（亿元）	18.9
	工业销售收入（亿元）	90.9
	工业利税（亿元）	9.1
	工业固定资产净值（亿元）	12.8
农业	农林牧渔业总产值（万元）	74610
	其中：农业（万元）	35588
	林业（万元）	432
	牧业（万元）	4439
	渔业（万元）	29540
	农业服务业（万元）	4611
	粮食产量（吨）	64670
	年末农机总动力（万千瓦）	6.14
第三产业	第三产业实体（个）	223
	第三产业从业人员（人）	5587
	第三产业增加值（亿元）	19.3
	集贸市场（个）	4
	年末个体工商经营户（户）	2594
社会事业	中学（所）	3
	在校中学生（人）	2311
	小学（所）	4
	在校小学生（人）	2183
	文化站馆（个）	1
	体育健身场所（个）	30
	人口自然增长率（‰）	−0.07

【概　况】 镇域面积124.53平方公里，辖18个行政村、1个居委会，总人口75834人。2017年，全镇完成国内生产总值47.4亿元，增长11.3%；实现财政收入3.3亿元，增长6.5%；工业销售收入90.9亿元，增长11.5%；工业利税9.1亿元；农业总产值7.46亿元，增长7.96%；全社会固定资产投资23.8亿元，增长10.7%；第三产业增加值19.3亿元，增长10.3%；农民人均纯收入27561元，增长6.5%。江苏开磷瑞阳化工股份有限公司挂牌新三板，实现南渡镇上市企业“零”的突破。钱家圩村被评为省级“水美乡村”，旧县村创成省级生态村。“531”连心工程入选常州市“三大一实干”首批10件典型案例。南渡小学因材施教，创办人文教育课程，培育“感恩信义”校园文化，获《中国教育报》刊登宣传。司法所所长甘春英当选“江苏好人”。

【工业经济】 2017年，全镇实现工业纳税销售收入75亿元，规模工业产值80亿元，工业投入21.1亿元，其中工业设备投入2.6亿元，实现高新技术产值30亿元，实现外资注册4200万美元，外资到账2200万美元。8个市重点项目中，江苏弘溧新材料有限公司精密制管及轻钢龙骨项目、江苏弘博热电有限公司、江苏瑞昕金属制品科技有限公司和常州乔尔塑料有限公司技改项目投产见效，江苏三乔智能科技有限公司汽车玻璃等项目加速推进，引领产业转型发展。成功引进南渡镇历史上外商投资额最大、总投资1.4亿美元的台湾长兴化学工业有限公司项目。

【现代农业】 2017年，实现农业总产值7.4亿元。全年共新增高效设施农业面积1220余亩、高效设施渔业面积900余亩，创成两个省级水稻绿色高产千亩方。水产、蔬菜、瓜果等农业基地不断巩固壮大。结合全域旅游开发战略，发展“旅游+”农业，拓展乡村旅游新路径，庆丰村创新推出手机APP稻田种植认养模式。

【村镇建设】 优化村级路网，完成旧县至上沛（南渡段）农村道路建设，新建3座农桥，完成195个农村道路交汇车道建设。完善集镇功能，加快推进春晖公园建设，推进自来水厂收购和交接工作，完成南渡境内供水主管网建设。提升城乡面貌，完成旧县、大溪老集镇整治改造，实施中心街等老街区的优化改造，推进农贸市场周边环境改造，实施交通干线沿线环境综合整治和道路硬化、卫生保洁等多项综合治理工程。

【生态环境】 “263”专项行动成效明显，超额完成全年目标任务，燃煤锅炉、黑臭水体等专项整治稳步推进。创新推行区域企业联防联治制度，化工企业专项整治工作效果显著。实施新河、钱家圩等村6600亩的土地整治项目，对西圩等村土地整治项目内的道路、沟渠、农灌等基础设施进行提档升级。坚持矿产品码头整治长效管理，对关停的4个砖瓦窑厂进行土地复垦，新增土地

412 亩。全面推行河长制，建设生态河道，实施胜利河河道二期整治工程。实施村庄环境综合整治，不断提高村庄环境卫生管理水平。

【民生保障】 有序开展农村居民养老保险、企业职工社会养老保险、新型合作医疗保险、社会保障卡发放等工作，镇财政承担配套社保医疗资金 1300 余万元。对南渡敬老院实施全面改造。开展双挂双促，实施“造血强村工程”，不断壮大集体经济。推进“阳光扶贫”，光伏扶贫项目被列为全市扶贫工作试点。开展“四问四百四心”大走访，倾听百姓心声，帮助解决实际问题，打通联系群众“最后一公里”。

【社会事业】 教育水平稳居全市前列，2017 年南渡高中高考二本上线率达 99.2%。完成南渡小学、幼儿园异地新建工程，建设新校区周边道路，提升教学配套设施。对 5 条校车线路实施安全生命防护改造工程，保障学生出行安全。成功举办首届南渡镇运动会，积极参加市第八届运动会，共获奖牌 45 块，列镇（街道）奖牌榜第一位。

【社会治理】 坚持“合理诉求落实到位，不合理诉求解释到位”原则，有效化解矛盾纠纷。司法所所长甘春英当选“江苏好人”。探索社会治理新办法，全镇 19 个村全部建成“百姓议事堂”，充分发挥“百议堂”在乡村治理中的协商、服务和监督等功能。在常州地区首创“党员代理制”，通过在各村设立农村党员服务代理站，把服务窗口延伸到居民身边，更好地为群众解决民生实事。

2017 年南渡镇各村基本情况

表 57

村　名	中共支部（总支、党委）书记	村委主任	村合作经济组织总收入（万元）
联　盟	朱和平	蒋国华	62.53
平　城	宋　斌	杨国平	53.38
新　河	芮汉华	芮汉华	122.03
大　圩	朱才保	朱才保	96.40
西　圩	石少白	陈利民	98.03
庆　丰	洪　骥	洪　骥	68.35
永　丰	夏和平	夏和平	66.20
强　埠	陈国平	周　毅	62.00
堑　口	马　维	—	72.57
梅　庄	许云亮	许云亮	89.80
福　新	孙洪保	孙洪保	93.59
旧　县	陈建泉	吕勤富	143.77
东　湖	李建新	李建新	76.25
黄　山	周德芳	张玉平	87.41
胜　笪	张晴泽	沈跃忠	130.43

续表 57

村　名	中共支部（总支、党委）书记	村委主任	村合作经济组织总收入（万元）
腾　村	王定保	徐国新	80.00
钱家圩	蒋争光	—	89.50
淦　西	黄小杰	黄土金	50.54
石　街	姜志强	—	54.10

2017 年南渡镇销售收入 2000 万元以上企业

表 58

企　业　名　称	法人代表	销售收入（万元）
江苏瑞昕金属制品科技有限公司	周建国	226832.95
江苏弘溧新材料有限公司	周建国	78358.76
江苏开磷瑞阳化工股份有限公司	刘启东	41960.66
溧阳兰天化工有限公司	董天才	39898.00
江苏金隆新材料有限公司	王针宇	38196.76
常州乔尔塑料有限公司	肖和平	38087.26
江苏联盟化学有限公司	蒋全松	27046.84
溧阳市山湖实业有限公司	李田生	20902.00
江苏力强化工有限公司	蒋明春	18694.16
溧阳市乔森塑料有限公司	肖和平	17841.90
溧阳开成毯业有限公司	蒋夕生	16923.84
溧阳永顺合金材料有限公司	徐晓欣	16617.51
朗盛（溧阳）多元醇有限公司	陈　飚	15010.10
江苏廷锴建材有限公司	王　芬	10096.89
常州市华菱新材料有限公司	李道胜	10078.35
江苏旗云油脂科技有限公司	陶云瑞	9238.21
江苏强林生物能源材料有限公司	周永红	7576.00
江苏鼎力新材料有限公司	彭美仙	5722.45
溧阳市乔迪塑料有限公司	肖和平	5127.06
溧阳市金濑织物有限公司	黄凤平	4538.22
溧阳市大兴化工有限公司	芮汉华	4233.55
溧阳市濑江水泥有限公司	许木新	4144.63
溧阳艺佳超微粉体科技有限公司	张光文	4140.52
溧阳市濑江混凝土有限公司	李继平	3971.39
溧阳市新建化工有限公司	朱志荣	3750.90
溧阳市金濑水泥制造有限公司	余国法	3747.84
江苏人民机具有限公司	蒋小明	3702.28
溧阳市瑞丰金属制品有限公司	吴其新	3218.15
溧阳市大地新材料有限公司	陈玲芳	3176.12
江苏安顺能源有限公司	邵　顺	2606.04
溧阳市嵘麒钢结构有限公司	史建卫	2468.89
溧阳市东南焊材有限公司	潘来松	2300.40

（吴有安）

社 渚 镇

2017 年社渚镇主要社会经济指标

表 59

项 目		数 据
自然概况	年末土地总面积（平方公里）	207
	其中：镇区建成面积（平方公里）	6.3
	居民委员会、行政村委会（个）	24
	总人口（人）	73832
	其中：非农业人口（人）	4403
综合实力	地区生产总值（GDP，亿元）	83.27
	人均 GDP（万元）	11.28
	财政收入（亿元）	4.19
	全社会固定资产投资（亿元）	33.63
	实际利用外资（万美元）	8.85
工业	工业企业（家）	209
	工业企业职工（人）	8193
	工业总产值（亿元）	136.09
	工业增加值（亿元）	38.95
	工业销售收入（亿元）	181.6
	工业利税（亿元）	24.06
	工业固定资产净值（亿元）	65
农业	农林牧渔业总产值（万元）	109551
	其中：农业（万元）	51161
	林业（万元）	788
	牧业（万元）	8837
	渔业（万元）	43617
	农业服务业（万元）	5148
	粮食产量（吨）	78851
	年末农机总动力（万千瓦）	6.78
第三产业	第三产业实体（个）	3882
	第三产业从业人员（人）	8313
	第三产业增加值（亿元）	33.27
	集贸市场（个）	4
	年末个体工商经营户（户）	3219
社会事业	中学（所）	2
	在校中学生（人）	1176
	小学（所）	5
	在校小学生（人）	3155
	文化站馆（个）	1
	体育健身场所（个）	26
	人口自然增长率（‰）	0.14

【概　况】 镇域面积 207 平方公里，辖 2 个居委会、22 个行政村、622 个村民小组，有 304 个自然村，总人口 73832 人。2017 年，全镇完成地区生产总值 83.27 亿元，增长 9.6%；实现财政收入 4.19 亿元，增长 119.4%；工业销售收入 181.6 亿元，增长 17.2%；工业利税 24.06 亿元，增长 10.0%；农业总产值 10.95 亿元，增长 4.8%；全社会固定资产投资 33.63 亿元，增长 10.3%；第三产业增加值 33.27 亿元，增长 10.8%。2017 年，社渚镇被评为全国“一村一品”示范村镇。江苏正方园建设集团有限公司获“2016 ～ 2017 年度中国建设工程鲁班奖（国家优质工程）”。

【经济实力】 2017 年，全镇重点项目推进顺利，投资 6 亿元的江苏铭丰电子材料有限公司、投资 5 亿元的江苏惠太汽车科技有限公司、投资 1 亿元的常州市永春机电设备有限公司以及投资 11.8 亿元的江苏荣辉木业有限公司 4 个项目全部开工，其中江苏荣辉木业有限公司一期与江苏铭丰电子材料有限公司已开始试生产。招商引资成果丰硕，已签约开工的项目 2 个，分别是投资 6000 万元的江苏奥冠首信薄钢有限公司与投资 6000 万元的溧阳市凌光机械科技有限公司；已签约项目 5 个，分别是投资 7.5 亿元的江苏天运永昌保温材料有限公司，投资 2 亿元的江苏宝通环保科技有限公司锂电池梯次利用，投资 1 亿元的江苏天恩生态环境科技有限公司环保机械制造，投资 6000 万元的江苏德优镁轻合金科技有限公司镁铝合金项目以及投资 6000 万元的智能门窗项目；签订战略合作协议项目 1 个，投资 180 亿元的荣盛康旅文化项目。苏皖合作示范区社渚产业先导区的确立，为全镇工业、集镇的空间发展与承载能力的提升带来良机。加快规划编制，基本完成先导区发展规划、总体规划、城市设计、控制性详细规划、管线综合规划以及园区道路、安置小区、公园绿道等规划设计。加快房屋征收，园区共涉及 10 个自然村约 11 万平方米房屋征收，已完成 6 个自然村 100% 征收，总征收率达 91%。10 万平米的苏皖风情安置小区已完成方案评审及施工图编制，105 亩用地手续已到位。加快道路建设，结合土地整治实施的 2 公里道路已完成至水稳层铺设，总投资约 1 亿元 12 公里的 7 条主次干道，已进场施工。

【农业转型】 全年完成高效设施农业面积 3500 亩，高效设施渔业 936 亩，建立常州市级青虾良种繁育场 2 家；引进新品种太湖 2 号（原种），形成一年二茬、虾蟹混养、虾草轮作等养殖模式，不断完善渔业新技术推广、水生动物防疫、水产品质量监管“三位一体”公共服务体系，被评为全国“一村一品”示范村镇。构建从青虾养殖、渔需物资、青虾饲料、青虾销售到青虾深加工全产业链。青虾交易中心建成投入运行，日均交易量约 10 吨。加强农村集体“三资（资金、资产和资源）”管理规范化建设，完成农村集体“三资”清理组织 6 家，家庭农场 39 家，培育市级优秀示范家庭农场 1 家，常州市星级示范社 1 家。新增标准化圩堤达标 9 公里，完成堤防加固 22 公里，完成排灌站及涵洞工程

32 座，实施河心集镇、孔村翔鹏圩防洪大包围。市镇区域供水一体化工程，一级管网建设基本到位。

【镇域发展】 2017 年，全镇以文明城市创建为契机，全面提升集镇建设和管理水平。完成道路黑色化及杆线入地工作，统一主要街道店招店牌；社渚新农贸市场装修结束，配套的生态式停车场年底投入使用，集镇新增公厕 4 座；完成 4 个小区改造，新增停车位 400 余个；"幸福树"志愿者爱心服务站投入运行；完成惠民河景观廊道、绿化建设，社渚集镇防洪工程已开工建设。文化公园二期建设方案已确定，200 亩的土地流转手续已办理。开展环境大整治和长效管理、集镇保洁外包、机关部门网格化负责制、第三方测评、逐月点评、志愿服务常态化等扎实举措，全镇上下呈现出"干部齐上阵，群众共参与"的生动局面，文明城市创建取得阶段性胜利，镇村面貌、交通秩序、小区环境、群众素质等明显改观。环境治理有成效，深入开展"263"专项行动，减煤任务全面完成，3 家化工厂关停任务提前到位。首轮 342 个黑臭池塘全面清淤整治工作已结束，编制社渚河、河心河两条河流的治理方案，7.5 公里周城至社渚污水管网工程已完成 90%；禁养区 22 家养殖场全部关闭，5 家规模以上养殖场整治通过市级验收；开展矿产品综合整治，发放通行证、GPS 定位行走轨迹、增设洗车点、全面拉通金峰矿产品专用通道、路面洒水、堆场复绿及绿色矿山创建等措施。提高农村环境长效管理水平，全镇新增农村保洁员 137 名，新建公厕 99 座，清理池塘、沟渠等 1300 余处，添置垃圾桶 2900 余只，整治乱堆放 2 万多处。推进美丽镇村建设，实施下西村务庄头康居村建设，改造提升殷桥老集镇，窑头窑塘美丽乡村建设进一步深化。完成农村分散式污水收集处理系统工程的自然村达 22 个。

【民生实事】 2017 年，全镇惠民工程有序推进，新增低保对象 17 户 32 人，取消退保 59 户 106 人，不断提高五保供养水平，完成镇敬老院消防设施升级改造工程，做好困难群众救助工作，发放临时救灾救济款约 20 万元。扶贫工作成效明显，全镇 1015 户贫困户中已有 968 户脱贫。指导村委规范化建设，完成孔村、大田、周城居委会三个村（居）的居家养老服务中心建设；全面推进各村村务监督委员会工作；所有行政村建立"百议堂"。完成常州市学前教育现代化乡镇评估和江苏省教育服务"三农"高水平示范基地创建验收。

2017 年社渚镇各村基本情况

表 60

村　名	中共支部（总支、党委）书记	村委主任	村合作经济组织总收入（万元）
社　渚	蒋云虎	刘耀顺	126
下　西	虞鹏月	虞鹏月	104
王　家	霍亚萍	霍亚萍	100
新　塘	林　克	林　克	107
新　山	肖德顺	肖德顺	152
宋　村	宋德喜	宋德喜	101
宜　巷	陈爱兵	王仲喜	117
姚　巷	尹洪发	尹洪发	101
殷　桥	吴玉凤	吴玉凤	101
上　蒋	戴明龙	熊阿才	128
孔　村	张春九	张春九	102
湖　西	彭金木	彭金木	107
大　田	吕三妹	—	104
东　升	赵国兴	韦　飞	169
河　口	李和林	赵丽杰	130
乘马圩	赵荣华	赵荣华	102
金　峰	朱法金	朱法金	103
梅　山	—	颜洪喜	102
金　庄	丁国平	丁国平	104
丁　山	戴俭俊	张建刚	235
周　城	彭泽宇	彭泽宇	105
金　山	王全华	黄忠心	234

2017 年社渚镇销售收入 2000 万元以上企业

表 61

企　业　名　称	法人代表	销售收入（万元）
江苏金峰水泥集团有限公司	徐贵生	561660.57
溧阳市宏峰水泥有限公司	朱茂金	502246.28
溧阳市新金峰水泥有限公司	朱忠平	462716.77
江苏铭丰电子材料科技有限公司	明小强	30492.81
江苏华冶钙业有限公司	刘国福	19432.29
江苏华强模具科技有限公司	李国强	18108.09
江苏溧阳南方水泥有限公司	张俊炜	17626.08
溧阳市江山矿业金山有限公司	张洪德	16580.44
溧阳市江山矿业前峰有限公司	杜民吉	16255.74
恒大宝丽丝生物基纤维股份有限公司	李建伟	14932.84
江苏省社渚轴承有限公司	吕长寿	13339.38
江苏省前峰服饰有限公司	徐登羽	9044.51
溧阳市金山尾矿综合利用有限公司	朱茂金	8749.72
溧阳市天目助剂有限公司	毛福生	7783.92
溧阳广道针织有限公司	彭志伢	7501.22
常州市永春机电设备有限公司	李国平	6053.76
溧阳市江山矿业长山南有限公司	杜　刚	4440.83
溧阳市云凯化工有限公司	芮汉云	4282.06
常州市智强机械有限公司	胡小燕	4171.50
江苏红泽混凝土有限公司	徐金培	4006.61
江苏九久交通设施有限公司	虞建成	3974.21
江苏前峰电子有限公司	史永新	3940.94
常州朗臣纺织科技有限公司	何明鸣	3220.02
溧阳市戈平野营服饰有限公司	张　敏	2951.31
溧阳市联成溶剂有限公司	王爱荣	2816.83
溧阳市双龙制衣有限公司	吴玉凤	2800.83
溧阳市新宇净化科技有限公司	陈高明	2797.76
溧阳市社渚冶炼有限公司	周志福	2659.36
江苏江山矿业集团有限公司	荀全贤	2563.11
江苏冠乾特种水产饲料有限公司	官德保	2403.97
江苏浩跃新型防水材料有限公司	霍建荣	2283.53
溧阳市天茂服饰有限公司	吕小春	2065.92

（陆　平）

昆仑街道

2017年昆仑街道主要社会经济指标

表62

项目		数据
自然概况	年末土地总面积（平方公里）	80.05
	其中：建成区面积（平方公里）	13.49
	居民委员会、行政村委会（个）	23
	总人口（人）	66784
	其中：非农业人口（人）	2462
综合实力	地区生产总值（GDP，亿元）	172.05
	人均GDP（万元）	25.76
	财政收入（亿元）	22.73
	全社会固定资产投资（亿元）	163.61
	实际利用外资（万美元）	7495
工业	工业企业（家）	696
	工业企业职工（人）	23920
	工业总产值（亿元）	696.43
	工业增加值（亿元）	145.01
	工业销售收入（亿元）	698.22
	工业利税（亿元）	50.00
	工业固定资产净值（亿元）	125.53
农业	农林牧渔业总产值（万元）	69705
	其中：农业（万元）	33909
	林业（万元）	376
	牧业（万元）	4089
	渔业（万元）	30074
	农业服务业（万元）	1257
	粮食产量（吨）	14602
	年末农机总动力（万千瓦）	3.0
第三产业	第三产业实体（个）	953
	第三产业从业人员（人）	10196
	第三产业增加值（亿元）	19.96
	集贸市场（个）	2
	年末个体工商经营户（户）	2683
社会事业	中学（所）	2
	在校中学生（人）	605
	小学（所）	4
	在校小学生（人）	1666
	文化站馆（个）	1
	体育健身场所（个）	140
	人口自然增长率（‰）	3.26

【概　况】 昆仑街道面积80.05平方公里，辖7个居委会、16个行政村，总人口66784人。2017年，街道完成地区生产总值172.05亿元，增长16.9%；实现财政收入22.73亿元；工业销售收入698.22亿元，增长12.1%；工业利税50亿元，增长8.0%；农业总产值6.97亿元；全社会固定资产投资163.61亿元，增长10.4%；第三产业增加值19.96亿元，增长21.0%。2017年，昆仑街道在市文明城市创建中被溧阳市委、市政府授予集体三等功；昆仑街道被评为溧阳市平安建设和党的十九大安保维稳工作先进集体；昆仑街道社区教育中心创成常州市和江苏省标准化社区教育中心。

【园区发展】 重大项目保障有力，全年共回填土方450万立方米，清淤60万立方米，保障宁德时代新能源科技有限公司、上海汽车集团股份有限公司1008地块、上海璞泰来新能源科技股份有限公司等重大项目地块的“七通一平”。全年共征收土地5600余亩，息耕1700亩。保障开发区小学、新庄加油站、合心燃气站等一批重点项目建设用地。征迁工作强势推进，全年完成40家企业、12.04万平方米建筑面积拆除。完成拆迁扫尾农房20户，司法强制搬迁3户，送达“责交令”4户。完成王家、河田里等8个自然村拆迁意愿调查，提前办理11个自然村村基转征手续。建立健全拆迁户档案管理制度，累计完成录入电子档案5865份。安置配套日趋完善，完成小夏庄北、徐格笪、濑江新城等5个安置小区、5304套房源的交付工作，交付率达85%。完成宁德时代新能源科技有限公司地块景观河开挖工程，完成104国道和平陵路等道路绿化工程。

【城乡面貌】 文明创建成效显著，共更新店面招牌700多个、2000多平方米，拆除旱厕、违章搭建14处，清理卫生死角300余处，制作宣传栏310块，宣传展板3000多张，户外围挡1800米，特色主题墙绘1500平方米；开展“拎起文明袋，扇起文明风，争当文明人”特色活动51次，

12月16日，昆仑街道办事处组织志愿者开展关爱困境留守儿童行动　　（昆仑街道　供稿）

参与人数达 6200 人，累计发放文明袋 40000 个、文明扇 25000 个。环境治理深入开展，大力推进“263”专项行动，关停禁养区内畜禽养殖场 30 家，清理城市防洪圈内渔船 38 条，关停码头 5 家，彻底拆除胡桥砖瓦厂、杨庄石灰窑，整治取缔废品收购点 60 家。建立推广河长制，管护、清洁清淤河道 23 条，完成肇庄沟、新昌河引水沟、东半夜浜等 5 条黑臭水体（河）水环境治理。基础设施加快更新，中关村防洪大堤提升工程抢险工程已完工，提升工程完成工程投资 53%，完成杨庄埁圩、后庄排涝站和进水涵工程，方里、班竹村自来水管道改造、方里后桑园农村生活污水整治工程，完成肇庄村、毛场新村、夏庄村等 6 个村环境整治总体规划设计。

【社会事业】 公共服务稳妥推进，发放低保金、残疾人补助、优抚对象补贴等救助和慰问金 1663 万元。完成正昌路 9 号老小区改造，申报审批危房改造 4 户，完成新庄线、新河线、杨庄线等 9 条公路维修养护，蒋店后房桥施工建设。查处违建 653 起，拆除 333 起，拆除面积 25504 平方米，一般程序案件 11 件，规范建设 309 起。数字化城管按期处置案件 9833 件，结案率 99.76%。完成绿化造林 212 亩，四旁植树 1.2 万株。富民强村渠道拓宽，实现小麦单产 354 公斤，水稻单产 660 公斤，新增高效果蔬设施面积 150 亩，建成绿色高产高效示范区面积 4400 亩。开展各类农技培训 1800 余人次，入户指导 400 余人次，创省级示范家庭农场 3 家，创常州市级示范家庭农场 12 家，溧阳市示范农场 4 家。落实各项惠民补贴 190 万元，建档立卡贫困户 170 户 347 人，实行领导干部挂钩包户精准扶贫制度，以政策引导、资金扶持、解决就业等方式，剩余 63 户 134 人。成立昆仑街道农村产权交易服务中心，共有登记项目 204 个，完成交易 15 个、215 万元，规范农村集体“三资”管理。文体活动丰富多彩，完成送书下乡 3000 余册，送电影下乡 60 场，送戏下乡 8 场。村（社区）藏书普遍达 1000 册以上，新增健身设施 11 套，乒乓球台、篮球架等 8 副，成功举办农民工歌手大赛、健身舞大赛、羽毛球、乒乓球大赛等各类文体活动 10 余次，“三八”“五四”等节日主题活动有序开展。

【社会治理】 稳控力度持续加大，调处各类纠纷 286 件、368 人次，劝阻 269 件、351 人次，调解成功率达 93.7%。办结《市长信箱》信访件 11 件，及时办结率 100%。受理省委书记、省长信箱 4 件，受理省巡视组信访件 14 件，常州巡视组信访件 4 件。通过从源头化解及严格查处违法上访等方法，有效化解夏庄、胥渚群访问题。安置帮教稳步开展，开展法制宣传教育活动 5 次，印发宣传资料 2000 余份。申报创建省级民主法制示范村（社区）8 个。安全排查扎实推进，开展安全隐患大排查大整治行动，启动“百日”安全生产大检查，大力开展消防安全、出租房安全、危化品、道路交通、森林防火等 17 项专项整治，发现安全隐患 70 处、整改率 100%。

2017 年昆仑街道各村基本情况

表 63

村　名	中共支部（总支、党委）书记	村委主任	村合作经济组织总收入（万元）
徐格笪	王小彬	吴国伟	151.11
新　庄	宋　杰	宋　杰	283.58
泓　口	王正清	王正清	285.45
胥　泊	狄朝彬	狄志强	176.91
方　里	史　俊	史良刚	118.26
班　竹	罗保金	卢爱琴	223.07
吴潭渡	宋金荣	杨康金	209.69
前　棠	狄建如	狄建如	156.78
宋　庄	狄志法	狄志法	136.05
棠　下	周贤林	周荣富	107.60
胥　渚	狄苏彬	孙清保	101.57
昆　仑	蒋国元	王建荣	101.29
夏　庄	周　平	史建飞	102.38
杨　庄	杨宁俊	杨宁俊	208.45
毛　场	史建才	史建才	115.97
新　昌	蒋立新	蒋晓华	188.06
陶　家	陶志明	陶串连	173.77
胡　桥	蒋振林	蒋振林	145.94
马　塘	葛卫星	葛卫星	151.64
蒋　店	房志林	房志林	281.08
合　心	黄生平	史阿新	147.21

2017 年昆仑街道销售收入 2000 万元以上企业

表 64

企　业　名　称	法人代表	销售收入（万元）
江苏上上电缆集团有限公司	丁山华	1392701
江苏申特钢铁有限公司	杨建忠	1231198
江苏华鹏变压器有限公司	钱洪金	378618
江苏昇远金属制品加工有限公司	乐卫清	160741
江苏正昌集团有限公司	郝　波	112011
常州普莱德新能源电池科技有限公司	杨　槐	94803
常州海大生物饲料有限公司	张　宇	90353
江苏金源高端装备股份有限公司	葛艳明	61248
溧阳二十八所系统装备有限公司	戴成岗	59779
江苏开利地毯股份有限公司	蒋夕生	45511
江苏司能润滑科技有限公司	吴土金	45503
江苏冠宇机械设备制造有限公司	陈国顺	30804
江苏维多股份有限公司	罗春龙	29778
江苏盛屹钢构有限公司	沈水才	29442
江苏保龙设备制造有限公司	周水保	26277
溧阳市金昆锻压有限公司	徐文博	24372

续表64

企业名称	法人代表	销售收入（万元）
溧阳市华鹏电力仪表有限公司	戴志光	23664
江苏翔鹰新能源科技有限公司	徐　振	23429
江苏迪赛诺制药有限公司	陈为功	21335
江苏立达电梯有限公司	戴云松	19566
江苏盛昌钢铁有限公司	芮小明	16500
常州时创能源科技有限公司	符黎明	15594
江苏国粮仓储工程有限公司	刘　伟	14037
江苏粘博士新材料有限公司	程焕忠	13750
江苏富春江环保热电有限公司	钱剑锋	13369
溧阳市昆达金属制品有限公司	周海坤	13112
溧阳市立洋纺织有限公司	邹幼农	13110
溧阳市中纺联针织有限公司	吴　敏	10550
溧阳新钢川空气体有限公司	杨振纲	10189
荷贝克电源系统（溧阳）有限公司	杜　渺	9397
溧阳德维透平机械有限公司	罗春龙	8561
江苏中兴西田数控科技有限公司	张清林	8065
溧阳市胡桥轧钢厂	吴国忠	8020
常州金纬化工成套设备有限公司	刘惠明	7417
江苏迅隆科技发展有限公司	常销胜	7283
溧阳市绿茵毯业有限公司	袁再英	7238
常州汉德机车工业有限公司	陈一鸣	7130
江苏德盛食品有限公司	陈臻珠	7082
金纬机械常州有限公司	刘惠明	6912
溧阳市振大铁路设备有限公司	王龙江	6565
江苏迅隆精密机械有限公司	常销胜	5737
常州金纬挤出机械制造有限公司	刘惠明	5580
溧阳强鑫纺织有限公司	毕国强	5481
溧阳市永恒热处理有限公司	吴洪法	5213
溧阳市华杰轧钢厂	吴建华	5132
溧阳欣大精密电子有限公司	周德良	4969
江苏保龙机电制造有限公司	周水保	4627
常州金纬管道设备制造有限公司	刘惠明	4625
溧阳市中豪热处理有限公司	孙志明	3899
江苏金梧实业股份有限公司	何　强	3735
溧阳市华盛染整有限公司	黄旭峰	3647
江苏丽阳电子仪表有限公司	蒋立群	3301
溧阳市华鹏电机配件有限公司	朱益民	3069
波士顿电池（江苏）有限公司	何　岩	3069
溧阳市裕达机械有限公司	杨志忠	2837
溧阳市林达机械有限公司	许炳龙	2584
常州江亚旅游用品有限公司	张文鹰	2426
溧阳市润和化工实业有限公司	史保康	2339
溧阳强盛科技有限公司	武　涛	2277

（潘惠智）

昆仑街道新貌　（刘红良　摄）

人物·先进集体

新闻人物

【蒋剑春】国家林产化学工程技术研究中心主任，曾任中国林科院林产化学工业研究所所长、党委书记。2017年11月，被评为中国工程院院士。

1955年2月生，江苏溧阳人，博士、研究员、博士生导师。主要开展生物质流态化气化技术和设备、气化发电、生物质催化气化和焦油催化裂解、生物质催化液化等生物质能源和活性炭应用化学化工相关研究，主持承担生物质能源转化和活性炭相关领域的国家"攻关""948""成果转化"、部推广等科研项目。他主持和参加技术成果转化、技术服务工程设计项目20余项，为企业设计的工程项目新增社会产值3亿元以上，取得了较好的经济和社会效益。其中生物质能源转化和活性炭研究成果转化，生产的产品出口欧美、非洲、东南亚等国家。

（融溧阳）

【毛　洪】溧阳市安全生产监督管理局副局长，2017年12月，被国家安全监管总局评为全国安全生产监管监察先进个人。

1982年12月生，中共党员，研究生学历。2008年进入溧阳市安全生产监督管理局工作。在担任监管一科科长期间，负责全市非煤矿山的监管任务，牵头开展非煤矿山的专项整治工作，创新工作方法，全面推行机械化开采、中深孔爆破、分台阶分层开采等先进的技术和规范化作业方式，加强对矿用机械设备、运输车辆、用电、劳动保护、职业健康等方面的安全监管。2010年实现了历史以来首次非煤矿山企业全年零死亡事故。

在任职监察大队长期间，牵头制定了《溧阳市生产安全事故调查组工作规则》，使执法监察工作的规范化建设得到持续的改进和提升。在担任市安监局副局长分管监察大队期间，积极组织监察大队开展规范化建设工作，从组织建设、装备建设、业务建设、人才建设、廉政建设五个方面，对标找差，全力创优，全方位提升了监察大队的队伍建设和能力水平。2017年，组织开展全市"安全生产执法年"行动和安全生产大检查，严格落实"四个一律"要求，集中整治和打击了一批非法违法的企业，为十九大的召开营造良好的社会安全环境。

（市安监局）

【潘洪强】溧阳市水产养殖场养殖户，高级工程师。2018年4月，获全国五一劳动奖章。

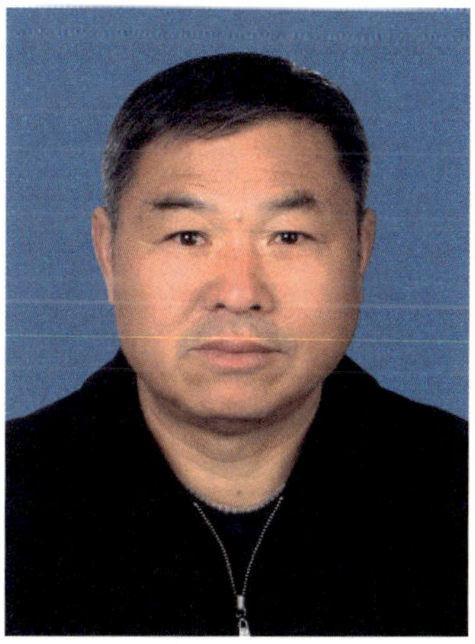

1952年生，溧阳人，大专学历。1980年进入溧阳市水产良种场工作。他积极钻研水产养殖技术，2000年至2016年主持部、省重大科研课题10项，推广新技术15项。获科研成果7项，一项达国际先进水平；授予国家发明专利7项，第一完成人；制订中华人民共和国水产行业标准三项，第三完成人；出版著作六部；

获中国技术市场协会颁发的“三农”科技服务金桥奖一项、中国水产学会范蠡科学技术奖一等奖一项、农业部和神农中华农业科技奖奖励委员会联合颁发的首届中华农业科技奖一项；获江苏省科学技术进步三等奖、二等奖各一项；获江苏省科技成果转化一等奖一项、江苏省科技成果推广二等奖和三等奖各一项；获中国水产科学研究院科技进步二等奖和三等奖各一项、常州市科技进步二等奖一项和三等奖二项。为企业创建了常州市现代农业科学院水产研究所、省博士后工作站；江苏省农业科技企业；省级龙头企业；省级良种繁育场；农业部渔业科技示范场。

他先后获江苏省海洋与渔业局科技先进工作者、常州市劳动模范、江苏省农村十大杰出人物、江苏省劳动模范、农业部全国科技推广先进工作者、全国“老有所为”先进典型、全国五一劳动奖章等荣誉称号；享受国务院政府特殊津贴者。

（市总工会）

【潘盘芳】 溧阳市戴埠镇调解委员会专职调解员，2017年5月，被司法部评为全国模范人民调解员。

1952年7月生，男，高中文化。2001年从事调解工作至今，他凭着对人民调解工作的执着，不畏艰难，始终以饱满的热情接待群众来访和纠纷当事人。在调处复杂多变的各类矛盾纠纷中，做到热心、细心、交心、不急躁、耐心听、重调查、不一刀切、不和稀泥，每件纠纷经过调处都给当事人一个说法。从事调解工作18年间，潘盘芳越做越有劲，越做越有乐趣。18年来，共受理调处矛盾纠纷3000余起，其中疑难纠纷210起，为弱势群体和受害人追回索讨经济损失一千多万元，为200多个破碎家庭破镜重圆，为100多起“死亡婚姻”起死回生，重新扬起生活的风帆，为3000多户农户讨回“失地”、公道，矛盾纠纷调处成功率达99%。

当地群众说：老潘调处纠纷热情，不摆架子，以理服人，是个让人心服口服的“金牌调解员”。

（市司法局）

先　进　个　人

省级（条线）先进个人

（排名不分先后）

姓　名	工作单位	获得荣誉	授予单位	授予时间
高　洁	市政府办	2016年度全省政务信息工作先进个人	省政府办公厅	2017年2月
顾和庆	市信访局	全省信访系统先进工作者	省人社厅、省信访局	2017年2月
张文俊	市公安局	三等功	省公安厅	2017年2月
朱　庆	市公安局	二等功 全省优秀人民警察	省公安厅 省人社局	2017年4月 2017年5月
刘新农	市公安局	二等功	省公安厅	2017年5月
唐国民	市公安局巡特警大队	全省优秀公安基层单位负责人	省人社局	2017年5月
史建刚	市公安局城中所	全省优秀人民警察	省人社局	2017年5月
郑红金	市公安局	全省公安改革创新优秀成果奖二等奖	省人社局	2017年5月
周志康	市公安局	二等功	省公安厅	2017年8月
夏国中	市纪委	全省纪检监察系统先进工作者	省纪委、省人社厅、省监察厅	2017年9月
丁山华	江苏上上电缆集团有限公司	江苏省诚实守信道德模范	省文明委	2017年9月
刘全胜	天目湖中等专业学校	2017年江苏省职业院校学生技能标兵	省教育厅	2017年9月
芮国优	天目湖中等专业学校	2017年江苏省职业院校技能大赛优秀指导教师	省教育厅	2017年9月
汪德华	市公安局	全省公安档案工作成绩突出个人	省公安厅	2017年10月

王　颖	市信访局	党的十九大安保维稳工作先进个人	江苏省委、省政府	2017年11月
李晓敏	市公安局	二等功	省公安厅	2017年11月
陈　韧	市公安局	二等功	省公安厅	2017年11月
杨雪中	市公安局交警大队	嘉奖	省公安厅	2017年11月
彭　华	溧阳地税局	2017年江苏好青年	省文明办等	2017年12月
郑红金	市公安局	二等功	省公安厅	2017年12月
尹林中	溧阳地税局	全省地税系统纳税服务类“业务大比武”岗位能手	省地税局	2017年12月
杨　丹	溧阳地税局	全省地税系统纳税服务类“业务大比武”岗位能手	省地税局	2017年12月
史　军	市政务服务管理办公室	江苏省政务服务工作突出贡献个人	省政管办 省人社厅	2018年1月
黄志强	溧阳地税局	2017年度全省地税系统区域稽查优秀检查组	省地税局	2018年3月
吕金明	溧阳地税局	2017年度全省地税系统区域稽查优秀检查组	省地税局	2018年3月
杨建国	溧阳地税局	2017年度全省地税系统区域稽查优秀检查组	省地税局	2018年3月
郑丽萍	市总工会	江苏省优秀工会工作者	省总工会	2018年4月
方耀华	江苏国强镀锌实业有限公司	江苏省五一劳动奖章	省总工会	2018年4月
张东杰	江苏上上电缆集团有限公司	江苏省五一劳动奖章	省总工会	2018年4月

常州市先进个人

姓　名	工作单位	获得荣誉	授予单位	授予时间
刘新农	市公安局	二等功	常州市委	2017年12月
蒋　彤	市民政局	“长安杯”创建及党的十九大安保维稳工作个人嘉奖	常州市委、市政府	2017年12月
陈水平	市信访局	“长安杯”创建及党的十九大安保维稳工作个人嘉奖	常州市委、市政府	2017年12月
王国权	市安监局	“长安杯”创建及党的十九大安保维稳工作先进个人	常州市委、市政府	2017年12月
张爱文	市委宣传部	全国文明城市建设工作三等功	常州市委、市政府	2018年1月
钱　栋	市住建委	全国文明城市建设工作嘉奖	常州市委、市政府	2018年1月
颜　赟	市市场监督局	全国文明城市建设工作嘉奖	常州市委、市政府	2018年1月
张　蓉	溧城镇政府	全国文明城市建设工作嘉奖	常州市委、市政府	2018年1月
徐　超	市交警大队	全国文明城市建设工作嘉奖	常州市委、市政府	2018年1月
蒋　锋	溧阳市委	2017年常州市“重大项目提升年”活动突出贡献个人二等功	常州市委、市政府	2018年3月
周卫中	溧阳市委、市政府	2017年常州市“重大项目提升年”活动突出贡献个人三等功	常州市委、市政府	2018年3月

庄松年	溧阳市委、江苏中关村	2017年常州市“重大项目提升年”活动突出贡献个人三等功	常州市委、市政府	2018年3月
徐贵生	江苏金峰水泥集团有限公司	常州市杰出企业家	常州市委、市政府	2018年3月
丁山华	江苏上上电缆集团有限公司	常州市工业明星企业家	常州市委、市政府	2018年3月
钱洪金	江苏华朋集团有限公司	常州市工业明星企业家	常州市委、市政府	2018年3月
袁国强	江苏国强镀锌实业有限公司	常州市工业明星企业家	常州市委、市政府	2018年3月
郝　波	江苏正昌集团有限公司	常州市工业明星企业家	常州市委、市政府	2018年3月
孔云生	布勒（常州）机械有限公司	常州市工业明星企业家	常州市委、市政府	2018年3月
孟广才	江苏天目湖旅游股份有限公司	常州市现代服务业明星企业家	常州市委、市政府	2018年3月
宋小华	苏华建设集团有限公司	常州市房地产和建筑业明星企业家	常州市委、市政府	2018年3月
周天喜	江苏天目建设集团有限公司	常州市房地产和建筑业明星企业家	常州市委、市政府	2018年3月
邵　良	安顺集团有限公司	常州市房地产和建筑业明星企业家	常州市委、市政府	2018年3月
陆丽萍	溧阳市外国语学校	常州市五一劳动奖章	常州市人民政府	2018年4月
王莉敏	溧阳市人民医院	常州市五一劳动奖章	常州市人民政府	2018年4月
许六三	江苏省溧阳中学	常州市五一劳动奖章	常州市人民政府	2018年4月
闵玉新	江苏华鹏变压器有限公司	常州市五一劳动奖章	常州市人民政府	2018年4月
宋建新	江苏通用路桥工程有限公司	常州市五一劳动奖章	常州市人民政府	2018年4月
张　超	中国移动通信集团江苏有限公司溧阳分公司	常州市五一劳动奖章	常州市人民政府	2018年4月
吕燕翔	溧阳市虹翔机械制造有限公司	常州市五一劳动奖章	常州市人民政府	2018年4月
王　强	江苏安靠智能输电工程科技股份有限公司	常州市五一劳动奖章	常州市人民政府	2018年4月
史旭东	江苏江南农村商业银行股份有限公司溧阳市支行	常州市五一劳动奖章	常州市人民政府	2018年4月
张宇民	溧阳市国家税务局	常州市五一劳动奖章	常州市人民政府	2018年4月
符黎明	常州时创能源科技有限公司	常州市五一劳动奖章	常州市人民政府	2018年4月
马　金	科华控股股份有限公司	常州市五一劳动奖章	常州市人民政府	2018年4月
王林松	溧阳市松林农机专业合作社	常州市五一劳动奖章	常州市人民政府	2018年4月
钱　栋	溧阳市住房和城乡建设委员会	常州市五一劳动奖章	常州市人民政府	2018年4月
孔霄远	溧阳市欣龙生态农业发展有限公司	常州市五一劳动奖章	常州市人民政府	2018年4月

先　进　集　体

溧阳市获得的综合荣誉

荣誉称号	授予单位	授予时间
2016年重新确认国家卫生城市（区）	全国爱国卫生运动委员会	2017年6月
2016年度全省平安县市（区）	省综治委	2017年7月
2017年江苏省文物安全综合管理实验区试点地区	江苏省文物局	2017年8月
全国文明城市	中央文明委	2017年11月
全国县域经济与县域综合发展前100名县市第27位	全国县域经济与县域发展权威研究机构中郡研究所	2017年12月

2017年度江苏省妇幼健康优质服务示范市	江苏省卫计委	2018年1月
2017年度常州市重点项目推进服务奖	常州市委、市政府	2018年3月
2017年常州市“重大项目提升年”活动突出贡献奖	常州市委、市政府	2018年3月
2017年度辖市、区推进“两聚一高”新实践评价考核优胜地区	常州市委、市政府	2018年3月

全国（条线）先进集体

获得单位	获得荣誉	授予单位	授予时间
市工商联	2016年全国“五好”县级工商联	全国工商联	2017年3月
市客运公司101亲情服务班	2017年全国巾帼文明岗	全国妇联	2017年4月
溧阳市人民来访接待中心	2017年全国巾帼文明岗	全国妇联	2017年4月
溧阳地税局第一税务分局办税服务股	2017年全国巾帼文明岗	全国妇联	2017年4月
竹箦镇	中国绿色铸造小镇	中国铸造协会	2017年6月
溧阳中学	全国青少年校园足球特色学校	教育部	2017年6月
竹箦小学	全国青少年校园足球特色学校	教育部	2017年6月
戴埠高级中学	全国青少年校园足球特色学校	教育部	2017年6月
燕山中学	全国青少年校园足球特色学校	教育部	2017年6月
东升小学	全国青少年校园足球特色学校	教育部	2017年6月
余桥小学	全国青少年校园足球特色学校	教育部	2017年6月
竹箦镇	国家卫生镇	国家卫计委	2017年7月
戴埠镇	国家卫生镇	国家卫计委	2017年7月
上兴镇	国家卫生镇	国家卫计委	2017年7月
社渚镇	全国一村一品示范村镇	农业部	2017年7月
市文广体局	2013—2016年度群众体育先进单位	国家体育总局	2017年8月
市台办	2017年中央台办“两刊”对台宣传工作先进单位	中央台办宣传局	2017年9月
市检察院	检察机关保障律师执业权利示范单位	最高人民检察院	2017年9月
溧城镇八字桥村	全国文明村	中央文明委	2017年9月
市检察院	全国检察机关文明接待示范窗口	最高人民检察院	2017年10月
市地税局	全国文明单位	中央文明委	2017年11月
埭头镇	全国社区教育示范镇	中国成人教育协会社区教育专业委员会	2017年11月
市工商联	2017年全国“五好”县级工商联	全国工商联	2017年12月
溧阳地税局	全国青年社会组织公益创投大赛（铜奖）	团中央	2017年12月
马垫卫生院	2016—2017年度群众满意的乡镇卫生院	国家卫计委	2018年1月
平桥小学六（2）中队	全国优秀动感中队	全国少工委	2018年1月

燕山中学	国防教育特色学校	教育部	2018年2月
天目湖中等专业学校	2017年国防教育特色学校	教育部	2018年3月

省级（条线）先进集体

获得单位	荣誉称号	授予单位	授予时间
市政府办	2016年度法制工作成绩突出单位	省政府法制办	2017年1月
溧阳市知识产权局	2016年度专利行政执法工作先进单位	省科技局	2017年1月
市法院	全省法院推进司法体制改革试点工作先进集体	省高院	2017年1月
市文广体局	江苏省第一次全国可移动文物普查先进集体	省文物局	2017年1月
上兴镇	2015年度耕地保护激励单位	省国土资源厅	2017年1月
市政府办	2016年度全省政务信息工作先进单位	省政府办公厅	2017年2月
市纪委	2016年度省纪检监察信息工作先进单位	省纪委办公厅	2017年2月
机关工委	2017年度机关党建信息工作先进单位	省级机关工委	2017年2月
市发改委	2016年度全省价格系统先进单位	省物价局	2017年2月
市农林局	2016年全省农经农业系统工作效能建设成效显著单位	省农委	2017年2月
溧城镇沙涨村	省级历史文化名村	省政府办公厅	2017年2月
市财政局	2016年度全省预决算公开工作先进地区	省财政厅	2017年3月
新四军江南指挥部纪念馆	全省首批文化文物单位文化创意产品开发试点单位	省文化厅、文物局	2017年3月
市外国语小学	书香校园建设示范点	省教育厅	2017年4月
溧阳市培智学校	省巾帼文明岗	省妇联、省妇女“双学双比”“巾帼建功”活动领导小组	2017年4月
市就业服务中心人才服务科	省巾帼建功先进集体	省妇联、省城镇妇女“巾帼建功”活动领导小组	2017年4月
溧阳市政务服务中心公安综合窗口	省巾帼文明岗	省妇联、省妇女“双学双比”、“巾帼建功”活动领导小组	2017年4月
溧阳地税局	江苏省优秀青年志愿服务项目	共青团江苏省委 江苏省志愿者协会	2017年4月
南山竹海风情小镇	全省首批旅游风情小镇	省政府办公厅	2017年4月
燕山中学	省五一劳动奖章	省总工会	2017年4月
市台办	全省县（市、区）台办通报表扬单位	省台办	2017年5月
市公安局	集体三等功	省公安厅	2017年5月
市公安局	公安机关改革创新成果二等奖（8311警务实战化）	省公安厅	2017年5月
市公安局	全省优秀公安基层单位	省公安厅	2017年5月
天目湖中等专业学校电梯实训基地	江苏省现代化实训基地	省教育厅	2017年5月

平桥小学六（3）中队	江苏省少先队先进集体	省教育厅、共青团江苏省委、省少工委	2017 年 5 月
市教育局	2016 年度全省市、县（市、区）学生资助绩效评价良好	省教育厅、省财政厅	2017 年 6 月
市昆仑国土所	江苏省国土资源系统先进集体	省人社厅、省国土资源厅	2017 年 6 月
市场监管局行政服务科	在商事制度改革中被嘉奖	省工商局	2017 年 7 月
市妇联	省巾帼建功先进集体	省妇联、省“双学双比”“巾帼建功”领导小组	2017 年 8 月
市检察院	第五批“省级法治文化建设示范点”	省委宣传部、省司法厅等六家单位	2017 年 8 月
市纪委	全省纪检监察系统先进集体	省纪委、省人社厅、省监察厅	2017 年 9 月
天目湖中等专业学校	省优质特色学校	省教育厅	2017 年 9 月
市财政局	2016 年县（市）政府采购监管工作考核一等奖	省财政厅	2017 年 10 月
天目湖中等专业学校	江苏职业院校技能大赛先进单位	省教育厅	2017 年 10 月
市财政局	2016 年度法治财政标准化管理示范点单位	省财政厅	2017 年 11 月
市地震局	2017 年度全省防震减灾工作先进单位（县级）	省地震局	2017 年 11 月
市法院执行局	全省法院执行系统先进集体	省高院	2017 年 11 月
市公安局交通管理大队	在党的十九大安保维稳工作中成绩突出集体	省公安厅	2017 年 11 月
市教育局	金钥匙科技竞赛团体二等奖	省教育厅、省科技厅、省文明办	2017 年 11 月
江苏中关村	省级优秀科技园区	省自创区建设工作领导小组办公室、省自创区建设促进服务中心	2017 年 11 月
江苏中关村高新技术产业开发区	江苏省企业投资信用承诺制改革试点	省政府办公厅	2017 年 12 月
党史工委	2017 年度省党史宣传工作先进集体优秀奖	省委党史工委	2017 年 12 月
溧阳市知识产权局	2016 年度全省知识产权宣传培训工作先进单位	省科技局	2017 年 12 月
溧城镇八字桥村	江苏最美乡村	省文明委	2017 年 12 月
市规划局	2017 年度江苏省优秀测绘地理信息工程项目一等奖	省住建厅	2017 年 12 月
市人大	人大代表票决制入选“全省市县人大工作十大新闻”	江苏省人大常委会办公厅	2018 年 1 月
团市委	2017 年度江苏共青团十佳理论学习型团组织	团省委	2018 年 1 月
市红十字会	实施省政府重点工作成绩突出单位	省红十字会	2018 年 1 月

市第二实验小学	江苏省红十字示范学校	省教育厅、省红十字会	2018 年 1 月
市环境监察大队	环境执法大练兵省级先进集体	省环保厅	2018 年 2 月
溧阳新城房地产开发有限公司	江苏省“安康杯”竞赛优胜单位	省总工会	2018 年 3 月
溧阳水务集团有限公司自来水分公司管线所修理班	江苏省“安康杯”竞赛优胜班组	省总工会	2018 年 3 月
天目湖中等专业学校	江苏省 2017 年中小学健康促进学校	省教育厅	2018 年 3 月
市总工会	江苏省模范职工之家	省总工会	2018 年 4 月
常州亚泰焊材有限公司	江苏省五一劳动奖状	省总工会	2018 年 4 月
江苏华强模具科技有限公司模具车间	江苏省工人先锋号	省总工会	2018 年 4 月
江苏天目建设集团有限公司黄晓奇项目部	江苏省工人先锋号	省总工会	2018 年 4 月
常州市溧阳地方税务局税源管理科	江苏省工人先锋号	省总工会	2018 年 4 月

常州市级（条线）先进集体

获得单位	荣誉称号	授予单位	授予时间
党史工委	2017 年度集体嘉奖	常州市人民政府	2017 年 10 月
市委	“长安杯”创建及党的十九大安保维稳工作先进集体	常州市委、市政府	2017 年 12 月
市政府	“长安杯”创建及党的十九大安保维稳工作先进集体	常州市委、市政府	2017 年 12 月
市政法委	“长安杯”创建及党的十九大安保维稳工作先进集体	常州市委、市政府	2017 年 12 月
市信访局	“长安杯”创建及党的十九大安保维稳工作先进集体	常州市委、市政府	2017 年 12 月
市公安局	“长安杯”创建及党的十九大安保维稳工作先进集体	常州市委、市政府	2017 年 12 月
市委	在全国文明城市建设中记集体二等功	常州市委、市政府	2018 年 1 月
市城管局	在全国文明城市建设中受嘉奖	常州市委、市政府	2018 年 1 月
江苏金峰水泥集团有限公司	常州市重大贡献奖	常州市委、市政府	2018 年 3 月
江苏金峰水泥集团有限公司	工业五星企业	常州市委、市政府	2018 年 3 月
江苏上上电缆集团有限公司	工业五星企业	常州市委、市政府	2018 年 3 月
江苏金峰水泥集团有限公司	销售规模奖	常州市委、市政府	2018 年 3 月
江苏申特钢铁有限公司	销售规模奖	常州市委、市政府	2018 年 3 月

江苏上上电缆集团有限公司	销售规模奖	常州市委、市政府	2018 年 3 月
江苏国强镀锌实业有限公司	销售规模奖	常州市委、市政府	2018 年 3 月
江苏华朋集团有限公司	工业五星企业	常州市委、市政府	2018 年 3 月
江苏国强镀锌实业有限公司	工业五星企业	常州市委、市政府	2018 年 3 月
江苏正昌集团有限公司	工业五星企业	常州市委、市政府	2018 年 3 月
苏皖合作示范区建设发展有限公司	现代服务业五星企业	常州市委、市政府	2018 年 3 月
江苏中关村科技产业园进出口贸易有限公司	现代服务业五星企业	常州市委、市政府	2018 年 3 月
江苏天目湖旅游股份有限公司	现代服务业五星企业	常州市委、市政府	2018 年 3 月
苏华建设集团有限公司	房地产和建筑业五星企业	常州市委、市政府	2018 年 3 月
江苏天目建设集团有限公司	房地产和建筑业五星企业	常州市委、市政府	2018 年 3 月
溧阳八佰伴商贸中心有限公司	现代服务业四星企业	常州市委、市政府	2018 年 3 月
龙海建设集团有限公司	现代服务业四星企业	常州市委、市政府	2018 年 3 月
江苏中关村科技产业园园区建设有限公司	现代服务业四星企业	常州市委、市政府	2018 年 3 月
溧阳天山水泥有限公司	工业三星企业	常州市委、市政府	2018 年 3 月
布勒（常州）机械有限公司	工业三星企业	常州市委、市政府	2018 年 3 月
江苏安靠智能输电工程科技股份有限公司	工业三星企业	常州市委、市政府	2018 年 3 月
科华控股股份有限公司	工业三星企业	常州市委、市政府	2018 年 3 月
溧阳索尔维稀土新材料有限公司	工业三星企业	常州市委、市政府	2018 年 3 月
常州乔尔塑料有限公司	工业三星企业	常州市委、市政府	2018 年 3 月
江苏安靠智能输电工程科技股份有限公司	上市奖企业	常州市委、市政府	2018 年 3 月
江苏天目湖旅游股份有限公司	上市奖企业	常州市委、市政府	2018 年 3 月
溧阳浦发村镇银行股份有限公司	现代服务业三星企业	常州市委、市政府	2018 年 3 月
安顺集团有限公司	房地产和建筑业三星企业	常州市委、市政府	2018 年 3 月
溧阳市万达房地产开发有限公司	房地产和建筑业三星企业	常州市委、市政府	2018 年 3 月
江苏金马工程有限公司	房地产和建筑业三星企业	常州市委、市政府	2018 年 3 月
江苏溧阳建设集团有限公司	房地产和建筑业三星企业	常州市委、市政府	2018 年 3 月
阳光万恒集团有限公司	房地产和建筑业三星企业	常州市委、市政府	2018 年 3 月
布勒（常州）饲料机械制造项目	2017 年度常州市优秀项目	常州市委、市政府	2018 年 3 月
科华涡轮增压器关键部件项目	2017 年度常州市优秀项目	常州市委、市政府	2018 年 3 月
市交通运输局	常州市五一劳动奖状	常州市人民政府	2018 年 4 月
市房屋征收与补偿办公室	常州市五一劳动奖状	常州市人民政府	2018 年 4 月
市卫生和计划生育局	常州市五一劳动奖状	常州市人民政府	2018 年 4 月
苏皖合作示范区建设发展有限公司	常州市五一劳动奖状	常州市人民政府	2018 年 4 月
国网江苏省电力有限公司溧阳市供电分公司	常州市五一劳动奖状	常州市人民政府	2018 年 4 月
龙海建设集团有限公司	常州市五一劳动奖状	常州市人民政府	2018 年 4 月
溧阳市飞跃机电有限公司	常州市五一劳动奖状	常州市人民政府	2018 年 4 月

2017年溧阳市人口、就业及土地面积基本情况

表65

指 标 名 称	计量单位	合 计
年末户籍人口	万人	79.11
＃女	万人	39.31
＃农业户籍人口	万人	30.26
户籍人口城镇化率	%	61.8
年平均人口	万人	79.53
年末常住人口	万人	76.25
＃城镇常住人口	万人	45.91
常住人口城镇化率	%	60.2
当年出生人口	人	7252
当年死亡人口	人	13456
年末总户数	户	262283
从业人员	万人	49.87
第一产业	万人	11.56
第二产业	万人	24.60
第三产业	万人	13.71
年末单位从业人员	人	56607
＃女	人	19077
年末城镇单位就业人员数	人	56607
(一)按国民经济行业分组		
＃采矿业	人	—
制造业	人	15757
电力、热力、燃气及水生产和供应业	人	594
建筑业	人	10232
批发和零售业	人	1706
交通运输、仓储和邮政业	人	1611
住宿和餐饮业	人	1247
信息传输、软件和信息技术服务业	人	419
金融业	人	1050
房地产业	人	513
租赁和商务服务业	人	644
科学研究和技术服务	人	482
水利、环境和公共设施管理业	人	2328
居民服务、修理和其他服务业	人	40
教育	人	7350
卫生和社会工作	人	4336
文化、体育和娱乐业	人	485
公共管理、社会保障和社会组织	人	7625
＃第一产业(农林牧渔业)	人	188
第二产业	人	26583
第三产业	人	29836
(二)按登记注册类型分组		
＃国有单位	人	25160
城镇集体单位	人	783
港澳台商投资单位	人	7248
外商投资单位	人	3699
在岗职工人数	人	54555
＃国有单位	人	23868
城镇集体单位	人	765
港澳台商投资单位	人	7195
外商投资单位	人	3699
在岗职工平均人数	人	52847
私营企业从业人员	人	240576
个体从业人员	人	88046
城镇私营和个体从业人员	人	261667
城镇登记失业人员数	人	4405
城镇登记失业率	%	1.9
行政区域土地面积	平方公里	1535
＃建成区面积	平方公里	30
现状建设用地面积	平方公里	29
＃居住用地	平方公里	9.06

续表 65

指 标 名 称	计量单位	合 计	指 标 名 称	计量单位	合 计
公共管理与公共服务用地	平方公里	2.78	绿地与广场用地	平方公里	2.34
商业服务业设施用地	平方公里	2.28	本年征用土地面积	平方公里	0.00
工业用地	平方公里	7.48	其中：耕地	平方公里	0.00
物流仓储用地	平方公里	0.68	实际新增建设用地面积	平方公里	1.00
道路与交通设施用地	平方公里	3.09	水资源总量	万立方米	88400
公用设施用地	平方公里	1.12			

2017 年溧阳市综合经济基本情况

表66

指 标 名 称	计量单位	合 计	指 标 名 称	计量单位	合 计
地区生产总值	亿元	858.04	卫生和社会工作	亿元	8.76
#农业	亿元	31.77	文化、体育和娱乐业	亿元	9.36
林业	亿元	0.50	公共管理、社会保障和社会组织	亿元	28.74
畜牧业	亿元	2.31	#第一产业增加值	亿元	50.65
渔业	亿元	16.06	第二产业增加值	亿元	417.06
农林牧渔服务业	亿元	2.46	#工业增加值	亿元	353.20
工业	亿元	353.20	第三产业增加值	亿元	390.33
建筑业	亿元	63.86	人均地区生产总值（按常住人口计算）	元	112596
批发和零售业	亿元	134.54	地区生产总值(2015年价格)	亿元	880.28
交通运输、仓储和邮政业	亿元	32.37	第一产业	亿元	47.20
住宿、餐饮业	亿元	20.14	第二产业	亿元	436.33
信息传输、软件和信息技术服务业	亿元	8.22	#工业	亿元	370.70
金融业	亿元	46.00	第三产业	亿元	396.75
房地产业	亿元	35.74	地区生产总值指数(上年=100)	–	108.0
租赁和商业服务业	亿元	18.77	第一产业	–	102.8
科学研究和技术服务	亿元	2.95	第二产业	–	105.7
水利、环境和公共设施管理业	亿元	4.83	#工业	–	104.5
居民服务、修理和其他服务业	亿元	8.09	第三产业	–	111.3
教育	亿元	29.36	人均地区生产总值指数(上年=100)	–	107.9

2017 年溧阳市固定资产投资基本情况

表67

指 标 名 称	计量单位	合 计	指 标 名 称	计量单位	合 计
固定资产投资(不含农户)	万元	5307109	新增固定资产	万元	3713378
#工业投资	万元	3828085	住宅竣工面积	万平方米	73.21
#房地产开发投资	万元	739249	商品房销售面积	万平方米	94.26
#住宅	万元	634714	#住宅	万平方米	92.77
固定资产投资本年资金来源			#别墅、高档公寓	万平方米	1.66
国家预算内资金	万元	129020	商品房销售额	万元	887900
国内贷款	万元	2030059	#住宅	万元	870757
利用外资	万元	0	#别墅、高档公寓	万元	23961
自筹资金	万元	2569948	待售面积	万平方米	54.19
其他资金	万元	482462	#住宅	万平方米	28.81

2017年溧阳市交通运输、邮电通信、电力基本情况

表68

指 标 名 称	计量单位	合 计	指 标 名 称	计量单位	合 计
公路里程	公里	2526	#邮政行业业务总量	万元	35600
#等级公路	公里	2526	邮政行业业务收入	万元	28400
#高速公路	公里	78	电信业务收入	万元	69160
一级公路	公里	178	固定电话用户	户	175358
公路客运量	万人	788	#农村电话用户	户	91937
公路货运量	万吨	2226	移动电话年末用户	户	769036
沿海港口货物吞吐量	万吨	–	#3G以上移动电话用户	户	159475
内河港口货物吞吐量	万吨	2396	互联网宽带接入用户	户	175779
水上客运量	万人	74	能源生产总量	万吨标准煤	–
水上货运量	万吨	574	#规模以上工业能源生产量	万吨标准煤	–
民用航空客运量	人	–	能源消费总量	万吨标准煤	–
民用航空货邮运量	吨	–	#规模以上工业能源消费量	万吨标准煤	497
民用汽车拥有量	辆	147000	全社会用电量	万千瓦时	785270
#私人汽车拥有量	辆	132854	#工业用电	万千瓦时	652278
邮政局所数	处	39	城乡居民生活用电	万千瓦时	59350
邮电业务总量	万元	104760	#城镇居民生活用电	万千瓦时	22073

2017年溧阳市规模以上工业、建筑业基本情况

表69

指 标 名 称	计量单位	合 计	指 标 名 称	计量单位	合 计
规模以上工业企业单位数	个	381	#轻工业	万元	1296311
1. 内资企业	个	341	#大型企业	万元	6532204
#国有企业	个	1	中型企业	万元	3087649
私营企业	个	307	小型企业	万元	4036516
2. 港澳台商投资企业	个	18	#制造业	万元	13575418
3. 外商投资企业	个	22	电力、热力、燃气及水生产和供应业	万元	187356
#高技术产业企业	个	27	资产合计	万元	10993717
#国有控股企业	个	13	流动资产合计	万元	6088431
#轻工业	个	85	固定资产合计	万元	3715556
#大型企业	个	7	负债合计	万元	7444474
中型企业	个	43	主营业务收入	万元	14166026
小型企业	个	318	主营业务成本	万元	12225776
工业总产值(当年价)	万元	13823773	利润总额	万元	874736
1. 内资企业	万元	9391517	全部从业人员年平均人数	人	71079
#国有企业	万元	93107	建筑企业单位数	个	110
私营企业	万元	8614123	建筑企业从业人员	人	175519
2. 港澳台商投资企业	万元	3803640	建筑业总产值	万元	6366484
3. 外商投资企业	万元	628617	房屋建筑施工面积	万平方米	3463.94
#高技术产业企业	万元	620351	房屋建筑竣工面积	万平方米	1383.74
#国有控股企业	万元	297460			

2017年溧阳市财政、金融、保险基本情况

表70

指　标　名　称	计量单位	合　计	指　标　名　称	计量单位	合　计
财政总收入	万元	946121	教育	万元	170391
上划中央收入	万元	332343	文化体育与传媒	万元	8053
增值税	万元	224299	医疗卫生	万元	63060
消费税	万元	4319	节能环保	万元	23796
企业所得税(60%)	万元	73041	城乡社区事务	万元	119198
个人所得税(60%)	万元	30684	交通运输	万元	15166
一般公共预算收入	万元	613778	社会保障和就业	万元	99825
#税收收入	万元	501938	住房保障	万元	32929
#增值税(25%)	万元	223906	农林水事务	万元	79465
营业税	万元	-148	财政供养人员	人	-
企业所得税(40%)	万元	48694	财政供养人员全年工资总额	万元	-
个人所得税(40%)	万元	20456	年末金融机构各项存款余额（人民币）	万元	10918317
一般公共预算支出	万元	816341	#住户存款余额	万元	4987833
#一般公共服务	万元	77223	年末金融机构各项贷款余额（人民币）	万元	8560563
科学技术	万元	36809			

2017年溧阳市市政公用事业、环境保护基本情况

表71

指　标　名　称	计量单位	合　计	指　标　名　称	计量单位	合　计
城市维护建设资金支出	万元	-	公园面积	公顷	154
城市市政基础设施建设投资额	万元	94474	森林覆盖率	%	31.0
供水综合生产能力(包括自备水源)	万吨/日	20	自然保护区面积	公顷	683
供水总量	万吨	3488	废水排放总量	万吨	6500
用水总量	万立方米	10487	化学需氧量排放量	吨	6380
#规模以上工业用水量	万立方米	10439	氨氮排放量	吨	866
#用新水量	万立方米	524	废气排放总量	万立方米	-
重复用水量	万立方米	9963	二氧化硫排放量	吨	7684
售水量	万吨	2964	氮氧化物排放量	吨	25530
#居民生活用水量	万吨	2002	工业废水排放量	万吨	2609
年末公交车路数	路	34	工业化学需氧量排放量	吨	1468
公共汽(电)车运营车辆数	辆	240	工业氨氮排放量	吨	103
公共汽(电)车客运总量	万人次	3006.00	工业化学需氧量去除率	%	76
出租汽车数	辆	359	工业氨氮去除率	%	74
轨道交通运营线路总长度	公里	-	工业废气排放量	万立方米	2916061
轨道交通客运总量	万人	-	工业二氧化硫排放量	吨	7979
供气总量(人工煤气、天然气)	万立方米	5344	工业氮氧化物排放量	吨	22539
#家庭用量	万立方米	1280	工业二氧化硫去除率	%	25.0
液化石油气供气总量	吨	1203	工业氮氧化物去除率	%	30.0
#家庭用量	吨	1203	工业烟（粉）尘排放量	吨	19329
道路面积	万平方米	575	污水处理厂数	座	1
排水管道长度	公里	358	垃圾处理站数	个	2
绿化覆盖面积	公顷	1593	城镇污水处理率	%	97.0
#建成区	公顷	1261	污水处理厂集中处理率	%	97.0
建成区绿化覆盖率	%	42.1	生活垃圾无害化处理率	%	100.0
绿地面积	公顷	1434	一般工业固体废物综合利用率	%	100.0
#建成区	公顷	1172	空气质量达到及好于二级的比例	%	82.1
建成区绿地率	%	39.0	可吸入颗粒物（PM10）年平均浓度	$\mu g/m^3$	65
公园绿地面积	公顷	299	可吸入细颗粒物（PM2.5）年平均浓度	$\mu g/m^3$	45

2017年溧阳市批发零售贸易、外经、旅游基本情况

表72

指 标 名 称	计量单位	合 计	指 标 名 称	计量单位	合 计
社会消费品零售总额	万元	3316614	外商投资项目个数	个	31
#批发和零售业	万元	3043942	协议外资金额	万美元	51508
住宿和餐饮业	万元	272672	实际使用外资	万美元	25036
限额以上批发和零售业法人企业数	个	174	入境游客人数	人次	6300
#零售业	个	78	外国人	人次	4700
限额以上批发和零售业商品销售额	万元	2880807	港、澳、台同胞	人次	1600
限额以上住宿和餐饮业法人企业数	个	30	旅游外汇收入	万美元	700
限额以上住宿和餐饮业营业额	万元	105868	国内游客	人次	17564600
进出口总额	万美元	99512	国内旅游收入	万元	2046500
#出口总额	万美元	88339	星级饭店数	个	16
进出口总额（人民币计价）	万元	673760	星级饭店客房总数	间	2076
#出口总额	万元	598324			

2017年溧阳市人民生活基本情况

表73

指 标 名 称	计量单位	合 计	指 标 名 称	计量单位	合 计
城镇居民人均住房建筑面积	平方米	38	电冰箱（柜）	台	103
在岗职工工资总额	万元	454019	彩色电视机	台	176
在岗职工平均工资	元	85912	空调	台	171
#国有单位	元	107053	移动电话	部	233
城镇集体单位	元	69126	其中：接入互联网	部	130
居民收支			计算机	台	71
#工资性收入	元	20796	其中：接入互联网	台	64
经营净收入	元	6461	居民消费价格指数(上年＝100)	－	－
财产净收入	元	3295	城镇职工基本养老保险参保人数	人	166004
转移净收入	元	4265	城乡居民基本养老保险参保人数	人	75000
居民人均可支配收入	元	34817	城镇基本医疗保险参保人数	人	750027
#城镇居民人均可支配收入	元	45739	城镇职工基本医疗保险参保人数	人	207400
居民人均消费支出	元	20296	城镇居民基本医疗保险参保人数	人	542627
#城镇居民人均消费性支出	元	22448	失业保险参保人数	人	131247
#食品烟酒	元	6943	工伤保险参保人数	人	125738
衣着	元	1574	生育保险参保人数	人	104891
居住	元	3365	新型农村合作医疗参保人数	人	－
生活用品及服务	元	1400	提供住宿的各类社会服务机构数	个	21
交通通信	元	1781	#养老服务机构数	个	19
教育文化和娱乐	元	2389	提供住宿的各类社会服务机构床位数	张	5613
医疗保健	元	2430	#养老服务机构床位数	张	5503
其他用品及服务	元	413	不提供住宿的各类社会服务机构数	个	305
每百户拥有			#社区服务机构数	个	303
#家用汽车	台	42	城镇居民最低生活保障人数	人	619
洗衣机	台	97	农村居民最低生活保障人数	人	6859

2017 年溧阳市教育、科技、卫生基本情况

表74

指标名称	计量单位	合计	指标名称	计量单位	合计
学校总数	个	79	招生总数	人	17771
#普通高等学校数	个	–	#普通高等学校招生数	人	169
成人高等学校数	个	–	中等职业教育学校招生数	人	1831
中等职业教育学校数	个	2	普通中学招生数	人	9182
普通中学学校数	个	32	小学招生数	人	6569
普通小学学校数	个	44	从事科技活动人员数	人	–
幼儿园数	个	64	R&D人员数	人	–
专任教师总数	人	5635	R&D经费内部支出	万元	–
#普通高等学校专任教师数	人	–	各类专业技术人员数	人	117236
成人高等学校专任教师数	人	–	#农业技术人员	人	188
中等职业教育学校专任教师数	人	488	专利申请受理量	件	1544
普通中学专任教师数	人	2732	#发明	件	338
普通小学专任教师数	人	2404	专利申请授权量	件	923
幼儿园专任教师数	个	1364	#发明	件	119
在校学生总数	人	71512	剧场、影剧院数	个	1
#普通本专科在校学生数	人	376	公共图书馆数	个	1
成人本专科在校学生数	人	248	公共图书馆图书藏量	千册、件	444
中等职业教育学校在校学生数	人	5846	博物馆数	个	2
普通中学在校学生数	人	26608	体育场馆数	个	9
#普通中学女生在校学生数	人	12700	医疗卫生机构数	个	259
#高中在校学生数	人	8273	#医院数	个	14
普通小学在校学生数	人	38549	卫生院数	个	15
#普通小学女生在校学生数	人	17965	医疗卫生机构床位数	张	3237
幼儿园在园幼儿数	人	20996	#医院床位数	张	2289
毕业生总数	人	16916	卫生院床位数	张	893
#普通高等学校毕业生数	人	233	卫生技术人员数	人	4364
中等职业教育学校毕业生数	人	1857	#执业(助理)医师数	人	1916
普通中学毕业生数	人	8495	注册护士数	人	1817
小学毕业生数	人	6316			

2017 年溧阳市社会治安基本情况

表75

指标名称	计量单位	合计	指标名称	计量单位	合计
刑事案件立案数	件	845	交通事故损失额	万元	72
犯罪人数	人	1107	火灾死亡人数	人	0
#青少年人数（14–25岁）	件	161	火灾损失金额	万元	316
交通事故死亡人数	人	34			

关于在全市开展“重大项目攻坚年”和“文明城市攻坚年”活动的实施意见

溧委发〔2017〕7号

各镇党委和人民政府，江苏中关村科技产业园、天目湖旅游度假区、溧阳经济开发区党工委和管委会，市各部委办局、直属企事业单位：

为深入贯彻落实市委十二届二次全体（扩大）会议精神，扎实做好重大项目建设和文明城市创建工作，经研究，决定开展“重大项目攻坚年”和“文明城市攻坚年”活动。制度如下实施意见：

一、指导思想

聚焦建设“宁杭生态经济发展带最美副中心城市”目标定位，紧紧围绕“凝聚精气神，建设新溧阳”总要求，高扬“实干强市”主旋律，集中精力、汇聚合力，深入开展“重大项目攻坚年”和“文明城市攻坚年”活动，促进发展动能转换，提升市民幸福指数，为建设“强富美高”新溧阳奠定坚实基础。

二、工作目标

（一）重大项目实现突破。聚力发展制造、休闲、健康、智慧“四大经济”，全年引进总投资超50亿元人民币或5亿美元的项目4个以上、总投资超30亿元人民币或3亿美元的项目4个以上、总投资超10亿元人民币或1亿美元的项目15个以上，力争总投资超百亿的项目再有突破；提高引进项目质量，确保引进项目的装备水平、技术含量和节能环保处于国内同行业领先地位，全年设备投入增长20%以上；“四大经济”总量占全市经济总量比重较上年提升5个百分点以上。

（二）文明城市创建成功。聚焦提升市民文明素质和城市文明程度，重点解决城区交通堵点、车辆乱停放、非机动车交通违章、城中村及城郊结合部环境脏乱差、镇村农贸市场管理混乱等方面问题，形成城乡建设管理一体化、综合执法进社区、市民文明习惯养成等机制，跻身常州文明城市创建、城市长效综合管理、生态文明在行动考核第一方阵，创成全国文明城市。

（三）服务效能明显提升。高扬“实干强市”主旋律，强化各镇区、各部门主体责任意识，加快构建优质高效的项目服务机制，确保项目审批事项全部进驻市政务服务中心，服务时限压缩20%以上，项目在线审批率、全程代办率达100%；形成“统一指挥、上下联动，全民参与、密切配合”的文明城市创建工作格局，督查问题反馈率达100%，及时整改率达95%以上；部门服务效能满意度达90%以上。

三、重点工作

（一）聚力重大项目招商。深化招商管理体制改革，探索建立市场化招商体系，建立以产出水平、技术含量和环保指标为核心的项目评价体系，推行投资项目“全程代办”制度。建立重大项目绩效管理与要素配置挂钩机制，重点探索项目亩均投入强度和产出效益与土地使用成本挂钩制度。强化招商力量，加快建设专业化招商队伍，设立驻外招商机构，大力推行定区域、定产业、定企业的网格化招商。加大招商推介力度，进一步丰富重大招商推介活动形式，拓展活动区域，提高活动频次。强化镇区招商主体责任，江苏中关村科技产业园引进总投资超50亿元人民币或5亿美元项目3个以上，力争引进总投资超100亿元人民币或10亿美元项目1个以上。天目湖旅游度假区、经济开发区上兴新区各引进总投资超10亿元人民币或1亿美元项目2个以上，以及总投资超30亿元人民币或3

亿美元项目1个以上，力争引进总投资超50亿元人民币或5亿美元项目1个以上。南渡镇、社渚镇各引进总投资超10亿元人民币或1亿美元项目2个以上。其他6个镇各引进总投资超5亿元人民币或5000万美元项目1个以上（设备投入1.5亿元人民币或2000万美元以上）。

（责任单位：商务局、经信局、各镇区）

（二）加快园区平台建设。江苏中关村科技产业园要聚焦“产业高地、科技新城”发展方向，不断扩大园区开发范围，完善公共服务配套，改造提升重要节点环境，新增开发净地5000亩以上，瞄准国家级园区目标加紧冲刺。天目湖旅游度假区要努力建设水平更高、带动力更强的国家级旅游度假区，力争在大型旅游综合体项目招引上取得突破。经济开发区上兴新区要围绕“两年成型”目标，全面展开园区框架，加快一期基础设施和功能配套建设，主动承接南京等地产业转移，全力打造“接轨南京”第一城。苏皖合作示范区社渚产业先导区要启动10平方公里产业园区建设。其他各镇要充分挖掘镇域产业特色、人文底蕴和生态禀赋，找准产业定位，明晰主攻方向，优化园区布局，在园区新增300—500亩工业净地，重点打造一批特色小镇，提升重大项目承载能力。

（责任单位：各镇区）

（三）培育产业重构基础。立足优化产业结构，培育一批层次更高、质量更优、体量更大、效益更好的基地型、龙头型项目，夯实产业发展基础。突出先进制造经济，重点围绕产业集群精准招商，积极培育经济新增长点，加快形成动力电池、汽车及零部件、智能电网、农牧与饲料机械四大支柱产业。拓展高端休闲经济，重点围绕高端度假酒店、主题公园、夜间旅游、特色美宿产品，引进高端休闲产业项目5个以上。创新现代健康经济，重点引进高端养老地产项目或养老养生项目2-3个，争创国家康养旅游示范基地。聚合新型智慧经济，重点引进云计算和大数据相关的知名软件服务商3家以上，力争在高等院校、优质民办高中招引上取得突破。高度关注民营经济发展，鼓励本土企业加大技改投入，扩大规模上项目，引导本土企业与央企、国企、外企、行业龙头企业等开展合作，做强做大本土经济。加大力度推动重点项目建设，全力推进75个5000万元以上的市级重点工业项目，确保年内新建项目开工率100%，年度投资计划完成率100%。（责任单位：发改委、经信局、旅游局、各镇区）

（四）加大环境建设力度。深入开展“建设美好家园”三年行动。加快老城更新步伐，实施城区交通堵点综合疏导工程，专项整治文化新村、燕山南村等10个小区，启动城中村城市化改造试点，加大市容整治力度，进一步提升管理精细化水平，创造更加舒适的宜居环境。改造提升“宋团城”，修复宝塔湾历史遗存，实施重点区域夜景亮化精品工程，建设一批具有乡土文化特色的城市建筑、雕塑和小品，着力提升城市文化品质。全面加强“美丽镇村”建设，大力实施集镇建设“八个一”工程，完成7个被撤并乡镇集镇环境综合整治任务，打造美丽乡村精品示范点。开展“两减六治三提升”专项行动，着力补齐生态环境质量突出短板。深入实施“增绿、蓝天、清水”工程，确保全年完成植树造林4000亩以上，PM2.5平均浓度持续下降，空气质量优良率稳步提升，全市集中式饮用水水源地水质达标率保持100%。

（责任单位：住建委、城管局、公安局、环保局、各镇区）

（五）提升现场测评成效。扎实推进文明城市现场常态化测评。加大交通秩序整治执法力度，持续开展“文明劝导我参与”志愿服务行动，实施行人和非机动车不文明交通行为“曝光”制度，引导市民文明出行，打造文明交通新亮点。建立车辆乱停放整治常态化巡查机制，巩固8条示范路文明交通成果，城区新增20条路违停电子抓拍系统，规范车辆停放秩序。开展综合执法进社区试点工作，重点解决住宅小区乱停车、乱堆放、乱搭建、乱张贴等不文明行为，确保住宅小区“秩序优、环境好”。推进南环路以北区域环境秩序综合整治，实行市级机关部门路长责任制，及时发现存在问题、提出整改方案、推动解决问题。建立健全文明城市创建全民参与机制，引导市民、商户、企业积极参与文明城市创建，加大宣传力度，提高问卷质量，形成“人人争做文明人、齐心共创文明城”的良好格局。

（责任单位：文明办、公安局、城管局、住建委、市场监督管理局、溧城镇、昆仑街道）

（六）提高城市文明素养。积极践行社会主义核心价值观，组织开展内容丰富、形式多样的群众性爱国主义教育活动。加强“道德讲堂”建设，大力选树各类先进典型，开展传承好家风好家训活动，弘扬社会正能量和新风尚。深入推进未成年人思想道德建设，推动社会主义核心价值观进教材、进课堂、进头脑。广泛开展文明校园创建活动，深入实施“八礼四仪”工程，扎实推进青少年校外活动场所建设，建好校外未成年人心理健康辅导站（点）。建立志愿服务中心，加强志愿平台建设，开展“文明溧阳”志愿系列行动，推动志愿服务制度化、常态化、长效化。

（责任单位：文明办、团市委、教育局）

四、保障措施

（一）加强组织领导。成立市级“重大项目攻坚年”和“文明城市攻坚年”活动领导小组，负责统筹推进，协调解决重大突出问题。市发改委牵头具体负责“重大项目攻坚年”活动组织推进，市文明办牵头具体负责“文明城市攻坚年”活动组织推进。建立健全重要信息上报、重点事项会办、重大项目（工作）跟踪保障机制，督促项目（工作）责任单位切实负起责、抓到位，确保开工不停工、持续有进度。

（二）营造攻坚氛围。各镇区、部门要进一步强化主体责任、争先创优和效能意识，担当作为、高标干事、开拓创新，努力形成内外齐心攻坚重大项目、上下合力创建文明城市的生动局面。大力宣传“重大项目攻坚年”和“文明城市攻坚年”活动，各新闻媒体要及时宣传报道镇区、部门在项目建设和文明创建中的经验和典型，更好地激发全市上下招引重大项目、服务重大项目、助推重大项目的热情，不断提高市民对文明城市创建工作的知晓度、参与度和满意度。

（三）严格督查考核。建立健全绩效考核机制，将“重大项目攻坚”和“文明城市攻坚”任务作为年度镇区目标任务和绩效管理考核的主要内容，加大考核权重，并纳入年度全市优秀项目、优秀工程评选。对市级机关参与文明城市创建工作制定单独考核细则。将2016年有效项目信息、签约项目落实情况纳入2017年督查内容。强化重大项目攻坚和文明城市创建工作督查推进，综合运用月度过堂推进、季度进度通报等督查方式，开展常态化督查，促进任务落实到位，推动工作高效开展。严格考核考评，将考评结果与干部任用、绩效奖励、评先评优等直接挂钩，建立和完善问责机制，对工作落实不力、履行职责不到位的，严肃追究责任。

关于在全市开展“全面对标找差，全力争创一流”活动的实施意见

溧委发〔2017〕46号

各镇党委，江苏中关村科技产业园、天目湖旅游度假区、溧阳经济开发区党工委，市各部委办局、直属企事业单位党委（党组）：

为推进我市各项工作提质增效，推动“两学一做”学习教育常态化制度化，深化“三大一实干”活动，经市委研究决定，在全市镇（区）、机关部门（单位）开展“全面对标找差，全力争创一流”活动。现提出如下意见：

一、总体要求

认真贯彻落实市第十二次党代会精神，围绕“凝聚精气神，建设新溧阳”总要求和建设宁杭生态经济带最美副中心城市总定位，紧扣“两个攻坚年”主题，组织全市镇（区）和市级机关部门（单位）瞄准先进标杆，开展以“双提升”为主要目标的对标找差活动。通过学习新思维、新方法、新作风等“三学”形式，全面提升工作能力；对照最高的标准、最优的服务、最好的结果等“三最”要求，全面提升工作质效。在全市形成“常州争第一，全省创一流”的争先创优浓厚氛围，为推进“两聚一高”新实践、建设“强富美高”新溧阳奠定坚实基础。

二、方法步骤

各镇（区）各单位从7月份开始，集中6个月左右的时间，按照三个阶段步骤，找准差距、整改提升、争先进位，进一步提振全市上下干事创业的精气神。

（一）第一阶段：学先进（7—8月）。围绕中心大局，根据自身实际，选定比学赶超标杆，寻找差距。

1．找准学习标杆。以先进发达地区为榜样、全省及周边同行业最佳为参照，选定基础可比、方法可学、目标可赶的一个或多个先进地区、单位作为标杆，通过外出考察、邀请指导、研究资料、结对共建等形式，开展对标学习。

2．形成分析报告。开展“我们向先进学什么、怎么学”专题大讨论，聚焦工作差距，畅谈心得体会，从思维方式、工作方法、作风效能等方面剖析原因，把制约镇（区）部门发展、阻碍工作水平提升的问题找深找透，形成本镇（区）本单位现状分析报告。

3．列出整改清单。广泛征求党员干部群众对本镇（区）本单位的意见建议，结合分析报告，填报对标找差立项申请表（见附件），于8月10日前上报活动办（活动办设在市委组织部）。活动办组成评审小组，对上报清单评估认定，并提出修改意见。活动单位根据修改意见，完善、细化清单内容，于8月25日前上报定稿。

（二）第二阶段：赶先进（9—11月）。围绕学赶目标，分解任务到人到岗，做到责任环环相扣、压力层层传导。

4．亮好公开承诺。各镇（区）各单位对照清单要求，把具体任务落实到责任部门和科室。形成的任务清单和实施方案，通过上墙公示、室外电子屏、微信公众号等方式向社会做出公开承诺，接受社会监督。

5．落实工作任务。活动办联合市委督查室每月分批次对各镇（区）各单位整改情况进行督查。活动单位根据时间安排，有序推进任务落实。其中镇（区）重点围绕创新发展思路、发展办法，提高发展动力、发展水平；机关部门重点围绕转变工作理念、工作作风，提高工作质量、工作效能；窗口单位和服务行业重点围绕优化服务标准、服务流程，提高服务本领、服务品质。

6．形成常态机制。各镇（区）各单位立足效能提升常态化，每周对学习对标情况进行小结，每月进行专门讨论总结，对突出问题整改到位，对已经解决的问题逐项销号，对新发现的问题及时汇总，从而提炼、总结出一套务实管用的制度方法。

（三）第三阶段：当先进（12月）。围绕活动开展，分类型、分系统选树一批争先进位、成效显著的先进典型。

7．开设“书记（局长）讲坛”。定期梳理活动情况，开设“书记（局长）讲坛”。分批安排活动单位主要领导开堂讲课，以现状分析、方法措施、主要成效为主要内容，重点总结活动开展的特色亮点，推广成功经验。

8．开展双提升“双杯竞赛”。把比学赶超贯穿活动全过程，开展双提升“双杯竞赛”。开展“创业杯”竞赛，

评选一批重大项目有突破、难题化解有办法、为民服务有举措、创新争优有亮点的先进单位；开展“先锋杯”竞赛，选树一批在工作中爱岗敬业、勇于担当、作风扎实、业绩一流的先进个人。

9．强化结果运用。各镇（区）各单位逐项梳理清单完成进度，根据活动情况开展自评。活动办结合年度目标完成情况、日常督查情况等进行综合考评，考评结果定为A、B、C、D四个档次。其中，机关考评结果与年度目标管理考核挂钩，在考核总分中分别加1分、0.5分、0分、－0.5分，同时，考评结果将作为年终重大贡献奖、工作创新奖、优秀工程奖等奖项评选的重要依据。

三、相关要求

1．强化第一责任。各镇(区)各单位要加强组织领导，主要领导作为活动的第一责任人，要进一步提高认识，把本次活动作为推动“两学一做”学习教育常态化制度化的一项重要抓手，层层分解工作任务，做到方向明确、目标明确、责任明确。进一步细化活动过程，根据任务清单，以钉钉子的精神一件一件抓好落实。

2．紧密结合“三大一实干”活动。各镇（区）各单位要自觉把对标活动作为推动“大走访、大落实”常态化、制度化、长效化的有效抓手，走进基层，沉下心来，认真回应群众、企业和基层的呼声，通过对标活动，切切实实解决一批群众、企业和基层关心的热点难点问题。

3．突出工作实效。各镇(区)各单位要突出工作重点，瞄准工作短板，实现工作提升，让工作成效看得见、摸得着，群众有获得感，力戒搞形式、图热闹、走过场。要注重发挥基层党组织作用，引导党员干部立足岗位做贡献。活动办要根据活动阶段，及时总结典型和创新做法，推动面上交流，并在制度层面探索建立长效机制，促进工作水平整体提高。

关于在全市组织开展“三大一实干”活动 奋力建设宁杭生态经济发展带最美副中心城市的实施意见

溧委发〔2017〕23号

各镇党委，江苏中关村科技产业园、天目湖旅游度假区、溧阳经济开发区党工委，市各部委办局、直属企事业单位党委（党组）：

为认真贯彻落实省、市党代会精神，引导全市上下进一步明确方向、凝聚共识，激发干劲、主动作为，市委决定从3月份起，围绕推进“两聚一高”新实践，建设“强富美高”新溧阳，在全市组织开展以大讨论、大走访、大转变、实干为民为主要内容的“三大一实干”活动。现提出如下实施意见。

一、指导思想

围绕贯彻落实省、常州市和我市党代会部署要求，结合“两学一做”学习教育，组织社会各界开展大讨论活动，明优势、找短板、思举措；组织党员干部开展大走访活动，摸实情、寻实策、办实事；组织机关单位开展大转变活动，转作风、增干劲、促见效，推动广大党员干部到难点问题破解一线、到信访积案化解一线、到农村扶贫脱困一线、到重大项目征收一线、到文明城市创建一线、到重点区域招商一线，在全市大兴求实务实落实之风，进一步掀起实干为人民的热潮，全力推进“两聚一高”新实践、加快建设宁杭生态经济发展带最美副中心城市。

二、活动内容

1．“增创新优势，种好幸福树——建设宁杭生态经济发展带最美副中心城市”大讨论活动。紧紧围绕省委“两聚一高”要求在溧阳的落地见效，贯彻落实新发展理念，抢抓宁杭生态经济发展带、苏皖合作示范区建设等重大机遇，瞄准先进标杆，立足自身实际，深入讨论溧阳这些年已经培育形成了哪些特色亮点？下一步在更大范围、以更高标准、从更深层次还可以挖掘创造哪些新的优势？增创这些新优势我们怎么办、怎么干？具体在改革创新、转型升级、人才战略、宜居环境、民生福祉、社会文明等方面集中智慧、汇聚力量，进一步明晰方向、理清思路，尽快形成溧阳发展的领先态势，培植壮大“幸福树”，在区域竞争中争先进位，为常州发展大局作出新的更大贡献。

活动形式为组织赴先进地区学习考察研讨、举办专家学者辅导报告会、召开各方面代表座谈会、开展高端对话访谈、在新闻媒体开设专题专栏、开展“我为溧阳发展献一计”千字征文等活动。

大讨论活动由市委常委、宣传部部长张爱文同志牵头，由市委宣传部精心策划活动方案，统筹组织实施，并负责大讨论成果的收集汇总。

2．“四访四求”大走访活动。按照“领导带头、上下联动，全面覆盖、突出重点，解决难题、常态长效”的原则，组织市、镇（区）、村（社区）党员干部全面开展基层大走访，宣传解读省、常州市和我市党代会精神及各项政策措施，进一步密切党群干群关系，针对各方面反映的意见建议，着力解决影响改革发展和涉及群众切身利益的矛盾问题。

活动形式为“四访四求”，即走访企业求创新良方，重点了解企业生产经营情况，帮助企业解决转型升级中遇到的困难问题，认真听取企业对党委政府抓创新、促转型等方面的意见建议；走访群众求富民良法，认真听取乡村社区群众对党委政府聚焦富民、改善民生等方面的意见建议，特别是帮助经济薄弱村破解壮大集体经济、精准扶贫脱贫等方面的难题，着力解决基层发展和群众关心的现实利益问题；走访干部求工作良计，主要领导与班子成员，各级领导干部与各镇（区）、各部门负责人等全面进行谈心谈话，对事关溧阳发展全局的问题和自身工作中存在的问题作出分析、提出举措，进一步改进工作、推动发展；走访名士求发展良策，走访各地溧阳籍知名人士、港澳台侨和国际友好人士，听取他们“跳出溧阳看溧阳”提出的对策建议，宣传推介溧阳，整合人脉资源，寻求合作机会，凝聚各方智慧力量。

大走访活动由市委副书记、政法委书记邵钦华同志牵头，由市相关部门精心策划活动方案，统筹组织实施。注重科学安排、确保不重不漏，力戒形式主义、确保见到实效。对收集到的民意及时进行综合集中、深度分析，对带有阶段性、普遍性、倾向性、苗头性以及反映强烈的问题开展专题调研，制定解决方案，真正解决问题。

3．“有激情、重责任、敢担当、守规矩”大转变活动。贯彻“两学一做”学习教育常态化制度化要求，引导全市干部特别是领导干部坚定理想信念，以“永远在路上”的定力和决心，坚持问题导向，破除陈规陋习，高扬实干之风。大力弘扬“事事争当第一流”的精神，破疲沓应付之气，立主动担当之风；破得过且过之气，立精益求精之风；破虚华漂浮之气，立真抓实干之风；破推诿扯皮之气，立团结奋进之风，充满激情，高效工作。强化责任意识，明确责任清单，进一步完善干事创业容错免责机制，积极构建“亲”“清”新型政商关系，倾心服务项目服务企业服务群众，以“120% 落实”的标准推动责任落实、工作落实，努力打造一支“有激情、重责任、敢担当、守规矩”的干部队伍。

活动形式为交流培训、列立清单、日常管理、明察暗访、“三型”机关建设、特色支部创建、绩效考核、效能督查等，结合大讨论、大走访活动，查找存在问题、剖析根本原因、督促整改落实、建立长效机制，进一步推动机关强效能、干部转作风、窗口优服务。坚持正确用人导向，让合适的人在合适的岗位发挥最大作用。

大转变活动由市委副书记、政法委书记邵钦华同志牵头，由市纪委、市委组织部精心策划活动方案，统筹组织实施，并通过开展活动，进一步强化机关作风建设职能、优化机关作风建设长效机制。

大讨论、大走访、大转变活动三者有机统一、相互促进。通过开展活动，把全市上下的思想和行动统一到“践行新理念、实干为人民”之中。实干为人民，就是要紧紧围绕“两大攻坚年”工作主题，引导广大党员干部到攻坚难的一线去、到问题多的地方去、到困难大的群众中去，具体做到“六个到一线”：一是到难点问题破解一线，重点围绕工业企业、项目建设手续、民生公益设施建设管理等方面，着力解决一批因制度、时机、财力等原因造成的关乎群众利益、关系长远发展的热点难点问题；二是到信访积案化解一线，大力推行领导干部接访下访制度，扎实开展信访积案攻坚行动，下决心花大气力解决一批信访积案，真心实意为民排忧解难，全力以赴维护社会稳定；三是到农村扶贫脱困一线，结合“双挂双促”结对帮扶行动，引导人财物等资源向基层走、到贫困地方去，深入开展“单位进村（居）、干部到户”，看真贫、扶真贫、真扶贫，确保全面小康路上“一个不掉队”；四是到重大项目征收一线，大力推行“阳光征收”，选派优秀干部充实征收队伍，坚持用群众工作方法，和谐有序推进征收拆迁工作，为城市发展和项目建设奠定基础；五是到文明城市创建一线，牢牢把握“创建为民、创建惠民、创建靠民”原则，积极推行“路长负责制”，推动情况在一线掌握、问题在一线发现、措施在一线落实、任务在一线督办、事情在一线解决，一举创成全国文明城市；六是到重点区域招商一线，突出“四大经济”，瞄准重点区域，主攻主导产业，锲而不舍、紧盯不放、永不言弃，推动项目实现新突破。

三、活动要求

1．强化组织领导，推动任务落实。各镇（区）、各部门要从事关人心向背、事业发展的高度，深刻认识开展“三大一实干”活动的重要意义，充分认清肩负的政治责任，根据市委统一部署，迅速行动，细化方案，合理安排，周密实施，做到全面覆盖、一户不漏、一企不落。要大力弘扬求真务实作风，突出问题导向，力求善作善成，努力打通工作落实的“最后一公里”。市委成立“三大一实干”活动办公室，加强统筹协调，负责日常工作，各镇（区）、各部门要成立相应机构，配备力量、高效运转，确保活动有力有序有效开展。

2．强化宣传引导，营造浓厚氛围。充分发挥报刊、广播、电视、网络和“两微一端”等媒体作用，深入宣传、广泛发动，切实加强对活动开展情况和具体成效的宣传报道，深入挖掘、大力宣传活动中的先进事迹、新鲜经验和成功做法，选树一批服务群众、服务企业、服务发展的先进典型，以点带面，推动全局，营造浓厚舆论氛围，不断把活动引向深入。

3．强化督查考核，确保活动实效。建立督查制度，由市委督查室会同纪检监察等有关部门对活动开展情况和相关任务落实情况进行全过程跟踪督查，对走形式、走过场的予以通报批评，对工作不力、作风不实、执行纪律不严的予以严肃处理。建立考核制度，定期组织群众评议和工作点评，将活动开展情况作为各级领导班子和党员干部年度绩效考评的重要内容。

各镇（区）、各部门根据本实施意见精神和工作方案（另行印发），结合各自实际制定具体工作方案。

关于统筹推进城乡义务教育一体化促进优质均衡发展的实施意见

溧委发〔2017〕54号

各镇人民政府，江苏中关村科技产业园、天目湖旅游度假区、溧阳经济开发区管委会，市各有关单位：

为深入贯彻习近平总书记关于教育工作的重要指示精神，认真落实《省政府关于统筹推进县域内城乡义务教育一体化改革发展的若干意见》(苏政发〔2017〕1号)和《常州市政府关于统筹推进城乡义务教育一体化促进优质均衡发展的实施意见》(常政发〔2017〕51号)等文件精神，促进全市义务教育从基本均衡向优质均衡迈进，积极推进城乡教育一体化进程，促进溧阳经济社会更好更快发展，特制定本意见。

一、指导思想

以立德树人为根本任务，以教育公平和质量共同提升为主要目标，按照“统筹规划、优先发展，属地负责、主动发展，部门联动、重点突破”的原则，大力推进全市义务教育优质均衡发展，逐步缩小城乡教育差距，全面提升教育质量，促进学生健康快乐成长，努力将优质学校办在老百姓家门口，让人民群众的幸福感、获得感不断增强。

二、重点目标

(一)治理能力整体提升。市、镇(街道)两级政府责任体系不断完善，教育局统一管理机制全面建立，层层落实的责任机制基本确立。各镇(街道)、市各有关部门通力合作，强化执行力、落实度，全市城乡义务教育一体化发展综合治理工作进一步科学化、制度化、规范化。

(二)教育投入不断增加。落实“以县为主”的义务教育经费保障机制。2017年起，公共财政预算(不含教育税费)安排的生均公用经费达到常州平均水平，经费投入重点向农村义务教育倾斜。

(三)标准建设全面达标。所有新建学校均按《江苏省义务教育学校办学标准(试行)》配置建设。到2020年，所有学校校园建设、教师队伍、教育装备均达到省定要求。

(四)办学规模更加合理。严格按省定标准办学，2017年9月起，全市小学、初中起始年级达到省定标准班额。到2020年，全市义务教育阶段基本实现按省定标准班额办学。

(五)队伍建设趋向均衡。城乡义务教育教师编制缺口得到有效缓解；学科结构不合理、年龄结构不合理、地区差距大等问题得到较大改善；教师待遇保障机制和专业发展机制逐步完善，校长管理水平和专业素养整体提升。

(六)入学权益有效保障。符合条件的外来务工人员随迁子女100%与户籍学生享受同等待遇，残疾儿童少年100%享受免费教育，家庭经济困难学生100%按省定补助标准获得帮扶。

(七)办学质量优质均衡。学校“主动发展”工程全面深化，现代学校制度基本建立，课程建设管理水平不断提高，学校内涵品质进一步提升。

(八)群众满意保持高位。学业负担合理、办学行为规范、教育理念先进、入学机会均等、教育装备现代、校外培训有序等方面获得较高的人民满意度。

三、主要任务

(一)合理规划义务教育学校布局

1．修编“十三五”义务教育学校发展规划。2017年8月底前，由市教育局会同市发改委、规划局、国土资源局、住建委等部门，按照新型城镇化发展和常住人口规模、学龄人口变化趋势以及省定办学标准，完成“十三五”期间义务教育学校布局规划修订编制工作，并及时上报常州市教育局，作为教育督导的重要依据。依法落实城镇新建居住区配套规划学校建设。(责任单位：市发改委、市教育局、市住建委、市国土资源局、市规划局)

2．保障义务教育用地供应。要采取盘活存量、用好增量等方式，预留足够的义务教育用地。落实教育用地联审联批制度，新建配套学校建设方案应征得市教育局同意。严格用地环评程序，不得将污染、地质灾害易发等地块及其周边作为教育用地，如有发生，追究相关部门主要负责人责任。闲置校园校舍要优先用于义务教育事业，严格规范确权登记、用途变更、资产处置等程序。(责任单位：市规划局、市财政局、市国土资源局、市教育局、市环保局)

3．建立义务教育学校建设协同机制。建立义务教育学校建设协同机制，实施义务教育学校“交钥匙”工程，确保配套学校与住宅首期项目同步规划、同步建设、同步使用。新建学校设计、建设、竣工验收，现有学校实施改扩建包括运动场地建设等，均应安排学校和教育局人员全程参与，保证其体现现代教育理念，满足内涵发展需要，符合环保等相关标准。(责任单位：市教育局、市住建委、市环保局、市规划局)

4．办好必要的非建制镇所在地农村小学。正确处理就近入学与保障质量的关系，在系统梳理、科学论证的基础上，全市需要保留后六小学、横涧小学、平桥小学、古渎小学、后周小学、绸缪小学、上沛小学、汤桥小学、永和小学、前马小学、余桥小学、旧县小学、大溪小学、强埠小学、周城小学、河口小学、河心小学、殷桥小学等18所非建制镇所在地农村小学，并集中力量进行建设。审慎撤并农村学校，严格先建后撤制度，保留的农村学校

确保达到省定标准要求。（责任单位：市教育局、市财政局、市人社局）

（二）着力推进义务教育学校标准化建设

5．实施义务教育学校标准化建设工程。2017年8月底前，由市教育局牵头，制定《溧阳市义务教育学校标准化建设工程实施方案》。健全义务教育学校标准化建设监测评估机制，每年9–12月，市教育局填报全市义务教育学校标准化建设数据，监测报告报至常州市教育局。对新建学校，要严格按照省定办学标准设计建设。对现有学校，要组织全面核查，逐一建立台账，列出全市未达标学校的具体指标，坚持一校一策、综合施策，使其尽快达标。加大力度改善薄弱学校基本办学条件，逐步缩小校际差距。办好特殊教育（培智）学校，加强随班就读专用资源教室建设。健全义务教育学校标准化监测制度，动态掌握每一所义务教育学校的校园建设、教育装备、教师队伍、教育教学等状态信息，及时分析并补齐短板。每年根据省教育厅义务教育学校标准化监测结果反馈，对存在的问题认真整改，积极申报全省义务教育优质均衡发展县（市、区）。到2020年，全市所有义务教育学校达到省定办学标准。（责任单位：市教育局、市财政局）

6．规范学校招生和编班行为。进一步完善义务教育学校施教区，保证施教区生源数量与学校招生规模基本适应。公办学校坚持免试免费就近入学，严禁以各类等级考试证书、社会培训证书为依据录取学生；坚持均衡编班，杜绝以各种形式设重点班、快慢班、特色班。每年9月初，市教育局做好规范办学行为专项督查工作，并会同相关部门对违规学校进行通报和问责。（责任单位：市发改委、市教育局）

7．实施消除大班额计划。按照《关于做好消除全市义务教育学校大班额专项规划有关工作的通知》（常教基〔2016〕18号）要求，有序实施消除大班额计划。按照消除大班额专项规划，统筹推进义务教育学校建设项目，扩大增量、用好存量、合理分流，加快消除现有大班额。严格控制因择校产生的大班额现象，2017年9月起，全市小学、初中起始年级达到省定标准班额。建立消除大班额工作台账，实行销号管理。开展专项督导检查，及时向社会公开督导检查结果，对班额严重超标的学校要责令限期整改，并从严限制其招生人数。到2020年，全市义务教育阶段基本实现按省定标准班额办学（小学每班不超过45人，初中每班不超过50人），基本消除2000人以上大规模学校。（责任单位：市编办、市教育局、市财政局、市人社局）

（三）深入实施素质教育

8．培养学生社会责任感、创新精神和实践能力。坚持立德树人，把社会主义核心价值观贯穿到教育教学全过程，提升学生核心素养。以学生发展为本，改革课程实施方式，推动信息技术与教育教学深度融合，出台《溧阳市中小学综合实践活动课程实施方案》，进一步推行研究性学习，加强研究性学习成果评选活动，营造独立思考、自由探索、勇于创新的良好环境，建好用好课程基地、乡村学校少年宫、校外综合实践基地。深入开展科技教育、环保教育、国防教育、生命教育、公民教育等专题教育。深入开展国际教育交流合作和国际理解教育，积极引入国际或国内优质教育资源合作办学项目。（责任单位：市教育局、市民政局、市财政局、市环保局、市文广体局、市文明办、市科协、团市委）

9．加强体育和艺术教育。按照要求开齐上好音乐、体育、美术等课程，配备满足课程实施需求的教育资源，尤其要为学校配足体育教学和锻炼器材。创新课外体育活动方式方法，定期开展学生体质健康监测，保证学生每天在校锻炼1小时。发布《溧阳市教育局关于强化学校体卫艺和科技工作促进学生健康发展的意见》，指导全市各校开展体卫艺、科技教育工作，促进学生各方面发展，引导学生了解和学习艺术知识、技能与方法，培养学生审美素养。推行体艺、科技“一校一品”特色创建活动，力争“校校有特色，人人有特长”。（责任单位：市教育局、市财政局、市文广体局）

10．减轻学生过重课业负担。严格执行国家和省规范义务教育学校办学行为的规定要求。落实国家课程标准，进一步探索学生综合素质评价体系，继续推行等级加评语的评价方式，不公开成绩，不对学生排名。落实好常州市教育局《关于改进与加强义务教育学校作业管理的指导意见》（常教基〔2016〕15号）文件要求。做好义务教育学校“分时进校”、“弹性离校”工作，服务好学生和家长。市教育局要做好减轻学生课业负担常态化专项督查工作。依据“谁审批、谁监管，谁主管、谁监管”的原则，加强教育培训机构管理，严格执行《关于贯彻落实教育部〈严禁中小学校和在职中小学教师有偿补课的规定〉的通知》文件要求，建立师德监督机制，严禁在职教师有偿补课，坚决杜绝学校与校外培训机构的关联。进一步重视家庭教育，办好家长学校，引导家长用正确的思想、方法、行动教育培养孩子。（责任单位：市发改委、市教育局、市民政局、市财政局、市人社局、市市场监管局、市文广体局、市妇联）

11．整体提升义务教育学校教育质量。落实教育部《义务教育学校管理标准（试行）》，提高学校管理标准化水平。依据《关于进一步深化学校主动发展的指导意见》（常教发〔2016〕7号）文件精神，全市义务教育学校启动新一轮学校主动发展规划制定和实施工作。实施小学特色文化建设、薄弱初中质量提升工程，深入推进省、市级前瞻性教学改革项目研究。在落实教师交流轮岗等制度的基础上，统筹本地区教科研力量，采取定点定人联系挂钩等办法，帮助薄弱学校提升教育教学和管理水平。开展学校结对帮扶、托管、集团化办学，共享优质教育资源。鼓励名校长到薄弱学校任职，每年9月开学前部署落实到位。开展学业抽测等多种形式，健全义务教育

学校监测评估机制，全面提升义务教育学校教育教学质量。（责任单位：市教育局）

12．加强乡土民情教育。突出文化精神引领力，强化信义慈孝等溧阳乡土文化传承发展。加强溧阳文脉研究，联合各方力量系统整理历史文化资源和地方特色资源，建立乡土文化教育资源库。积极开展溧阳地方特色课程发掘与利用的研究，尝试与探索在学校组织实施地方特色课程，推进乡土民情教育进校园，促进学生对家乡的认同感、归属感和自豪感，培养学生“懂生活、会做事、敢竞争、有情怀”的优秀品质。（责任单位：市教育局、市文广体局）

（四）切实加强随迁子女和留守儿童义务教育工作

13．强化随迁子女义务教育的流入地政府责任。统筹解决随迁子女义务教育所需增加的教育用地、教师编制、财政经费等。我市随迁子女100%安排至公办学校就读。各校要保证符合条件的外来务工随迁子女同等享受免费和资助政策，不得收取有别于本地户籍学生的任何费用。每年9月，由市教育局牵头检查随迁子女就学落实情况。（责任单位：市编办、市发改委、市教育局、市公安局、市财政局、市国土资源局、市规划局）

14．关爱保护留守儿童。落实镇（街道）属地责任，各镇（街道）负责建立详实完备的留守儿童信息台账，实行一人一档、动态管理。2017年9月前，建成留守儿童信息台账，以后每年9月动态更新。支持教师志愿者为留守儿童提供免费学习辅导。学校要加强与家长、受委托监护人的沟通交流，提供电话、视频通话等工具方便学生与家长联系。强化家庭监护主体责任，支持适龄儿童随同已取得居住证的父母在工作地就近入学。（责任单位：市教育局、市公安局、市民政局、市财政局、市妇联、团市委、各镇、昆仑街道）

（五）不断提升义务教育学校教师队伍整体水平

15．注重师德建设。创新师德建设长效机制，完善师德规范，加强师德宣传，促进师德教育活动常态化。选树优秀教师典型，多形式开展教师职业理想和职业道德教育，将师德表现作为教师考核、聘任（聘用）和评价的首要内容。建立师德监督机制，严禁在职教师有偿补课，严禁在职教师私自到社会培训机构授课，严禁教师体罚和变相体罚学生，不断完善学校、教师、家长、学生、社会“五位一体”的师德师风监督网络。通过每年9月的“师德建设月”开展丰富多彩的师德教育活动，进一步规范教师职业行为集中整治工作，加大对全市教师违反各类师德行为的处罚力度，有效杜绝有违师德的行为发生。（责任单位：市教育局、市人社局）

16．增强教师业务能力。加强教师教育，强化实习实践环节和教学能力训练，把好教师“入口关”。完善市级、基地、学校三级培训体系，实施5年一周期不少于360学时的教师全员培训制度，重点提升乡村教师队伍素质。规范有序地开展专任教师全员培训，组织新教师岗前培训，对班主任实施专项培训，通过溧阳市名教师工作室、乡村骨干教师培育站、优秀教师城乡牵手行动和优秀教师高研班等多种途径对优秀教师和乡村教师等群体开展专项研修培训活动。通过完善《溧阳市中小学、幼儿园教师继续教育经费资助办法》（溧教人〔2011〕38号）和《关于进一步加强中小学、幼儿园教师学历层次提升工作的意见》（溧教人〔2011〕39号），鼓励在职教师参加高一层次学历进修并给予适当的进修补助，整体提升教师的学历水平。按照“控制总量，严格标准，引领示范”的原则，完善溧阳市“四类”优秀教师评选与管理办法。（责任单位：市教育局、市人社局）

17．深化“县管校聘”管理体制改革。以2020年实现教育现代化为目标，推进教育治理体系和治理能力现代化，理顺教育行政部门对教师队伍建设的职责权限，完善学校自主用人制度，构建科学有序的教师队伍正常流动机制，引导优秀教师在城区学校与农村学校、优质学校与薄弱学校之间合理流动，实现教师从“学校人”到“系统人”的转变，激发学校内部活力。2017年，义务教育阶段小学和部分初中试行“县管校聘、竞聘上岗、合同管理”，按编制、考核情况统筹分配绩效工资；2018年，基本实现工作岗位与职称岗位相统一，逐步实现县域内教师聘用、管理、流动、退出的制度化、常态化，建立起按新机制实施教师管理的用人制度。编制调配要向小规模学校倾斜，对非建制镇所在地农村小学按照生师比和班师比相结合的方式调配编制。在核定的岗位设置总量内，根据学校教师人员结构、教育教学改革需要等情况，编制各学校岗位设置方案，报市人社局备案。在编制总额内，教师自然减员指标要确保用于新增教师，严禁在有合格教师来源的情况下“有编不补”、长期聘用临时代课人员。对学科结构性缺员或教师因重病、生育、脱产培训等短期缺员严重，随迁子女激增造成编制紧缺等问题，通过市内统筹调剂教职工编制、清理回收编制优先保障义务教育。到2020年，确保全市义务教育学校音乐、体育、美术专职教师比例，小学不低于60%，初中不低于80%，按区域配备专业心理健康教育教师和卫生保健教师，做到在区域内共享共用。（责任单位：市编办、市教育局、市财政局、市人社局）

18．均衡配置城乡义务教育学校教师。建立多层次的教师公开招聘制度，健全符合专业和岗位特点的教师招聘办法，建立吸引优秀人才从教的激励机制，优化教师引进、选拔和培养机制，积极推行全市统一笔试、统一面试的公开招聘办法。全面推进教师交流轮岗常态化、制度化、公开化，完善骨干教师定期到农村学校、薄弱学校任教和公示制度，持续开展常州市优秀教师城乡牵手行动。2017年9月前，各义务教育阶段学校向社会公开教师交流轮岗情况。区域内同学段学校岗位结构应大体相当并逐步向农村适当倾斜，实现职称评审与岗位聘用制度的有效衔接。城区教师评聘高级职务（职称）时，须有在农村学校或薄弱学校任教两年以上的经历。优先统筹配置乡村教师，建好乡村骨干教师培育站，持续推进乡村教师定向培养。探索培养小学全科乡村教师。（责任单位：市编办、市教育局、市财政局、市人社局）

19．推动校长队伍专业化职业化建设。坚持教育家办学，引导校长端正办学思想、更新教育理念、提升治校能力。实施定期轮训制度，完善校长任职资格培训、在职提高培训、骨干校长专题研修、名校长高级研修等培养培训体系，定期举办农村校长办学思想研讨会，加大境外研修力度。2017学年度启动义务教育学校校长职级制试点，进一步健全校长选聘、考核、绩效分配制度；建立校长良性交流轮岗制度，在同一所学校连续任职超过两届的校长原则上参加流动，适度延长优秀校长任职年限。（责任单位：市教育局、市财政局、市人社局）

20．完善绩效工资制度。健全长效联动机制，核定义务教育学校绩效工资总量时统筹考虑当地公务员实际收入水平，确保区域内义务教育教师平均工资收入水平不低于当地公务员的平均工资收入水平，并向地处偏远、条件艰苦的农村学校教师倾斜，使农村学校教师实际工资收入水平高于同职级城镇教师工资收入水平。在执行国家和省有关乡镇工作补贴政策时，应适当提高村小教师的补贴发放标准，并确保落实到位。市财政局、市人社局核定全市奖励性绩效工资总额，市教育局在不突破奖励性绩效工资总额的前提下，按编制、区域、考核等因素将奖励性绩效工资核发到各学校。各校要根据教学、管理、工勤技能等岗位不同特点实施分类考核，优化绩效考核办法，做到多劳多得、优绩优酬。进一步提高课时工作量在奖励性绩效工资分配中的权重，重点向一线教师、骨干教师、班主任倾斜。奖励性绩效工资的分配，要充分体现教师工作量和工作业绩，原则上学校奖励性绩效工资总额中用于工作量考核的应不少于50%。同时，不得与职称、教龄、工龄等挂钩。（责任单位：市教育局、市财政局、市人社局）

（六）依法落实义务教育财政投入

21．健全“城乡统一、重在农村、以县为主”的义务教育经费保障机制。要切实履行主体责任，加大对义务教育的投入，完善城乡一体化的义务教育发展机制。经费投入重点向农村义务教育倾斜，使乡镇学校经费投入增幅总体高于城区学校经费投入增幅。从2017年起，全市义务教育学校生均公用经费财政拨款基准定额按照高于省定标准10%的比例确定。普及残疾少年儿童15年免费教育，义务教育阶段特殊教育学校生均预算内公用经费按照普通同级学校生均预算内公用经费的8－10倍拨付。鼓励社会力量和民间资本参与举办义务教育民办学校。（责任单位：市教育局、市财政局）

（七）全力保障校园和学生安全

22．重视校园及其周边安全管理。健全义务教育学校安全保障体系和运行机制，探索建立学生意外伤害综合保险制度。把学校门口和周边作为排查整治的重点，健全警校合作、信息联动、校园监控与紧急报警机制，完善人防、物防、技防措施。严格落实学校安全稳定责任制，深入开展平安校园创建活动，依法严厉打击涉校涉生违法犯罪。2017年开始，每年12月底前，由市教育局会同市综治办、公安局等部门组织一次大排查，整改各类隐患，充分利用全市校园安全督查网络平台，实行常态化管理。加强学校食品安全、饮用水卫生、传染病防控等工作，保障学生身体健康。（责任单位：市教育局、市公安局、市卫计局、市市场监管局、市综治办）

23．严格校车安全管理。统筹研究学生上下学乘车安全问题，针对学生交通安全突出问题，大力发展镇村公交和专用校车服务，依法履行校车安全管理职责。创新标准校车运营机制，认真落实《学生上下学乘车安全工程实施意见》（溧政发〔2016〕24号）文件精神，部门联动，各司其职，加大力度打击违法接送学生车辆，依法查处交通违法行为。每年6月初，学生上下学乘车安全工程领导小组办公室将校车运营情况报市政府。（责任单位：市发改委、市教育局、市公安局、市交通运输局、各镇、昆仑街道）

24．防治学生欺凌和暴力。普遍开展法治教育、安全教育、心理健康教育，促进学生身心健康发展。严格学校日常管理，密切家校沟通，及早发现欺凌和暴力事件苗头。依法依规处置欺凌和暴力事件，强化教育惩戒威慑作用，科学有效地实施追踪辅导。（责任单位：市教育局、市公安局、市司法局、市综治办、团市委）

四、工作要求

（一）加强组织领导。市各有关部门要参照本实施意见确定的职责分工，切实承担起推进城乡义务教育一体化的领导责任，针对各项重点任务，研究出台配套政策或贯彻实施方案，提出具体工作要求。各镇（区、街道）要配合好教育部门，做好学校布局规划、校园周边综合治理、学生安全上下学、规范培训市场等工作。

（二）全面推动落实。市各有关部门要以省市城乡义务教育一体化改革发展要求为引领，坚持正确的改革方向，对照重点任务进一步细化任务，明确工作进度，按照时序进度不折不扣抓好落实，确保各项措施落实见效。特别是要针对人民群众普遍关注、与目标差距较大的领域和环节出台改革措施，逐步解决城乡义务教育一体化改革进程中遇到的重点、难点和热点问题。

（三）注重宣传引导。要加大统筹推进城乡义务教育一体化促进优质均衡发展工作的综合宣传和政策解读力度，进一步凝聚人心，统一认识，在全社会营造关心支持义务教育工作的良好氛围。要依法推进学校信息公开，有效发挥社会监督和舆论监督的积极作用。要认真总结成功做法和典型经验，并通过多种形式进行深入宣传和推广，使义务教育改革发展更好地服务于“强富美高”新溧阳建设。

2017 年重要文件索引

中共溧阳市委员会

6 号 关于学习贯彻党的十八届六中全会精神深入推进全面从严治党的决定

7 号 关于在全市开展“重大项目攻坚年”和“文明城市攻坚年”活动的实施意见

8 号 关于印发《2017 年溧阳市 18 项重点工程（工作）》的通知

23 号 关于在全市组织开展“三大一实干”活动奋力建设宁杭生态经济发展带最美副中心城市的实施意见 33 号 印发《溧阳市“两减六治三提升”专项行动实施方案》的通知

35 号 关于推进农业供给侧结构性改革着力提升“一村一品”发展水平的实施意见

42 号 印发《关于在全市全面推行河长制的实施意见》的通知

46 号 关于在全市开展“全面对标找差，全力争创一流”活动的实施意见

52 号 关于印发《溧阳市特色田园乡村建设试点工作实施方案》的通知

56 号 关于实施溧阳市建筑业做大做强做优三年行动计划的意见

61 号 关于聚焦富民促进城乡居民收入持续增长的实施意见

64 号 印发《关于开展工业企业资源集约利用综合评价工作的实施意见》的通知

67 号 关于印发《溧阳市改进占补平稳工作提升村镇集体建设用地利用效益的办法》的通知

70 号 印发《市委关于省委第四巡视组巡视意见整改工作方案》的通知

71 号 关于认真学习宣传贯彻党的十九大精神的通知

72 号 印发《溧阳市深化文明城市建设三年（2018−2020 年）行动计划》的通知

73 号 印发《关于推行市民生实事项目人大代表票决制工作的实施意见（试行）》的通知

82 号 关于省委巡视整改落实情况的报告

溧阳市人民政府

12 号 关于印发《溧阳市产业投资引导基金管理办法（暂行）》的通知

27 号 关于进一步稳定房地产市场发展的通知

26 号 关于开展综合行政执法体制改革试点的实施意见

28 号 关于印发溧阳市没收违法用地上建筑物处置暂行办法的通知

43 号 关于划定野生动物禁猎区的通知

44 号 关于印发《天目湖水源地保护实施方案（2017—2019 年）》的通知

54 号 关于统筹推进城乡义务教育一体化促进优质均衡发展的实施意见

55 号 关于印发《溧阳市“天目湖英才榜”专项基金资助（奖励）办法》的通知

64 号 关于印发《溧阳市住宅专项维修资金使用实施细则》的通知

69 号 关于印发《溧阳市矿山地质环境恢复和综合整治工作方案》的通知

80 号　关于深入推进健康城市健康村镇建设的实施意见

91 号　关于印发《溧阳市城区危险住房解危实施办法（试行）》的通知

96 号　印发《关于禁止毁林开发促进森林资源保护的实施意见》的通知

101 号　关于印发《溧阳市网络预约出租汽车经营服务管理实施细则（试行）》的通知

中共溧阳市委员会办公室

13 号　关于印发《“增创新优势，种好幸福树——建设宁杭生态经济发展最美副中心城市”大讨论活动方案》的通知

16 号　关于印发《“六个到一线”活动方案》的通知

18 号　关于开展 2017 年溧阳市文明城市创建专项整治行动的通知

21 号　印发《关于深入开展 2017 年“政风热线”工作的实施意见》的通知

22 号　关于印发《集中化解信访积案专项行动实施方案》的通知

26 号　关于加快全市重点工业项目推进的实施意见

34 号　关印发《溧阳市农村集体“三资三化”专项提升行动方案》的通知

42 号　转发《关于构建新型政商关系的若干意见（试行）》的通知

59 号　关于印发《溧阳市 2017 年创建省双拥模范城实施方案》的通知

68 号　印发《关于在全市开展社会矛盾和安全隐患大排查大整治行动工作方案》的通知

76 号　关于严格执行党政机关公务用车使用管理纪律的通知

81 号　关于印发《全市出租房屋安全隐患集中整治工作实施方案》的通知

93 号　关于印发《全市中小学幼儿园安全风险排查整治专项行动实施方案》的通知

105 号　关于印发《溧阳市深化国家监察体制改革试点工作实施方案》的通知

溧阳市人民政府办公室

36 号　关于部分投资项目审批服务事项进驻政务服务中心办理的通知

38 号　关于印发溧阳市妇女发展规划（2016—2020 年）和溧阳市儿童发展规划（2016—2020 年）的通知

39 号　关于印发《溧阳市重大投资项目模拟审批试行办法》的通知

42 号　关于印发《溧阳市 12345 政府公共服务平台整合实施方案》的通知

48 号　关于做好投资项目在线审批监管平台运行工作的通知

53 号　关于印发《溧阳市“菜篮子”工程蔬菜基地建设实施方案》的通知

57 号　关于印发《溧阳市病死动物无害化收集体系建设实施方案》的通知

58 号　关于建立全市化工企业“四个一批”专项行动联席会议制度的通知

59 号　关于印发《溧阳市推进“不见面审批（服务）”改革实施方案》的通知

64 号　关于印发《溧阳市创建国家农产品质量安全市实施方案》的通知

75 号　关于印发《溧阳市残疾人精准康复服务行动实施方案》的通知

73 号　关于印发《溧阳市食品生产小作坊食品类别目录》（第一批）的通知

85 号　关于做好 2017 年全市农业保险工作的意见

87 号　关于印发溧阳市“十三五”突发事件应急体系建设规划的通知

94 号　关于印发《溧阳市企业投资项目“多评合一”实施方案》的通知

100 号　关于开展耕地质量定级工作的通知

106 号　关于印发《溧阳市光伏扶贫工作实施方案》的通知

109 号　关于印发《溧阳市农村生活污水综合治理工作实施方案》的通知

111 号　关于调整溧阳市城乡居民合作医疗补偿方案的通知

115 号　关于印发《溧阳市政银担风险补偿基金管理暂行办法》的通知

116 号　关于印发《全市河湖库“三乱”专项整治行动实施方案》的通知

118 号　关于印发《溧阳市高等级干线航道沿线非法码头专项整治工作实施方案》的通知

126 号　关于印发《溧阳市“十三五”养老服务业发展规划》的通知

128 号　关于积极稳妥推进我市出租汽车行业改革的通知

131 号　关于在土地出让金中提取天目湖水源地保护专项资金的通知

艺　文

溧阳赋

王小锡 [1]

江南古邑，溧水以北，水北为阳，故称溧阳。名起春秋 [2]，县始秦皇 [3]。历代重镇，千秋煌煌。后世曾曰永平、永世、平陵，隶会稽、彰郡、丹阳、扬州、金陵、江宁、镇江，元、明升为溧州、溧阳府、溧阳路、溧阳州，今撤县设市，属江苏常州。此其史地沿革之大略也。

远纪瀛海奥区，沧桑兮悠悠万古。人类发祥之地，始祖兮中华曙猿 [4]。

夫其形胜也，山高水长，巍巍晖晖。东临湖海，西接楚地，南望天目山，北眺长江水。西南层峦叠嶂，东北秀水萦纡，山水相拥，犹如太极，大地生辉。鱼米之乡，丝绸之府，茗茶之城，"鸡鸣三省" [5] 之富庶地焉。

夫其风景也，天光云影，水秀山清。天目湖，山抱水，水拍山，万般绚丽，若西湖北漂至此兮，画意诗情；长荡湖，水涵天，天映水，一色水天，如太湖西浮至此兮，波撼气蒸。密布水流，轻舟荡漾，如意纵横。千山万壑，氤氲缭绕，神仙洞庭。南山竹海，无垠绿浪，琅玕敲韵兮，似琴瑟之和鸣。横涧古松，耸入云霄，松雄树帝兮，若群山之侍兵。古桥奇葩，棋布江河，千姿百态，巧夺天工。平桥石坝，扼锁山洪，四季飞瀑，流泉铮琮。绚景美不胜收矣。

夫其美馔也，佳饮名肴纷陈，色香味形齐全。瓜果栗茶，依山傍水，雨露润兮，香淳甘甜。溧阳白芹，晶莹似玉，爽脆嫩兮，蔬林绝观。周城火锅，溧阳扎肝，饪哲范兮，腻弱肥鲜。南烛乌饭，紫晶剔透，补精益气兮，固本驻颜。砂锅鱼头，琼浆玉液，稀鲜隽美兮，味甲昊餐。美味佳肴，难以缕述也。

夫其文化也，厚重积淀，高山仰止。带柄石斧 [6]，神墩遗址 [7]，青铜蟠虺文双耳三足盘 [8]，石刻井栏 [9]，宋代团城，深沉远史。狮舞马灯，知古傩戏，流风未替。焦尾琴 [10] 兮，七弦乐奏故里。贞女碑兮，数说至诚仗义。千古名刹，报恩禅寺，集神韵佛灵之气。伍员山、瓦屋山、读书台之传说，酒习、茶艺之民俗，蕴身正刚毅、厚意真诚、宽容感恩、尚善笃行之濑江伦理。骚人墨客，溧地抒怀，脍炙人口诗篇，人伦道德文章，千古唱传。孟郊《游子吟》，"谁言寸草心，报得三春晖"，铸母爱孝道诗吟经典。李白数进溧阳，流连忘返，把酒吟诗，力书豪迈诗篇。当今文化，同步时代，文采文品，特色彰显。古往今来，文脉欣荣，不可胜纪焉。

若夫风流人物，古今迭出，后浪推前澜。中华志士仁人，溧子群星璀璨。汉溧阳侯史崇，唐纳言史务滋，明著《农经》、人称"仙才"马一龙，清数朝元老史贻直，状元、榜眼、探花"三鼎甲"之"七贤" [11]，历朝进士，各方人杰皆文渊也。前哲往矣看今贤。中华崛起，革命志士；科技领军，两院院士；人文社科，各路豪杰；经济社会，管理英才；曲艺书画，群英荟萃，各有建树，青史可镌也。人物风流，不胜枚举，兹从略矣。

至若革命传统，代代相承。历来英豪兮，正气浩然，至大至刚，善举高扬，邪恶必惩。昔年日军，犯我神州，洪水野兽兮，来势凶猛；中华儿女，奋起抗击，万民一心兮，众志成城。雄狮所向披靡兮，推进勇猛；敌顽狼子野心兮，黄粱一梦。"水西精神"，传颂恒久也。

噫吁嚱！溧阳文明，世世相传。宏伟史诗，续写新篇。和谐聚力，生机盎然兮，蒸蒸日上；创新发展，万象更新兮，跻身百强。水陆空四通八达，农工商百业争先。美丽乡村，幸福长寿，卫生环保，绿色生态，旅游休闲，名闻遐迩，荣膺全国兮，诸多桂冠。田园城市，欣欣向荣，盛世气象兮，国泰民安。濑江儿女，不骄不矜，戮力拼搏兮，快马加鞭。明日之溧阳：城将更美，人将更靓，水将更秀，山将更清，日将更丽，天将更蓝哉！（2017年4月修订）

注解：

[1]．王小锡，1951年11月生，溧阳人，哲学博士，享受国务院政府特殊津贴，南京师范大学教授、博士生导师，中国伦理学会副会长，中央马克思主义理论研究和建设工程首席专家。

[2]．名始春秋：春秋吴国即有"溧阳"之名。

[3]．县始秦皇：秦始皇时建溧阳县。

[4]．中华曙猿：经中外科学家联合考察和严密论证，溧阳上黄镇夏林一带发现的距今约4500万年的中华曙猿（化石）是包括人类在内的高级灵长类的共同祖先。

[5]．"鸡鸣三省"：指溧阳地处苏、浙、皖三省交界，形容鸡叫传三省。

[6]．带柄石斧：国家一级文物，新石器时代工具。

[7]．神墩遗址：溧阳社渚镇发掘的马家浜墓距今6000−7000年。

[8]．青铜蟠虺文双耳三足盘：战国时期用具。

[9]．石刻井栏：唐代文物，公元811年建于溧阳城西零陵寺。1982年移置县城交通街楠木厅天井左侧，后移至溧阳城区凤凰公园内。

[10]．焦尾琴：中国古代四大名琴之一。据考证，焦尾琴是东汉著名文学家、音乐家蔡邕隐居溧阳时亲手制作，故溧阳是焦尾琴故里。

[11]．"七贤"：古代溧阳先后录取为"三鼎甲"的有7名，他们是状元普颜不花、马世骏，榜眼宋之绳、任兰枝，探花陈名夏、黄梦麟、任端书。

罕见的江南民间文本
——溧阳童谣《红朵朵花》

阿福[1]

总有些新东西往我这边来，那东西的新与好，可能只对我而言。两年前我曾激动于一则年代不明的童谣，感觉闻所未闻，便逐字逐句把它记下来。唱童谣的细丫头是我表弟的孩子，才六七岁的样子。她边唱边跳，唱的是溧阳方言，天真烂漫。窗外是冬夜里的茫茫寒雪，这女孩的唱与舞，恰如春风拂面一样，给了我意外的惊诧。

这童谣名为“红朵朵花”，起头就讲的是姑娘家游春的事儿。它的时空转换，缀以黑色幽默，其戏谑感与悲剧感彼此交错，就像一首现代诗跳来跳去，且极富意象活力。我的这些感觉，那女孩并不知道，屋里的其他人也不知道，只认为我是大惊小怪而见怪不怪。

这首童谣很长，女孩未能记全。忙问她这是哪个教你的，她说是她的亲娘[2]。她的亲娘是我的小姑，后来碰到小姑时，便央小姑也给我说唱一遍。这回是齐全了，看到全貌了，但仍有三五处的质疑，如某个字眼的错讹，某几句的散乱，有相当的瑕疵，心有不甘呢。给我逼急了，小姑就讲，这是她五六岁时大姑教她的。大姑大小姑十年，如今有七十六岁了，有一头雪白的白发。她是上世纪 50 年代的高中生，其见识及记性是我极佩服的，她也是五六岁的时候会唱这首童谣的。不久有堂妹结婚，筹备婚礼时，大姑、小姑都过来帮忙，在叔叔家的堂屋里染红蛋呢。于是我一面叫她们给我背“红朵朵花”，一面拿数码相机来录音。反复录了五六遍之多，她二人一同将我的质疑逐一澄清。这有点像审犯人似的究根问底，幸好她们对我都有足够的耐心。最后的定稿是她们定的，我未增未减一字。

溧阳是我的父亲、母亲的老家，我的亲娘家在山边的陈家村，我的外婆家在山里面的官田里。每年寒假、暑假两度从无锡来这里玩耍，是我儿时的惯常。所以，乡音深植于记忆中，无半点隔碍。溧阳地处吴头楚尾，故溧阳话属吴方言的一个边缘分支。因其边缘地域的偏僻，便更多保留了隋唐中古时代的词语和音调。如溧阳人把“容易”讲成“易哉”是颇为古雅的，且男女老少都这样讲。

以前听到过几句溧阳歌谣，如“停着锣鼓歇着马，听我崇王老娘家[3]讲句发笑话，我从来不讲丁倒话，今朝背着秧田锄钉耙”；溧阳人所讲的“丁倒”，就是北方话的“颠倒”。这就是所谓的颠倒歌，是讲了让人发笑的，让人于日常生活中警惕颠倒是非的滑稽与愚蠢。同类有趣的段子，如“无锡城中公园有爿茶馆店，冲开水格朋友叫阿二，冲冲开水勿注意，一个跟斗跌到仔茶壶里”，是无锡的颠倒歌。严格讲来，这是无锡小热昏[4]的一段著名说唱，因其极为著名，就成了流传久远的歌谣了。有一年我去了四川凉山地区，走到美姑县的依果觉乡，在那里听到彝族乡民的彝语说唱。虽一句也听不懂，但它的抑扬顿挫，强烈的节奏感，以及说唱者的身姿手势，均极富感染力。而本地彝民观看时会心的一阵阵笑声，都给我录到了相机里。

童谣的特点是活泼明快，简单易记，即便是较长的也内容浅显，且结构单一。可我碰到的这个“红朵朵花”，竟一下子颠覆了我对童谣的概念。它是既有童谣的种种特点，又有民间说唱的故事性，又有穿越时空的现代性，故其阐释空间广阔，越想越有意思，越发觉出它的好，便认定这是罕见的江南民间文本。

我说的江南是狭义的，即长江以南的江苏部分，顶多把上海加进来，因为上海的前身松江府，旧时属江苏省管辖。溧阳是江南的多山地区，举江南第一峰，得往溧阳、宜兴交界处去找。而江南的山明水秀，于溧阳也最为鲜明。我举的这首童谣，就从女孩儿春日踏青起头，这是江南的“春景春风花似雪”[5]、“乱花渐欲迷人眼”[6]。

第一句是：“红朵朵花，朝南开，朝南姑娘送茶来。”

感觉那花儿很大，不是青藏高原的那种小小的格桑花，应是如玫瑰、牡丹，丰腴而艳丽，且暗喻游春女孩儿的婀娜娟秀。

这一句是变异的连锁调，既易唱易记，又有音乐感，更有灵动的结构美。童谣于连锁调的惯用，是我们耳熟能详的。如北京童谣有“野牵牛，爬高楼；高楼高，爬树梢；树梢长，爬东墙；东墙滑，爬篱笆；篱笆细，不敢爬……”，是典型而严格的顶针修辞手法。其顶针处的“高楼”、“树梢”、“东墙”、“篱笆”等等，都是前后粘合、逐句相连、层层推进的，而“红朵朵花”的“朝南开”与“朝南姑娘”，虽有相连的味道，却是暗中在拓展，辟怪异之曲径。冒出“朝南姑娘”四字，就令人莫明其妙了，而“送茶来”更有突兀的离奇。

讲花儿朵朵朝南开，可以联想到不由自主且欣然自喜的向日葵，甚至想起文化大革命中的一句歌词——“社员都是向阳花”。但普通的花儿，并无坐北朝南的特点，只是游春者间或有这种感觉罢了；春日曈曈，寒冬后迎着太阳是自然而然的事。而那个顶针而来的“朝南”二字，虽看似寻常，却意象丰富；仿佛不经意间揭开一个锅盖，呵呵，这锅里竟有这么多东西！

百姓盖屋以坐北朝南为主，万岁爷上朝听政也是坐北朝南，民间所谓的“朝南面孔”，有被人依仗且君临天下的气势，且有厚道而大气、暴戾而强权之区别。而这里的“朝南姑娘送茶来”，是亲人般的亲切，既叫人受宠若惊，又叫人心生暖意。走累了，出汗了，口渴了，喝杯茶是十分的惬意。且这茶，可能是江南最好的明前茶呢。

可这里是这个意思么，这个童谣就这么简单么？

底下是：“吃着你格茶，弗识你格家，顺手打弯第三家。”

茶是要吃的，因为口渴了，但送茶的情分，却不肯领受，都走到“朝南姑娘”的家门口了，那是村中的第一家或第二家，却不曾进屋去坐一坐。怕是也不知道，也不想知道，只晓得玩，不懂人情世故，也不必去懂，任性着呢。

“顺手打弯”指的是游春者的随意而自然，走哪是哪，春日踏青呗。走入花儿朵朵的山谷，走近桃红梨白的山里人家，且拐个弯儿，峰回路转，走直路有什么好玩的？且不再瞧那个送茶姑娘了，管她是不是朝南面孔呢。是与不是，跟我嘛相干？

再底下是：“三个妹妹共一车，三双鞋子落样花，三把扇子摔风车。”

讲到这里，才出现姗姗来迟的文本主体，即“三个妹妹”，三个如花似玉的姐妹儿。溧阳人把学童女孩称“细丫头”，把青春少女称“妹妹”或“妹妹家”或“妹妹头”。

有史以来，溧阳最著名的“妹妹”，莫过于春秋时代的史贞女。当年伍子胥由楚而吴的狼狈逃亡路线，是横穿溧阳全境的。伍子胥怕人家认出他，在山上砸了自己的牙齿，此后那座山就被文人墨客改名为伍牙山，只有当地人至今还叫它乌鸦山。过了那座山，伍子胥仍怕人家认出他，在稻田里以泥涂面，把自己搞成个大花脸，此后那块稻田的位置，被人称为泥面岗。过了那道岗子，伍子胥见一个女孩在河边洗衣物，她的筲箕里有少许饭团呢。江南地区是冷天冷死热天热死；热天的剩饭剩菜容易馊，把发馊的饭团，拿到河埠头往清水里淘一下，馊味就淡了许多，就能吃到肚子里去。江南平民人家，自古就是这样节省粮食的。这就是那个浣衣女孩的筲箕里有熟饭团的原因。

因为饿得难受，伍子胥只好厚着脸皮问女孩讨这种正要淘去馊味的饭团吃。讨来后边走边吃，已经走远了，又觉得不对头，便回头走过来叮嘱一句：“可不敢对别人讲我来过这里。”历来的说法是，那女孩要让伍子胥放心，当即抱石投河而死。可在我看来，却有另一种可能，那女孩认为这个陌生人污辱了她，这才跳了下去，使陌生人羞愧终身。

见此情形，伍子胥咬破手指，在石头上写下二十个血字：“尔浣沙，我行乞；我腹饱，尔身溺；十年之后，千金报德。”按理他应该下水营救女孩，若不会水，也要大声呼救，把会水的叫过来，把女孩从河里救出来，可此事并非如此。英名传世的伍子胥一生有两个污点，一是领了人家国家的部队，把自己的国家打得稀里哗啦，还开棺鞭尸，抽打老国王的腐烂尸体，记仇心理严重；二是见女孩投河见死不救，怕动静闹大了给自己惹麻烦，自私心理严重。溧阳史志记载，那条河叫濑水河，那女孩叫史贞女。

我以为，这个史妹妹的投河自尽，跟她的贞不贞无任何关联，称她为“贞女”，是古代的意识形态化。“贞”之字义有三，一是忠于自己所信守的原则，二是女子的贞节，三是书面语的占卜。这里取第一义当然说得过去，但容易使人理解为第二义。若史妹妹就是要以死羞辱伍子胥，则跟第一义也无甚联系。

溧阳人常把羞涩腼腆且相貌娟秀的男孩儿，也称之为“妹妹”；最著名的一个，便是上世纪20年代破城放监的土匪头目葛正才，人称葛小妹。15年前，我曾奔走于苏皖边界两周之久，四处寻访那些见过葛小妹的老人，他们众口一词地讲：“葛小妹说话细声细气，就像妹妹家。”

尽管新县志称葛小妹为农民起义领袖，但溧阳老百姓都如实视他为地道的土匪，且盛赞他土匪作派的义重如山及视死如归。打南渡当铺时，其战事陷入胶着状态，其手下七手八脚拿了街头老汉的一锅烘山芋吃到肚子里。拿下当铺后，他吩咐手下，给那个老汉的锅子里倒一锅铜板抵山芋。被捉牢后，他给铁丝穿了肩胛骨，其手下要舍命劫法场救他，却给他严厉拒绝，最终给砍了头，给挂到城门楼上。

人们通常认为，江南是吴侬软语，柳娇花媚，江南人弱不禁风，殊不知中国古代“士为知己者死”的四大刺客，江南一地就有专诸、要离两位，性情野着呢。以溧阳为例，抗日战争期间，哪个当维持会的会长，哪个必定被刺杀；且溧阳的县政府，是当年全省唯一留在本县境内且正常运作的国家行政机关。由此可见，远古蛮荒时代断发文身的野性，是长久流淌于江南人的血液中，至今未曾泯灭；诗人黑陶以“泥与焰”的鲜明意象，来命名江南这块土地及其民风民情，是极有见地的。

伍子胥结识专诸时，专诸在街头正跟人家打架。“其怒有万人之气，甚不可当，其妻一呼即还。”伍子胥不得其解，便上前探问：“何以闻一女子之声而折道？”专诸很是生气：“子视吾之仪，宁类愚者也，何言之鄙也？夫屈一人之下，必伸万人之上。”江南人的狂野与驯顺、刚烈与柔韧，于此可见一斑。

讲到这里，我们对溧阳童谣中“三个妹妹”的理解，就不会局限于花季少女的那种单纯和任性了。专诸的妻，只呼专诸一人，而未婚的“三个妹妹”，却有君临天下的气势，可呼万人之众呢。

“三个妹妹共一车”，这是古代常见的江南女子的“香车宝马游春来”。而“三双鞋子落样花”，讲是江南女孩的静；“三把扇子摔风车”，讲的是江南女孩的动。此处提及女孩子的绣花鞋，是诗歌中所谓的提喻。绣了花的布鞋儿，想必跟女孩儿的沉鱼落雁之貌是相配的。不必讲面孔如何漂亮，不必讲身姿如何迷人，只稍稍提一下她们所穿的鞋子就是了。“落”是“六”的方言发音，这三双鞋子，竟是六种花色呢，显然违背了传统图案的对称规则，显得有点诡异，显出青春少女的调皮和叛逆。

旧时扇子有两个用处，一是暑气逼人时扇风凉快，二是手里拿样东西免得手没地方摆。传统戏剧中，生角往往手里拿一把扇子，显得自然而自信；而扇子的式样、质地乃至其字画，则表现主人的品位与格调。手是人的第二表情，最易透露人的内心状态而不易为其本人所察觉。显然古人晓得这个道理，所以手里总是拿个扇子、手帕、水烟筒什么的，以此遮掩自己的真实心态，而它们的凉快、揩汗、抽烟等实用功能，倒成了次要的事。

在传统戏剧中，作为女孩儿的闺门旦[7]，多是手里拿手帕，而女孩儿游春时，若拿着绢绫团扇，亦多是拿它去扑打蝴蝶，彼此嬉戏打闹，乐不可支，但这里的三个妹妹，却是拿它“捭风车”。

“捭”是古汉语字，查商务印书馆的《古代汉语词典》，知其原义为“两手横击”，有庾信诗句“拉虎捭熊”为例；查《吴下方言考》，有“捭，摇动也”之释义。而溧阳人日常所讲的这个“捭”字，却是“拨拉、拨弄”的意思；若灶膛炉灰里煨了山芋，就讲“到灶头间拿山芋灶膛里捭出来吃”。旧时江南灌溉水田，有水车、风车之别，都在河岸边；水车是人力踩踏，风车是风吹布幔。江南风车也高大壮观，不比荷兰的小，可惜如今已绝迹，再也看不到了。而这里讲三个小妹一齐拿小扇儿拨弄风车，看似若斗风车的唐吉诃德一般滑稽，却是讲她们的不费吹灰之力，若吹纸风车般的举重若轻，无半点的艰难困苦，无志在必得的用劲。

那么小妹妹为何去河边捭风车呢？若是扑打蝴蝶那样打闹一番，就显得十分寻常，没啥意义，无拓展空间。走到河边，她们怀着一个共同的目的来做这件事，而这事跟风车有关，这就有了诗意，有了关节，叫人难以捉摸。

有了文本主体，其事理性才开始显现。

底下的叙事结构，更是诡异而多变。

下一句是：“风车头浪一枝花，送拨小叔叔讨老嬷。”

女孩儿拿扇子拨拉风车的目的，是要把风车上的一朵花，拿下来送给她们的小叔叔去。风车上为何有一朵花，没有明确交待，也不必交待。在红情绿意的春日里，没有一丝丝风，而那朵花儿，它是别样的好，其花形与色泽，必远胜于一般的“红朵朵花”，给挂到风车的最高处极抢眼。

这花儿不是从草木上采，而是从风车上摘，可见文本的怪异性，将随着叙事的展开，逐渐显现出来。河边没有风，风车动不了，于是三少女拿绢扇拨动风车，将它转起来，让最高处的那朵花儿，转到伸手可及之处。而拿到手的目的，是要送给小叔叔讨老婆。讲单凭这朵花就能打动一个女人，是讲这朵花的奇异与名贵。可这是一朵什么样的花呢？没有讲，不必讲，由你任意想象去。

这三少女虽有君临天下的傲气，且不屑应答而显得无礼，且无视规则而我行我素，却是极有家庭责任心及家族亲情感的，她们为小叔叔的婚事暗中着急呢。

提出中国传统社会结构中的差序格局，是社会学家费孝通先生的重要学术贡献之一。所谓的差序格局，是讲中国人“从自己推出去的和自己发生社会关系的那一群人里所发生的一轮轮波纹的差序”。讲得直接一点，就是中国人首先是对自己好，其次是对自己的家庭和家族——由父母、子女到父系母系的祖辈父辈再到堂房亲戚、姑表姨表亲戚再到其他普通亲戚以及同堂号的房族等，再其次才是家族以外的同乡、同学、同事、朋友，最后是陌生人、外地人、外国人，层次极为分明，所持态度、心理及行事原则，亦各有差异，仿佛水中的一圈一圈涟漪，中心处情感起伏大，边缘处就淡然了；若是外人，关我屁事。在同一个生活圈子里，就是自己人，就会情不自禁地把对方的事当自己的事去做，就会不管对与不对都去做。三少女对小叔叔的着急，就是这种差序格局的例证。

显然小叔叔是一个令人担心的未婚剩男，其年龄应该很大了，怕是三十出头了，怕是找不到老婆了，这连无思无邪、无忧无虑、无心无肺的花季少女于踏春时也记着这件事，于是她们改春日里的优哉游哉为正经做一件事情：摘了风车上的那朵花儿，给小叔叔拿去吸引女人去；并认定她们看中的花儿，亦是别个女子也喜爱的。

行文至此，文本本身的结构特点也鲜明起来。它的顶针修辞，竟是如此的若隐若现且灵活多变。其中的“朝南开”与“朝南姑娘”，“你格茶”与“你格家”，“第三家”与“三个妹妹”，“捭风车”与“风车头浪”，均表现出连锁粘合、层层推进的行文策略，但它们的连锁形式却各不相同，显得活泼而智慧。其顶针连锁的特点，一是突出起承转合的严谨，二是强化说唱的扬抑顿挫的节奏感和音乐感。而“三个妹妹”“三双鞋子”“三把扇子”于“三”的突然叠出，以及它们的貌似寻常却动静相间、由表及里的排比，是歌谣音乐性的出色范例。

语言本体论认为，语言是人的存在的住所。若这个住所简单，其存在也简单；这个住所复杂，其存在也复杂。而简单与复杂的区别，往往表现在语言自身的结构、词语、音调、音色等形式方面。一个文本的形式与内容常互为表里，相得益彰。现代诗歌的元诗写作，常以写诗本身的艰难、孤独、空白、无地，表达现代人的无助、复杂、错乱以及精神的丧失。

现代诗往往毫无顾忌地展示它的消极性，形成“恶之花”式的艺术美感。比较而言，溧阳民间的“红朵朵花”，其文本至迟出现于1940年代初叶，甚至可能早于最早的中国现代诗——鲁迅的《野草》，但它的文本结构，却是典型的现代诗风格，其意象与叙事的繁复回环，迥异于常见的童谣。

以“花”为例说明，起头的花儿是成片的、常见的、普通的，亦是美丽的——美丽也是一种普通哩；而到了绣花鞋子上的花儿，则是人工的、传统的、带暗示性的，且是怪异而非对称的——传统的花样与非传统的非对称性竟是彼此共存哩；而到了风车头上的那枝花，便是独特的、罕见的、惟一的，亦是美丽的——美丽又美得惟一哩。

若忽略“花”“朝南姑娘”“鞋子”“扇子”“风车”这些不同的词语和意象，单看“妹妹”二字的民间命名，就看得出这个文本的丰满和独特了。这是溧阳民间对史贞女及葛小妹的集体记忆，是将少女粉红的羞涩，抹上决绝的色彩；而这种决绝，往往是说一不二，也不与他人商量，或投河而去，或引颈就戮，或千难万险也要为小叔叔讨来老婆，义不容辞。

于是，一个由复杂意象结构组成的复杂人文故事渐显端倪；且人生的艰难，以及对待艰难生活的积极态度——这迥异于现代诗的消极性，也呼之欲出。

接着便是："沿路讨到家，养个大伢伢。"

童谣在诗歌类别中是简单的一种，但这首溧阳童谣，却充分利用诗歌艺术中最复杂的手段，呈现诗意的缜密、曲折、跳跃，且显得轻松自在，如行云流水般畅快。这一句于时空的压缩和穿越，颇有经典意味。显然小叔叔是漂泊在遥远的异乡，三少女不但把风车上的那枝花摘了下来，而且风尘仆仆，于第一时间将它送到小叔叔的手里。而那个地方的远，小叔叔竟是一路拿着花儿求亲，讨得一个愿意嫁给他的女人，两口子一面往回走，一面有了感情，且有了房事，且生了一个男孩儿，方回到自己的家乡。

"沿路讨到家"应是三少女给小叔叔出的主意，一是选择范围大，二是节省时间哩。若路上花去一年半载，年纪更大了，回到家乡就更难找了。女孩着急的是小叔叔的年纪大，但更着急的是他于女性的那个笨拙样子。促成这桩婚事的原因，一是这三个侄女儿所采摘的那枝花颇为名贵，二是这三个花季少女给小叔叔带来了莫大的运道和福气。至于这三少女是如何将花儿迅急送过去的，则略而不提，随我们想象去。

"养个大伢伢"是"讨老嬷"的最终目的；这里的"养"，是指孕妇分娩，不是讲养育孩子；溧阳人称生小孩为养细佬，称产妇为养伢婆。旧时"不孝有三、无后为大"的礼教观念根深蒂固，若男人讨不到老婆，或讨了老婆没得男孩，就给人瞧不起，心理压力大。一向笨拙倒霉的小叔叔，因了三侄女的出手相助，竟时来运转，不但讨得老婆，而且生了儿子，既解救了自己，亦解救了家族，幸甚之哉。且极有可能的是，三少女没有自己的兄或弟，且她们也不是同胞姐妹而是堂姐妹；也就是说，她们各人的父亲也不够幸运，都没有男性后代，而小叔叔的"大伢伢"，就成了这支家族惟一的继承人，香火未断。

于是，底下的文本主体将发生变动，从"三个妹妹"转为"大伢伢"这宝贝疙瘩儿；且文本的叙述角度也有变动，从匿名的旁观者转为三少女。

看底下："伢呀伢，你覅哭，明朝过来帮袅大大削棉花。"

在这里，童谣的顶针粘连再次出现，即"大伢伢"与"伢啊伢"的音节联缀。"覅"是"不要"的方言合音，"袅"是"你"或"你们"，如英语中的"you"。溧阳方言中，"你"和"袅"可以同时出现，这相仿于文言文中的"我"和"吾"的并用，以此可见汉语的多样性；这二者的区别是，"你"只能用于单数，"袅"则可用于单数及复数。

"伢呀伢，你覅哭……"这是哄孩子哩，是讲三少女对独苗儿堂弟的亲情关切。接着就讲"明朝过来帮袅大大削棉花"，是讲婴孩不在女孩身旁，她们得知堂弟爱哭爱闹，便再次出主意，叫孩子明天来棉花地帮他父亲来锄草；也是讲，孩子想父亲了，而父亲则忙于耕作无暇去看他抱他。也暗示这个小叔叔只会出死力气，只会种庄稼，没啥手艺，弄不到钱；怕是他以前漂泊异乡，也是给人家种庄稼的。而他的宝贝男娃儿，此刻在哪里呢？应该在他老婆的娘家，即孩子的外婆家。我们发现，本童谣中，孩子的母亲竟然缺失，一句没讲到她。其原因，怕也是差序格局所致，叔叔在亲戚中的里面一圈，婶婶在外面一圈，有亲疏之别；对外人而言，婶婶是自己人，对家族内部而言，她是外头嫁过来的，是外来的自己人。

底下是："一削削到一条土鬼蛇，黑着两头爬。"

"削"是"锄"的方言词语，父亲在棉花地里拿锄头锄草，但锄到土鬼蛇的却是那个"大伢伢"。显然这男孩在这一句中，突然长大了，竟有样学样，且有模有样，能够自己拿锄头帮父亲"削棉花"了，且不在父亲身边，离父亲远着呢，所以看到一条蛇就失了魂灵，吓得两头爬；这也说明男孩有智识了，懂得怕什么了，而不是只会在襁褓里哭。

诗歌的事理化往往有极强的跳跃性，这是诗歌不同于散文及小说的特权之一。但这种跳跃是有方向性的，仍具合情合理的轨迹。上一句小孩的哭，可能是躺在襁褓里饿了病了不舒服，亦可能在家里想父亲了要随父亲出去玩，亦可能成人欲竟越发强烈要助父亲一臂之力呢。而文本主体于哪一句是哪个年龄，并未严格限定。这里关键的不是时间和地点，更不是它们的逻辑性，而是情感和行为的真切。

"黑着两头爬"的"爬"字用得好，一是表现孩子的弱小与无能，尚且小，只会爬；二是表现孩子的惊恐与慌乱，已经长大了，能够走了，甚至能够跑起来，但怕得脚软，走不动了，只能趴在地上爬；也忘了喊他的父亲，也说明父亲虽跟他在同一块棉花地里，但并非待在一起。而"两头爬"就更形象了，爬到东也不行，爬到西也不行，停下来更不行，这暗示着我们时常碰到的那种顾此失彼、左右为难的狼狈情形；而这种情形，自人类有智识起，就频繁出现在人类生活中。

歧义性也是诗歌的特权之一，可以这样理解，可以那样理解，且都有合理的阐释，都不为错。而这种歧义性，也充斥于人类社会生活的方方面面。比如看同一件事，各有各的看法，若各执己见，就会吵起来；若彼此宽容，尊重对方的理解，意识到世界的并非唯一性，就容易和谐，容易找到问题的症结及其解决办法。

当代文学评论认为，有些诗是刻意表现诗歌本身的某些特性，如它的言说的艰难、它的无以立足的无地、它的诗意的曲折、它的失去记忆的空白等等，被称为元诗而暗示它所表现的对象。本童谣亦有较多的元诗意味，它的语言流畅，它的顶针粘合，它的活泼的跳跃感，它的山重水复的歧义感，以及它的文本主体的转换，以及它的突如其来且动静相间且层层推进的非传统排比，都暗示着本童谣的悲喜故事的复杂斑斓，甚至暗示着整个人类生活。

春日里少女踏青，本是喜上眉梢的事儿，因决意要帮小叔叔“讨老嫫”，就揭开了家族的恐惧内幕：小叔叔的未婚，竟使一个家族面临断绝香火的可怕。但这种恐惧并未出现，因了三少女风车上摘花的鼎力相助，小叔叔终于化险为夷，这个家族也人人心里一块石头落了地。

一次我搭93路车，在车上见到一位93岁的老人，他身体健硕，思维清晰，对着全车人讲了一句颇有观察力的话。他说：“人是最苦的，一出世就会哭，猪马牛羊都不会哭，只有人会哭。”言下之意，猪马牛羊比人更有幸福感。人的苦处，一是劳作上的苦，风栉雨沐，求活命，求生存，要养家而糊口；二是精神上的苦，面临诸多威胁，对绝子绝孙有恐惧，对毒蛇咬人有恐惧；不是这种恐惧，就是那种恐惧。一出世的婴儿，仿佛有极强的预知力，明白将来要吃苦头，要回去又回不去了，所以才哭哭啼啼而无奈且无助。

那条“土鬼蛇”在动物学上叫蝮蛇。它是毒蛇的一种，呈灰褐色，因溧阳人把灰褐色叫土灰色，故土鬼蛇又名土灰蛇。它蛇身粗壮，带深色粗犷斑纹，尾短且末端尖细。它的头部是怪异的三角形，眼鼻间有颊窝，眼后到颈部有棕褐色条纹带，上缘镶黄白细纹。它的口腔前部有一对着根于上颌骨的圆锥状管型毒牙，后部另有8对后备毒牙。在山林中往往看上去一动不动，像死了一般，却一眨眼就倏地咬你一口，置你于死地。

蝮蛇是卵胎生，要生的时候，往往去蹭锋利的石头，把自己的肚子割破，为使下一代安全出生，不惜葬送自己的性命，故溧阳人称它为害娘生。对土鬼蛇的这种狂野的性情，决绝的意志，不怕蛇的也会怕，怕蛇的会更怕。除害娘生，溧阳民间对土鬼蛇的命名，有另一个人文意义上的指向，即将它“比喻言语不多却阴险毒辣的人”，即阴毒的人。

诗歌性的命名，是当代诗歌评论的一个重要关节，是诗歌现代性的一个重要标志，亦是母语词语于社会意义的一个补白，结束它的非命名状态；或是革命性的一个推陈出新，令人耳目一新。鲁迅在《野草》中写道：“我又听到夜半的笑声；我赶紧砍断我的心绪，看那老是在白纸罩上的小青虫，头大尾小，向日葵子似的，只有半粒小麦那么大，遍身的颜色苍翠得可爱，可怜。”

诗人张枣研究称：“鲁迅把小虫子命名为英雄。这个英雄是什么意思？他们小，苍翠，精致。严格地讲，这是个精密的元诗语素，但他们勇敢地冲破了他们自己的非命名状态，所以他们是英雄。”

而现代童谣也有类似的新命名，如饶有风趣但不免俚俗的“意大利的国王”。

这首童谣是：“星期天的早晨雾茫茫，扫垃圾的老头儿排成行。伸出一只手，摸摸垃圾桶，臭袜子臭鞋子满天飞。老头不留神，放了个螺丝屁，钻进铁丝网，来到意大利。意大利的国王正在看马戏……”其后是，这个不理国事的国王如何请来3个研究生研究这个屁，又如何命令全国的老百姓拿起武器赶走它。这种对“国王”的新命名，是丰富或更改了我们以前所理解的“国王”的内涵，于玩笑中蕴含惊世醒世意味。

而我们这首可能先于中国现代诗的溧阳民间童谣，亦无意中命名了土鬼蛇的巨大恐怖：它将威胁一个家族的独苗儿的鲜活生命，把这个孩子吓得“两头爬”。在这里，一是毒蛇的毒液，二是类似毒蛇的人的阴毒，它们是来自自然和人类两个方面的凶险，而后者比前者更阴更毒。若婴儿出生时的哭，是预知了未来人生的苦，那么半大男孩见了土鬼蛇的怕，是预知了类似土鬼蛇的阴毒的人的存在。

而恐惧仍在发酵，让我们耐心往下看。

下一句是：“爬到婆婆床底下，婆婆当却老鼠吃锅巴，拨了婆婆一灰叉，属到屋脊头浪晒锅巴。”

这男孩受了惊吓后爬到外婆家，是源自其生存基因的本能反应。孩子与母亲的娘家，有天生的亲情纽带。童谣中提及外婆的各地都有，如北京有：“拉大锯，扯大锯，姥姥家，唱大戏。接闺女，请女婿，小外孙子也要去。”外婆家的亲情无涉于家族的传宗接代，所以更温馨，更自然，更有安全感。

因为极恐惧，都爬到了外婆家了，却还是惶遽不安，怕是家里没人，没见着他的外婆，便蒙头钻到外婆的床底下。因为身子还在发抖，发出窸窸窣窣的声音，这给刚回到家里的外婆听见了。而那个粗枝大叶的外婆，竟以为这是老鼠在床底下拖了锅巴来吃，于是拿起用于烧火的灰叉[8]，把屋内床底下的小外孙子一下子挑到屋外的屋脊头上去。这外婆力气好大，其性子好不急躁，做事好不利索，她是把小外孙子当作锅巴扔到屋顶上晒，不耐烦搬凳架匾拿到场上去晒，多费一番手脚。时已黄昏，怕是她要急忙烧夜饭了，下地的做生活佬要回家吃饭了。天色已暗，也看不清灰叉上戳的是什么东西，也没这个工夫看，只当那是给老鼠咬过的锅巴，将它挑到屋顶上去晒。

这里的晒锅巴，也是江南人节省粮食的一种情形。旧时乡下烧大灶头，一锅米饭烧熟后，铁锅里就有一层喷香酥脆的锅巴，家中若有小孩，就会抢着吃，当零食吃；现如今，工业锅巴竟成了普通零食类的一种，也时不时出现在酒店里的餐桌上呢。而旧时大人吃锅巴，就会觉得浪费，糟蹋了粮食，所以把它晒干了待以后烧泡饭吃。既然老鼠把锅巴拖到床底下去了，这锅巴应是受了潮发了霉，要赶紧拿出去晒。待晒干了，刮去霉斑霉点，又可以吃了，这跟史贞女在河边淘馊饭团是一回事。

到了这一句，我们忽然有了另一个推断。早先那男孩是在自己家里哭，不是在外婆家。三少女怕是也跟着她们的小叔叔在地里削棉花呢，所以有“明朝过来帮㑚大大削棉花”之语，怕他哭坏了身子呢。其“过来”二字，是指男孩从不好玩的屋子里来好玩的棉花地里来玩，而不是从不惯待在那边的外婆家回到自己家里来。这男孩受了惊吓的第一反应，竟不是爬回自己的家里，而是外婆家。在这里，男孩对外婆的感情，是民间所谓的隔代亲，是稍稍例外于费孝通先生的差序格局的。

旧时的老房子是梁柱结构，常有家蛇在梁上、床下游走，江南民间视家蛇为家神，不但不怕它，还敬它供它呢。所以，小孩子捉迷藏的时候，时不时钻到床底下，大人也不以为意，不怕家蛇咬孩子。对此我曾很是疑惑，每每见了住过老房子的老人便问此事，竟未曾听到一例家蛇咬人的事。我猜想，怕是家蛇如家狗家猫一般，也是有灵性的，也有亲情感，不会伤害一个屋檐下的人。这仿佛也有内外之分，若差序格局一样，人们对屋里的蛇更亲，对外面的蛇更怕。

最后一句是："明朝过来茫茫是个外孙伢，喔啊喔，关起门来就哭。"

这是第二次出现"明朝过来"这四个字，这种字音上的重复，有如本童谣出现的多种顶针粘合，以及层层推进的排比，既构筑了文本的行文结构，也一次次地强化了它的音乐感。而这几句的顶针修辞，也颇为特别，如"大伢伢"与"伢呀伢"及后面的"外孙伢"，"削棉花"与"一削削到……"，"两头爬"与"爬到……"，"婆婆床底下"与"婆婆当却……"及"拨了婆婆……"，"吃锅巴"与"晒锅巴"等处的似连非连，再如"伢啊伢"与"喔啊喔"的彼此呼应，竟给人以交响乐的感觉。而"伢啊伢"与"喔啊喔"的叠用，不禁使我们想起耳熟能详的一句童谣"摇啊摇，摇到外婆桥"，可见这样的修辞手法，是有童谣传统的。

溧阳民间有太平鼓流传，但它不是流传于北方的那种且鼓且舞，而是清代咸丰、同治年间太平军擂鼓冲阵的罕见遗存，是太平军后代传下来的。如今溧阳戴埠镇的镇头，就有太平军擂鼓的雕像。太平天国时期，苏皖边界是清军、太平军打拉锯战的核心地带，太平军著名的"建平会议"的会址，就在溧阳隔壁的郎溪县建平镇。我曾录过七八段太平鼓的鼓谱，如"长抽长抽长长抽……"[9] 它们来自不同的本地家族，各不相同，却都有相当的长度。其强弱与刚柔的变化，其民风、民性的表达，也是繁复回环，恰如这首童谣。

我曾暗自想，若以童谣"红朵朵花"及溧阳太平鼓的多种鼓谱为核心元素，可否构成一出漂亮的现代音乐剧？若有识者接受这个建议，没准会搞得相当出彩呢。

睡了一觉后，那个粗枝大叶的外婆，才想起屋顶上的锅巴来。怕是猛然想道，昨晚将锅巴挑到屋脊头上是不妥之举，这是长棉花的夏季，即使不下雨，夜间也有很重的露水，锅巴不是更潮了么？于是一大早就开门出来看，竟然发现屋顶上是自己的小外孙子，正睡得死沉死沉呢，睡得香，竟没得一声哭闹。这孩子是有惊无险，外面的气温不会太低没得感冒，也没从斜面屋顶上滚下来摔断胳膊腿儿，恐惧感应该不会很强，但外婆却惊慌失色，竟"喔啊喔"地哭起来；不是在外面抱着外孙伢哭，而是把他抱回家里，关起门来，才嚎啕大哭一顿。她的那个悲啊，一是心疼外孙伢竟在屋脊上露宿一夜，担心给吹了夜风得羊痫风，二是这竟是她这个最心疼外孙伢的外婆，马虎大意，铸成大错，多丢人。虽然起得早，没给街坊看到，但悲从中来的情不自禁，使她放声大哭。

"关起门来就哭"，是本童谣的最后一句，它在说唱时是戛然而止，就像书法上最末一记顿笔，猛地了结了。而实际上，外婆那爽快而悲凉的大哭，才刚刚开始呢。而她会抱着外孙伢究竟哭到什么时候，就没人知道了。

文学界仿佛有一个这样的共识，即形式的先锋性，便代表其作品的现代性。如今对新颖形式的追求，一如商家广告对新概念的炒作，成了许多写作者孜孜以求的事。殊不知，当今的诸多新形式，与古代的《庄子》和《离骚》的文本结构相比，与民间的这个"红朵朵花"的意象体系相比，多数都显得幼稚而简单。追求新颖这没错，但不是每一种新颖都有较高的文学价值。

本文阐释的这首童谣，是根植于江南民间文化的深厚土壤，口口相传于樵树渔浦间。它于溧阳的民情、民俗、民风的精确表达，于人世间喜怒悲哀的自然流露，模糊事理上的时间和地点从而随心所欲地跳跃或穿越，命名种种意象并对其进行陌生化处理，以及它的诙谐感与悲剧感的交替，它的音乐节奏与故事悲喜的吻合，均自然而大气，无丝毫雕琢痕迹。

《红朵朵花》的全文是：

红朵朵花，朝南开，朝南姑娘送茶来。吃着你格茶，弗识你格家，顺手打弯第三家。三个妹妹共一车，三双鞋子落样花，三把扇子捧风车。风车头浪一枝花，送拨小叔叔讨老嬷。沿路讨到家，养个大伢伢。伢呀伢，你覅哭，明朝过来帮㑚大大削棉花。一削削到一条土鬼蛇，黑着两头爬。爬到婆婆床底下，婆婆当却老鼠吃锅巴，拨了婆婆一灰叉，属到屋脊头浪晒锅巴。明朝过来茫茫是个外孙伢，喔啊喔，关起门来就哭。

注释：

[1] 阿福：本名濮阳进，1958年生，江苏溧阳人，作家，首届紫金山文学获奖得者。

[2] 亲娘：溧阳方言，祖母、奶奶之意。

[3] 崇王老娘家：不明其意，有待有识者指教。

[4] 小热昏：江南民间说唱形式，这往往是卖梨膏糖者边说边唱，甚至以拉琴抛锣等吸引顾客。而说唱时，往往颠三倒四或指桑骂槐；被人追究时，便谎称自己感冒发烧，热昏了脑子，说了一些昏话，万不可当真，故称小热昏。

[5] 春景春风花似雪：唐朝诗人卢照邻《行路难》诗句。

[6] 乱花渐欲迷人眼：唐朝诗人白居易《钱塘湖春行》诗句。

[7] 闺门旦：戏剧旦行的分支，多为未出阁的少女，或大家闺秀，或小家碧玉。

[8] 灰叉：顶端有一个小小的叉丫，用以捅秸秆、散草把、拨炉灰，常与火夹并用，是江南农村烧灶头的必备铁制用具。

[9] 溧阳民间鼓乐记谱中，锣声为"长"，钹声为"抽"。

交 通 指 南

城 市 公 交

1路（汽车总站—方里村）：
汽车总站（广场）—湾里村—妇保院—燕山南村—阳光城市东—金鹰—大统华西—清溪小区东—凤凰花园西—濑江村—泓口医院—濑江花园—小圩里村—中关村科技园东—泓口大桥—城北工业园—胥泊村委—溧竹线康平路—西泗墩村—方里村

2路（溧阳站—新昌村）：
溧阳站—燕湖公园—燕湖公园北—华府晶园南—福阳山庄南—龙泉山庄—溧阳中专—汽车总站东—法院—人民广场—江南春—大统华—江南大酒店—博爱门诊部—清安村—盛扬苑—天目辉煌酒店—敬老院—液化气站—西郊公园—金源锻造公司—华荣锻造公司—新昌工业园—义笪村—陶家村—下园村—动物防疫站—胡桥村委—塘头村—新昌卫生院—新昌菜场—新昌村

3路（汽车东东站（首末）—汽车总站）：
汽车东站（首末）—东门—古道巷南—电影院—劝业场—溧阳宾馆—江南春—人民广场—公安局—汽车总站（广场）

5路（汽车东站（首末）—体育中心）：
汽车东站（首次）—东门—古道巷南—迎春楼—五亭园西—实验初中东—文化新村—经信局—燕山南苑—人民广场南—公安局—汽车总站东—花鸟市场—湾里村—妇保院—三和村—南和园—外国语学校—永盛家园—省人民医院溧阳分院—金峰新城—体育中心—奥体公交首末站

6路（昆仑东苑—溧阳站）：
昆仑东苑—昆仑东苑菜场—光华中学—坤泰花苑—汽车东站—月星家居广场—丁园—公路处—东华园—时代景城—交警大队—三中—燕湖公园—溧阳站

7路（汽车总站—徐角村）：
汽车总站（广场）—大润发—文化广场—嘉丰新城北—水利局—移动公司—经信局—文化新村—实验初中东—五亭园北—古道巷南—东门—坤泰花苑—光华中学—沧屿桥—前棠下村—后棠下村—德盛公司—昆仑桥—昆仑转盘—欣大公司—夏庄村西—夏庄村—蒋巷村

8路（昆仑东苑—体育中心）：
昆仑东苑—昆仑东苑菜场—银梧路宋庄路—华朋公司—劳动就业培训中心—华昆机械公司—德诚机械公司—昆德肉制品厂—胥渚村—教堂（博爱路）—昆仑西苑—溧城中学—西平菜场—大统华西—大统华—江南春—人民广场—公安局—汽车总站东—边界市场东—边界市场北—金峰又一城—奥体国际南—奥体公交首末站

9路（昆仑东苑—天目湖国际饭店（停车场））：
昆仑东苑—昆仑东苑菜场—图塘村—昆仑花园（花园路和平北路）—中医院—溧阳宾馆—江南春—人民广场—法院—汽车总站东—溧阳中专—龙泉山庄西—燕山医院—木犀园—天目新城枢纽站—燕南山—阳光巴黎北—美景天城北—岗头新村—茶亭菜场—茶亭医院—芳基村—亳上村—曾家村—旅游大厦—东陵—牌楼—天目湖宾馆—天目湖国际饭店（停车场）

10路（汽车总站（广场）—大佛堂村）：
汽车总站（广场）—法院—人民广场—江南春—平陵广场—实验初中—工商银行—人民银行—丁家园村—小吕家村—大吕家村—花园村—城东公交站—华晨路桥—新村里村—大佛堂村

11路（汽车总站（广场）—汽车东站（首末））：
汽车总站（广场）—边界市场东—金水苑—水西村—嘉源广场—省人民医院溧阳分院东—小山头村—中关村科技园东—小圩里村—濑江花园—泓口医院—濑江村—凤凰公园—教堂—昆仑花园—沧屿公园—光华中学—坤泰花苑—汽车东站（首末）

12路（溧阳站—肇庄村）：
溧阳站—商业步行街—燕城大道锦绣路—燕阳嘉苑—龙泉山庄东—福阳山庄—阳光硅谷—汽车总站东—大润发—龙亭苑—文化广场北—锦绣花园—燕园—文化新村（钱家路）—钱家菜场—实验初中西—平陵广场—大统华—江南大酒店—水韵华庭—清溪小区—凤凰公园—教堂—热电厂—宋庄村—劳动就业培训中心—华昆机械公司—肇庄村

13路（汽车东站（首末）—歌岐村）：
汽车东站（首末）—顺达花园—雀干村—罗地亚公司—蚕场村—闸口村—西葛渚村—旅游学校—歌岐村

15路（汽车总站—天目新城枢纽站）：
汽车总站（广场）—边界市场南—贝桥村—林家坝村—天目国际村（屏峰路）—翠屏新村—中央花园—天目星城（范王路）—天目星城东—美景天城—岗头新村（翠屏路）—永平小学—燕南山—天目新城站枢纽站

16 路（汽车东站（首末）—八字桥）：
汽车东站（首末）—东方花园—把家村—浪里村—张家村—张巷村—张家坝村—礼诗圩村—党城圩村—北干圩村—北圩村—八字桥

17 路（昆仑东苑—上上路环园西路）：
昆仑东苑—昆仑东苑菜场—沧屿公园—昆仑花园—教堂—凤凰公园—濑江村—泓口医院—濑江花园—小圩里村—中关村科技园东—泓口大桥—正阳设备公司—上上电缆集团—二十八所—粘博士新材料公司—波士顿电池公司—中关村创智园—金纬机械公司—上上路环园西路

18 路（汽车总站（广场）—天目湖客运站）：
汽车总站（广场）—边界市场南—贝桥村—林家坝村—溧阳南—鹏程钢构—开利地毯厂—布勒机械厂—欧超公司—茶亭风机厂—园区公寓楼—鸿祥公司—罗家桥村—茶亭变电所—朱迈村—杨家边村—塘东村—小溪南村—天目湖客运站

19 路（汽车东站（首末）—杨庄村委）：
汽车东站（首末）—坤泰花苑—光华中学—沧屿桥—前棠下村—后棠下村—德盛公司—昆仑桥—昆仑转盘（昆仑北路）—申特钢铁—牛车垛—变电所（杨庄）—枢巷—杨庄—杨庄村委

20 路（汽车总站（广场）—东墟）：
汽车总站（广场）—法院—人民广场—江南春—平陵广场—实验初中—工商银行—人民银行—丁家园村—小吕家村—大吕家村—花园村—城东公交站　华晨路桥　新村里村　大佛堂村神堂口村—杨家村（溧城）—塘南村—东墟

21 路（汽车总站—阁楼）：
汽车总站（广场）—边界市场南—二中队—上阁楼

22 路（溧阳站—汽车总站）：
溧阳站—燕湖公园—三中—交警大队—党校—溧阳中专北—汽车总站（广场）

23 路（溧阳站—景豪公寓）：
溧阳站—燕湖公园—三中—交警大队—党校—溧阳中专北—边界市场南—二中队—梅园村—吴家村—田尺岕村—大山下新村—城西佳苑—金源公司—后袁油库—中关村大桥—中关村创智园—波士顿电池公司—粘博士新材料公司—二十八所—上上电缆集团—正阳设备公司—泓口大桥—中关村科技园—景豪公寓

25 路（夜间）（汽车总站—天目湖国际饭店（停车场））：
汽车总站（广场）—溧阳中专—龙泉山庄西—燕山医院—木犀园—天目新城枢纽站—燕南山—阳光巴黎北—岗头新村—茶亭菜场—茶亭医院—芳基村—亳上村—曾家村—旅游大厦—东陵—牌楼—天目湖宾馆—天目湖国际饭店（停车场）

26 路（汽车总站（广场）—皇仑村）：
汽车总站（广场）—大润发—文化广场—嘉丰新城—燕河湾—实验小学新校区—锦绣路长阳路—小山下村—高车垛村—小村站——皇仑村

27 路（汽车东站（首末）—太平桥村）：
汽车东站（首末）—东升新村—气象站—万寿寺—五中—前马垫村—清水坝—荡上村西—荡上村—太平桥村

28 路（昆仑东苑—体育中心）：
昆仑东苑—昆仑东苑菜场—光华中学—北固桥—实验小学—电影院—劝业场—溧阳宾馆—大统华—江南大酒店—清安桥—阳光城市（清溪路）—南和园—省溧高中—景鸿花园—华府天第—体育中心—奥体公交首末站

29 路（昆仑东苑—溧阳站）：
昆仑东苑—昆仑东苑菜场—昆仑花园—教堂—凤凰公园—凤凰花园—博阳新村—和平新村—新华街—五亭园西—实验初中东—文化新村—经信局—移动公司—水利局—第二实验小学—党校（南大街）—燕湖公园西—商业步行街—溧阳站

30 路（安顺嘉苑—体育中心）：
安顺嘉苑—东华园北—世纪名城—锦绣菜场—文化广场北—燕山中学—公安局北—妇保院南—湾里公寓—金水苑—水西村—奥体国际—奥体公交首末站

31 路（汽车总站（广场）—黄墟）：
汽车总站（广场）—大润发）—文化广场—嘉丰新城北—第二实验小学（罗湾路）—时代景城—东滩头—安顺燃气—供电公司—黄墟

32 路（昆仑东苑—合心村）：
昆仑东苑—沧屿桥—前棠下村—金禧园—意达花园—海棠花园—宁和苑—德盛公司—昆仑桥—汽车城—胥泊村委—医药园—泓叶路—泓盛路—增家路—中关村大道—勤丰村—环园西路—湾墩桥—龙潭村—合心村

33 路（汽车总站（广场）—上上路环园西路）：
汽车总站（广场）—法院—人民广场—江南春—大统华—江南大酒店—水韵华庭—清溪小区—濑江村—泓口医院—濑江花园—小圩里村—中关村科技园东—泓口大桥—正阳设备公司—上上电缆集团—二十八所—粘博士新材料公司—波士顿电池公司—中关村创智园—金纬机械公司—上上路环园西路

35 路（汽车东站（首末）—上上路环园西路）：
汽车东站（首末）—月星家居广场—人民银行—工商银行—五亭园西—新华街—和平新村—博阳新村—凤凰花园—濑江村—泓口医院—

濑江花园—小圩里村—中关村科技园东—
泓口大桥—正阳设备公司—上上电缆集团—
二十八所—粘博士新材料公司—
波士顿电池公司—中关村创智园—
金纬机械公司—上上路环园西路
36路（汽车东站（首末）—赵村）：
汽车东站（首末）—东升新村—气象站—万寿寺—
五中—马垫村—窑头村—后马垫—淦西—赵村
37路（天目新城枢纽站—昆仑东苑）：
天目新城枢纽站—燕南山—阳光巴黎北—
美景天城北—中央花园西—天目国际村—
高速大队—林家坝村—贝桥村—君悦豪庭东—
奥体国际东—嘉源广场—
省人民医院溧阳分院东—盛扬苑—清安村—
博爱门诊部—江南大酒店—大统华—平陵广场—
实验初中—工商银行—月星家居广场—
汽车东站—坤泰花苑—光华中学—
昆仑东苑菜场—昆仑东苑
38路（汽车总站—收费站）：
汽车总站（广场）—法院—人民广场—江南春—
平陵广场—实验初中—工商银行—人民银行—
丁家园村—小吕家村—大吕家春—花园村—
葛渚村南—歌岐村南—收费站
天目湖旅游专线（溧阳站—南山竹海客运站）：
溧阳站—天目湖—南山竹海客运站
溧阳禄口机场线（溧阳城市候机楼—南京禄口国际机场）：
溧阳城市候机楼—南京禄口国际机场

市　镇　公　交

101路（溧阳—高淳桠溪）：汽车总站（站内）—花鸟市场—
湾里村—妇保院—燕山南村—阳光城市东—
江南大酒店—博爱门诊部—清安村—盛扬苑—
天目辉煌酒店—敬老院—液化气站—西郊公园—
金源锻造公司—华荣锻造公司—新昌工业园—
义笪村—陶家村—胡桥—新昌—淦西村—
石街头—通达料场—小金山—南渡镇政府—
南渡—庆丰村—梅庄村—强埠—圩庄村—
汤桥—蒲村村—桠溪
101路（溧阳—南渡）：汽车总站（站内）—花鸟市场—
湾里村—妇保院—燕山南村—阳光城市东—
江南大酒店—博爱门诊部—清安村—盛扬苑—
天目辉煌酒店—敬老院—液化气站—西郊公园—
金源锻造公司—华荣锻造公司—新昌工业园—
义笪村—陶家村—胡桥—新昌—淦西村—
石街头—通达料场—小金山—南渡镇政府—南渡
102路（溧阳—东王庙（上兴））：汽车总站（站内）—
花鸟市场—湾里村—妇保院—燕山南村—
阳光城市东—江南大酒店—博爱门诊部—
清安村—盛扬苑—天目辉煌酒店—敬老院—
液化气站—西郊公园—金源锻造公司—
华荣锻造公司—新昌工业园—义笪村—陶家村—
胡桥—新昌—淦西村—石街头—通达料场—
小金山—南渡镇政府—南渡—中桥村—旧县—
兄弟化工厂—果园—老河口—东王庙（上兴）
102路（溧阳—上沛车站）：汽车总站（站内）—花鸟市场—
湾里村—妇保院—燕山南村—阳光城市东—
江南大酒店—博爱门诊部—清安村—盛扬苑—
天目辉煌酒店—敬老院—液化气站—西郊公园—
金源锻造公司—华荣锻造公司—新昌工业园—
义笪村—陶家村—胡桥—新昌—淦西村—
石街头—通达料场—小金山—南渡镇政府—
南渡—中桥村—旧县—兄弟化工厂—果园—
老河口—小李家村—上兴镇东—上兴镇西—
余巷—沛民村—上沛车站
103路（溧阳—宜兴杨巷）：汽车总站（站内）—花鸟市场—
湾里村—妇保院—燕山南村（南环路）—
人民广场南—燕山南苑—经信局—文化新村—
实验初中东—工商银行—人民银行—
月星家居广场—汽车东站—马垫医院—五中—
赵村村—三联村—后六村—戴家桥—杨巷
105路（溧阳—钱家圩）：汽车总站（站内）—花鸟市场—
湾里村—妇保院—燕山南村—阳光城市东—
江南大酒店—博爱门诊部—清安村—盛扬苑—
天目辉煌酒店—敬老院—液化气站—西郊公园—
金源锻造公司—杜家村—马塘村—
新昌工业园区—九培墩—蒋店村—蒋店中学—
勤丰村—合心村—钱家圩村—新河村（南渡）
105路（溧阳—濑阳）：汽车总站（站内）—花鸟市场—
湾里村—妇保院—燕山南村—阳光城市东—
江南大酒店—水韵华庭—清溪小区—濑江村—
泓口医院—濑江花园—小圩里村—泓口大桥—
泓口村—后班竹—濑阳
106路（溧阳－社渚）：汽车总站（站内）—花鸟市场—
湾里村—妇保院—燕山南村—阳光城市东—
江南大酒店—博爱门诊部—清安村—盛扬苑—
天目辉煌酒店—敬老院—液化气站—西郊公园—
金源锻造公司—华荣锻造公司—新昌工业园—
义笪村—陶家村—胡桥—新昌—淦西村—
石街头—姜笪里—社渚岔路—山脚下—埝前—
陆家边岔路口—观山—上坊村—茅山水泥厂—
西顶—特种水泥厂—名将公司—周城小学—
周城—金峰水泥厂—炉头—金峰村—葛田—
金峰茶场—木岗村—路北山岗—路北桥—花岗—
上淇村小店—社渚村—社渚客运站
107路（溧阳—平桥）：汽车总站（站内）—边界市场南—
贝桥村—林家坝村—天目国际村—中央花园西—
天目星城—岗头新村—茶亭菜场—茶亭医院—芳
基村—亳上村—曾家村—旅游大厦—东陵—
牌楼—香樟茗岸—小陈庄—玉枝茶场—
杨庄（天目湖）—平桥
108路（溧阳—戴埠）：汽车总站（站内）—溧阳中专北—

党校—交警大队—三中—燕湖公园—溧阳站—
大林村—南庄村—南水西—颜巷里—
新桥村（戴埠）—戴北村—盈墅村—戴埠医院—
戴埠客运站—戴埠镇—东王庙（戴埠）—三岔口—
戴埠

109 路（溧阳—松岭村）：汽车总站（站内）—
边界市场南—贝桥村—林家坝村—天目国际村—
中央花园西—天目星城—茶亭菜场—茶亭医院—
芳基村—亳上村—曾家村—旅游大厦—东陵—
牌楼—香樟茗岸—小陈庄—后麦头—田家山—
庙山—石家岗村—戴埠中学—戴埠镇—
东王庙（戴埠）—南工业园—陈家村（戴埠）—
二号工地—宥里村—八里棚—高山岗—
南山花园—赵墅村—老丫岕—吴楚农耕文化园—
黄岗岭—横涧小学—横涧—松岭村

109 路（溧阳—南山竹海）：汽车总站（站内）—
边界市场南—贝桥村—林家坝村—天目国际村—
中央花园西—天目星城—茶亭菜场—茶亭医院—
芳基村—亳上村—曾家村—旅游大厦—东陵—
牌楼—香樟茗岸—小陈庄—后麦头—田家山—
庙山—石家岗村—戴埠中学—戴埠镇—
东王庙（戴埠）—南工业园—陈家村（戴埠）—
二号工地—宥里村—八里棚—高山岗—
南山花园—赵墅村—老丫岕—吴楚农耕文化园—
黄岗岭—横涧小学—横涧—赵岕—翠谷庄园—
湾里村（戴埠）—同官村—御水温泉—
南山竹海客运站

111 路（溧阳—大溪）：汽车总站（站内）—花鸟市场—
湾里村—妇保院—燕山南村—阳光城市东—
江南大酒店—博爱门诊部—清安村—盛扬苑—
天目辉煌酒店—敬老院—液化气站—西郊公园—
金源锻造公司—华荣锻造公司—新昌工业园—
义笪村—陶家村—胡桥—新昌—淦西村—
石街头—通达料场—小金山—大溪

112 路（汽车总站—上黄）：汽车总站（站内）—
花鸟市场—湾里村—妇保院—
燕山南村（南环路）—人民广场南—燕山南苑—
经信局—文化新村—实验初中东—工商银行—
人民银行—月星家居广场—汽车东站—
坤泰花苑—光华中学—沧屿桥—前棠下村—
后棠下村—德盛公司—昆仑桥—
昆仑转盘（昆仑北路）—申特钢铁—牛车垛—
变电所（杨庄）—枢巷—石塘—埭头中学—
啤酒厂—坡圩村—三庙桥—上黄

112 路（汽车总站—上黄停车场）：汽车总站（站内）—
花鸟市场—湾里村—妇保院—
燕山南村（南环路）—人民广场南—燕山南苑—
经信局—文化新村—实验初中东—工商银行—
人民银行—月星家居广场—汽车东站—
坤泰花苑—光华中学—沧屿桥—前棠下村—
后棠下村—德盛公司—昆仑桥—夏庄村—
亚泰焊材—东培路口—埭头镇政府—埭头镇—
荣晖纸业—坡圩桥—干西村—山水大酒店—
上黄镇政府—上黄客运站—上黄镇南—
上黄停车场

115 路（汽车总站—别桥客运站）：汽车总站（站内）—
鸟市场—湾里村—妇保院—燕山南村（南环路）—
人民广场南—燕山南苑—经信局—文化新村—
实验初中东—工商银行—人民银行—
月星家居广场—汽车东站—坤泰花苑—
光华中学—沧屿桥—前棠下村—后棠下村—
德盛公司—昆仑桥—昆仑转盘（昆仑北路）—
申特钢铁—牛车垛—变电所（杨庄）—枢巷—
石塘—浪圩—湖边—湖塘—别桥加油站—渚里—
别桥镇—别桥镇东—别桥镇西—别桥客运站

116 路（汽车总站—后周）：汽车总站（站内）—
花鸟市场—湾里村—妇保院—三和村—省溧中—
建设路站—水韵华庭—清溪小区—濑江村—
泓口医院—濑江花园—小圩里村—
中关村科技园东—泓口大桥—泓口村—
西泗墩村—方里村—后桑园—北郊工业园区—
古渎村—胡家墩村—郝家村—周家湾—绸缪—
阴山—后周

118 路（汽车总站—西关车站）：汽车总站（站内）—
花鸟市场—湾里村—妇保院—三和村—省溧中—
建设路站—水韵华庭—清溪小区—濑江村—
泓口医院—濑江花园—小圩里村—
中关村科技园东—泓口大桥—泓口村—
西泗墩村—方里村—后桑园—北郊工业园区—
古渎村—胡家墩村—南房村—牌楼村—
余桥铁塔厂—余桥—道人渡—舍怛村—前马东—
前马集镇—前马西—宋巷村—潘家村（竹箦）—
东王村—王渚村—竹箦客运站—电池厂—
竹箦镇政府—邮政银行（竹箦）—西关车站

镇 村 公 交

别桥镇

201 路（别桥至金庄村）：别桥客运站—龙华苑—
别桥镇西—北巷—小社头—陈巷村南—陈巷村—
陈巷村北—前王村南—前王村—前王村北—
丁家棚村—樊庄村—金庄村

230 路（别桥至后周）：别桥客运站—姜家路口—
别桥镇东—别桥镇西—龙华苑—前程村—
医院（别桥）—前马场—镇政府（别桥）—合星村—
五里亭村—上市村（上上线）—赵家村（别桥）—
变电所（阴山）—派出所（绸缪）—阴山—运通路—
东社村—渚社村—毛棚新村—朱云山村—
特种建材厂—后周加油站—后周信用社—后周

232 路（别桥至绸缪南）：别桥客运站—姜家路口—
别桥镇东—别桥镇西—龙华苑—前程村—

医院（别桥）—前马场—镇政府（别桥）—合星村—五里亭村—上市村（上上线）—赵家村（别桥）—变电所（阴山）—派出所（绸缪）—名川路—白土棚村—东家棚村—施家村（别桥）—富民中路—方里村（别桥）—玉堂村—砝码厂—森巷村—绸缪中学—绸缪实验学校—绸缪村—绸缪南

233 路（后周至桃园）：后周—后周信用社—后周加油站—西干村—靠村—后迈村—后迈桥—小石桥村（路口）—梓村—小石桥村委—西舍村—西舍村东—小石桥村—北舍村南—北舍村—桃园

237 路（后周至黄金山村）：后周—后周信用社—后周加油站—西干村—靠村—后迈村—后迈桥—小石桥村（路口）—窑厂—玉华山村—卫生院（玉华山）—河头村—戴巷里村—大涧溪村—桃园村（后周）—颜家村—黄金山村

239 路（前程村至符家村）：前程村—三官殿村—战胜村—吕庄村—别桥客运站—龙华苑—别桥镇西—别桥镇东—姜家路口—别桥镇—别桥小学—土山村—北埝村—北埝村北—北埝村南—中里村—李家坝村—姚家村—虞家坝村—符家村

248 路（后周至王家村 ）：后周—姜家村北—姜家村—周立庵村—西姚家村—姚家村（后周）—东胜村—东王村北—东王村（后周）—窦巷村—西马村北—西马村—岗头村—岗头村南—王家村（后周西马）

252 路（别桥至道成村委）：别桥客运站—姜家路口—别桥镇东—别桥镇西—龙华苑—前程村—医院（别桥）—前马场—镇政府（别桥）—合星村—五里亭村—上市村（上上线）—赵家村（别桥）—变电所（阴山）—派出所（绸缪）—名川路—白土棚村—东家棚村—施家村（别桥）—富民中路—方里村（别桥）—玉堂村—砝码厂—森巷村—绸缪中学—绸缪实验学校—绸缪村—绸缪南—俞家村（别桥）—草屋墩—上周共村—五家庄—周家湾—大沈家村西—大沈家村—对河村—黄家村（别桥）—潘家村西—潘家村（别桥）—徐家村—钱家村—道成村委

257 路（别桥至园上村）：别桥客运站—龙华苑—别桥镇西—别桥镇东—姜家路口—别桥镇—马家村委—胪昌路—小东庄村—后村（别桥）—北杨庄—前园村—园上村

258 路（后周至拖板桥村）：后周—下林桥村东—下林桥村—高家村（后周西庄）—西庄村委—西庄村—拖板桥村东—拖板桥村

265 路（后周至下梅村）：后周—老转盘（后周）—粮站—高家村（后周魏笪）—小桥头村—渔业村—西埂村—下梅村

289 路（后周至黄金山村）：后周—后周信用社—新菜场桥—新典村—观西村—颜笪里村—观阳村—后巷村—西沈村—黄涯村—前巷村—大家庄村（东）—巷上村—前喔村—后陈村—黄金山村

297 路（别桥至桃园）：别桥客运站—姜家路口—别桥镇东—别桥镇西—龙华苑—前程村—医院（别桥）—前马场—镇政府（别桥）—合星村—五里亭村—上塘棚村—西神圩—西浦路口—街头村—李巷路口—上市村—何家村（别桥）—大石桥村—小石桥村—北舍村南—北舍村—桃园

埭头镇

200 路（埭头至陈家村（埭头））：埭头—菜场（埭头）—埭头中学—画诗—啤酒厂—埭头小学—军荣集团—新跃河桥—曹家村—北淡庄村—小东荡村—小东荡村东—大东荡村西—大东荡村——颗印村西——颗印村——颗印村东—马家村（埭头）—芳公圩—后窑村北—后窑村南—后六村委—后六村—邮政所（埭头）—王家村（埭头）—莲花庵—莫家圩村—邹家村西—邹家村—邹家村东—庄家村西—庄家村—狄家桥村西—狄家桥南—狄家桥— 陈家村（埭头）

227 路(埭头至安裕村)：埭头—菜场(埭头)—埭头中学—啤酒厂—埭头小学 —军荣集团—新跃河桥—曹家村—北淡庄村—小东荡村—大洋南村—大洋南村东—东风桥—龙荡村—山前村东—山前村—安裕村

235 路(埭头至后六村):埭头—菜场(埭头)—埭头中学—啤酒厂—埭头小学—军荣集团—大塔圩—塘底下村—蒋家村（埭头）—胡家村北—胡家村—新丰村—南田舍村—砖桥村—杨家村（后六）—前六村—罗家村（埭头）—莲花庵—王家村（埭头）—邮政所（后六）—后六村

250 路(埭头—杨尖圩村):埭头—菜场(埭头)—圣鑫苑—巨峰机械厂—杨家村北(埭头)—杨家村(埭头)—大华路—羚羊机械厂—大塔圩—塘底下村—蒋家村（埭头）—胡家村北—胡家村—新丰圩—新丰圩桥—黄芦苇村—黄芦苇村南—天界寺村—宋庄村（埭头）—杨尖圩村

275 路（埭头至南埝村）：埭头—菜场（埭头）—埭头中学—啤酒厂—埭头小学—军荣集团—大塔圩—塘底下村—蒋家村（埭头）—胡家村北—胡家村—新丰圩—钟家桥—孔家村（埭头）—后六村西—后六村—邮政所（后六）—王家村（埭头）—莲花庵—莫家圩村—邹家村西—邹家村—邹家村东—庄家村西—薛垫漕村北—薛垫漕村南—潘家村（埭头）—南埝村

戴埠镇

217 路（戴埠至大塘村）：戴埠客运站—戴埠镇—东王庙（戴埠）—三岔口—戴埠大桥—牛场村委—

牛场新村—新建村—东官村—国直里村—下西窑村—大塘村

247 路（戴埠至文武岭村）：戴埠客运站—幼儿园（戴埠）—河西新村—东王庙（戴埠）—戴埠镇—戴埠中学—台港路（戴埠）—田螺岕村北—田螺岕村—金泰路—五里棚村北—五里棚村—东山村（戴埠）—山口村委—王西村—王东村北—王东村南—文武岭村

271 路（戴埠至红武村）：戴埠客运站—幼儿园（戴埠）—河西新村—东王庙（戴埠）—戴埠镇—戴埠中学—石家岗村—后石家村—前石家村—浩联村—畜牧站—蒋家边村—西少武庄村—少武庄村—黄古塘村—红武村

272 路（戴埠至百家塘村）：戴埠客运站—戴埠镇—东王庙（戴埠）—三岔口—新华书店—原幼儿园（戴埠）—夏阳村—孔家村（戴埠）—辽径村—郑墅村—长林村—赵家村（戴埠）—百家塘村

273 路（戴埠至崔岕村）：戴埠客运站—幼儿园（戴埠）—河西新村—东王庙（戴埠）—戴埠镇—戴埠中学—石家岗村—前石村—华晶路—五里棚村—七塘头村—上田村（戴埠）—广济桥—河岕村—塔山村—崔岕村

294 路（戴埠至西梗村（戴埠））：戴埠客运站—西梗村（戴埠）

南渡镇

205 路（南渡至芮家桥）：南渡客运站—圩西村—圩东村—岳家村—北埂村—潘家村（南渡）—邱家桥—芮家村西—芮家村—芮家桥

206 路（南渡至赵家墩村）：南渡客运站—圩西村—圩东村—岳家村—中桥村—张家村（南渡）—张家村东—福新村委—宗家村—福新路口—赵家墩村

260 路（南渡至增福小区）：南渡客运站—溧强路口—南渡老街—镇政府（南渡）—平城村—湖头桥村—小金山—徐笪里村—朱圩村—朱圩桥—刘家边村（南渡）—大墩村—上吴村东—上吴村—前史村—西村小店—大溪村—增福小区

261 路（南渡至钱家圩村）：南渡客运站—敬老院（南渡）—大圩村西—大圩村中—邵家村—马家塘村—芮家村（南）—新河村委—韦家村—新河村—石家村东—西龙潭村—马家村（南渡）—墩上村—钱家圩村

266 路（旧县至洙汤村）：旧县—旧县桥—西湖村—东湖村（南渡）—陈家棚村—游家棚村—安中里村—万塘村—水西村（前马）—储庄村—宋巷村—西芮村—全福牧业—前马西—人民药房（前马）—东庙村—洙汤桥—洙汤村

268 路（南渡至西圩村委）：南渡客运站—南渡小学—南渡中学—中河桥—陈家圩村—小吴家村—焦塘圩村—庆丰桥—大栗树村—圩上桥—清水坝村—西圩桥—西圩村委

290 路（大溪至强埠村）：大溪村—前留村—堑口村东—堑口村西—蔡家村东（南渡）—蔡家村（南渡）—前头圩村—庵头村—芮家圩村—强埠村

291 路（南渡至团结桥）：南渡客运站—南渡小学—南渡中学—中河桥—老干嘴桥—老干嘴村—周家村（南渡）—坝头桥村—由家村—乾大圩桥—乾大圩村—里新圩村—唐家村—周家湾村—小杨家村—小乐家村—团结桥

上黄镇

229 路（上黄至下大圩村西）：上黄客运站—锦绣苑—上黄镇南—医院（上黄）—老街（上黄）—泉水湾村—水母山—南城村—洋渚村东—洋渚村—洋渚村西—下大圩村—下大圩村西

231 路（上黄至谈巷里村）：上黄客运站—锦绣苑—上黄镇南—小李沟村—工业区（上黄）—黄家鹏村—后浒庄村—中浒庄村—前浒庄村—于培头村—小白塔村—白塔村—谈巷里村

236 路（上黄至周山村）：上黄客运站—锦绣苑—上黄镇南—医院（上黄）—老街（上黄）—桥西—上黄中学—桥口村—东山村（上黄）—昌堂庵村—周山村

238 路（上黄至王巷山村）：上黄客运站—锦绣苑—上黄镇南—建安公司—桥东—桥北—西埝村—前中村—落霞村—殷家舍村—山下超市—山下河北—前泗村—王巷山村

249 路（上黄至南山后村）：上黄客运站—镇政府（上黄）—山水大酒店—加油站（上黄）—马家村—黄石坝桥—汤家头村—上黄林场—南山后村

上兴镇

203 路（汤桥至张家村（上沛））：汤桥—城下村—蒲村—蒲村东—蒲村村委—上蒲村—李家村（上沛）—石龙坝村—高园村—高园村北—杨树坝村—百亩塘村—上棚村—张家村（上沛）

207 路（上沛至把家村（上兴））：上沛车站—上沛小学—农贸市场（上沛）—农业银行（上沛）—菜场（上沛）—老电影院—石桥头—桥东干村委—下塘巷村—中塘巷村—上塘巷村—老虎山（东）—庙下村—何家村—王家边村—周干村—刘家村（上兴毛家）—金家村—上史村—毛家村—把家村（上兴）

211 路（上沛至汤桥）：上沛车站—上沛小学—农贸市场（上沛）—农业银行（上沛）—

万家边村委—万南村—老虎山—缪巷村—
周庄庵—正西园林—杨家湾—丁家场小村—
丁家场村—上芳村—东岗村（上兴吐祥）—
桥西村—桑园里—陈家边路口—汤桥东—汤桥

213路（上沛至龙峰村委）：上沛车站—上沛小学—
农贸市场（上沛）—农业银行（上沛）—新加油站—
窑上村—窑上村北—下岗头村—龙墩头村—
杨家边村（上兴）—法师塘村南—法师塘村—
山棚村—湖家边—刘家村（上兴龙峰）—
刘家边村（上兴龙峰）—向家村—塘家村—
龙峰村委

240路（上兴客运站—丰村）：上兴客运站—西洋庄—
上兴新菜场—上兴镇政府—金玉佳园—
西桥新区—上兴老菜场—花村北—河湾村—
何家村北（上兴）—何家村（上兴）—
向家村（上兴）—余家村（上兴）—孔家村（上兴）—
孔家村（上兴）—孔家村西（上兴）—陈塘岗村—
陈塘岗村南—河东村（上兴）—龙头坝村—
龙头坝村中—龙头坝村西—新河村（上兴）—
丰村东—丰村

243路（步村至李家棚村）：步村—后王村—董家棚—
泉水村—下潘村—长头村—洋河村—蔡棚村—
施家边村南—施家边—青山村（上兴）—
正兰生态园—大山洼村—李家棚村

245路（上沛至龙峰村）：上沛车站—上沛小学—
农贸市场（上沛）—农业银行（上沛）—新加油站—
彭家桥—东岗村（上兴万家边）—白云庵桥—
下秧村—中圩里村南—中圩里村—乔家村—
龙峰村

254路（汤桥—王家村（上兴））：汤桥—王家村（上兴）

255路（上兴至潮渚村）：上兴客运站—西洋庄—
上兴镇政府—上兴派出所—通港路—
李家村（上兴）—高梅村—高梅村东—
练庄建材厂—蒋家村（上兴）—兴达砖瓦厂—
后梅村—前梅村—傅家村—高村村—潮渚村

259路（上沛至灵堡官村）：上沛车站—上沛小学—
农贸市场（上沛）—农业银行（上沛）—
万家边村委—万南村—缪巷村（西）—刘上干村—
小缪巷村—刘家村（上兴缪巷）—南岗—
江家小店—梁家村—邱家村后—邱家村—
龙岗小店—岗下村—井塘头—上宅里村前—
上宅里村— 上宅里村后—祠堂—周家—
李园里村—卞家村路口—卞家—田干圩村—
灵堡官村南—灵堡官村

262路（上兴到分界）：上兴客运站—西洋庄—新菜场—
上兴镇政府—金玉佳园—西桥新区—上兴宾馆—
上兴中学—上街头南—上兴镇西—医院（上兴）—
刘家边（上兴陶村）—下陶村—曹山农业园—
北厂—垃圾场—中方村—上方村—胡家山村—
陈家村（上兴）—西周村—分界

267路（步村至张家棚村）：
步村—下坝村—许棚村—东王里村—联星村—建
山村—郑家棚村—下张村—下张村北—永和村—
张家棚村南—张家棚村

280路（上兴至东塘小学）：上兴客运站—西洋庄—
新菜场—上兴镇政府—金玉佳园—西桥新区—
老菜场（上兴）—花村北—花村—陆家渡村—
中梅里村—杨溪村—都渚村—副业村—
李家渡村—东岗村—练庄村—高浪头村—
大浪头村—联盟村—联盟村前—东塘村北—
东塘村—东塘小学

281路（上沛至东塘村）：上沛车站—上沛小学—
农贸市场（上沛）—农业银行（上沛）—
菜场（上沛）—老电影院—石桥头—桥东干村委—
西沙干村—西塘村西—西塘村—佛堂头村—
东张村—东塘村委—石家圩村—陈塘圩村—
陈塘桥—东塘村西—东塘村

282路（上沛至后午村）：上沛车站—上沛小学—
农贸市场（上沛）—农业银行（上沛）—
万家边村委—万南村—缪巷村（西）—刘上干村—
小缪巷村—刘家村（上兴缪巷）—南岗—
江家小店—梁家村—邱家村后—邱家村—
龙岗小店—岗下村—井塘头—上宅里村前—
上宅里村—上宅里村后—祠堂—祠堂村北—
交巷里—梅家庄路口—后午村口—后午村

292路（上兴至陶村）：上兴客运站—西洋庄—新菜场—
上兴镇政府—金玉佳园—西桥新区—上兴宾馆—
上兴中学—上街头南—上街头北—花园村东—
花园村西—桃花村—堰西—凉亭—陶村

293路（上兴至步村）：上兴客运站—西洋庄—新菜场—
上兴镇政府—金玉佳园—西桥新区—上兴镇东—
嘉缘山庄—李家新村—小李家村—老河口—
老河新村（西）—江苏国强—盛杰机械厂—
兴宏新度假村—上姚—青墩村—瓦屋山站—
青墩村—上姚村—小庄村—活性炭厂—涧东村—
涧东村委—桥家边—涧西村—西吴村—
步村村东—步村

社渚镇

210路（社渚至河口）：社渚客运站—中心小学（社渚）—
农业银行（社渚）—农贸市场（社渚）—
供电所（社渚）—周家巷（路口）—周家巷南—
周家巷—姚家南（社渚）—姚家村（社渚）—
光明村—小兴圩村—西里村—史家边—巷埂村—
棚子顶村—下马塘村—王家庄村—蒋家—
河口小学—河口

212路（社渚至河心）：社渚客运站—中心小学（社渚）—
农业银行（社渚）—农贸市场（社渚）—
供电所（社渚）—周家巷（路口）—田角村—

下西村委—下西村—中心村—新桥村—舍头村—刘家边（社渚）—九房头村—周家村（社渚）—方田村—余家村—蔡家村（社渚）—河心

214 路（社渚至上蒋村委）：社渚客运站—中心小学（社渚）—东关街口—社南旅馆—夹板厂—罗家村—桃园村—黄泥岗村—宝莱农庄—社渚轴承厂—八大队—山丘村北—山丘村—下山丘村—白云寺茶场—新农村生态园—石里沟村—上蒋村—前庄村—上蒋村委

216 路（社渚至殷桥）：社渚客运站—中心小学（社渚）—农业银行（社渚）—农贸市场（社渚）—振兴服装厂—宜巷村—小杨树窠村—大杨树里村—杨家小湾—钓鱼中心—姚巷—画眉滩村—上蒋—塘墩村—老庄村—殷桥村—泗庄村—殷桥小学—殷桥

218 路（社渚至社渚农场）：社渚客运站—中心小学（社渚）—东关街口—社南旅馆—夹板厂—罗家村（社渚）—桃园村—黄泥岗村—宝莱农庄—社渚轴承厂—宋村—山丘村（东）—社渚农场

219 路（社渚至湾岭）：社渚客运站—中心小学（社渚）—东关街口—东山庙村—房家村—敬老院（社渚）—宋村村—宋家—和平生态园—窑头村（社渚）—窑塘村—仙山岗村—朱家墩—清水塘—湾岭

223 路（周城至下城村）：周城—周城派出所—南方水泥—名将公司—尹家村—南横山村—横山村—鲁村南—鲁村—小鲁家村—苗圃村—塞塘村—洙漕村—窑头村（天目湖）—窑头村南（天目湖）—高村—下城村

234 路（社渚至戴家湾）：社渚客运站—中心小学（社渚）—东关街口—社南旅馆—夹板厂—罗家村（社渚）—桃园村—黄泥岗村—宝莱农庄—社渚轴承厂—八大队—山丘村北—山丘村—下山丘村—白云寺茶场—庙岗村—桥头村—白云寺—工农副业队—石塘村西—石塘村—李家村（社渚）—孙郭村北—孙郭村—戴家湾

251 路（殷桥至戴家湾）：殷桥—殷桥小学—泗庄村—桃树湾村 —桃树湾村东—山下村—新村—石塘村—李家村（社渚）—孙郭村北—孙郭村—戴家湾

263 路（汤桥小学至河口）：汤桥小学—汤桥南—汪家村（汤桥）—俞家村（汤桥）—彭家圩—强墩桥—西华圩—乘马圩村委—顾家村—大闸口—河口

269 路（周城至大栗滩村）：周城—周城派出所—石家村—泥面岗村北—泥面岗村南—新队村—八一村—江西口村—前宋村—跑马岗村—崇塘村—连家村西—连家村—观音塘村—金山路头村西—金山路头村—珠山村—东干岭村—乔家边村西—乔家边—大栗滩村

277 路（河心至殷桥）：河心—前张村—大田村委—后大田村—前大田村—王山村—林牧村—岔路口—殷桥

278 路（河口至周城）：河口—拥军桥—圩前村—圩后村—东升村西—东升村—东升村东—钟家村—汪家村（社渚）—杨树沟村西—杨树沟村北—杨树沟村南—嵩里村—上庄村西—上庄村中—上庄村东—油榨头村—庙山岕村—徐岗村（南）—朱村—周城

279 路（周城至梅山村）：周城—朱村—徐岗村—中岗村—山百头村—东风路口—芦塘村—梅山村

天目湖镇

202 路（平桥至周院村）：平桥—发中百货—平桥中学—下平村—戴东村（东）—潘村上桥—长园基桥—长园基村—后前村东—后前村中—后前村—后前村西—登园村—东岕村—三岔路口—西岕村—六岕村—桥下村南—桥下村—河西村—河东村南（天目湖）—河东村（天目湖）—周院桥—周院村

204 路（平桥至下周桥）：平桥—富桥岗—黄金桥村东—黄金桥村—黄金桥村西—戴西村—戴东村—老虎窝村—老虎窝村西—杨树岭村东—杨树岭村—杨树岭村南—高墩村东—高墩村—高墩村西—下宋村—大田里村—大田里村西—白兔塘—安上村—吴村小学—吴村村委—吴村—新屋底村—竹木管理站—新屋底村东—中田舍村东—中田舍村—上田村（天目湖）—树杆村—山边上村—田杆村东—田杆村—田杆村西—下周桥

208 路（天目湖至下城村）：天目湖客运站—香樟茗岸—牌楼—东陵—旅游大厦—曾家村—湖西村—严家湾—东南钱村—西南钱村—上珠岗村—苏园—桂林村—上桂林村（北）—下桂林村—太山头村—石井村—东湖村（天目湖）—烈山村—郑家村—子山下村—子山下村南—下城村

209 路（天目湖至竹塘）：天目湖客运站—香樟茗岸—牌楼—天目湖医院—清泉山庄—土管所（天目湖）—天目湖宾馆—天目湖国际饭店—茶文化城—王家湾村—蒋家冲村—上珠岗村—苏园—桂林村—上桂林村—桂林新村—涵田别墅—红石岕村—小沙村—长家湾—瓦屋湾—稻场埠—瓦屋湾村—全民村—中西村—王家边—小岕村—三胜村—小四方—十思园—竹塘

225 路（茶亭至郑笪村）：茶亭—茶亭医院—茶亭菜场—鼓风机厂—罗家桥村—施家村（天目湖）—水东村—水东村东—官庄村西—官庄村—

古县村—沈家坝村—苏笪里村—郑笪村西—郑笪村
244路（大溪—腾村）：大溪—腾村
253路（平桥—下宋村）：平桥—下宋村
270路（路笪里村至新昌小学）：路笪里村—朱和店村—彭东村—新华村—鲫鱼塘村—鲫鱼塘村西—千松树村—取水口—王母岕村—彭家坟村—林桑村—沈家地村—毛尖村委—长寿谷—白洋岕村—新昌小学—新昌卫生院—新昌菜场—新昌村
276路（茶亭至黄泥岗村）：茶亭—东庄—蒋家村（天目湖）—上西干—头陀岭—小王家—山边村—敬老院（天目湖）— 新屋里—龙尾村—武家村—宋塘东—宋塘村—宋塘村西—葛家村—丁山桥村西—丁山桥—下埠桥村—沈家村—黄泥岗村
285路（茶亭至胡桥）：茶亭—茶亭医院—茶亭菜场—鼓风机厂—鸿祥公司—园区公寓楼—云眉路口—中材路口—吴冶岭东—吴冶岭西—小岭头—东山　—黄泥岗东—黄泥岗西—钱家岗—朱和店村—路笪里村—毛尖—下桥头—石塘村（天目湖）—上沙仁—前山路—上汤坝—江竹园—胡桥 —塘头村—新昌卫生院—新昌卫生院—新昌村
286路（平桥至东山浜村）：平桥—沟水岕村—陈塘岕村—徐家园村—忠埝村—黄村—加油站（梅岭）—东山浜村
287路（平桥至高关岭村）：平桥—富桥岗—黄金桥村东—黄金桥村—黄金桥村西—戴西村—戴东村—老虎窝村—老虎窝村西—杨树岭村东—杨树岭村—杨树岭村南—高墩村东—高墩村—高墩村西—下宋村—大田里村—大田里村西—白兔塘—安上村—吴村小学—高关岭村
288路（平桥至松岭村）：平桥—平桥小学—小坝村—大坝村—平桥石坝—长岕村—青山村（天目湖）—青山岔口—苗房村—柴岕村—松岭村西—松岭村
295路（天目湖客运站—毛竹园村）：天目湖客运站—毛竹园村

竹箦镇

220路（竹箦至竹箦阀业）：竹箦客运站—新城花园—老车站—南关—人民药房—西关—北关—上梅村—匡家村—东上村—白马庄—姜下村—新农村—后庄头村—蚕种场—巷西村—西官里村—刘庄村—陆笪茶场—陶庄村—新绪村—下宅里—席笪里—冯家村—下大田村南—下大田村北—大山口水库—青龙村—上储庄—横山岗村—青龙新村—竹煤医院—竹箦煤矿—上阮—女子监狱—竹箦阀业
221路（竹箦至瓦屋山站）：竹箦客运站—新城花园—老车站—南关—人民药房—西关—老自来水厂—棠阴村—小桥头—章家棚村—姜下村委—山洼里村—风鹅厂—茶场—老角嘴村—桥东村—栗树桥—蔡家店村—刘家棚—青墩村—瓦屋山站
222路（竹箦至陆笪村委）：竹箦客运站—新城花园—老车站—南关—人民药房—西关—北关—上梅村—匡家村—东上村—白马庄—姜下村—新农村—后庄头村—蚕种场—巷西村—西官里村—刘庄村—南徐村委—康宏装饰—医院（陆笪）—陆笪—陆笪村委
224路（竹箦至陆笪村委）：竹箦客运站—新城花园—老车站—南关—人民药房—西关—北关—上梅村—匡家村—周家村（陆笪）—陶家村（陆笪）—许家棚—东上里—韦家村—轴承厂—陆笪村委
226路（竹箦至上兴客运站）：竹箦客运站—新城花园—老车站—南关—人民药房—第六医院—菜场饭店—综合农贸市场—竹箦宾馆—海棠村—杜家棚—陈家棚—长岗村—茗其村—白马岗—铁路桥—南旺村—汤家村—黄家村（上兴）—老河新村—老河口—小李家村—李家新村—嘉缘山庄—上兴镇东—西桥新区—金玉家园—上兴镇政府—新菜场—西洋庄—上兴客运站
228路（竹箦至后周）：竹箦客运站—新城花园—南关—北关（竹溪北街）—竹箦中学—中梅村—后村—岸沿小店—西徐—彭家—王家村（后周西庄）—杨笪村—西庄村委（上上线）—魏笪村—医院（后周）—后周村委—后周
241路（竹箦至牛家棚村）：竹箦客运站—王渚村—王渚村委—王渚村东—高坂村—高坂村东—陆家棚村西—陆家棚村—牛家棚村
242路（竹箦至大家庄村）：竹箦客运站—新城花园—老车站—南关—人民药房—西关—北关—上梅村—匡家村—东上村—白马庄—姜下村—新农村—后庄头村—蚕种场—巷西村—西官里村—刘庄村—陆笪茶场—陶庄村—新绪村—新绪北—下宅村—下宅村委—大干村—来笪村西—来笪村—王家棚—涧北里—东门村—大家庄村
283路（竹箦至杨湾村）：竹箦客运站—新城花园—老车站—南关—人民药房—西关—老自来水厂—下坝桥—雨店村—杨家村（竹箦）—刘家村—王市村—蚕种场（王市）—姚家村（竹箦）—新自来水厂—巷西（西）—北山茶场—安山村—东郑家棚—杨湾村
284路（竹箦—马庄村）：竹箦客运站—新城花园—老车站—南关—人民药房—第六医院—菜场饭店—综合农贸市场—竹箦宾馆—海棠村—海棠村东—长岗村委—西斗门村—老六村北—老六村—上罗村北—上罗村—朝阳村—马庄村

长 途 客 运

(1) 溧阳至常熟：
*12:55
(2) 溧阳至太仓：
8:05 *13:35
(3) 溧阳至浦东
8:00 *13:40
(4) 溧阳至湖州
7:30 15:10
(5) 溧阳至上海（豪华大巴）
6:30 7:20 8:30 9:10 9:50 10:50 11:40
*12:10 *12:40 *13:10 *13:40 *14:50 *15:20
*15:50 17:20 20:00 17:20 20:00
(6) 溧阳至嘉定
13:40
(7) 溧阳至杭州
6:50 10:10
(8) 溧阳至苏州
7:00 8:00 9:00 *10:10 *11:10 *12:10
13:10 14:30 *15:50 *17:00
(9) 溧阳至南京
5:40 6:20 7:00 7:40 8:15 8:30 9:30
10:30 11:30 12:30 13:30 14:00 14:30
15:30 16:30 17:00 18:00
(10) 溧阳至启东
7:30
(11) 溧阳至铜陵
8:00
(12) 溧阳至亳州
11:00
(13) 溧阳至大厂
8:15
(14) 溧阳至合肥
8:20
(15) 溧阳至句容
7:55 *9:45 12:30 *14:30
(16) 溧阳至溧水
7:40 9:30 *10:50 12:35 13:45 *16:00
(17) 溧阳至宿迁
8:45
(18) 溧阳至镇江（豪华大巴）
7:30 9:00 *10:10 *11:30 12:50 14:00
*15:20 *16:30
(19) 溧阳至扬州
8:10 *10:30 13:30 *15:40
(20) 溧阳至奉贤
7:50 *13:20
(21) 溧阳至金坛
6:40 7:30 *8:10 *9:10 10:10 11:20
*12:20 *13:15 14:30 15:20 *16:20 *17:20
(22) 溧阳至淮安
7:50 *13:20
(23) 溧阳至丹阳
8:15 10:25 12:50
(24) 溧阳至扬中
8:45 *15:00
(25) 溧阳至芜湖
7:50 *12:40
(26) 溧阳至徐州
7:45
(27) 溧阳至泰州
7:40 *12:40
(28) 溧阳至盐城
7:50 *13:00
(29) 溧阳至南通
7:20 *13:10
(30) 溧阳至张家港
8:15 *12:40
(31) 溧阳至宣城
8:20
(32) 溧阳至广德
8:00 *10:25 12:55 *15:10
(33) 溧阳至嘉兴
*12:45
(34) 溧阳至郎溪
6:30 7:15 7:45 *8:40 *9:10 *9:40 10:10
10:40 11:10 *11:45 *12:15 *12:50 13:40
14:10 15:00 *15:30 *16:00 *17:00
(35) 溧阳至马鞍山
8:15
(36) 溧阳至沭阳
7:15
(37) 溧阳至连云港
9:00
(38) 溧阳至昆山
8:10 *13:20
(39) 溧阳至高淳
7:40 12:20
(40) 无锡
6:30—17:40 平均每隔 30 分钟一班
(41) 宜兴
6:30—17:30 平均每隔 45 分钟一班
(42) 常州
5:30—19:30 平均每隔 25 分钟一班
(43) 湖塘
6:20—17:20 平均每隔 40 分钟一班

打“*”时间为对方公司班车

如有变动，请以当日电脑显示屏为准，或向 0519-87204202 咨询。

表76

宁杭高铁溧阳站停靠班次时刻表

序号	车次	等级	始发站 终到站	出发时间 到达时间	到站时间	出站时间
1	G7601	高速	南京南 湖州	6:04 7:05	6:31	6:33
2	D5571	动车	南京南 宜兴	6:16 7:00	6:45	6:47
3	G281	高速	青岛 杭州东	6:33 13:36	12:40	12:49
4	G7625	高速	南京南 温州南	6:48 10:54	7:16	7:18
5	G254	高速	杭州东 青岛	6:53 14:16	7:53	7:55
6	G1671	高速	南京南 厦门北	7:00 14:28	7:26	7:28
7	G7674	高速	温州南 合肥南	7:04 13:03	11:17	11:19
8	G7643	高速	南京南 丽水	7:04 10:59	7:38	7:46
9	G34	高速	杭州东 北京南	7:10 13:05	8:04	8:06
10	G1874	高速	杭州东 西安北	7:15 14:49	8:15	8:17
11	G1505	高速	南京南 南宁东	7:20 19:51	7:53	7:55
12	D2254	动车	宜兴 成都东	7:20 20:54	7:31	7:33
11	G1505	高速	南京南 南宁东	7:20 19:51	7:53	7:55
12	D2254	动车	宜兴 成都东	7:20 20:54	7:31	7:33
13	G7398	高速	上海虹桥 南京南	7:27 11:00	10:18	10:27
14	D2222	动车	杭州东 成都东	7:34 22:10	8:44	8:50
15	G1224	高速	宁波 沈阳北	7:34 18:23	9:30	9:32
16	G7393	高速	南京南 上海虹桥	7:35 11:01	8:02	8:04
17	G7670	高速	苍南 淮南东	7:38 14:36	12:22	12:24
18	G1379	高速	南京南 昆明南	7:39 20:19	8:13	8:15
19	D3295	动车	南京南 龙岩	7:47 17:51	8:22	8:24
20	G7645	高速	合肥 苍南	7:50 14:36	9:52	9:55
21	G56	高速	福州 北京南	7:54 18:43	13:42	13:44
22	G594	高速	杭州 东武汉	8:04 12:58	8:57	8:59
23	G1889	高速	郑州东 杭州东	8:07 13:20	12:21	12:23
24	G1492	高速	南昌西 南京南	8:10 12:38	12:03	12:05

续表76

序号	车次	等级	始发站 终到站	出发时间 到达时间	到站时间	出站时间
25	G1223	高速	沈阳北 宁波	8:14 18:38	16:44	16:46
26	G165	高速	北京南 杭州东	8:20 14:37	13:39	13:41
27	G1503	高速	南京南 南宁东	8:32 20:55	8:58	9:00
28	D3296	动车	龙岩 南京南	8:36 18:55	18:12	18:14
29	G168	高速	温州南 北京南	8:36 18:03	12:43	12:45
30	G1893	高速	西安北 温州南	8:36 19:37	15:22	15:24
31	G1482	高速	长沙南 南京南	8:40 14:59	14:23	14:26
32	D2262	动车	杭州东 成都东	8:41 23:08	9:52	9:57
33	G7697	高速	徐州东 江山	8:50 13:49	10:55	11:01
34	G7627	高速	南京南 苍南	9:01 13:34	9:35	9:37
35	G581	高速	武汉 宁波	9:01 15:04	13:07	13:13
36	G7681	高速	合肥南 温州南	9:10 15:03	10:43	10:45
37	D2246	动车	杭州东 重庆北	9:35 21:59	10:39	10:58
38	G1504	高速	南宁东 南京南	9:40 22:18	21:50	21:52
39	G164	高速	苍南 北京南	10:14 19:41	14:35	14:37
40	G7662	高速	温州南 合肥南	10:15 15:44	14:05	14:07
41	G7669	高速	淮南东 温州南	10:30 16:38	12:57	12:59
42	G7619	高速	南京南 温州南	10:49 14:39	11:29	11:31
43	G1506	高速	南宁东 南京南	10:57 23:17	22:44	22:51
44	G1481	高速	南京南 贵阳北	11:28 21:28	12:01	12:03
45	G1662	高速	龙岩 南京南	11:47 20:38	20:09	20:11
46	G1861	高速	郑州东 杭州东	12:03 17:04	16:09	16:11
47	G7690	高速	温州南 南京南	12:45 17:39	17:00	17:03
48	G167	高速	北京南 温州南	12:50 21:44	17:47	17:49
49	G7608	高速	宁波 南京南	13:00 15:48	15:13	15:15
50	G7660	高速	温州南 南京南	13:10 18:08	17:33	17:35

续表76

序号	车次	等级	始发站 终到站	出发时间 到达时间	到站时间	出站时间
51	G1870	高速	杭州东 郑州东	13:59 19:25	14:52	14:54
52	G282	高速	杭州 东青岛	14:04 21:40	15:04	15:06
53	G593	高速	武汉 杭州东	14:20 19:21	18:19	18:21
54	G1873	高速	西安北 杭州东	14:27 22:22	21:20	21:22
55	G7646	高速	温州 南合肥	14:33 20:40	18:55	19:01
56	G62	高速	南昌西 济南西	14:36 22:15	18:43	18:45
57	G253	高速	青岛 杭州东	14:36 21:40	20:34	20:36
58	G7685	高速	淮南东 诸暨	15:00 18:49	17:17	17:19
59	G1483	高速	南京南 长沙南	15:18 21:41	15:44	15:46
60	G1966	高速	温州南 郑州东	15:32 23:23	19:08	19:18
61	G7656	高速	杭州东 合肥南	15:32 18:28	16:43	16:45
62	G7615	高速	合肥南 温州南	15:34 20:45	17:08	17:10
63	G1678	高速	厦门北 南京南	15:40 22:37	22:02	22:04
64	G53	高速	天津西 杭州东	15:43 21:04	20:08	20:09
65	G7698	高速	江山 徐州东	15:44 21:08	18:34	18:36
66	G37	高速	北京南 杭州东	16:05 22:03	21:08	21:10
67	G1732	高速	温州南 济南西	16:15 23:16	19:42	19:44
68	G7644	高速	义乌 南京南	16:22 18:30	18:02	18:04
69	D5586	动车	温州南 合肥南	16:39 22:09	20:24	20:30
70	G39	高速	北京南 杭州东	16:47 22:39	21:44	21:46
71	G7666	高速	温州南 南京南	16:56 21:37	20:58	21:00
72	G7397	高速	南京南 上海虹桥	18:14 21:24	18:51	18:53
73	G7394	高速	上海虹桥 南京南	18:18 21:44	21:09	21:11
74	G7652	高速	杭州东 合肥南	18:32 21:11	19:25	19:27
75	G7629	高速	南京南 苍南	18:34 22:54	19:07	19:09
76	G7655	高速	合肥南 杭州东	18:47 21:49	20:44	20:46

续表76

序号	车次	等级	始发站 终到站	出发时间 到达时间	到站时间	出站时间
77	G7603	高速	南京南 杭州东	18:48 20:18	19:21	19:23
78	G7628	高速	温州南 南京南	19:25 23:09	22:33	22:35
79	G7612	高速	杭州东 南京南	21:24 22:45	22:17	22:19
80	G7397	高速	溧阳 上海虹桥	18:52 21:24	–	–

表77

宁杭高铁瓦屋山站停靠班次时刻表

序号	车次	等级	始发站 终到站	出发时间 到达时间	到站时间	出站时间
1	G7398	高速	上海虹桥 南京南	7:27 11:00	10:38	10:40
2	D655	动车	重庆北 宁波	7:27 21:47	18:33	18:49
3	D2222	动车	杭州东 成都东	7:37 22:10	9:03	9:11
4	G7645	高速	合肥 苍南	7:50 14:36	9:38	9:41
5	G7695	高速	淮北 江山	8:06 13:49	10:45	10:50
6	G1484	高速	贵阳北 南京南	8:04 17:54	17:27	17:32
7	G7678	高速	宁波 合肥南	12:00 15:30	14:06	14:08
8	G7631	高速	合肥南 杭州东	12:39 15:11	14:06	14:08
9	G52	高速	宁波 天津西	13:50 20:05	15:53	15:55
10	G7655	高速	合肥南 杭州东	18:48 21:44	20:29	20:31
11	G7696	高速	江山 淮北	15:44 21:34	18:37	18:39
12	G7626	高速	温州南 南京南	15:45 19:53	19:27	19:29
13	G7613	高速	南京南 杭州东	16:20 17:54	16:40	16:42
14	G7665	高速	徐州东 温州南	06:48 12:46	08:34	08:36
15	D2196	动车	宁波 天津西	13:50 20:05	15:53	15:55

表78

飞机、火车票预订

单 位 名 称	地 址	订 票 热 线
溧阳宾馆票务中心	西大街 118 号（溧阳宾馆大门口）	87222782、87202784、87222777(转票务中心)
溧阳市金旅票务有限公司	新华街 1 号（原市公安局大门口）	87287368、87287358、88301122
溧阳市华达联运有限公司	昆仑南路 165 号（原东门转盘旁）	87323220、88300737

（市交通运输局）

索　　引

栏目编辑　陈　莉

说　　明

一、本索引采用主题分析法编制，也有部分选用关键词。

二、本索引按标引词首字的汉语拼音（同音字按声调）顺序排列；首字相同按第二个字的音序排列，以此类推。

三、类目、分目名称用黑体字标明。标引词后的阿拉伯数字表示内容所在的页码，数字后面的a、b、c分别表示从左至右第一、二、三栏。标引词后第二个页码起，表示该索引参见内容所在位置。

四、特载、大事记、人物、文件摘要等类目只索目题。

五、为便于读者检索，溧阳市的企事业单位以及在溧阳市发生的事件名称，除易产生歧义者外，省略“溧阳市”或“溧阳”。

条目索引

A

B

C

D

F

K

L

M

T

W

X

Y

Z

表格索引

B

C

D

F

G

J

K

L

N

P

Q

R

S

T

W

X

Y

Z

随文图片索引

A

江苏省溧阳经济开发区
溧阳市上兴镇

上兴镇地处溧阳市西大门，紧靠南京，区域面积245.6平方公里，下辖23个行政村、3个社区居委会，总人口8.16万人。上兴是长三角地区的交通枢纽型要镇，水陆空交通十分便捷。坐拥溧阳经济开发区和曹山省级旅游度假区，上兴镇因此被定位为溧阳市“接轨南京第一城、产城融合示范区、经济发展增长极、体制机制试验区”。

工业制造经济运行质量提升，16家企业产值同比大幅增长，其中增长160%以上企业2家、增长90%以上企业1家、增长50%以上企业6家。智慧经济跨上新台阶，创建全市首家“互联网+”产业园，目前已有舟球、依路等企业入驻，当年缴税5300多万元；企业科技意识显著增强，申报省高品1个，产学研合作5份，申请专利99件，申请授权35件；依托南京大学共同设立国际孵化中心，申报常州市众创空间。与南京工业大学合作成立江苏海鑫新材料研究有限公司；培育和申报市重点研发科技项目、科技创新券项目10余项。节能减排显成效，全镇在工业用电量同比下降65%的情况下，实现经济总量增长12%，经济质量明显改善。

2017年，推进实施投资5000万元以上工业重点项目8个，总投资25.75亿元，完成投资11.3亿元。实施重点技改项目8个，完成投资6000万元。共对接项目104个，其中已签约项目11个，包括总投资30亿元的江苏国电高端管件制造项目，总投资10亿元的新阳星斗湖度假区项目及投资5亿元的博飞特汽车柔性自动化生产线及输送设备生产项目、兴跃洋医用合金新材料项目等，

新建的上兴镇社会福利中心

2017年中国溧阳国际龙狮争霸赛

中国·溧阳曹山自行车全国邀请赛

烟雾袅绕下的曹山旅游度假区

常州市副市长方国强走访上兴镇企业

溧阳市工商联（总商会）、上兴镇商会与嘉定区工商联（总商会）、安亭镇商会缔结友好商会

累计总投资达62亿元。推进开发区一期6.7平方公里园区基础设施建设，5000亩土地基本完成“七通一平”，路灯、绿化同步配套，开发区框架已经成形，招商优势逐步显现。

投资30亿元的江苏智强管道科技有限公司签约

曹山旅游度假区举办多层次旅游节目，相继举办了2017元宵联欢会、“相约曹山”交友联谊活动、中国·溧阳曹山自行车全国邀请赛、中国·溧阳国际龙狮争霸赛、“大美曹山，骑乐无穷”自行车嘉年华、日日春杨梅节、白露山蓝莓节、广场舞大赛、旗袍秀及“醉美曹山”音乐会等活动。同时，度假区积极与重点市场的媒体加强合作，冠名“七彩曹山”号高铁，精心打造微信公众号，扩大对外宣传，提升“七彩曹山”品牌，进而提升了上兴的美誉度。

牛马塘成为江苏省特色田园乡村建设首批43个示范点之一，上兴镇成功创建全国卫生镇、江苏省健康镇、省级特色景观旅游名镇，曹山顺利创成省级旅游度假区。

溧阳市溧城镇

Liyangshilichengzhen

荣获创建全国文明城市立功集体

2017年，溧城镇突出“两个攻坚年”工作主题，以“三大一实干”和“全面对标找差”两大活动为载体，凝心聚力，克难攻坚，全镇经济社会发展呈现出稳中向好的良好态势。

经济实力稳中有进。全年完成地区生产总值253亿元，增长7.7%；公共财政预算收入5.34亿元，增长22.13%；服务业增加值219亿元，增长8.9%；固定资产投资74亿元，增长6.6%，其中工业投入44亿元，服务业投入30亿元；工业总产值88亿元，增长6%，其中规上工业产值32亿元，增长7.5%。百斯福模塑股份有限公司成功在新三板挂牌上市，实现了企业上市零突破。科技创新能力日益增强。全年企业申请专利86件，发明专利申请量和授权量分别达到59件和17件。现代农业提档增收。水产推广虾蟹套养技术3500亩，新增高效设施渔业面积100亩，新增高效农业设施种植面积308亩，城东“菜篮子”工程蔬菜基地加速建设，逐步形成产业化经营的格局。

文明创建高标完成。围绕创成“文明城市”，开展农村环境专项整治、小区环境提升行动，清理乱种植9400平方米、乱堆放6700余车、乱张贴97000余张，规范停车秩序，增划停车位5300余个，全面修整破损道路，完善基础设施，处置各类数字化城管案件94000余件，宜居环境越来越好。重拳推进“263”专项行动，减煤1.6万吨，关闭化工企业9家，整治黑臭水体38个，完成4个村生活污水整治，关停畜禽养殖场59家，实现全域禁养，取缔废品收购站16处，拆除违章建设30000多平方米，高铁高速、东环路等交通干线沿线和西郊风景区环境集中整治成效突显，生态底色越来越靓。开展“大手牵小手，文明一起走”“邻里守望、共创文明”等系列精神文明建设活动。文化阵地逐步覆盖，特色楼道、文化墙绘全面铺开，打造了福阳志愿广场、台港邻里大舞

“三大一实干”动员大会

“文明溧城·幸福美镇”迎春晚会

第五届全民健身运动会趣味健身赛

台、东升向阳花爱心驿站、燕山家风家训长廊、五里亭廉洁教育馆等一批富有特色的品牌，辐射效应越来越大。溧城镇获得创建全国文明城市集体三等功。八字桥村获评“全国文明村”和“江苏最美乡村”。

城乡建设再上台阶。出台了《溧城镇村级集体资金管理办法》等制度，农村“三资”管理规范运行，“村务卡”专户结算全面推开。出台《溧城镇村级建设工程项目管理办法》，工程招投标、审计、结算等环节监管更加有力。土地确权工作有序推进。农作物秸秆综合利用大范围推广，秸秆焚烧得到有效控制。实施镇村两级“河长制”，投入1000多万元对千亩以上圩堤加固提标，水利设施更加牢固。实施了共联、庄家城中村改造工程，新建葛渚桥、礼诗桥2座农桥，大林、新联、歌岐、倪庄农村公路提档升级。八字桥礼诗圩村入选省级特色田园乡村建设试点村。

八字桥美丽荷花

百姓福祉大幅增进。全年发放粮食直补、农资综合补贴和“一事一议”财政奖补349万元。完成公租房报批101户，兑现各类救助资金1000余万元，扶贫攻坚精准施策，为36名低收入农户提供公益性岗位，并办理补充医疗保险。“心愿树”爱心工作站功能再延伸，全年帮助困难群众4600余人次；8家“如意小食堂”投入运营，日均就餐人数200多人，新增7家居家养老服务中心，为老年群体提供更多的帮扶与呵护。教育事业优质均衡发展，“两升”“两考”工作完成到位。文体工作亮点纷呈。“文化三送”工程深入基层，广泛开展形式多样的年庆民俗、文化艺术、经典诵读等活动百余次，主办了“少儿书法现场赛”“中华武术展示”等系列活动，市第八届运动会获得3个团体第一，36枚个人金牌。社会大局和谐稳定。全面落实安全生产责任制和信访包案责任制，调解矛盾纠纷1017起，圆满完成全国“两会”及十九大期间安保维稳工作。嘉丰社区荣获国家“创建无邪教示范社区”。

阳光城市小区一角

文化公园

美丽乡村—八字桥

五里亭廉洁文化馆

溧阳市埭头镇

Liyangshidaitouzhen

落实省委第四巡视组反馈意见整改工作推进会

召开常州市镇民生实事项目人大代表票决制现场推进会

埭头镇位于溧阳市区东北郊，北依长荡湖，南枕芜太运河，G233、S239和常溧高速、宁杭高铁连接线贯穿境内，溧阳（北）道口落户镇区，水陆空交通十分便利。镇域面积43.7平方公里，辖7个行政村、1个居委会，人口27426人。

2017年全镇实现地区生产总值39.1亿元；财政收入1.4亿元；全社会固定资产投资27.8亿元；农民人均纯收入达2.96万元，增长1.72%。2017年新引进总投资5000万元以上工业项目15个，其中亿元以上项目8个。总投资3000万美元的台资企业常州市诚鑫环保科技有限公司实现项目当年签约、当年外资到账、当年销售超亿元、当年纳税超两千万元；由美国Vision Wheel公司投资2000万美元的汽车热交换器项目落户骏益科创园，租用1.68万平方米多层厂房，已列入江苏省重点项目。申报市级重点工业项目16个，备案300万元以上重点技改

埭头镇第十七届人民代表大会第一次会议

“学习十九大　永远跟党走”知识竞赛

项目11个，完成股改企业2家，新增规上工业企业3家。支持江苏美标精密管件有限公司、常州市诚鑫环保科技有限公司、江苏贝菲自动化仪表有限公司等企业以兼并重组、购买资产等方式盘活低效工业用地200多亩。签约龙城英才计划B类项目1个、C类项目2个，3家企业获省级企业研究开发费用财政奖励，新增常州市工程技术研究中心1家、省级高技术产品2件。初步形成机械装备制造、绿色建筑建材产业集群，两大产业集群实现产值70亿元，占全镇规模以上工业总产值比重80%以上。

举办2017年新春村、企、校对接招聘会

2017年，埭头镇荣获“全国文明城市创建”市先进集体，通过全国文明镇复评，被授予全国社区教育示范镇、江苏省五四红旗团委、溧阳市“五个好”镇党委、溧阳市工作创新奖。

展望未来，埭头镇将以习近平新时代中国特色社会主义思想为引领，坚持稳中求进工作总基调，凝心聚力推进“两聚一高”新实践，全面贯彻落实市委、市政府和镇党委决策部署，紧紧围绕“凝聚精气神，建设新溧阳”总要求，紧扣“重大项目推进年”和“全域旅游推进年”工作主题，担当作为，开拓创新，在建设精美埭头的征程上阔步前行。

举办元宵节文艺汇演

秀美史侯祠

集镇道路一角

溧阳市上黄镇

Liyangshishanghuangzhen

镇党委书记　张　涛

镇长　强建方

2017年，上黄镇紧紧围绕“凝聚精气神，建设新溧阳”总要求，聚焦服务“宁杭生态经济带最美副中心城市”建设，保持发扬“实干强市”主旋律，以“重大项目攻坚年”和“文明城市攻坚年”为有力抓手，突出强基础、抓重点、补短板，全镇经济社会继续保持稳中有进发展态势，较好地完成了各项目标任务。

综合实力稳中有进。2017年，全镇实现地区生产总值36.5亿元，公共财政预算收入9757万元，完成工业总产值70亿元，规模以上工业总产值达48亿元，其中杭钢精密铝业、晶瑞半导体、瑞复达新材料等先进制造业产值增幅10%以上。装配式建筑结构件项目顺利签约开工，重点工业项目进展顺利。实施农业科技入户工程，全面推广硬地育秧、机插秧及定量栽培，村级经营性资产、资源全部纳入农村产权交易平台交易，并已成功交易项目4个，成功申报了粮食生产全过程机械化示范镇。落实投资项目审批全程代办服务，为企业和投资人提供高效、快捷、优质的行政审批服务。结合“三大一实干”活动，开展企业大走访，帮助企业排忧解难。启动实施园区提档升级工程，加强道路绿化、亮化、美化建设，进一步完善“七通一平”等基础设施配套，园区项目承载力得到进一步加强。

城乡环境日益美好。实施全体机关干部同为志愿者等扎实举措，多部门联动、全人员参与，上黄整体环境和民众素养得到明显改观。上黄老街整治完成2000余米道路修复，400余户居民生活污水改造，1200米沿河亮化和立面出新、河道整治、景观提升、杆线入地全面完成，恢复了上黄老街的历史记忆。“263”专项行动年度目标全面完成。实施了扬子西路重建，完成曙猿路绿化及节点景观提升，周山路、北新桥南延路段、汤庄里道路和马家村道路提档升级。积极推进“河长制”工作，完成达标圩堤挡墙925米，修复圩堤2235米，河道清淤3.5

上黄镇领导干部学习贯彻党的十九大精神专题轮训班

市委书记蒋锋到上黄镇调研

市长徐华勤到上黄镇调研

万立方米。洋渚村、尚典村生活污水改造工程和夏林河截污工程顺利完成，启动长荡湖湿地公园木栈道修复和中干河整治工程，浒西村垃圾分类通过验收，2017 年度“八个一”目标任务顺利完成。

民生福祉不断增进。全年办理已参保被征地保险的退休人员 160 人，办理居民基本养老保险在职退保 428 人，发放社会保障卡 7692 张，社保扩面指标完成率 100%。结合“阳光扶贫”“光伏扶贫”，发动镇、村两级干部与 140 名贫困人员结成“一对一”帮扶对象，采取领导干部带头、挨家挨户走访、“一人一策”帮扶等具体措施，科学实施精准扶贫。2017 年发放临时救助资金 20 余万元，低保边缘家庭、五保户重病医疗及残疾人群补助金 670 余万元，新增居家养老服务中心 2 个、残疾人康复中心 2 个。上黄中学本年度中考四星级以上高中录取率达 70%，上黄小学被评为“双优”学校。建成集宣传文化、党员教育、科学普及、普法教育、体育健身等功能于一体的镇级综合文化服务中心，8 个村级文化服务中心具备平台服务功能。认真开展系列“平安创建”“安全生产百日执法”“12·4”宪法日宣传等活动，为经济发展、人民安康营造了和谐稳定的社会氛围。

文明志愿者服务队授旗仪式

上黄镇图书馆新貌

人类发祥地
生态宜居镇

溧阳市戴埠镇

Liyangshidaibuzhen

古镇戴埠历史悠久，地处苏、浙、皖三省交界处，全镇面积163平方公里，人口5.18万人，17个行政村，1个居委会，是溧阳市首家国家卫生镇、国家生态旅游示范区、全国千家名镇、江苏百家名镇。

2017年，戴埠镇紧紧围绕“重大项目攻坚年”和“文明城市攻坚年”两大主题，牢牢把握“生态立镇、旅游兴镇、工业强镇”三大发展路径，大力发展先进制造、休闲、健康、智慧“四大经济”，经济社会发展呈现稳中有进的良好态势。全年实现公共财政预算收入1.49亿元，完成地区生产总值38.16亿元，完成固定资产投资32亿元，实现规模以上工业产值25.9亿元，规模以上工业增加值5.52亿元，实现工业投入20亿元，完成设备投入1.6亿元。

全域旅游迈上新台阶。南山旅游继续保持稳中有增，2017年全镇（区）共接待游客超过600万人，比2016年增长10%，全年旅游收入达13.5亿元，比2016年增长10.8%。2017年“两节”期间成功举办“长寿探秘·寻味南山”活动，承办首届“常州市乡村旅游节”开幕式，不断提升旅游影响力和美誉度。南山竹海风情小镇成功入选江苏省首批旅游风情小镇创建单位，戴南杨家村成功入选省首批特色田园乡村创建试点单位。绿乡民宿、香云小筑、南山十一间等一批具有代表性的民宿茶舍建设完成。

围绕农业强、农村美、农民富的总体目标，以现代农业发展为抓手，推进高产创建，创建镇北万亩水稻示范片1个；大力发展特色农业，农旅融合发展步伐加快，戴埠镇南山农旅小镇入选江苏省首批农业特色小镇名录；现有一定规模家庭农场57家、各

江南烘缸制造有限公司

益尔机电制造有限公司

类农业专业合作社 87 家，逐步形成了一批以有机水稻、溧阳白芹、新品水果、观赏苗木等为主的高效农业规模经营示范户。

戴埠镇坚持“生态为本”的建设理念，着力改善镇村人居环境。借助文明城市创建契机，对竹海大道沿线、景区周边、镇村开展交通秩序、街容街貌、环境卫生等方面的集中整治。引导群众积极投身创建热潮，在全市一举创成全国文明城市中贡献“戴埠力量”，戴埠镇被评为文明城市创建先进集体。以“263”专项行动为契机，有序推进各项环境整治工作，关停化工企业 4 家，治理黑臭水体 7 条，关停畜禽养殖场 74 家，完成高桥、牛场、红武 3 个村砖瓦窑的土地复垦，建成南山水源涵养区 300 亩涵养林，切实改善了空气质量，推进生态绿城建设。

民生事业再现新气象。投资 2000 万元对集镇道路和公共设施进行改造提升。完成竹海景区周边环境提升、夜间照明设施建设等工程。完成仕农桥、河云桥等 3 座农桥改造。完成集镇污水管网一期工程，河西泵站和集镇污水管网二期工程也已开工建设。全年发放低保金、残疾人生活补助 845 万元，各类优抚经费 508 万元，慈善救助金 40 余万元。建成河西、高桥、牛场等 5 个村居养老服务站。戴埠医院被评为“全国百佳乡镇卫生院”。戴埠高中通过省四星级高中创建验收。

强化政府自身建设，切实把全面从严治党要求落实到政府工作的方方面面。深入开展“全面对标找差，全力争创一流”活动。扎实推进“两学一做”学习教育常态化制度化，落实“三大一实干”活动，走访群众 23558 户，走访企业 89 家。受理各类便民服务事项 550 余件，妥善解决了一批热点民生问题。对各级干部开展常态化廉政教育，打造身边的廉政教育基地“戴埠举善馆”，将廉政文化融入美丽乡村建设、“道德讲堂”“百姓议事堂”。

文图：袁子杰

戴埠镇第三届人民代表大会第三次会议

元宵灯会

南山竹海客栈

静美的翠谷庄园

美丽乡村

最美茶园—欣龙生态园

溧阳市别桥镇

Liyangshibieqiaozhen

镇党委书记 姚觉成

镇长 孙 斌

别桥原名甓（意：砖）桥，古称甓溪渡，因古代用砖砌桥而得名。隋朝大业末永世（溧阳旧名）县令达奚明，疏浚泾渎大河（今丹金溧漕河）今别桥段，“甓甃两岸加其固”（《溧阳县志》，用砖砌加固两岸堤埂），并在河上架桥，称为甓桥。1949 年后以方言谐音字，简称为别桥。1985 年撤乡设别桥镇。

别桥镇位于溧阳市北部，属半圩区半丘陵地貌，是茅山革命老区，先后荣获国家生态镇、江苏省文明镇、江苏省卫生镇称号。别桥镇经过了几轮区划调整，现在的镇域面积有 128.5 平方公里，总人口 7.09 万，下辖 18 个行政村、2 个居委会。别桥镇水陆交通网络发达。依托独特的区位优势，积极发展工业园区建设，全镇工业经济逐步形成了以电梯、通用航空、绿色建筑和工业型材为主导的四大产业体系。2017 年，全镇完成地区生产总值 49.68 亿元，工业总产值 132.67 亿元，工业销售收入 127.63 亿元，财政

市委书记蒋锋调研无人机产业园

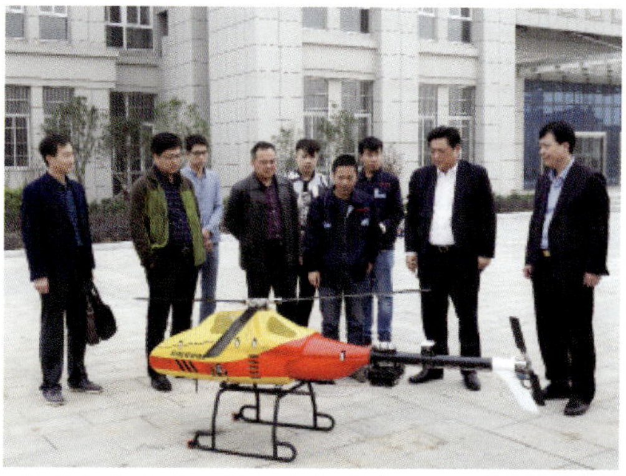

常州市委常委、统战部部长韩九云到别桥调研

副市长曹俊到常州亿莱顿电子科技有限公司调研

总收入1.9亿元，完成工业投入21.7亿元，利税14.56亿元，利润9亿元，第三产业增加值14.35亿元，净增私营企业79家、个体工商户175家。

别桥镇属典型的江南鱼米之乡，是优质粮油种植和高品质水产品养殖基地，盛产优质稻米、鱼、虾、螃蟹等。别桥积极发展现代农业、高效农业、设施农业，农业规模化、产业化水平逐步提高，已形成了海斌农机、溧湖有机米、满喔香生态米、缪氏螃蟹等一批农业知名品牌。

欢天喜地过大年

别桥镇坚持把改善和保障民生作为最大追求，加快发展各项社会事业，认真落实各项民生政策，让改革发展的成果普惠于民。深化“平安别桥”“法制别桥”建设，社会综合治理工作得到加强。现有中学3所，小学4所，文化站馆2个，体育健身场所42个。

近年来，别桥镇致力于文化名镇的开发与建设，秉承本镇丰富的历史文化资源，保护、传承好文化遗存，重点打造《淳化阁帖》石刻文化、马家村“金马玉堂”名人文化、“塘马烈士纪念园”红色文化、“塘马水库”湿地文化、长荡湖航空文化、“耕渎庐”园林文化、浪圩古村文化和民间传统文化八大文化名片，在文化传承，旅游开发上深耕细挖，形成了独特的“别桥原乡”旅游品牌，由于特色明显，中央电视台先后进行了多次宣传报道。

“别桥原乡”国际马拉松赛

电梯安装技术培训基地

无人机产业园区

无人机竞速比赛会展现场

竹箦镇历史悠久，是溧阳四大古镇之一。水西村是陈毅、粟裕等老一辈无产阶级革命家创建的新四军江南指挥部所在地。素有“小九华”美誉的瓦屋山是茅山山系最南端的一脉奇峰，山顶古刹宝藏禅寺始建于唐朝天宝五年（公元746年），距今已有1300多年历史，在中国宗教史上有着极深的渊源。碧波荡漾的神女湖，状如发髻的丫髻山，奇洞异石的青龙山，留下了许多美丽的传说。

镇域面积183.6平方公里，辖18个行政村、2个居委会，总人口63611人。位于溧阳西北部，区位优越，交通便捷。高速、国道、水路航道纵横交错，宁杭高铁瓦屋山站就在境内。北部丘陵，地域辽阔，畜牧业发达，茶果飘香；南部圩区，土地肥沃，河网纵横，水产发达。水西翠柏茶、竹箦风鹅和前马荡万亩水产更是远近闻名，素有“丝府茶乡”“鱼米之乡”的美誉。

2017年，实现地区生产总值31亿元，财政总收入2.63亿元，公共财政预算收入1.47亿元，社会固定资产投资21.9亿元。实现工业总产值46.55亿元，完成工业纳税销售收入41.8亿元；全年工业设备投入4.5亿元，同比增长73.5%，连续多年位于全市前列。现代农业提档增收，全年完成高效渔业300亩，建立粮食高产示范方3个，新增小麦示范片1个，水稻示范片1个，完成“菜篮子工程”650亩。现代服务业提速增效，服务业投入完成5.3亿元。北村村获评第五批江苏省农村电子商务示范村。

产业集聚成效斐然，项目建设与招商齐头并进。全镇列入市重点工业项目8个，总投资10亿元的纽威股份成为首家落户到溧阳乡镇的外地上市公司。龙头企业科华控股成功上市；培育高新技术企业1家，新增高新技术产品10个、企业专利85件，引进省外博士2名，成功申报“常州市龙城英才”C类项目1个；3名企业家获评溧阳市首届“双创之星”。

首开全市先河，为1336名低收入群众购买医疗补充保险。竹箦村、北村分获溧阳市集体经济增收补助。强力推动“263”专项整治，

雪后神女湖

吕庄水库落日夕照

韭菜山地质公园

科华控股主板上市

国家卫生镇省级考核

学校“少年宫”建设青苗计划推进会

青年干部能力提升培训班

红色传统教育在水西

关停化工企业9家。投入资金2980万元，完成村级公益事业建设148个。先后投入9000多万元水利隐患得到全部修缮。先后投入300余万元完成了绿色铸造科技产业园区、集镇雨污分流、竹箦河整治等8个指导性规划。瓦屋山旅游线路构成“溧阳1号旅游公路”的内涵版块。助力溧阳市成功创成“全国文明城市”，获评“溧阳市创建全国文明城市先进集体”。

社会保障更为健全，累计发放民政保障资金2234万元。发放各类优抚资金751万元，城乡最低生活保障431万元；特困人员供养171人；发放供养费163万元;发放残疾人两项补贴720万元;发放80岁以上尊老金158万元，临时救助救济20万元。镇财政出资20多万元，为全镇居民家庭财产进行保险，全力保障居民的财产安全。组织3000余名育龄妇女免费“两癌”筛查。村级文化小礼堂通过常州级验收。举办各种精彩演出活动，极大丰富了群众业余生活。2017年溧阳市平安法治建设测评中，竹箦镇夺得双满贯：公众安全感评价、社会治安满意度评价中满意率均名列全市第一。

2017年，竹箦镇先后被授予“中国绿色铸造小镇”“国家卫生镇”“江苏省旅游特色名镇”“江苏省电子商务示范镇”“江苏省生态文明示范镇”“江苏省和谐社会建设示范乡镇”等荣誉称号，陶庄村获评“全国改善农村人居环境示范村”。

美丽乡村箕笪村

1号公路——爱情的套路

溧阳市南渡镇

Liyangshinanduzhen

镇第一届运动会暨全民健身节开幕式

南渡镇域面积124.53平方公里，辖18个行政村、1个居委会，总人口75834人。2017年，全镇完成国内生产总值47.4亿元，增长11.3%；实现财政收入3.3亿元，增长6.5%；工业销售收入90.9亿元，增长11.5%；工业利税9.1亿元；农业总产值7.46亿元，增长7.96%；全社会固定资产投资23.8亿元，增长10.7%；第三产业增加值19.3亿元，增长10.3%；农民人均纯收入27561元，增长6.5%。江苏开磷瑞阳化工股份有限公司挂牌新三板，实现南渡镇上市企业“零”的突破。钱家圩村被评为省级“水美乡村”，旧县村创成省级生态村。“531”连心工程入选常州市“三大一实干”首批10件典型案例。南渡小学因材施教，创办人文教育课程，培育“感恩信义”校园文化，获《中国教育报》刊登宣传。司法所所长甘春英当选“江苏好人”。

2017年，全镇实现工业纳税销售收入75亿元，规模工业产值80亿元，工业投入21.1亿元，其中工业设备投入2.6亿元，实现高新技术产值30亿元，实现外资注册4200万美元，外资到帐2200万美元。8个市重点项目中，江苏弘溧新材料有限公司精密

镇第一届运动会暨全民健身节

南渡小学乐渡文化

“春晖行动”新春招聘会

市委书记蒋锋出席开磷瑞阳新三板挂牌仪式

市长徐华勤调研江苏三乔智能科技有限公司

制管及轻钢龙骨项目、江苏弘博热电有限公司、江苏瑞昕金属制品科技有限公司和常州乔尔塑料有限公司技改项目投产见效。成功引进南渡镇历史上外商投资额最大、总投资 1.4 亿美元的台湾长兴化学工业有限公司项目。

2017 年，实现农业总产值 7.4 亿元。全年共新增高效设施农业面积 1220 余亩、高效设施渔业面积 900 余亩，创成两个省级水稻绿色高产千亩方。发展“旅游 +”农业，庆丰村创新推出手机 APP 稻田种植认养模式。

村镇建设展现新貌，完成旧县至上沛 (南渡段) 农村道路建设，新建 3 座农桥，完成 195 个农村道路交汇车道建设。加快推进春晖公园建设，推进自来水厂收购和交接工作，完成南渡境内供水主管网建设。完成旧县、大溪老集镇整治改造，实施中心街等老街区的优化改造。

民生保障更加完善。积极开展农村居民养老保险、企业职工社会养老保险、新型合作医疗保险、社会保障卡发放等工作，镇财政承担配套社保医疗资金 1300 余万元。对南渡敬老院实施全面改造。光伏扶贫项目被列为全市扶贫工作试点。开展“四问四百四心大走访”，打通联系群众“最后一公里”。

社会事业精彩纷呈，教育水平稳居全市前列。2017 年南渡高中高考二本上线率达 99. 2%。完成南渡小学、幼儿园异地新建工程。总投资 2000 多万元的南渡镇中心卫生院扩建项目已完工。成功举办首届南渡镇运动会，积极参加市第八届运动会 , 共获奖牌 45 块 , 列镇 (街道) 奖牌榜第一位。

社会治理加强创新，坚持合理诉求落实到位，不合理诉求解释到位原则，有效化解矛盾纠纷。探索社会治理新办法，全镇 19 个村全部建成“百姓议事堂”，充分发挥“百议堂”在乡村治理中的协商、服务和监督等功能。在常州地区首创“党员代理制”，把服务“窗口”延伸到居民身边，更好地为群众解决民生实事。

信义南渡

改造后焕然一新的大溪老集镇

环境优美的沈家湾村

和谐新农村—钱家圩村

溧阳市社渚镇

Liyangshishezhuzhen

镇党委书记 吴志东

镇 长 赵 波

社渚镇是千年古镇，溧阳三大古镇之一，位于溧阳市的西南部，坐落于苏皖交界处，天目山余脉的西北顶端，东临天目湖旅游度假区，东经 119° 27′，北纬 31° 31′。地处长三角几何中心，芜申运河、扬绩高速和 3 条省道穿境而过，交通便捷，运输发达，素有“三省通衢”之称，是苏皖重要的商品集散地，历来商贾云集市场繁荣。社渚属北亚热带季风气候，干湿冷暖，四季分明，温和湿润，气候宜人；有山有水，环境优美，舒适宜居。

社渚镇属茅山革命老区，是省政府确定的江苏省重点中心镇、江苏省新型示范小城镇，还被评为江苏省特色文化（傩文化）之乡、

美丽的前宋水库风景区

市民休闲广场一角

居民小区一角

加强党风廉政建设会议

切实履行人民代表大会职责

成立了江苏省傩文化生态保护试验区，2010 年被评为国家级生态镇，2014 年被中央七部委联合确定为全国重点镇，同年还成立了中国傩文化研究基地、被评为中国民间文化艺术（傩文化）之乡，2016 年获“中国青虾第一镇”，2017 年获“全国一村一品示范村镇”等荣誉。

社渚镇现行政区域面积 207.1 平方公里，人口 7.6 万，辖 2 个居委会和 22 个行政村。2017 年全镇国内生产总值达到 83 亿元，公共财政预算收入 2.46 亿元，工业应税销售收入 172 亿元，规模以上工业总产值 111 亿元，全社会固定资产投资 33.65 亿元，其中工业投入 24.63 亿元。

社渚镇坚持生态农业、文化旅游双轮驱动，突出抓好“美丽乡村建设、高效水产养殖、休闲旅游观光、集镇基础设施、民生保障工程”五项重点工作，矢志不渝建设苏皖合作示范区具有示范效应的经济发达镇。

时代在变迁，社渚在前行。风好正是扬帆时，千年古镇青春焕发，向着未来，开启远航新征程。

居民业余生活丰富多彩

镇中心卫生院

苏皖先导示范区科创园规划图

溧阳市公安局

Liyangshigonganju

市委书记蒋锋视察武警消防大队

市长徐华勤慰问交警

局长刘新农指挥茶叶节安保

接警员业务测试

文明交通宣传

2017年，溧阳市公安局紧扣“两个攻坚年”工作重心，继续深入推进“8311”公安改革，有效实现“发案下降、打处上升、社会持续稳定，改革亮点更加凸显”的工作目标，向党和人民交上一份满意的“公安答卷”。

主动作为、铆足全力，坚决打赢安保攻坚战。圆满完成十九大安保维稳工作任务。紧盯各类不稳定风险点，健全信息网络，重大事件预警处置率达100%，信息考核列常州第一。更新流动人口数据3.1万余条，流动人口、出租房屋新登数同比上升30.2%、27%；校园视频监控系统统一接入公安视频平台，实现配备校园专职保安员校门50米内定点值守巡查；见底危险品从业单位76家，依法处罚单位50家。积极开展“三打击一整治”、常安系列清查等专项行动，先后攻克“9·27”“6·18”“5·16”等一批大要案件和部省督办案件，保持全市命案、八类案件全破，刑事案件破案率列常州第一，为国家、群众挽回经济损失1300余万元。积极开展交通安全整治“四场攻坚战”，全市交通事故数、死亡事故起数、死亡人数同比均下降；相继启动高层建筑、电气燃气、

“七一”功模表彰

重大活动安保部署推进会

群租房等消防隐患专项排查治理，办理临时查封47家，三停38家，拘留8人，对江南春商城4家重大火灾隐患单位全部整改到位。

善作善成、保持定力，坚决打赢创城决胜战。紧扣创成全国文明城市目标，充分发挥公安职能，全力保障。新增交通监控设备585组，城区路口覆盖率达96%；落实6个党政机关单位、2个社会单位内部停车场错时开放和2所学校开放式接送；拓展文明交通严管路21条，划设道板停车泊位2200个，新增路内停车泊位1232个，复新车位603个；累计现场查处交通违法行为16.4万起，城区主要交通路口守法率达98%以上。长效建立“源头有效监管、路面协同查处、盲区常态治理”工作机制，现场查处各类涉矿车辆违法行为1467起。快速处置“数字化”城管工作派单4892起，现场考评合格率达99%以上，总成绩列全市同类单位第一；抽调机关民警定点包干“路长”制，对不文明行为齐抓共管；创新开展涉犬问题专项治理，累计处置流浪犬472条。

民意为先，精准发力，改革创新齐头并进。通过改革创新，最大限度服务群众“最后一公里”，打造进攻型街面巡防格局，街面侵财警情同比下降31%。深推“放管服”改革，项目审批时限较上年平均缩短20%以上；先后为114名弃婴、267名云贵川等外地婚嫁无户口人员落户，办理异地身份证2763张；增设启用天目湖、竹箦派出所出入境分理点，电子港澳通行证自助签注机和交通违法罚款自助缴纳机；全市公安窗口满意度达95%，窗口岗位先后获评“全国优秀县级车辆管理所”“全国巾帼文明岗”、常州市“工人先锋号”“巾帼文明岗”等荣誉。

以警为本、激发活力，最美群象正气浩荡。继续深化“做溧阳最美警察、创溧阳最优服务”活动。组织开展最美警察、最优辅警、最美警属等系列先进典型评选宣传。并通过战时送奖、入警入党等活动仪式，最大限度凝聚警心，传递公安正能量。2017年溧阳市公安局荣获常州市“五一劳动奖状”，巡特警大队荣获全省优秀公安基层单位，史建刚、朱庆同志荣获全省优秀人民警察，25个先进集体、66名先进个人获省市表彰。

守一方平安

群众送锦旗

反恐演练

入户走访

溧阳市人民检察院

Liyangshirenminjianchayuan

检察长向市第十六届人大二次会议报告检察工作

2017年，溧阳市人民检察院在溧阳市委和上级检察院的正确领导下，在市人大及其常委会的监督下，深入学习贯彻党的十八大以来路线方针政策以及十九大会议精神，以习近平新时代中国特色社会主义思想为引领，坚持立检为公、司法为民，全面履行检察职能，全力推进平安溧阳、法治溧阳建设，为全市经济社会发展提供了有力司法保障。努力做到：

一、聚焦服务发展、强化主动作为，高标准服务经济社会大局；

二、聚焦司法办案、强化以人为本，高水平推进平安溧阳建设；

三、聚焦监督主业、强化办案质效，全方位保障社会公平正义；

四、聚焦司法改革、强化创新之路，深层次参与法治建设实践；

五、聚焦政治站位、强化纪律作风，严要求打造过硬检察队伍。

检察院先后荣获全国检察机关文明接待示范窗口、全国检察机关保障律师执业权利示范单位、全国检察机关一级规范化检察室、全国检察微博二十强、全国检察宣传先进单位、江苏省法治文化示范点、江苏省廉政文化建设示范点、常州市先进基层检察院、溧阳市目标考核先进单位等称号。

出席巡回庭审

集体过政治生日

溧阳市企业刑事风险防范中心揭牌

江西团部分全国人大代表到溧阳视察调研生态环境保护检察工作

组织干警参与扫雪

生态修复基地揭牌

青年干警参加红色经典品读会

青年干警拓展训练

送法下乡

开展“三大一实干”走访活动

溧阳市人民法院

Liyangshirenminfayuan

市委书记蒋锋到市法院调研

首批员额法官宣誓

法院包户干部精准扶贫

2017年，市法院在市委的正确领导、市人大和上级法院的监督指导下，在市政府的大力支持、市政协的民主监督和社会各界的关心帮助下，紧紧围绕“努力让人民群众在每一个司法案件中感受到公平正义”目标，忠实履行宪法法律赋予的职责，各项工作取得新进展，实现新突破，为溧阳市建设“宁杭生态经济带最美副中心城市”提供了有力司法保障。

人大调研法庭建设

巡回审判天目湖水域非法捕捞案件

省高院副院长褚红军到市法院调研

市法院全年共受理各类案件22705件，同比增长13.54%；审执结各类案件18209件，同比增长18.06%；结案标的额达52亿元；收结案数和结案标的均创本院历史之最。其中：受理刑事案件937件，审结836件；受理民商事案件11736件，审结9802件。

2017年，市法院执行局被省高院评为“全省法院执行工作先进集体”。市法院被省高院评为“全省法院案件繁简分流机制改革示范法院”，被省高院、省人社厅联合评为“全省法院系统2013—2017年先进集体”，被最高院评为“司法宣传工作成绩突出单位”。

法院首次民商事专业法官会议

集中发放职工欠薪款

法检两长同庭审案

《溧阳市城市总体规划（2016—2030）》成果论证会

溧阳市规划局

Liyangshiguihuaju

传达十九大精神专题学习会

“三大一实干”大讨论活动

2017年，市规划局紧紧围绕市委、市政府中心工作部署，紧扣“聚力创新、深化改革”的核心要义，突出“强引领、保重点、促改革、重服务、抓队伍”五大工作重点，为“两个攻坚年”提供有力保障，持续发挥科学规划的前瞻性作用。

市规划局以创新、协调、绿色、开放、共享的理念为先导，围绕建设宁杭生态经济带最美副中心城市定位，主动融入国家战略，聚焦交通和生态优势，明确长三角生态休闲旅游城市、苏浙皖交界地区交通枢纽城市的性质，确定“中心集聚，外围开敞”的总体格局。委托国内顶尖设计团队开展城市南部区域空间发展规划编制工作，规划以健康休闲为新动力，倡导产城融合，培育城市经济新的增长极。惠民生、促发展。组织完成城市安全设施控制、社区公共设施布局、城市公共交通体系、城市蓝线等一系列专项规划的编制工作，为建设功能健全、服务完善、环境友好、和谐宜居的现代化城市提供科学前瞻的规划引导。贯彻落实乡村振兴战略，坚持新型城镇化导向，指导上兴镇、社渚镇等乡镇开展总体规划修编工作。深化团城更新规划、“一环一带”滨水城市设计，进一步提升城市文化品位与品质。启动历史建筑普查工作，完成首批历史建筑普查、确认、建档、上报和挂牌工作，为

市域空间规划

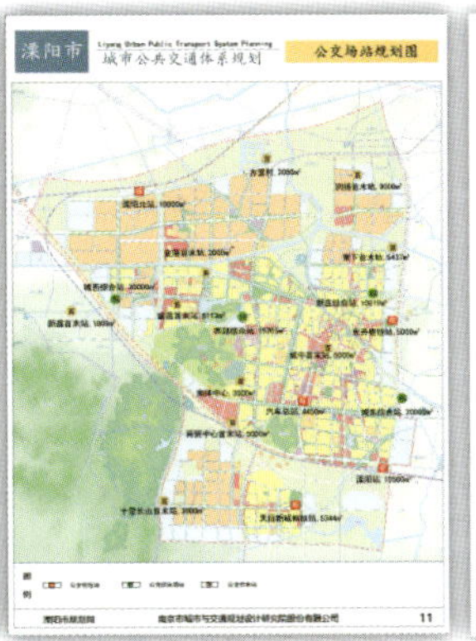

公共交通体系规划

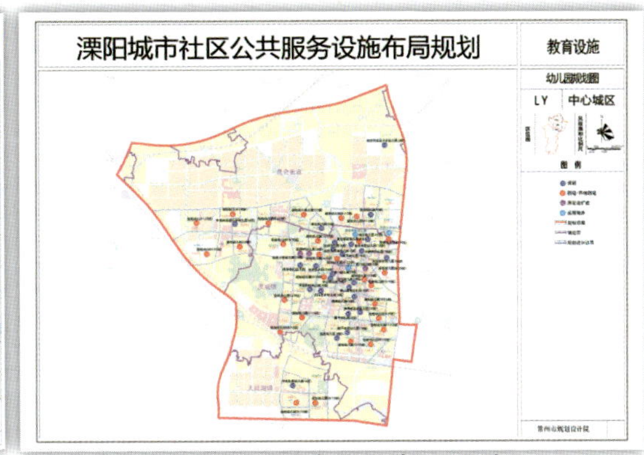

社区公共服务设施布局规划

戴埠老街保护与更新规划

申报省级历史文化名城奠定扎实基础。市规划局与市交通局共同勾勒溧阳最美山水“1 号公路”获 2017 年度全市工作创新奖。

充分发挥规划的统筹作用，挖掘停车空间，有效扭转路长路段停车乱象，极好地起到了示范和引领作用，并荣获“文明城市创建先进集体”称号。创新举措助推四大经济。建立“第一时间对接、第一时间研究、第一时间反馈和全周期跟踪”的规划服务招商机制，重点跟进了国内知名企业以及德国富尔达大区等与溧阳的深度合作项目，助推休闲、健康和智慧经济发展。

制订城乡规划综合管理智慧信息平台建设三年规划，实施空间基础地理信息工程建设，审批应用系统不断成熟，航空影像、城市三维等基础数据体系不断完善，基础测绘成果不断丰富，质量显著优化。推行服务重心前移，主动对接需求，提前介入策划，超前提供指导。以全流程、全事项、全要求的“一站式”服务为指引。深化首问负责、一次告知、多方会谈等沟通服务制度。力推机构和服务前移，行政许可和技术审查科室迁入政务中心，实现联合办公，事项进驻率和授权到位率 100%；全面落实“不见面”审批改革要求，基本实现“网上报、集中办、不见面”。全省率先施行施工图并联审查，大大缩短技术审查时间。2017 年共核发建设项目选址意见书总用地面积 274.11 公顷，建设用地规划许可证总用地面积 468.77 公顷，建设工程规划许可证总建筑面积 499.76 万平方米，完成规划核实面积 287.64 万平方米。

转变工作作风，全面落实“三大一实干”活动。深入开展“1+4”大讨论活动，形成生态交通、历史文化、民生幸福等三方面成果。走访了 541 户家庭，梳理归纳问题 49 条，通过直接解决和帮助反映，每个问题得到有效落实。围绕规划引领，分类制定任务清单、问题清单和服务清单。按照市委、市政府“全面对标找差，全力争创一流”活动，寻找规划编研、规划管理和规划信息化等方面的短板和差距，形成规划编研五年计划、规划编研框架体系等成果，实现技术审查标准化，规划信息化升级全面启动。通过人才招聘、专题培训、战略合作等方式，搭建人才建设平台。上年新招 4 名专业人才成立常州规划院溧阳分院，全年综合能力素质提升培训 50 多人次，选派干部参加组织调训、部门选训、专题培训、能力实训、十九大精神轮训共计 40 多人次。

戴埠老街改造效果图

沙涨村总平面效果图

精美住建 精彩生活

溧阳市住房和城乡建设委员会

Liyangshizhufanghechengxiangjiansheweiyuanhui

住建委主要领导现场指导特色田园乡村建设工作

2017 年，市住建委在市委、市政府的正确领导下，紧紧围绕“凝聚精气神，住建当先行；建设新溧阳，住建创辉煌”的总体要求，秉持“精美住建，精彩生活”的工作理念，“艺术视角、工匠精神；一丝不苟、精益求精；乐于奉献、勇于担当；谦虚谨慎、低调务实”的工作方针，以打造精品、树立样板为目标，不断完善城市功能，改善城乡环境，扎实推动城乡建设工作迈上新台阶。

全年市政工程建设完成约 2.01 亿元，启动清泓路北延伸、码头街西延伸、西后街西延伸、夏林路、罗湾路东延伸等建设。完成了天目路综合改造工程（西后街至码头街段）、南环路改造、西后街东段、南村路等道路及交通街、镇前街、三家村巷等背街小巷整治建设。建成了政务中心、教育局卫计局、体育馆、花市路、恒基广场等 10 多个停车场，新增停车位 1200 多个，极大地缓解了市区停车难问题。全市管道天然气推广力度不断加强，配套工程不断完善，天然气普及率稳步提高。“管道天然气进村”的民生工作继续推进，全年累计为城中村 3738 户居民通上了管道天然气。截至 2017 年年底，共建成高压管道 38.48 公里，中压管道约 541.4 公里，全市管道燃气环网高压工程西线投入使用，北线工程已完成近一半工程量。继续开展老小区专项整治，投资 5180 万元，完成 10 个老小区和零星散住楼专项整治，整治总面积达 41.7 万平方米，惠及住户 4100 多户。主要整治内容包括：完善小区内的各项配套设施，整治路灯、增设停车位，绿化调整补种等。

2017 年，房地产开发完成投资 73.92 亿元，增 67.8%。全市保障性安居工程开工 6009 套，建筑面积 857918 平方米，基本建成 4309 套（含续建项目），建筑面积 633668 平方米。办理房改房、经适房上市备案 535 户，对为全市申请到上级住房保障专项资金 1.48 亿元。

2017 年，深入开展美丽乡村和特色田园乡村建设。礼诗圩、塘马、牛马塘、杨家村 4 个村成功入围省特色田园乡村首批试点，同时深溪岕和南山片区入选常州美丽乡村特色示范区（点），“江苏人居环境奖”申创一举成功。“建设美好家园”深入推进，上黄、天目湖等九个镇区均已完成 2017 年集镇提档升级“三个一”工程，共计完成二十七个项目，有效改善镇区人居环境。大溪、前马等 7 个撤并镇的综合整治改造已完毕，溧城镇黄家村丁家园改造基本完成。

全市建筑业发展大会

2017年，全年建筑工程质量安全监管大力提升，累计受监房屋建筑工程324只，面积975万平方米。共受理各类欠薪投诉42件，涉农民工人数748人，涉及总金额2055万元。全市工程质量安全处于受控状态，没有发生特大安全事故。

2017年，建筑业优势地位进一步提高，全市建筑业累计完成施工产值663.9亿元，实现劳务收入205.81亿元，同比均增长10.5%，占常州地区的43.48%。建筑业对GDP的贡献值达13.5%，远远超过其他产业。站稳沪宁线老根据地的同时，业务外向性拓展明显。省外产值首次超过省内产值，占51.3%。机电安装、房地产项目市场份额持续巩固。完成外经新签合同额6520.1万美元，营业额7937.63万美元，分别完成年度指标的106.9%和136.9%。建筑业全年完成地方税收15.05亿元，较上年增长22%，建筑业对税收贡献从2015年的14.8%提升到19%。苏华集团入库溧阳市税收首次突破2亿元，成为名副其实的纳税大咖。龙海集团、苏华集团、天目集团、溧阳建设获评2016年度“中国建筑业成长性200强”企业；龙海集团、苏华集团、天目集团、鹏程钢构、天力集团获评2016年度“江苏建筑业百强”企业；龙海集团、苏华集团、天目集团位列2016年度江苏省建筑业“双百强”竞争力百强企业，瑞峰集团、溧阳建设、苏南集团、正方园集团、溧阳城建位列2016年度江苏省建筑业“双百强”最具成长性百强企业；龙海集团、苏华集团获评2017年“江苏省建筑业优秀企业”。

2017年，住建委深入开展“文明城市创建攻坚年”活动，职责覆盖城市道路、建筑工地、路长制单位（227家商铺）、5个责任广场、老小区整治、城市照明、背街小巷、停车场等建设管理工作，点多线长，面广量大，开展“问题在哪里，差距有多大”大寻找活动，全委上下一个调应对全市创建一盘棋，保质保量完成了创建任务。被市委、市政府评为立功集体，同时也有多人被评为市立功个人和先进个人，其中包括三等功1人、先进集体1个、先进个人4个。

全市建筑工程质量安全现场观摩会

燕山南苑老小区改造

南环路改造出新

省级特色田园乡村试点塘马村

溧阳市城市管理（行政执法）局

Liyangshichengshiguanli(xingzhengzhifa)ju

城市管理工作目标

畅 洁 绿 美 好

2017年，溧阳市城市管理局把城市管理“畅、洁、绿、美、好”作为工作目标，突出全国文明城市创建攻坚主线，加强市容环境整治，完善城市管理长效机制，城市面貌明显改善，人居环境不断提升。

制定出台《市政府关于进一步完善城市长效综合管理考核工作的实施意见》（溧政发〔2017〕52号），城乡一体化考评实现扩面提质。牵头完成城市环境综合整治项目35个，扎实开展以菜市场、道板违停和户外广告为重点的市容秩序整治“三大战役”，

餐饮小公园——花园排档

改造提升后的燕山菜场

东升菜场一角

五彩走廊——天目湖大道

执法队伍建设

为创成全国文明城市打下坚实基础，环卫管理“四个一”模式（道路保洁“一把扫帚扫到底”，垃圾收运“一个轮子滚到底”，乱张贴清理“一把刷子刷到底”，环卫设施“一个标准管到底”）被列为全国文明城市创建经验成果。加快建设城市基础设施，完成“一河两路”绿化景观工程（护城河滨水休闲绿带，永平大道沿线环境整治及绿化提升，天目湖大道沿线环境整治及绿化提升）和丁园、码头街、清廉园等一批精品绿地建设，新建燕河路、东升幼儿园、东平桥等 8 座城市公厕，启用生活垃圾大型转运中心，东升菜场和花园排档开业运营，开发启用“我爱我家”公众平台，全民参与城市管理实现常态。严格落实党风廉政建设责任制，对工程建设、资金拨付等重点领域开展廉政风险排查防控，实施执法队伍“强基础、转作风、树形象”专项行动，畅通群众诉求反映渠道，队伍形象明显提升，城市管理保持稳中向好态势。

丁园一景

护城河夕照

市政绿化修剪

路面洗扫作业

生活垃圾大型转运中心

宛若园林小景的东平桥公厕

溧阳市市场监督管理局

Liyangshishichangjianduguanliju

局长花建国在全市文明城市创建工作会议上表态发言

荣获创建全国文明城市立功集体

2017年，市场监管局围绕“两个攻坚年”总体工作部署，对照全市18项重点工程（工作）部署要求，主动履职，积极构建市场监管新格局，为建设宁杭生态经济带最美副中心城市作出了积极贡献，得到了市委市政府嘉奖。荣获2017年度全省食品药品监管工作先进单位，常州市工商局“准入、竞争、消费三大市场环境”建设优胜单位，溧阳市创建全国文明城市立功集体。

积极营造宽松便捷的市场准入环境，贯彻落实“多证合一”“不见面审批”等多项改革举措，试行全程电子化登记、企业简易注销程序等各项登记制度。结合“3550”要求进行全面梳理，缩减审批环节和办理时限。全年净增私营企业1675户，净增个体工商户5723户，分别完成年度目标的167.5%、190.8%。立足市场监管职能，实施全方位优质高效精准服务，帮助“安靠智电”“天目湖旅游”成功上市，实现溧阳市上市企业零的突破。通过动产抵押帮助科华控股等56家企业融资27.91亿元。对5家企业的7项技术标准项目实施政府奖励55万元。助推政府“四大经济”发展，辅导天目云露等4家企业申报中国驰名商标，江苏上上电缆获评江苏“双百品牌”，全市自主品牌企业增加值占GDP比重达18.8%。以南山竹海风情小镇等特色田园乡村建设试点为引领，助力168户特色个体工商户转型升级，小微企业得到蓬勃发展。

以信用监管为核心，大力推进事中事后监管一体化。年报公示率达87.2%。制定全年食品监管计划，实行风险量化分级监管，检查各类食品生产、销售、餐饮主体近万家次，登记食品小作坊22家，上兴镇留云村小作坊集中区通过验收，社渚、竹箦等6个

组织开展特种设备演练

省法制规范化工作考察溧城分局

利用道德讲堂实施演讲比赛

镇划定8个食品摊贩集中经营区。完成食品等各类抽检3412批次，食品抽检合格率99.7%。组织实施了疫苗使用专项检查等11项药品化妆品专项检查，上报药品不良反应监测报告690份，医疗器械不良事件报告550份。高质量地完成了旅游节、茶叶节等10项政府重要活动食品安全保障，全市食品药品安全形势总体向好。办理特种设备登记1421台(套)，发放作业人员证892本，制发监察指令书57份，制作发放各类公益宣传资料和提示标识10万余份，下发整改通知书1100余份，规范各类证照500户。

积极推进供给侧改革，压减落后低端产能，全年检查企业260家次，完成了专项整治任务。针对老年人消费市场的焦点问题，开展保健品、医疗器械虚假宣传、违法会销专项整治，立案11件，关停非法会销点2处，有效地维护了群众的合法权益。针对制售假冒伪劣食品药品行为，建立行政执法与刑事司法衔接联席会议制度，增强打击违法食品药品的合力。全局共查处虚假宣传、商标侵权等各类违法行为173起，移送公安5起，案值金额4千万元。全年处理各类消费投诉1340件，为消费者挽回损失60余万元。打造了锦汇商业广场等文明经营诚信广场，竹箦镇竹安街等文明经营诚信示范街，组织34家单位申报了放心消费创建先进单位，帮助天目湖白茶行业申报江苏省品牌消费集聚区，诚信经营、放心消费理念深入人心。

市政协领导视察市场监管工作

局领导陪同省局领导走进上上电缆调研

召开分局长座谈会，研讨基层工作新方法

常州市局质量工作考核

组织参加市第八届运动会

参加十九大知识竞赛并获三等奖

国家电网 STATE GRID

国网溧阳市供电公司

STATE GRID LIYANG COUNTY ELECTRIC POWER SUPPLY COMPANY

市委书记蒋锋到公司调研慰问

2017 年，供电公司紧紧围绕“改革攻坚年”工作主线，以安全稳定和规范管理为前提，以电网建设和优质服务为重点，深化改革、持续改进，各项工作均有突破。

2017 年，公司及下属集体企业共计缴纳税费 1.7 亿元。公司连续七年被评为全国“安康杯”竞赛优胜单位；荣获“2016–2017 年度全国电力行业软实力建设贡献奖”“江苏省健康单位”“江苏省书香企业建设示范点”、2017 年度江苏省电力公司“安全生产先进集体”、2017 年度常州供电公司“先进单位”、溧阳市“创建全国文明城市先进集体”、溧阳市 2017 年度“工业五星企业”等称号；公司党委四度蝉联溧阳市“五好”市级机关党组织；公司职工书屋被评为“全国职工书屋示范点”和“国家电网公司职工书屋示范点”。

安全生产态势平稳。开展春、秋季安全大检查，推进作业现场反违章专项行动。220 千伏线路保持“零外破”。配网故障率和强停率实现“双下降”。有效应对夏季持续高温、强降雨等恶劣天气，成功确保迎峰度夏电网安全稳定和电力可靠供应。圆满完成党的十九大、溧阳“两会”“两节”以及高中考等 36 次保电任务。

电网建设扎实推进。推动中关村园区、竹箦镇、社渚镇修编电网专项规划。启动新一轮电力专项规划编制。500 千伏西津渡至武南线路改造工程溧阳段塔基政处工作全面完成。220 千伏梅园变顺利投运。110 千伏古渎变完成扩建。110 千伏马垫至埭头、35 千伏溧阳至前马线路成功送电。全年完成配农网投资 4.49 亿元。150 条配电线路完成自动化建设，480 个农村低压台区完成绝缘化改造。258 个小城镇（中心村）电网升级项目全部投运，上兴、南渡地区 20 千伏降压改造顺利完成。

常州公司领导现场指导 220 千伏梅园变电及 110 千伏出线工程

召开 2017 年行风监督员暨大客户座谈会

“放歌飞翔 超越美丽”—首届艺术节

营销服务亮点纷呈。紧扣全市“重大项目攻坚年”工作主题，实施政府重点项目公司领导挂钩服务，32 个重大项目按期送电，10 千伏及以上业扩平均送电周期压缩 19.63%。积极向上争取业扩配套项目 13 个，帮助政府和企业节约投资成本 5629 万元。深化“供电城乡一体化”建设，在全省率先成立 “供电服务指挥中心”，统一城乡供电服务热线（87622222）。积极落实上级降低大工业和一般工商业用户销售电价政策，扩大大用户直购电规模，减少用户电费支出 1.045 亿元。

企业管理持续改进。深入开展“全面对标找差，全力争创一流”活动，建立 9 个方面、48 项一级指标、200 余项二级因子的对标体系，坚持立行立改，市委给予高度肯定。扎实推进公司系统“改革攻坚年”38 项重点任务，及时宣贯市公司同业对标指标体系，加强对标结果分析，缩短工作改进周期，公司管理水平稳步提升。

公司发展和谐稳定。落实推进“两学一做”学习教育常态化制度化 21 项举措。制定公司党委委员职责、片区分工方案。完善公司党建工作机构设置。推进“履责任、守纪律、促廉洁”主题教育活动，深化廉政风险防控“析、讲、评”工作。开展中层干部作风建设行动，推行“中层干部每日工作看板”。全市农电系统台区经理职业技能竞赛取得圆满成功。全年 75 篇宣传稿件被人民日报、新华社、央视等国家顶级媒体采用。

500kV 天目湖变电所一角

溧阳市国土资源局

Liyangshiguotuziyuanju

上级领导调研燕山公园矿地融合项目

2017 年，全市国土资源系统坚决贯彻落实市委、市政府决策部署，坚持“保护资源、节约集约、维护权益、改革创新”工作定位不动摇，充分发挥了国土资源对经济社会发展的支撑、服务和调控作用，为重大项目攻坚、文明城市攻坚提供了有力保障。

全力以赴对上争取，切实保障了重大项目攻坚和经济社会可持续发展。科学开展规划修改，新增建设用地指标 1.4 万亩、规划流量指标 1.5 万亩，进一步拓展了全市用地空间。落实各类用地计划 1.12 万亩；报批土地 12 个批次、面积 1.34 万亩；完成总供地 172 宗、面积 1.21 万亩，有力保障了重大产业和民生项目的合理用地需求。

树立“土地整治 +”和“矿地融合”理念，有力促进生态文明建设。划定永久基本农田 82.28 万亩，建成高标准农田 3.87 万亩。上兴镇余巷村实施的全省首个生态型土地综合整治项目通过省级可行性研究评审。市委、市政府出台《溧阳市改进占补平衡工作提升村镇集体建设用地利用效益的办法》，进一步明确了土地综合整治项目的经费拨付、后期管护和奖惩政策，加大对经济薄弱村、“溧阳茶

舍”发展的扶持力度。全市实施耕地占补平衡等土地综合整治项目总规模 1.62 万亩，新增耕地 9239 亩，新增面积连续两年位居全省第一，溧阳市连续两年被评为全省耕地保护受激励单位。

“对标找差”全面整改，有效提升资源节约集约利用水平。强化节地水平考核，深入开展以节约集约用地为主要内容的“对标找差”活动，持续加大对各镇区“建设用地亩均投入与产出”的考核力度。全市单位 GDP 建设用地占用面积同比下降 6.7%，建设用地地均 GDP 同比增长 7.2%。对所有闲置土地不予办理融资抵押、出租、转让及各类变更登记手续，督促各镇区“一地一策”加快处置，全市盘活存量建设用地 867 亩，存量土地供应比率比上年度提高 5 个百分点。

强化土地执法监管，坚决确保全市层面用地安全。进一步充实国土执法队伍，在所有镇区重点部位和矿山区域安装了 100 多个“慧眼守土”24 小时智能视频监控，对违法违规用地及时发现、快速处置，下发《责令停止违法行为通知书》17 份，立案查处土地违法案件 45 件、矿产违法案件 2 件。贯彻落实好上级关于国土资源行政执法与检察监督联动的相关要求，健全土地执法共同责任机制，及时向发改、经信、水利等部门抄送涉土违法违规线索，加大联合处置、快速打击力度，共有 2 件涉土案件被依法移送公安机关处置。

平稳开展不动产改革，持续提高便民利民服务质量。不动产登记业务管理系统正式上线运行，实现在常州范围“全城通办、受办分离”便民新模式，所有登记业务 5 个工作日内办结并发放不动产权证，企业绿色通道 3 个工作日内办结发证。以争创“全国不动产登记便民利民示范窗口”为抓手，制定《不动产登记操作规范》，开通微信公众号、EMS 邮寄服务、自助查询，同时与法院、住建、地税、公积金、银行等单位开展不动产登记所涉信息点对点共享，全面实行“一窗受理、集成服务”办理，办理各类权属登记 4.88 万件，受理各类查询业务 5 万余次。（吕强　葛圆幸）

庆祝建党 97 周年暨第 28 个全国土地日文艺汇演

“三联三服”党支部结对共建

国土法律法规宣传

不动产登记交易中心办理各类权属登记业务

溧阳市环境保护局

Liyangshihuanjingbaohuju

2017年全市空气质量优良天数为297天、优良率为82.0%，比上年提高4.3个百分点，$PM_{2.5}$平均浓度为44.7微克/立方米，较上年下降1.3%。集中式饮用水源地沙河水库、大溪水库水质达标率为100%；全市“水十条”六个考核断面中塘东桥、潘家坝、大溪水库库体、沙河水库库体和前留桥水质达到考核标准，达标率为83.3%。2017年城市区域环境噪声监测结果平均值为55.5dB(A)，比上年下降0.1dB(A)，城市交通环境噪声监测结果平均值为68.2dB(A)，比上年下降0.1dB(A)。

2017年全市“263”专项行动综合评价等次为优秀，再次位列常州第一方阵，其中减少落后化工产能和治理挥发性有机物污染排名第一；组织推进、环境质量、治理畜禽养殖污染、提升生态保护水平、治理太湖水环境、提升环境监管执法水平、治理生活垃圾和生态绿城排名第二。提升环境经济政策调控水平排名第三，治理环境隐患和11个专项中减少煤炭消费总量排名第四，治理黑臭水体排名第六。

深化“环保直通车”服务品牌建设，对重点项目提前介入，畅通审批“绿色通道”，完成2017年度常州市级9个重点项目环评审批。严格环境准入，严把项目审批关，全年共受理各类许可项目162个，完成组织验收工业项目76个。全面部署开展新的排污许可证申领和核发，发放23张新排污许可证。创新便民措施，139个项目实行网上备案。

环保守护者我们在行动

组织全市小学环保绘画展

童眼看世界绿色关爱行动

市委书记蒋锋深夜带队走进企业环保检查

市长徐华勤深夜走进企业督查环保排放

加强大气污染防治力度，全面推进 35 蒸吨以下锅炉淘汰工作，完成 4 家企业 7 台 10 蒸吨以上燃煤锅炉淘汰。推进鑫林钢铁等企业清洁能源替代工作，实施富春江环保热电锅炉超低排放改造，督促申特钢铁开展无组织排放粉尘治理。开展大气污染应急管控，保障国家公祭日和江苏发展大会环境空气质量。

编制《天目湖水源地保护实施方案（2017–2019 年）》。组织开展 5 大类 15 项工程，完成平桥污水管网、退耕还林、退茶还湖等一批重点保护工程。天目湖流域生态观测研究站建成并投入运行。出台《常州市天目湖保护条例》，提升天目湖水环境质量。修编《溧阳市集中式饮用水源突发污染事件应急预案》，制订《溧阳市集中式饮用水源地流域范围内倾倒填埋固废风险排查实施方案》，全面提高应对饮用水源地突发环境事件能力，保障集中式饮用水源地环境安全。

严格执行危险废物备案制度、转移联单管理制度等各项制度，加强危险废物转移事中事后监督。督促危险废物监管重点源且危废数量达到 3 吨以上企业安装视频监控系统，提高对危险废物产生企业的监督管理，有效防范企业非法转移和倾倒。

完善环境基础设施建设，新建市廉政教育基地空气自动站，加强污染源自动监控管理。开展“三大一实干”活动，以夜访、周末访、预约访等形式走访群众 1200 余户，牵头办理“四访四求”环境共性问题 3 起。为市民免费检测室内甲醛 200 余次。开展“全面对标找差、全力争创一流”活动，学比赶超，提升环境监管水平。

6·5 世界环境日宣传晚会

监测人员采样

查封离心机

带领志愿者参观水资源展厅

无人机拍摄的厂区情况

溧阳市水利（水务）局

Liyangshishuili(shuiwu)ju

市委书记蒋锋在全市防汛准备工作汇报会上作重要部署

市委书记蒋锋视察全市水利水务工作

2017年，市水利（水务）局紧扣“建设宁杭生态经济带最美副中心城市”的总基调，以防汛防旱安全为中心，以加快项目推进为重心，不断创新理念、扎实举措，水利水务各项工作稳中有升、态势良好。

全年实施政府性投资项目16个，PPP项目2个，概算总投资超20亿元。完成圩堤达标建设103.11公里；新区枢纽、南港闸全面开工，开展西山河节制闸前期工作；中关村防洪工程完成53%，长山路排洪沟工程完成82%，上兴工业园区水系调整、社渚集镇防洪工程前期工作基本完成；完成2017年度小型农田水利重点县项目；上兴河、社渚河全面开工建设；完成重点塘坝除险加固10座，新开工10座，开展剩余12座前期工作。采取PPP模式，同步推进区域供水和区域治污项目，区域供水完成主管道93公里、

大溪水库创成国家级水利工程管理单位

水利厅副厅长叶健视察农村水利工作

市委书记蒋锋在埭头督查防汛准备工作

支管网274.8公里，完成上兴6家、南渡1家水厂收购交接，大力推进竹箦、后周、周城等水厂收购工作；区域治污先期建设污水主管道上兴—旧县4.96公里，上兴新区8.3公里，埭头污水厂升级改造、南渡污水厂、花园污水厂新建项目全面开工建设；实施水库移民扶持项目40个，投入5000余万元，开工38个，待开工2个，开工率达95%。县乡河道疏浚9.53公里，完成村庄河塘清淤23个行政村129座，

积极开展世界水日、中国水周等宣传活动。严格按照政策下限，加强水土保持、河道堤防占用等补偿费征收，减轻企业负担。落实最严格水资源管理制度，严格水资源论证审查和许可，加强地表、地下水资源监测。积极推进饮用水水源地达标建设，推进规范化管理，配合常州市完成《天目湖保护条例》立法工作。大溪水库创成国家级水利工程管理单位，完成3座省规范化小水库创建。先后完成1所省级节水型学校、3所市级节水型学校和3家市级节水型单位的验收，创成省级节水型城市。完成小型水利工程长效管护下放工作，小型水利工程管理体制改革通过本市和常州市级验收。水利工程划界工作基本完成，相关经验被采访推广。水利信息化建设有序铺开。加强水行政执法力度，发现处理各类水事违法违章案件46起。创新理念，将水库、重点塘坝纳入管理范围，全面推进河长制工作。持续加强“263”专项行动黑臭水体治理，共计完成治理河道（含内塘）130条。

除险加固后的包庄水库

前宋水库堤坝鸟瞰

除险加固后的灭螺坝

“263”黑臭水体治理—西泗墩河整治后

溧阳市农林局

Liyangshinonglinju

天目湖国家湿地公园

2017年，溧阳农业面对农产品价格异常波动的市场环境，调结构、促发展，抓转型、推升级，严监管、保质量，实现了现代农业持续健康发展，取得了较好成绩。全市实现农林牧渔业总产值93.95亿元，同比增长4.7%。

保持稳定供给，种养模式进一步转“丰”。全市水稻、小麦、油菜单产分别为635公斤、318公斤、166.7公斤，同比分别增4.1%、2.3%和5%。建设蔬菜基地13866亩，“菜篮子”工程顺利通过验收。示范推广稻–鸭、稻–虾、稻–蟹等综合种养面积2千余亩，溧阳市被评为省稻田综合种养示范县（市）。

聚焦提质增效，农业结构进一步转“优”。吸引“三资”10.35亿元投入农业开发，新增“三品”认证51只，天目湖镇白茶小

美丽茶园

社渚镇青虾基地

八字桥荷塘

稻蟹综合种养

镇、戴埠镇南山农旅小镇入选为江苏省农业特色小镇名录；社渚镇被认定为全国“一村一品示范村镇”。以常州整体创建“国家农产品质量安全示范市”为抓手，全面筑牢农产品质量安全防线。

市长徐华勤调研特色农业建设

狠抓生态建设，生产方式进一步转“绿”。坚持以“263”专项行动为抓手，转变农业生产方式，全市共关闭养殖场470家（户），其中禁养区内374家（户），完成整治认定48家。全市不合格生猪屠宰场全部关闭到位，全市成片造林面积5865亩，栽植珍贵树种100万株，全市林木覆盖率达31.19%。

常州市农委主任李昊云指导农业园区建设

推进融合发展，产业业态进一步转“新”。新增省级农业产业化龙头企业2家，修编《休闲农业与乡村旅游导览图》《溧阳市休闲观光农业与乡村旅游游线规划与美丽田园设计》，推出10条精品休闲观光农业旅游线路。完成176个涉农行政村村级益农信息社建设任务，在全省县（市）中率先启动“物联网+”智慧畜牧兽医信息化管理平台建设。

重视创新驱动，科技含量进一步转“高”。培育新型职业农民2999人，评选出“乡土专家”50名。建设高标准农田2.3万亩，新增高效农业面积2.1万亩，设施渔业面积0.45万亩。新增70马力以上大型联合收割机154台，产地烘干机械化理论水平达100%，农业机械化水平达89%。

切实加强党建，机关作风进一步转“强”。以“三大一实干”活动为抓手，进一步促进机关作风转变。全局73名机关干部和下属部门副职以上干部按照“五个一”要求走访各级各类农户、新型农业经营主体和有关站所2214户（个）。从农业生态文明、农业产能、农业结构调整等八大方面全面对标，走上书记（局长）论坛，向全市人民公开承诺整改期限和措施。

日日春生态农业杨梅园

海清农机合作社硬地育秧基地

芳芝林彩色珍贵树种繁育基地

菜篮子工程蔬菜基地建设

溧阳市经济和信息化局

Liyangshijingjihexinxihuaju

市委书记蒋锋，市长徐华勤启动“自在溧阳”APP上线

启动智慧城市大数据云平台项目

局领导班子成员赴苏州吴江开展对标找差

2017年，全市经信系统紧紧围绕“两个攻坚年”工作主题，深入推进“向先进制造出发”“向智慧经济聚合”三年行动计划，主攻项目建设、经济增长、节能降耗、转型升级、效能提升等重点工作，全市工业经济继续保持平稳运行的发展态势。

积极落实有关扶持政策，着力推进全市重点工业项目和重点技改项目建设。87个重点工业项目全年完成投资132亿元。针对重点项目特别是未开工项目建设中存在的困难和问题逐个梳理，全力协调相关部门，确保项目早开工早投产早见效。将全市技改项目备案信息及时录入省投资项目在线审批监管平台，方便部门监管、企业查阅项目审批情况。围绕推动企业加快上市、提升智能制造水平和激励企业科技创新等扶持方向，重点对技术含量高、成长性好、附加值高的项目，实施“一企一策”个性化扶持，首批精准扶持的7个项目现已进入实施阶段。

围绕全年目标，切实加强管理运行和监测分析。在百家重点企业的基础上扩大至150家，跟踪（监测）、采集数据并汇总分析。从企业亩均税收、亩均开票销售收入等7个方面对企业进行绩效综合评价，并在资源要素配置上对企业实施差别化措施。通过正向激励和反向倒逼，促进企业转型升级，提高全市工业经济发展的质量和效益。

严格控制高耗能项目立项，从源头上扭转高耗能产业结构。积极推广高效节能型变压器，全年累计更新高效节能变压器13台。全年组织10家重点用能单位开展能源审计，21家企业开展自愿性清洁生产审核，完成对26家企业的节能监察工作，实施重点节能与循环经济项目8项，淘汰落后设备 50 台 / 套以上。加强电力需求侧管理，全年累计电力直接交易企业 48 家，直接交易总用电量 14.77 亿千瓦时，降低企业用电成本 5170 万元。

根据省、常州市“263”专项行动部署，开展化工企业调查摸底工作，全面掌握全市 107 家生产型化工企业情况，确定“四个一批”分类整治名单。结合全市实际情况，制定了《溧阳市减少落后化工产能专项行动实施方案》，明确各镇区“减化”分年度工作任务。组建部门联合执法小组，配合各镇区，加大对化工企业安全、环保等方面问题的执法力度。全年已关停化工企业 62 家。

举办 2017 中国（溧阳）天目湖创意设计大赛

全面落实“向先进制造出发”三年行动计划，围绕重点产业培育、企业设备投入、企业科技创新、企业信息应用等方面，加快推动传统产业向智能制造、绿色制造转变。全年培育常州市级智能车间 3 家，新增省级企业技术中心 3 家，常州市级企业技术中心 4 家，常州市工业设计中心 4 家；培育省首台（套）重大装备及关键部件项目 1 项；培育省级管理创新和优秀示范企业 3 家。与省工业设计协会联合举办 2017 中国（溧阳）天目湖创意设计大赛，大赛范围拓展为工业产品组，创意设计组，工业文化遗产组，共有 500 多个单位和个人报名参赛，征集作品 640 件，评选出 70 个奖项。

省经信委副巡视员周毅彪为获奖选手颁奖

总投资超 2300 万元启动智慧城市大数据云平台项目，打造“一个中心”“四类数据”“五大平台”“三种典型应用”的智慧溧阳服务体系，重点推进以人口、法人、宏观经济、地理信息为基础的公共基础库建设，同时推进智慧城市相关应用建设，重点推进智慧溧阳公共服务平台—“自在溧阳”APP 建设工作，目前“自在溧阳”APP 已更新至 2.4 版本。继续深入推进企业两化融合工作，培育国家级两化融合贯标试点企业 1 家，省级两化融合贯标试点企业 1 家；省互联网与工业融合创新示范企业 1 家，试点企业 3 家。

围绕重点工业项目、工业企业、新增长点，切实做好要素保障、跟踪服务等工作，努力当好企业发展的“店小二”。重点发挥市中小企业信用投资担保有限公司的主力军作用，创新担保方式，开展科创型企业银政担业务和农业旅游银政担业务。全年全市担保发生额 18.97 亿元，在保责任余额 18.04 亿元。深入贯彻落实国家、省、常州市降低实体经济企业成本政策文件。全年降低实体经济企业成本约 34.3 亿元。全面深入进行对标找差，从工业经济运行分析、服务企业举措、干部能力水平提升等方面，对照先进找差距，立足本职谋实干，不断提升服务效能。

首批工业企业精准扶持项目签约仪式

节能宣传周主题宣传

溧阳市商务局

Liyangshishangwuju

市委书记蒋锋会见意大利代表团

市长徐华勤会见美国马里兰州代表团

局领导《在线访谈》直播

2017年，市商务局紧扣“两大攻坚年”主题，认真贯彻落实市委、市政府决策部署，创新思路、全力挖潜、攻坚克难、狠抓落实，全市商务工作保持良好发展态势。

（一）持之以恒，重大项目成为主引擎

制定《关于创新招商体制　加强招商队伍建设的实施意见》，推动全市专业化招商队伍建设，对招商人员定岗评星，量化绩效考核。建立名人、名品、名企招商人脉资源数据库并建成常态化联络活动机制，提升招商工作的精准度和有效性。全年组织赴常州、深圳等地开展专题学习班4次。

牵头成立民非组织，实体化运营溧阳市投资促进中心，全面负责产业咨询、项目招引、宣传培训、招商洽谈等工作，以政府单一来源采购形式保障日常工作经费。实行人员动态管理，打破身份界限，形成“人员能进能出、职务能上能下、待遇能升能降”的选人用人机制和激励约束机制。明确招商主攻方向，组建产业链招商团队，重点在新能源锂电池、汽车零部件、健康产业实现精准招商。

全年共举办、参加专场推介会7场，组织招商活动20批次。全年共跟踪、洽谈项目130余个，通过由市主要领导亲自带队的方式，赴项目投资方所在地开展精准招商活动30余次；洽谈重大重点项目10余个。全市累计引进上汽时代动力电池产业化项目、璞泰来锂电池、南山旅游综合体、长兴新材料等亿元以上项目55个。其中商务牵头落地项目3个，总投资1亿元的美年大健康、15亿的深科技、20亿的原能细胞等项目相继签约落地。

（二）政企同心，开放合作形成强磁场

2017年完成外贸进出口总额67.4亿元，超额完成常州市下达的年度目标任务。新增备案企业65家、外贸实绩企业15家。组织30家企业参加国际集约化畜牧展览会、汉诺威工业博览会、中俄博览会等展会，有效地开拓国际市场。争取扶持资金，完成开拓国际市场扶持资金项目120个，省进口贴息项目2个，国家进口贴息项目2个。全年为全市外经贸企业争取各级扶持资金近千万元。

组织企业参加亚洲畜牧展

组织特色农产品进京展销

德国富尔达代表团到访，为富尔达小屋揭幕

洽谈天目湖休闲项目

中信国安集团有限公司－溧阳市人民政府战略合作签约仪式

荣获创建全国文明城市立功集体

4 家企业获评“2017—2019 年度江苏省重点培育和发展的国际知名品牌”，其中上上集团被评为省级重点领军企业，获得 150 万元扶持资金。6 家企业获得“2017—2019 年度常州市重点培育和发展的国际知名品牌”。

紧盯新批和往年批准但资金未全部到账项目，定期排查欠缴资项目。对已签约项目，开辟项目登记备案绿色通道；对新获取的项目信息，保持紧密联系，积极跟踪服务；对已落户项目，最大限度缩短其他环节审批建设周期。创新利用外资方式，拓展外资利用领域。加快启动一批现代服务业项目的外资利用。2017 年，全市新设外资项目 25 个，协议注册外资 5.15 亿美元，实际到帐外资 2.5 亿美元，完成新增协议外资超 3000 万美元以上项目 7 个。

2017 年，全市累计完成新签外经合同额 1.27 亿美元，累计完成营业额 1.41 亿美元。成功为正昌粮机投资巴西项目争取到国家扶持，科华控股、汉德机车分别在德国和英国设立了办事机构。对外工程承包有新突破，全市完成安装、建设工程 81 个，涉及 26 个国家及地区，其中苏华建设集团在越南承接的 EPT 电厂建设项目合同金额达 5000 万美元。

（三）创业乐活，商贸流通迈向新高度

大型商贸服务设施升级改造和新建步伐明显加快，上河城商业核心区地位凸显。以“文明城市”创建为契机，对城区商业中心、商业街与住宿餐饮网点等进行全面规划和布局，重点加强城区平陵一条街商品消费市场环境建设，上河城和溧阳八佰伴先后被评为省级“正版正货示范街区”。

2017 年全市电商交易额实现 130 亿元，其中农村电商销售达 7 亿元。竹箦镇和竹箦镇北村村分别被评为省级农村电子商务示范镇和示范村。全年开展电商培训 20 场，培训人数 1500 人次。加强主体培育。2017 年全市培育 4 家年销售额 300 万元以上的农村电商龙头企业，电商企业 360 余家。强化平台支撑。加快整合优势行业电子商务平台资源，打造电子商务物理平台，更好地推介特色资源、销售名优产品，企业自建电商平台 4 家。地方特色馆实现销售 600 万元，天目家园、优先到家等本土电商企业迅速做大做强。深化电商扶贫。开展“京东扶贫——溧阳半月笋”“大虾来了”等直播活动，促进了农村电商的发展。

建设江苏金瓜子电商产业园，集聚电商生态产业链，全市已入驻园区的各类电商企业和软件服务、物流配送等电商服务企业 20 余家，实现交易额 3000 万元。完成旅游产品销售创客基地，围绕“1 号公路电商”计划打响溧阳农村旅游、农产品销售品牌。搭建青年企业家创新创业平台，建设创业路演大厅，开展资本对接会、青年企业家论坛，让青年企业家在思想碰撞中产生火花，在资源共享上把握契机，在产业互补上寻求合作。

2017“两节”开幕式重大项目签约仪式

全市重点外资外贸企业座谈会

德国富尔达医疗集团到溧考察

国际教育合作项目洽谈

溧阳市供销合作总社

Liyangshigongxiaohezuozongshe

党组书记、主任　芮子遐

常州市副市长许峥到江苏（溧阳）苏南农资配送有限公司调研农资供应情况

2017年，市供销合作总社认真贯彻落实中央、省、市关于推进供销合作社综合改革的文件精神，围绕“改造自我，服务农民”的总体要求，深入推进综合改革，基层供销社组织体系进一步完善，为农服务水平进一步提升。

综合改革专项试点纳入省总社重点工作。按照中华全国供销合作总社办公厅《关于开展全面深化供销合作社综合改革专项试点申报工作的通知》（供销厅合字〔2017〕15号）精神，以推动农村产业融合发展为目标，利用供销社系统资源，对接溧阳别桥镇耕渎庐乡村（农业）文化园，打造农业生产、（农产品）加工制造、旅游休闲、电子商务、园林、农耕文化博物馆于一体的综合服务体。形成多元性农村产业业态，带动周边村集体及农户大力发展特色农业，实现共同创收增效，成为以体验江南水乡风情为主的乡村旅游精品目的地。该项目实施以来，进展顺利。目前，一期工程已基本完成,2018年春、夏季，牡丹园、荷花园开园迎客。

为农服务基础进一步夯实。按照综合改革要求，注重农民主体和利益联结，积极构建供销合作+生产合作+消费合作+土地合作的基层社组织新体系，按照以农民社员为主体、有自主经营实体、合作经济组织联合体及综合实力强、为农服务能力强的“三体两强”建设标准，整合创建工作要素，社渚供销合作社、溧城供销社2家基层社经省供销总社考核验收，被命名为“三体两强”基层供销合作社。天目湖蚕桑专业合作社、天目湖玉枝茶果专业合作社，推进专业合作社的产业延伸，形成融农产品生产加工销售于一体的高效的农业产业链。以缪氏蟹业专业合作社为基础，做实生产生活经营项目，融生产生活资料供应、农产品收购销售及农民技能培训于一体，形成新型为农服务综合平台。

积极开展农民职业技能培训工作。“围绕农机科技入户”“农产品经纪人技能”“水稻、水产大宗农业生产技术”等内容，

组织收听收看全省供销社综合改革推进电视电话会议

盐城市供销合作总社主任蒋洪萍带队到溧阳参观调研农资社会化服务情况

2017 年举办农技培训会 71 场，累次参会人数 1670 人次；举办农机作业技能、农作物病虫防治、农村电子商务培训班 6 期，参训人数 860 人次。实现连续多年开展涉农产品经纪人中级职业技术培训工作，为助推农民经纪人队伍建设、提升农民作业技能发挥了重要作用。

推销“天目湖”品牌农产品成效显著。完成溧城燕山路农产品电子商务实体展销店改造。组织全市 5 家企业、30 多个名特优农产品参加全国总社和江苏省政府在镇江联合举办的“2017 海峡两岸（江苏）名优农产品展销会”，为扩大溧阳农产品知名度、拓展农产品销售渠道发挥了平台引领作用，在农民专业合作社与市场消费间打开了新的通道。

农资社会化服务向科技化、信息化迈进。2017 年，改造升级农资连锁网点 11 家，其中创建“物技结合放心示范店”2 家。“农飞防”作业面积进一步扩大，江苏农飞客科技有限公司新增 4 架飞防无人机和 2 架航拍精灵机，全年共作业 5 次，累计作业面积达 8.5 万亩，为溧阳及周边县市提供农作物病虫害及除草统防统治，面积达 2 万余亩。采集土壤样本开展测土配方 13 份，涉及面积 2.5 万余亩，庄稼医生下乡 25 次，利用微信公众号、短信平台发送农作物病虫防治信息 5 次，发放各类农资、农技宣传单页共 4 万余份。

开展“供销为农、合作兴农”为主题的道德讲堂活动

解放思想大讨论动员会

飞防操作人员正在田间操作植保无人机喷洒农药

市委书记蒋锋调研实验初中马垫校区

市长徐华勤走访东升实验幼儿园

溧阳市教育局

Liyangshijiaoyuju

2017年，市教育局紧扣“两大攻坚年”主题，认真实施国家、省、市中长期教育规划纲要，不断提升教育现代化水平，完成各项工作任务，取得了令人振奋的好成绩，为全市经济社会发展作出了积极贡献。

全市现有各级各类学校143所，其中幼儿园64所（含民办20所），小学44所，初级中学24所，普通高中6所，中等专业学校2所，少体校、培智学校、青少年活动中心各1所。全市在校学生92067人，教职工8837人，其中专任教师6971人。

组建10大教育集团，实行多校（多园）一长负责制。小学阶段实行“县管校聘”，交流教师278名。新建2个常州市乡村教师培育站和2个溧阳市骨干教师培育站，新增常州市特级校长2人、高级校长3人、骨干校长5人，新增常州市特级后备人才5名。招聘高层次人才12名、中小学教师65名、幼儿园教师77名。在江苏省基本功大赛中获特等奖2个、二等奖1个，江苏省优秀课评比一等奖2个，江苏省教育成果奖1个，常州市基本功、优秀课竞赛获奖35人次。

财政投入1.3亿元，新建校舍2.03万平方米，加固校舍2.83万平方米，实施7所中小学校舍安全工程；镇区投入11.06亿元，启动或正在实施8所中小学、幼儿园新建项目。拨付生均公用经费学前教育400元、小学770元，初中、高中、职高均为1100元。学校食堂全面提档升级，实施“明厨亮灶”、推行“五常+”管理。投入3490万元，加强学校教育现代化设施装备；投入80万元，落实学校图书更新添置。

实验小学成功创建常州市新优质学校

幼儿园田园Party特色活动

燕山中学课堂向外国友人开放

荷兰学生与天目湖中专学生开展餐饮交流活动

副市长陆慧琦到省中附中检查指导

党风廉政建设暨维稳工作推进会

“国家宪法日”宣誓活动

教育局新闻发布会

2017年高考质量再创佳绩，一本上线率40.66%，超省平均15.36个百分点，二本达线率97.81%，超省平均33.6个百分点；二本以上录取率92.22%，超常州市平均水平；常州市文科状元花落溧阳，4名考生录取北大。职业中专对口单招本科总达线100%，在江苏省职业学校技能大赛中，获得7金9银20铜的成绩；获得国赛农机具维修项目比赛一等奖1个；全国机械行业职业院校专业教师教学能力大赛一等奖1个、二等奖1个，省赛一等奖4个、二等奖4个、三等奖6个。

各类创优创特成果丰硕，创建常州市学前教育现代化示范乡镇4个、常州市优质园4所、省优质园6所，东升实验幼儿园被确定为常州市特色幼儿园。实验小学被评为常州市义务教育“新优质学校”，第二实验小学面向常州开展“新优质学校”展评获得好评。戴埠高中晋级江苏省四星级高中，埭头高中通过江苏省四星级高中复评，光华高中、燕山中学和天目湖中专获江苏省国防特色学校称号，天目湖中专创建成首批“江苏省优质特色职业学校”。埭头镇创建成全国社区教育示范镇，昆仑街道创建成省标准化社区教育中心。

学前教育乡村骨干教师培训

国标校车安全接送上下学

江苏省园长资格培训班溧阳班开班仪式

平安校园监控中心现场指挥

溧阳市文化广电体育局

Liyangshiwenhuaguangdiantiyuju

中国·曹山国际龙狮争霸赛

溧阳市第八届运动会暨第五届全民健身节

中国·溧阳曹山自行车全国邀请赛

全国啦啦操联赛总决赛

2017CBA 季前赛（溧阳站）开赛

2017 年，全市文化广电体育系统在市委、市政府的正确领导下，坚定文化自信，勇于开拓创新，顺利完成了各项目标任务。溧阳市被评为 2017 年中国体育旅游精品目的地，市文广体局被评为 2013–2016 年度全国群众体育先进集体，荣获创建全国文明城市先进集体、2017 年中国·溧阳茶叶节暨天目湖旅游节组织筹备工作先进集体等荣誉。

坚持文体为民，把高水平演出和赛事带到群众身边。举办了首届天目湖·古琴音乐会，国内最高水平的古琴流派名家齐聚溧阳，丰富了“美音自在溧阳”的文化名片。举办了中国·溧阳曹山自行车全国邀请赛、全国啦啦操联赛总决赛、CBA 季前赛（溧阳站）、中国·曹山国际龙狮争霸赛等赛事，不但让市民群众欣赏到了精彩激烈的比赛，也通过央视体育频道、中国体育报等媒体的宣传，展现了溧阳作为中国十佳运动休闲城市的独特魅力。

坚持文体惠民，让群众更好的享有发展成果。着力推进全市公共文体服务提质增效，全年建成 141 个中心基层综合性文化服务中心，其中包含 71 个文化小礼堂，高标准建成五里亭、昆仑街办等 5 个文化馆分馆。先后在 11 个镇（街道）补充安装健身路径124套。全年送电影下乡4000余场、送戏下乡80余场、送书下乡3万余册次。图书馆、文化馆、新四军江南指挥部纪念馆等各类场馆免费开放接待人数达200余万人次。举办各类群众文体活动500余场次，举办了溧阳市第八届运动会暨第五届全民健身节，23个代表团1万多名运动员参赛，并组织5000名群众参与开幕式，精彩呈现溧阳的文化体育特色。

“美音自在溧阳”首届天目湖·古琴音乐会

坚持文化兴市，历史文化遗产得到更好地保护传承。沙涨村被评为江苏省历史文化名村，是溧阳市首个获此称号的传统村落。省级文物保护单位秦堂山遗址考古发掘取得新成果。市锡剧团排演的锡剧小戏《稻草人》赴北京参加了全国基层院团戏曲会演，受到中宣部、文化部表彰。节孝坊、贞女祠等文物保护单位得到修复。蒋塘马灯舞代表性传承人任球生入选第五批国家级非遗代表性项目代表性传承人，成为溧阳市国家级非遗传承人第一人。

现代锡剧《稻草人》入选全国基层院团戏曲进京会演

坚持争先创优，文化体育各个条线取得了丰硕成果。在第十三届全国运动会上，王小华、张海侠等溧阳籍运动员在多个项目上获冠军。全年共6个项目获省级以上文化体育产业引导资金扶持，畅游体育溧阳茶马欣道获评2017年度江苏省精品体育旅游线路。溧城镇嘉丰社区被授予江苏省“扫黄打非”进基层示范点称号。“创新基层综合性文化服务中心运行机制”被评为常州市示范项目。全年体育彩票销售突破1.4亿元。

秦堂山遗址

坚持党建引领筑牢发展基石，以优良的作风服务群众、服务发展。深入开展“三大一实干”活动，党员干部分别深入农村开展大走访，共走访群众1100多户，收集、整理、处理问题建议326条。按照“全面对标找差，全力争创一流”活动要求，组织干部职工赴周边城市学习取经，在提升服务能力水平方面出实招、得实效。

五里亭文化小礼堂休闲长廊

江苏省中医院与溧阳市人民政府合作办医签约仪式

市长徐华勤出席江苏省中医院溧阳分院揭牌仪式

溧阳市卫生和计划生育局

Liyangshiweishenghejihuashengyuju

加大基础建设、就医环境显著提高。总投资12.2亿元市人民医院新院投入使用；总投资2000万元南渡镇中心卫生院精神科扩建项目已完工；投资2000万元的竹箦镇中心卫生院住院大楼已进入内外装饰阶段。以创建国家卫生镇为契机，协同上兴镇、竹箦镇政府顺利创成国家卫生镇。上兴镇建成江苏省健康镇，溧城镇北郊社区等9个村（社区）建成江苏省健康村（社区），卫计局获得“江苏省健康单位”荣誉称号。溧城镇马垫卫生院建成“全国2016–2017年度群众满意的乡镇卫生院”、口腔科被评为“省级乡镇卫生院特色科室”；戴埠镇中心卫生院获评“全国百佳乡镇卫生院”称号。

坚持人才优先、发展后劲不断增强。2017年，全市卫生计生系统科教人才专项经费使用达270多万元。科技项目立项数3项（其中，省中医药局1项，常州市卫计局2项）；获得各级各类科技进步奖4项，科研成果鉴定8项，溧阳市医学新技术引进奖16项；发表SCI（E）收录论文3篇、中华系列论文2篇；实用新型专利3项。建有省级中医重点专科1个、省级特色科室1个；常州市

“守护健康 共享幸福”5·12国际护士节主题活动

级共建重点学科1个、现有常州重点专科6个、常州市级特色科室建设项目3个。16名临床医师到上级医院参加“务实进修”项目；2名乡镇卫生院院长参加省管理培训班；乡镇卫生院从事临床医师岗位的新录用医学本科生参加全科医师规范化培训达100%。

江苏省人民医院溧阳分院

坚持改革创新、深化医改蹄疾步稳。通过“院府合作”模式，市人民医院、中医院分别与江苏省人民医院、江苏省中医院共建溧阳分院。医联体建设实现全覆盖。江苏省人民医院溧阳分院与溧城镇、上兴镇卫生院建立紧密型医联体；江苏省中医院溧阳分院与天目湖镇、别桥镇卫生院建立紧密型医联体；南渡镇中心卫生院分别与江滨医院、常州二院、德安医院建立医联体合作关系；戴埠镇中心卫生院与常州一院、常州二院建立医联体合作关系；社渚镇中心卫生院与常州二院建立医联体合作关系。通过推进医联体建设，实现医疗资源下沉，让群众在家门口就能享受到优质的医疗服务。

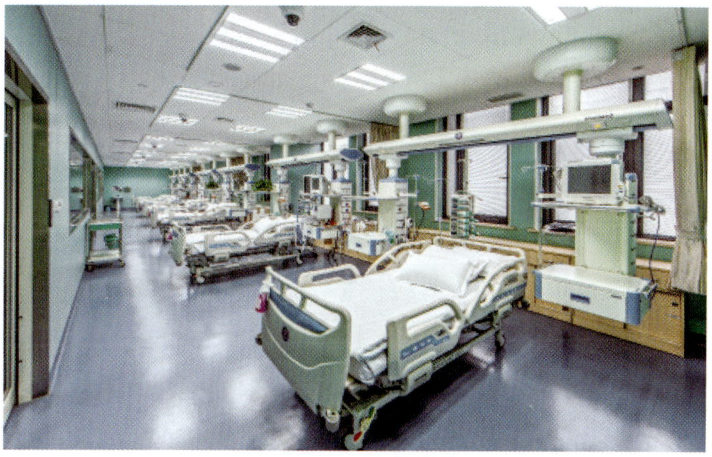
规范标准的ICU病房

坚持基本国策、计生服务提质增效。2017年，全市活产新生儿数7355人，住院分娩补助2931人，补助率100%；农村妇女“两癌”检查25423人。全面落实出生缺陷三级预防措施，免费婚检率90.54%，产前筛查率85.52%，无孕产妇死亡，新生儿出生缺陷发生率4.48‰，婴儿死亡率2.99‰。孕产妇保健管理率和儿童保健管理率分别为97.87%和98.32%。全年开展儿童免疫规划疫苗免费接种17万多人次。年内完成待孕夫妇孕前优生健康检查3966人次，参检率达99.2%。开展流动人口基本公共卫生计生服务均等化专项活动，苏浙皖边界市场成功创建“常州市流动人口服务管理示范市场”。2017年，建立常州市级春晖家园1个，建立常州市级生育关怀基地2个，溧阳市级生育关怀基地4个。

坚持民生为本、改革成果普惠共存。实施农村部分计划生育家庭奖励扶助和独生子女伤残死亡家庭扶助制度。截止2017年底，全市累计享受农村部分计划生育家庭奖励扶助对象18150人、享受独生子女伤残死亡家庭扶助1327人。全年共发放农村部分计划生育家庭奖励扶助金1666.85万元、独生子女伤残死亡家庭扶助金878.15万元。

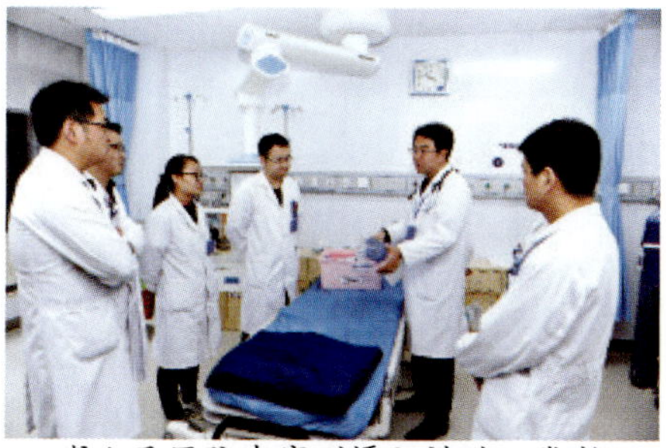
省人民医院专家到溧阳讲学、带教

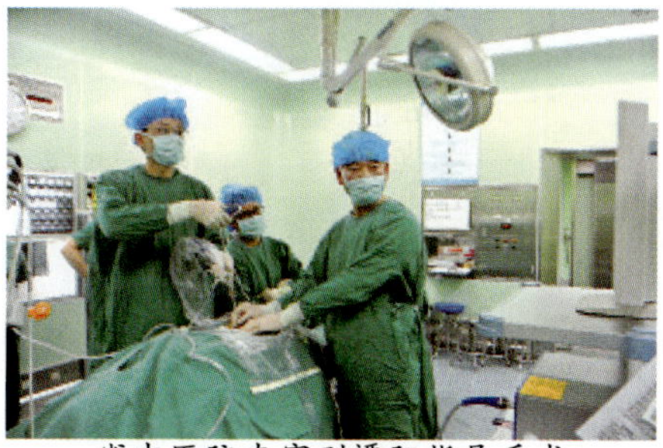
省中医院专家到溧阳指导手术

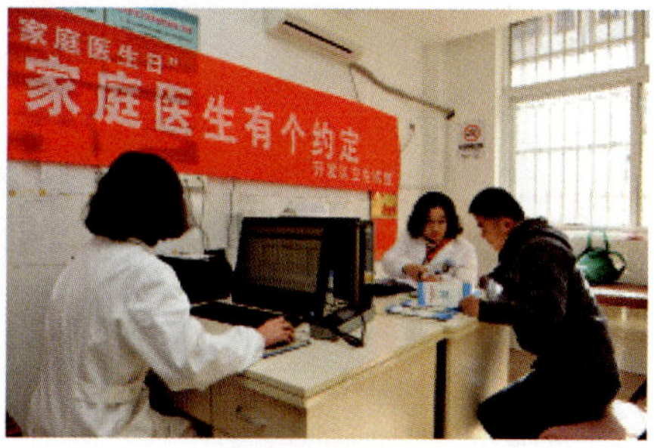

家庭医生签约

江苏省人民医院溧阳分院

（溧阳市人民医院） Jiangsushengrenminyiyuanliyangfenyuan

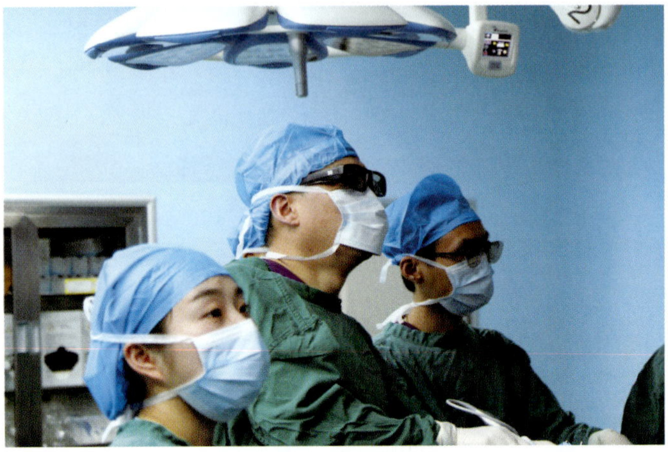

省人医专家——杨力副院长开展本市首台 3D 腹腔镜手术

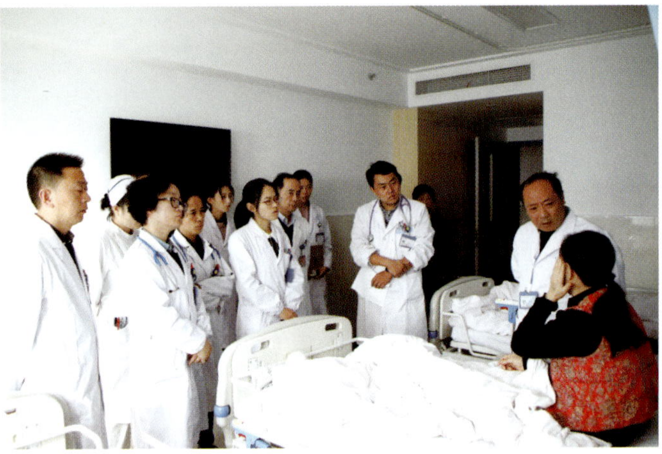

省人医专家——神经内科储旭华教授带领科室教学总查房

江苏大学医学院教学医院
皖南医学院教学医院
常州卫生高等职业技术学校教学医院
江苏护理职业学院教学医院
南通大学附属医院
国家级住院医师规培基地协同医院

人才：

医院拥有兼职教授、副教授 30 名
江苏省“333 高层次人才培养工程”
常州市青年医学创新人才等
各类人才培养对象 10 余人
“天目湖英才榜”优秀人才 4 人
省级专科护士证书 12 人
省级感控医师临床研修合格 2 人

重点专科：

现有常州市区共建重点学科 1 个
常州市级临床重点专科 2 个
常州市级临床重点专科建设单位 2 个

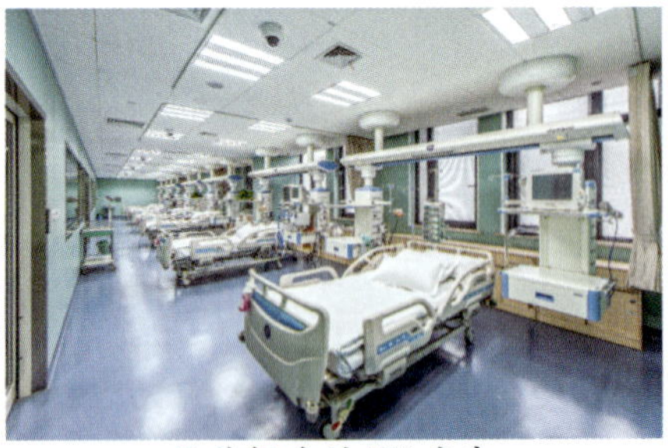

规范标准的 ICU 病房

清新舒适的门诊大厅

“院府合作”
——创新县级公立医院发展模式

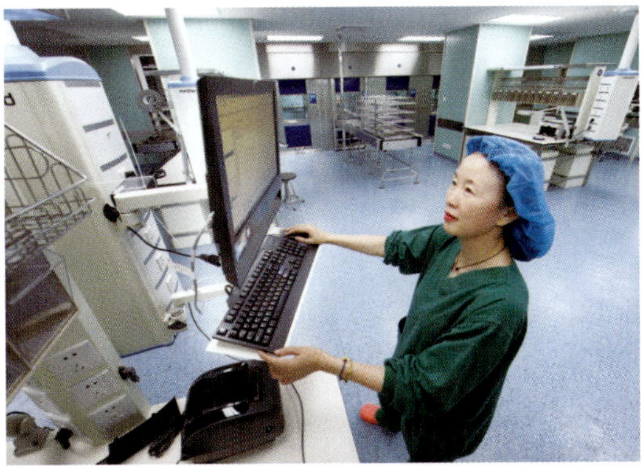

消毒供应中心

溧阳市人民医院创建于 1946 年，是溧阳地区历史最久、规模最大、功能最全的集医、教、研为一体的综合性二级甲等医院。医院现有职工 1470 人，其中专业卫生技术人员 1220 人。

2016 年，溧阳市委、市政府作出“打造苏皖医疗高地”的重大战略决策，探索县级公立医院综合改革新的发展路径，于同年 9 月与江苏省人民医院签订合作办医协议，携手省内顶尖医疗机构，共同建设江苏省人民医院溧阳分院（溧阳市人民医院），通过引进承接省级优质医疗资源，让溧阳老百姓在家门口就能享受到国内一流医疗服务。

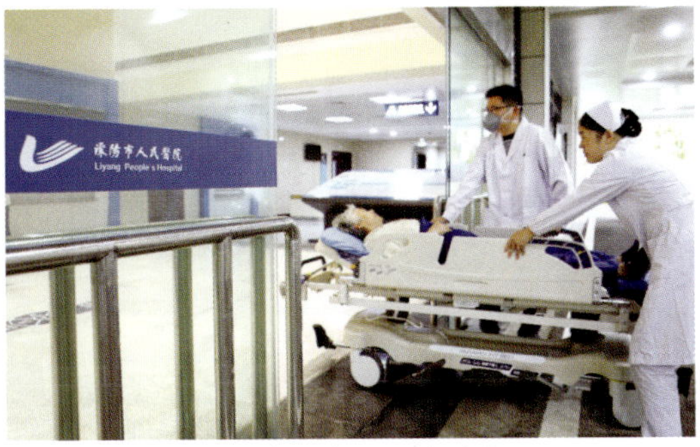

急诊诊疗中心紧急施救

合作以来，江苏省人民医院按照“同质化、一体化”运作模式，对溧阳分院进行管理和建设，搭建以理事会、管理层、监事会“三位一体”的江苏省人民医院溧阳分院法人治理结构，实行决策、执行、监督相分离。江苏省人民医院已派出 12 名管理及业务专家常驻分院，担任分院领导以及临床医技科室主任，全面负责行政业务管理，并不定期派出专家团队指导溧阳分院学科建设、科研发展等，已相继开展腹腔镜直肠癌根治术、超声引导下经皮穿刺肾活检术等60余项新技术，溧阳分院发展实现全面提速。

与此同时，由溧阳市人民政府投资、按照三级综合性医院标准建设的新院于 2017 年 9 月正式投用，新院占地面积 10.2 万平方米，建筑面积 19.2 万平方米，设置临床医技科室 54 个、床位 1100 张、机动车位 1250 个，配备 3.0T 核磁共振、128 排螺旋 CT、智能化连续升降输送机系统等大型医疗设备。

高标准管理，高质量发展。借助江苏省人民医院雄厚实力，溧阳分院决心以创建三级综合性医院为目标，真抓实干谋发展，瞄准一流创品牌，聚全院之力，集全员之智，加快把医院打造成为苏皖地区具有较强影响力的县级品牌医院，为溧阳经济社会发展保驾护航。

江苏省中医院
溧阳分院

院长 李志伟

李志伟

江苏省中医院溧阳分院院长
主任中医师、副教授、医学博士、硕士研究生导师
江苏省中医院骨科副主任、脊柱科主任
江苏省中医药学会理事
江苏省“六大高峰人才”
中国老年医学会骨质疏松分会江苏省骨内科学组副主任委员
中国医药教育协会骨科专业委员会脊柱分会委员
中国中西医结合学会骨科专业委员会内镜学组委员
江苏省中西医结合学会脊柱专业委员会委员

擅长：微创与开放手术，治疗各种类型严重的腰椎间盘突出症、颈椎病、腰椎管狭窄症、腰椎滑脱不稳、胸腰椎骨折以及老年腰椎退变疾病等。

溧阳市中医医院始建于1950年，经过几代人的努力，现已发展成为一所集医疗、预防、保健、科研、教学为一体的现代化二级甲等中医院。医院现为南京中医药大学教学医院。

医院占地面积11358平方米，建筑面积26900平方米；泓口分院占地面积11670平方米。开放床位500张。2017年业务收入3.7亿元，年门诊量59.21万人次，出院1.97万人次，手术6876人次，床位使用率114.77%，中药饮片销售额1928.80万元，药占比为36.22%，固定资产总值达到2亿元。

医院现有职工总数845人，卫技人员733人，在编职工578人，高级专业技术职称110人，中级专业技术职称323人。拥有全国优秀中医临床人才、优秀中医临床人才、常州市名中医，全国“五一”劳动奖章、江苏省劳动模范，江苏省“333”高层次人才中青年科学技术带头人、常州市领军人才、高层次医学创新人才、拔尖人才、溧阳市杰出人才等21名。

肾病科为江苏省重点临床专科，骨伤科、心血管科、妇科、脾胃病科为常州市重点临床专科。常规开展心肌梗

死急诊 PCI 术、连续肾脏代替疗法、经皮冠状动脉腔内支架植入术、断肢再植术、近视眼准分子激光手术以及各种腔镜手术等。

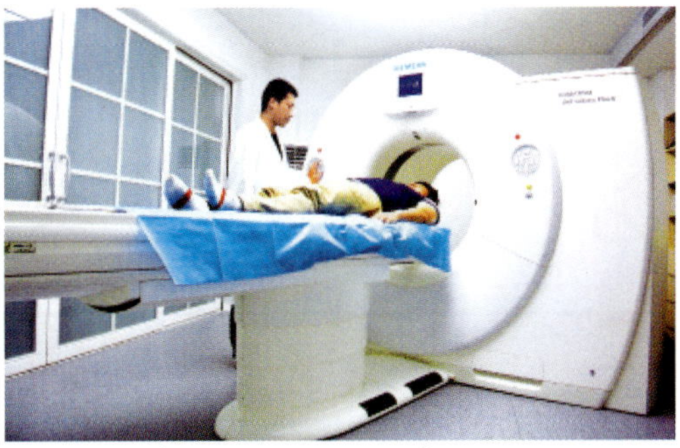
德国西门子双源冠脉 CT

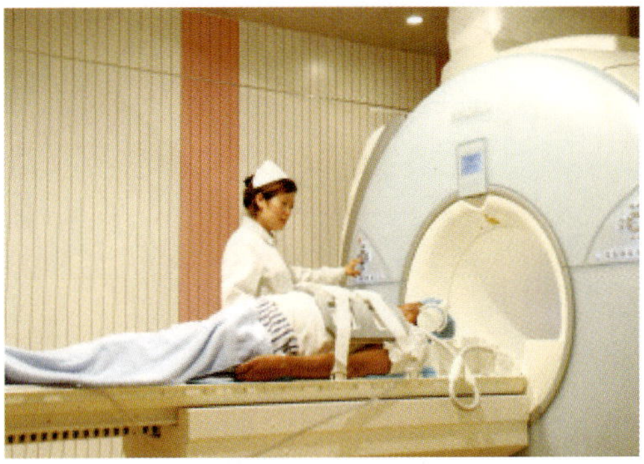
德国西门子磁共振

医院拥有多台大型先进医疗设备，如德国西门子炫速双源 CT、西门子 SOMATOM SCOPE CT、德国西门子 1.5T 核磁共振仪、日本岛津 800 毫安 DSA、美国威视飞秒准分子激光、德国椎间孔镜、芬兰全景 X 射线机、GE 乳腺钼靶 X 光机、西门子数字胃肠机、荷兰飞利浦彩色超声诊断仪、瑞典全自动酶免分析仪、罗氏化学发光仪、西门子生化分析仪、美国科医人钬激光治疗仪等。

医院先后荣获国家“星耀中华——最具成长力中国县市医院改革之星”奖，全国爱婴医院、江苏省文明单位、江苏省“巾帼示范岗”、江苏省健康促进医院、常州市卫生系统人才工作先进单位、常州市廉政文化示范点、常州市“青年文明号”、溧阳市红十字工作先进集体、十佳文明示范窗口。

2017 年 9 月 21 日，江苏省中医院与溧阳市人民政府合作办医签约仪式在天目湖宾馆举行，双方合作共建江苏省中医院溧阳分院。11 月 22 日，医院正式成为江苏省中医院溧阳分院，并将在 3–5 年内搬迁新建 1000 张左右床位新医院。

江苏省中医院溧阳分院的成立，开启了溧阳医疗新篇章。溧阳分院将借助省中医院在医院管理、学科建设、人才培养等领域的强大实力，全面提升本地医疗技术和服务水平，让溧阳百姓更加便捷地享受到优质医疗服务。

新时代开启新征程，在溧阳市委、市政府和上级部门的正确领导和关怀下，溧阳分院将与省中本部同心、同德、同质化管理，凝心聚力，为打造国内一流的县市级现代化综合性三级中医院而努力奋斗。

江苏省中医院与溧阳市人民政府合作办医签约仪式

美麗燕山 文明新區

泰州市委书记韩立明一行考察燕山新区

燕山新区作为溧阳城区的延续和发展，近年来，以建设带动地块商业发展，成为了城市的住宅、商业新中心。积极招商、经营土地、引进房地产开发企业，以建设宁杭生态经济带最美副中心城市为蓝图，既快又好地完成全年建设目标。

（一）交通枢纽

道路建设趋于完善。燕山新区内主干道路已全部完成，2017 年继续完善路网建设，做好支路道路。崇文路道路于 6 月竣工验收。南大街南延伸 U 型槽、崇文路东延伸、金汇路、上墟路基本完成，齐全的路网与宁杭高速、高铁无缝对接，成为了城市的交通枢纽。

（二）城市门户

2017 年，着重打造精品建筑。作为省、常州和市的重点工程项目，溧阳市博物馆和溧阳文化艺术中心项目顺利竣工，成为了溧阳城市新地标。光华高级中学、燕山中学新校区项目于下半年顺利开工，新区内完善的公建配套和基础设施建设，已成为溧阳向外界展示自身形象的最佳窗口。

（三）精英之家

优美的人居环境、现代化的城市格局、高档便捷的基础设施，接轨大都市的经营理念，大量吸引溧阳本埠以及宁杭沿线的高层次人才、尖端三产企业和新型服务行业的进入，2017 年，顺利在建碧桂园、华府晶园、银江国际房地产开发，住宅销售面积达 35.6 万平方米，引起了购房热潮。

燕山一号

凤麟府

万达广场

华府晶园

（四）投资方向

燕山新区的开发倍受关注，2017年先后拍出土地五块，分别被常州宏硕、杭州宋都、昆山时代和溧阳吾悦创盛房地产开发有限公司拍得，经营拍出土地44万平方米，成交37亿元，燕山新区的房地产成为全市的热点，良好的经济环境，使燕山新区也成为全市的经济、文化、商业新中心。

（五）消费天堂

集溧阳之优势，吸纳宁杭沿线之精华，特色与现代化交相融合，成为一个面向高铁沿线城市群、吸纳溧阳全区域的综合消费区。2017年，重点围绕燕山新区的南大街核心商务区、燕城大道总部经济园和银江国际三大重点区块重点开发，南大街沿线基本成型，万达广场隆重开业，弘基广场招商项目建设顺利，吸引了溧阳众多商家关注。

（六）休闲走廊

完成了一湖两河的整体竣工验收。至此，燕湖公园与茶亭河、罗庄河的城市公园体系全部完成。基本完成企业总部经济园园林景观工程及燕城大道北侧景观绿化工程。

完善了燕山公园南片区，建成社会主义核心价值观主题公园，把复兴大道、美音轩、永思廊等十个景点穿插在公园里，让市民在运动和游览时，既学习到核心价值观的内容，又欣赏了各种文艺作品，还了解了溧阳的历史知识。展现了溧阳人的中国梦。

2018年，燕山新区在十九大的精神指引下，紧紧围绕“凝聚精气神，建设新溧阳”总要求，以“坚韧不拔，勇往直前，脚踏实地，众志成城”的精神要求，在更高的视野上追求品质和创新，在更快的层面上冲刺示范和速度，在更强的领域里引领拉动和增长，并将以建设宁杭生态经济带最美副中心城市为蓝图，既快又好地完成既定的建设目标。

燕山公馆

银江国际

悦宸府

市委书记蒋锋督查光华高级中学现场建设情况

市长徐华勤督查博物馆现场建设情况

蘇皖合作　溧陽示範

苏皖合作示范区建设发展有限公司

Jiangsu & Anhui Cooperative Demonstration Zone Construction Development Co., Ltd.

苏皖合作示范区建设发展有限公司成立于 2016 年，是溧阳市政府直属独立运行的国资公司。2017 年，苏皖公司以科学发展观为指导，强化设计标准、提高建设品质、完善各项管理，顺利展开各项建设工作任务目标。全年筹建政府投资项目达 34 项，其中续建 9 项，新建 25 项。项目计划总投资约 102 亿元。2017 年苏皖公司荣获常州市现代服务业五星企业、常州市五一劳动奖、常州市职工书屋示范点，下属公司溧阳市新城房地产开发有限公司获得江苏省”安康杯”竞赛优胜单位、常州市“安康杯”竞赛优胜单位。

一、做好城市建设，做成精品工程

1、作为 2017 年市重点工程——文化艺术中心和博物馆建设项目。文化艺术中心项目结构复杂，标高多，施工极具挑战性。博物馆建设项目属于双面异形结构，工艺要求复杂，施工难度大。这两个项目都采用全市独家 BIM 技术，先行建模，确定最合理的设计方法和施工方案。在建模过程中发现问题及时解决，减少返工，缩短建设周期，大大降低了项目的投资费用。面对时间紧、模

溧阳文化艺术中心

式新、技术新、施工难度大、人手少的困难，苏皖公司精心计划，周密布置各项施工队伍，不畏艰难，以一丝不苟、精益求精的工匠精神圆满完成了任务。文化艺术中心项目荣获 2017 年度溧阳市“工人先锋号”称号，博物馆项目亮相第十六届威尼斯建筑双年展主题自由空间。

中国·溧阳第三届宋团城观灯节亮灯仪式

2、作为溧阳历史上投资最大的单体项目——溧阳市人民医院新院，是市政府重点民生工程，由苏皖公司负责建设。该项目被评为江苏省文明工地，2015 年通过全国绿色施工示范工程中期验收并取得授牌。2015 年 11 月取得“溧阳经济开发区城北工业园建筑节能和绿色示范区绿色施工工程”荣誉称号。2017 年，根据省人民医院要求进行功能完善并移交院方投入使用。

苏皖公司 2018 年工作思路研讨会

3、2017 年是全国文明城市创建年，除了完善文明城市的创建基本标准外，苏皖公司开拓创新，在溧阳首创使用绿色草坪施工围挡，提升了城市建筑工地形象并被业界推广。在燕山公园南片区建造了社会主义核心价值观主题公园，把复兴大道、美音轩、永思廊、好人广场、成长乐园等十个景点穿插在公园里，用传统文化的展现手法来宣传社会主义核心价值观，让市民在运动和游览时，既学习到核心价值观的主题内容，又了解了溧阳历史文化知识，展现了溧阳人的中国梦。

4、成功举办了“中国·溧阳第三届宋团城观灯节”。作为市 18 项重点工程项目，苏皖公司组织有序、高度协调，形成了良好的观灯氛围，得到了社会的一致好评。观灯节历时 16 天，赏灯群众累计达到了 150 万人次。灯会盛况也被央视、江苏卫视、新华网、人民网、《扬子晚报》等媒体关注，使得该届灯会成为了宁杭生态经济带地区春节活动的一个夺目亮点，成为溧阳的新年俗。

溧阳市博物馆

二、勇于承担社会责任，树立良好社会形象

苏皖公司积极组织员工利用休息时间开展“志愿走新区，文明伴我行”主题志愿者活动。活动内容包括城市交通路段文明引导、两湖一河的卫生保洁、日常燕山新区范围内的路段保洁等，出动志愿者共计 6000 人次。2017 年底，溧阳遭遇暴雪天气，苏皖公司全体员工 24 小时备勤，快速行动，清扫了八条道路、十六个路口、二十个公交站台，共计 6 平方公里积雪，有效保障了道路畅通和作业秩序、以实际行动为文明城市增添光彩。

江苏平陵建设投资集团有限公司

Jiangsupinglingjianshetouzijituanyouxiangongsi

定期组织党员学习，发挥党支部战斗堡垒作用

2017 年，平陵公司围绕“持续突破重大项目”和“一举创成文明城市”两大攻坚主题，秉承市场化运作方针，把握“公司发展和项目建设”两大工作理念，坚持“团结、创新、开放、实干”的工作作风，各项工作取得突破性成果：

一、充分发挥金融工具杠杆作用，切实服务全市四大经济建设

1. 引导基金加快推进

引导基金管理公司已注册到位，并组成了引导基金外部专家库，包含了股权投资类专家、行业专家、财务专家、法律专家、会计师事务所和律师事务所。为提高公司基金执业资格从业人员的业务技能，公司组织集中学习培训，并组织相关人员赴北京、深圳、上海、南京等实地考察。会同金融办对全市镇（区）进行了全面走访，宣传解释产业引导基金管理办法和实施细则。彻底了解各镇区产业发展情况。引导基金涵盖直接投资、投贷联动、参股基金等多种形式。以直接投资方式完成瑞阳化工增发投资工作，投资金额 7645.26 万元，其中引导基金投资 4586.72 万元，目前处于投后管理阶段。投贷联动与参股基金，均有拟投项目处于前期接洽阶段。

2. 转贷基金纵深推广

转贷基金促进了区域经济发展和防范区域性金融风险，切实维护我市金融生态稳定，有效解决部分企业转贷资金缺口，并为促进保障全市中小企业平稳、健康发展，起到了积极的推动作用。目前已惠及全市中小型企业 282 家。截至年底，周转融贷款累计发放 315 笔，放款金额 44.6 亿元，收息 333.73 万元。

3. 科技小贷正常运行

科技小贷具有可贷、可投、可担保的功能和小额、分散等特点，已成为服务经济社会的创新平台。科技小贷的成功运行，为全市科技型中小企业又搭建了一个融资平台。2017 年，科贷公司累计发放贷款 349 笔，服务企业 248 家，发放金额 43.7 亿元，贷款余额 20385 万元，实现利息收入 1217 万元，无不良贷款产生。科技小贷业务发展初步实现了经济效益与社会效益双丰收。

4. 创投基金逐步深化

公司与深创投合作设立创投基金，利用深创投覆盖全国的投资网络和专业投资能力，立足溧阳、面向全国搜寻符合国家产业导向政策的可投资项目。2017 年公司参股的溧阳红土新经济创业投资基金投资项目 5 个，总计对外投资金额 8450.6 万元，涉及企业规模初创期和扩张期，涉及电子通信、研究实验发展、互联网等行业。

5. 融资租赁正式上线

公司借力发展，与省委、省政府直属的大型国有控股文化企业江苏省文化投资管理集团有限公司等三家公司合资设立江苏华文融资租赁有限公司，公司出资 6000 万元人民币参股 20%。促进了公司的多元化发展经营、提升了公司价值。目前，公司已投项

西城花园小区一角

夏林村安置小区

目2家，投入资金3.3亿元；已通过投决会审定拟投项目3家，拟投资金额6亿元。为全市企业融资提供新平台。

二、资产管理持续有效健康运行，合理高效优化资源整合配置

公司资产管理部积极与相关部门配合，创新方式、简化流程，加快注入资产办证工作，截至2017年年底，共有31宗资产权证已办理完毕，20宗资产权证手续正在办理中，另有28宗资产待国土部门办理土地协议出让手续。建立资产管理档案，发现问题及时报告处理。针对注入的20宗经营性资产，采用“一个时间、二个平台、三种形式”，进行公开招租，实现资产的保值增值。2017年共收取租金550.67万元，其中通过公开招租收取租金351.46万元。

三、资金统筹合理精确保障要求，创新方式拓宽降本增效

全面梳理全年资金需求，确保重点工程款足额支付。针对今年商品房销售资金回笼远超预期这一特殊情况，及时调整融资计划和资金投放节奏，截至2017年年底，累计完成授信审批47.57亿元，完成年度融资计划的100.08%，实际到账资金42.57亿元，减少了不必要的利息支出。为保障公司资金需求，公司积极探索融资创新方式，拓宽融资渠道，直接融资发行再获新的突破，非公开定向融资工具（PPN）成功注册，获得10亿元的直接融资额度。

为提升子公司在公开市场的公信力和竞争力，公司积极配合大公国际资信评估有限公司，子公司成功获得AA+信用等级，为后期公开市场融资提供了强有力的保障，增强了市场竞争力。

协助国有资产管理中心办理原投资公司、保安公司、机动车驾驶员培训中心、检测中心的股权改制工作，将原投资公司、保安公司、驾培中心、检测中心等纳入平陵公司，壮大公司资产规模。

四、项目建设规范有序稳步推进，超额完成年度销售目标任务

2017年度完成投入6.33亿元。在建工程建筑面积为113.71万平方米，完成云龙南4#地块、永盛北地块、景盛北地块建设工作，完成安置房建筑面积15.64万平方米；完成商品房建筑面积22.46万平方米；完成夏林村安置房、木材公司地块、云龙南地块、永盛北地块、景盛北地块年度建设任务。制定完善营销方案，全年超额完成房屋销售任务。2017年共销售回笼资金11.86亿元。

五、扎实推进重点工作建设步伐，规范有序完成前期准备任务

为有力推进天目湖白茶产业持续健康发展，注册成立江苏天目湖白茶科技股份有限公司，对全市白茶产业进行全面调查摸底，邀请专家教授到溧阳茶叶市场、茶场进行实地调研，就白茶设计包装、形象宣传等工作进行全面沟通对接。完成了天目湖白茶文化建构及视觉形象体系的工作。完成品牌策划方案，收集和编制天目湖白茶行业标准、茶叶协会制度，并探讨白茶公司商业模式。通过聘请第三方评估对田家山、玉枝、玉莲、凌峰、大石山、欣龙六家茶场进行了评估。

为积极推进“全国一流、区域一体”的旅游规划，加快全市茶宿建设，启动天目湖文化旅游打造工作，按市场化的方式，拟定设立“旅游发展”基金，运用投资入股和自主开发等手段，体现“一镇一品”“彰显特色”和“传承文化”。

六、全面加强提高党的建设工作，竭力保证企业发展正确方向

逐步完善党建工作，做好党员转入、党支部设立及党员活动台账建立等基础工作。组织党员干部教育培训。多次进行十九大会议精神的宣传学习。全面贯彻党的基本理论、基本路线、基本方略，坚持不懈用党的创新理论来武装头脑、指导实践，推动公司不断取得新突破。

董事长黄盘芳在华文融资租赁有限公司成立仪式上致辞

红土新经济基金尽职调查社渚镇铭丰电子

庆丰科贷办理周转融业务

知名茶叶专家在天目湖白茶展位前与工作人员交流

常州住房公积金管理中心溧阳分中心

Chanzhouzhufanggongjijinguanlizhongxinliyangfenzhongxin

市政协副主席陈波涛到中心调研

中心领导到天目湖公积金工作站调研

2017年，公积金溧阳分中心在市委市政府和常州市住房公积金管理中心的正确领导下，紧紧围绕“两聚一高”新要求，落实创新举措，完善服务体系，依法维护职工权益，住房公积金制度覆盖面和制度受益面逐步扩大。

全市新增开户单位357家，新增开户职工11690人，年末缴存职工人数达6.37万人；归集住房公积金8.94亿元，年末归集余额24.62亿元。全年支持住房消费13.7万人次、18.9亿元，其中提取住房公积金7.35亿元、发放住房公积金个人贷款11.54亿元；年末个人住房公积金贷款余额32.53亿元。上缴溧阳财政廉租住房建设补充资金2431.8万元，累计已达1.84亿元。

全年实施行政推动、信息互动、考核驱动、宣传发动“四个联动”

全市住房公积金工作会议

道德讲堂

分中心党员上党课

扩面机制，扩面人数创历史新高。推进基数调整、强化托收管理、开展重点催缴，不断增加资金积累。积极应对资金流动性紧张、有序发放贷款、帮扶困难家庭，不断支持住房消费。严控各类风险、加大骗提防范力度、落实党风廉政建设，不断提高风险防范意识。完善服务体系、优化服务过程，坚持“服务暖心、积金惠民”理念，不断提升服务水平。

上半年镇（区）扩面会议

巾帼文明岗

2017 年度住房公积金基数调整培训

上汽大通房车科技有限公司

上汽大通房车科技有限公司（以下简称“大通房车”），由上汽集团全资子公司上汽大通汽车有限公司投资建设，是国内首个专为大规模定制化房车打造的研发及生产基地，引进欧洲先进的生产设备，建设柔性化装配车间、智能化家具车间、厢板车间、展示及研发中心，通过大数据分析，根据不同用户喜好实现个性化定制，为国人提供优质的房车产品。

上汽大通房车项目总投资17亿元，占地420亩，2017年3月开工奠基，同年10月建成，2018年1月竣工并首车下线，同年7月完成1000整车下线。一期已建成厂房44860平方米、研发及展示中心4740平方米，为国内最大、最先进、最智能化的房车研发及生产基地，产品覆盖全系列智能房车，包含B型房车、C型房车、RG10、皮卡房车、公路拖挂、营地拖挂等全系列智能房车，达纲年产量25000辆，预计年销售额可达60亿元，通过智能排产系统、绑定客户定制订单、工位实时显示车辆安装工艺及所需安装零部件，开创了房车整车智能制造领域的先河，是国内第一家能够与基型车同步开发的房车企业，也是第一家完全引入整车开发流程的房车企业。在产品的验证环节上，建立了完整的房车测试体系，是国内唯一拥有整车耐久试验能力和环保气味测试能力的房车企业。

RV2GO
房车生活家

房车生活家微信公众号　房车生活家 APP

打造中国房车第一品牌

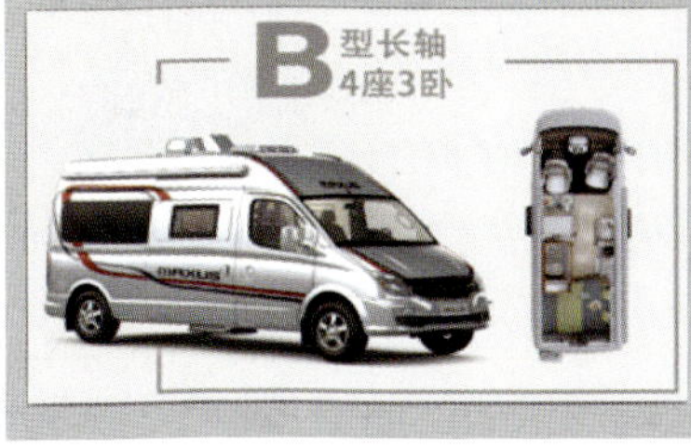

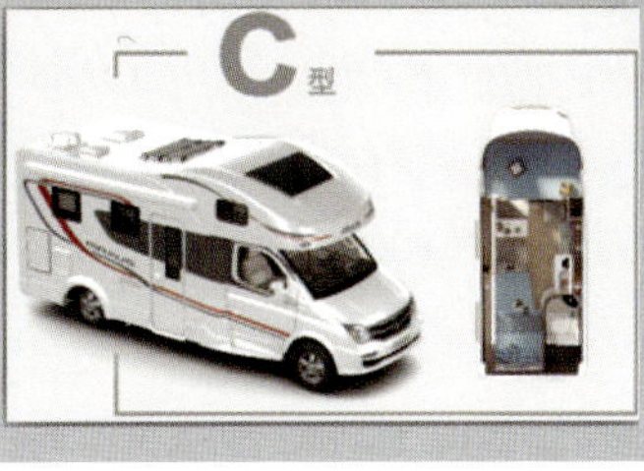

个性化定制 –C2B 战略：

打造中国房车第一品牌，做大中国房车市场，是上汽大通 C2B 核心战略的重要组成部分。大通房车不仅定位为制造企业，同时致力成为房车生活全方位服务商，打通线上线下，在柔性化智能工厂建设、互联网服务平台打造和房车生态圈推进等维度三管齐下，全面布局，快速发展。目前公司也是国内第一个实现批量化 C2B 产品开发的房车企业。

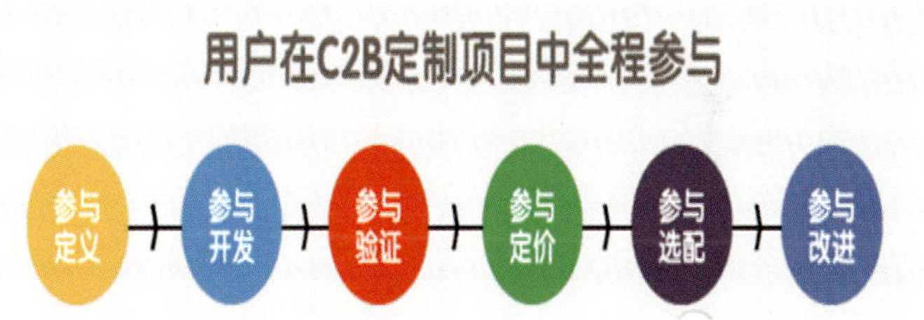

房车生活家：

公司倾力打造的线上互联网平台“房车生活家”致力于成为集房车租赁、营地预定、房车旅行、攻略游记、共享房车等功能的房车旅行一站式服务平台。截至 2018 年 6 月，通过微信 + 微博 +APP 客户端运营，已获得超过 170 万用户，稳居互联网新榜房车类首位。

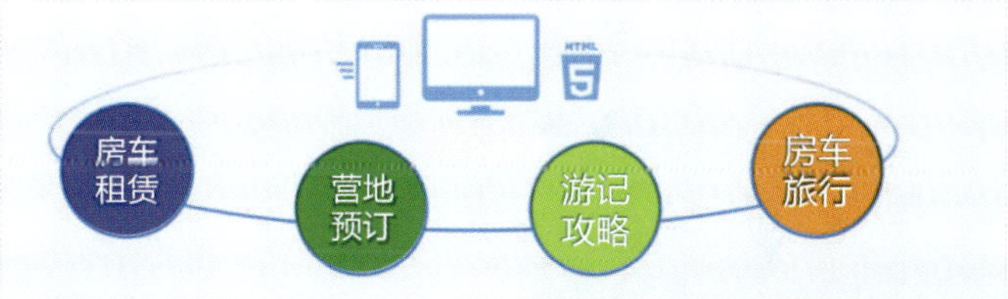

房车租赁及生态圈：

公司目前已拥有超 1000 辆的自营租赁房车，至 2018 年底规模将达到 2000 辆，为国内规模最大，租赁服务点遍及全国的企业。结合智能水电桩铺设加速推进全国房车营地布局，目前已建设超过 1456 个智能营位。在溧阳已建成天目湖房车营地湖畔营区、御水温泉营地，正在建设天目湖望湖岭高端营区。

同时，公司与宝钢国旅、春秋国旅、驴妈妈旅游网、吉祥航空淘旅行、海航金鹏、SMG、携程、车享家等各大旅游平台、在线 OTA 建立了战略合作，引爆国内市场对房车的需求。2017 年举办超过 100 场的房车旅行活动，140 条的房车旅行的线路产品。2018 年上半年在内蒙古、大西北布点租赁车辆 300 余台，租赁旅游产品线路 60 余条。结合国内旅游自然资源和房车出游特点，在江苏、浙江、海南、内蒙、四川、云南、贵州等区域率先引领房车全域旅游，推热了国内整体房车旅游市场。